LÊNIN

Coleção Globo Livros
História

A revolução de 1989, A queda do Império Soviético, Victor Sebestyen
A história perdida de Eva Braun, Angela Lambert
O expresso Berlim-Bagdá, Sean McMeekin
Napoleão, André Maurois
Diário de Berlim ocupada 1945-1948, Ruth Andreas-Friedrich
Depois da Rainha Victoria, Edward VII, André Maurois
O conde Ciano, sombra de Mussolini, Ray Moseley
Churchill e três americanos em Londres, Lynne Olson
Declínio e queda do Império Otomano, Alan Palmer
Churchill, o jovem titã, Michael Shelden
A Primeira Guerra Mundial, Margaret MacMillan
Tratado de Versalhes, a paz depois da Primeira Guerra, Harold Nicolson
A vida de George F. Kennan, John Lewis Gaddis
O amigo do rei, Geordie Greig
Napoleão, a fuga de Elba, Norman MacKenzie
Lênin, um Retrato Íntimo, Victor Sebestyen

Victor Sebestyen

Lênin
um Retrato Íntimo

Tradução

Joubert de Oliveira Brízida

GLOBOLIVROS

Tradução publicada sob acordo com Weidenfeld & Nicolson

Texto fixado conforme as regras do novo Acordo Ortográfico da Língua Portuguesa (Decreto Legislativo nº 54, de 1995)

Título original: *Lenin the dictator, an intimate portrait*

Tradução: Joubert de Oliveira Brízida
Revisão: Ana Maria Barbosa
Capa: Gisele Baptista de Oliveira
Foto de capa: Heritage Images/Getty Images
Foto de quarta capa: Haynes Archive/Popperfoto/Getty Images

1ª edição, 2018

CIP-BRASIL. CATALOGAÇÃO NA PUBLICAÇÃO
SINDICATO NACIONAL DOS EDITORES DE LIVROS, RJ

S449L

Sebestyen, Victor
Lênin : um retrato íntimo / Victor Sebestyen ; tradução Joubert de Oliveira Brízida. - 1. ed. - Rio de Janeiro : Globo, 2018.
: il.

Tradução de: Lenin the dictator : an intimate portrait
ISBN 978-85-250-6435-6

1. Lenin, Vladimir Ilitch, 1870-1924. 2. Chefes de Estado - União Soviética - Biografia. 3. Revolucionários - Rússia - Biografia. 4. Rússia - Política e governo - 1894-1917. I. Brízida, Joubert de Oliveira. II. Título.

17-45904

CDD: 923.1
CDU: 929.7

Direitos de edição em língua portuguesa
adquiridos por Editora Globo S.A.
Rua Marquês de Pombal, 25 – 20230-240 – Rio de Janeiro, RJ
www.globolivros.com.br

Em memória de C.H.

Sumário

MAPAS

O Império Russo 1878-1917

MAR DE BARENTS
N
Rio Yenisei
Kureika
Monastyrskoe
Kostino
egodsk
Perm
Narym
S I B É R I A
Krasnoyarsk
Novaya
Uda
S O
Omsk
Fronteira ocidental do Império
Russo antes de 1914.
0
500
1000 millhas
0
500
1000
1500 km
Gori
São Petersburgo
Gori
Moscou

Rússia europeia em 1917

URSS 1920–1936

N
MAR SIBERIANO ORIENTAL
Tiksi
Anabar
Lena
Magadan
Okhotsk
Mar de
Okhotsk
Lago Baikal
Petropavlovsk
Amur
Yuzhno-Sakhalinsk
OCEANO PACÍFICO
Vladivostok
Mar do
Japão
Hwang-Ho
Mar
Amarelo
Fronteira Russa
angtze
Mar do Leste
da China
0 500 1000 Milhas
0 500 1000 1500 Km

PRINCIPAIS PERSONAGENS

Antonov-Ovseyenko, Vladimir (1884-1939)
Oficial do exército czarista na Primeira Guerra Mundial que se juntou ao grupo de Lênin. Um dos planejadores militares do golpe bolchevique. Liderou os Guardas Vermelhos que entraram no Palácio de Inverno no ponto culminante da revolução e prendeu os membros sobreviventes do Governo Provisório. Mais tarde, tornou-se um cruel executor das ordens de Lênin na repressão de revoltas camponesas em 1920-21. Foi fuzilado depois de sentenciado em julgamento-show durante o Grande Expurgo de Stalin.

Armand, Inessa (1874-1920)
Das mais conhecidas bolcheviques feministas até a morte de Lênin, quando foi excluída da história oficial soviética devido ao seu relacionamento amoroso com o líder bolchevique. Foi sua amante num *affair* com altos e baixos – e teve com ele uma intensa relação de trabalho – retomado com continuidade a partir de 1910 até o dia em que ela faleceu. A única vez em que Lênin foi visto totalmente tomado pela emoção em público foi no seu funeral. Teve quatro filhos com seu marido, o qual ela deixou pelo cunhado mais novo. Estava no "vagão selado" do trem incógnito que transportou Lênin e seu grupo de Zurique a Petrogrado em 1917. Depois de sua morte, Lênin e esposa tornaram-se guardiões das filhas Inna e Varvara de Inessa.

Balabanova, Angelica (1878-1965)
Partidária bolchevique e admiradora de Lênin que aos poucos se desencantou com ele. Exilados juntos durante os anos 1900. Após a revolução, foi a primeira secretária da Comunista Internacional (Comintern), criada para encorajar partidos comunistas por todo o mundo e tramar revoluções marxistas. Escreveu um dos primeiros (e melhores) relatos sobre Lênin e suas características pessoais.

Bogdanov, Alexander (1873-1928)
Doutor, filósofo, jornalista e marxista precoce. Apoiou Lênin no racha bolcheviques x mencheviques, mas distanciou-se dele em virtude de conceitos diferentes sobre religião. Lênin, no início dos anos 1900, viu-o como rival na liderança dos bolcheviques e expulsou-o do partido. Opositor da revolução de 1917, no entanto ocupou postos de realce no establishment das artes e da medicina. Fundou o Serviço Soviético de Transfusão de Sangue; faleceu em consequência de experimento médico que procedeu em seu próprio corpo.

Bonch-Bruevich, Vladimir (1873-1955)
Ativista bolchevique em Petrogrado e velho amigo da família de Lênin. Editor até a revolução, quando se tornou secretário parrticular e chefe do gabinete de Lênin até 1920. Dali por diante, funcionário da Academia Soviética de Ciências e diretor do Museu Literário do Estado.

Bukharin, Nikolai (1888-1938)
Ativista bolchevique e principal ideólogo- comunista depois de Lênin, que foi seu mentor como talentoso jornalista e orador. Ocupou uma série de posições relevantes no Partido Comunista depois da revolução, inclusive a de editor por muitos anos do jornal do partido, o *Pravda*. Último dos magnatas soviéticos a ver Lênin vivo, a quem visitava no dia de sua morte. Caiu em desgraça com Stalin nos anos 1930, foi julgado e executado durante os expurgos.

Chernyshevsky, Nikolai (1828-1989)
Escritor e ativista político que passou vinte e um anos na prisão, em servidão penal em campos de trabalho e no exílio siberiano. Herói literário de Lênin, que admitiu o romance de Chernyshevsky *Que Faremos?*, escrito enquanto estava na prisão, como tão influente em sua política socialista quanto qualquer obra de Marx. Lênin teve na carteira um retrato de Chernyshevsky pela maior parte de sua vida adulta.

Dzerjinsky, Felix (1877-1926)
Primeiro diretor da Cheka, polícia secreta do Partido Comunista, que mais tarde metamorfoseou-se em NKVD e, finalmente, KGB. Ascético ao extremo. Descendente da pequena nobreza polonesa, era conhecido como "Conde de Ferro" ou "Felix Ferro." Passou anos em prisões czaristas por delitos que foram de falar polonês na escola

até criar o Partido Comunista da Polônia. Duramente torturado, teve cicatrizes perenes nos pulsos e tornozelos causadas por algemas e grilhões. Fundou a Cheka como "espada e escudo" do Partido Comunista, operando fora da lei e reportando-se apenas a Lênin.

Fotieva, Lidia (1881-1971)
Exilada bolchevique com Lênin em Paris e na Suíça nos anos 1900. Secretária particular de Lênin em Petrogrado após a revolução e, mais tarde, em Moscou. Escreveu extensamente sobre a vida de Lênin e seus hábitos pessoais no escritório; trabalhou no Museu Lênin a partir dos anos 1930.

Gorky, Maxim (nome real Alexei Peshkov, 1868-1936)
Autor teatral, romancista e ativista político socialista. Tornou-se o escritor mais conhecido – e mais bem pago – por seus livros sobre a infância como órfão e a vida em pobreza extrema. Exilado depois da fracassada revolução de 1905, viveu em Capri e nos EUA. Seguidor e generoso financiador de Lênin e dos bolcheviques. Crítico severo de Lênin após a revolução, embora permanecessem amigos pessoais. Ajudou muitos escritores e artistas que enfrentaram perseguições. Deixou a Rússia, mas retornou quando ela estava sob a ditadura de Stalin.

Kamenev, Lev (nome real Lev Rozenfeld, 1882-1936)
Conspirador revolucionário junto a Lênin nos muitos anos de exílio. Casado com a irmã de Trotsky, Olga. Opôs-se ao golpe bolchevique, mas ocupou cargos parrtidários de realce depois da revolução. Lênin o enviou em uma série de missões ultrassecretas pessoais e diplomáticas depois do golpe. Um dos membros – com Stalin e Zinoviev – da *troika* que assumiu o poder após o colapso da saúde de Lênin em 1922. Stalin o expurgou e, num dos julgamentos-show, foi sentenciado e fuzilado.

Kerensky, Alexander (1881-1971)
Advogado, jornalista e socialista moderado. Orador melodramático famoso, que atraía grandes multidões aos seus discursos. Figura de proa no Governo Provisório que assumiu o poder na Rússia depois da Revolução de Fevereiro de 1917 e da abdicação do Czar Nicolau II, mas mostrou-se um fraco e indeciso primeiro-ministro. Derrubado por Lênin na Revolução de Outubro. Exilado para a França, depois

para os Estados Unidos, onde passou as quatro últimas décadas de sua vida.

Kollontai, Alexandra (1872-1952)
Revolucionária feminista cuja primeira campanha foi pela educação de mulheres operárias. Talentosa romancista e escritora. No exílio, foi a líder bolchevique na Escandinávia em quem Lênin confiava. Rival de Inessa Aramand como propagandista feminina. Depois da revolução, primeira comissária do Bem-Estar Social. Desentendeu-se com Lênin sobre direitos trabalhistas, foi removida de posições destacadas no partido e enviada com embaixadora soviética na Noruega. Seu livro *Um Grande Amor* foi dito basear-se no *affair* entre Lênin e Inessa Armand. Teve uma série de casos amorosos próprios com líderes bolcheviques revolucionários.

Krasin, Leonid (1870-1926)
Engenheiro de eletricidade e um dos poucos bolcheviques que jamais trabalhou em uma empresa. Levantador-chefe de fundos para o partido que conseguiu persuadir milionários a dar dinheiro à causa revolucionária. Chefe do "departamento técnico" do partido que organizou os assaltos a bancos dentro da Rússia. Depois da revolução, ocupou altas posições nos comissariados soviéticos econômicos e do Comércio.

Krupskaya, Nadejda (1869-1939)
Filha de um oficial do exército e uma professora escolar, ambos de origem na pequena nobreza. Formada professora e ensinou operários a ler e escrever. Apaixonada e comprometida revolucionária socialista. Esposa de Lênin a partir de 1898 – casaram-se quando os dois estavam exilados na Suíça por delitos políticos. Viveu com Lênin no exílio por quase vinte anos e ocupou posições de destaque no partido bolchevique, nas redes revolucionárias clandestinas e na administração de agentes. Depois da revolução, foi nomeada para alto cargo no Comissariado do Iluminismo Público. Fez objeção à ideia de embalsamar o corpo de Lênin depois da morte e de mantê-lo em exposição, mas perdeu a batalha. Opôs-se por poucos anos a Stalin depois que Lênin faleceu, mas se tornou stalinista relutante e fiel pelos últimos doze anos de sua vida.

Lunacharsky, Anatoly (1875-1933)
Revolucionário desde os bancos escolares e seguidor de Lênin depois do racha Bolcheviques x Mencheviques em 1903. Prolífico e talentoso escritor de crítica literária, amigo próximo de Gorky. Separou-se por breve período de Lênin, mas juntou-se de novo aos bolcheviques. Estava no "vagão fechado" do trem incógnito que viajou da Suíça até a Rússia. Tornou-se o primeiro comissário do Iluminismo Público depois da revolução, responsável pela cultura e educação soviéticas. Destituído da função por Stalin, após a morte de Lênin, e despachado para postos diplomáticos bem distantes da Rússia.

Malinovsky, Roman (1876-1918)
Metalúrgico, preso por roubo e acusado de tentativa de estupro. Uma vez solto, tornou-se ativo nos sindicatos e no Partido Social Democrata. Chamou a atenção de Lênin como muito inteligente e autêntico líder da classe trabalhadora. Lênin promoveu-o a mais importante bolchevique dentro da Rússia. Agente duplo da polícia secreta czarista, a Okhrana, pela qual foi o agente-provocador e espião mais bem pago jamais contratado por ela. Entregou diversos ativistas bolcheviques, que foram presos e exilados – inclusive Stalin, Sverdlov e Bukharin. A despeito das provas, Lênin recusou-se a acreditar que ele fosse traidor. No eclodir da Primeira Guerra Mundial, fugiu para a Alemanha e, depois da Revolução de Fevereiro, os arquivos da Okhrana revelaram sua vida dupla. Retornou à Rússia em 1918 e foi fuzilado.

Martov, Yuli (nascido Julius Tsederbaum, 1873-1923)
Fundador e pensador de proa dos mencheviques. Exilado para a Sibéria e para a Europa Ocidental por duas décadas. Foi o amigo masculino mais chegado de Lênin, e os dois eram inseparáveis quando fundaram juntos o primeiro partido marxista da Rússia, o Partido Social Democrata, e lançaram seu jornal *Iskra*. Porém separaram-se depois de uma azeda disputa que rachou irrevogavelmente o partido em 1903. Muito popular, excelente escritor e orador espirituoso, retornou à Rússia em 1917, mas se opôs a que Lênin tomasse o poder. Lênin permitiu que deixasse a Rússia, e ele foi para o exílio novamente em 1920, em Berlim, onde morreu de tuberculose.

Plekhanov, Georgy (1856-1918)
"Pai" do marxismo russo. Escapou da Rússia em 1880, por pouco não sendo preso pela polícia. Seus livros *Nossas Diferenças* (1885) e, apesar do título, *O Desenvolvimento de uma Visão Monista da História*, tornaram-se clássicos textos marxistas, famosos em toda a Europa. Criou o Partido Social Democrata e o jornal *Iskra* junto com Lênin, mas colidiu repetidas vezes com ele. Apoiou a Primeira Guerra Mundial, ao contrário de Lênin. Voltou à Rússia em 1917 contra o golpe bolchevique. Passou à clandestinidade pouco depois, temendo por sua vida. Morreu de uma enfermidade natural.

Stolypin, Pyotr (1862-1911)
O mais capaz estadista e administrador do período czarista final. Lançou uma série de reformas agrárias e econômicas – mas também draconianas medidas contra os "subversivos," nas quais milhares foram mortos. Lênin o admirava como político hábil e como inimigo. Foi assassinado em Kiev por um Social-Revolucionário, mas há indícios de que sua morte foi planejada por rivais da polícia e da corte czarista.

Sverdlov, Yakov (1885-1919)
Preso quando jovem com menos de dezoito anos e encarcerado diversas vezes antes de 1917. Ferrenho seguidor de Lênin e segundo homem na máquina administrativa depois da revolução bolchevique. Lênin disse que "seriam necessários seis para substituir Sverdlov." Foi o organizador-chefe e principal articulador do regime, executor de grande parte do serviço sujo secreto, que Lênin não delegaria a mais ninguém, como o assassinato do Czar e de sua família. Quando Lênin foi baleado num atentado e ficou, por breve período, fora de ação, Sverdlov assumiu as rédeas. Morreu na epidemia de influenza pós-guerra.

Trotsky, Leon (nascido Lev Bronstein, 1879-1940)
Pensador marxista e escritor prolixo. Originalmente apoiador de Lênin e contribuinte do *Iskra*, mas ficou ao lado dos mencheviques no cisma do partido e depois se tornou neutro. Protagonista de virulentos desacordos com Lênin pelos doze anos posteriores. Orador inflamado que se tornou famoso na fracassada revolução de 1905 quando liderou o Soviete de Petrogrado. Em 1917 fez as pazes com Lênin e aliou-se a ele, transformando-se na face pública da revolução – muito mais conhecido do que Lênin. Organizou o golpe bolchevique e

foi comandante do Exército Vermelho durante a Guerra Civil. Posto de lado por Stalin depois da morte de Lênin, foi forçado ao exílio. Assassinado por ordem de Stalin.

Ulyanov, Alexander (1866-87)
Irmão de Lênin três anos mais velho. Bom estudante de ciências naturais na Universidade de São Petersburgo. Envolveu-se num complô mal planejado pelo grupo revolucionário Vontade Popular para assassinar o Czar Alexander III. Preso, julgado em sigilo e enforcado seis semanas depois de seu vigésimo primeiro aniversário.

Ulyanov, Ilya (1831-86)
Pai de Lênin. Destacado funcionário público czarista, inspetor de escolas, que chegou ao *status* de nobre em virtude dessa função oficial como administrador. Liberal moderado em termos políticos. Morreu de derrame cerebral quando o filho Vladimir tinha quinze anos.

Ulyanova-Elizarova, Anna (1864-1935)
Irmã mais velha de Lênin, socialista-revolucionária, que foi presa, encarcerada e exilada diversas vezes por suas atividades políticas radicais. Casou-se com o despachante de transportes Mark Elizarov e adotou um filho, Gora. Escreveu a história da família Ulyanov nos anos 1930, detalhando, entre outras coisas, o histórico judeu de sua mãe, que Stalin censurou.

Ulyanova, Maria Alexandrovna (1835-1916)
Mãe de Lênin, por ele muitas vezes descrita como "pura e simplesmente uma santa." Nunca foi marxista nem qualquer tipo de socialista, mas subsidiou a política revolucionária do filho, e deu constante suporte financeiro a todos os seus filhos radicais. Ao longo de duas décadas de exílio, Lênin escreveu a ela uma persistente torrente de cartas.

Ulyanova, Maria Ilyinichna (1878-1937)
Irmã mais nova de Lênin. Presa e exilada regularmente em razão de suas atividades políticas. Morou ocasionalmente com Lênin e Nadya na Suíça e na Polônia – e dividiu apartamento com o casal no Kremlin, após a revolução. Recebeu do irmão cargo importante no partido depois da revolução, e também função destacada no jornal do partido, o *Pravda*.

Zinoviev, Grigory (nascido Hirsch Apfelbaum, 1883-1936) O mais fiel amigo e auxiliar de Lênin durante os anos de exílio, a partir de 1903, em Paris, Genebra, Cracóvia e Zurique. Retornou à Rússia com Lênin no "trem lacrado." Opôs-se ao golpe de outubro e, inicialmente, foi contra a condição de partido único, mas assumiu cargos de importância após a revolução – como líder do partido bolchevique em Petrogrado e, mais tarde, secretário do Comintern. Orador popular, depois do falecimento do chefe e amigo, foi o incentivador-chefe do "culto a Lênin," da veneração em massa do herói. Foi um dos componentes da *troika* que sucedeu Lênin, mas caiu em desgraça com Stalin, que o expeliu do Partido Comunista. Julgado em companhia de Kamenev no primeiro dos julgamentos-show do Grande Terror de Stalin, foi fuzilado.

LISTA DE IMAGENS

INTRODUÇÃO

Um dos lados da Praça Vermelha tem uma vista bastante familiar àqueles que conheceram a finada União Soviética dos anos do comunismo. Todos os dias, longas filas esperam pacientemente por uma entrada para visitar o mausoléu de Lênin, solidamente construído no fim dos anos 1920 e revestido em mármore. A espera pode ser cansativa, mas a visita em si dura uns poucos minutos. Os visitantes entram por corredor subterrâneo sem adornos e caminham alguns metros banhados por uma luz mortiça antes de chegar ao esquife. Poderosos holofotes iluminam então o corpo embalsamado que repousa naquele ataúde forrado com vistoso veludo vermelho há cerca de noventa anos. É tanta gente que as pessoas têm no máximo cinco minutos para prestar seus respeitos – ou simplesmente ficarem enlevadas e pasmas. Não são muitos os visitantes estrangeiros. A vasta maioria é de russos.

É um local macabro para fazer turismo em pleno século XXI, fosse qual fosse o corpo exposto. Mas duas décadas e meia após o desmoronamento da URSS, é um grande anacronismo, além do mais, que Vladimir Ilyich Lênin continue atraindo multidões. É perfeitamente conhecida a devastação que ele provocou; pouca gente nos dias de hoje reza pelo catecismo que ele professou. Mesmo assim, Lênin desperta atenção – e até afeição – na Rússia.

O atual governante russo, Vladimir Putin, nem pensa em se livrar da tumba. Pelo contrário, autorizou em 2011 vultosas despesas na reforma da obra quando houve perigo de ela desabar. O culto a Lênin persiste, se bem que de forma diferente. O avô de Putin, Spiridion, foi cozinheiro de Lênin após a Revolução, porém não é o sentimento familiar do presidente de hoje que mantém Lênin *in situ*. A claríssima ideia é demonstrar continuidade histórica, a noção de que a Rússia ainda necessita – como sempre necessitou – de um líder dominador, cruel e autocrático: um chefão, que em russo é denominado *Vojd*. O mausoléu de Lênin outrora simbolizou uma ideologia internacionalista, o comunismo mundial. Nos dias presentes, tornou-se altar do ressurgente nacionalismo russo.

Embalsamado não foi apenas o corpo de Lênin. Seu caráter também foi "preservado," e personalidade, motivações e intenções raramente foram reavaliadas pela última geração, mesmo à luz da torrente de novas informações surgidas sobre o personagem quando os arquivos começaram a ser abertos na extinta União Soviética. Na URSS, todas as biografias de Lênin eram hagiografias, de leitura obrigatória nas escolas, onde as crianças eram ensinadas a chamar o fundador do estado soviético de *Dyedushka* (vovô) Lênin. Até o derradeiro líder do partido comunista, Mikhail Gorbachev, costumava tratá-lo como " um gênio especial" e o citava com frequência. Lênin foi, de todas as formas, o pilar da retitude bolchevique.

No lado oposto, vigorava o contrário. A linha adotada tendia a não considerá-lo tão mau quanto Stalin, porém apesar disso Lênin criara uma das mais cruéis tiranias da história – e modelo de estado que, em certa fase, foi copiado por quase metade do mundo. Com mais frequência que a esperada – há honrosas exceções – os biógrafos se posicionaram de um lado ou do outro de certa divisão ideológica, no tempo em que a Guerra Fria foi importante. Tais disputas teóricas deixaram de fazer sentido a partir do momento em que o Muro de Berlim foi derrubado e a União Soviética desmoronou.

O mundo comunista que Lênin criou, muito à sua própria e ascética imagem, pode ter ido para o lixo da história. No fim da Guerra Fria, triunfou o neoliberalismo acompanhado da ideia de democracia; o socialismo e suas diversificadas variantes viram-se totalmente desacreditados. Pareceu não existir alternativa para as soluções políticas e econômicas oferecidas pelos mercados globalizados. Mas o mundo experimentou mudanças após a crise bancária e a recessão de 2007-8. No Ocidente, o processo democrático desgastou-se bastante e perdeu parte da confiança nele depositada. Para milhões de pessoas, as certezas que duas gerações aceitavam como pressupostos, fatos da vida, passaram a suscitar dúvidas. Lênin muito provavelmente teria considerado o mundo daquela ocasião propício para um momento revolucionário. O líder comunista vale agora não por suas respostas equivocadas, sangrentas e mortalmente desviadas, mas sim porque fazia à época as mesmas perguntas que hoje fazemos sobre problemas semelhantes.

Milhões de pessoas, bem como alguns perigosos líderes populistas da direita e da esquerda, não acham a democracia liberal bem-sucedida na criação de uma sociedade justa, de liberdade e prosperidade sustentáveis, nem capaz de reduzir a desigualdade e a injustiça. As expressões "elite global" e "o um por cento" são hoje decididamente empregadas à moda leninista. É improvável que as soluções dele venham a ser de novo adotadas em algum lugar. Todavia, suas perguntas constantemente ressurgem hoje, e podem ser respondidas por métodos igualmente sangrentos.

Lênin tomou o poder num golpe, mas não o exerceu com o emprego de terror generalizado. Em muitos aspectos, foi um rematado fenômeno político moderno – o demagogo típico muito bem conhecido nas democracias ocidentais, assim como nas ditaduras. Na ânsia pelo poder, Lênin prometeu tudo e mais alguma coisa. Deu soluções simples para questões complexas. Mentiu descaradamente. Identificou o bode expiatório naquilo que mais tarde rotulou de "inimigos do povo." Justificou-se com "o que vale é vencer": os fins justificavam os meios. Quem viveu eleições recentes em culturas políticas supostamente sofisticadas no Ocidente, por certo identificou postulantes semelhantes a Lênin. Ele foi o precursor daquilo que os comentaristas atuais tacham como *post-truth politics* – a "política pós-verdade."

Lênin se considerava um idealista. Não era um monstro, sádico ou depravado. Nas relações pessoais, quase sempre se comportava da maneira como foi criado – um *gentleman* da classe média alta. Não era presunçoso. Podia rir – até, ocasionalmente, de si próprio. Não era cruel: diferente de Stalin, Mao Tse-tung ou Hitler, jamais pedia detalhes da morte de suas vítimas, saboreando o momento. Para ele, no cômputo final, as mortes eram teóricas, apenas números. Nunca usou uniformes ou túnicas militares como outros ditadores. Mas, no decorrer dos anos de disputas com outros revolucionários, depois no manejo das rédeas do poder, jamais demonstrou generosidade a oponente derrotado ou perpetrou ato humanitário, a menos que servissem como expediente para auferir algum possível proveito político.

Criou uma noção de que o terror contra os oponentes se justifica para atingir o objetivo maior. Tal sistema foi aperfeiçoado por Stalin, mas as ideias sempre tiveram origem em Lênin, que nem sempre foi homem mau, porém fez coisas terríveis. Angelica Balabanova, antiga camarada que o admirou por muitos anos, mas acabou por temê-lo e odiá-lo, disse com muita perspicácia "que a tragédia de Lênin foi que, nas palavras de Goethe, desejou o bem... mas criou o mal." O maior de seus malefícios foi ter deixado um homem como Stalin liderar a Rússia depois dele. Crime histórico.

Lênin é muitas vezes descrito como ideólogo rígido, comunista fanático, mas isso é verdade até certo ponto. Ele derramava teoria marxista – "sem teoria não pode existir partido revolucionário," uma de suas famosas afirmações. Outra frase, no entanto, que recitava com frequência aos seguidores e, da mesma forma, é muito ignorada, salienta: "a teoria é guia, não é Escritura Sagrada." Quando a teoria batia de frente com a oportunidade, Lênin invariavelmente escolhia a via prática em detrimento da pureza doutrinária. Podia inverter totalmente seu pensamento se o resultado favorecesse a causa. Era motivado tanto pela emoção quanto pela ideologia. Sua sede de vingança após a execução do irmão mais velho por tramar o assassinato do Czar, estimulou Lênin em igual medida – ou maior – que sua crença na teoria de Marx do valor agregado.

Ele desejou o poder e quis mudar o mundo. Esteve em pessoa no controle do regime por pouco mais de quatro anos até que sua saúde abalada o incapacitou física e mentalmente. No entanto, como asseverou que seria, a Revolução Bolchevique de 1917 "virou o mundo de cabeça para baixo." Nem a Rússia, nem muitas regiões da Ásia à América do Sul jamais se recuperaram.

Não obstante, para um biógrafo, o político é o pessoal, como Lênin algumas vezes afirmou. Ele foi produto de seu tempo e seu lugar: uma Rússia violenta, tirânica e corrupta. O estado revolucionário que criou foi menos a utopia socialista com a qual sonhou do que a imagem espelhada da autocracia Romanov. O fato de Lênin ser russo é tão significativo quanto sua fé marxista.

Lênin raramente apareceu como pessoa nas "versões Guerra Fria" de sua vida. Nenhum dos lados o queria como humano, fato que não se encaixaria na carga ideológica dos dois. De modo nenhum Lênin foi sempre gélido. Ao contrário, era imensamente emotivo, sendo em certas ocasiões atacado por surtos de raiva que quase o deixavam imprestável.

Ele produziu considerável quantidade de textos sobre a filosofia e a economia marxistas, muitos deles hoje ininteligíveis. Mas amou as montanhas quase tanto quanto fazer revolução e escreveu liricamente sobre caminhadas nos Alpes e pelo campo aberto. Amava a natureza, a caça, o tiro ao alvo e a pesca. Podia identificar centenas de espécies de plantas. Suas "anotações naturais" e cartas para a família mostram um lado de Lênin que muito surpreenderia quem o imaginava figura distante e insensível.

Uma das grandes surpresas ao pesquisar para este livro foi descobrir que quase todas as relações importantes na vida de Lênin se deram com mulheres. Este trabalho revelará outro lado pouco conhecido dele: Lênin apaixonado. Sua esposa Nadejda – Nadya – deixou memórias insípidas e esterilizadas a respeito da vida em comum do casal; mas à luz de novos materiais e do ajuste com depoimentos de outras fontes, ela emerge outra mulher além do misto de dona de casa e secretária com que é habitualmente pintada. Lênin jamais teria chegado aonde chegou sem ela. Por cerca de uma década, ele teve um caso de amor intermitente com uma mulher glamorosa, inteligente e bela, Inessa Armand. O *ménage à trois* é trançado ao longo de aproximadamente metade deste livro, já que é por demais central para a vida emocional de Lênin – e para a de Nadya também. Trata-se de um caso raro de triângulo amoroso no qual os três protagonistas parecem ter se comportado de maneira altamente civilizada. A única ocasião em que Lênin visivelmente desabou em público foi no enterro de Inessa, três anos antes do seu próprio.

Nos velhos dias da URSS, durante o trabalho de jornalista em Moscou, fiz uma excursão particular ao escritório e aos cômodos outrora ocupados por Lênin no Kremlin. Eles estavam preservados exatamente como se encontravam nos seus dias, ou assim me foi afirmado pelo categorizado *apparatchik* do partido comunista que me ciceroneava. Fiquei impressionado pela simplicidade e sobriedade do ambiente que me pareceu banal e burguês, levando-me, com alguma falta de diplomacia, a expressar exatamente esses adjetivos. Para minha surpresa, uma vez que naquela época ferrenhos filiados ao partido quase nunca emitiam pensamentos não doutrinários, ele replicou: "É verdade, sempre me perguntei como ele pôde fazer coisas tão extraordinárias." Jamais esqueci aquela conversa. Esta é uma tentativa de resposta.

Victor Sebestyen, Londres, outubro de 2016

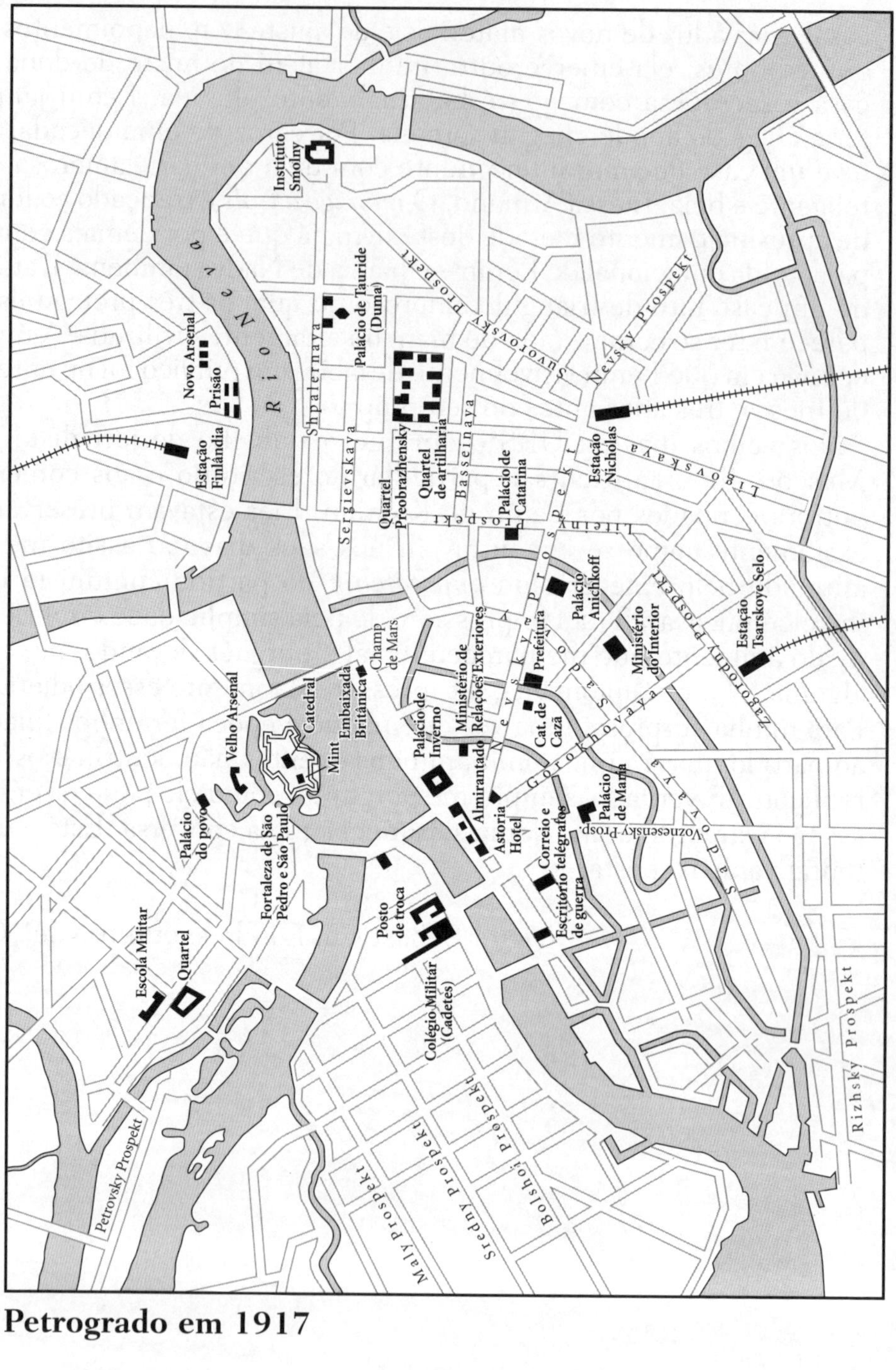

Petrogrado em 1917

Prólogo
Coup d'État

"A insurreição é uma arte tanto quanto a guerra."
Karl Marx, *Revolução e Contrarrevolução na Alemanha*, 1852

"Há décadas em que nada acontece –
e semanas em que ocorrem décadas."
Vladimir Ilyich Lênin, *As Principais Tarefas de Nosso Dia*, março de 1918

Ele se ocupava com a peruca, um montículo esvoaçante cinza-prateado que insistia em escorregar do alto de sua calva e estragar todo o disfarce. Vladimir Ilyich Ulyanov – mais conhecido pelo pseudônimo de *Lênin* – batalhara por aquele momento toda sua vida de adulto. Agora estava prestes a assumir o poder absoluto na Rússia e a deflagrar uma revolução que mudaria o mundo. Apesar disso, segurava desajeitadamente aquela ridícula peça de cabelo falso, ainda confinado num pequeno apartamento de segundo andar situado em um dos bairros operários de Petrogrado, enquanto a história era feita por outros a alguns quilômetros de distância, no centro da cidade.

Estava difícil aguentar a frustração e a incerteza. Lênin sabia que seu pequeno grupo de socialistas fanáticos, os bolcheviques, contavam com diminuto apoio popular na capital da Rússia e ainda menos no restante do país. Sua única chance de conseguir projeção era "tomando o poder a partir das ruas" – e rápido – mediante insurreição contra aquele governo fraco que contava com ainda menor apoio do povo. A oportunidade era crucial, costumava dizer Lênin com monótona regularidade. Declarara que o golpe tinha de ser desfechado na quarta-feira, 25 de outubro de 1917, ou seus inimigos assumiriam a iniciativa e o esmagariam. Lênin tinha então 47 anos, sua saúde declinava e, se a revolução falhasse, essa chance não se repetiria.

Já era noite da terça-feira, dia 24, e Vladimir Ilyich não tinha ideia se algum dos planos preparados pelos camaradas para a insurreição havia sido implementado. Lênin era um comandante sem qualquer ligação com seu estado-maior ou seus soldados. Criara um "Comitê Militar

Revolucionário" para formular os detalhes táticos do golpe, mas esse comitê estava do outro lado da cidade, no quartel-general bolchevique instalado no Instituto Smolny, um enorme prédio que antes fora escola para meninas da nobreza.

Por motivos secundários, os camaradas de Lênin haviam teimado que ele permanecesse na residência segura por ele mesmo escolhida no bairro da classe trabalhadora do distrito de Vyborg. Segregado sigilosamente no apartamento de Margarita Fofanova, leal servidora do partido que recebera ordem de não permitir que Lênin saísse de casa, ele passara a maior parte do dia caminhando para lá e para cá no principal aposento da residência, cada vez mais irritadiço. Poucos foram os que o visitaram, e ele não recebeu notícia alguma sobre o iminente levante até as seis da tarde, quando Fofanova voltou para casa e disse-lhe que parecia não existir vestígio das tropas de choque bolcheviques, os Guardas Vermelhos, em nenhuma parte da cidade. "Não os entendo," disse ele. "De que diabos estarão com medo? Apenas pergunte se pelo menos existe uma centena de soldados confiáveis dos Guardas Vermelhos armados com fuzis. É tudo que preciso saber."

Impaciente, Lênin temia que seu estado-maior militar, no qual poucos membros tinham experiência de combate, arruinasse o golpe. Pior ainda, imaginava que seus camaradas civis, em sua ausência, abortassem a insurreição por completo. Sabia que alguns deles, até mesmo de seu grupo mais chegado, duvidavam que os bolcheviques pudessem tomar o poder, muito menos que pudessem mantê-lo; uns tantos já se viam "enforcados em postes de iluminação pública," se tentassem. Lênin lhes havia imposto sua vontade, como sempre encontrara modo de fazê-lo em quase duas décadas de liderança do movimento revolucionário. Tinha-os incitado, bajulado e por fim chantageado com a ameaça de renunciar e deixá-los sem comando. Afinal, uma quinzena antes, ele conseguira maioria entre as figuras de proa do partido em apoio à sua ideia. Porém existia ainda a possibilidade de inversões de pensamento e suspensão do levante. O poder podia escapar-lhe das mãos.

Lênin rabiscou de pronto uma conclamação. "Está muito claro que retardar a revolta será fatal," escreveu. "Tudo agora pende por um fio. Não podemos esperar. Temos de agir esta noite, ou perderemos tudo. A história não perdoará os atrasos de revolucionários que poderiam ser hoje vitoriosos (e por certo ainda o serão), enquanto arriscariam perder tudo amanhã. O governo cambaleia. Tem de levar hoje, seja como for, o golpe decisivo."

Lênin disse a Fofanova que levasse o apelo pela ação à sede regional do partido em Vyborg, ali perto, e o entregasse a sua esposa, Nadejda

Konstantinovna Krupskaya, "e a mais ninguém." Nadejda faria com que o bilhete chegasse aos altos escalões do partido.

Lênin se desesperava por ir ao Smolny. O comandante deveria comandar, e não ficar escondido. Mas sua cabeça estava a prêmio e havia risco. Ele vivera na clandestinidade desde o início de julho, na Finlândia por três meses, e agora em Petrogrado nas últimas três semanas. De início, as autoridades promoveram tentativas meio desanimadas de prendê-lo. Dias antes, os bolcheviques tinham sido alertados de que o governo estava bem mais disposto a localizá-lo. Outra ameaça era que lei e ordem tinham sumido em Petrogrado, e a violência generalizada de criminosos pela cidade havia tornado partes dela reféns do ilícito, portanto, não policiadas. "Os assaltos haviam aumentado tanto que era perigoso caminhar em ruas laterais," escreveu um jornalista. "Na Sadovaya, rua importante das proximidades da Estação Finlândia, presenciei certa tarde um aglomerado de umas cem pessoas espancar e pisotear um soldado até a morte por ele ter sido pego roubando."[1]

Pouco depois das nove da noite, o guarda-costas de Lênin, Eino Rakhia, apareceu no apartamento. Era um bolchevique finlandês que se aproximara do russo durante os muitos anos de exílio e logo o alertou que o governo tinha ordenado o levantamento de todas as pontes sobre o rio Neva. Se essa ordem tivesse sido executada, àquela hora o distrito de Vyborg estaria isolado do centro da cidade; e caso o governo tivesse conseguido compor uma força com soldados suficientes, os legalistas poderiam controlar Petrogrado, quarteirão a quarteirão, cortando assim as comunicações entre as unidades dos Guardas Vermelhos.

"Muito bem, então vamos para o Smolny," disse Lênin.

Rahkia avisou-o de que não havia transporte e teriam de ir a pé. "Pode levar horas – e é muito arriscado." Os dois não tinham passes para transitar livremente pelo centro.

Lênin insistiu que, em vista disso, era melhor saírem de imediato. Num pedaço de papel, escreveu para Fofanova: "Fui para onde você não queria que eu fosse. Adeus. Ilyich."

Então vestiu o disfarce – roupas velhas de trabalhador, um par de óculos e a teimosa peruca que não ficava no lugar nem ele pondo o boné de operário que se tornaria famoso nos anos seguintes. Raspara no verão sua marca registrada: a vistosa barba ruiva. Enrolou um lenço sujo em torno do rosto; se alguém o parasse, combinaram dizer que ele estava com terrível dor de dente.

Então saíram os dois pela noite gelada e com vento cortante. Lênin achou que ia chover, por isso calçou galochas sobre os sapatos. Caminharam uns poucos quilômetros quando foram bafejados pela sorte com a passagem de um bonde quase vazio. O transporte os levou por diversos quilômetros até a esquina do Jardim Botânico de Petrogrado, perto da Estação Finlândia, fim de linha. Muitos historiadores soviéticos contaram mais tarde que Lênin conversou com a motorneira que lhe perguntou: "De onde você vem? Não sabe que vai haver uma revolução? Vamos chutar os mandões para fora!" Lênin teria sorrido e explicado à mulher como as revoluções ocorrem – para preocupação de Rahkia com a possível revelação de sua identidade.

O bonde parou em frente à ponte Liteiny logo depois da meia-noite. A partir dali, a jornada tornou-se mais difícil e perigosa. Uma das extremidades da ponte estava ocupada por Guardas Vermelhos, que acreditaram tratar-se realmente de um par de proletários e sinalizaram para que cruzassem o rio. O outro lado ainda estava nas mãos de tropas governamentais verificando os passes dos pedestres. Os dois chegaram no exato momento em que os guardas discutiam com um grupo de trabalhadores, dando a oportunidade para que eles se esgueirassem sem chamar a atenção.

Caminharam pela Liteiny Prospekt avenida abaixo – já perto do Smolny – quando toparam com dois cadetes do Exército, que lhes pediram os documentos de identidade. Rahkia estava armado com dois revólveres e preparado para abrir caminho com eles. Porém teve melhor ideia. Cochichou para Lênin, "Deixe que eu cuido dos militares. Siga em frente." E Lênin continuou andando. O segurança iniciou conversa sem nexo com os cadetes, balançando o corpo e engrolando a voz. Os guardas iam sacar suas pistolas, mas decidiram não fazer nada. Deixaram que seguissem por achá-los dois velhos bêbados e inofensivos. Os marxistas são doutrinados a não contar com a sorte, acidente ou casualidade, e sim para explicar a vida pelas poderosas forças históricas. Entretanto, o segundo líder mais influente em 1917, Leon Trotsky, afirmou que se Lênin tivesse sido aprisionado, ou não estivesse em Petrogrado, "não teria ocorrido a Revolução de Outubro."

A dupla chegou ao "grande Smolny," enorme construção erigida ao estilo italiano Palladio, fachada em colunata de mais de 150 metros. O Smolny foi a "arena interna da Revolução." Naquela noite, o prédio "resplandecia, com suas luzes parecendo à distância um transatlântico em mar escuro." Mais de perto, "zumbia como gigantesca colmeia." Jovens Guardas Vermelhos patrulhavam o perímetro do Instituto; vez por outra, "juntavam-se grupos de rapazes em roupas de operários, portando armas com baionetas, conversando nervosamente" e aquecendo as mãos em fogueiras improvisadas. Lênin não foi reconhecido, mas seus problemas não haviam terminado. Tanto ele quanto Rahkia possuíam passes desatualizados – brancos em vez dos recém-validados passes vermelhos distribuídos naquela manhã. "Isso é ridículo, que confusão," esbravejou Rahkia. "Vocês estão barrando a entrada de um membro do Soviete de Petrogrado!" Quando os gritos não funcionaram, Lênin começou também a discutir com os guardas. Foi só quando as pessoas, que estavam atrás na fila então formada na entrada, reclamaram aos brados e começaram a tumultuar e a empurrar, que os guardas deixaram os dois passarem. "Lênin entrou rindo no prédio," lembrou-se mais tarde um homem que estava no meio do amontoado. Quando ele tirou o boné para saudar os guardas, a peruca caiu.

Lênin nunca estivera no Smolny e não sabia aonde ir. Por semanas, o edifício estava apinhado de soldados que dormiam pelos corredores, por políticos revolucionários, tramando naquele labirinto de 120 salas, e por jornalistas que presenciavam o desenrolar da história da Revolução Russa. O odor era horrendo. "O ar estava denso com a fumaça de cigarros, os pisos cobertos de sujeira e o cheiro de urina se espalhava por todos os cantos. Em vão, avisos nas paredes tentavam: 'Camaradas, por favor, preservem a limpeza'." Rahkia, ainda apreensivo com a identidade de Lênin, levou-o ao segundo andar. Lá Lênin encontrou a companhia de oponentes e amigos.

No alto da escadaria encontrou Trotsky, chefe do Comitê Militar Revolucionário, o homem encarregado de planejar o golpe. "Vladimir Ilyich disfarçado era uma visão estranha," disse depois Trotsky. Enquanto se cumprimentavam, dois membros destacados de um grupo socialista de oposição ficaram observando Lênin, sorriram e trocaram olhares significativos. "Raios os partam, eles me reconheceram, os canalhas," resmungou ele.

Lênin foi introduzido na sala 10, onde o Comitê Militar Revolucionário estava reunido havia dias. "Vimo-nos na presença de um homenzinho de cabelos grisalhos e pincenê," relembrou Vladimir Antonov-Ovseyenko, o qual logo se tornaria um dos carrascos bolcheviques mais hediondos. "Bem podia ser um mestre-escola ou um vendedor de livros usados. Tirou a peruca (...) e então reconhecemos seus olhos, brilhantes como de hábito. 'Alguma notícia?' – indagou ele com um certo vestígio de humor."

Enquanto estava no esconderijo, Lênin tomara conhecimento de poucos detalhes do golpe. O artista da insurreição dera apenas grossas pinceladas no plano. Agora estava diante de mapas e esboços da cidade abertos sobre a mesa e lhe esclareciam como os pontos fortes de Petrogrado estariam em mãos bolcheviques pela manhã. Existiam cerca de 25 mil Guardas Vermelhos armados e disponíveis, mas só uma parcela deles seria necessária, disse Trotsky. Os revolucionários tomariam o poder sem disparar um só tiro.

Trotsky e Lênin deitaram sobre alguns cobertores e travesseiros amontoados num dos cantos. Mas não conseguiram dormir. Às duas da manhã, Trostsky olhou o relógio e disse: "Começou." Lênin retrucou: "Estou cansado e tonto. Essa correria pelo poder supremo é demais." Segundo Trotsky, Lênin fez então o sinal da cruz.*[2]

Um mito que durou muito tempo foi que a Revolução se desenrolou segundo impecável planejamento bem organizado e mediante ações de grupos de homens disciplinados que bem sabiam o que estavam fazendo. Essa é uma versão dos eventos que satisfaz aos dois lados. Historiadores soviéticos, durante as décadas seguintes à Revolução, apresentaram o "Glorioso Outubro" como levante das massas liderado pelos mestres da tática e da oportunidade: V. I. Lênin e seus talentosos e heroicos lugar-tenentes do partido bolchevique, que seguiram um detalhado cronograma.

Os derrotados "Brancos," como logo a seguir seriam denominados, também se aferraram a um confortável mito: o de que perderam o poder devido a uma operação militar perfeitamente calibrada e arquitetada por um gênio do mal cujos planos, por diabólicos que pudessem ser, previram e avaliaram com precisão o caos nas ruas de Petrogrado. Os que apoiavam os legalistas não se incomodariam – e consolariam o *amour propre* – se corresse a notícia de que seus defensores tinham sido batidos por um grupo de insurgentes que quase liquidaram sua própria revolução. Os bolcheviques decerto teriam sido facilmente dispersados caso, em certos momentos, se deparassem com alguma pequena resistência.

Na realidade, a "trama" foi o segredo mais mal guardado da história. Toda a população de Petrogrado já ouvira dizer que os bolcheviques preparavam um golpe iminente. O assunto foi debatido pela imprensa ao longo de dez dias. O principal jornal de direita, o *Rech*

*Trotsky depois foi muito perguntado se tinha certeza de que um famoso militante ateu como Lênin havia realmente feito o sinal da cruz nesse momento solene. Respondia que se surpreendeu com aquilo, algo que nunca esqueceria e que não havia de inventar. Trotsky surpreendeu-se também de Lênin, quando disse estar tonto, usar bem propositalmente a expressão alemã "*Es Schwindelt*" para maior ênfase.

(Discurso) chegou a revelar a data, 25 de outubro, e o esquerdista *Novaya Jizn* (Vida Nova), editado pelo escritor Maxim Gorky, alertava os bolcheviques contra o emprego da violência e para que fosse evitado "mais derramamento de sangue na Rússia." O supostamente perfeito cronograma da insurreição foi tão vago que ninguém pode dizer com exatidão quando ela começou. Em certo estágio, o prefeito de Petrogrado enviou uma delegação aos participantes dos dois lados para saber se o levante já havia iniciado. Não teve resposta precisa. Os bolcheviques tinham uma experiência militar incipiente. Alexander Genevsky, um dos principais comandantes no terreno, fora tenente temporário no exército czarista e acabou declarado incapaz para o serviço militar depois de alta hospitalar em consequência de ataque a gás na Grande Guerra. Ele foi então convidado a assumir o posto de "general" nas forças rebeldes e recebeu ordens para manter atualizados os planejadores no Instituto Smolny discando o número 148-11, que lhe disseram estar sempre disponível. Nas poucas vezes em que a linha funcionou, o telefone estava ocupado. Os bolcheviques não assumiram o controle do sistema telefônico de Petrogrado e tiveram que usar mensageiros pelas ruas da capital. A importante força de marinheiros da base naval de Kronstadt – confiáveis para os rebeldes – chegou à capital com um dia de atraso.

Os insurgentes triunfaram porque o outro lado, o Governo Provisório e seus seguidores – a coalizão da centro-direita, liberais e socialistas moderados – foi ainda mais incompetente e dividida, e não levou os bolcheviques muito a sério até que fosse tarde demais; porém, principalmente, a maioria do povo não se importava com o lado que saísse vitorioso. Na verdade, poucas pessoas perceberam que algo havia ocorrido até que tudo terminasse.[3]

No Smolny, Lênin não sossegou a noite toda. Analisava mapas e croquis, e muito ansioso aguardava notícias. Foi ficando nervoso, mal-humorado, insistindo por informações confiáveis e ações mais rápidas, desejando acelerar a revolta. "Ele trabalhava com velocidade furiosa, incitando ofegantes mensageiros, despachando assistentes (...) em meio ao matraquear dos telégrafos." Preparava às pressas declarações que faria e decretos que promulgaria tão logo o poder estivesse assegurado. Ia da sala 10, onde ficava o Comitê Militar Revolucionário, à sala 36, por um longo corredor. Nessa última sala reunia-se o restante da liderança bolchevique no Comitê Central do Partido, "em torno da mesa mal iluminada do pequeno espaço e cercados por um monte de sobretudos espalhados pelo chão. Não parava de bater gente à porta com notícias."

A certa altura do amanhecer, os camaradas passaram a discutir a formação do novo governo. Lênin começou a considerar qual passaria a ser a denominação dos governantes que assumiriam todos os postos revolucionários.

"Não podemos chamar os membros de ministros, mantendo a denominação de conselho de ministros," disse ele. "Trata-se de palavra repulsiva e banal."

"Por que não *comissários*?" – sugeriu Trotsky. "Só que já existem comissários em demasia. Que tal comissários do povo?"

"Comissários do povo. Gostei... E como vamos chamar o Gabinete?"

"Conselho [Soviete] de Comissários do Povo."

"Maravilha!"– exclamou Lênin. "Tem o cheiro de revolução."*

Seguiu-se uma cena de modéstia entre os dois revolucionários de maior realce, que em poucas horas seriam supremos oligarcas, com um poder assustador sobre vida e morte de milhões de pessoas.

Lênin propôs que Trotsky fosse o chefe do governo, e ele próprio permaneceria como líder do partido bolchevique. Ninguém sabe se a proposta foi sincera ou não, mas Lênin demonstrou pouca surpresa quando Trotsky declinou da oferta. "Você sabe muito bem que um judeu não pode ser premiê da Rússia," retorquiu o convidado. "E além do mais, você viveria discordando de mim. Você é o líder. Tem de ser você." A decisão foi unânime.[4]

Da noite para o dia, pequenos grupos de Guardas Vermelhos se apoderaram de posições estratégicas na cidade. Tomaram todas as pontes sobre o Neva antes do amanhecer, salvo a Ponte Nikolai, vizinha ao Palácio de Inverno. Mais cedo, eles haviam assumido o controle da Fortaleza Pedro e Paulo, na margem oposta do rio, cujos canhões tinham linha de visada livre para o palácio, onde residia o primeiro-ministro Alexander Kerensky e se reunia o Governo Provisório. Ouviam-se ocasionalmente disparos, porém não havia combate. "Tudo aconteceu enquanto a cidade estava no profundo sono da madrugada," lembrava-se Nikolai Sukhanov, cujo testemunho ocular da Revolução permanece sendo o melhor relato dos eventos. "Mais pareceu uma troca de guarda do que uma insurreição."

*Lênin e Trotsky haviam estudado a Revolução Francesa com muita atenção e nela se inspiraram. A resolução foi um autêntico eco dos *Commissaires* jacobinos, ditos protetores do povo. A palavra tem origem no latim *commissarius*, que significa os enviados plenipotenciários de um poder mais alto – no caso, o dos cidadãos.

Às seis da manhã, o Banco Estatal caiu; uma hora mais tarde, a Central Telefônica Principal, os Correios e o Edifício dos Telégrafos. Os bolcheviques controlavam então todas as comunicações de Petrogrado e quase não tinham dado tiros. Não houve baixas. Teoricamente, o governo poderia ter empregado toda a guarnição de soldados da capital, que chegava a 35 mil homens. Contudo, como Trotsky previra, mesmo que a maioria dos soldados não estivesse alinhada ativamente com os bolcheviques, não estava também disposta a combater.

O momento da insurreição era crucial para a estratégia de Lênin. Como o Czar havia sido deposto nove meses antes, o poder vinha sendo partilhado com dificuldades entre a série de governos de coalizão, que foram se enfraquecendo gradativamente, e os sovietes. A palavra *soviet* [em russo *sovet*] significa simplesmente "conselho," e esses conselhos *soviets* foram às pressas tidos como delegados dos trabalhadores e soldados, apresentando-se como instigadores e líderes da Revolução de Fevereiro que derrubara a autocracia Romanov.

Lênin excluíra a possibilidade de bolcheviques participarem desses governos, porém nos meses imediatamente anteriores eles haviam formado uma pequena minoria no Soviete de Petrogrado. O plano de Lênin era derrubar o governo e proclamar que estava agindo em representação dos sovietes. O poder real ficaria nas mãos dele e dos bolcheviques, mas manter os sovietes nominalmente no comando supremo do país dava-lhe cobertura política e aparência de grande apoio popular. Sucede que para isso havia um considerável empecilho. Estava marcada uma reunião do Congresso de Sovietes para aquele mesmo dia – no esplêndido salão de bailes branco e dourado do Smolny, exatamente abaixo do complexo de salas onde os bolcheviques vinham arquitetando o golpe. Lênin, de acordo com o planejamento, deveria apresentar a tomada do poder como *fait accompli* quando o Congresso se reunisse ao meio-dia, e declarar que houvera uma Revolução vitoriosa. No entanto, o governo ainda sobrevivia, e o Palácio de Inverno – símbolo do poder na Rússia desde o tempo de Catarina, a Grande – não havia caído.

Lênin tinha recebido do comitê militar a certeza com toda a segurança de que a tomada do palácio seria ação simples, coisa de cinco a seis horas. Mas acabou levando mais de quinze horas, em meio a um catálogo de erros que seria até cômico se o que estava em jogo não fosse tão excepcionalmente alto.

Às 9h, Lênin exigiu a rendição do governo. Não recebeu resposta. O primeiro-ministro Kerensky havia saído do palácio bem cedo depois do amanhecer para o QG do exército, na tentativa de arregimentar tropas para esmagar o levante. Os bolcheviques não fizeram esforço para detê-lo, ainda que sua partida do palácio não tivesse sido nada fácil. Havia trinta veículos estacionados fora do palácio, mas nenhum funcionava. Não foi possível nem achar um táxi para levar o primeiro-ministro. Um suboficial foi encarregado de requisitar qualquer carro que andasse. O embaixador inglês recusou dar ajuda, porém um funcionário da Legação dos EUA foi persuadido a deixar Kerensky usar o próprio automóvel dele, um Renault, desde que lhe fosse devolvido.* Outro funcionário conseguiu arranjar um luxuoso conversível Pierce Arrow e algum combustível. Kerensky realizou a façanha de ser levado em torno da Praça do Palácio e pelas ruas de Petrogrado com a capota arriada, facilmente reconhecível. Quando se reuniram no Salão Malaquita do Palácio de Inverno por volta do meio-dia, os ministros recusaram a rendição e decidiram manter a posição pelo tempo que pudessem; "gente condenada, sozinha e abandonada, caminhando sem destino pela gigantesca ratoeira," escreveu em seu diário Pavel Malyanovich, ministro da Justiça.

Lênin era chegado a furiosos e destemperados "ataques" de raiva, como a esposa Nadya disse muitas vezes. Eles se tornaram mais frequentes com a deterioração de sua saúde e a piora da insônia e das dores de cabeça que o infernizavam. O líder explodiu muitas vezes naquele dia ao julgar que seus planejadores militares erravam. Adiou a ida ao Congresso dos Sovietes do meio-dia para as três da tarde, mas caso tivesse de se atrasar mais, toda a sua estratégia política iria por água abaixo. Era vital apresentar o golpe como um completo sucesso, como trabalho muito bem-feito.

Na sala 10 do Smolny, Lênin esbravejava ordens aos auxiliares e a comandantes de Guardas Vermelhos e disparava notas escritas para todos os lados solicitando ação mais rápida para a tomada do palácio. As solicitações logo se transformaram em ordens e, pouco depois, em ameaças. Ele caminhava em torno da sala como "leão enjaulado," relembrou Nikolai Podvoisky, um dos mais graduados oficiais do

*Nem o dono do carro, o diplomata americano Sheldon Whitehouse, nem o motorista conseguiram achar o jeito de desmontar a flâmula dos Estados Unidos do capô do automóvel. O empréstimo do veículo gerou um protesto diplomático formal do regime bolchevique ao governo dos EUA – o primeiro de muitos na década seguinte.

Comitê Militar Revolucionário. "Vladimir Ilyich espinafrava e berrava. Queria o palácio a qualquer custo. Chegou a dizer que estava disposto mesmo a nos fuzilar."[5]

Os ministros mantinham o enorme, mas sombrio, símbolo da Rússia Imperial, que era sede do Governo Provisório desde julho. Grande parte da história imperial czarista fora escrita entre os 1.500 aposentos do palácio, dispersos numa construção com cerca de quatrocentos metros de frente para o Neva. Kerensky se instalara na suíte do terceiro piso que pertencera ao Czar e possuía janelas panorâmicas voltadas para a agulha da Torre do Almirantado. A maior parte dos salões era agora usada como hospital militar para feridos de guerra e abrigava aproximadamente quinhentos pacientes naquele dia. No vasto pátio nos fundos da construção ficavam as baias para as centenas de cavalos que pertenciam a dois esquadrões de cossacos com a missão de proteger o governo. Ao lado dos cossacos estavam também acantonados 220 cadetes aspirantes a oficial da Escola Militar de Oranienbaum, quarenta integrantes da esquadra de ciclistas da Guarnição de Petrogrado e duzentas mulheres do Batalhão de Choque da Morte.* De uma força armada com o efetivo aproximado de 9 milhões de combatentes, isso era tudo que o Governo Provisório podia reunir para defender a capital – e a si próprio.

A "tomada do Palácio de Inverno" – ponto alto da Revolução Russa – foi tão medíocre que o jornalista americano John Reed e sua esposa Louise Bryant tiveram condições de passear pelo interior do prédio naquela mesma tarde sem serem incomodados. Criados do palácio, em seus uniformes czaristas na cor azul, pegaram os casacos do casal como de hábito e alguns cadetes da Escola Militar guiaram os dois pelas salas. No andar térreo, "no fim do corredor, ficava um grande salão ornamentado com cornijas douradas e enormes lustres de cristal," escreveu Reed. "Nos dois lados do assoalho revestido com artístico

*A despeito da denominação tenebrosa, o batalhão era em sua maior parte constituído por mocinhas das províncias de modo nenhum felizes com a missão de última trincheira de proteção de um governo que não apoiavam. Elas eram selecionadas pela altura e pelo cabelo curto que as fazia parecer rapazes. Os fotógrafos que as retrataram para a imprensa no dia anterior ao golpe notaram quão pequenas pareciam quando comparadas com os cossacos. Elas tinham medo, e não só dos bolcheviques. "À noite, homens batiam nas portas do alojamento e gritavam blasfêmias." Quando convocadas para o palácio, foi-lhes dito que iriam fazer parte de desfile regimental. Não estavam preparadas para atirar em cidadãos russos. Os sitiantes bolcheviques igualmente se apavoravam com a presença delas no palácio: "Vão dizer que atiramos em mulheres russas," reclamou um deles.

parquê, longas fileiras de cobertores e colchões sujos, sobre os quais soldados se esticavam de vez em quando; por todos os lados, sujeira, pontas de cigarros, pedaços de pão, roupas largadas e garrafas vazias de vinho de caras marcas francesas. Soldados andavam a esmo num ambiente em que prevalecia o desagradável odor misto de fumaça de cigarros e humanos sem banho. Um deles segurava uma garrafa de Borgonha branco evidentemente surrupiado das adegas do palácio. O lugar estava um grande e confuso quartel."

Às três da tarde, Lênin decidiu que não esperaria mais. Apresentou--se diante do Congresso de Sovietes e audaciosamente declarou a vitória, embora o governo ainda não tivesse caído, os ministros não se encontrassem presos, nem o Palácio de Inverno estivesse em mãos bolcheviques. Essa foi a primeira grande mentira do regime soviético. Lênin leu uma proclamação que minutara naquela manhã quando julgou que o sucesso do golpe já era total:

"Aos cidadãos da Rússia. O Governo Provisório foi deposto. O poder do estado passou para as mãos de um órgão do Soviete de Petrogrado de Operários e de Soldados, o Comitê Militar Revolucionário, que lidera o proletariado e a guarnição de Petrogrado.

A causa pela qual o povo lutou – a imediata proposta de uma paz democrática, a abolição da propriedade da terra, o controle dos operários sobre a produção e o estabelecimento do poder soviético – foi alcançada.

Vida longa à revolução de soldados, operários e camponeses!"

Declarar que os bolcheviques haviam conquistado o poder era tão importante para seu povo que ele resolveu inventar a ação.[6]

Quando retornou para o andar de cima, Lênin mal pôde conter a ira. Ordenou o imediato bombardeio do Palácio de Inverno a partir da Fortaleza Pedro e Paulo, mas a tragicomédia e a bizarrice do cerco estavam apenas começando. O cronograma do golpe foi se diluindo mais e mais com o passar do dia, até que deixaram de existir quaisquer prazos. Os artilheiros bolcheviques demonstraram incompetência sem limites. Havia cinco pesados canhões de campanha na fortaleza, mas eram peças de museu que por anos não disparavam um tiro e por meses não recebiam manutenção e limpeza. Algumas peças mais leves empregadas na instrução de tiro foram encontradas e rapidamente postas em posição, mas foi dificílimo encontrar as granadas de três polegadas para elas. Depois, descobriu-se que os canhões não tinham aparelhos de pontaria. Já quase no fim da tarde, os comissários chegaram à conclusão de que as peças precisavam de limpeza.

As coisas se tornaram mais surreais ainda. Até a simplíssima tarefa de içar uma lanterna vermelha para o topo do mastro da fortaleza – sinal para que o bombardeio e o assalto terrestre começassem – foi um "deus nos acuda." Não se achou nenhuma lanterna vermelha. O comandante bolchevique do forte, Georgy Blagonravov, correu à cidade em busca de uma lanterna, acabou se perdendo e atolando na lama. Quando voltou mais tarde, a cor da lanterna era violeta, mas mesmo então não conseguiram fixá-la ao mastro. Os rebeldes desistiram do sinal.

Às 6h30, os bolcheviques, que controlavam a base naval de Kronstadt nos últimos dias, ordenaram que os cruzadores *Aurora* e *Amur* avançassem rio acima e ancorassem defronte ao Palácio de Inverno. Dez minutos depois, mandaram um ultimato: "O governo e suas tropas devem capitular. Este ultimato expira às 7h30, findo o qual abriremos fogo."

Os ministros rejeitaram o ultimato. Às 6h50, sentaram-se para o jantar – sopa de centeio, peixe defumado e alcachofras. Àquela altura, os defensores já estavam dispostos a desistir e se entregar ao inevitável. "Os soldados apenas desejavam fumar, embebedar-se e praguejar contra a situação desesperadora," lembrou-se um dos oficiais. Alguns fugiram quando caiu a noite. A maioria dos cadetes também saiu à procura de algo para comer, algumas moças do batalhão feminino aproveitaram para escapar. Os cossacos – únicos com treinamento militar – ameaçaram debandar, "desgostosos com os judeus e mocinhas lá dentro." Permaneceram pouco mais de 250. Os Guardas Vermelhos podiam ter entrado facilmente no Palácio de Inverno a qualquer hora passeando.

O "governo" continuou promulgando atos e trocando funções do ministério; o ministro deixado por Kerensky na chefia do Gabinete naquela manhã decidiu que debateriam a escolha de um "ditador" na Rússia. Ditador do quê? Além do salão de malaquita e de suas grandes colunas, lareiras luxuosas e enormes vasos ornamentais, ele jamais deixou clara a amplitude da ditadura. Os membros do Gabinete resolveram resistir pelo máximo tempo possível, argumentando que quando fossem destituídos pela força, os rebeldes seriam condenados.[7]

A maior parte dos habitantes de Petrogrado nem sabia que uma revolução estava em curso. Bancos e lojas estiveram abertos o dia todo, e os bondes, trafegando. Todas as fábricas operavam normalmente – os operários não tinham a menor noção de que Lênin estava prestes a libertá-los da exploração capitalista. Naquela mesma noite, Chaliapin apresentava-se na ópera *Don Carlos*, de Verdi, no Narodny Dom, e *A Morte de Ivan, o Terrível*, de Alexei Tolstoy, era encenada no Teatro Alexandrinsky. Boates e salas de concertos funcionavam como de hábito. Prostitutas se exibiam nas ruas laterais próximas à Avenida Nevsky Prospekt, como habitual nas noites das quartas-feiras. Os restaurantes se encontravam lotados. John Reed e um grupo de outros repórteres americanos e ingleses jantavam no Hotel de France, próximo à Praça do Palácio. Saíram para ver a revolução após a *entrée*.

Na mitologia soviética das décadas seguintes, a Revolução foi tratada como levante popular das massas. Nada poderia estar mais longe da verdade. Fotos contemporâneas mostram alguns aglomerados em pontos espalhados da cidade onde punhados de Guardas Vermelhos movimentam-se de forma até natural. Nada de grandes multidões em lugar algum, nenhuma barricada, ausência de enfrentamentos nas ruas. É impossível saber quantas pessoas participaram das poucas regiões da cidade que tiveram importância no desenrolar da insurreição. Trotsky estimou em "não mais" do que 25 mil, mas com tal quantidade ele queria se referir ao número de Guardas Vermelhos que poderia ter convocado. A quantidade real foi bem menor – provavelmente 10 mil no máximo, numa cidade com aproximadamente 2 milhões de habitantes.

Não houve na vida real a "tomada" do palácio exibida no filme épico *Outubro* de Sergei Eisenstein de outubro de 1927, brilhantemente dirigido, mas em grande parte obra de ficção. Muito mais gente trabalhou como figurante do que a gente que participou do fato real.*[8]

Às 9h40, por fim, o sinal foi dado para o início do bombardeio, com um tiro de festim disparado do *Aurora*, atracado no Aterro Inglês, no lado oposto do rio. Os ministros se jogaram no chão; as moças integrantes do Batalhão de Choque ficaram tão apavoradas que foram levadas para um alojamento nos fundos do prédio a fim de que se acalmassem. Vinte minutos mais tarde, os canhões da fortaleza de Pedro e Paulo começaram a atirar. Uma barragem de três dúzias de disparos foi efetuada, porém só duas granadas atingiram o palácio.** Uma granada conseguiu a proeza de errar um prédio de 1.500 salas por alguns quilômetros de distância. Podvoisky e Antonov-Ovseyenko, que Lênin ameaçara fuzilar poucas horas antes, lideraram um peque-

*Quantidade ainda maior tomou parte na reencenação da tomada do Palácio no quinto aniversário da Revolução, em 1922.

**As explosões assustaram Vladimir Nabokov, filho de dezoito anos do secretário do Gabinete, o servidor civil mais antigo do Governo Provisório, na sua residência no Morskaya. No momento, ele tentava escrever um poema.

no grupo de marujos e Guardas Vermelhos para invadir o palácio e logo perceberam, quando começaram a revistar os quartos, que não enfrentavam quase oposição nenhuma. No Salão de Malaquita, "o medo assaltou a todos como se fosse dispersão de ar envenenado," disse depois o ministro da Justiça Malyanovich. "Estava claro que o fim se aproximava."

Por volta das duas da madrugada, homem de cabelo ruivo longo e esvoaçante, com um chapéu de aba larga e gravata vermelha frouxa, entrou no salão – com um bando armado atrás dele. Não parecia soldado, mas berrou com voz esganiçada: "Eu sou Antonov-Ovseyenko e represento o Comitê Militar Revolucionário. Informo a vocês, membros do Governo Provisório, que todos estão presos."

Os presos foram levados aos trancos para a fortaleza de Pedro e Paulo cercados por ameaçadores Guardas Vermelhos que esbravejavam sem parar: "Correndo! Depressa!" ou "Joguem esta corja no rio!" Antonov avisou que quem tocasse nos prisioneiros seria fuzilado. Ao longo do dia todo, as baixas foram meia dúzia de mortos e menos de vinte feridos, todos eles surpreendidos em meio ao fogo cruzado.

O problema do Comitê Militar Revolucionário foi controlar seus próprios soldados bolcheviques. Quase todas as dependências do palácio estavam repletas de caixas de embalagens contendo peças do tesouro do ex-Czar, prontas para remessa a lugar seguro em Moscou. Os Guardas Vermelhos, entretanto, tinham ideias diferentes. "Um deles desfilava pavoneando-se com relógio de bronze enganchado no ombro," disse Reed, que os acompanhava. "Outro encontrou algumas penas de avestruz e as espetou no chapéu. Começava o saque quando alguém gritou, 'Camaradas! Não peguem nada! Isso é propriedade do povo! Parem. Levem tudo de volta'." Muitos colocaram os objetos no chão. Tecidos de damasco e tapeçarias foram arrancados dos que os seguravam; dois homens pegaram o relógio de bronze do exibido. Apressada e desajeitadamente, as peças foram recolocadas dentro das caixas. Através dos corredores e escadas acima os brados podiam ser ouvidos, diminuindo com a distância. "Disciplina revolucionária! Propriedade do povo!"

Outros ainda correram diretamente para as adegas de vinho, entre as mais ricas do mundo. Elas guardavam Tokays da época de Catarina, a Grande, e Châteaux d'Yquem 1847, o favorito de Nicolau II. "O problema do vinho (...) se tornou crítico," relembrou Antonov. "Enviamos soldados de unidades selecionadas, eles se embebedaram. Colocamos guardas dos Comitês Regionais, sucumbiram também. Seguiu-se violenta bebedeira de vinho."[9]

Foi chamada a brigada de incêndio de Petrogrado para inundar as adegas, mas em vez disso os bombeiros (...) também se embebedaram.

O verdadeiro drama desenrolou-se no Smolny. Lá é que foi vencida a Revolução. O Congresso de Sovietes reuniu-se de novo às 10h30, e raiva fervia no salão de bailes carregado de fumaça. Lênin esperava que lá o golpe fosse sacramentado de pronto, mas a ação acabou denunciada por muitos delegados. Até alguns bolcheviques levantaram objeções. Os adversários de Lênin terminaram fazendo o jogo dele: os outros grupos de socialistas declararam não ter nada a ver com o criminoso golpe e se retiraram do Soviet, para nunca mais conseguirem posições de influência na Rússia. Eles talvez dificultassem a posição de Lênin caso se congregassem em oposição forte e destemida aos bolcheviques. Poderiam até ter evitado que Lênin construísse uma ditadura. Abandonar o plenário foi erro fatal, como muitos admitiriam mais tarde. "Deixamos os bolcheviques donos da situação," disse Sukhanov, oponente de Lênin. "Ao abandonarmos o Congresso, cedemos o monopólio aos soviéticos. Nossas próprias decisões irracionais garantiram a vitória de Lênin."

Lá pelas cinco da manhã, com a oposição prestes a sair de cena, o mais eloquente dos oradores bolcheviques, Trotsky, brilhante, vaidoso e brutal, fez um dos mais famosos discursos do século XX. "O levante não precisa de justificativa," disse. "O que ocorreu foi uma insurreição, não uma conspiração. (...) As massas do povo seguiram nossa bandeira. Mas o que eles [apontando na direção dos outros socialistas] nos oferecem? Dizem-nos: renunciem à sua vitória, façam concessões, tentem compromissos. Com quem? – pergunto. Aos que nos abandonaram, temos a dizer: vocês são uns miseráveis falidos, vosso papel já terminou. Vão para onde devem ir – para a lata de lixo da história."

Duas horas depois, Lênin apareceu diante do Congresso. Já então com a certeza da vitória e não mais disfarçado. Não houve floreios retóricos de sua parte. Leu o Decreto de Paz que escrevera naquela manhã, prometendo o fim da guerra, e o Decreto da Terra prometendo arrancar as fazendas da propriedade de seus donos. Foi alvo de estrondosa ovação. Alguns velhos bolcheviques, homens e mulheres calejados, que jamais sonharam que chegasse aquele momento, caíram no choro. Para aqueles que o viram pela primeira vez, Lênin não passou a impressão de ser o revolucionário que criaria novo tipo de sociedade e transformaria a história, disse

John Reed. "Ele era baixo, encorpado, de cabeça grande afundada nos ombros, calvo e de olhos pequenos saltados, nariz meio largo e insolente, boca larga e generosa, queixo forte, acentuado. Vestido de roupa amarfanhada, as calças eram muito compridas para ele. Nada em Lênin impressionava o observador como figura talhada para ídolo de massas. (...) Estranho líder popular – líder puramente pela virtude do intelecto; insípido, sem humor, incapaz de ceder e indiferente, sem idiossincrasias pitorescas – porém provido do poder de explicar ideias profundas em termos simples. Talento combinado com sagacidade e estupenda audácia intelectual."

Logo depois do "Outubro Glorioso," Lênin disse que tomar o poder fora coisa simples, "fácil como catar uma pena no chão." Estava enganando e sendo esperto. Na realidade, foi uma longa e duríssima estrada.[10]

1
Berço de gente respeitável

"Esse tal Lênin (...) não é perigoso."
Príncipe Georgy Lvov, primeiro-ministro da era pós-imperial

As relações mais importantes da vida de Lênin foram com mulheres. Houve poucos amigos masculinos e, quase sem exceção, ele perdeu ou foram deixados de lado ao longo do caminho por causa da política aqueles que fez. Era preciso que os amigos concordassem totalmente com ele ou se dobrassem aos seus desejos, caso contrário eram expelidos do círculo dos mais chegados. Um confidente de muitos anos no exílio se lembrou: "Comecei a me distanciar do movimento revolucionário (...) e foi como se eu deixasse de existir para Vladimir Ilyich." Na ocasião em que Lênin tinha 33 anos, apenas um o chamava pelo pronome íntimo russo "*ty*" em vez do formal "*vy*": seu irmão mais novo Dmitry.[1]

Por grande parte de sua existência, Lênin esteve cercado por mulheres – sua mãe, irmãs, sua esposa de um quarto de século, Nadya; e sua amante Inessa Armand, com quem manteve complexa ligação romântica, bem como intensa relação de trabalho que cresceu e abrandou de intensidade ao longo de muitos anos. Durante a década e meia de exílio, em diversas residências atulhadas e espalhadas pela Europa, ele viveu tranquila e amistosamente com sua sogra, mulher de opiniões fortes e muitas vezes diametralmente opostas às suas.

Quase sempre as mulheres de Lênin eram descartadas como empregadas que cuidavam da casa para ele e tinham permissão para realizar tarefas políticas relativamente simples e triviais. Nada mais enganador. Lênin alimentava ideias bem mais avançadas e progressistas sobre o papel do sexo feminino do que a maioria de seus contemporâneos no movimento revolucionário – apesar de isso não ter estabelecido nível particularmente alto.

De muitas formas, Lênin, o grande radical, não passava de um russo burguês e convencional do século XIX: dificilmente um feminista na acepção moderna da palavra. Ele esperava que as mulheres ao seu redor o paparicassem, mimassem e cuidassem dele – o que elas faziam. Mas Lênin as ouvia e as levava tão a sério nas questões políticas quanto aos homens.

Sua esposa Nadya é frequentemente descrita como pouco mais que uma secretária, amanuense sem voz ativa. Ainda assim, a história era bem outra. Ela era revolucionária quando conheceu Lênin, foi presa e exilada para a Sibéria antes de com ele se casar e desempenhou papel vital ao seu lado na rede clandestina de conspiradores que manteve acesa a chama revolucionária na Rússia antes de 1917. Escreveu obras sobre marxismo ou filosofia, raramente falou abertamente sobre tática e ideologia política e quase nunca o refutou, porém Lênin confiava em suas capacitações práticas e em seu seguro julgamento. Ela "controlou" dezenas de agentes bolcheviques disseminados por todo o Império Russo e conhecia todos os detalhes da organização partidária. Mais importante: Nadya exercia poder sobre o temperamento do marido e aparava suas súbitas mudanças de estado de espírito, tarefa que, muitas vezes, exigiu extremo tato.

Inessa Armand foi outra mulher cujo papel na vida de Lênin não resultou perfeitamente entendido, ou – no caso das autoridades soviéticas após a morte do líder – foi deliberadamente ignorado. Por dez anos, até que ela morreu em 1920, os dois mantiveram um caso amoroso com altos e baixos. Armand foi fundamental na vida emocional dele. Era também incluída entre as mais conhecidas *socialites* de sua geração, uma das mais atuantes auxiliares de Lênin e encarregada de missões de caráter confidencial. Muitas vezes o representou em encontros internacionais de revolucionários, responsabilidade delegada a pouquíssimas pessoas. Depois da Revolução, Armand ocupou posições de realce ao lado de Lênin em Moscou. Com frequência, discordou dele e manifestou tais opiniões abertamente, inclusive para o próprio Lênin, ainda que permanecessem inseparáveis. Todos os que a conheceram – até mesmo a esposa de Lênin, que se tornou sua amiga e companheira num curiosamente apaixonado e unido relacionamento triangular – entenderam quão importante ela foi para o líder. Não obstante, depois da morte dele, desenvolveu-se um "culto" a Lênin promovido por seus sucessores que fomentaram sua veneração como ícone secular representando pilar da retidão bolchevique, mas ela foi quase que completamente riscada dos livros da história soviética. Nos cinco anos que antecederam 1917, Lênin escreveu mais cartas para Inessa Armand – sobre questões pessoais e políticas – do que para qualquer outra pessoa. Tal correspondência entre os dois e o diário dela foram censurados por quase setenta anos, até que o estado comunista que Lênin criou entrou em decomposição. Duas das irmãs do líder sobreviveram à juventude e à mocidade e trabalharam estreitamente com Lênin nos subterrâneos da revolução. Anna Ilyinichna Ulyanova, nascida em 1864, era seis anos mais velha que ele; Maria, oito anos mais nova. Ambas foram repetidamente presas ou exiladas durante o regime czarista em virtude de atividades subversivas; elas ajudaram a entrada e a saída de agentes e literatura socialista na Rússia. Após a revolução, as duas desempenharam funções importantes no governo soviético. Durante os muitos anos de exílio, uma ou ambas – normalmente Maria – moraram diversas vezes com Lênin, Nadya e a mãe dela.*

Ao longo de toda a vida Lênin contou com rede de devotadas mulheres, completamente fiéis a ele e, a maioria, à causa revolucionária. Todas fizeram grandes sacrifícios para concretizar os sonhos de Lênin e, por vezes, correram enormes riscos pessoais: a Revolução era coisa bastante perigosa. Ele podia, e algumas o fez, confiar absolutamente nelas. Mas eram compromissos de mão dupla – e assim funcionaram.

Muitos homens cruéis e hipócritas são sentimentais a respeito de suas mães. Lênin costumava dizer à família e amigos: "Minha mãe (...) bem, simplesmente era uma santa." Ele a viu muito pouco nos últimos vinte anos dela – Maria Alexandrovna faleceu em 1916, enquanto ele estava no exílio na Suíça – mas foi assíduo correspondente, não apenas por dever filial. Onde estivesse, em suas andanças pela Europa, escrevia regularmente para ela cartas que quase não enfocavam política ou seu trabalho literário/jornalístico, mas falava, geralmente em minúcias, sobre providências domésticas, saúde e viagens. Muitas delas eram do tipo "anotações naturais" sobre caçadas ou excursões aos Alpes, uma de suas grandes paixões sendo as caminhadas pelas montanhas ou por trilhas inexploradas. Iniciava quase sempre com "Querida mamãe" ou "Adorada *mamoushka*." A última, pouco antes da morte da mãe, fechou assim: "Abraço-a afetuosamente minha querida e desejo-lhe muita saúde." Lênin era petulante, mal-humorado e irascível, em especial quando adulto,

*Lênin teve outras duas irmãs, as duas chamadas Olga. A primeira, nascida em 1868, morreu na infância com menos de um ano. Ele foi mais próximo da segunda, nascida no outono de 1871, dezoito meses mais nova do que Lênin. Os dois foram crianças e jovens que adoravam estar juntos. Segundo muitos amigos da família, ela foi o prodígio da descendência Ulyanov, tanto pelos dons intelectuais quanto pelos artísticos, e destinada a fazer grande sucesso, além de ser bonita e graciosa. Porém morreu de tifo com apenas dezenove anos. Os dois dividiam o mesmo quarto em São Petersburgo no tempo em que Lênin cuidou dela em seus últimos dias. Ele ficou inconsolável por não ter podido salvá-la e, durante meses nas suas cartas para casa após a morte da irmã, expressou muita culpa e dor.

mas sua mãe era a única pessoa sobre a qual nunca se queixou para ninguém, a única à qual sempre demonstrou irrestrito amor.

Maria Alexandrovna Blank nasceu em 1835 em São Petersburgo. O pai foi excêntrico disciplinador e – fato mantido estritamente secreto pelas autoridades soviéticas depois da morte de Lênin – judeu. Ele nascera Sril (Israel em iídiche) Moiseyevich (Moisés) Blank, em Odessa, porém, enquanto estudante de medicina, converteu-se à religião ortodoxa e trocou o nome para Alexander Dmitriyevich. Viajou constantemente pela Europa depois de se formar médico e casou-se com a filha de rico mercador alemão, Anna Groschop. Ela era protestante. Pelas restritivas leis religiosas da Rússia czarista, sua esposa precisava se converter à fé ortodoxa, mas ela se recusou e criou os seis filhos como luteranos.*

Alexander Blank começou como cirurgião do exército, mais tarde tornou-se médico da polícia e, por fim, inspetor de hospitais em Zlatoust, na vasta província de Chelyabinsk do Oeste da Sibéria. Tal posição concedeu-lhe o posto no serviço público de "conselheiro de estado," que lhe permitia postular status de nobre. Quando se aposentou aproximadamente aos 50 anos, registrou-se como membro da nobreza de Kazan e comprou boa propriedade – Kokushkino – cerca de trinta quilômetros a nordeste da cidade, com bela mansão e quarenta servos que amanhavam a terra.[2]

*Lênin era quase certamente desconhecedor dessa ancestralidade parcialmente judaica. A irmã Anna descobriu parte da história aos trinta anos de idade quando foi à Suíça pela primeira vez e conheceu uma família chamada Blank. Disseram-lhe que quase todos os suíços com aquele sobrenome eram provavelmente judeus. Percebeu então que um copo de prata – relíquia de uma família Blank que visitara sua mãe – era do tipo particularmente usado em festivais judeus. Logo depois da morte de Lênin, Anna foi solicitada pelo Instituto Lênin, fundado em 1924 para preservar seu legado, a escrever história definitiva sobre a família Ulyanov. Ela fez cuidadosa pesquisa e desvendou detalhes sobre o avô que eram totais novidades para ela. Não mencionou por muitos anos seu trabalho para ninguém de fora da família. Mas em 1932, pouco antes de seu próprio falecimento, escreveu a Stalin contando suas descobertas. Anna foi ao escritório dele no Kremlin e entregou-lhe a carta pessoalmente. "Provavelmente não é mistério para você que a pesquisa sobre nosso avô mostra que ele descende de pobre família judia," disse-lhe a irmã de Lênin. A publicação desse fato, continuou ela "poderia ajudar a combater o antissemitismo. (...) Vladimir Ilyich sempre teve muita consideração pelos judeus e também sempre apreciou suas excepcionais capacitações." Stalin leu atentamente a missiva e respondeu de pronto, ordenando-lhe: "Absolutamente nenhuma palavra sobre essa carta para qualquer pessoa." Stalin tinha, ele mesmo, feroz e visceral ódio aos judeus e possivelmente entendeu que nada ajudaria politicamente a causa bolchevique entre os russos saber que o fundador do estado soviético tinha raízes judaicas. Se Lênin tivesse sabido talvez encarasse a revelação com tranquilidade. Certa vez ele dissera ao escritor Maxim Gorky: "Não temos entre nós muitas pessoas inteligentes. Os [russos] são gente talentosa. Mas somos preguiçosos. Russo brilhante é quase sempre judeu, ou pessoa com mistura de sangue judeu."

A mãe de Maria Alexandrovna morreu quando ela tinha três anos. Seu pai passou então a viver com a irmã da falecida, Ekaterina von Essen, que era viúva. Foi um escândalo para a época, e Blank desejou fazer da cunhada uma mulher honesta. Tentou o matrimônio, mas ele era considerado ilegal aos olhos da Igreja, e o casal não obteve permissão. O dinheiro dela ajudou na compra da propriedade, e os dois permaneceram juntos até que a concubina faleceu em 1863.*

Pessoa calma, introvertida e de forte personalidade, a mãe de Lênin tinha cabelo castanho-escuro, figura delgada e se trajava elegantemente, se bem que raras vezes em conformidade com a moda. Não existiam beijos ou abraços na residência, e Maria Alexandrovna geralmente desencorajava demonstrações emotivas. Era figura dominante dentro de casa, muito respeitada e reverenciada pelos filhos. "Ela detinha nosso amor e nossa obediência," lembrou-se Anna depois, a mais velha da prole dos Ulyanovs. "Jamais alteava a voz e quase nunca recorria à punição física."[3]

Maria Alexandrovna sofreu muito e sempre resguardou os filhos das circunstâncias deprimentes que enfrentariam se continuassem acompanhando as mortes na família e a constante atenção da polícia secreta. Era frugal sem ser mesquinha. Inteligente e bem-educada, jamais apoiou – e quase nunca entendeu – a política radical dos filhos. Decerto não era marxista nem revolucionária de nenhum tipo. Mas preferia não discutir com os filhos sobre questões políticas, tampouco fazer muitas perguntas a respeito de suas atividades ilegais, independentemente dos percalços que suas crenças pudessem lhes causar. Poucas de suas cartas ao filho Vladimir sobreviveram, mas nelas a mãe apenas tocou de leve uma vez em política. Para Maria Alexandrovna, a família vinha em primeiro lugar.

Em diversos estágios de suas vidas de adultos, os filhos de Maria Alexandrovna foram presos ou exilados, por vezes alguns deles juntos. Ela então se mudava para perto das prisões ou para a cidade mais próxima possível do local do exílio. Muitas vezes humilhou-se implorando aos funcionários que soltassem uma de suas filhas

*Alexander Blank escandalizou com frequência a opinião da classe média de maneiras diferentes além de sua situação conjugal. Colidiu com os chefes, aterrorizou subordinados e tinha em alta conta opiniões sobre tratamentos não convencionais que hoje chamaríamos de medicina alternativa. Era adepto ardoroso da "banhoterapia," que significava enrolar os pacientes dos pés à cabeça com cobertores e toalhas úmidos e deixá-los nessa situação por diversas horas. Achava que o envoltório em água era bom para a higiene e matava germes. O tratamento não tinha base científica – mas provavelmente matou menos gente do que a sangria e o emprego de sanguessugas, prática comum naquele tempo.

ou filhos, ou que os tratassem com mais compaixão. Apesar de não ser rica, tinha o necessário para viver confortavelmente, e todos os filhos dependeram dela por longos períodos. Maria Alexandrovna lhes enviava dinheiro, roupas, livros, pacotes de alimentos, e jamais demonstrou aborrecimento por eles lhe pedirem ajuda. Vladimir era o que mais pedia ajuda, se bem que por vezes recebesse amplos fundos financeiros vindos de outras fontes. Por alguns anos, ele gratificou a si mesmo com salário provindo dos recursos do partido bolchevique, mas ganhava muito pouco com seus livros e com a atividade jornalística. A vida do revolucionário profissional podia ser precária e, às vezes, faltavam-lhe até trocados; já bem entrado nos quarenta anos, Lênin não teria sobrevivido sem a assistência da mãe.

Vladimir possuía parcela muito pequena da serenidade e da paciente tolerância de Maria Alexandrovna Ulyanova, mas herdou dela outros atributos de caráter. "Nem bem conheci sua mãe, descobri o segredo do charme de Vladimir Ilyich," disse Ivan Baranov, camarada dos primeiros anos revolucionários de Lênin.[4]

A ancestralidade do pai de Lênin foi tão problemática para os historiadores soviéticos quanto a da mãe. A última biografia oficial de Lênin publicada na URSS, que apareceu nos anos 1950, descreveu seu pai, Ilya Nikolayevich Ulyanov, como nascido no seio de "pobre família da classe média baixa de Astrakhan," quase nada esclarecendo. A avó paterna de Lênin, Anna Alexeyevna Smirnov, era mulher *kalmyk* analfabeta com raízes na Ásia Central e aparência típica de sua origem étnica. Grande parte das descrições físicas de Lênin retratam-no com "seus olhos mongóis e ossos da face ressaltados," mas os soviéticos sempre esconderam dados sobre seus avós. Julgavam que eles não se encaixavam perfeitamente na imagem oficial, polida com cuidado, do fundador do bolchevismo, que precisava ser um Grande Russo de cima a baixo.*

Ilya nasceu em 1831 e seus pais morreram cedo. Ele cresceu sob os cuidados do tio Vasily, que também cuidou de sua educação, pois era próspero alfaiate e homem ativo que controlava lucrativos negócios em Astrakhan, a malcheirosa cidade de pescadores bem no delta onde o Volga despeja suas águas no mar Cáspio. Ilya formou-se

*Sob o regime de Stalin, a prova sobre a descendência *kalmyk* de Lênin foi destruída. A verdade veio à tona por acidente. A romancista armênia Marietta Shaginyan deparou-se com velho documento enquanto pesquisava para seu livro *A Família dos Ulyanovs*, que foi originalmente publicado em revista de pequena tiragem em 1937 e logo censurada pelas autoridades. Só em 1957 foi reeditado, depois que Stalin faleceu, durante breve degelo cultural na URSS.

professor de ciências e ensinou em diversas escolas secundárias de cidades provincianas do Sul da Rússia. Casou-se em 1863 e foi professor em Nijny Novgorod até 1869, quando recebeu expressiva promoção a inspetor de escolas da região de Simbirsk, função que lhe possibilitou o nível de nobre hereditário. De todos os filhos dos Ulyanovs, Vladimir era o que mais parecia com o pai. Ilya Ulyanov tinhas olhos rasgados que emitiam cor âmbar, testa grande em forma de domo e cabelo bem ruivo, que começou a perder já aos vinte anos. Como o filho, ele não conseguia pronunciar corretamente os "r" e, ocasionalmente, emitia leves ceceios. Era mais sociável que a esposa e gostava de companhia. Viajava muito em giros de inspeção por todo o extenso distrito escolar sob sua supervisão. A mãe de Lênin, embora nominalmente luterana, raramente ia à igreja. O pai era religioso e tomou as providências para que os filhos crescessem ortodoxos, à tradicional maneira russa.

Ilya era homem totalmente decente com opiniões liberais, que acreditava em reformas graduais e na mudança evolutiva através da educação – típico burguês bem-intencionado que seu filho viria a detestar e desdenhar com mais amargor que o que tinha pelos arraigados reacionários. Ilya admirava bastante Alexander II, o "Czar Libertador" que emancipara os servos em 1861 e deslanchara uma série de outras modestas medidas para modernizar a autocracia Romanov. Quando ele foi assassinado em 1881 por terroristas do grupo revolucionário "Vontade do Povo," Ilya Ulyanov chorou por dias. Vestido em traje de gala do serviço público, ele compareceu à cerimônia religiosa em homenagem ao Czar na Igreja da Santíssima Trindade de Simbirsk. Era membro orgulhoso da irmandade. Até onde se pode julgar pelos documentos deixados, Ilya só teve contato com um homem conhecido como "subversivo" – o médico da família Ulyanov, Alexander Kadyan, condenado a exílio interno pela polícia secreta e assim forçado, pelos termos da sentença, a permanecer dentro da cidade. Porém tratou-se de conhecimento puramente profissional.

"Nosso pai jamais foi revolucionário," escreveu Anna na sua curta história da família, "Naqueles anos, já entrado nos quarenta e chefiando uma família, ele desejava nos proteger, os filhos, daquele modo de pensar." A irmã Maria concordava. "Papai era completamente leal ao regime czarista, por certo um não revolucionário," disse ela a um camarada mais novo. "Realmente não sabemos o suficiente para dizer quais seriam suas atitudes ante as atividades radicais dos jovens."

O próprio Lênin jamais tentou esconder ou falsificar suas raízes, embora os soviéticos tenham criado mais tarde o mito de que o fundador do primeiro estado dos trabalhadores "saiu do povo" e tinha "origens sociais inferiores." Para muitos dos que o conheceram, seus modos e seu berço foram reveladores. Maxim Gorky, socialista convicto que nasceu na extrema pobreza e realmente saiu do povo, disse que "Vladimir Ilyich tinha a autoconfiança de um 'líder,' um nobre russo sem os traços psicológicos daquela classe."[5]

2
Infância idílica

"Os homens fazem sua própria história, mas não como desejam; não a fazem nas circunstâncias por eles escolhidas, e sim naquelas que encontram, oferecidas e transmitidas pelo passado. A tradição das gerações mortas permanece como pesadelo sobre as vivas."

Karl Marx, *O Dezoito Brumário de Louis Bonaparte,* 1852

NADA NA INFÂNCIA DE VLADIMIR ULYANOV ou no início de sua adolescência sugeria que se tornasse um dos maiores rebeldes da história. Ele cresceu num lar feliz, em meio a família amorosa, conforto burguês, se bem que sem riqueza ou ostentação. Foram-lhe ensinados – e mostrados pelo exemplo dos pais – os valores da diligência, da parcimônia, do trabalho árduo e a importância da educação.

Ele nasceu em 10 de abril de 1870 na pequena cidade provinciana de Simbirsk, bem ao lado do lento deslizar do rio Volga. Seis dias depois, foi batizado na Igreja Ortodoxa de São Nicolau, onde a classe média de Simbirsk frequentava o serviço religioso dos domingos.

Sua irmã Anna, seis anos mais velha, lembrou-se de que, quando nasceu, "Volodya" tinha a "cabeça pesada," desproporcional ao corpo pequeno e fraco. Ele caía demais, achava difícil levantar e custou a ficar de pé, motivos de berreiros e choradeiras de frustração. "Fazia muito barulho e era rabugento, com pequenos, penetrantes e felizes olhos castanhos," disse Anna. "Começou a andar quase ao mesmo tempo que sua irmã Olya [Olga] que era ano e meio mais nova. Ela simplesmente saiu andando sem que as pessoas em sua volta notassem. Já Volodya (...) foi um custo para andar; enquanto a irmã tropeçava e caía sem fazer qualquer ruído, e levantava sozinha empurrando as mãos contra o assoalho, ele inevitavelmente batia forte com a cabeça no chão e provocava um escarcéu em toda a casa."

Vladimir continuou colidindo a cabeça contra tapetes e pisos a ponto de sua mãe se preocupar se ele seria "mentalmente retardado." A parteira que o fez vir ao mundo disse pouco depois do nascimento que "ele seria ou muito inteligente ou muito estúpido." Sem qualquer dúvida, Volodya foi o mais irrequieto dos filhos e "deu trabalho durante toda a sua infância," segundo Anna.

Como muitas crianças, ele gostava de destruir. Quando ganhava brinquedo novo começava logo a dividi-lo em partes. Num dos aniversários, a babá, Varvara Grigoryevna Sarbatova – empregada que ficou com os Ulyanovs por vinte anos e tornou-se parte da família – deu-lhe de presente uma *troika* de *papier-mâché*, com cavalos e tudo. O menino desapareceu para brincar sozinho com o trenó. "Todos começaram a procurá-lo e o encontraram escondido atrás de uma porta. Lá estava ele totalmente concentrado torcendo as pernas dos cavalos até que todas elas se despregaram." Malgrado a desfeita com o presente, Sarbatova sempre ficava do seu lado. Ela costumava dizer que os filhos dos Ulyanovs eram "ouro puro (...) mas meu Valoden'ka é um diamante."

Vladimir foi a criança mais barulhenta e malcriada da bem-organizada família. Quando se comportava mal, como Sarbatova justificava, "pelo menos ele faz as coisas às claras e não fica fingindo." Salvo uma vez, quando em visita a uma tia em Kazan ele quebrou acidentalmente um vaso enquanto sozinho em uma das salas de recepção da grande casa. Negou peremptoriamente ter quebrado a peça, e o incidente foi esquecido. Porém, alguns meses depois, de volta a Simbirsk, ele não conseguiu dormir certa noite e a mãe o encontrou chorando no quarto. Tentou confortá-lo e perguntou o que tinha ocorrido. "Menti para tia Anya," confessou. "Disse que não tinha quebrado o vaso, mas fui eu."

Apesar de muito agarrado à irmã Olga, seu herói da meninice foi o irmão mais velho (por quatro anos) Alexander, rapazinho sério, algo carrancudo, que só com um olhar mais zangado podia controlar o forte temperamento de Vladimir. "No começo Vladimir começou a imitar seu irmão, mas com o passar do tempo foi conscientemente abrandando os maus modos," de acordo com Anna. Os dois meninos ocupavam quartos contíguos, trabalhavam juntos e brincavam no jardim, caminhavam pelas margens do Volga e com frequência nadavam em um de seus tributários, o Sviyaga. "Sempre que perguntavam a Vladimir que jogo ele queria brincar, se gostaria de passear a pé, ou se queria leite ou manteiga no seu mingau, ele primeiro olhava para Sasha antes de dizer alguma coisa. Este, só de brincadeira, fingia não ser com ele, mas acaba virando-se para o irmão e piscava o olho. 'Vou fazer o que Sasha fizer,' era a resposta de sempre."[1]

A residência dos Ulyanovs era casa muito boa da Rua Moskva, a meio caminho de suave ladeira, em bairro seleto de Simbirsk, onde moravam também funcionários de cargos elevados, uns poucos oficiais do exército, médicos e advogados. Eram famílias que levavam vida decente, tranquila e fleumática, mas sem luxos.

Fundada na margem mais alta do Volga em 1648, Simbirsk foi por algum tempo importante como guarnição militar para a defesa contra incursões de nômades. Com o passar das décadas, ela foi se tornando tranquila e sossegada cidade do interior. Pelo fim do século XIX sua população era de aproximadamente 30 mil almas, mas ainda não tinha ferrovia. Poucas e mal conservadas estradas a ligavam ao restante da Rússia, e o Volga a conectava com diversas cidadezinhas sonolentas até Astrakhan, no delta do rio a uns mil quilômetros para o sul. No inverno, os habitantes de Simbirsk reclamavam de seu isolamento, que os fazia pensar que moravam em terra de ninguém. Por outro lado, havia as belezas da natureza. Pomares de maçãs e frutas vermelhas silvestres cobriam o campo por quilômetros e quilômetros. À noite era um festival de canto de milhares de rouxinóis. Pouca coisa havia mudado na cidade ao longo de um século e meio: uma catedral que impressionava pelo grande domo em forma de cebola, duas boas bibliotecas e – em certa medida frutos dos esforços do educador liberal Ilya Ulyanov – dois excelentes *Gimnasium* (escolas secundárias). As minorias *chuvash* e *tártara* eram consideráveis e a maior parte trabalhava nos barcos do Volga.*

O mais famoso dos filhos de Simbirsk, depois de Lênin, foi o romancista Ivan Goncharov, quase contemporâneo de Lênin, cuja obra-prima *Oblomov* foi muito apreciada pelo futuro líder bolchevique. "A aparência externa de minha casa não representava nada, a não ser a imagem de repouso e estagnação," escreveu Goncharov. "A vontade era de dormir quando se olhava para suas calmas e indolentes janelas

*Após a morte de Lênin, Simbirsk foi transformada em grandioso altar leninista e, em 1924, foi renomeada Ulyanovsk. Grande parte da cidade foi descaracterizada no final dos anos 1920. A igreja onde Lênin foi batizado foi arrasada – assim como a bela casa em estilo clássico onde Pushkin morara no início do século XIX. A catedral, construída em memória dos habitantes de Simbirsk que morreram na guerra de 1812, foi demolida nos anos 1920 a fim de se abrir espaço para monumento a Lênin. O cemitério do Mosteiro Pokrovsky foi aplanado por máquinas e nele só restou um túmulo – o do pai de Lênin, sem cruz. A cidade ainda é denominada Ulyanovsk.

com as cortinas cerradas, ou para as fisionomias pétreas das pessoas. (...) Sobre a cidade pairava a hibernação da paz (...) e a tranquilidade das generosas vidas rural e urbana na Rússia."*

A confortável casa de madeira dos Ulyanovs, com dois pisos, possuía amplos cômodos para recepções e divertimentos, uma biblioteca sortida com clássicos russos, de Pushkin a Tolstoy, e com livros de ficção dos melhores autores estrangeiros. Todas as crianças foram incentivadas pelos pais a ler bastante, e de uma maneira permissiva que teria chocado os colegas mais conservadores de Ilya Ulyanov do serviço público. Por muito tempo de seus anos de menino, o livro favorito de Vladimir foi *A Cabana do Pai Tomás*, de Harriet Beecher Stowe, prematura influência que precedeu a de Marx e a de qualquer dos radicais russos. Ele manteve o livro perto de sua cama por muitos anos.

A residência tinha ampla varanda no andar de cima da qual se podia contemplar um quintal repleto de macieiras, ameixeiras e canteiros de frutas silvestres, assim como lilases cercando jardins bem-cuidados. Toda a família era apaixonada por *croquet*, e os torneios podiam se tornar muito disputados. Dentro de casa, as crianças, inclusive os mais velhos, gostavam de soldadinhos de chumbo. Vladimir sempre escolhia combater pelo lado dos americanos e participava incorporando o personagem Abraham Lincoln ou os generais da União Grant e Sherman. Os irmãos Sasha e Dmitry (quatro anos mais novo) eram normalmente italianos, e as irmãs, soldados espanhóis que lutavam contra Napoleão.

O jogo pelo qual Vladimir sempre revelou paixão a vida toda foi o xadrez. Seu pai cedo o ensinou a mexer as peças que ele mesmo havia amorosamente esculpido para os filhos. Ulyanov *père* não era um jogador qualquer; qualificava-se, isso sim, entre os melhores de Simbirsk, mas Vladimir logo começou a vencê-lo e aos irmãos. Ele se

*Devido a curioso capricho do destino – para cidade tão do interior e longínqua – Alexander Kerensky também era de Simbirsk. Ele frequentou a mesma escola, mas os dois lá não se cruzaram porque ele era onze anos mais novo que Lênin. Em seus últimos anos, Kerensky foi assaltado por profundamente românticas reminiscências da cidade em que cresceu – se bem que ele não tivesse visto a hora de sair de Simbirsk em busca de luzes mais brilhantes. Deixou altamente colorido relato da cidade onde, do alto da colina, "até o curso d'água espraiavam-se luxuriantes pomares de maçãs e frutas silvestres. Na primavera, todo o lado montanhoso embranquecia com o desabrochar de perfumada floração (...) a noite se enchia com o som dos rouxinóis. Os campos (...) durante o calor do verão vibravam com os barulhos dos jogos praticados e com o alvoroço dos camponeses e de gente da cidade que vinha aparar a bela grama.

transformou em jogador de porte e podia enfrentar partidas difíceis e demoradas com as melhores cabeças do xadrez russo*[2]

Os verões eram passados em Kokushkino, a propriedade comprada por Alexander Blank que, após sua morte, foi herdada pelos seus cinco filhos. Lênin se recordaria de Kokushkino durante toda a vida como lugar mágico onde sempre foi feliz. Lá encontrava paz e tranquilidade, "onde o aroma misturado das resedas, dos animais, das ervilhas doces e folhas de tabaco, do agrião, das mil-flores, gerânios e das malvas pairava sobre os jardins."

Em suas recordações, a irmã Anna, que se tornou rematada bolchevique, falava como autêntica russa de classe média quando se referia a Kokushkino e à sua graciosa mansão cercada em três lados por terraço com vistas para os jardins – casa situada no fim de longo caminho e de uma alameda com grandes árvores. "Todos os anos, começávamos a sonhar com nossa mudança do verão e fazíamos preparativos com enorme antecedência. Achávamos que não existia nada mais belo e nada melhor do que Kokushkino, pequeno e pitoresco pedaço do interior. Acho que herdamos o amor por Kokushkino, e a satisfação em revê-lo, de nossa mãe, que lá desfrutou seus melhores anos. O prazer da vida no interior, os espaços abertos, tudo era atraente para nós. Em especial depois da agonia de nossa escola (...) que mais parecia prisão, e da tortura dos exames de maio, os verões em Kokushkino pareciam não ter comparação em felicidade e alegria." Vladimir tomava banho de rio, passeava de barco e vagava pela floresta à cata de frutas vermelhas e cogumelos. Ele soltavas pipa e havia piqueniques.[3]

A educação das crianças era de fundamental importância para os pais Ulyanov. Todas elas foram muito bem na escola, mas Vladimir foi de longe o mais competitivo. Era imensamente charmoso quando queria e, na adolescência, era bem humorado. Mas também podia ser insuportavelmente pretensioso e grosseiro. De excepcional inteligência, fazia questão de que todos soubessem disso. Pelos fins de períodos letivos no *Gimnasium*, quando suas notas eram reveladas, ele voltava para casa e ia anunciando em voz bem alta enquanto passava pelo

*Na escola, ele foi suficientemente bom para jogar "xadrez simultâneo" contra diversos oponentes ao mesmo tempo, postados à frente de seus respectivos tabuleiros. Quase sempre ganhava todos os jogos. Sua esposa Nadya disse mais tarde: "Algumas partidas o obcecam tanto que ele delirava durante o sono." Certa vez ela o surpreendeu dormindo e dizendo. "Se ele mexer o bispo para aqui, vou atacá-lo com minha torre."

estúdio do pai, "grego – cinco [naturalmente a maior nota]; latim – cinco; alemão – cinco; álgebra – cinco, e assim por diante," lembrou-se a irmã Anna. "Posso ainda ver claramente a cena: sentada no estúdio do pai, percebo o sorriso contido trocado entre papai e mamãe enquanto seus olhos acompanham a pequena figura robusta e de uniforme com cabelos ruivos escapando pelos lados do boné." A tranquilidade com que ele ultrapassava os problemas escolares causava preocupação nos pais, receosos de que o menino acreditasse que a vida era fácil demais e se tornasse extremamente arrogante. Mas a inquietação não durou muito tempo.*

O currículo era pesado, porém limitado. Ocorriam muitas repetições de matérias e havia também muitos assuntos para decorar. Quase metade das aulas era sobre os clássicos, e a maior parte do restante consistia de matemática e ciências naturais. Sob a autocracia russa não era permitido enfocar política; os mandantes temiam permitir que as crianças russas lessem algumas obras-primas da literatura russa. Muito pouca poesia era ensinada. Os alunos eram desencorajados a ler os melhores autores modernos russos – Tolstoy, Dostoyevsky, Turgenev, Pushkin, Lermontov, Gogol – porque numa ocasião ou noutra eles tiveram problemas com os censores czaristas. Eram ministrados alemão, francês e inglês, porém sem gramática e escrita. Os estudantes não podiam igualmente ler autores e pensadores europeus iluministas ou participantes do Movimento Romântico – Goethe, Voltaire, Rousseau, por exemplo. Os que estudavam no ginásio clássico de Simbirsk não tinham acesso à principal biblioteca da cidade, a Karamazin, por ela possuir alguns volumes julgados subversivos para olhos jovens.

A disciplina era rigorosa na escola, mas Vladimir raramente se queixava ou revelava qualquer vestígio de espírito rebelde. Em determinada ocasião, ele se meteu em enrascada, mesmo assim sem importância, por ter sido visto por um bedel imitando com gestos o professor de francês, pois não o achava bom. Em casa, a disciplina era um pouco mais relaxada, ao menos durante o período escolar. Ilya era enérgico fiscal nas horas dos deveres escolares e fixava diariamente certo tempo para leitura séria; os que violassem o "proibido conversar" eram mandados para a "cadeira preta de braços" no escritório do pai a fim de se acalmar e refletir sobre o silêncio e os maus modos. Certa vez Vladimir foi encontrado dormindo naquela cadeira.[4]

*A única matéria escolar em que o futuro teórico do marxismo não brilhou foi Lógica. Por vezes, ele nem chegou a tirar quatro. Não sabemos – ele jamais fez referência ao fato – mas em anos posteriores Lênin deve ter se divertido bastante com aquela ironia.

Alexander Naumov dividia a carteira com Vladimir no ginásio. Na maioria dos anos letivos ele foi medalha de prata, segundo lugar depois de Ulyanov, habitualmente medalha de ouro. "Vladimir Ilyich era muito baixinho, mas bem troncudo, com ombros um pouco encurvados para a frente e uma cabeça grande levemente comprimida nos lados (...) ele tinha algumas características irregulares, digamos assim, meio feias: orelhas pequenas, bochechas salientes, nariz pequeno, largo e um tanto achatado e, além disso, uma boca grande com dentes bem espaçados e amarelados. Sem sobrancelhas no rosto sapecado de sardas, Ulyanov tinha muito cabelo louro, fofo e algo cacheado, que ele penteava todo para trás. Esses aspectos desfavoráveis, no entanto, eram compensados pela testa elevada, abaixo da qual se incendiavam dois olhos castanhos-escuros e ferozes. Sua aparência desajeitada era logo esquecida quando conversava, em função do efeito daqueles olhos pequenos, mas incomuns, que luziam com suas extraordinárias inteligência e energia (...) ele era bastante diferente de todos nós. Nem quando pequeno, tampouco depois, participava das brincadeiras infantis ou das tramoias e travessuras dos jovens, sempre se mantendo reservado, ocupado com os estudos ou com algum dever escrito. Até nos recreios entre aulas, Ulyanov tinha a companhia de seus livros, lendo enquanto caminhava de lá e para cá diante das janelas. A única distração que se permitia era jogar xadrez, quando invariavelmente vencia, mesmo disputando com diversos adversários simultaneamente."

Outro colega de escola descreveu o jovem Lênin como "enciclopédia ambulante, extremamente útil para os camaradas. (...) Tão logo aparecia, Ulyanov era de imediato cercado pelos outros alunos que lhe pediam uma tradução ou a solução de determinado problema. Ajudava a todos e de boa vontade, mas a mim parecia que, de uma forma ou de outra, ele se ressentia com aqueles que tentavam tirar vantagem ou fazer o trabalho de casa à custa do esforço e do intelecto de outro. Ulyanov tinha temperamento uniforme, de maneira geral, alegre, contudo era por demais distante, discreto e frio nas relações com os companheiros. Dirigia-se a todos por 'você' [as crianças costumam usar com os amigos o pronome 'tu'], e não me lembro de uma só vez em que ele tenha relaxado a postura ou admitido demasiada intimidade. No todo, ele inspirava respeito e demonstrava autoridade indiscutível, mas não se podia dizer que fosse apreciado, e sim considerado."[5]

Em nenhum momento enquanto se desenvolvia, Vladimir exibiu qualquer interesse por política. "Volodya jamais esconderia tal tendência (...) naquele tempo, em suma, ele não alimentava crenças políticas.

Ficamos surpresos com o fato de ele poder ler e reler diversas vezes Turgenev – nos meses em que dividiu quarto com Sasha – enquanto o irmão estudava diligentemente obras de economia política."[6]

Os anos idílicos da infância e da juventude de Vladimir foram de súbito despedaçados justamente às vésperas de seu décimo sexto aniversário. Seu pai tinha mantido em segredo o mal que o acometia por algum tempo: cólicas estomacais e a enfermidade agora diagnosticada como séria hipertensão. Em janeiro de 1886 ele faleceu vítima de derrame cerebral.

A elevada pressão sanguínea em nada se aliviava com o grande estresse da sua vida profissional. Ilya Ulyanov foi modelo de servidor público consciente por um quarto de século. Supervisionou a abertura de cerca de quatrocentas escolas primárias e secundárias na região de Simbirsk e acreditava piamente que o atraso da Rússia só poderia ser vencido com melhor educação para todos. Tal opinião era compartida pelo "Czar Libertador," Alexander II, que deu início a uma série de reformas e providenciou a expansão das escolas na Rússia. Porém, depois de seu assassinato, as reformas foram descontinuadas e se estabeleceu um período de áspera reação.

A autocracia sentiu-se ameaçada e reagiu da maneira previsível dos Romanovs. Meses depois que o novo Czar, Alexander III, acedeu ao trono, a censura foi apertada, e poderes mais abrangentes foram concedidos à polícia secreta para deter e aprisionar. Poucos meses mais tarde, a educação foi colocada nas mãos de novo ministro, Ivan Delyanov, cuja visão da escolaridade, como declarou ao assumir a pasta, era que "filhos de cocheiros, serventes, cozinheiros, lavadeiras, pequenos lojistas e de profissões similares não deveriam ser estimulados a se elevar acima da esfera em que tinham nascido." O programa de abertura de escolas para os pobres nas vilas e aldeias foi suspenso; em seu lugar, umas poucas escolas religiosas foram designadas para o preparo de crianças ao sacerdócio ortodoxo.

O novo ministério concedeu a Ulyanov honrarias e medalhas, mas logo as retificou. Seu ativismo liberal não se coadunava com a rudeza do novo regime, decidido a retroceder ao passado. Os adeptos de Ilya Ulyanov conseguiram adiar indefinidamente sua aposentadoria e ele foi reincorporado à educação pública, mas sua vida profissional estava, infelizmente, chegando ao fim.

O inverno russo de 1885-86 foi em especial inclemente, dos mais gélidos em muitos anos, e Ilya desenvolveu forte tosse. Como era do seu feitio, continuou trabalhando no ritmo habitual.

No dia 12 de janeiro de 1886, Ilya queixou-se a Maria Alexandrovna de que não estava se sentindo bem, mas ainda tinha reunião no estúdio com um membro de sua equipe de fiscais até as duas da tarde. Inusitadamente, ele não se juntou à família para o almoço. Apareceu por breve momento na porta da sala de jantar e voltou para o estúdio. "Ele olhou para nós como se viesse dizer adeus," recordou a filha Maria anos mais tarde.

Depois do almoço, a esposa foi procurá-lo; ele estava prostrado no sofá e tremendo, incapaz de falar. Maria Alexandrovna chamou o médico e reuniu as crianças para verem o pai. Ilya agonizava; tremeu violentamente algumas vezes e faleceu antes que o doutor chegasse. Tinha 54 anos, um ano a mais do que Vladimir quando este morreu.

Ulyanov foi sepultado no dia seguinte, e grande parte da classe média de Simbirsk foi ao funeral. Sasha estava fora, estudando na Universidade de São Petersburgo e levaria diversos dias para chegar à residência. Vladimir, aos quinze anos, foi o principal carregador do caixão; os outros foram dignitários importantes da cidade.

A morte de Ilya Ulyanov, com relativamente pouca idade, foi um golpe tremendo para a família. Entretanto, logo um outro, mais sério, desabaria sobre a viúva e seus filhos – tragédia que levaria Vladimir ao caminho para se tornar o revolucionário Lênin.[7]

3

O enforcado

"O revolucionário é totalmente dedicado. Não tem interesses pessoais, não é emotivo, não tem relacionamentos, bens e até nome. Tudo nele se subordina a um só pensamento, a uma única paixão: a Revolução."

Sergei Nechaev, *O Catecismo Revolucionário*, 1869

JÁ TARDE NA NOITE DE 4 DE MAIO DE 1887, três rapazes, todos com seus vinte anos, estavam manietados e acorrentados em suas celas da Fortaleza Pedro e Paulo em São Petersburgo, conhecida então como a "Bastilha" russa. Eles foram conduzidos para barco a vapor que estava atracado à margem do Neva e navegaram uns 25 quilômetros rio acima até outro símbolo sombrio do poder dos czares: o horroroso e impregnável Forte Shlisselburg construído cerca de duzentos anos antes por Pedro, o Grande, na costa sudoeste do lago Ladoga. Os moços só foram desacorrentados quando se encontravam seguramente encarcerados em úmidas celas.

Pelas três noites seguintes, sem que os cinco prisioneiros soubessem, pois não podiam ouvir som algum que ultrapassasse as grossas paredes, carpinteiros trabalharam arduamente e com pressa erguendo patíbulo e cadafalsos no pátio do forte. Às 3:30 de 8 de maio, eles foram acordados pelos guardas da prisão, manietados e acorrentados de novo e receberam a notícia: de acordo com as sentenças proferidas contra eles pela Sessão Especial do Senado ocorrida três semanas antes, seriam então enforcados. O crime fora: tentativa de assassinato do Czar. Mais tarde os carcereiros disseram que os cinco, todos estudantes da Universidade de São Petersburgo, se mostraram inusitadamente calmos enquanto eram vestidos e preparados para a morte.

Pelas quatro da madrugada, eles desceram as escadas de pedra e se dirigiram ao pátio do forte. Tinham sido feitas apenas três forcas, de modo que dois dos prisioneiros tiveram esperar e assistir o enforcamento de três companheiros antes de morrerem. Os primeiros a serem executados foram Vasily Generalov, vinte anos, estudante do segundo ano e oriundo de família de classe média dos cossacos do Don; Pakhomi Andreushkin, 21, brilhante estudante de física, oriundo de família rica de Kuban; e Vasily Osipanov, 26, filho de um soldado que servia em Tomsk e estudante da faculdade de Direito. Todos os três recusaram os últimos ritos religiosos. Enquanto capuzes negros foram colocados sobre suas cabeças e eles subiam a escada do patíbulo, gritaram o mais alto e distintamente que puderam: "Vida longa para o Vontade Popular!" Para os três, as últimas palavras que saíram de seus lábios foi o nome do seu grupo revolucionário: o *Narodnaya Volya*.

Os corpos balançaram por alguns poucos minutos enquanto seus dois camaradas esperavam embaixo. Quando levados ao patíbulo, um deles afastou raivosamente a cruz que lhe foi oferecida pelo padre; foi Pyotr Shevryev, com 23 anos de idade e filho de rico negociante de Kharkov. O outro calmamente beijou o crucifixo antes de caminhar para a morte, apenas seis semanas antes de seu vigésimo primeiro aniversário. Era Alexander Ilyich Ulyanov.*[1]

Vladimir, o irmão mais novo de Sasha, fazia prova de geometria no dia do enforcamento. Ninguém soube sobre as execuções até bem tarde no dia seguinte. Sua mãe acreditou até o último instante que a sentença de morte seria comutada, na pior das hipóteses, para prisão perpétua.

Como o resto da família, Vladimir não tinha ideia de que o circunspecto Sasha, cujo principal interesse todos pensavam estar nas ciências naturais e que parecia destinado a uma brilhante carreira acadêmica, estava tão profunda e perigosamente envolvido com política radical. Sua mãe e a irmã mais velha Anna sabiam que ele lia seriamente sobre economia e história política, mas não que fosse militante – ou que tivesse quaisquer ativistas como amigos.

Rapaz de princípios, só faltava Sasha ser santificado pelos irmãos. Ele tinha aparência de sonhador romântico, feições delicadas e era propenso à melancolia. Chegava a ser irritante de tão comportado, quieto e reservado, mesmo quando criança. Estudava tanto que era difícil separá-lo dos livros até nas refeições. No último ano do ginásio, Sasha converteu seu quarto em laboratório. Quando passeava pelo

*O grande professor de química Dmitry Mendeleyev, que criou a tabela periódica dos elementos, foi professor por breve período de Sasha Ulyanov em São Petersburgo. Ficou chocado com as execuções, mas não apoiava por inteiro as ideias de Sasha: "Essas malditas questões sociais, essas inutilidades, creio, o entusiasmo pela revolução – quantos grandes talentos está destruindo?" – disse, depois que soube dos enforcamentos.

** Naturalmente ele tirou *cinco*..

campo, colhia espécimes de insetos; adorava minhocas. Havia algo de enganoso e de hipócrita na sua insistência por ser visto como bom moço. Parecia não ter senso de humor, muito menos a ironia abundante no irmão Vladimir. Perguntado pelas irmãs qual seu tipo ideal de beleza feminina, Sasha respondia muito sério, "Oh, exatamente o tipo de mamãe."

Vladimir venerou Sasha como criança, porém quando cresceu a relação entre os dois ficou mais complexa. Nenhuma crítica, nem sinal dela, era expressa por Sasha, mas Vladimir parecia ficar incomodado com a maneira com que seu irmão mais velho distribuía pregações sobre o que era certo ou errado. "Quando Volodya atingiu aquela fase de transição para a adolescência, tornou-se jovem rapazinho um tanto atrevido e briguento, e se mostrava bastante insolente e autoconfiante, em particular depois da morte de nosso pai," escreveu Anna anos mais tarde. Alexander não perdoava as menores faltas, má conduta, ou irritações bobas dos irmãos e irmãs. Certo dia, os dois jogavam xadrez, e Maria Alexandrovna pediu que Vladimir fosse pegar uma coisa qualquer no quarto ao lado, Vladimir respondeu com indelicadeza para que ela esperasse até o fim da partida, ela pediu de novo – e a reação do menino foi ainda mais arrogante. Alexander levantou a voz, o que raramente fazia. "Volodya. Ou você faz logo o que mamãe está pedindo ou nunca mais jogo xadrez com você." Quietinho, Vladimir foi pegar o objeto.

"A natureza diferente dos dois irmãos já ficara visível na infância," disse Anna. "Em decorrência disso eles jamais poderiam ser amigos muito chegados, a despeito do irrestrito respeito e admiração que Volodya tivesse por Sasha. (...) Ficou absolutamente claro que cada um deles tinha personalidade própria e que eram dois indivíduos totalmente distintos."

De sua parte, Sasha era um tanto distante em relação a Vladimir. Um dia, alguns meses antes de sua execução, Anna, que também estudava em São Petersburgo, perguntou a Alexander: "Você gosta de Volodya?" Ele replicou: "Sem dúvida ele é uma pessoa muito talentosa, mas não nos damos muito bem nem somos muito íntimos. Para falar a verdade, não somos nada íntimos."[2]

A trama do assassinato foi ridiculamente amadora. A grande surpresa foi os conspiradores terem chegado bem perto do sucesso. Ao longo de diversos meses de preparativos, quinze pessoas se envolveram no plano – imensa tolice se um dos objetivos era o sigilo – e acabou resultando que alguns participantes comentaram a tentativa com simpatizantes. A despeito disso, a polícia política, a muito temida e supostamente onipresente Okhrana, não teve conhecimento dela até poucos dias antes de sua execução, e, mesmo assim, por um golpe de sorte. Um dos maquinadores, Vasily Generalov, foi preso por suspeição de motivo totalmente diferente e pego pela polícia com equipamento explosivo e algumas cartas incriminadoras.

O dinheiro veio de Sasha, que vendeu a medalha de ouro ganha na Universidade de São Petersburgo devido a um estudo preparado sobre a estrutura das minhocas anelídeas de água doce. Foi Sasha quem projetou e ajudou a fabricar as três bombas para matar o Czar quando deixasse o Palácio de Inverno a fim de comparecer a um serviço religioso na catedral da avenida Alexander Nevsky, em 1º de março, em homenagem ao sexto aniversário da morte de Alexander II. Ele obteve todas as informações necessárias de livros da biblioteca da universidade, porém se as bombas iriam mesmo explodir, ninguém jamais saberá. O problema principal foi encontrar o ácido nítrico que detonaria o artefato. Ele foi por fim achado na Polônia e contrabandeado para São Petersburgo.*

Alexander foi preso na Nevsky Prospekt, poucas horas antes do ataque previsto ao Czar. Ele tinha um revólver Browning no bolso que, descostumado que era a portar armas, tinha pequena ideia de como o disparar. Imediatamente Sasha admitiu sua culpa e assumiu sozinho a responsabilidade pelo atentado, ainda que a ideia não tivesse sido sua, nem grande parte do planejamento.

Tão logo tomou conhecimento da prisão de Sasha, Maria Alexandrovna partiu para São Petersburgo. Ela esperava intervir pessoalmente para encurtar aquilo que pensava ser uma sentença de prisão. Viajou a cavalo e carroça até a estação de trem mais próxima a uns 200 km de distância, em Syzran – sozinha. Vladimir foi encarregado de procurar uma pessoa, quem quer que fosse "respeitável," para acompanhá-la na longa e árdua jornada. Mas não encontrou ninguém para ajudar a família do suspeito terrorista, desgosto que ela guardaria por toda a vida.[3]

Maria Alexandrovna escreveu cartas desesperadas implorando por Sasha a todas as pessoas que supostamente poderiam ajudá-la,

*Um dos coconspiradores de Sasha iria mais tarde desempenhar papel de destaque na vida de Lênin. O jovem que comprou o ácido nítrico para explodir as bombas foi Jósef Pilsudski, nacionalista polonês que, nos anos 1920, se tornaria ditador militar da Polônia. Pilsudski desejava a independência de seu país da Rússia czarista e, depois da Revolução, ele se tornou herói da Guerra Polonesa de 1920 contra o incipiente regime soviético. Os poloneses derrotaram de forma acachapante e embaraçosa o estado soviético – um dos grandes reveses de Lênin. Pilsudski foi sentenciado a cinco anos de exílio por sua participação no complô de Sasha Ulyanov para assassinar Alexander III. O irmão Bronisław de Pilsudski, que contrabandeou o ácido, foi sentenciado a quinze anos de trabalhos forçados..

do Czar para baixo. De início, ela não teve permissão para visitá-lo na cadeia, mas depois deixaram. O próprio Imperador interveio e rabiscou na sua petição: "A mim parece desejável permitir que ela veja seu filho, de sorte a ficar convencida sobre o tipo de pessoa que é seu querido filho (...) e também saber que tipo de acusações pesam sobre ele," afirmou.

Ela o visitou em 30 de março. Numa penosa entrevista, ele desabou e pediu perdão à mãe. "Mas querido Sasha, por que recorrer ao terrorismo, ao assassinato? Que coisa horrível!" Ele replicou: "Fazer o quê, mãe, quando não há mais nada disponível?"

O julgamento começou em 15 de abril, em segredo de justiça, e durou quatro dias. Quinze rapazes foram acusados. Sasha admitiu de novo sua culpa e assumiu a responsabilidade abrandando as ações dos colegas. Em certo ponto na corte, segundo um guarda que assistia aos procedimentos ouviu, Sasha sussurrou para Generalov. "Se você quiser assumo, pode jogar toda a culpa em mim."

Antes do veredicto, Sasha teve permissão para ler uma declaração final já preparada.

"O terror é a única forma de defesa, o único caminho que os indivíduos podem seguir quando seus descontentamentos se tornam extremos. Nós (...) [estudantes] somos incentivados a desenvolver poderes intelectuais, mas não nos encorajam a usá-los em benefício do país. No seio do povo russo pode ser achada uma dúzia de homens, ou mais, que são devotados às suas ideias e abraçam os infortúnios de seu país com tal paixão que não consideram sacrifício dar a vida pela causa. Não há nada que possa intimidar pessoas assim."

As sentenças foram lidas em 25 de abril. Todos os acusados foram condenados à morte. Maria Alexandrovna foi novamente autorizada a ver o filho e implorou para que ele requeresse perdão. Alguns velhos amigos de seu marido, funcionários destacados do serviço público, tinham-lhe dito que o Czar estava disposto a conceder clemência. Sasha recusou-se. "Desculpe, mãe, não posso fazer isso depois de tudo que eu disse no tribunal. Seria insincero." No fim ela conseguiu convencê-lo a escrever uma petição solicitando perdão. Mas já era tarde demais.

Antes que as execuções fossem procedidas, o Czar se deu o trabalho de ler todo o registro do caso. Fez anotações às margens da declaração de Sasha. "Esta franqueza (...) e honestidade chegam a sensibilizar!" Ele comutou as sentenças de dez acusados, mas ordenou que a de Sasha tivesse prosseguimento. Alexander III comentou na margem da última página do relatório: "Dessa vez Deus nos salvou! Mas por quanto tempo?"[4]

A morte do filho foi um golpe arrasador para a mãe. "Quando voltou de São Petersburgo, ela não bateu na porta nem tocou a sineta; entrou em silêncio pela porta dos fundos," recordou a filha Maria. "Os mais pequenos cercaram-na e a envolveram com abraços. Notei que seus cabelos tinham ficado mais brancos."

Sasha e sua execução raramente foram mencionados pela família por vários anos – "simplesmente ela doloroso demais." Mas o profundo e imediato efeito sobre Vladimir ficou patente. Não era normal ele demonstrar seus sentimentos para gente de fora da família, e parece pelo que se sabe que só existe um registro contemporâneo de sua reação, de um colega de escola que com ele falou dias depois: "A noite estava tão parada, como se a natureza quisesse nos acalmar e amparar, eu disse para Volodya. Após um momento de silêncio ele falou que (...) Sasha tinha sido morto. Fiquei estupefato. Desanimadamente e aos poucos, Volodya sentou-se ao meu lado. Inundados pelos pensamentos era impossível falarmos. Ficamos sentados e calados por longo tempo. Por fim ele se levantou e, sem trocarmos palavra, caminhamos para a cidade. Andamos devagar. Percebi a imensa dor que Volodya experimentava, mas ao mesmo tempo sua determinação para não demonstrá-la. (...) Antes de nos despedirmos, peguei forte em sua mão. Ele encarou-me, respondeu com força meu aperto de mão e foi para casa."[5]

Os Ulyanovs foram isolados pela camada burguesa Simbirsk.

Todos os dignitários da cidade, que um ano antes, se tanto, haviam comparecido ao funeral do pai de Vladimir, nunca mais visitaram a família. Amigos de longa data que sempre jogaram xadrez com o pai Ilya e, depois de sua morte, com Vladimir, não apareceram mais. Isso provocou-lhe pelos liberais e "bonzinhos da classe média," um ódio vitriólico, por vezes incontrolável, que dali por diante alimentaria até seus dias finais: "Os burgueses (...) sempre serão traidores e covardes," passou a declarar com monótona frequência. A política é pessoal – e aquilo tinha sido pessoal. Um moço que pouco pensava em política, ficou politizado da noite para o dia.* Maria Alexandrovna

*Na maior parte das hagiografias sobre Lênin que surgiram na URSS até o fim dos anos 1970, aparece uma total história de ficção com a finalidade de mostrar que Vladimir Ulyanov, com dezessete anos, já era o revolucionário Lênin que pensava estrategicamente. Quando lhe disseram que Sasha fora enforcado, ele supostamente disse

não podia mais suportar os olhares de antigos amigos e os mexericos dos estranhos; decidiu mudar toda a família de Simbirsk e vendeu a casa da rua Moskva. A casa foi comprada pelo chefe de polícia da cidade, homem de retidão inquestionável, que no entanto não teve o menor problema em adquirir uma propriedade de parentes de terrorista.[6]

Vladimir começou a mergulhar na literatura política que seu irmão lera, e um novo mundo se abriu. Algo, entretanto, ainda o deixava perplexo sobre o irmão. Quase uma década mais tarde, no dia que conheceu a futura esposa Nadejda, os dois caminhavam em São Petersburgo pela margem do rio Neva. Ele a ela confidenciou a amargura que lhe provocara o enforcamento de Sasha e quão era grande sua ira contra o governo que o sentenciara à morte. Vladimir então disse que jamais imaginou que o irmão se tornasse revolucionário: "Um revolucionário não se entrega ao estudo das minhocas."

Vladimir passou a ser então homem marcado pelas autoridades – suspeito de ligação com o irmão e potencial criador de casos. Entrara em rota de colisão com o regime czarista.

à irmã Maria: "Não, não vamos pegar essa estrada (...) encontraremos outra." Maria tinha só oito anos àquela época e não poderia entender o que o irmão dizia. História mais palatável (mas também de veracidade incerta) é um comentário provindo de Vera Kashkadanova, do grupo de tutores da jovem irmã Olga, que afirma Lênin ter dito a respeito da atitude de Sasha: "Têm de significar que ele precisou agir daquela maneira; não tinha como agir de outra forma."

4

O estado policial

"Nós russos somos escravos por sermos incapazes de nos libertar e de nos tornarmos cidadãos em vez de servos."

Alexander Herzen (1812-1870)

A MAIORIA DOS RUSSOS PREPARADOS, os intelectuais pertencentes à chamada *intelligentsia*, provavelmente concordava com os sentimentos de Alexander Ulyanov, quem sabe até com suas ações. Apesar de não dispostos a lançar bombas, pelo fim do século XIX talvez simpatizassem com as frustrações do jovem por lhe ser negada qualquer voz sobre o caminho que a Rússia tomava, qualquer aposta no futuro do país – "a própria palavra *intelligentsia* era sinônimo de oposição," como observou um dissidente.

Cerca de 85 por cento da população russa eram camponeses, os *mujiks* que, na essência, não gozavam de nenhum direito civil, se bem que alguns avanços em seu status social tivessem sido alcançados ao se abolir a servidão em 1861. De modo geral, eles não demonstravam interesse pela política além da lastimosa aceitação de seu destino; o regime não via necessidade alguma de ouvir seus pensamentos.

A pequena classe média e os intelectuais eram diferentes. A autocracia considerava qualquer difusão de ideias sobre modernização da Rússia, no mesmo rumo da Europa Ocidental, um desafio direto à dinastia Romanov, no poder por quase trezentos anos. A Coroa criara um órgão estatal inteiro para desenraizar a "subversão" em todas as suas formas. Como disse o conde Sergei Witte, primeiro-ministro por três anos do último dos czares: "O Império Russo (...) tornou-se um estado policial por excelência."

Os dois últimos imperadores russos imaginaram – até quase o fim do *ancien régime* – que o aperto na repressão e na censura, o exílio para os oponentes mais brandos e o banimento da atividade política de qualquer tipo tornariam a monarquia mais segura. Não poderiam estar mais errados. Os primeiros Romanovs – Pedro, o Grande, e Catarina II, por exemplo – entendiam a natureza do poder e sabiam conduzir um estado absolutista. Lênin também. Os últimos dois czares, mediante uma terrivelmente equivocada avaliação, incompetência e ausência total de imaginação, não sabiam. Possuíam brutalidade, mas não amplitude e eficácia de visão. Na virada para o século XX, a grande esperança deles era voltar a Rússia para o século XVII. Não deve ter surpreendido que não soubessem como fazer isso. Cometeram uma série de erros fatais. Um entre os piores foi forçar ao extremo os liberais da classe média moderada, que não tinham interesse real na revolução. Fizeram assim surgir a oposição violenta, que os dois eram demasiadamente ineptos e fracos para liquidar. Previsivelmente, os estudantes se colocaram na linha de frente da oposição ao czarismo, e o regime passou ao conflito constante com gerações de jovens instruídos.*

Cerca de 20 mil ministros, governadores provinciais, funcionários públicos de elevados cargos e oficiais do exército de altas patentes foram assassinados por grupos revolucionários nos últimos 25 anos do mando czarista. A maior parte das opiniões moderadas não culpava os "terroristas," e sim o governo. "Esses (...) [assassinatos] não são caprichos melodramáticos ou acidentes românticos da história russa," escreveu o liberal Pyotr Struve, um socialista ocasional que acreditava nas reformas não violentas. "Os cadáveres sinalizam o desenvolvimento lógico de uma autocracia moribunda (...) que teimosamente cortou e continua a cortar o país de todas as avenidas que levam ao legal e gradual desenvolvimento político. O mais terrível para um governo não é o aniquilamento dos Sipyagins ou dos von Plehves [dois ministros assassinados], mas a atmosfera de ressentimento e indignação que os detentores da autoridade criam e fazem surgir nas fileiras da sociedade russa um 'vingador' atrás do outro. (...) O governo julgou possível ter uma autocracia que introduzia a polícia em tudo, uma autocracia que transformava legislação, administração, igreja, escola e família em órgãos policiais. (...) E a polícia não foi sequer capaz de impedir uma bomba (...) coisa bizarra."[1]

Alguns perspicazes observadores estrangeiros notaram que os assassinatos quase diários provocavam entre a maioria do povo pouca repulsa aos revolucionários; as pessoas davam de ombros e reclamavam

*Alexander Kerensky relembrou seus primeiros dias de estudante de direito na Universidade de São Petersburgo nos idos de 1890. "O próprio ar da Rússia parecia saturado pelo intenso desejo de liberação. Tornamo-nos inimigos da autocracia nem bem entramos na universidade, e isso parecia acontecer naturalmente (...) não havia dissensão entre os acadêmicos se a autocracia deveria ser ou não combatida (...) a única diferença era saber com quem estava a autêntica verdade, se com os marxistas ou com os *narodniki* [os populistas].

do regime. Depois que um ministro do Interior particularmente odiado foi jogado aos pedaços ao ar pela explosão de uma bomba em São Petersburgo, o embaixador austríaco na Rússia, conde Alois Lexa von Aehrenthal – ele próprio não exatamente um liberal – escreveu: "O mais estranho (...) é a total indiferença por um acontecimento que foi forte golpe contra os princípios do governo. Dificilmente poder-se-ia esperar simpatia por um ministro que, em função de seu viés autoritário, necessariamente fez muitos inimigos. Porém certo grau de piedade humana ou pelo menos preocupação e ansiedade a respeito do futuro imediato seriam naturais. Mas nem sinal disso (...) apenas pessoas totalmente indiferentes, ou cínicas para dizerem não ser possível outro resultado senão aquele. A população afirma que mais catástrofes (...) serão necessárias para mudar o modo de pensar dos mais elevados mandatários."[2]

Julgamentos em tribunais de júri para alegados terroristas eram raros na Rússia e foram suspensos de um modo geral depois do caso de Vera Zasulich em 1878. A extremamente inteligente filha de 28 anos de família rica na penúria, Zasulich, então apaixonada anarquista, tentou assassinar o governador de São Petersburgo, general Fyodor Trepov. Ela atirou e o feriu depois que ele ordenou a tortura por afogamento de um estudante radical que se recusou a cumprimentá-lo. Em célebre julgamento, ela foi absolvida e louvada como mártir. Hábil advogado conseguiu virar a acusação para Trepov e para o regime no lugar da ré radical. Zasulich foi isenta de qualquer culpa por unanimidade.*[3]

Foi de espantar a quantidade de mulheres terroristas – numa época em que a simples ideia de voto feminino na Europa Ocidental ou nos EUA sequer havia surgido como assunto de debate. Que existissem tantas jovens mulheres dispostas a matar ou morrer por uma causa política foi razão de alguma simpatia por parte dos homens pelos radicais, numa sociedade predominantemente patriarcal. Sophia Perovskaya – assustadoramente obcecada e participante fanática do *Narodnaya Volya* – era amante de Andrei Jelyabov, que liderou a trama contra Alexander II. Foi ela quem deu o sinal para os lançadores das bombas que esperavam pelo Czar em determinada rua de São Petersburgo, onde ele foi assassinado. Um dos conspiradores descreveu-a

*Zasulich entrou de imediato na clandestinidade depois do veredicto quando as autoridades anunciaram que a julgariam de novo, dessa vez sem júri. Escapou da Rússia, exilou-se na Suíça e, mais tarde, por muitos anos, em Londres. Zasulich renunciou aos atos individuais de violência, argumentando depois que eles não faziam sentido. Tornou-se famosa marxista e apareceria novamente na história como amiga próxima da esposa de Lênin, Nadya, apesar de vir depois a odiar o próprio Lênin.

como "pequena, loura, olhos azul-pálidos, bochechas brancas e róseas como bonequinha chinesa (...) uma beleza." Ela foi enforcada com 27 anos, na última execução pública efetuada na Rússia, em 3 de abril de 1881, ante multidão estimada em 80 mil pessoas. O carrasco estava bêbado e não havia abertura a ser acionada no piso do patíbulo e sim um banco de madeira a ser chutado. Testemunhas, horrorizadas, disseram que ela levou meia-hora para morrer, em extrema agonia.*

Vera Figner, uma das primeiras mulheres da Rússia a formar-se médica, liderou grupo revolucionário e planejou dois complôs malsucedidos para assassinar o czar Alexander II, antes do seu envolvimento na trama que deu certo. Ela conseguiu fugir sem ser presa, mas, por fim, foi detida pela polícia da Crimeia em 1883, com a idade de 31 anos. Passou mais de vinte anos na prisão ou em exílio na Sibéria e fez um discurso em seu julgamento no ano seguinte, declaração que parece ter sido lida e decorada por Alexander Ulyanov: "Métodos pacíficos não estavam disponíveis para mim. Não tínhamos imprensa livre, de modo que era impossível fazer propaganda de ideias através da palavra escrita e falada. Se qualquer órgão da sociedade tivesse me indicado outro caminho que não o violento, eu o teria tomado."

Mais tarde, exilada na Suíça e igualmente apaixonada oponente de Lênin e da tirania bolchevique, ela relembrou sua vida de terrorista quando "o culto à bomba e à arma, ao assassinato e ao patíbulo, tiveram charme magnético."[4]

Vladimir Ulyanov foi herdeiro de longa tradição de oposição revolucionária aos czares. Depois da execução do irmão, ele se impregnou da história política radical russa a partir do levante dos decembristas. Estes foram grupo de oficiais aristocratas do exército que, em dezembro de 1825, após a morte de Alexander I – num jantar, "entre o clarete e o champanhe," na famosa citação de Alexander Pushkin – conspiraram para impedir Nicolau I de suceder o Czar assassinado. A maioria deles tinha combatido no exército russo que entrou em Paris uma década antes e ajudou a derrotar Napoleão. Tendo conhecido a Europa Ocidental, o declarado objetivo deles foi uma monarquia constitucional, e sonharam "provocar a faísca que se tornaria a chama da liberdade."** Os decembristas conseguiram cerca de três mil seguidores para sua causa

*Um dos casos mais tristes foi a medonha morte de Maria Vetrova. Encarcerada na Fortaleza Pedro e Paulo por crimes subversivos que abarcavam a distribuição de literatura ilegal, ela foi repetidas vezes estuprada por um policial e um carcereiro. Em fevereiro de 1897, despejou em si óleo de lamparina e ateou fogo ao próprio corpo.

**Quando, no início do século XX, Lênin e seus camaradas lançaram seu primeiro jornal socialista, o denominaram *Iskra* – Faísca – como eco deliberado aos decembristas.

e quase tiveram sucesso. Cinco dos conspiradores foram executados, e dezenas sentenciados ao exílio na Sibéria, inclusive membros das famílias mais renomadas da Rússia que tradicionalmente eram leais ao trono, com os Trubetskoys e os Volkonskys. O ato de Indiciamento do Czar contra os decembristas os acusou de demonstrarem "insana sede por mudança."

Pelo restante do século XIX – até a derrubada dos Romanovs – a história política da Rússia foi de repetitivo ciclo de reformas modestas, seguidas de períodos de reação quando o trono se sentia ameaçado. Até a abdicação do último Czar, um dos principais artigos das Leis Fundamentais da Rússia especificava simplesmente: "Sua Majestade é monarca absoluto não obrigado a responder por suas ações a ninguém no mundo, e tem o poder e a autoridade para governar seus estados e terras como soberano cristão, de acordo com seu desejo e boa vontade." E os imperadores seguiam à risca esse artigo. Konstantin Pobedonostev, procurador do Sínodo Sagrado e por décadas um dos servidores civis de maior precedência na Rússia, disse a Alexander III pouco depois do assassinado de seu pai Alexander II: "A Rússia tem sido forte graças à autocracia, graças à ilimitada e mútua confiança e às estreitas ligações entre o povo e o Czar (...) sofremos demasiadamente com esses grupos de reuniões que só fazem incitar paixões populares."[5]

A estrutura do estado policial foi criada por Nicolau I nos anos 1820. Ele montou toda uma repartição do governo – a Terceira Seção do Departamento de Administração – para combater os subversivos. Na essência, tratava-se da polícia secreta do monarca, cujos interesses eram vistos como distintos das necessidades dos súditos. As leis que protegiam a vida e os bens de outros russos eram tratadas por um sistema policial separado. A Terceira Seção, que nos anos 1880 passou a ser conhecida como Okhrana, detinha poderes draconianos para prender pessoas sem julgamento e enviá-las a "exílios administrativos" na Sibéria e nas vastidões do Ártico pelo menor vestígio de "crime político." Suas atribuições e objetivos não tinham paralelos na Europa. Ela se tornou modelo para a Cheka, a NKVD e a KGB da Rússia do futuro – e, na verdade para o FSB (Serviço Federal de Segurança) da era pós-soviética. Ela invadia a vida privada dos súditos comuns. Existiam milhares de burocratas em escritórios disfarçados e espalhados por todo o Império abrindo correspondências das pessoas, correspondências interceptadas por um submundo de agentes da inteligência, informantes e bisbilhoteiros. O povo necessitava de licença especial da polícia política para vasta gama de atividades inócuas, desde organizar uma festa em local público até abrir loja, fazer qualquer tipo de transporte, ou ler Darwin.[6]

Igualmente, só na Rússia existia a mais rígida forma de censura da Europa que obrigava todo o material impresso a passar pelo crivo de funcionários para ser publicado. Com a atividade política excluída e a leitura de questões políticas, de um modo geral, banida, "quase toda a literatura se tornou uma crítica da vida russa ou um comentário social, de uma forma ou de outra." Escritores encontraram maneiras de desbordar censores – nem sempre difíceis; como um todo, ao longo da história, bons autores têm sido mais espertos que os censores, e isso nunca foi tão verdade como em relação aos gigantes da imaginação da literatura russa. Uma forma altamente elaborada de publicação *samizdat* e de distribuição ilegal de obras existiu na Rússia por décadas antes da Revolução Bolchevique. Durante o século XIX, a censura, a vigilância da polícia e as sentenças punitivas foram relaxadas, apertadas, relaxadas de novo e se tornaram mais rígidas novamente dependendo do clima político e das sensibilidades do monarca. Todavia, nesses períodos, milhares de pessoas foram encarceradas ou mandadas para a Sibéria simplesmente por lerem livros "ilegais." Tais fatos não ocorriam mais nos outros impérios europeus, Áustria-Hungria e Alemanha.

Após a libertação dos servos, Alexander II introduziu algumas outras reformas: permitiu diversos julgamentos com júris e delegou certa dose de poder a governos locais: os *zemstvos*, conselhos de vizinhança em pequena escala liderados pela nobreza provinciana. Autorizou viagens para dentro e para fora da Rússia, que vinham sendo altamente limitadas. Todavia, após seu assassinato, o filho retrocedeu para o absolutismo paranoico. Liberdades políticas substanciais jamais foram permitidas pelos czares no século XIX, e a aristocracia não tinha intenção de conceder qualquer uma delas. A monarquia russa não mostrou capacidade para se adaptar ou se modernizar. Os czares criaram os movimentos revolucionários, como um dos mais sagazes "terroristas," o profético Pyotr Tkachev – que Lênin citava constantemente – observou nos anos 1860: "O atraso da Rússia é sua grande sorte, ao menos sob o ponto de vista revolucionário. No Ocidente, a ordem social se baseia no amplo apoio da classe média. Na Rússia, essa classe mal existe. (...) O que mantém as coisas aglutinadas em nosso país? Apenas o estado – ou seja, a polícia e o exército. O que é preciso para que esse estado se fragmente? Não muito: duas ou três derrotas militares (...) algumas rebeliões de camponeses (...) um levante na capital."

Os populistas foram o primeiro dos grupos revolucionários a ganhar alguma influência. De início, adotaram métodos inteiramente pacíficos. Suas convicções rezavam que a revolução viria dos camponeses. Assim, a partir dos anos 1860, bandos de rapazes e moças idealistas partiram para o interior, tentaram viver em comunas, experimentaram a abertura de centros de primeiros socorros e também a instrução dos campônios analfabetos, num movimento de "volta ao povo" o qual os conduziria para uma espécie de socialismo pastoral. Muitos desses tipos aparecem nas histórias e peças de Chekhov. A maioria deles provinha de uma origem privilegiada e tinha consciência de sua riqueza: "Nossa atenção para verdades universais só poderia ser conseguida ao custo do demorado sofrimento do povo. Estamos em débito com ele – e isso nos pesa na consciência," afirmou um deles.

Quase universalmente, esses populistas de grupos como o Terra e Liberdade (*Zemlya i Volya*) foram evitados pelos lavradores que eles tentavam ajudar, e que deles desconfiaram em função dos privilégios daqueles jovens, por suspeitarem do socialismo e por se ressentirem com a perturbação que traziam à vida paternalista nas aldeias. Em muitos casos, os camponeses denunciaram radicais à polícia ou os expulsaram das vizinhanças – em alguns exemplos extremos, espancaram e mataram populistas. "O socialismo jogava os camponeses como ervilhas contra a parede. Eles ouviam nosso povo como fazem quando escutam o padre do vilarejo: respeitosamente, mas sem efeito algum sobre seus pensamentos ou ações."[7]

A tática seguinte foi o recurso à violência para desestabilizar o estado. Eles ainda acreditavam que a revolução dependia do campesinato, e seus alvos de assassinatos – servidores czaristas, governadores provinciais, policiais e oficiais do exército – foram executados para tornar a Rússia ingovernável. Das ruínas, uma república de socialistas agrários tomaria o poder e transformaria a Rússia. O maior e mais perigoso desses grupos era o Narodnaya Volya, cujo principal teórico e líder era o carismático Sergei Nechaev, no qual Dostoyevsky baseou Verkhovensky, o niilista personagem central de *Os Possessos*.

Nechaev foi um líder magnético que inspirou uma geração de adeptos com seu fanatismo e ascetismo. Ele passou dez anos na prisão, fazendo trabalhos forçados por longos períodos e morreu prisioneiro na Fortaleza Pedro e Paulo.* Seu panfleto *O Catecismo Revolucionário*, banido, porém muito circulado, foi uma espécie de detonador para

*Não como resultado direto de atividade revolucionária: ele mandou assassinar um seguidor que desobedeceu uma ordem sua e discordou publicamente dele.

jovens radicais que se tornaram soldados das organizações terroristas. Oferecia um tipo de vida amargo, no entanto grande número de moços se inspirou no seu chamamento ao autossacrifício e na sua lógica de combater a violência com violência. "O revolucionário é homem dedicado. Não tem interesses pessoais, não tem assuntos particulares, não é emotivo, não tem relacionamentos, nem bens próprios e nem nome. Tudo nele se subordina a um só pensamento, a uma única paixão: a Revolução. O revolucionário sabe que bem no âmago de seu ser, não apenas em palavras, mas também em ações, ele cortou todos os vínculos que o ligam à ordem social e ao mundo civilizado com todas as suas leis, moralidades, costumes e com todas as suas convenções geralmente aceitas. É o implacável inimigo disso tudo, e se continua a viver no seu seio é só para destruí-lo mais velozmente. Ele tem que estar preparado para acabar com quem ou com o que esteja em seu caminho."

Depois do assassinato de Alexander II, o Vontade do Povo foi quase varrido pela Okhrana, porém bandos de (principalmente) estudantes o reforçariam e adotariam a mesma denominação, antes de desaparecer novamente – como o grupo ao qual Alexander Ulyanov se associou. Pelo fim do século, os SRs ("Socialistas Revolucionários") seriam formados dos frangalhos dos populistas, organização mais sofisticada, porém com a mesma crença de que atos individuais de terror realizariam a Revolução.[8]

A partir dos anos 1870, grupos rivais surgiriam com uma inspiração importada do Ocidente: os marxistas. Eles desistiram da ideia de a revolução emergir do campesinato num país semifeudal como a Rússia; acreditavam que ela seria liderada pela classe operária, o proletariado. Um problema que atormentava os teóricos marxistas – e causava intermináveis disputas com os socialistas agrários – era estar a Rússia tão atrasada como nação industrializada em relação à Europa Ocidental e, ao fim do século XIX, possuir uma classe operária ínfima em comparação com a Inglaterra, a Alemanha ou a França. Ulyanov se filiaria aos marxistas: "Apaixonei-me por Marx e Engels," disse às irmãs. "Estou literalmente apaixonado." Com o nome de *Lênin*, ele se tornaria o mais famoso de todos os marxistas, criador do primeiro estado fundamentado nos princípios do marxismo. Mas teria relação complexa com o objeto de sua paixão. Adaptou as ideias marxistas às condições russas de maneira que Marx jamais imaginou. Muitos historiadores têm argumentado que a razão de o comunismo ao estilo soviético ter se desenvolvido como ocorreu foi que Lênin tentou importar um credo e uma filosofia ocidentais para um país atrasado como estava a Rússia. Entretanto, a verdade está no oposto. Lênin transformou um conjunto de noções europeias em criação muito russa. Sua versão de marxismo – com intolerância, rigidez, violência e crueldade – foi forjada pela experiência de Lênin na condição de russo do século XIX. O bolchevismo de Lênin tinha profundas raízes russas.

5
Educação revolucionária

"Não seja demasiado duro com Lênin. (...) Penso que muito de seu estranho comportamento pode ser simplesmente explicado pelo fato de ele ser totalmente destituído de senso de humor."

Georgy Plekhanov (1856-1918)

O COMPORTAMENTO E OS HÁBITOS DE VLADIMIR, sua visão geral do mundo, foram transformados ao tempo em que ele tinha dezoito anos. A morte de seu pai e o violento drama do enforcamento do irmão, cedo seguidos pela doença fatal que acometeu a querida irmã Olga, pareceram drenar toda sua alegria, afabilidade e bom humor que vinham caracterizando sua vida. Começou então a se tornar o homem extremamente disciplinado e por demais contido que, mais tarde, seria conhecido como Lênin. Raramente falava sobre seus sentimentos privados para quem não fosse da família. "Vladimir tornou-se estritamente refreado, grave, fechado em si mesmo, no seu foco," explicou seu irmão Dmitry.

Exatamente como esperado, conquistou a medalha de ouro no *Gimnasium* clássico de Simbirsk – primeiro aluno da turma. Parecia pronto para ser selecionado pelas universidades. Mas as autoridades se mostraram cautelosas com ele e viram-no como subversivo, culpado apenas pela associação com o irmão executado. Frequentar a Universidade de São Petersburgo e de Moscou tornou-se impossível.

Foi um Kerensky quem conseguiu vaga para ele na reputada Universidade de Kazan. O diretor da escola ginasial era Fyodor Kerensky, o pai de Alexander. Ele era de uma das poucas figuras proeminentes da sociedade de Simbirsk que visitavam a família Ulyanov e se posicionavam em sua defesa. Fyodor escreveu um copioso elogio a Ulyanov para a universidade: "Talentoso, invariavelmente diligente, preparado e confiável, Ulyanov foi o primeiro aluno de sua turma e, na formatura, foi agraciado com a medalha de ouro como o aluno de maior mérito pelas conquistas, amadurecimento e conduta. Não há uma só referência no seu histórico preparado por professores e autoridades, seja na escola, seja fora dela, a palavras ou atos desabonadores por parte de Ulyanov. Seus pais sempre dedicaram uma atenção especial ao seu progresso intelectual e moral, e desde 1886, depois da morte do pai, a mãe sozinha devotou todos os seus esforços à educação dos filhos. Os princípios dessa educação foram religião e disciplina racional. Os bons frutos da criação dos Ulyanovs estão evidentes na excelente conduta de Vladimir." Fyodor mencionou que Vladimir era bastante reservado, mas o fez de propósito para sugerir que era pouco provável que o rapaz se tornasse líder de algum grupo subversivo ou se associasse a potenciais encrenqueiros. Então escreveu: "Mediante cuidadoso exame do caráter e da vida de Ulyanov, pude observar nele excessiva introspecção e falta de sociabilidade mesmo com seus conhecidos fora da escola, e até com colegas estudantes que seriam motivos de orgulho e alegria, em suma, uma aversão ao companheirismo. A mãe de Ulyanov pretende permanecer a seu lado por todo o período de universidade."[1]

A família mudou-se para Kazan, como Maria Alexandrovna prometera. Mas Vladimir logo se envolveu em problemas. Alguns meses depois ele já tinha se ligado a um grupo ilegal de radicais – os moderados populistas que se reuniam nas casas de uns e de outros, e repassavam entre eles literatura proibida. Em dezembro de 1887 houve ondas de protestos nas universidades russas depois que um estudante de São Petersburgo foi banido; seguiu-se uma série de prisões nos campi de todo o país. Algumas universidades foram fechadas por diversos meses a partir daquele inverno.

Em Kazan, Vladimir foi um dos cerca de 130 estudantes que se juntaram a uma manifestação pacífica na universidade. Seu papel foi insignificante; apenas participou do protesto; ninguém sugeriu que ele fora incitador; somente estava no lugar e hora errados. Até mesmo o relatório policial sobre o incidente não reconheceu nele liderança do movimento. Ainda assim, foi preso e sumariamente expulso da universidade em 6 de dezembro. "Durante sua curta permanência (...) ele se destacou pela reticência, falta de atenção e até por suas grosserias. Só em um ou dois dias antes da manifestação ele deu motivos para suspeita de que fomentava problemas e que meditava a respeito de comportamento inadequado: passou muito tempo na sala comunitária conversando com estudantes não recomendados, foi para casa e voltou trazendo objetos solicitados pelos outros e, de modo geral, comportou-se de maneira estranha. E, em 4 de dezembro, entrou abruptamente no salão de assembleias (...) e foi o primeiro de nós a sair célere pelo corredor do segundo andar, agitando (...) os braços como se encorajasse os outros. (...) Em razão das excepcionais circunstâncias da família Ulyanov, tal comportamento (...) deu motivo para se acreditar que ele era totalmente capaz de demonstrações ilegais e criminosas de todos os tipos." Vladimir foi um dos três estudantes expulsos e ficou claro que a polícia o selecionou não por causa do que fizera, e sim por quem era.[2]

Ele foi exilado para Kokushkino e, mais uma vez, sua mãe e o restante da família o acompanharam, muito alegres naquela ocasião, pois todos adoravam a propriedade. O dinheiro começou a escassear, mas ainda era suficiente para uma vida decente de classe média. Maria Alexandrovna era ponderada, fizera modestas economias e podia viver bem com a pensão razoavelmente generosa do marido. Ganhara 6 mil rublos com a venda da casa de Simbirsk – bom dinheiro para adequado padrão de vida provinciana, mas longe de ser uma fortuna. Ilya havia deixado para cada uma das crianças parcela da propriedade, parte dela herdada do irmão Vasily, que falecera sem deixar filhos. Vladimir e Dmitry, quando chegassem à idade adequada, receberiam proporções significativamente maiores do que as das irmãs, como era normal na Rússia.

A mãe de Vladimir não admitia desperdício ou, como os via, gastos extravagantes. Como estudante, Vladimir começou a fumar. Maria Alexandrovna odiava o vício e, de início, tentou persuadi-lo a largar o cigarro por razão de saúde, mas não conseguiu. Por fim, certa noite após o jantar em Kokushkino, ele acendeu um cigarro, e sua mãe, que dificilmente alteava a voz ou era seca com os filhos, o repreendeu severamente: "Volodya, você não ganha dinheiro além do que eu dou. Você não tem o direito de desperdiçar os fundos da família com tabaco." Ele parou de fumar imediatamente – e mais tarde se queixava de quem fumasse perto dele.

Se as autoridades imaginaram que a expulsão da universidade e o encerramento em casa do interior refreariam seu entusiasmo revolucionário, elas estavam muito enganadas.[3]

Sua mãe o convenceu a solicitar permissão para ser readmitido na Universidade de Kazan. Relutantemente, ele apelou para "Sua Excelência o Ministro da Educação com muita humildade," e assinou "Vladimir Ulyanov, nobre." O ministro recusou. A anotação oficial "Para não ser aceito em hipótese alguma" foi o despacho em sua petição.

Vladimir então escreveu ao ministro do Interior, mais uma vez realçando que era nobre de nascimento e pedindo permissão para estudar no exterior, "de modo a poder sustentar minha família e receber educação superior." O inspetor de polícia do distrito havia enviado o requerimento ao ministro da Educação com uma nota anexa dizendo, "a despeito de sua notável capacidade, Ulyanov não pode no momento ser considerado pessoa confiável quer moral, quer politicamente," O ministro rabiscou à margem da solicitação: "Ele não seria irmão do outro Ulyanov? (...) Não aceitar a petição de modo algum."

Maria Alexandrovna ficou chocada por seu filho não poder receber a educação que ela esperava. Partiu para São Petersburgo e implorou a antigos colegas do marido para que interviessem em prol de Vladimir, mas não conseguiu nada. Escreveu cartas chorosas ao ministro da Educação: "É tormento sem fim olhar para meu filho e ver quão infrutíferos têm sido esses anos passados de sua vida que seriam apropriados para a educação superior. Quase inevitavelmente, isso pode fazê-lo pensar até em suicídio."

Ela conhecia o filho muito bem para saber que ele não pensava em tirar a própria vida. Mas era natural que dissesse qualquer coisa, tentasse tudo, para ajudar a família. Valia qualquer humilhação. Quando escreveu ao ministro do Interior pedindo permissão para a família viajar ao exterior a fim de tomarem as águas curativas de Vichy, foi-lhe dito que existiam excelentes casas de tratamento da saúde no Cáucaso. Vladimir com frequência dizia que, depois dos golpes que recebera, "a coragem de mamãe era admirável."[4]

Foi assim que ele se tornou um calmo autodidata do interior. "Nunca mais em minha vida futura, nem na prisão em São Petersburgo ou na Sibéria, li tanto quanto no ano seguinte ao meu exílio para o campo vindo de Kazan," disse ele mais tarde. "E foi leitura séria, de bem cedo de manhã até tarde da noite." Leon Trotsky depois descreveria essa fase como o "tempo crucial que o forjou como socialista (...) os anos de trabalho obstinado em que o futuro Lênin foi formado." Ele mergulhou nos clássicos socialistas e em obras de economia, filosofia e história que seu irmão lera tão avidamente.

Mas o livro que mais profundamente o influenciou foi um romance *O que há para ser feito?*, de Nikolai Chernyshevsky, homem que idolatrava. Vladimir manteve uma foto do autor em sua carteira por toda a vida (coisa que não fez com foto de Nadya ou de Inessa Armand). Mais tarde, quando mandou na Rússia, um grande retrato de Chernyshevsky ocupou lugar de destaque em seu gabinete no Kremlin. Vladimir chegou a escrever uma carta de fã para o escritor e disse certa vez que "entrou em pânico" por não receber resposta.

O que há para ser feito? sensibilizou-o tanto quanto qualquer obra de Marx ou Engels. Escrito em 1862, enquanto Chernyshevsky estava preso na Fortaleza Pedro e Paulo acusado de incitar a subversão, ninguém pode emprestar ao livro muito mérito como obra de arte. Nem mesmo o autor, que admitiu sem falsa modéstia: "Não tenho uma gota de talento artístico. Faço até pobre uso da língua. Mas isso não é importante. (...) Esta leitura vai ser útil a você (...) como um revolucionário, e você não se decepcionará, posto que o alertei de que não encontraria em meu romance nem talento, tampouco arte, apenas verdade."

De alguma maneira, o livro driblou os censores e foi legalmente publicado – enorme erro. Se um regime autocrático pretendesse impor censura supostamente apertada, esse era o livro a ser censurado. Ele foi estrondoso sucesso e inspirou toda uma geração de jovens radicais como Vladimir Ulyanov, que o leu cinco vezes no verão, após ser expulso da universidade.*

Vladimir se identificou completamente com o herói do romance, Rakhmetev, que sonha com um mundo em que a pobreza deixou de existir e todos vivem em total liberdade. Ele abandona todos os prazeres pela causa da revolução e abre mão de sua considerável fortuna para apoiar estudantes empobrecidos. Extrai sua estamina comendo carne crua, fazendo muita ginástica e realizando trabalho braçal árduo. Não bebe e se abstém de sexo. Nem mesmo a sedução de uma bela mulher, que professa eterno amor por ele, consegue desviá-lo de seu curso. Sem egoísmo, abre mão da mulher para outro homem. Sua única paixão é o conhecimento. Lê vorazmente – certa vez sem parar por 82 horas. Rakhmetev é conhecido pelos camaradas como "o rigoroso" e não tem tempo para nada a não ser fazer a revolução. Divide seu dia em unidades de quarto de hora para cada tarefa planejada. É inabalável em sua dedicação, brutalmente honesto, clinicamente eficiente e friamente racional.

Ulyanov, com plena consciência, modelou-se em Rakhmetev, como muitos que bem o conheciam afirmaram, inclusive um de

*Hoje em dia, o livro requer esforço sobre-humano para ser todo lido uma vez pelo menos – como este autor constatou. Mas Lênin sempre elogiou a obra. "Antes de vir a conhecer os trabalhos de Marx e Engels (...) só Chernyshevsky exerceu dominadora influência sobre mim, e tudo começou com *O que há para ser feito?* (...) O grande mérito do autor é não apenas mostrar que qualquer pessoa honesta que pensa corretamente pode ser revolucionário, mas também algo mais importante: como deve ser um revolucionário, que regras deve seguir, como deve abordar seu objetivo e que meios e métodos deve utilizar para alcançá-lo."

seus primeiros biógrafos. Nikolai Valentinov, que foi íntimo do líder bolchevique no exílio da Suíça nos anos 1900, mas que depois de pequena desavença com ele por ter criticado Chernyshevsky como "sem talento" e afirmado que o livro dele era "rude e pretensioso," a relação entre os dois azedou um pouco. A face de Vladimir ficou carrancuda e se avermelhou em torno das bochechas, indício de que estava com muita raiva. "Você tem ideia do que está dizendo? Como tão monstruosa e absurda noção entrou na sua cabeça? Descrever como rude e sem talento uma obra de Chernyshevsky, o maior e mais notável representante do socialismo antes de Marx. (...) Declaro inadmissível chamar *O que há para ser feito?* de livro cru e mal escrito. Centenas de pessoas se tornaram revolucionárias por influência desse autor. Meu irmão, por exemplo, foi cativado por ele, como eu também. Ele transformou por inteiro minha visão. O livro propicia inspiração para toda a vida."[5]

Diferentemente de Rakhmetev, Vladimir se afastou por algum tempo dos livros e do estafante mister de se ilustrar de maneira autodidata para desfrutar de seu principal prazer. Fez longas caminhadas pelos bosques, florestas e campos no entorno de Kokushkino, como sempre o faria mais tarde onde quer que estivesse. Saboreava subir colinas e escalar montanhas. Com o decorrer dos anos, foi sendo crescentemente atacado pela exaustão nervosa, intoleráveis dores de cabeça, insônia e surtos de incontrolável ira – as "raivas" de minha vida, como ele as denominava. Poucos dias no ar da montanha, no mar, ou em campo aberto bastavam para abrandar seu temperamento e melhorar sua saúde. Adorava o rio Volga, nas elevadas margens do qual caminhou quilômetros e quilômetros quando criança. Em todos abril ou maio do exílio ele escreveria à mãe perguntando: "Como está o verão deste ano no Volga?"

Igualmente admirava muito os prazeres de proprietário de terras no interior. Anos depois, ele se defendeu quando criticado por ceder aos desejos das mordomias burguesas. "É verdade, eu também me acostumei a viver numa propriedade rural que pertencia ao meu avô," disse a um camarada. "Em certo sentido, sou descendente da aristocracia do interior. (...) Nunca me esquecerei dos aspectos agradáveis da vida na propriedade. Nunca me esquecerei dos pés de laranja-lima nem das flores. Se vocês pensam assim, está bem, podem me matar. (...) Mas raciocinem da seguinte forma: recordo-me do prazer que eu experimentava em vagar pelo meio dos montes de feno, embora não os tivesse produzido, lembro-me também de gostar de comer morangos e framboesas, apesar de não tê-los plantado, e como me deliciava ao tomar leite fresco, ainda que não tivesse ordenhado as vacas."*

Vladimir gostava muito dos esportes ao ar livre. Naquele inverno ele andou de trenó, tentou esquiar e patinou no gelo. Caçava com paixão, se bem que, de vez em quando, reconhecesse sua limitada competência. "Para dizer a verdade, ele nunca foi, no íntimo, um caçador," como observou a irmã Anna. Em Kokushkino, ele saía para caçar com o primo Nikolai Veretennikov: "No curso de todo aquele inverno, os dois não trouxeram um único animal caçado." E a família frequentemente fazia piadas sobre o grande caçador que ele era. Certa noite, na primavera seguinte, ele voltou para casa dizendo que localizara uma lebre. As irmãs pilheriaram: "Supomos que foi aquela que você procurou por todo inverno." Ele forçou um sorriso. Na primavera e no verão, Vladimir pescava.[6]

Era rigoroso com sua ginástica e treinamento físico. Naquele verão, sob as limeiras, ele armou uma barra horizontal metálica sobre dois postes de madeira e praticou sua rotina física todos os dias. Certa vez chamou o irmão todo excitado. "Consegui finalmente dominar a barra," e demonstrou como podia alçar-se sobre ela a partir da posição parada e realizar alguns movimentos acrobáticos.

No outono, a família recebeu autorização para se mudar de volta a Kazan. Vladimir ligou-se de imediato a outro bando de dissidentes radicais, dessa vez uma organização marxista frouxamente relacionada com o recém-formado Grupo da Emancipação Trabalhista, cujos membros, em sua maior parte, viviam exilados em diversas cidades europeias. Foi então que Vladimir leu Marx pela primeira vez. Em várias hagiografias soviéticas, foi dito que ele se converteu ao marxismo da noite para o dia, que seu professado "amor" foi um *coupe de foudre*: "Lembro-me como se fosse ontem: ele estava sentado junto ao fogão da cozinha, jornais espalhados em sua volta, e Vladimir movimentava violentamente as mãos como se desferisse golpes enquanto se expandia sobre os novos horizontes abertos pelas ideias de Marx," afirmou a irmã Maria a respeito de sua supostamente súbita descoberta, espécie de estrada para Damasco

*Muitos revolucionários cujo objetivo era acabar com o Velho Mundo, podiam se encher de lirismo e nostalgia quanto às propriedades da família. Vera Zasulich passou a infância e a juventude na tranquila mansão da família em Byakolovo. Pouco antes de morrer, ela escreveu: "Não imaginei que iria recordar-me de Byakolovo por toda a minha vida, que jamais me esqueceria de um único arbusto do jardim da frente, nem de um só bufê no amplo corredor, que por muitos e muitos anos eu iria sonhar com as silhuetas das velhas árvores que costumava ver do terraço."

ou *eureka* de Arquimedes. Mas ela romanceava. A realidade foi que ele se convenceu com o passar do tempo e foi persuadido aos poucos tanto intelectual quanto emocionalmente, se bem que sua ligação emotiva com Marx fosse sempre mais poderosa.*

A mãe de Vladimir logo pensou que, se nada fosse feito, ele trilharia o caminho de Sasha e ocorreria outra tragédia na família. Procurou uma carreira alternativa diferente da clandestinidade revolucionária que não oferecia nenhuma remuneração atraente e sim cadeia ou patíbulo.[7]

Maria Alexandrovna comprou uma ampla propriedade no campo e tentou transformar Vladimir em membro da pequena nobreza interiorana. Com os rendimentos da venda da residência em Simbirsk e seu quinhão de Kokushkino, que também foi vendida, ela adquiriu bela casa nas vizinhanças da vila de Alakayevka, a cerca de cinquenta quilômetros de Samara, com aproximadamente 65 hectares de boa terra agricultável. Comprou-a do milionário de minas de ouro Konstantin Sibiryakov, homem interessante, com posições sociais progressistas, que desejava introduzir na Rússia métodos modernos de agricultura comuns na Europa Ocidental. Ele se tornou dono de diversas propriedades e perdeu dinheiro em todas até decidir vendê-las – para pessoas com credenciais liberais como os Ulyanovs. O negócio foi concretizado em nome de Maria Alexandrovna por Mark Elizarov, funcionário de seguros marítimos admirador de Anna e mais tarde marido dela.

Vladimir apreciou a graciosa mansão de madeira com seus terraços e varandas, e se deliciou com a admirável localização da residência: cercada de bosques e elevações que proporcionariam caminhadas, além de um lago repleto de peixes. Apesar de nada conhecer de agricultura, prometeu se esforçar, mas não gostava

*Outro livro que conseguiu se esgueirar através dos censores czaristas, que haviam banido como "perigosas" obras como *Ética* de Spinoza, *Leviatã* de Hobbes, *Filosofia da História* de Voltaire e *História da Moral Europeia* de Locke, foi o tomo de Marx com 674 páginas sobre economia política, *O Capital*. Um dos dois censores que o analisaram em março de 1872 concluiu: "É possível se afirmar com absoluta certeza que poucas pessoas na Rússia o lerão, e menor número ainda de leitores o entenderá." O outro disse que o livro era "obra estritamente científica," sem relevância para a Rússia, de vez que enfocava em grande parte o sistema industrial inglês e não se aplicava à Rússia, onde não havia "capitalismo explorador." O russo foi a primeira língua para a qual a obra foi traduzida – quatro anos depois de publicada na Alemanha. Rapidamente a obra se tornou popular entre os intelectuais sedentos por uma causa em que acreditar. Se alguém leu o livro todo, é duvidoso, mas é indubitável o papel que o livro teve na destruição dos Romanovs. Censores diligentes – e czares inteligentes demais.

do assunto – e gostavamenos ainda de lidar com lavradores, os quais, admitiu, jamais entendeu. "Minha mãe quis transformar-me em agricultor; até tentei, mas nada deu certo. O negócio degringolou muito cedo. Minhas relações com os *mujiks* desandaram," disse ele, "quase imediatamente." Esse foi seu único comentário conhecido sobre a experiência de Alakayevka, embora ela tenha durado por três ciclos de safra. Vladimir pouco aprendeu sobre agropecuária e não demonstrou nenhum interesse por ela. Sentiu-se desconfortável na posição de *gentleman* proprietário de terras. Os camponeses o enganavam, e sua mãe e o grande terreno perderam substanciais quantidades de dinheiro. O gado começou a "desaparecer" com frequência, inclusive várias vacas e um cavalo, roubados pelos meeiros. O experimento todo foi um fracasso.*[8]

Mas ele passou os verões lendo apaixonadamente sob a sombra das tílias. Traduziu para o russo *O Manifesto Comunista*. Leu trabalhos de crescente número de acadêmicos marxistas. Ocasionalmente, foi a Samara reunir-se com revolucionários clandestinos. Viajou sozinho pelo Volga em expedições que demandavam extrema dose de preparo físico: velejava por sessenta quilômetros rio abaixo, levava o bote nas costas por quilômetro e meio em terra até um rio paralelo, o Usa, e então velejava de volta até um ponto oposto ao de partida. Realizou tal jornada diversas vezes.

Como a agropecuária não dava certo, sua mãe sugeriu outra carreira: convenceu-o a cursar Direito e a se formar advogado. Vladimir foi impedido de frequentar a Universidade de São Petersburgo, mas recebeu autorização para lá prestar o exame de admissão como estudante externo, e assim recebeu passe livre para ir à capital. Espremeu o curso de quatro anos em doze meses e prestou o exame no fim desse mesmo ano, obtendo as melhores notas nas quatorze provas. Foi um extraordinário feito intelectual – e em uma das maiores ironias históricas russas, que muito o iria divertir tempos mais tarde, conseguiu tirar a mais brilhante graduação no estudo

*Apesar de tudo, houve certo lado positivo naquele interlúdio rural – que Vladimir chamou de "existência estagnada." Logo depois de os Ulyanovs deixarem Kazan, em1889, o grupo clandestino de leitores de Marx, do qual ele fizera parte, se dissolveu. A maioria de seus membros foi presa e sentenciada a cinco anos de cadeia e exílio na Sibéria. "Tive sorte e me beneficiei," disse anos mais tarde. "Se eu tivesse permanecido em Kazan àquela altura, sem dúvida teria sido preso."A propriedade Alakayevka foi alugada com associação de venda (*leasing*) a um rico agricultor chamado Krushvits, o tipo que os bolcheviques mais tarde qualificariam como *kulaks* e que assassinariam por atacado como classe imperialista exploradora. Vladimir foi sustentado por anos pelo aluguel de Alakayevka até que Maria Alexandrovna vendeu a propriedade no início dos anos 1900.

da extensa legislação do país ao mesmo tempo em que os órgãos policiais o vigiavam como um conhecido subversivo potencial descumpridor das mesmas leis.[9]

6

Vladimir Ilyich – advogado

"Poucos conceitos são tão destetáveis quanto esses da (...) *justiça burguesa."*

Lênin para Nikolai Valentinov, 1904

A CARREIRA DE VLADIMIR NO DIREITO nada teve de extraordinária porque, em princípio, ele detestava advogados. "É preciso lidar com os advogados com mão de ferro para mantê-los acuados, pois essa gentalha sempre joga sujo," disse certa vez a um camarada que aguardava julgamento.

Ele não pôde praticar o ofício logo que se formou. Era ainda necessário conseguir certificado de lealdade e bom caráter do ministro do Interior, o que ele acabou obtendo no fim de 1891. A Ohkrana o vinha mantendo sob cerrada vigilância em Samara, mas não tinha descoberto nada de errado. Vladimir conseguiu emprego como assistente de um amigo advogado de espírito liberal, Andrei Khardin, com o qual costumava jogar xadrez por correspondência três anos antes, enquanto vivia em Kazan.

Os dois se deram bem, mas Vladimir fazia pouco dinheiro e continuava dependendo quase totalmente da mãe. Trabalhou em catorze casos desimportantes na Vara Cível de Samara e só perdeu um. Inclusive defendeu uma gangue que roubara trezentos rublos de um lavrador do pequeno vilarejo; um grupo de criminosos de aluguel tentara roubar grãos e fora pego em flagrante; e um camponês que cometera quatro pequenos furtos. Um dos casos deve ter lhe proporcionado satisfação ideológica: defendeu um alfaiate acusado de blasfêmia que, segundo o indiciamento, "blasfemara contra a Virgem Maria, a mãe de Deus, a Santíssima Trindade e também o Lord Soberano, o Imperador e seu provável herdeiro," afirmando que o Imperador cumpria erradamente suas atribuições. O alfaiate perguntou-lhe antes do julgamento se tinha alguma chance de ser absolvido. "Oh, não. Nenhuma chance, lamento." O alfaiate foi condenado a um ano de prisão.

Outro caso que ganhou foi uma disputa pessoal no qual perseguiu a vitória com ardor e obstinação que beirou a obsessão. Foi uma batalha legal contra o rico negociante de Syzran, S. Arefev, sobre direitos de transpor o rio Volga. No verão de 1891, Vladimir e seu futuro cunhado, Mark Elizarov, alugaram um barqueiro para remar e levá-los a um ponto de cruzamento do rio não muito longe de Samara. O negociante possuía um barco a vapor e pleiteava o monopólio das rotas de transposição. Ele enviou esse barco para bloquear a passagem dos dois jovens e embarcá-los em seu barco. Vladimir protestou: "Não interessa se Arefev arrendou o cruzamento. É assunto dele, não nosso, e não lhe dá o direito de agir ilegalmente no Volga detendo pessoas pela força."

Entrou na justiça contra Arefev, e o processo andou lentamente por meses pelos desvãos do Judiciário, com grande perda de tempo e dinheiro. Syzran ficava a oitenta quilômetros de Samara, e Vladimir foi vinte vezes àquela cidade para depoimentos. A maior parte das pessoas, "especialmente russos, teriam desistido do caso por inércia ou indolência," disse o irmão Dmitry. Menos Vladimir; ele não deixou o assunto esfriar.

A mãe tentou convencê-lo a acalmar-se. "Deixe de lado esse negociante," disse-lhe. "Eles vão adiar o caso de novo e você terá viajado tanto em vão. (...) Põe na cabeça que elas (...) [as autoridades] já implicam com você." Ela se preocupava por Vladimir poder passar da medida pois não tinha senso de proporção. De qualquer modo, ele pegou o trem da manhã para a terceira audiência e chegou bem na hora de suas justificações. Para surpresa geral, Arefev, malgrado sua influência sobre os dignitários locais como grande homem de negócios, foi julgado culpado e sentenciado a um mês de cadeia. Foi o ponto alto de Ulyanov como advogado.[1]

A única campanha política em que se envolveu durante seus anos em Samara revelou boa parte de seus métodos: rigidez, autoconfiança, uso da lógica fria a ponto de crueldade e visão estratégica. Para Ulyanov, os fins sempre justificaram os meios – e ele nunca perdia de vista o objetivo. Desejava mesmo ser impopular.

A fome assolou a região do Volga em 1891-92, apesar de nela existir rica terra agricultável. Vinham ocorrendo por séculos períodos intermitentes de fome naquela área, mas o desastre de então foi o pior de muitas gerações. Mais de 400 mil, quase todos camponeses, morreram de inanição ou vítimas de tifo ou cólera. A incompetência do governo foi acusada de ser a causa do problema pela classe média, até mesmo aqueles adeptos do regime czarista. A fome foi largamente difundida pela imprensa estrangeira, o que deixou a aristocracia sob cerrado escrutínio internacional como nunca antes. A reputação da Rússia foi severamente afetada.

O governo central quase nada fez para ajudar os milhões de camponeses necessitados que invadiam as aldeias implorando por alimentos. Corpos insepultos foram abandonados às margens das estradas, os hospitais não aguentaram a demanda. O romancista Lev Tolstoy lançou uma campanha para ajudar os famintos, apoiado pelo escritor Anton Chekhov, médico formado, que criou cozinhas distribuidoras de sopa e se apresentou como voluntário para os centros de assistência de primeiros socorros. Muitas doações em dinheiro foram conseguidas, porém o suprimento de alimentação foi totalmente inadequado.

As opiniões radical e liberal viram a fome como outro exemplo do miserável fracasso do regime cuja burocracia era demasiado lenta e ineficiente para salvar os habitantes da inanição – e desgraçadamente insensível ao número de mortes por ela ocasionada. Vladimir Ulyanov, embora vivesse no meio da região mais afetada, não moveu um dedo para ajudar ou para um trabalho caridoso a fim de minorar a aflição dos camponeses. Para ele, o importante era que a fome enfraquecesse o regime e fortalecesse a causa da Revolução. As milhares de pessoas que morriam de fome eram, simples e infelizmente, baixas da guerra contra o czarismo opressor. Vladimir passou a argumentar que o capitalismo, por definição, feria a maioria das pessoas e matava muitas delas. A fome era a prova mais evidente.

Ele foi voz isolada, quase sozinha, entre os revolucionários. Mesmo sua família mal pôde acreditar naquela sua insensível e aparentemente cruel atitude. A irmã mais velha Anna ficou pasma com sua dureza de coração. Numa das poucas vezes em que ela se permitiu criticá-lo foi num parágrafo em que o comparou com o irmão mais velho: "Vladimir Ilyich, a mim parece, tinha natureza diferente de Alexander Ilyich. Vladimir (...) não possuía o atributo do autossacrifício apesar de dedicar toda a sua vida, indivisivelmente, à causa da classe trabalhadora."

Ele desprezaria as acusações de que era desumano empregando uma lógica inflexível e uma fria interpretação supostamente marxistas, que o próprio Marx jamais estimularia. "Ele fazia oposição propagandista sistemática e aberta contra os comitês de ajuda," como declarou Trotsky mais tarde. Ulyanov estava convencido de que o fim da autocracia seria encaminhado se a incompetência e brutalidade do governo ficassem expostas. "É puro sentimentalismo pensar que um mar de necessidades possa ser esvaziado com a colher de chá da filantropia," disse ele. "A fome desempenhou o papel de fator progressista."[2]

Em agosto de 1893, Vladimir mudou-se para São Petersburgo. A carta de recomendação do antigo patrão, Khardin, foi crucial para que conseguisse emprego com o advogado bem-sucedido Mikhail Volkenstein, bonachão e generoso homem com opiniões progressistas que pouco trabalho exigiu de seu jovem e provinciano assistente. Vladimir nunca apareceu em tribunal da capital, embora prestasse ocasionais aconselhamentos aos clientes em casos litigiosos. Suas energias foram todas despendidas em criar reputação no movimento revolucionário como escritor, jornalista de obscuras publicações ilegais, porta-voz das reuniões e palestrante – carreira que perseguiria pelos vinte anos seguintes.

Ulyanov adaptou-se rapidamente à cidade, como disse à mãe: "Vivo num bom quarto, ou assim parece; não existem outros hóspedes, e a senhoria tem família pequena; a porta entre meu quarto e a sala de estar é coberta com papel de parede, o que amortece bastante os sons. O cômodo é claro e limpo. Existe uma entrada decente. E como (...) não é longe do centro (só quinze minutos até a biblioteca), estou bastante feliz."

Porém, no início, ele fez progresso lento. Era um provinciano no meio do mais sofisticado grupo radical de São Petersburgo. "Sua aparência (...) na época era simples e modesta," lembrou-se do primeiro encontro dos dois Gleb Krjijanovsky, antigo camarada que ocuparia posições de destaque no regime soviético após 1917. "De pequena estatura, ele podia facilmente passar despercebido em qualquer distrito fabril. Tudo que se podia dizer de sua aparência é que tinha fisionomia agradável e morena, com um toque asiático. Vestido com sobretudo áspero e do tipo interiorano, Vladimir podia se misturar tranquilamente a um grupo de camponeses do Volga." Muitas outras pessoas fariam comentários similares: tipo "mongol" com bochechas salientes; "e aqueles olhos inusitados, inquisidores (...) moreno, bem moreno." Ele teve um tique toda a vida de apertar os olhos quando tentava concentrar-se em alguma coisa ou em certa pessoa – resultado de miopia nunca diagnosticada quando criança. "Seus olhos são estreitos, e os olhares rápidos sob as sobrancelhas provocam-lhe ocasionais estrabismos e talvez sinais de esperteza (...) suas mãos são curtas e horríveis," achava o escritor Alexander Kuprin. "Seus olhos eram escuros, pequenos e não impressionam" segundo Valentinov. "Sua face é mutável, capaz de uma variedade de expressões: atenção vigilante, zombaria, total desdém, frieza impenetrável, extrema fúria. Nesse último estado de espírito, comparando de forma grosseira, parece um javali selvagem."[3]

Bem cedo, Vladimir começou a perder o cabelo ruivo, como acontecera ao pai, e a maior parte do cabelo sumira quando tinha vinte anos. Certa vez, enquanto ainda vivia em Syzran, a conselho da irmã Maria ele tentou tratamento para restaurá-lo. Não houve surpresa por não conseguir. Alexander Potresov, que foi amigo chegado muitos anos e que, como a maioria das pessoas, desentendeu-se com ele por causa de política, conheceu-o em 1894 numa reunião no subúrbio de São Petersburgo, no bairro de Okhta. "Vladimir Ilyich só era moço pelo que estava registrado na carteira de identidade. Cara a cara, podia-se tomá-lo por um homem de 34 ou quarenta anos. O rosto já estava crivado de rugas, a cabeça quase totalmente calva, salvo por alguns fios em torno das têmporas, barba rala e ruiva, olhos que fitavam os outros insidiosamente de esguelha, voz rouca de pessoa de idade. Típico mercador de qualquer província do norte da Rússia – nenhum indício de intelectual radical. (...) Nenhum vestígio de profissão ou de origem familiar (...) Com razão à época (...) o rapaz foi chamado 'o velho' e muitas vezes pilheirávamos que ele sempre fora calvo e velho desde criança."

Não tinha nada de boêmio. Também não era um *dandy*, mas se trajava adequadamente para seu orçamento modesto. Os ternos estavam sempre bem passados e os sapatos, limpos. Se perdia um botão da camisa ele mesmo costurava outro no lugar. Nunca descuidava da aparência ou se apresentava desmazelado como seria um arquétipo do revolucionário russo saído, digamos, das páginas de Conrad. Organizado e meticuloso ao extremo – o adjetivo "obsessivo" comumente usado hoje parecia um adjetivo cunhado para ele. A cada manhã tirava a poeira da escrivaninha e da estante antes de começar a trabalhar e certificava-se de que o lápis estava apontado corretamente e no lugar certo – rotina a que aderia estritamente, estivesse hospedado em lugar barato de São Petersburgo, ou em casa de hóspedes de uma cidade provinciana da Europa Ocidental, ou em seus anos posteriores como governante de um vasto império, instalado no escritório do Kremlin.[4]

O que as pessoas podiam ver de imediato desde seus primeiros dias como "agitador" revolucionário era um homem determinado, com disciplina férrea e inabalável crença de que estava no caminho certo:

"Ele irradiava força, não exatamente charme, nem carisma, mas energia intelectual. (...) Identificava-se pessoalmente com a causa de uma maneira que podemos classificar de magnética," disse Pyotr Struve, outrora colaborador socialista de Ulyanov, porém mais tarde, como outros tantos, um inimigo.

Ulyanov tornou-se um escritor fluente que aprendeu, como jornalista, a produzir textos com rapidez e eficientemente, jamais brilhante ou construtor de frases magistrais como Marx ou Trotsky quando estavam no auge. Contudo, para sua época, ele foi claro e persuasivo e podia empregar a ironia com grande efeito. Usava porrete em vez do florete. Todavia, em suas obras mais belas podia ser poderosamente convincente pelo arrazoado, lógica e força intelectual, se bem que muitas vezes com base numa premissa fundamentalmente equivocada. Ulyanov escreveu e publicou mais de 10 milhões de palavras durante sua existência, sem contar as milhares de cartas à família, amigos e camaradas. Trata-se de produção admirável, apesar do vacilante início. Seus primeiros artigos foram criticados por serem densos e cansativos demais, mesmo para um jornal teórico de pensamento filosófico. O primeiro foi um longo artigo que intitulou "Novas Tendências Econômicas na Vida do Campesinato," interpretação marxista de estatística da época sobre a produção agrícola na Rússia. Enviado para o periódico liberal *Pensamento Russo*, foi rejeitado com breve nota, "não condizente com nossos padrões."*

Sua primeira peça publicada na imprensa, escrita em estilo seco jornalístico, foi sobre *O Que São os Amigos do Povo*, um ácido ataque aos populistas e, muito interessante, também contra o uso do terror como tática para derrubar a autocracia, como o que Sasha foi enforcado por tentar. Ele não acreditava mais em atos individuais de violência, não por princípio, mas sim por razões práticas: "Não devemos rejeitar por inteiro o terror como método de luta, mas ajudará ele a consecução de nossos objetivos finais ou, pelo contrário, nos afastará dos objetivos? (...) Atos individuais de terrorismo apenas criam sensações passageiras e levam, no longo prazo, à apatia (...) ou à espera de outra 'sensação.'"**

*Quase nada do que Vladimir escreveu até a Revolução foi com seu verdadeiro nome. Mas depois de sua morte, algumas de suas primeiras obras foram finalmente publicadas. É fácil ver-se por que acabaram rejeitadas: demorou para ele desenvolver a voz e o estilo de escrita. Ulyanov não era um escritor natural.

**Ele podia, entretanto, se entusiasmar com o velho assassinato. Quando, alguns anos mais tarde, leu acerca do assassinato do ministro do Interior Dmitry Sipyagin praticado pelo estudante Socialista Revolucionário Stepan Balmashov de apenas dezenove anos, Vladimir sussurrou entre dentes: "Bom trabalho!"

Vladimir conseguiu entrar para o renomado "salão" de líderes radicais de São Petersburgo, frequentado pelos mais proeminentes pensadores esquerdistas da Rússia, na residência de Stepan Radchenko. Se ele demorou para fazer sucesso como jornalista, rapidamente ganhou reputação como inteligente e hábil debatedor que podia demolir a argumentação do oponente com perícia forense, um de seus grandes talentos. Era homem com quem se tornava difícil manter discussão contrária, como amigos e críticos reconheceram. E a Okhrana também. Tanto ele quanto o grupo revolucionário ao qual se juntou, o União da Luta pela Emancipação da Classe Trabalhista, eram mantidos sob severa vigilância. Num dos primeiros relatórios da Okhrana que mencionou seu nome, de janeiro de 1894, Vladimir aparece com palestrante em debate clandestino de São Petersburgo defendendo a causa marxista contra os populistas. O agente infiltrado da agência que presenciou o debate ficou impressionado. "A posição marxista foi advogada por um certo Ulyanov (consta que é irmão do Ulyanov enforcado) que se desempenhou com perfeito domínio do assunto."[5]

Àquele ponto de sua vida ele quase não havia tido contato com a classe trabalhadora em cujo nome se propunha a liderar a revolução. Para a maioria dos marxistas de classe média das salas de estar de São Petersburgo, "o proletariado" era teoria. No entanto, diferentemente dos outros esquerdistas inteligentes, Vladimir passou a se encontrar com operários para entender seus estilos de vida, de modo a achar a maneira de conversar com eles. Apresentou-se voluntariamente como palestrante para trabalhadores recém-alfabetizados e interessados em política. As palestras não podiam ser realizadas em escolas ou fábricas, de sorte que acabaram sendo realizadas nas casas de ricos apoiadores de causas esquerdistas. Um daqueles estudantes, Ivan Yakovlev, lembrou-se de que, aos domingos, andava dos bairros da classe operária, onde morava e trabalhava numa fábrica, até o centro da cidade. Ulyanov ensinava sob o pseudônimo Fyodor Petrovich.

De início, ele simplesmente lia para um punhado de estudantes-trabalhadores trechos de *O Capital* de Marx, um aborrecimento terrível paraYakovlev: "Eu mesmo poderia ler." Porém com o tempo, Vladimir, que se tornou um famoso e bom palestrante, aprendeu "como ensinar ideias socialistas em termos simples e relacionados com a vida russa." Por horas depois das palestras, ele ficava conversando com os estudantes sobre suas experiências e assim – ao menos indiretamente – passava a conhecer as reais condições de vida dos operários. Certo domingo Yakovlev não apareceu, e na semana seguinte Ulyanov o repreendeu. O estudante explicou que se metera numa altercação com um policial e passara três dias na cadeia. Vladimir disse-lhe que era advogado e se ele tivesse avisado o teria defendido. "E isso faria diferença? – perguntou Yakovlev. "Não. O resultado talvez fosse o mesmo, mas podíamos ter tido o prazer de insultar aquela canalha."[6]

Ele começava também a progredir da palavra para a ação. Quando operários têxteis da gigantesca fábrica Thornton, nas cercanias de São Petersburgo, entraram em greve por melhores pagamentos e condições de trabalho – num dos primeiros distúrbios industriais da história da Rússia – Vladimir reuniu-se com líderes da greve e escreveu para eles inflamados panfletos. Quando levantou fundos para ajudar muitas famílias de operários presos, as autoridades começaram a segui-lo como irritação mais séria. Ulyanov pediu permissão para extensa visita à Europa Ocidental como turista e para tratamento em spa. Tal como suas irmãs e o irmão mais novo, ele padeceu de dores estomacais e problemas de digestão a vida toda. O motivo real da visita era encontrar-se com esquerdistas russos que viviam no exílio, inclusive alguns grandes nomes do movimento revolucionário. As autoridades permitiram a viagem de imediato, ansiosas para vê-lo pelas costas.

7

Nadya – namoro marxista

"Sua turma é dura de roer, é feminina.
Difícil encontrar-se pessoal mais combativo."
Nikolai Nekrasov (1821-1877)

Na tarde de 13 de fevereiro de 1804, Vladimir foi a uma reunião clandestina de marxistas, disfarçada de comemoração da véspera da Quaresma [e Dia da Panqueca], na residência em São Petersburgo do engenheiro Robert Klasson, bem conhecido apoiador de causas esquerdistas radicais. O debate que se seguiu foi polido, breve e sem muita controvérsia – até que, tipicamente, de súbito Vladimir entrou resolutamente na conversa científica e explicou, em detalhes, onde o engenheiro havia errado e demonstrara pouco conhecimento do assunto. Depois da reunião, Klasson apresentou a Ulyanov uma professora sua conhecida de aparência tímida e modestamente vestida, com 24 anos de idade: Nadejda Konstantinovna Krupskaya. Ela sabia quem era Ulyanov – "o marxista do Volga que vinha criando fama em Peter"* – e tinha muito interesse em conhecê-lo. Vladimir nada sabia a respeito dela.

Não foi amor à primeira vista. Ela se retraiu um pouco diante de seus modos convencidos, língua afiada e sarcasmo. A conversa tocou de leve na importância do recém-criado Comitê de Alfabetização, e a moça revelou ser grande admiradora dos esforços do comitê para ensinar a ler as crianças da classe trabalhadora. Vladimir gargalhou – "A mim pareceu uma gargalhada bem rude, e até mesmo brutal," escreveu Nadejda mais tarde – e afirmou: "Bem, se alguém quer salvar

*Peter, denominação pela qual a maioria dos habitantes se referia a São Petersburgo, antes de a cidade ser renomeada Petrogrado, com a era soviética já bem avançada.

nossa pátria-mãe através do Comitê de Alfabetização, não devemos impedi-los." E então deixou evidente que aquilo não era o que os socialistas radicais sérios desejavam para derrubar a autocracia.

Ela se sentiu ofendida e ficou nervosa: "Achei que as pessoas podiam ficar incomodadas com o olhar inquisidor dele." Apesar disso, Vladimir a acompanhou até à casa pela margem do Neva, e Nadejda foi ficando mais à vontade ao seu lado. Falou com entusiasmo sobre seu trabalho de professora nos domingos quando ensinava para operários nos bairros mais pobres de São Petersburgo. Inevitavelmente, ele se estendeu sobre o vindouro mundo da revolução previsto por Marx e sobre o papel que desejava fazer nele. Inusitadamente, pois ele não tocava no assunto fora de seu círculo íntimo, falou também sobre seu irmão e o amargo "ódio que dedicava ao regime que fora capaz de matar um apaixonado líder idealista mal chegado à idade adulta." Despediram-se na entrada do prédio de apartamentos de Nadya já mais bem relacionados. Mas isso também não foi o começo de uma paixão arrebatadora. Os dois não se encontrariam de novo durante seis meses, e enfrentariam separações muitas outras vezes, antes que seu trabalho conjunto de revolucionários começasse.[1]

O nome *Nadejda* significa "esperança" em russo.* Mais que amor, mais que dinheiro, mais que carreira ou glória pessoal, mais que um fiel marido que oferecesse segurança doméstica, Nadejda Krupskaya esperava uma revolução socialista na Rússia e a queda da autocracia czarista. Ela era fanaticamente devotada à causa tal como Vladimir. Quando Nadya é descrita pelos biógrafos como empregada ou serva de um marido que tomava o matrimônio como fato corriqueiro, e não necessariamente significativo para a vida de um homem – verdade até certo ponto – eles não citam as coisas importantes que ela disse sobre si mesma: que era apaixonada e intensa crente do socialismo. Nadya fez muitos sacrifícios pelo exigente esposo, pela revolução e pela mãe-pátria, mas não há provas de que se arrependeu de os ter feito. Muitos homens dizem às suas futuras esposas que mudarão o mundo. Alguns acreditam realmente que o farão. Muito poucos cumprem a promessa.

Nadya nasceu em 26 de fevereiro de 1869 e era um ano mais velha que Ulyanov. Seu pai, Konstantin Ignat'evich Krupski, era oficial do exército e membro da pequena nobreza que fez bem-sucedida carreira como militar até que, designado para Varsóvia a fim de ajudar a pacificar a Polônia ocupada pela Rússia após uma revolta pró-independência

*O nome *Vladimir*, é claro, quer dizer "governante do mundo."

ter sido esmagada no fim dos anos 1860. Konstantin, entretanto, desagradou seus superiores por ser considerado por demais brando com os rebeldes poloneses.*

Quando Nadya, filha única, fez cinco anos, Krupski foi dispensado do exército sem soldo, por ter deixado de investigar alegadas irregularidades financeiras nas contas regimentais. Apelou e ganhou o recurso, mas não recebeu de volta o posto de oficial e nunca mais se firmou em emprego. Tentou a administração estatal, foi inspetor de fábrica por breve período e vagou pela Rússia à procura de posição estável, sem muita sorte. Quando faleceu, Nadya tinha catorze anos, e o pai deixou mãe e filha em precárias condições. Nadya sempre acalentou amarga aversão ao regime pela injustiça com que tratou seu pai.

Sua mãe, Elizaveta Vasilyevna Tistrova, também teve origem na pequena nobreza, porém de família sem terra e sem dinheiro. Tornou-se professora e ganhou remuneração modesta como autora de livros infantis, contudo, em diversas ocasiões, ela e Nadya se viram forçadas a aceitar hóspedes em seus refinados, porém maltratados, quartos da residência em São Petersburgo, onde se instalaram quando Nadya fez quinze anos. Filha e mãe sempre foram amicíssimas ao longo da vida. Piedosa ortodoxa cristã, Elizaveta Vasilyevna não tinha interesse algum pela política e, longe de ser revolucionária, acreditava sinceramente na necessidade de educação das mulheres – convicção da qual Nadya se beneficiou de maneiras práticas.

Apesar de não ser em absoluto aluna brilhante, Nadya era altamente inteligente, esperta e aprendia com rapidez. Uma colega de escola do *Gimnasium* feminino que as duas frequentaram, Ariadne Tyrkova-Vil'iams, lembrou-se da amiga como garota quieta e tímida que não flertava com os meninos, comportava-se com decoro, porém muito deliberada e que formou suas convicções bem jovem. "Mais cedo do que qualquer uma de nós, mais inflexivelmente do que qualquer uma de nós, ela amadureceu suas opiniões e definiu seu caminho. Nadya era uma daquelas pessoas que se comprometem firmemente uma vez cristalizados seus pensamentos e sentimentos." Ela "ardia de idealismo," disse Vil'iams.[2]

*Os biógrafos soviéticos dizem que Konstantin Krupski foi um revolucionário e demonstrou solidariedade socialista com os oprimidos poloneses do Império Russo. Porém Nadya sempre negou o fato. Ele foi moderado liberal pelos padrões do exército czarista da época, mas decerto não socialista. Ajudou os poucos russos que desejaram construir algumas escolas para crianças pobres polonesas, o que lhe criou dificuldades. Porém em tempo algum expressou quaisquer simpatias revolucionárias, segundo a filha.

Formou-se professora e, em 1891, encontrou emprego em escola noturna criada por filantrópicos donos de fábrica para seus operários. A escola estava situada em bairro miseravelmente pobre da classe trabalhadora de São Petersburgo, e foi então que a professora abriu os olhos para as realidades da vida dos desvalidos urbanos na Rússia. Ela ensinava literatura básica para adultos, assim como história, aritmética e história russa. Amava o trabalho: "Era minha universidade," disse anos depois. Foi quando Nadya se juntou à clandestinidade política – jovem mulher decidida e apaixonadamente devotada em busca de uma grande causa. Há algo de charmosamente ingênuo, ainda que assustador, na sua admissão de que, no começo, achou muito difícil ler Marx, mas quando acabou o primeiro volume de *O Capital*, "soaram os sinos pelo falecimento do capitalismo; os expropriadores foram expropriados," seu "coração bateu tão fortemente que podia ser ouvido." Ela repetiu essa história várias vezes nos anos posteriores e não dava razão para que disso se duvidasse. Sua perspectiva era primária e jamais mudou: os capitalistas eram, muito simplesmente, "o inimigo." Malgrado todo o seu idealismo romântico, "o inimigo" foi expressão que usou com tanta frequência quanto Vladimir.[3]

A maioria dos biógrafos masculinos de seu marido desdenha de sua aparência e, no máximo, a descreve como comum, embora tenha de ser dito que algumas pessoas foram suficientemente maldosas, como sua futura cunhada Anna, que asseverou certa vez que "ela parecia um arenque."* As fotos de Nadya quando jovem contam outra história. "Fisicamente, ela era bem-dotada," observou um historiador (homem) russo. "Caso fosse aristocrata, uma princesa envolvida em fugas aventureiras e perigosas, os escritores provavelmente não a retratariam como beleza rara, mas com certeza chamariam a atenção para suas sobrancelhas arqueadas, ossos ressaltados da face e queixo firme – tudo denotando senso de desafio feminino. Talvez também mencionassem os lábios um tanto carnudos, presumindo-os sensuais, e seus olhos intensos captados pelos fotógrafos da época [inclusive o instantâneo tirado pela polícia]. (...) Ocorreu porém que ela desejou parecer o oposto da frívola princesa, enquanto passava ar de respeitabilidade da classe média. Seus vestidos de então eram invariavelmente escuros e com mangas compridas, sem mostrar formas, salvo os levemente projetados ombros e antebraços, e bela gola cobrindo o pescoço. Seu cabelo abundante e vistoso, partido um pouco fora do meio, era totalmente penteado para trás, ao mesmo tempo bonito e austero. Longe de aparentar desmazelo (...) parece-nos justo dizer que

*Nos últimos anos de sua vida de exilada europeia, o codinome de Nadya no mundo subterrâneo revolucionário era "O Peixe."

seu estilo conservador vinha a calhar para o gosto [de Vladimir]. Ali estava uma jovem mulher cujo óbvio desprezo pelas demonstrações de futilidade era consistente com sua devoção a coisas importantes."

Nadya transparecia pouco interesse pelos homens ou por qualquer coisa parecida com levianos flertes ou namoricos. Aos 22 anos, pouco depois de começar a trabalhar na escola, ela começou a se relacionar bastante com um rapaz, engenheiro radical do mesmo grupo ilegal de debates do círculo ao qual se juntara. Entretanto, ele subitamente deixou o grupo, dizendo que cansara do nível de vigilância que a Okhrana exercia sobre ele. Em pelo menos uma ocasião ela foi sozinha com ele ao teatro, o que causou assombro entre as camaradas. Lidia Knipovich, que era ainda mais austera e severa do que ela, "voou em cima de mim" ao saber da saída para o teatro, lembrou-se Nadya anos mais tarde. "Quando se trabalha junto, é muita tolice ir ao teatro sozinha com um homem." Nadya replicou zangada: "E isso é da sua conta?" Porém, depois, ela se tornou ainda mais ascética e tratou de convencer as camaradas de que não se interessava em "relações pessoais burguesas com homens."

Ela foi mulher altamente prática. Arranjou outro trabalho em tempo parcial como copista na administração ferroviária estatal, com o bônus especial de viajar gratuitamente, de modo que assim podia ir convenientemente às reuniões revolucionárias ilegais. Era trabalho fácil e realizado mecanicamente que ela recomendou às colegas na mesma situação que a sua, pois proporcionava bastante tempo livre para "trabalhar também pela causa." Escreveu a uma camarada. "Se o problema for dinheiro, você pode conseguir emprego em alguma ferrovia. Lá você poderá trabalhar o número necessário de horas e se despreocupar. Você pode ser livre como um pássaro (...) toda essa pedagogia ou medicina, e assim por diante, absorve as pessoas mais do que deveria para o bem da causa."[4]

Na teoria, homens e mulheres deveriam ser iguais nos círculos marxistas e nas células populistas. Mas na prática era diferente. Permitia-se às mulheres – e eram até encorajadas a fazê-lo – a distribuição de panfletos de propaganda, contrabandear literatura *samizdat*, ensinar trabalhadores e operários a ler e escrever, organizar cozinhas para servir sopa, atirar em governantes provinciais e em generais, e morrer nobremente no patíbulo. Porém, na prática, elas não deviam ter ideias. O reinado da preparação de artigos para jornais importantes ou de livros sobre ideologia – prática mais ampla da política – era domínio exclusivo dos homens. Nadya ouvira a história do "escândalo" provocado em 1870 por uma das primeiras e mais inteligentes mulheres esquerdistas russas, Ekaterina Breshko-Breshkovskaya, que embaraçou homens no seu "círculo de debates," ao descrever o choque e o horror que causara quando "ousou falar contra a opinião de camarada masculino." O mais arcaico dos clubes só para homens de São Petersburgo não poderia ter causado maior agitação chauvinista.

Nadya desejava, sobretudo, ser útil, como disse, até o ponto que achasse poder ser, em prol da grande causa com Vladimir Ulyanov, o qual "jamais poderia amar uma mulher cujas opiniões ele desaprovasse totalmente e que não fosse boa camarada no serviço." Eles se encontraram de novo no outono de 1894 em grupo clandestino de debates onde ele leu seu documento antipopulista "O que são os 'Amigos do Povo e como eles combatem a social-democracia," e os dois passaram a se ver com regularidade. Ele foi muito ao apartamento dela, utilizando o pretexto de estar interessado nos operários da fábrica de sua escola, aos quais ocasionalmente visitou na companhia dela. Nadya sabia sobre a classe trabalhadora muito mais que ele, e Vladimir a ouvia e a levava a sério.

Outra coisa que Nadya sabia sobre Vladimir era que ele estava "disponível." Não tivera relacionamentos amorosos com mulheres até chegar em São Petersburgo no ano anterior, nem mesmo, pelo que ela sabia, inocentes flertes passageiros de adolescente. Contudo, antes de conhecer Nadya, ele ficara caído por uma de suas boas amigas e, então, se encontrava na fase de lamber as feridas do rompimento. Apollinaria Yakubova era alta, cabelos castanhos e "realmente bonita," segundo um dos camaradas do grupo radical a que ela e Nadya pertenciam. Como Nadya, ela era professora em escola dominical de fábrica para operários e ferrenha marxista. Vladimir lhe propôs casamento, mas ela o rejeitou em favor de Konstantin Takhtarev, médico famoso que mais tarde seria editor do jornal socialista *Rabochaya Mysl* (Pensamento Trabalhista). Eles permaneceram amigos e seus caminhos se cruzariam diversas vezes no futuro, quando os dois casais viveram em exílio europeu.[5]

A corte foi chamada de "Namoro bem Marxista," mas não foi tranquila: a política e a polícia secreta intervieram para separar os enamorados e levantar obstáculos para aquele romance revolucionário.

8
Linguagem, verdade e lógica

"Em política só há um princípio e uma verdade: o que beneficia meu oponente me fere, e vice-versa."
Lênin para Angelica Balabanova, 1904

O ESTILO DE DEBATE E DE ARGUMENTAÇÃO DE ULYANOV foi formado bem cedo e não se alterou significativamente pelas duas décadas seguintes. Mas ele se tornou cada vez melhor em impor seu raciocínio, mais confiante e mais dominador do processo. No entanto, foi se tornando crescentemente presunçoso, insultante, combativo e, muitas vezes, maldoso. Submetia os oponentes com deliberado uso de linguajar violento que reconhecia "calculado para provocar ódio, aversão, desdém (...), não para convencer, não para corrigir erros do interlocutor, e sim para destruí-lo, para varrê-lo e sua organização da face da terra."[1]

Desde seus primeiros dias nos salões de dissidentes em São Petersburgo, Vladimir aprimorou um método que o destacou como diferente dos outros agitadores; quase sozinho, mudou o discurso da esquerda revolucionária, que passou a seguir seu padrão agressivo e rude. Por gerações do mundo comunista, invectivas abrasivas e ataques caracterizaram os debates entre os chamados camaradas – e muito mais contra os opositores ideológicos. A troca de agressões verbais se justificava por ser assim que Lênin conseguira atingir seus objetivos. Foi o modo soviético, inspirado pelo fundador do estado, que modelou todo o discurso na URSS, seu estilo de vida e sua "cultura" política. Seus sucessores, bem depois da era Stalin, adotaram o processo do escárnio. Os partidos internacionais comunistas, mesmo depois do colapso da União Soviética do início dos anos 1990, aprenderam que fazia sentido chutar o homem, e não a bola – e como fazê-lo com brutal eficiência. Foi uma das principais lições do leninismo. "A aspereza na polêmica transformou-se em marca registrada da prática bolchevique," como observou um de seus maiores críticos, "e a tradução das palavras em correspondentes ações, a violência física para complementar a brutalidade verbal, foi o resultado lógico do processo. (...) Foi a maneira de argumentar particularmente adaptada à personalidade de Lênin."

Em parte a ferocidade do debate era de fato reflexo do temperamento agressivo e competitivo de Vladimir. Mas muito dela era premeditado e proposital, tática que o serviria muito bem nas intermináveis rixas intrapartidárias dentro do movimento revolucionário durante toda a sua existência e além dela.

Os que discordavam dele eram "salafrários," "filisteus," "cretinos," "corja imunda," "prostitutas," "traidores da classe," "mal-amados," "tagarelas inconsequentes" (um dos epítetos injuriosos preferidos, frequentemente encontrado em seus escritos) e "estúpidos." Muitas vezes ele recorria aos palavrões raramente empregados pela sociedade de São Petersburgo da época – seus oponentes eram invariavelmente chamados de "merdas" ou "babacas." No debate, ele ia empilhando impropérios. "Vladimir não rebatia o que o adversário dizia," lembrou-se Moishe Olgin, camarada de muito tempo que o vira em ação desde os primeiros dias como jovem revolucionário a abrir seu espaço na capital da Rússia, "simplesmente o fatiava, afiado como uma navalha. Sua mente funcionava com espantosa rapidez. Descobria imediatamente cada falha da argumentação oposta. Discordava delas e tirava as mais absurdas conclusões, que eram premissas inaceitáveis para ele. Ridicularizava o outro e seguia castigando. Fazia com que se tomasse sua vítima por ignorante, tolo, joão-ninguém pretensioso. Os circunstantes ficavam mesmerizados com o poder de sua aparente lógica. Impressionados com sua paixão intelectual."[2]

Quem com ele debatia se sentia obrigado a negar que era um "traidor safado" ou "pedaço de merda," ou simplesmente afundava os ombros e abandonava o campo de batalha deixando-o com Ulyanov. Dentro da esquerda, aquele foi inteiramente novo tipo de contestação, e os camaradas ficaram chocados. Os intelectuais russos eram tradicionalmente polidos e quando discordavam – o que ocorria muitas vezes – o faziam com cortesia. Nas relações pessoais, Vladimir quase sempre se comportava de maneira impecável e decentemente, nunca esquecendo os bons modos com que fora criado. Mas na política, nas esfumaçadas e conspiratórias salas de reuniões, era impiedoso. Muitos outros menos apaixonados e comprometidos, e não tão ambiciosos quanto ele, não estavam preparados nem equipados para trocar golpes, e deixaram o movimento para se juntarem a grupos rivais onde raras vezes o enfrentavam cara a cara e mesmo para evitar mais abusos. E era exatamente isso que Ulyanov desejava. Ele venceu muitas batalhas porque seu oponente cansou ou desistiu de colidir com ele.

Foi tática planejada com esmero, como Vladimir Voitinsky, futuro soviético categorizado e velho camarada da virada do século, percebeu claramente. "Vladimir Ilyich foi talvez o mais impassível homem que conheci na política. Nenhum ódio, nenhuma compaixão, nem mesmo irritação contra o oponente. Sua brutalidade de argumentação nada tinha de implicância pessoal – cada palavra, cada pitada de desaforo em seus escritos, eram friamente calculadas.[3]

Por outro lado, ele podia empregar também métodos tradicionais de debater. Vladimir era brilhante em explicar suas ideias de maneira simplificada e direta. Como não era um homem comum do povo, ele aprendeu como falar efetivamente para uma audiência usando a força de seu intelecto. Maxim Gorky o ouviu muitas vezes, mas jamais esqueceu da primeira. "Seus 'rr' guturais davam-lhe impressão de pobre orador, porém, passados uns momentos, eu já estava completamente cativado, como todos os demais. Nunca conheci pessoa que pudesse falar sobre as mais intricadas questões políticas com tal simplicidade (...) sem se esforçar pela busca de frases eloquentes, mas emitindo distintamente as palavras com seus significados maravilhosamente entendíveis. Eu não o imaginara assim. Achava que faltava algo nele (...) que era demasiadamente comum. Não transparecia coisa alguma do 'líder.' Braço estendido com a mão levemente erguida, e ele dava a impressão de pesar cada palavra e de peneirar as observações de seus oponentes com tal postura. (...) A unidade, inteireza, sinceridade e força de seu discurso, sua aparência total, era autêntica obra clássica de arte; tudo estava lá, nada de supérfluo, e se existissem floreios, eles não eram notados como tal, e sim como naturais e inevitáveis como dois olhos no rosto ou cinco dedos na mão."[4]

Leon Trostsky, que se tornou famoso como inflamado orador, concordou que, no começo, não se impressionou com o "desempenho" de Vladimir – entretanto, quanto mais o viu e o ouviu, mais poderoso o efeito se tornou. "Vejo na minha frente um homem solidamente modelado, figura robusta e flexível de altura mediana. Escuto uma voz suave que flui muito bem (...) gutural nos 'rr', falando rápido, quase sem pausas e, de início, sem particular entonação. Ele inclina o tronco para trás e enfia os dedos nas aberturas superiores do colete. Esses gestos fazem levantar de imediato cabeça e ombros. A cabeça não parece grande (...) enorme é a testa. Movimenta os braços, sem nervosismo ou exagero. Suas mãos são largas e os dedos, curtos, 'plebeus,' fortes. O orador trata das objeções de seus oponentes. (...) Antes de analisar uma ideia hostil, faz com que se entenda que ela não tem fundamento, que é superficial e errada. Puxa os braços para fora do colete, lança o corpo gentilmente para trás (...) dá de ombros, quer por ironia quer por desespero, e estica os braços expressivamente, mostrando as palmas e os dedos das mãos. Condenação, ou menosprezo, ou humilhação do opositor sempre precedem a refutação da ideia dele. (...) Então começa a ofensiva lógica. A mão esquerda se movimenta de novo para a abertura do colete ou, com mais frequência, para o bolso da calça. (...) Não pretende continuar discursando, mas sim guiar a plateia para uma conclusão; explica; convence; provoca a plateia; brinca com ela; tenta convencê-la novamente e expõe uma noção. (...) Não há fecho brilhante para coroar a fala. Não existe complemento retórico. Ele termina uma sentença – e ponto final. Por vezes é um simples, 'Isso é tudo o que tenho para dizer a vocês.' Um fecho assim combina bem com toda a sua personalidade, mas parece não abrandar o entusiasmo dos que o ouvem."[5]

Não obstante, eram suas agressões e ameaças nos debates que mais espantavam adeptos e inimigos. Um de seus íntimos por muitos anos foi o altamente sofisticado, inteligente e sagaz Yuli Martov, a quem, em determinado estágio, Vladimir foi mais chegado do que a qualquer outro homem – eles se dirigiam um ao outro por "ty" e não "vy," fato raro com Ulyanov. Acabaram brigando em razão de política e se tornaram inimigos figadais. Em 1917, pouco antes da revolução bolchevique, Martov foi perguntado se, mesmo sendo reconhecido ateu, julgava que havia vida após a morte. "Oh, espero que não. Em minha opinião a existência terrena é mais do que suficiente; você acha que seria divertido continuar discutindo com Lênin depois da morte e ficar para sempre ouvindo suas ofensas escatológicas?"[6]

9

Contatos no estrangeiro

"Pressenti então que tinha conhecido o futuro chefe da Revolução Russa. Ele não era só um marxista preparado – desses existem muitos – mas sabia o que queria fazer, e como era necessário fazê-lo. Tinha cheiro de terra russa."

Pavel Axelrod em Zurique, 1895

VLADIMIR PASSOU QUASE METADE DE SUA VIDA ADULTA fora da Rússia, sem bem que não tivesse saído da terra natal até os 25 anos. Sua primeira visita ao estrangeiro foi durante "grande giro" revolucionário, quando foi solicitado pelos marxistas de São Petersburgo a fazer contato com o grupo Emancipação do Trabalho de exilados radicais na Europa Ocidental, inclusive grandes nomes da dissidência russa que haviam fugido do regime czarista. Ele partiu no fim de abril de 1895 para viagem de quatro meses pela Áustria, Suíça, França e Alemanha. Pretendia sair mais cedo no mesmo ano, porém a jornada foi adiada depois que ele foi acometido pela primeira das diversas enfermidades que periodicamente iriam afligi-lo por anos. Sofreu séria pneumonia que o manteve na cama por semanas, porém, recuperado, mostrou-se ansioso por cumprir "uma importante missão para a Revolução."[1]

Entre os primeiros que souberam que ele iria viajar – mais ou menos na ocasião em que a mãe e as irmãs tomaram conhecimento – estava a Okhrana, cujos espiões o seguiam havia meses. Agentes do serviço de inteligência em São Petersburgo reportaram sobre ele para seu mais importante operador fora da Rússia, Pyotr Rachkovsky, chefe do departamento da Okhrana em Paris e responsável por manter sob constante vigilância os exilados políticos russos na Europa. Rachkovsky iria saber muita coisa a respeito dele nos anos vindouros. "Segundo informações disponíveis no Departamento de Polícia, o supramencionado Ulyanov ocupa-se com propaganda social-democrata entre os operários de Petersburgo," era o que dizia o relatório sobre ele enviado a Paris. "O objetivo de sua visita é descobrir meios de trazer para o Império literatura revolucionária, assim como fazer contatos com círculos revolucionários e de emigrantes no exterior." Ulyanov carregava consigo duas malas com fundos falsos e costuras reforçadas especialmente fabricadas para a viagem, dentro das quais pretendia contrabandear na volta a literatura ilegal.

Algo que logo descobriu em suas viagens foi que estava errado quando pensou que era bom em idiomas. Não era. Estudara duro alemão e inglês e aprendera francês superficialmente com suas leituras, porém não conversara com ninguém nas três línguas. Mais tarde, tornou-se relativamente fluente nas três, mas quando deixou a Rússia pela primeira vez, ficou espantado com o pouco que sabia, em particular do alemão, do qual tanto se orgulhava. "Não entendo nem as palavras mais simples – suas pronúncias são estranhas e eles falam muito rápido," escreveu à mãe tão logo desceu do trem na Áustria. "Fiz uma pergunta ao guarda da estação; ele respondeu e não entendi nada. Repetiu mais alto a resposta. Continuei sem entender; então ele ficou irritado e foi embora. (...) A despeito do vergonhoso fiasco, não desencorajei e continuo distorcendo a língua alemã com bastante zelo."[2]

Sua segunda grande descoberta foi a magnificência dos Alpes – e agora sim, *foi* amor à primeira vista. As montanhas tinham invariavelmente influência calmante sobre ele e, nos anos seguintes, como disse Nadya, "Ilyich sempre parecia mais feliz e mais relaxado quando tinha montanhas por perto." A partir do primeiro momento em que viu uma das mais elevadas dos Alpes, quando o trem passou pelo Tirol, ficou extasiado – "Quase perdi a fala." Imediatamente escreveu à mãe: "o panorama aqui é maravilhoso, extraordinário, desfruto dele o tempo todo. Os Alpes começaram imediatamente depois da pequena estação alemã da qual escrevi para a senhora, depois vieram os lagos e quase me joguei pela janela do vagão ferroviário." A maioria das formas das montanhas o fascinava, mas ele nunca aprendeu a esquiar. Uma das razões para ter passado tantos anos de exílio na Suíça foi ficar próximo dos seus queridos Alpes.[3]

No fim de maio, no vilarejo montanhoso de Les Ormonts, perto de Les Diablerets, Vladimir teve seu primeiro encontro com o mais famoso de todos os marxistas russos (até que Ulyanov tomou o manto para si mesmo). Georgy Valentinovich Plekhanov, quinze anos mais velho que ele, era figura venerada do movimento revolucionário, "o

Moisés do Marxismo, que trouxera os Dez Mandamentos do Socialismo (...) do Monte Sinai alpino, e os entregara à juventude da Rússia," como escreveu Alexander Potresov. Era homem gigantesco, com quase dois metros de altura, esguio e elegantemente trajado, quase sempre de sobrecasaca. Ostentava barba pontuda e expansivo bigode. Fora aspirante a oficial na juventude e ainda mantinha postura militar. "Ele é um homem de colossal estatura que faz a gente querer encolher," dele disse Vladimir. Ao longo dos anos, os dois se digladiariam em terríveis discussões que rachariam o movimento revolucionário russo. Na oportunidade em que se conheceram, todavia, segundo uma testemunha do encontro, Ulyanov pareceu ter perdido a língua. "Ficou intimidado na presença do grande teórico, decano do marxismo russo." Plekhanov, conhecido como pessoa cheia de arestas, homem vaidoso e arrogante, tratou Vladimir com de cima para baixo, "mas não deixou de observar com certa simpatia a capacidade" do rapaz.[4]

Plekhanov era nobre de nascimento* e, depois de se formar na academia militar de Voronej, estudou no Instituto de Minas de São Petersburgo até ser expelido em 1877 por ter participado de uma manifestação. Dois anos mais tarde, com a Okhrana em seus calcanhares, fugiu da Rússia e estava exilado na Suíça desde então. Seu profundo e brilhante panfleto *Nossas Diferenças*, escrito em 1885, circulou clandestinamente e fez mais do que qualquer outra coisa para popularizar o marxismo nos círculos revolucionários russos. Vladimir o qualificou como "obra realmente inspiradora," que converteu muitos jovens do populismo para o marxismo, Nadya Krupskaya, entre eles. Seu livro posterior, escrito sob o pseudônimo Beltov, *Sobre o Desenvolvimento de uma Opinião Monista da História*, passou pelos censores do Czar da mesma maneira que *O Capital* de Marx: pensaram que ninguém o leria com um título tão esmagadoramente maçante e dando a impressão de ser esotérico. Mas os censores se enganaram. O livro ganhou fama como teoria da filosofia socialista russa e exerceu grande influência como claramente escrito e direto detonador da opinião de Marx que a revolução era "inevitável," como consequência das forças sociais e econômicas que impeliam a história.

*O grande revolucionário Plekhanov falaria com muita nostalgia até o fim de sua vida sobre a rica propriedade da família em Gudalovko, na província de Tambov, no Sul da Rússia, onde cresceu. Embora retornasse ao seu país em 1917, era um homem doente que nunca mais visitou a propriedade até que faleceu no ano seguinte. Ele pediu à esposa Rosalia Bograd que fosse até lá depois de sua morte.

Vladimir ficou feliz com o sucesso da reunião com o grande homem: deixou a Suíça com cartas de apresentação por ele escritas para outras figuras de proa do movimento socialista na Europa. Mas as sementes dos futuros desacordos tinham sido semeadas naquele encontro. Plekhanov viu o vigoroso Vladimir, que se tornava bastante conhecido nos círculos radicais russos, como uma ameaça – em especial quando seu melhor amigo e fiel seguidor, Pavel Axelrod, outro grande nome da antiga geração de radicais exilados, passou a escrever cartas com exacerbado louvor ao jovem visitante. Axelrod convidou Vladimir para passar uma semana em sua casa perto de Zurique e ficou entusiasmado com seus escritos e com sua eloquente capacidade para debater. Disse a Plekhanov que o promissor jovem "tem o temperamento de uma flama de combate."[5]

Em Paris, Vladimir foi ao Folies Bergère, então decadente *nightclub fin de siècle*, repleto de mulheres sumariamente vestidas. Mas o ponto alto foi o encontro com Paul Lafargue, que se lembrava vividamente da Comuna de Paris de 1870. O francês era casado com a filha de Marx, Laura, e foi membro da liderança da Comuna, o que deixou Lênin "todo excitação," a escutar as histórias de Lafargue. Mais tarde, ele se referiria muitas vezes à Comuna como um dos momentos mais significativos da história europeia moderna – também como primeira tentativa, apesar de breve, de uma revolução comunista. Ela durou menos que dez semanas antes de ser violentamente sufocada por uma ímpia aliança da direita francesa com os alemães. Vladimir com frequência afirmou depois que estava determinado a não repetir os erros da Comuna.

Ulyanov se encantou com Paris, mesmo que tivesse dito à mãe que "os empregados são muito caros (...) e têm de ser bem alimentados." Paris, escreveu ele, "provoca sensação muito agradável (...) ampla, ruas bem iluminadas, muitos *boulevards* e bastante verde. Os habitantes são muito desinibidos em suas maneiras – no início, isso surpreende comparado com a quietude e correção de São Petersburgo." Entretanto, pela maior parte de seu giro, do fim de junho de 1895 em diante, ele adoeceu com severas cólicas estomacais e "exaustão nervosa," que atormentaram quase toda sua vida. Os principais sintomas eram insônia e insuportáveis dores de cabeça. Ele foi se tratar em um spa perto de Zurique, pago por sua mãe, "Decidi fazer bom proveito do lugar e tratar seriamente do problema," escreveu a ela. "Já estou aqui há alguns dias e não me sinto tão mal. Mas excedi (...) [no orçamento], de modo que pediria à senhora, mãe querida, mais ou menos uns100 rublos."

No fim de agosto, lá estava ele pedindo dinheiro de novo: "Adorada Mamoushka, poderia me enviar outros 50 ou 100 rublos?"[6]

Vladimir chegou de volta à Rússia em 19 de setembro de 1895. Tomou diversas precauções, assim pensou, para o retorno. Disse a poucas pessoas a data exata e julgou que seguramente não estava sendo seguido. As malas com fundo falso e costuras reforçadas estavam então estufadas com literatura ilegal. Quando o policial deu uns tapinhas no topo de uma delas, ele disse: "Meu coração chegou à garganta"; todavia, deixaram-no passar com sua bagagem. Mas a polícia secreta passou a vigiá-lo cerradamente desde que voltou a pôr os pés no país.

Vladimir era homem muito reservado, chegou até a se deliciar com os esconderijos "conspiratórios" e com a vida clandestina revolucionária, com os disfarces e os deslocamentos sigilosos através de vielas e túneis. Tudo aquilo adicionava *frisson* à normalidade de escrever artigos e pesquisar nas bibliotecas.

Ele acreditava destacar-se na vida subterrânea. Lia sobre a criação de códigos e de como deixar falsas pistas para a Okhrana seguir. Esforçou-se na leitura para o aprendizado do comércio de trocas conspiradoras. De volta a São Petersburgo, retomou os encontros frequentes com Nadya, e ela também, sob a tutela dele, estudou métodos clandestinos de comunicações com grupos revolucionários. Mais tarde, Nadya afirmou que o grupo liderado por Vladimir em São Petersburgo era o mais bem equipado de todas as células subterrâneas da Rússia. "Vladimir Ilyich conhecia todos os atalhos e sabia desorientar os espiões da polícia. Ensinou-nos a escrever em livros com tinta invisível ou com o método do ponto; como deixar marcas secretas e a maneira de selecionar codinomes. Suas cartas eram repletas de alertas quanto a detalhes da vida na clandestinidade. Dava conselhos inclusive sobre o melhor modo de passar cola para esconder material secreto nas lombadas de livros."

Apreciava aconselhar sobre a boa atuação clandestina. Escreveu a Axelrod depois de seu retorno da Suíça sobre a melhor maneira de fazer tinta invisível: "É essencial o uso de cola líquida; não mais do que uma colher de chá para um copo d'água (e, além disso, farinha de batata, não farinha ordinária que é forte demais). A cola comum (boa) é apenas usada para a folha de cima e para papel colorido, porque as folhas ficam bem presas com leve pressão, mesmo com a mais fina das colas. Trata-se de método excelente, que deve ser usado."[7]

Na realidade, contudo, ele e seus revolucionários eram amadores comparados com a Okhrana, que por quase todo o tempo sabia onde ele estava, o que escrevia e em que reunião falava. O grande problema de Vladimir não era desconhecer a correta consistência das colas líquidas, e sim, surpreendentemente, confiar demais. Ele não acreditava em todos os alertas que recebia de estar cercado por informantes da polícia. Fraqueza que se repetiria vezes sem conta pelas duas décadas seguintes. De modo geral, ele julgava corretamente as pessoas. Não obstante, muitas vezes pareceu incapaz de duvidar da honestidade de qualquer um cujas credenciais já tivesse aceitado como verdadeiro revolucionário devotado à causa. Não foram poucas as ocasiões em que isso o levou à beira do precipício.

No fim do outono de 1895, Vladimir foi um dos cofundadores, entre uma dúzia de outros, da União pela Luta da Classe Trabalhadora, primeira organização revolucionária oficialmente marxista na Rússia (porém, especificamente, não era partido). Ela se ligaria de modo um tanto tênue ao grupo exilado de Plekhanov. Um dos outros fundadores, dentista de São Petersburgo, era agente da Okhrana, de sorte que a polícia secreta sabia quase tudo sobre o grupo desde o início, inclusive seus planos para fim de dezembro do lançamento de um jornal, o *Rabochee Delo* (A Causa do Trabalhador).

Na noite de 8 de dezembro a polícia invadiu o local. Vladimir preparava cópia para o primeiro número da publicação, que incluía entre outra literatura "subversiva" dois artigos de sua própria autoria: "Para os Homens e Mulheres da Fábrica Thornton," (que ameaçavam greve) e "O que Pensam Nossos Donos Agora?"

A invasão foi exatamente no momento em que o jornal estava prestes a ir para a gráfica e os membros do conselho editorial se encontravam todos juntos. Vladimir foi preso com os artigos incriminatórios nas mãos. Acompanhado por dois policiais de farda azul, ele foi levado na carruagem policial, com as janelas cerradas a fim de evitar olhares curiosos, para a Casa de Detenção Preliminar de São Petersburgo, onde só poderia ficar detido por dois dias antes que uma sentença fosse passada – sem julgamento.

10

Prisão e Sibéria

"Ninguém que jamais tenha sido preso conhece o governo sob o qual vive."
Leo Tolstoy (1828 - 1910)

A prisão concedeu a Vladimir as credenciais de que precisava para ser um revolucionário. Ele havia escrito panfletos, falado em reuniões e era irmão do famoso "terrorista" executado pelo regime. Porém, para o carimbo de autêntico revolucionário russo, tempo de prisão e exílio nas vastidões da Sibéria eram tomados muito a sério. Era um dos testes de comprometimento com a causa.

Ulyanov foi interrogado quatro vezes durante sua detenção na cela 193 da Casa de Detenção Preliminar, de dezembro de 1895 a fevereiro de 1897. Em momento algum sofreu maus tratos-físicos ou foi colocado sob forte pressão psicológica. O interrogatório passou a impressão de ser mera rotina – "jogo de gato e rato," como outros detidos definiam o procedimento.

Seu primeiro interrogatório formal, poucos dias após a prisão, foi conduzido pelo adjunto da casa de detenção, Alexei Dobrovolsky, e pelo tenente-coronel Vyacheslav Klykov, integrante de Seção Especial da Okhrana. Quando indagado se era membro de qualquer partido político, o advogado que havia nele foi quem respondeu: "Não me reconheço culpado de pertencer a partido de social-democratas, ou a qualquer outro partido. (...) Não sei coisa alguma sobre a existência no presente momento de nenhum partido antigoverno," disse-lhes em sua primeira declaração e repetidamente depois. E era pura verdade. Àquela altura o Partido Social Democrata ainda não fora criado, embora Vladimir o desejasse e já tivesse falado sobre seu lançamento.

Não lhe foi permitido um defensor legal em nenhuma ocasião e, durante todo o processo, ele negou todas as acusações de sedição assacadas contra sua pessoa. A mãe e a irmã Anna persuadiram seu hipotético empregador, Mikhail Volkenstein, a intervir em sua ajuda. O experiente e respeitado advogado ofereceu substancial garantia de segurança a Ulyanov. Mas foi-lhe recusada fiança.[1]

Vladimir foi interrogado mais três vezes pelo coronel Klykov, da mesma relaxada maneira. O detido manteve-se física e mentalmente apto e permaneceu com bom humor. Como brincou nas cartas: "Estou em melhor prisão do que outros cidadãos do Império Russo – pelo menos não posso ser encarcerado." O regime penal czarista era bem mais benigno com os presos políticos do que o soviético seria anos mais tarde, quando a norma passou a ser tortura e execução sumária.

Vladimir disse à mãe poucas semanas após sua prisão: "Minha saúde está satisfatória. Posso beber aqui água mineral. Ela me é entregue diariamente de uma farmácia no dia em que faço a encomenda." Criou uma rotina para passar os dias de detenção. Mais tarde, quando a irmã Maria e o cunhado Mark Elizarov foram presos como subversivos, em fevereiro de 1901, ele explicou seu método rigoroso, à sua maneira professoral e patronal: "Recomendo, particularmente, traduções de Marx, das duas formas, primeiro tradução escrita a partir da língua estrangeira para o russo, depois de volta do russo para o idioma estrangeiro. Minha própria experiência ensinou-me que essa é a maneira mais racional de se aprender uma língua. No lado físico, recomendo fortemente ginástica todos os dias e esfregar-se de cima a baixo com toalha úmida. Em confinamento solitário isso é absolutamente essencial. (...) Também sugiro arranjar trabalho com livros de maneira a desfrutar de sortimento deles. Lembro-me muito bem dos rodízios de leitura e trabalho – da tradução para a leitura, da ginástica para a escrita, da leitura séria para a ficção – ajuda bastante. Depois do jantar, por pura recreação, eu lia ficção, e nunca gostei tanto dela como na prisão. O fundamental é jamais esquecer a obrigatória ginástica diária. Esforçar-se para fazer dezenas de movimentos de todos os tipos. Isso é muito importante."[2]

Ele descreveu o regime de exercícios e seus benefícios em mais pormenores para a mãe: "Eles desenferrujam minha juntas, de sorte que consigo me manter aquecido mesmo quando a cela se torna geladíssima, e depois deles durmo bem melhor. Além de recomendá-los, sugiro um exercício muito fácil (apesar de ridículo): cinquenta genuflexões. Exatamente o que me obriguei a fazer – e não me incomodo quando o guarda olha pela pequena janela e se admira que um homem se torne de repente tão religioso sem pedir uma vez sequer para ir à capela da prisão. Mas (...) um prisioneiro não pode fazer menos de cinquenta genuflexões, sem parar, e tocar no chão a cada vez sem dobrar os joelhos – escreva para Mark e diga-lhe isso."

Enquanto na prisão, ele começou a escrever seu primeiro livro de porte, *O Desenvolvimento do Capitalismo na Rússia*. "Durmo cerca de nove horas por dia e vejo diversos capítulos de meu futuro livro durante o sono (...) se eu tivesse ficado preso mais tempo, o teria terminado lá." O livro teria muita importância porque lhe reforçaria a reputação de teórico radical e debateria o ponto contencioso se a Rússia já estava no caminho para se tornar país avançado e industrializado – passo essencial, segundo Marx, para que a revolução do proletariado pudesse triunfar.

Os visitantes que iam à prisão levavam-lhe alimentos e dinheiro, roupa de cama limpa e mais conforto do que o necessário: "Alguém, por exemplo, trouxe-me uma sobrecasaca e manta para viagem," escreveu à mãe. "Elas foram mandadas para o depósito como supérfluas." Maria Alexandrovna e Anna mudaram-se de Moscou para São Petersburgo a fim de ficarem mais perto dele e visitá-lo. Elas mandavam regularmente alimentos recomendados pela dieta para seu delicado estômago. E, depois que o médico da prisão recomendou que ele se beneficiaria com lavagens intestinais regulares, enviaram-lhe um clister para facilitar o processo.

Vladimir pediu a Nadya e Apollinaria para que caminhassem juntas e fossem até uma esquina onde ele poderia vê-las obliquamente do pátio da prisão. Nadya apareceu no ponto combinado como pedido; Yakubova, não.[3]

Correspondência regular era permitida aos detentos. A segurança era tão frouxa que eles continuaram suas atividades conspiratórias de dentro da prisão. Existia um código para que Vladimir soubesse se uma mensagem clandestina chegara para ele em tinta invisível. Às seis horas da tarde traziam água quente para o chá, e os guardas deixavam os detentos de bom comportamento irem à capela. Àquela altura, os presos "políticos" já tinham rasgado a correspondência em tiras de papel. Preparavam então o chá e, quando os guardas se afastavam, mergulhavam as tiras nas canecas. Era assim que as letras "apareciam." Na prisão, era difícil esquentar as cartas com uma chama, método mais comum. Foi ideia de Vladimir experimentar água quente. "Para não sermos descobertos escrevendo com leite, fizemos pequenos 'tinteiros' com miolo de pão, que eram rapidamente engolidos ao ouvirmos os menores ruídos suspeitos. Num pós-escrito de carta para Anna, ele confessou: "Hoje comi seis tinteiros."[4]

Às quartas-feiras e sábados, a irmã Anna levava-lhe livros da

Biblioteca da Academia de Ciências, da Universidade de São Petersburgo e da Sociedade da Livre Economia. Visitantes nunca eram interrogados. Eles podiam deixar correspondência e pacotes a qualquer momento durante o dia, até as cinco da tarde. Os pacotes eram sujeitos a uma inspeção perfunctória pelo Procurador da Corte Suprema ou seu representante, não pelos guardas da prisão. No dia seguinte, eles estavam nas celas. "Quando, no corredor da prisão (...) ouviam-se guardas empurrando ou puxando pesados volumes cheios de livros, sabia-se logo que a carga era para a cela de Vladimir Ilyich," lembrou-se um companheiro de prisão, Gleb Krjijanovsky.

Ele recebeu encomendas duas vezes por semana ao longo de 1896. Em quase todos os montes de livros havia pelo menos um volume com carta escondida em sua lombada, ou escrita em tinta invisível entre as linhas de uma das páginas, ou codificada por pequeninos pontos entre as linhas de determinadas palavras. O tráfico de mão dupla permitia o contato com sua organização, a escrita de panfletos grevistas e artigos e comunicados com outros camaradas de fora das prisões.[5]

Em 29 de janeiro de 1897, após catorze meses na prisão de São Petersburgo, Vladimir foi sentenciado a três anos de "exílio administrativo" na Sibéria, embora não ficasse decidido de imediato o local para onde seria mandado. Não houve julgamento nem recurso. Por solicitação de sua mãe, ele foi autorizado a viajar às suas próprias expensas, e não sob vigilância da polícia, o que tornaria a longa jornada mais confortável. Saiu da prisão em 13 de fevereiro e recebeu permissão para permanecer em São Petersburgo por quatro dias antes de se deslocar. Tipicamente, Vladimir preencheu aqueles quatro dias com reuniões com outros revolucionários.*

A primeira parte da jornada durou onze semanas. Mas houve certo tratamento privilegiado. A pedido da mãe, Ulyanov foi autorizado a passar alguns dias em Moscou para ver a família. Ele ficou seis dias na cidade e, em 6 de março, dela viajou acompanhado pela mãe, a

*A Rússia vinha exilando prisioneiros políticos desde o século XVII em partes cada vez mais remotas do império à proporção que suas fronteiras se expandiam. Os mais sérios transgressores eram mandados para campos de trabalhos forçados espalhados pelo Leste da Sibéria – como Nerchinsk, para onde Chernyshevsky fora despachado, Omsk, onde Dostoyevsky foi internado e a ilha de Sakhalina, ao largo da costa do Pacífico. Os "políticos" menos sérios como Vladimir eram sentenciados por ordem administrativa e enviados para viver em determinados locais com supervisão da polícia. Em 1897, existiam cerca de 300 mil exilados dispersos pela Sibéria, aproximadamente cinco por cento de toda a população.

irmã Anna e Mark Elizarov. Esses parentes o levaram no dia seguinte até a estação de Tula e retornaram a Moscou.

"Deixei meus nervos para trás," disse à mãe, mas a viagem foi entediante. "O país era cruzado pela Ferrovia Siberiana do Oeste e eu já havia atravessado toda a sua extensão [cerca de 1.400 quilômetros] (...) terrivelmente monótona – só a estepe pura e fria. Nenhum sinal de vida, sem cidades, de vez em quando uma aldeia ou um bosque, o resto apenas estepe. Neve, céu e mais nada por três dias seguidos."[6]

Em Krasnoyarsk, fim da linha, ele teve que esperar até que as autoridades dissessem onde cumpriria o exílio.* Mas a espera não foi nada ruim. Ele passou dias inteiros na Biblioteca Yudin, excelente coleção de um rico destilador de vodca e famoso bibliógrafo, Gennady Vassilyevich Yudin. Este tinha amigos que conheciam Anna Ulyanova e franqueava sua casa a prisioneiros selecionados a caminho do exílio bem como os 80 mil volumes de sua biblioteca.** A coleção continha conjuntos completos de diversos periódicos que datavam do século XVIII e que muito ajudaram Lênin a escrever *O Desenvolvimento do Capitalismo na Rússia*.

Decorridas cinco semanas, a maioria delas passada desde o amanhecer até o anoitecer entre os livros de Yudin, Vladimir foi informado de onde viveria em seu exílio: no pequeno vilarejo de Shushenskoye, junto ao rio Yenisei. A notícia não poderia ser melhor: entre os prisioneiros, a cidade era conhecida como "Itália da Sibéria," no sudoeste da vasta região, onde as condições climáticas eram relativamente brandas. Mesmo assim, eram oito dias de viagem em navio a vapor até perto da cidade grande mais próxima, Minusinsk, e mais um dia de jornada a cavalo ou em carroça. Foi-lhe designada uma pequena cabana de camponês, inteiramente cercada pela

*Em Krasnoyarsk ele teve alojamento e alimentação grátis com Claudia Gavrilovna Popova, rica proprietária de terra que simpatizava com causas esquerdistas e durante anos ajudou centenas de prisioneiros políticos com acomodação e alimentos. Muitos registraram sua gentileza e amizade. Quando a fome atacou em 1921, já no regime soviético, ela estava pelos setenta anos de idade. Foi rotulada como burguesa "inimiga do povo." Com a riqueza perdida, vivia de esmolas. Quando residentes antigos solicitaram que o soviete local a ajudasse, com base no argumento de que Gavrilovna não hesitara em ajudar vítimas da repressão czarista, o soviete recusou a petição de fornecimento de rações extras de alimentos. Gavrilovna morreu de inanição.

**Yudin vendeu sua coleção para a Biblioteca do Congresso dos EUA por 150 mil dólares – uma fortuna ao tempo. Ela continua sendo o núcleo forte da Coleção Russa da mesma biblioteca.

estepe, uns poucos bosques e um alagadiço. Em dia claro, podiam ser vistos bem longe, quase indistintamente, os picos nevados da cadeia de montanhas Sainskaya.

Ulyanov escreveu à mãe logo depois de chegar dizendo tratar-se de lugar razoavelmente agradável e apelidou-o com um nome de bichinho de estimação. "Shu-shu-shu não é mau vilarejo. É verdade que fica quase no meio do nada. Não há como chegar ao rio Yenisei, mas o rio Shush corre nas proximidade do vilarejo e existe também um largo tributário do Yenisei não muito longe (...) e lá talvez eu possa nadar. A vila é cercada de lixo que as pessoas não levam de carroça para longe a fim de enterrá-lo, de modo que, quando se sai de casa, é obrigatório passar entre montes de lixo. No horizonte estão as montanhas Sayan ou serras delas derivadas. Algumas todas brancas com coberturas de neve que nunca degelam, de modo que há algo de artístico nelas (...) é possível vê-las, dependendo das nuvens, do mesmo modo que de Genebra se pode divisar o Mont Blanc (...) não foi em vão que compus um poema em Krasnoyarsk: 'Em Shusha, aos pés das Sayan' (...) infelizmente não passei do primeiro verso."

As condições não eram tão ruins quanto as enfrentadas mais tarde no Gulag soviético. Vladimir tinha até permissão para possuir uma espingarda belga de dois canos, que o irmão Dmitry enviara, e com muita munição. Passado um mês, ele já sugeria – e não totalmente de brincadeira – que Dmitry o visitasse. "Poderemos atirar juntos – se é que a Sibéria pode fazer de mim um desportista."

Mas o sistema czarista de exílio não era campo de férias. Com os anos, milhares morreram de exaustão nos campos de trabalhos ou passaram fome até a morte. Com frequência, os prisioneiros eram açoitados com a espécie de chicote com múltiplos fios terminados por nós, especialmente projetados para cortar a carne das costas ou das coxas das vítimas. Em 1892, três anos antes de Lênin ser exilado, o "Caso Khanov" recebeu sensacional cobertura do *The Times* de Londres, o qual publicou (com total exatidão como foi comprovado pela investigação) que o chefe de gangue Vladimir Khanov e os feitores de prisioneiros da construção de estradas deixaram os convictos sem alimentação e eles recorreram ao canibalismo.

Talvez a mais cruel das punições czaristas estivesse reservada para as esposas de prisioneiros políticos, muitas das quais foram exiladas para a Sibéria simplesmente por serem casadas com os chamados "subversivos." A brutalidade do regime stalinista, anos mais tarde, quando a família do acusado era punida junto com ele, tinha um precedente russo.*

Decorrido um mês, Vladimir já estava caçando regularmente. Disse à mãe que sua pontaria não era ruim. "Ontem viajei cerca de doze verstas para atirar em patos e ficar na tocaia. Há muita caça, mas sem um cão fica difícil, em particular para um pobre atirador como eu. Existem por perto até cabritos selvagens; nas montanhas e nas taigas (a trinta ou quarenta verstas daqui, aonde os camponeses locais costumam ir caçar) há esquilos, martas e cervos." Ele conseguiu um cão de caça para acompanhá-lo, Jenka, um *setter* irlandês. Pescava, caçava, caminhava e, no inverno, patinava. Jogava xadrez por correspondência contra bons enxadristas russos e estrangeiros.

A Okhrana interceptava sua correspondência regularmente, mas quase nunca embargava seu destino – até mesmo cartas para revolucionários na Rússia e exilados no exterior. Sua frustração não era a vigilância. A correspondência chegava, mas com muita lentidão, em especial no inverno. "Recebi hoje uma pilha de cartas de todos os cantos da Rússia e da Sibéria, de modo que passei o dia todo em clima de feriado," escreveu ele à mãe depois de ficar sem correspondência por semanas.

Disparava barragens de pedidos – ou antes, requisições – à mãe e às irmãs, e se mostrava petulante se elas não fossem atendidas de pronto. Os parentes já estavam acostumados com o tom irritado de suas queixas: "Uma pena os livros serem enviados com tanto atraso" (...) "você escreve e diz que os enviará em um dia ou dois" (...) "quando vão chegar essas coisas? Provavelmente não antes do fim do verão..." As solicitações eram constantes por mais roupa, livros, cartuchos de munição para suas armas e algumas luvas para meninos, "minha capa

*Os revolucionários judeus, invariavelmente, eram mandados para os locais mais ásperos e miseráveis, e muitos sofreram terríveis esquecimentos. Foi grande o número de mortos por doenças. Houve tragédias inarráveis entre os exilados. Nikolai Fedoseyev, que criou o grupo radical de Kazan ao qual Vladimir pertencia, talentoso escritor e pensador com o qual este se correspondia regularmente, foi mandado para Verkhoyansk, buraco horrendo na extremidade do Ártico. Ele se afogou deliberadamente em 1898, com 27 anos, depois que um exilado ciumento o acusou falsamente de ser agente duplo da Okhrana. Vladimir encontrara-se várias vezes com a amante dele, Maria Gofengauz. A caminho da Sibéria para se encontrar com o amante, ela soube de sua morte e também se suicidou – "quão terrível foi toda a história," disse Vladimir quando dela tomou conhecimento. Um bom amigo de Ulyanov, Anatoly Vaneyev, foi exilado para o remoto vilarejo de Turukhansk, na beira do Círculo Ártico, onde faleceu de pleurisia e cólera em 1899. Vladimir tinha pleiteado, repetidas vezes e em vão, que as autoridades transferissem o amigo para qualquer outro lugar menos inclemente, onde ele pudesse receber tratamento adequado.

de chuva com capuz que seria essencial aqui," e algum tecido macio de tule para rede contra mosquitos.*

Mas havia também trabalho duro a realizar. Vladimir estava próximo do término de seu primeiro livro e conseguiu, surpreendentemente, negociar a lucrativa tradução para o russo do clássico do socialismo fabiano *A História do Sindicalismo,* de Sidney & Beatrice Webb. Seu dia, apesar de planejado em pormenores, consistia de longas horas de sólido trabalho alternadas com regulares períodos de descanso, e Krjijanovsky, no exílio com ele, recordou: "De manhã, ele testava uma quase inesgotável abundância de vitalidade e energia que o deixava pronto até para um round de luta greco-romana (...) e eu me deixava levar por aquele estado de espírito e dava-lhe a satisfação de medir forças com ele. Então, depois de rápida caminhada, começávamos a trabalhar. Horas especiais eram dedicadas à escrita, para a coleta de dados estatísticos e para a leitura de obras filosóficas ou econômicas, e também para repouso, quando líamos romances. Recebíamos jornais, porém, é claro, com grande atraso e em consideráveis quantidades. Mas Vladimir Ilyich arquitetou método sistemático de leitura de jornais; ele os arrumava de tal maneira que lia uma edição por dia, levando em consideração o atraso real em dias. Tal arranjo fazia parecer que ele recebia os jornais regularmente e todos os dias, embora mais tarde. Sempre que eu tentava desbordar o método e, maliciosamente, pegava e lia alto as notícias de uma edição posterior, ele tapava os ouvidos."

De modo geral, Vladimir viveu bem na Sibéria e, muitas vezes, contou à mãe quão saudável e disposto estava. Recebia determinada quantia em dinheiro do estado que era suficiente para vida com razoável conforto: oito rublos por mês, que não parece muito, mas era o salário médio de um operário de São Petersburgo e mais do que o triplo do que pagava à mocinha camponesa que empregava para limpar e cozinhar.

Viveu períodos de melancolia e tremendo tédio – "Por dentro, os dias só diferem dos outros porque hoje você lê um livro e amanhã, outro; hoje caminha para a direita do vilarejo, amanhã, para a esquerda; hoje faz um artigo, amanhã, outro," escreveu à mãe. Disse à irmã Maria: "No começo de meu exílio (...) decidi que jamais tocaria num

*As cartas de Lênin da Sibéria constituem estranha leitura. Podem ser cartas de um indolente proprietário do interior com gosto pela vida ao ar livre, mas com gentil filosofia epicurista que o proíbe de desfrutar seriamente desses gostos. Parece genuinamente adaptado à vida tranquila, de uma maneira que nunca demonstrou no seu longo exílio no exterior.

mapa da Rússia europeia ou mesmo de toda a Rússia. Significaria muita amargura ver todos aqueles pontos negros para onde eu não poderia ir."[7]

Vladimir propôs casamento a Nadya por carta com letra invisível. Para muitos jovens ardentes e revolucionários, isso pode ter parecido o máximo de gesto romântico. Quando escreveu – entre a saída da prisão e a partida para a Sibéria – Nadya também estava presa. Fora detida por repassar literatura ilegal e dinheiro para operários em greve numa fábrica de São Petersburgo e enfrentava a possibilidade de igualmente ser mandada para a Sibéria por três anos. No começo, Vladimir não queria que as autoridades conhecessem seu plano que era de os dois passarem juntos os anos de exílio na Sibéria. Ela aceitou da mesma forma clandestina – pois ele precisou ler "mergulhando o bilhete em água quente" – e de uma forma um tanto casual que escondia seus fortes sentimentos.

Nadya só poderia se juntar a ele se fosse "reconhecida noiva." Passaram-se meses de discussões com as autoridades antes que ela recebesse autorização para ir. O governo emprestava alta moralidade ao casamento e já tinham ocorridos alguns casos de noivas fictícias enviadas a exilados radicais, fatos que ofenderam as delicadas sensibilidades da polícia czarista. A futura sogra de Vladimir desejava também garantir que o compromisso fosse autêntico. Elizaveta Vasilyevana pouco o conhecia – e do que sabia não gostava de tudo. Era cristã devota e ele, abertamente, ateu; Vladimir era revolucionário marxista e Elizaveta não tinha convicções políticas firmes. Aos olhos dela, ele poderia ter a mesma espécie de opinião "avançada" sobre o casamento como parecia ter sobre todas as outras instituições da civilização cristã. Queria se assegurar de que o matrimônio ocorreria, de sorte que viajou para a Sibéria na companhia de Nadya, ostensivamente para testemunhar o casamento. Porém, por grande parte dos dezessete anos seguintes, ela viveu amistosamente* com o casal, e

*Os dois criaram uma genuína afeição um pelo outro, se bem que ela muitas vezes discordasse dele e resistisse a ele. Vladimir era capaz de contar péssimas piadas sobre sogras, das poucas piadas que fazia, além da ironia que adotava com frequência. À pergunta "Qual deve ser a punição correta para a bigamia?" respondia com a batida e não muito engraçada: "Duas sogras." E costumava repeti-la para a própria Elizaveta Vasilyevna sem qualquer embaraço e em meio a risadas dos dois. Ela passou a respeitá-lo e os dois se deram muito bem durante os anos em que viveram juntos no exílio. Apesar de Vladimir detestar o fumo, ele saía para comprar cigarros quando ela precisava. Às vezes, ele deixava que ela o vencesse no jogo de cartas: "Como é que pode um homem brilhante como você viver perdendo no baralho para uma velha como eu," costumava dizer.

Elizaveta aprendeu a respeitar os pontos de vista de Vladimir, embora não concordasse com todos eles. Os dois se deram bastante bem.

Através da própria mãe, Vladimir enviou uma extensa lista de coisas que as duas deveriam levar com elas – pilhas de livros, suprimento de roupas incluindo calças de tecido grosso para caça e um chapéu de palha – "Afinal, é um chapéu de Paris, diabos que o carreguem!" Quando Nadya e sua mãe chegaram, em 6 de maio de 1898, tiveram de esperar diversos dias porque o nível da água de certo trecho do rio estava muito baixo para o barco a vapor em que viajavam, por isso ele não estava no vilarejo para recebê-las. Saíra para caçar e só voltou horas depois. A primeira coisa que Elizaveta Vasilyevna lhe disse foi: "Deus meu, como você alargou. Você parece quase gordo." Ele escreveu à mãe: "Achei que Nadejda não está muito bem. Ela vai ter que cuidar um pouco mais da saúde." Seus olhos muitas vezes pareciam saltados – daí as frequentes citações ao "peixe" sobre sua aparência, primeiro sintoma de mau funcionamento da tiroide, mais tarde diagnosticado como Doença de Graves, da qual ela sofreria por toda a vida.[8]

O casamento tinha de ser em igreja ou em qualquer outra instituição religiosa, a única forma de cerimônia reconhecida como legal na Rússia. Ele foi adiado em alguns dias porque o pároco local, padre Orest, respeitava o ritual completo: noivo e noiva precisavam de alianças. Vladimir não as comprara e não existiam joalherias na terra de ninguém da Sibéria. Por sorte, outro revolucionário exilado em Shushenskoye, o nacionalista finlandês Oskar Engberg, fora aprendiz de joalheiro antes de ser preso e conseguiu improvisar duas alianças a partir de moedas de copeques de cobre.*

O casamento acabou acontecendo na Igreja de Pedro e Paulo de Shushenskoye, em 10 de julho de 1898. Não há registros dele – seja talvez pelo fato de os soviéticos desejarem mais tarde apagar a ocorrência de uma cerimônia ortodoxa (pequena e inconveniente verdade sobre o fundador do bolchevismo), seja, mais provavelmente, porque os registros de muitas igrejas russas foram destruídos ou desapareceram nos anos 1920 e 30. Nem o marido e nem a esposa jamais tentaram esconder as circunstâncias de seu matrimônio.

*Os radicais russos, com seu desdém por rituais burgueses, normalmente só usavam alianças durante a cerimônia em si e delas se livravam logo depois. Mas Nadya guardou a dela, sem usá-la. Pouco antes de sua morte, Nadya a doou para o Museu Central de Lênin, em Moscou, que não o exibiu nem na "Sala Krupskaya" de sua coleção por causa da típica falta de sentimento de Stalin. Nunca se soube o que aconteceu com a aliança de Lênin.

Os recém-casados se separaram e voltaram para a cabana por caminhos diferentes "para não chamar atenção," segundo Nadya, explicação um tanto estranha. Houve uma pequena celebração mais tarde no lar dos Ulyanovs, na qual, coisa igualmente estranha para a Rússia daqueles tempos, nenhuma bebida mais forte do que chá foi servida.

O relacionamento do casal sempre criou perplexidade entre os biógrafos, da esquerda e da direita, muitos dos quais tentaram apresentá-lo como casamento utilitário de conveniência, um *mariage blanc*. Todavia, ficou claro que o casal partilhou a mesma cama com a mesma intensidade com a qual se dedicaram à Revolução.

A "lua de mel" foi passada traduzindo *A História do Sindicalismo* dos Webbs para o russo durante as manhãs e trabalhando no livro de Vladimir Ilyich nas tardes, além de aprimoramento do alemão dos dois. Isso não soa exatamente romântico – e para diversas pessoas o casamento foi mesmo "esquisito," amalgamado, como observou um amigo de longo tempo, "não por amor, afeição ou companheirismo, e sim pelo compromisso com a causa." Entretanto, obviamente, foi bem mais que isso. Tratava-se de casal reservadíssimo, ainda que isso nada signifique. Ele nunca falou sobre seu casamento. Nadya publicou um livro de memórias, pesado volume escrito no fim dos anos 1920 de registro "stalinista" professoral – em sua maior parte seco e túrgido, embora com algumas surpreendentes passagens líricas – no qual ela se refere ao marido com um frio e distante "Ilyich" e à vida ascética do casal só preenchida por dever e trabalho. Suas cartas e confidências compartilhadas com amigos contam história diferente. Ela disse, muitos anos mais tarde, a respeito do início da vida conjugal dos dois no exílio: "Éramos então muito jovens, tínhamos acabado de casar e nos amávamos apaixonadamente. Recém-casados, entende, e trouxemos beleza para o exílio. Se não escrevi sobre isso em minhas memórias, não significa que não existiu poesia nem paixão de jovens em nossa vida."[9]

Nadya escreveu cartas afetuosas para a família de Vladimir, até para Anna Ulyanova, com quem nunca se deu muito bem – ela ouvira rumores sobre o comentário do "arenque" de Anna. Acrescentou longos e reveladores pós-escritos nas cartas para casa. E os dois encontraram suficiente tempo para um e outro nos intervalos do trabalho conjunto. "Ele me pede para acordá-lo às oito da manhã ou às sete e meia, porém meus esforços são usualmente infrutíferos; ele resmunga um par de vezes, puxa a colcha para cima da cabeça e volta a dormir," contou às irmãs dele. As cartas de Nadya sempre foram cordiais, alegres e amistosas. Anos depois, ela relembrou o período de exílio na Sibéria como dos mais felizes de sua vida.

Vladimir foi a figura dominante do relacionamento, mas amou a esposa ao seu modo. Nadya realizava um sem-número de tarefas simples para ele, desde cópias fiéis de manuscritos até a arrumação e limpeza do lar. Raras vezes ela solicitava alguma coisa – provavelmente um dos segredos do companheirismo da vida de casal dos dois. No entanto, Nadya era capaz de discutir abruptamente com Vladimir e mesmo provocá-lo, em particular sobre sua habilidade como caçador. Vezes sem conta escreveu à mãe e às irmãs do marido relatando que ele saía por horas todo paramentado de caçador e voltava de mãos vazias. Certa vez os dois saíram da cabana para uma caminhada. Ele levava a arma, mas disse: "Você sabe, se toparmos com alguma caça, não devo atirar porque eu não trouxe um saco e seria difícil carregar." Porém, "quando avistou uma lebre, tentou acertá-la (...) mas não conseguiu porque (...) ficava muito excitado naqueles momentos." Noutra ocasião, quando avistou um bando de perdizes na margem da estrada, "grunhiu de satisfação, mirou, atirou (...) e a ave-alvo simplesmente saiu andando sem se dar ao trabalho de voar."

Nadya se surpreendia com o entusiasmo que se apossava dele quando se preparava para expedição de pesca e, depois, nem tocava no assunto porque voltava sem trazer "nem um peixinho." "De início, Volodya afirmava não saber como catar cogumelos e não gostava de fazer aquilo, mas agora é difícil arrancá-lo dos bosques. Pegou a 'febre dos cogumelos.' No ano que vem combinamos plantar vegetais, e Volodya já concordou em preparar os canteiros." Escreveu também à mãe para narrar a seguinte história: pediu a ele que comprasse material para ela costurar uma blusa para a filhinha do vizinho e em vez de perguntar o tamanho ele indagou, "quantos quilos?"

O casal se ajustou a uma confortável familiaridade e à fácil vida no exílio. Conseguiu até divertimento. No Natal após o casamento os dois esperavam receber visitantes. "Quase todos dos arredores estavam na vila, então aguardávamos grande e alegre reunião (...) e o pessoal se encontrava em excelente estado de espírito. Aquecemos algum vinho; quando a hora se aproximou, juntamos os ponteiros do relógio no número '12' e testemunhamos a passagem do ano em grande estilo; todos cantaram o que lhes veio à cabeça e fizemos alguns brindes especiais – "Às mães", "A todos os nossos amigos," e dançamos ao som das guitarras. (...) Foi um feriado e tanto. Volodya batalhou no tabuleiro de xadrez. Depois patinamos."

A vinte minutos de caminhada da cabana ficava um lugar que ela chamava de "reino encantado," de onde se tinha a melhor visão das montanhas, e quando tudo enregelava "podiam-se enxergar distintamente pedras e peixinhos nadando sob o gelo." No fim de março de 1899, o casal escreveu uma carta conjunta para Maria: "A primavera está no ar. O gelo do rio fica coberto por água durante todo o tempo, e os pardais nos galhos dos salgueiros piam furiosamente; os bois andam pelas ruas de cabeças baixas para lá e para cá, e a galinha da senhoria, debaixo do fogão, cacareja tão alto de manhã que acorda todo mundo."

A família Ulyanov exercia leve pressão sobre Nadya para que produzisse um herdeiro, contudo, oito meses após o casamento, ela escreveu a Maria Alexandrovna: "No que respeita minha saúde, estou muito bem, mas quanto à chegada do 'passarinho' – a situação está infelizmente ruim. Ele não quer chegar."[10]

O exílio de Vladimir terminou em 29 de janeiro de 1900. Mas uma das condições para sua soltura era ele não poder viver em qualquer grande cidade ou nas que sediassem universidades, para que não corrompesse estudantes com ideias revolucionárias. Ele escolheu instalar-se, pelo menos no começo, em Pskov, 140 quilômetros a sudoeste de São Petersburgo, de onde poderia comunicar-se facilmente com camaradas na capital. Nadya precisava cumprir mais seis meses de exílio e recebeu determinação para viver em Ufa, pequena cidade no Oeste da Sibéria. "Foi uma grande pena separarmo-nos quando o mundo real começava, mas nem passou pela cabeça de Vladimir ficar em Ufa se havia a possibilidade de chegar mais perto de São Petersburgo," escreveu ela tristemente. Nadya sabia como administrar suas expectativas.

Os três deixaram Shushenskoye em 10 de fevereiro de trenó, com a carga de 175 quilos de livros em baús. Demoraram três semanas para chegar a Ufa, onde ficaram Nadya e a mãe; Vladimir prometeu retornar em junho se as autoridades permitissem.

Típico de Ulyanov, em poucos dias ele já estava violando sua "condicional." Enquanto permanecia na Sibéria, fora dado o maior passo em décadas para a luta revolucionária, na cidade bielorrussa de Minsk, entre 1º e 3 de março de 1898 – e sem a presença de Vladimir – foi criado o Partido Social Democrático Russo dos Trabalhadores, o primeiro partido reconhecidamente marxista da Rússia. A despeito das intermináveis rixas, facções, cismas, mudanças de denominações e de várias manifestações, foi esse o partido que veio a se tornar o Partido Comunista que tomou o poder na Rússia e governou a União Soviética por setenta anos. Apesar de Vladimir não estar em Minsk, o partido foi moldado, em grande parte, à sua imagem.

A ideia era unir os diversos grupos de revolucionários marxistas em uma só organização, inclusive pela primeira vez a União da Luta na Rússia com o Grupo da Emancipação Trabalhista ligado a Plekhanov, Axelrod, Vera Zasulich e outros exilados na Europa. Vários tons da opinião marxista estavam representados, mas ficou decidido que o principal objetivo era derrubar os Romanovs e criar uma república socialista. O início de tudo foi simplesmente desastroso. O partido estava infiltrado de cima a baixo pela polícia secreta, que sabia tudo sobre sua organização. A reunião de lançamento do partido contou com a presença de nove pessoas; todos, menos um, estariam presos em poucas semanas. O segundo congresso agendado para acontecer em Smolensk no ano seguinte, jamais teve lugar porque a maioria dos delegados foi presa a caminho da cidade. Mesmo assim, o RSDLP (abreviatura em inglês) sobreviveu e tornou-se o mais influente de todos os partidos revolucionários na Rússia, em grande parte graças ao talento organizacional e à genialidade tática de Vladimir Ulyanov.

Apesar de, supostamente, morando em Pskov e vigiado de perto pela Okhrana, Vladimir conseguiu burlar várias vezes os agentes policiais para comparecer a reuniões revolucionárias. Visitou Moscou para ver a mãe e as irmãs. Em maio, escreveu ao ministro do Interior requerendo, "humildemente, como nobre Ulyanov VI de nascimento," permissão para visitar a esposa em Ufa. Malgrado a resposta negativa, ele foi assim mesmo. Nadya escrevera diversas vezes com queixas de que não passava bem. Ele enviou-lhe dinheiro para tratamento e, em meados de junho, viajou totalmente disfarçado para vê-la. Ela jamais falou sobre o problema ginecológico que a afligiu em 1900, talvez causa de não poder ter filhos, e Vladimir também só uma vez fez referência a ele. "Nadya tem ainda que permanecer de repouso," disse à mãe. "O médico descobriu, como ela me escreveu há uma semana, que sua doença [de mulher] requer tratamento consistente e que ela tem que descansar de quatro a seis semanas. (...) Mandei-lhe mais dinheiro porque o tratamento vai ser muito caro."

Mas sua sorte acabou. Ele e camaradas do RSDLP estavam em um trem para São Petersburgo – no qual Vladimir era expressamente proibido de viajar – quando suspeitou de que estava sendo seguido.

Desceram do trem em Tsarskoe Selo, onde o czar Nicolau residia na maior parte do ano, e baldearam de trem suburbano com partida para a capital prevista mais tarde na mesma noite. Na manhã seguinte, bem cedo, Vladimir foi preso com mala repleta de literatura subversiva do partido. "Que bobagem sua trocar de trem logo lá," disse o agente da Okhrana que o pegou. "Você tinha que saber que em Tsarskoe Selo há um agente por trás de cada arbusto.[11]

Ele alegou inocência, mas ficou detido por uma semana antes de ser solto. Cerca de 1.500 rublos, quantia muito necessária que ele pretendia repassar ao partido local, foram confiscados. Entretanto, estava em liberdade. Vladimir era um dos principais líderes do novo partido e, como o grupo da Suíça chefiado por Plekhanov, estava convicto de que o mais importante era um jornal para popularizar a mensagem revolucionária – "um órgão central que seria *o* partido," como observou – e difundir uma linha política autorizada.

Mas com a Okhrana constantemente em sua nuca, além dos agentes-duplos espalhados por toda a Rússia, não seria possível produzir o jornal no país. Ele rogou de novo ao ministro do Interior, como "nobre hereditário," permissão para deixar a Rússia e viajar à Alemanha. Pelo fim de julho de 1900, recebeu autorização – com base, argumentou a polícia secreta, que no exterior ele provocaria menos encrencas do que na Rússia. Nadya se juntaria a ele no estrangeiro quando terminasse seu período de exílio e sua saúde melhorasse. O nome do novo jornal já estava decidido como eco dos decembristas: *Iskra* (faísca). Cinco anos decorreriam antes que ele pusesse os pés de novo na Rússia.

11

Nasce "Lênin"

"Os melhores, mais bem preparados e mais cultos (...) russos do fim do século XIX não viviam no presente, que lhes era abominável, mas no futuro, ou no passado."
Nikolai Berdyaev (1874-1948)

A PRIMEIRA VEZ QUE VLADIMIR ULYANOV usou o nome *Lênin* com o qual ficaria famoso foi em janeiro de 1901, em carta a Georgy Plekhanov. Ao longo de sua vida, ele adotou mais de cem pseudônimos, alguns só uma ou duas vezes. Não ficou claro por que o nome Lênin pegou, mas logo Vladimir se mostrou favorável a ele, apesar de empregar depois uns poucos outros, se bem que por menos tempo. Escreveu seu primeiro livro com o nome N. Ilyin, e longa lista de artigos com aparentemente fortuita escolha de iniciais e sobrenomes – K. Tulin, Karpov, L. Ul, Petrov, F. Pu, Staryk, K.T.S., Pinyuchev. Possuía passaportes falsos com nomes diversos, entre eles, Wilhelm Frei, Jakob Richter, Dr Jordan Jourdanov e Willem Meyer. De início, a variedade de tantos pseudônimos se deveu à segurança – modo de confundir a polícia secreta.

A Okhrana, no entanto, jamais perdeu sua pista por muito tempo, e diversas vezes o subterfúgio causou tantos problemas para seus próprios camaradas quanto para o "inimigo."* Falsas identidades, criação de códigos, codinomes e exercício de estrito sigilo eram, é claro, importantes para qualquer rede de conspiração – e a reivindicação de liderança da parte de Lênin se baseava tanto em sua esperteza

*Segundo a lei russa – sob os czares, mais tarde sob os comunistas e, de forma um tanto modificada, também na era pós-soviética – quem chegasse a uma nova vila ou cidade grande, mesmo que por apenas uns poucos dias, necessitava se registrar na polícia. Era relativamente fácil para qualquer pessoa assumir variedade de nomes falsos. Muitas vezes levava tempo, mas a Okhrana invariavelmente descobria o que se passava; entretanto, não antes de o recém-chegado deixar a cidade ou vila. Todo o trabalho dos espiões quase nada fazia para proteger o regime no longo prazo.

como conspirador quanto em seus escritos e oratória. Mas Lênin era homem altamente reticente que fazia bom uso da intriga e do sigilo da clandestinidade revolucionária. E esse foi um hábito do qual não conseguiu se livrar. O segredo passou a ser estilo de vida.

Lênin jamais explicou a origem de seu novo nome, e até Nadya admitiu não ter a menor noção dessa origem. Correu a ideia de que ela tinha alguma ligação com o rio Lena, na Sibéria, mas ninguém afirma isso com absoluta certeza. Se ele pensasse em ter qualquer relação do nome escolhido com um curso de água doce, a escolha óbvia seria o Volga, perto do qual nasceu e que adorou desde criança. Porém, alguns anos antes, Plekhanov havia adotado a identidade Volgin. Ainda assim pode-se especular quão diferente a história poderia ter sido se a Revolução Russa tivesse sido liderada por um homem chamado Vladimir Volgin, que inspirara credo denominado marxismo-volgaico. A partir do fim de 1901, Vladimir era amplamente conhecido em todo o movimento revolucionário – e pelas agências de espionagem na Europa – como Lênin ou, mais comumente, pelo patronímico Ilyich, como referência de respeito.

Como de hábito, as primeiras cartas de Lênin com seu novo nome seguiram abarrotadas de impropérios contra burgueses e "liberais" crentes de que "revoluções só poderiam ser feitas por pessoas de fino trato." Falando em termos mais crus, objetava ele, os liberais estavam do lado da autocracia. Plekhanov ficou irado com a intemperança diplomática do jovem. "Você está virando as costas para os liberais," censurou Plekhanov "Mas nós [querendo dizer os da geração mais velha de radicais], nos postamos de frente. Você tem que arrefecer suas observações. Não há lugar no momento para insultos contra os liberais em geral. Pura falta de tato. É preciso que apelemos para os maus e bons liberais, sejam quais forem as dúvidas que possam existir sobre a existência dessa gente. (...) Aqueles que você qualifica desdenhosamente de liberais, proprietários especulativos etc., não merecem ser assim chamados. O liberalismo em si exige consideração. Temos que encarar os liberais como possíveis aliados, mas o linguajar que você emprega (...) não é o de um aliado. Abrande seu discurso, querido camarada!" Lênin replicou não querer liberais no partido dando tácito apoio à revolução: "O partido não é escola de boas maneiras para madames. Revolução é coisa desarrumada mesmo." Essas foram as primeiras palavras que escreveu com o nome Lênin.[1]

Lênin instalou-se em Munique. Ocupou dois quartos de pensão no subúrbio de classe operária de Schwabing e começou a tomar providências para que Nadya e a mãe se juntassem a ele. Muito poucas cartas entre Lênin e Nadya sobreviveram, e ele raramente escreveu emocionalmente sobre sua vida íntima. Porém em uma delas, datada desse período de separação, depois de dizer-lhe que sentia sua falta, Lênin confessa quão sozinho se encontra e, "no tumulto generalizado daqui, consigo viver bem, a despeito das medidas extraordinárias e especiais para proteção contra a desordem! Posso até dizer que vivo em meio à solidão e à bagunça. Ouso dizer que, em minha nova situação, o tumulto é necessário e inevitável, e eu seria um pecador se não agradecesse a Deus por não ficar nervoso (...) [como outros revolucionários]. (...) Existe muita coisa boa nessa confusão toda."[2]

Escreveu de modo semelhante à mãe, dizendo-lhe que as acomodações eram confortáveis – próximas a um parque com bastante verde, boas conexões de bonde com o centro da cidade e perto de uma piscina para onde ele ia todos os dias. Contudo, no inverno de 1900-1 ele descreveu sua melancolia: "Sem neve, é desagradável. Fico doido com a lama; é feia e suja, e fico me lembrando com prazer de nosso autêntico inverno russo – dos trenós e do ar limpo e glacial. É o meu primeiro inverno no exterior, e a mim não parece inverno. Não posso dizer que ando feliz, apesar de, ocasionalmente, existirem dias bons como os que temos nos belos outonos. Vou levando a vida como posso, e razoavelmente sozinho (...) infelizmente, ela me parece sem sentido. Espero começar meus estudos de forma mais sistemática, todavia não consigo de jeito algum. Provavelmente as coisas melhorem com a vindoura primavera e poderei retomar meu ritmo. Tendo meditado sobre a Rússia e a Europa, depois da vida tranquila em Shushenskoye anseio por algum calmo trabalho em livros, e só a estranheza de viver no estrangeiro impede minha adaptação apropriada a esta vida."[3]

O casal se reuniu burlescamente em meados de abril. No esforço para confundir a polícia secreta, eles terminaram enganando um ao outro. Nadya viajou com falso passaporte búlgaro com o nome Frau Maritzen. Ela deveria se encontrar com Lênin em Praga. Disseram-lhe que um camarada a estaria esperando na estação de trem, mas ninguém apareceu. Nadya foi ao endereço que lhe deram; o homem que atendeu à porta não era Lênin, e sim um tcheco chamado Herr Modraczek, que não tinha noção de quem ela era. Ele sugeriu que talvez ela tivesse de encontrar certo Herr Rittmeyer em Munique, que poderia explicar.

Nadya tomou o trem seguinte para Munique. "Pela minha experiência, achei melhor deixar a bagagem na estação," lembrou-se. Tomou um bonde para Schwabing, mas quando chegou ao endereço que lhe fora indicado em Praga, percebeu tratar-se de uma cervejaria. "Aproximei-me do gordo alemão que estava atrás do bar e, timidamente, perguntei por Herr Rittmeyer, pois tinha a sensação de que alguma coisa estava, de novo, errada. 'Sou eu,' disse o taberneiro. 'Não, é meu marido,' gaguejei. E ali ficamos estupidamente olhando um ao outro. Por fim, a mulher de Rittmeyer se aproximou e, olhando para mim, disse: 'Ah! (...) Tem de ser a esposa de Herr Meyer. Ele a espera vinda da Sibéria. Vou levá-la até ele."

Quando ela finalmente viu Lênin, o encontro não foi exatamente sentimental ou apaixonado. "Puxa vida (...) maldição! Você não podia me escrever dizendo onde estava?" Por mais desencontrada e desarmoniosa que tenha sido aquela reunião, foi naquele exato instante que começou o real trabalho revolucionário do casal.[4]

A faísca quase não acendeu. Lênin tinha uma visão muito arrojada para o *Iskra*.* Seu plano era com o jornal unir os "círculos" e "grupos de estudo" marxistas, dispersos, frouxamente organizados e independentes, num vigoroso e crescente Partido Social-Democrático Trabalhista, amalgamado pelo *Iskra*. Seu bando de "agentes secretos" – expressão que Lênin deliberadamente escolheu para se contrapor aos espiões da Okhrana, com os quais se "engajariam em hostilidades" – contrabandearia a publicação para dentro da Rússia, através das fronteiras. Seus escritores e correspondentes seriam um grupo coeso de conspiradores profissionais que percorreria fábricas e comunidades de trabalhadores. Sua missão era conquistar confiança entre o proletariado e ligá-los fortemente ao movimento trabalhista e à oposição revolucionária como um todo. Esses conspiradores proporcionariam "conscientização socialista" para cada greve ou enfrentamento em pequena escala, ligando-os à "luta mais ampla." Ensinariam os trabalhadores a ver além do paroquial até o âmbito nacional e o internacional, e a ampliar os horizontes do proletariado para além de suas preocupações imediatas. O *Iskra*, como afirmou Lênin, "será o agitador coletivo, o organizador coletivo (...) gigantesco par de foles que soprará cada chispa da luta de classes e da indignação popular, transformando-as em conflagração generalizada." Seus editores seriam os líderes do partido, o seu estado-maior, o seu corpo de oficiais; os "agentes" seriam as fileiras

*Os decembristas haviam declarado que "Uma faísca acenderá uma labareda" – lema do *Iskra*.

de ativistas. O partido lideraria a luta dos operários – e, no cômputo final, todos os oprimidos e explorados da Rússia e do mundo – para sitiar a autocracia, invadir o bastião dos privilégios onde existissem e continuar até a vitória.[5]

O dinheiro para o lançamento do jornal veio em sua maior parte de Alexandra Kalmykova, esposa de funcionário público de elevada posição e mulher de considerável riqueza própria. Ela deu 1.600 rublos com os quais Lênin pôde deixar a Rússia e, logo depois, forneceu-lhe substancial quantia que conseguiu levantar entre seus amigos. Dezoito meses depois, Kalmykova doou mais 2 mil rublos de seus recursos financeiros. Ela fora conhecida de Nadya, não amiga próxima e, como ela, ensinara na escola dominical para operários que existia nas proximidades do Portal da Avenida Nevsky. Tinha muito dinheiro e destacada posição na sociedade, porém "desprezava o círculo da classe alta," com o qual enturmava em virtude de sua riqueza e de seu status social.

Ela abriu sucessivas livrarias e editoras na área chique de São Petersburgo, vendendo edições baratas de livros populares. Sua clientela era grande e diversificada: os que pertenciam ao establishment da classe média compravam na parte da frente das lojas, e os radicais frequentavam os fundos, onde o material *samizdat* era distribuído. A respeitabilidade e as ligações de Kalmykova a protegiam – até certo ponto. Ela vendia clandestinamente literatura esquerdista banida, era crucial para o movimento subterrâneo de Lênin e passou a ser conhecida pelo codinome nada original de "Titia." Seus recursos generosos para o lançamento e sustento do jornal receberam um codinome apropriado: "o balde."*

Pouco tempo depois, quando viveram momentos de dificuldade financeira, o jornal e o partido saíram da penúria através de um generoso subsídio do magnata têxtil Savva Morozov, amigo de Gorky, que entregava a Lênin 2 mil rublos por mês. Morozov nada tinha

*A apresentação de Kalmykova a Lênin foi feita por Pyotr Struve, outrora colaborador socialista, mas que cedo começou a se transferir da esquerda radical para o centro liberal. Ela era amante de Struve, vinte anos mais velha que ele e, na sociedade polida, referia-se a Struve como "meu filho adotivo" – não que alguém acreditasse nisso. Como a maioria das pessoas, Kalmykova se desentenderia com Lênin por causa de política, em particular durante o grande cisma entre bolcheviques e mencheviques que logo engolfaria o movimento revolucionário. Ela entrou em exílio voluntário por muitos anos, porém retornou à Rússia após 1917 e tentou retomar a amizade com o casal, ou pelo menos com Nadya. Trocou algumas cartas frias e formais com Lênin depois da revolução. Entretanto, nunca mais se viram. Nadya, em determinada ocasião, aprendeu como usar ironia deliciosa: "Em 1922, Vladimir já havia escrito para Alexandra Mikhailovna algumas linhas de ferventes cumprimentos como só ele sabia fazer."

de socialista, mas era um empresário astuto, convencido de que a monarquia Romanov estava fadada a cair e sabia como proteger seus bens. Como disse a Leonid Krasin, um dos mais fervorosos lugares-tenentes de Lênin, "nesses dias é necessário ser amigo dos inimigos."*

O principal obstáculo para o lançamento do *Iskra* não foi financeiro nem político. Foi pessoal. Era importante que Plekhanov apoiasse a ideia. Ele continuava sendo, de longe, o mais conhecido radical russo e influente figura internacional do movimento esquerdista. Julgava que, por ser o mais antigo e mais famoso revolucionário, teria que ser o líder do grupo do *Iskra*, o que representaria ser, na essência, chefe do partido, seu guia espiritual e principal estrategista. "Mas Lênin não pensava assim," como Alexander Potresov, um dos cofundadores do jornal, relembra. Lênin julgava que Plekhanov deveria ser figura de proa do movimento e não se envolver com o dia a dia do *Iskra*, deixando que ele dirigisse o jornal – e a organização do partido.

O choque entre os dois não foi problema pequeno, foi altamente dramático. O primeiro sinal ocorreu quando Lênin escreveu o editorial "Declaração de Missão" para assinalar o lançamento do jornal. Plekhanov disse-lhe autoritariamente que tinha sido um pobre esforço. Ele não fazia objeção a nenhum dos argumentos, mas insistia que eles estavam mal escritos e eram "muitos rasteiros no tom." Lênin ficou profundamente magoado quando Plekhanov escreveu-lhe dizendo, "Isso não é 'escrita,' como dizem os franceses. Não é obra literária. Não é coisa alguma." Não parou aí e asseverou que trabalharia no artigo para "aumentar-lhe a força," porém trouxe a declaração de volta poucos dias depois quase inalterada. Lênin se indignou: "Meu fascínio por Plekhanov desapareceu como num passe de mágica e me senti ofendido e irritado em doses inacreditáveis. Jamais, jamais em minha vida, considerei outro homem com respeito e veneração tão sinceros, jamais apoiei alguém com tal humildade, e também jamais fui tão brutalmente chutado (...) não poderia haver dúvida de que se tratava de homem mau, sim mau,

*Morozov (1862-1905) foi impiedoso negociante, generoso mecenas das artes – possuía grande coleção de quadros de impressionistas franceses – e filantropo de porte. Doou grandes quantias a hospitais e escolas que ensinavam a camponeses e operários analfabetos. Contribuiu muito para o teatro, mas o autor teatral Chekhov, que se beneficiou da fortuna do oligarca, não gostava dele: quando correram boatos de que Morozov financiava Lênin, ele comentou, "Savva (...) foge da revolução como o diabo da cruz." Morozov tinha tendência a ataques profundos de depressão. Acabou se suicidando com um tiro em sua villa na Côte d'Azur, em 1905.

inspirado por motivos fúteis de vaidade e arrogância pessoais – um homem insincero."

Lênin viajou várias vezes entre Munique e a casa de Plekhanov à margem do lago Genebra numa série de reuniões, e para esmerilhar arestas. Depois de uma acirrada discussão, Lênin, que se encontrava acompanhado por outro dos jovens revolucionários, Potresov, não conseguiu conter sua fúria. "Se não venerássemos tanto [Plekhanov], se tivéssemos nos dirigido a ele de maneira mais prudente, não teríamos experimentado tamanha humilhação, tal banho frio espiritual. (...) Foi a mais severa e a mais pungente das lições. A descoberta nos atingiu como um relâmpago porque, até aquele momento, Plekhanov era nosso ídolo e, como normalmente fazemos com os venerados, perdoávamos-lhe tudo, fechávamos os olhos para seus pequenos defeitos. (...) Nossa indignação não teve limites. Nosso ideal estava destruído. Dois jovens camaradas 'cortejavam' outro camarada mais idoso por causa do grande amor por ele, e Plekhanov, não mais que de repente, injeta nesse amor uma atmosfera de intriga e faz-nos sentir não mais como jovens irmãos, e sim como idiotas puxados pelas orelhas, como peões que podem ser movimentados impunemente, como carreiristas ineficientes que precisam ser guiados e punidos. E a enamorada juventude recebe lição amarga do objeto do seu amor: deve considerar todas as pessoas sem 'sentimentalismos,' para manter pronta a pedra no estilingue. (...) Cegos pelo apreço, tínhamos realmente nos comportado como servos."[6]

Quando Plekhanov ameaçou abandonar o conselho editorial, Lênin e um punhado de seus adeptos concordaram em conceder dois votos ao idoso – concessão da qual se arrependeram de imediato quando perceberam que o homem aproveitaria todas as oportunidades para se opor aos desejos dos editores. A certa altura, foi a vez de Lênin, exasperado, ameaçar cortar relações depois de Plekhanov criticar outro artigo que ele submetera à apreciação do conselho "O Programa Agrário da Social Democracia." "Recebi o artigo com seus comentários," escreveu Lênin de volta. "Você demonstra total concepção de boas maneiras e tato com seus colegas do conselho editorial. Mas não se restringe de modo algum ao selecionar expressões depreciativas contra mim. (...) Eu gostaria de saber o que você diria se eu comentasse um de seus artigos da mesma forma? Caso seja seu objetivo tornar impossível nosso trabalho conjunto – então o caminho que escolheu o conseguirá com muita rapidez. Quanto às nossas relações pessoais, afora as de trabalho, você conseguiu finalmente deteriorá-las ou, mais exatamente, você consumou a proeza de cortá-las." Mais uma vez, as arestas foram aparadas, mas o ambiente de cisão cobrou seu preço.*

Lênin, no entanto, amealhou triunfo de vulto. Inicialmente, supunha-se – inclusive Plekhanov e seus seguidores – que o jornal seria produzido na Suíça, o que deixaria o idoso camarada próximo de sua preparação. Mas foi difícil encontrar editor suíço que estivesse disposto a correr o risco de tal publicação. A Alemanha possuía gráficas mais sofisticadas, amplo movimento socialista, e comunicações bem mais eficientes com o restante da Europa. Então ficou acordado que o *Iskra* seria publicado na Alemanha, embora o conselho editorial consistisse de Plekhanov e Axelrod, na Suíça, Zasulich, em Londres, e Lênin, em Munique. Os revolucionários encontraram um impressor com gráfica clandestina perto de suas instalações em Schwabing. A grande impressora possuía sofisticado mecanismo interno de autodestruição de modo que, se a polícia invadisse as instalações – sempre uma possibilidade ao longo de todo o tempo de Lênin na Alemanha – o tipo e a forma em que estivessem sendo impressa a página seriam automaticamente modificados, e escondida a ilegalidade do conteúdo.

O primeiro número do jornal saiu em 11 de dezembro de 1900 com três artigos de Lênin. O mais significativo dos três foi o que esboçou programa para o partido e como ele deveria operar. Continha a essência do que, mais tarde, ficaria conhecido como leninismo, assim como a principal tática que ele e seus bolcheviques adotariam para conseguir apoio e tomar o poder. Disse Lênin aos trabalhadores: "Não vos organizeis meramente como sociedades de apoio mútuo, de dinheiro para greves e de clubes trabalhistas. Organizai-vos para acirrada batalha contra o governo autocrático e contra toda a sociedade capitalista. Sem uma organização assim, o proletariado não é capaz de alçar-se à altura de uma consciente luta de classes. (...) Sem uma organização assim, o movimento dos trabalhadores está condenado à impotência. A classe trabalhadora necessita

*Não muito tempo depois desse incidente, Vera Zasulich disse a Lênin: "Georgy [Plekhanov] é um cão de caça. Sacode e sacode o caçado e acaba soltando-o; mas você é um buldogue e tem a mordida mortal." Lênin passou a divulgar aquele diálogo dando grande ênfase à expressão "mordida mortal," naturalmente saboreando todo o episódio. Porém Zasulich não a disse em sentido amistoso ou brincalhão. Ela passou a odiar Lênin e não conseguia mais permanecer no mesmo ambiente em que ele estivesse. Por outro lado, Lidia Dan, irmã de Yuli Martov, que igualmente detestava Lênin, descreveu Plekhanov como "um grande homem com enorme número de pequenos atributos negativos de personalidade."

de uma vanguarda de gente que se devote à revolução não apenas em suas noites livres, mas por toda a vida.[7]

Publicar o jornal e administrar egos sensíveis foram tarefas árduas, mas a distribuição do periódico dentro da Rússia foi o problema de maior monta, posto que vital na estratégia de Lênin para a revolução e para seu poder dentro do partido. O *Iskra* precisava ser contrabandeado para a Rússia através de rotas diversificadas; passar grandes volumes de exemplares pela aduana e pela polícia secreta exigia um jogo de esconde-esconde complicado e arriscado.

Lênin recorreu em grande medida a contrabandistas profissionais que recolhiam em diversos "aparelhos" pacotes de exemplares vindos de um depósito em Berlim. Eles eram levados e normalmente contrabandeados para a Rússia junto com outros artigos, em geral em malas com fundos falsos. Um contato russo recolhia os pacotes e os entregava a um agente que os repassava, por sua vez, a agentes social-democratas de outras cidades para distribuição local e pelas províncias. O *Iskra* era sempre entregue pessoalmente, jamais pelo correio. Uma vez de posse das organizações locais o jornal era distribuído por militantes do partido, folhas dele coladas em muros, infiltrado em fábricas e quartéis, e diversas ocasiões – com grandes riscos – lançados das galerias dos teatros para a plateia embaixo.

Ocasionalmente, viajantes comuns concordavam em levar pequenas quantidades. O mais estranho é que diversas rotas surgiam de modo aleatório. Certa vez, um cozinheiro de navio se encarregou de pegar exemplares em Marselha e, de lá, viajou para o pequeno porto georgiano de Batumi, onde os jogou ao mar acondicionados em embrulhos à prova d'água; os pacotes foram então "pescados" por social-democratas locais e levados por centenas de quilômetros para Baku e Odessa. Outros pacotes chegaram de locais tão longínquos quanto Toulon, Alexandria e Tabriz, no Norte do Irã. Uma rota regular era enviar pacotes através da ponta norte da Noruega, próxima do Círculo Ártico, enrolados em papel encerado dentro de caixas com peixe salgado. Muitas vezes o material foi interceptado pelas autoridades russas, perdeu-se no caminho, ou o portador era agente duplo que o denunciou a espiões normais ou o entregou aos órgãos do governo. Determinado pacote permaneceu por décadas em um armazém de Estocolmo sem ser reclamado. Lênin acreditava que apenas dez por cento das tiragens atingiam o público-alvo – o suficiente para justificar toda a empreitada, segundo ele.[8]

Lênin assumiu alguns riscos pessoais. A polícia alemã o tinha sob cerrada vigilância, como também os agentes da Okhrana na Europa. Mas não o incomodavam nem à sua operação em Munique. Seus operadores na Rússia estavam sempre em perigo. Dezenas foram detidos, encarcerados e exilados na Sibéria. Os contrabandistas do *Iskra* foram dos mais variados. Um confiável camarada, Vladimir Smirnov, que mais tarde se tornaria líder de destaque do regime soviético,* organizou uma rota clandestina pela Suécia e a Finlândia utilizando sua mãe, Virginiya, como um de seus correios: ela viajava para São Petersburgo vinda de sua residência em Helsingfors (hoje Helsinque, capital da Finlândia) com exemplares do jornal e listas altamente secretas de endereços codificados de assinantes do *Iskra*, debaixo de suas cestas com trabalhos de tricô. Ninguém suspeitava dela ou parava para revistar "a bondosa senhora que mais parecia uma babá." A cantora muito popular de ópera Aino Aktá era simpatizante do RSDLP e nacionalista finlandesa que contrabandeava material para o partido em suas malas quando retornava à casa após turnês pelo Ocidente.

É fato que o regime penal na Rússia czarista não era tão rigoroso quanto o soviético viria a ser, e a Okhrana bem menos sedenta de sangue do que a Cheka de Lênin. Mas tratamos aqui de graus, não de categorias. Milhares de "subversivos" morreram de doenças, negligências ou de fome no exílio da Sibéria e foram aprisionados pelo "crime" de lerem ou publicarem literatura banida, que em geral contemplava nada mais radical do que propostas de reformas brandamente liberais na Rússia, que eram banais em quaisquer outras regiões da Europa. Muitos foram executados, sem julgamento de espécie alguma. Em particular, a polícia secreta estava sempre em busca de gráficas ilegais, segredos dos mais bem guardados pelos insurgentes, só do conhecimento de bem poucos ativistas. "Cópias" de exemplares do *Iskra* podiam ser reproduzidas nessas gráficas, bem como outros materiais que a Okhrana julgava perigosos. Em setembro de 1901, jovem revolucionário georgiano, Lado Ketskhoveli, adquiriu sofisticada (e dispendiosa) prensa rotativa em Tiflis. Foi preso e a polícia secreta o torturou sem piedade por diversos dias querendo saber onde estava a máquina. Porém o prisioneiro não revelou o local. E foi executado a tiros em sua cela.**[9]

*Ele era casado com Karin Strindberg, filha de um autor teatral sueco, e criou amplos contatos entre os partidos socialistas da Escandinávia.

**Tudo devia ter codinome secreto na clandestinidade revolucionária. A rotativa de Tiflis era chamada "Lidia" e continuou operando pelos quatro anos seguintes – ferramenta de valor incalculável para a organização do *Iskra*.

O público-alvo do *Iskra* era sobretudo o dos marxistas já convertidos, razoavelmente bem-informados sobre política – os operários instruídos, ideais na concepção de Lênin. Algumas obras teóricas impressas visavam leitores intelectuais, mas o *Iskra* continha muita propaganda direta e notícias sobre greves e insatisfações políticas que não apareciam em outras publicações. Ele se tornou popular fora dos círculos marxistas; sua influência ultrapassou em muito sua pequena circulação. Sempre havia maior demanda do que oferta. Para Lênin, o importante era que os operários conhecessem o *Iskra*. Ele se sentia encorajado sempre que ouvia dizer que operários de melhor nível liam o jornal para colegas analfabetos, e que um grupo repassava o exemplar para outro e assim seguia até que se transformasse em frangalhos.

Lênin – e mais tarde Nadya, quando ela chegou a Munique e se tornou secretária do grupo *Iskra* – realizou a maior parte do trabalho para produzir o jornal. Ocupava-se com cada detalhe, a começar pelo tamanho do tipo da impressão para a linha editorial – dava aulas para contribuintes e outros editores sobre o porquê de o tipo de fonte precisar ter estilo que permitisse o máximo de palavras na folha, qualquer que fosse sua aparência : "Temos de assegurar que o partido é organizado e tem uma só voz."

Lênin foi se tornando cada vez mais ditatorial e impaciente com quem o desagradasse. Mas possuía maneira de encantar os escritores: o elogio normalmente funcionava, como ele sempre fazia com os jornalistas. "É claro que ele sugeria 'melhoras' no trabalho de outros escritores," disse Nadya. "Mas era discreto e usava o tato de tal forma que os autores nem percebiam que estavam sendo corrigidos." Quando propunha artigo a um escritor, ele o fazia de uma forma que deixava o articulista pensando que a ideia viera de outro autor, não dele, de modo que, ao ficar pronta a escrita, "o autor tinha na verdade empregado palavras de Lênin e frases por ele compostas." Tecnicamente, Lênin era jornalista de primeira categoria e, ocasionalmente, podia ser inspirado editor de textos.

O gosto de Lênin por ordem e rotina impunha seu jeito de trabalhar ao restante da equipe. Ele passava as manhãs na biblioteca. O trabalho no *Iskra* começava logo depois do almoço, quando alguém ocupava seu posto. Como editor-chefe, Lênin tinha o privilégio de ser o primeiro a ler a correspondência, e ficava brabo quando alguém tentava lê-la por trás de seus ombros, ou vagava pelos cômodos para tomar café com um dos jornais na mão. O trabalho de Nadya era "passar a ferro" a correspondência à procura de mensagens codificadas escritas com leite ou suco de limão, ou mesmo com tinta invisível. Era desse modo que ele obtinha notícias sobre o que se passava dentro do partido na Rússia.

Ele sempre foi um severo diretor de redação. Irritava-se caso os decodificadores, até mesmo Nadya, cometessem erros. Lidia Dan, uma das assistentes do jornal em seus primeiros dias, disse que todo o processo de decifração "era tarefa arriscada por causa do estado de espírito de Lênin. Ele não aceitava de modo algum trabalho malfeito de decodificação. (...) Tampouco relevava atrasos ou lentidão na execução de tarefas."

Lênin e a esposa faziam a maior parte da cansativa composição do jornal. Mas o *Iskra* só conseguiria a metade da influência que teve sobre a esquerda radical não fosse Yuli Martov. Lênin era o cérebro do jornal; Martov, seu coração. Os dois não poderiam ser mais diferentes, porém por anos Martov foi o amigo homem mais chegado que Lênin teve. Ambos estavam em meados de trinta anos e parecia que nada no mundo os separaria. Mas nas duas últimas décadas das respectivas existências a amarga inimizade que se instalou entre eles foi o principal motivo do irreconciliável racha dentro da esquerda revolucionária russa.

Julius Osipovich Tserderbaum – ele era conhecido pelo apelido de Martov já nos dias de ginásio – foi o mais cativante de todos os líderes radicais russos. Nasceu em 1873, no seio de família judia da classe média, em Constantinopla. Seu pai era negociante de commodities e correspondente na Turquia dos dois mais importantes jornais de São Petersburgo; sua mãe, uma polida vienense da sólida classe média. O ambiente na família era liberal, artístico, culto e sofisticado. Toda a família se mudou para Odessa quando Martov completou quatro anos.

Martov, figura baixa e troncuda, que sempre usou vasta barba e pincenê, esquerdizou-se bem cedo. Abandonou o liberalismo moderado de seus pais e converteu-se ao marxismo ainda rapazinho. Na ocasião em que fez dezoito anos, já tinha sido preso por algum tempo por distribuir literatura banida, e tivera barrada sua entrada na universidade da capital, mas lhe permitiram morar em São Petersburgo. Então, aos vinte anos, foi preso de novo e proscrito da capital e de qualquer outra cidade que tivesse universidade, onde pudesse subverter gente moça.

Ele e Lênin se conheceram em 1894; "conversaram a noite toda, não dormiram e prosseguiram falando um com o outro todo o dia seguinte, sem uma pausa sequer," lembrava-se Lidia, irmã de Martov.

Eles foram cofundadores do Sindicato para a Luta da Classe Trabalhadora, e ambos exilados para a Sibéria mais ou menos na mesma época. Enquanto Lênin cumpriu sua pena na "Itália da Sibéria" em Shushenskoye, Martov, como a maioria dos judeus "políticos," enfrentou tempos bem mais difíceis: penou três anos no Norte enregelado, em Turukhansk, onde as condições climáticas eram medonhas. Sua saúde declinou e ele lá demonstrou os primeiros sinais da tuberculose que o mataria antes que completasse 50 anos. Lênin apelou às autoridades pleiteando a transferência de Martov para local de clima mais ameno, mas foi ignorado.*

Martov era caótico, enquanto Lênin era organizado; um boêmio, ao passo que os hábitos de Lênin eram distintamente burgueses; altamente excêntrico, bem diferente do convencional Lênin. Martov era esfuziante e amistoso, figura popular ao extremo, com aparência triste que camuflava seus modos normalmente exuberantes e alegres. "Ele era, por predileção, frequentador assíduo de cafés, indiferente ao conforto, perpetuamente indagando e mexericando," disse Potresov. Era dono de faiscante rapidez mental e contagiante alegria, porém, em diversos aspectos, marxista mais ortodoxo do que Lênin, era mais estrito na interpretação dos ensinamentos do profeta Marx e tão cuidadoso quanto Lênin na preservação da teoria que pudesse ser aguada pelas crenças heréticas. "Foi o homem mais inteligente que jamais conheci," afiançou Nikolai Sukhanov, o grande cronista da Revolução Russa e seguidor de Martov. "Mas, infelizmente, fraco na ação." Outro admirador o descreveu como "o Hamlet da Revolução Russa."

Nos primeiros estágios do *Iskra*, os dois pareciam formar a dupla perfeita. Martov efervescia com ideias sobre artigos para o jornal e os encomendava, deixando Lênin a cargo de editá-los e os colocar em condições de publicação. No primeiro ano de existência do *Iskra*, Martov escreveu mais artigos do que Lênin. Era um escritor original ao seu modo, mais imaginativo e "literário" que Vladimir, todavia muito menos focado e convincente do que este último quando estava em plena forma.

Bem antes do que a maioria, Martov começou a ver a intolerante arrogância de Lênin como perigosa. Mesmo quando eram companheiros inseparáveis, ele tinha dúvidas quanto ao estilo e à personalidade dominadora do amigo. "Vladimir Ilyich não tinha ainda, ou possuía

*Embora adolescentes em Londres, em 1902, testemunhas disseram ter visto Lênin e Martov, "bebendo chope" juntos e ao costume alemão adotado pelos russos da classe média: dois homens de pé lado a lado, de braços dados, ocasionalmente beijando as bochechas um do outro, e se dirigindo reciprocamente como "irmão" ou pelo "*ty*" russo.

em menor grau, a confiança em sua própria força – sem contar sua ambição histórica – que iria emergir com tamanha intensidade em sua maturidade. (...) Ele se encontrava então no início de seus vinte anos e ainda não tomado pelo desdém e pela desconfiança das pessoas que, acredito, transformaram-no em certo tipo de líder." "Lênin," acrescentou Martov, não tinha "o dom de fazer amigos; ele usa por demais as pessoas."

Durante seus dois anos em Munique, Lênin criava seu status, como observou Potresov outro editor do *Iskra*: "Plekhanov era estimado, Martov, adorado, mas só Lênin era inquestionavelmente seguido como indisputável líder. Porque apenas Lênin personificava (...) um personagem de vontade férrea, energia indomável, combinando fé fanática no movimento, na causa, com grande confiança em si mesmo. Louis XIV podia dizer 'O Estado sou eu'; da mesma forma Lênin, sem usar palavras desnecessárias, invariavelmente sentia que ele era o Partido, que ele era a vontade do movimento concentrada numa só pessoa. E em virtude disso, agia exatamente assim."

12

Vidas clandestinas

"Num estado autocrático, quanto mais confinarmos a afiliação à organização do partido (...) às pessoas que estão profissionalmente engajadas na atividade revolucionária e que foram adequadamente treinadas para a arte do combate contra a polícia política, mais difícil será nossa extinção."

Lênin, *Que Fazer?*, 1902

LÊNIN FOI CONSTANTEMENTE ACUSADO DE COVARDIA FÍSICA, até mesmo por alguns de seus leais seguidores. Enquanto em segurança na Europa Ocidental, evitando prisões e assumindo poucos riscos para seu próprio estilo de vida, seus camaradas de conspiração e agentes do *Iskra* dentro da Rússia comiam o pão que o diabo amassou. Ele não sentia remorso em despachá-los para missões perigosas e, quando censurado, argumentava com calma lógica que se tratava de tarefas para as fileiras partidárias. (...) É outra coisa – e não faz o menor sentido – um líder correr ameaças desnecessárias. Quando um camarada de muito tempo, Mikhail Silvin, disse-lhe que alguns "soldados" comuns do partido dentro da Rússia questionavam sua bravura pessoal, Lênin respondeu tranquilamente: "Permitir ser preso (...) ou mandado para o exílio na Sibéria uma vez é compreensível; permitir uma segunda vez seria estupidez."[1]

No começo de 1902, existiam aproximadamente mil "revolucionários profissionais" dentro da Rússia operando como agentes do *Iskra* ou realizando outras missões para o RSDLP – e provavelmente o dobro em outras organizações esquerdistas ou células terroristas. A vida deles era precaríssima como "ilegais" portadores de documentos falsos de identidade, dependendo da generosidade de estranhos e da boa vontade de pessoas que, quase sempre, não concordavam inteiramente com seus objetivos e ideologias, mas detestavam o regime czarista mais do que a ideia de revolução. Eles se deslocavam de "aparelho" em "aparelho," quase pelo instinto adquirido de pressentirem quando suas localizações estavam prestes a ser descobertas. Usavam um confuso conjunto de codinomes e apelidos, marca registrada da *konspiratsyia*, palavra russa cuja tradução é "segredo," e não "conspiração." As instruções de Lênin para os militantes do partido manterem o sigilo o tempo todo eram bem conhecidas por todos os ativistas. "Quando se toma conhecimento de um segredo referente a assuntos conspiratórios, não se deve falar sobre eles com as pessoas com as quais normalmente conversamos, nem sobre assuntos que habitualmente tratamos, mas apenas com aquelas com quem se precisa conversar e sobre assuntos que se necessita falar." Os que quebrassem a regra eram invariavelmente expelidos do partido.

Havia algo de cômico e amador quanto aos toques secretos nas portas, disfarces, senhas e elaborados codinomes com que os ativistas se autodenominavam – em particular quando era sabido que a Okhrana não era iludida por muito tempo e tinha agentes infiltrados no coração da subversão. O codinome de Lênin era com frequência "*Starik*" (o "Velho"); Nadya tinha outros além de "Peixe" – ela era Sablina, N. Sharko, Katya e, algumas vezes, Minoga ou Maria. Um dos bons amigos de Lênin, Panteleimon Lepeshinsky, que estivera com ele no exílio da Sibéria, era chamado Lapot, Bychkov e pelo codinome alfanumérico, 2a3b; Leonid Krasin, engenheiro que se tornaria chefe do "comitê técnico" do partido – encarregado, entre outras coisas, das cruciais oficinas gráficas – era "o Cavalo," Vinter ou Johanson. O chefe do partido em Moscou, valioso e árduo trabalhador Nikolai Bauma, era "a Torre", "a Árvore" ou Victor. A senha empregada pela ativista de São Petersburgo Cecilia Bobrovskaya para se apresentar a outros revolucionários era: "Nós somos as andorinhas da próxima primavera."

Entretanto, não havia nada de cômico nos perigos que os conspiradores enfrentavam. Fazer revolução era coisa séria. Os riscos partilhados que os ativistas assumiam, o apaixonado compromisso com suas crenças, forjavam vínculos íntimos de camaradagem. Como observou jovem e ardoroso membro do partido em São Petersburgo: "A constante ameaça de prisão, o sigilo de nossas reuniões e a conscientização de que eu não era mais simples grão de areia, não apenas mais um dos operários, e sim membro de organização que era perigosa e ameaçadora para o governo e para os ricos – tudo isso era novo e excitante."[2]

A vida clandestina era intensa. Elena Stasova, inteligente militante que chefiava a mais bem-sucedida das células revolucionárias em São Petersburgo, e mais tarde se tornaria uma das principais assistentes de Lênin, era mulher de grande capacidade de organização e pragmatismo. Ela explicava o significado do movimento revolucionário em termos tão emotivos que atingia em cheio os corações dos camaradas.

Stasova vinha de família rica e amorosa. Seus pais lhe franqueavam o uso da propriedade no interior como esconderijo para ativistas e depósito para literatura banida. Ela promovia encontros ilegais no seu espaçoso apartamento em bairro nobre de São Petersburgo, para arrecadação de fundos para o *Iskra*. Quando Stasova foi presa, os pais pagaram sua fiança. Para ela e para muitos fervorosos homens e mulheres, o partido "era nossa família," e a dedicação à causa tinha prioridade sobre tudo – amigos, pais, amor. "Minha vida está nisso, está nisso e em nada mais," escreveu ela da prisão depois de detida. "Nenhum outro trabalho pode me dar força para viver. Sem ele não posso continuar vivendo. Essa é a carne de minha carne..."[3]

As irmãs de Lênin frequentemente tinham problemas com a polícia. Anna fora presa em 1887 em São Petersburgo, ao mesmo tempo que o irmão Alexander. Não estava de modo algum envolvida com a trama para assassinar o Czar, mas ficou confinada à propriedade de Kokushkino por muitos meses. Tão logo teve autorização para viajar de novo, enveredou diretamente pelo movimento revolucionário, distribuindo literatura ilegal e organizando reuniões clandestinas. Maria fora aprisionada pela Okhrana em Moscou em 1899, e passou sete meses na solitária antes de pagar a sentença de três anos de exílio em Samara. Ao término do período, imediatamente voltou ao trabalho revolucionário como agente de Lênin, codificando cartas da Rússia para o conselho do *Iskra* na Europa.

As prisões eram comuns, como também comuns eram as dramáticas e sortudas escapadas que envolviam aventura e coragem. Porém nenhuma delas superou a extraordinária demonstração de frieza de Lidia Gobi, filha do respeitado professor Gobi da cadeira de Botânica da Universidade de São Petersburgo. Lidia era marxista convicta que parecia mais socialite do que socialista. Alta, elegante, bem-vestida, aparência aristocrática e notável beleza, ela era uma das melhores agentes de Lênin na capital russa e correio regular de literatura banida e mensagens secretas por toda a Rússia. Em uma missão do partido de São Petersburgo para Kiev, ela tomou as precauções que julgou adequadas e acreditou que não estava sendo seguida ao se dirigir ao seu encontro secreto. Seu contato em Kiev entregou-lhe documentos para serem levados a São Petersburgo, momento em que ela percebeu estar sendo vigiada primeiro por um e, depois, por dois e, finalmente, por três agentes da Okhrana, que não faziam o menor esforço para disfarçar que a estavam seguindo. Quase a alcançaram no alto de uma elevação com vista para o rio Dnieper. Ela olhou para baixo, viu árvores e arbustos por baixo das copas, reuniu toda a bravura que possuía, enrolou o espesso casaco de peles que usava em torno do corpo, chegou perto da beirada e se jogou. O matagal amorteceu a queda e, para sua surpresa, aterrou em segurança, quase sem ferimentos, entre espectadores. Absolutamente calma, recobrou a postura, desculpou-se polidamente por assustá-los, caminhou até a estação e tomou o primeiro trem que saiu de Kiev.[4]

Nadya, igualmente segura na Europa Ocidental, administrava os contatos do dia a dia com a clandestinidade na Rússia. Operava sob as ordens estritas de Lênin – "o centro", como ele chamava onde quer que estivesse – mas era também responsável pela decifração das cartas secretas, pela manutenção de registros sobre o bem-estar dos "soldados" do partido dentro da Rússia e por trabalhos mais complexos, como o desenvolvimento de novos códigos. Em 1902, ela "controlava" perto de uma centena de agentes, e Lênin confiava totalmente na esposa para que lhe repassasse todas as informações importantes. "Ela estava no âmago de toda a atividade organizacional," lembrou-se mais tarde um dos editores do *Iskra*. "Era a ela que os camaradas recém-chegados 'de casa' se reportavam em primeiro lugar; Nadya promovia reuniões informativas com os militantes que partiam e os despachava; também fazia as conexões clandestinas e era quem decifrava a maior parte das mensagens sigilosas; o cômodo que ela ocupava exalava quase sempre o odor de papel esquentado em chama."

A Okhrana, contudo, estava normalmente um passo à frente. Nela trabalhavam muitos funcionários interceptando cartas e telegramas enviados ou recebidos de exilados russos do exterior através de seu Departamento de Correspondência Escrita e de Telégrafos – na repartição conhecida como *Chernyi Kabinet* (Gabinete Negro). A interceptação de correspondência que entrava e saía das principais agências dos correios de todas as cidades importantes da Rússia, bem como de Varsóvia, Helsinfors e Tiflis, era extremamente eficaz. Os códigos empregados pelos agentes de Lênin careciam de sofisticação e, em geral, eram facílimos de quebrar. Mensagens escondidas em livros funcionavam por algumas semanas e, às vezes, meses, porém raramente mais tempo. Nadya selecionava um dos livros e em carta sigilosa aos agentes dizia para que examinassem capítulo, parágrafo, linha ou letra de determinada palavra, de modo a conseguirem ler a mensagem codificada. Ela escolhia seus favoritos poemas de Nekrasov, uma biografia de Spinoza e fábulas sobre animais de Ivan

Krylov. A polícia sabia que quando um agente se referia a "doença" queria dizer "detenção"; "hospital" significava realmente "prisão"; e "epidemia" representava alerta de que haveria muitas detenções em região específica.

Da segurança de Munique – e, mais tarde, de Londres, Genebra e Paris – Lênin tinha plena consciência dos perigos que seus agentes na Rússia enfrentavam e os sacrifícios que faziam. Porém muitas vezes foi por eles frustrado, tornava-se impaciente por não entregarem o devido e reclamava asperamente a respeito de seus esforços. Nadya tinha de intervir com frequência para abrandar suas furiosas queixas contra subordinados "incompetentes" e "estúpidos" . Ele ficava irado, como escreveu a um camarada, "porque de nove entre dez casos, todos os planos não dão em nada (...) e os agentes acabam sempre, de uma maneira ou de outra, bagunçando tudo. Acredite-me, estou realmente perdendo a fé em rotas [de contrabando], planos etc. preparados aqui porque sei de antemão que não darão resultado. Somos nós que, por falta de elementos qualificados, temos de fazer aqui esforços hercúleos em tarefas que deveriam ser realizadas por outros. Para designar agentes, tomar conta deles e guiá-los é necessário estar em todos os lugares, correr de um lado para o outro e supervisionar o trabalho. Isso requer equipe de organizadores e gente prática que não temos aqui, melhor dizendo, para ser justo, temos muito poucos. Esse é o problema real. Ver de perto a má gerência na prática dá tanta raiva que nos tira a capacidade de trabalho. O consolo é que a causa é vital e, malgrado o caos, cresce."[5]

Nadya se preocupava com o estado de ânimo do marido: "Aquela espera de semanas e meses por respostas às nossas cartas, a expectativa constante da possibilidade de fracasso, o permanente estado de incerteza e suspense não se coadunavam em absoluto com o temperamento dele," escreveu ela. "Suas cartas para a Rússia seguiam repletas de demandas para que escrevessem com pontualidade, agissem de pronto. Ele não conseguia dormir depois de receber carta da Rússia dizendo que 'Sonya anda silenciosa como um túmulo,' 'Zarin não chegou a tempo no comitê,' ou 'Não conseguimos contato com a senhora'. Jamais esquecerei aquelas noites insones."

Ela também se inquietava com outras questões: que o jogo de esconde-esconde com a Okhrana era desperdício de esforços, um drama em si mesmo. Ninguém sabia melhor que Nadya quão amadoras eram na prática muitas das tramas de espionagem do marido. "Todas aquelas cartas sobre lenços [passaportes], fermentação de cerveja [envios de propaganda através da Escandinávia], casaco de pele aquecida [literatura ilegal], todos aqueles codinomes para cidades começando com as mesmas letras – Osip para Odessa, Terenty para Tver, Petya para Poltova, Pasha para Pskov, aquelas substituições de nomes de homens pelos de mulheres, e vice-versa – tudo era demasiadamente transparente."*[6]

*Mas houve também grandes sucessos. Doze agentes do *Iskra* foram presos em Kiev em fevereiro de 1902. Foram encarcerados na Fortaleza Lukyanokvsy no centro da cidade, supostamente sob cerrada guarda, e deveriam comparecer a julgamento-show contra "terroristas" agendado para a primavera. Poucos dias antes do início do julgamento todos fugiram em escapada generalizada e organizada debaixo dos narizes dos guardas e funcionários categorizados da Okhrana. Foi grande golpe de propaganda a favor dos social-democratas.

13

Inglaterra, a Inglaterra deles

"Como regra, a única coisa que se sabe na Inglaterra sobre os russos é que põem limão no chá."
Olga Novikova (1842-1925)

Já com a manhã de 14 de abril de 1902 bem avançada, Lênin e Nadya desembarcaram na Estação de Charing Cross, após dois dias de jornada desde Munique. Foram imediatamente envoltos pelo *fog*, típica névoa espessa de Londres que reduzia a visibilidade quase a zero. "Minha primeira impressão de Londres: horrível," escreveu ele no dia seguinte para Pavel Axelrod em Genebra. Detestou a cidade e os ingleses durante as primeiras semanas da estada em pobre e suja quitinete na Sidmouth Street, no bairro operário de Somers Town.

O grande problema inicial foi a língua. "Descobrimos não entender uma só palavra e, é claro, ninguém nos entendia," lembrou-se Nadya. Foi com a ajuda de dicionários que eles haviam traduzido o livro dos Webbs sobre sindicalismo e alguns tratados sobre economia. Mas falar era outra história. Ambos tinham particular dificuldade para compreender o *cockney* falado pelas classes trabalhadoras da capital inglesa. Com o tempo, Lênin passou a gostar de Londres, a admirar os ingleses e a se tornar fluente na língua local.* Mas os dois não conseguiram se acostumar com a comida por eles considerada detestável: "Achamos que todas aquelas rabadas, arraia frita em muita gordura e bolos indigeríveis não eram feitos para estômagos russos," afirmou Nadya.

Ficaram mais felizes ao se mudarem para dois pequenos quartos no primeiro piso na Holford Square 30, em Clerkenwell, vizinhança

*Não tanto Nadya que não gostava mesmo do "estrangeiro," embora tivesse vivido em exílio por quinze anos, mas pouco se importou em fazer amigos não russos. Gostava é de estar entre outros *émigrés*, pois inclusive não era tão boa quanto Lênin em aprender línguas; por isso, com frequência era assaltada pelo *toska*, sentimento de nostalgia e estresse particularmente russo provocado por saudades de casa.

mais respeitável, onde logo depois receberam a companhia da mãe de Nadya. Com nomes falsos de casal alemão, Dr. e Mrs Jakob Richter, tinham como senhoria Mrs Emma Louise Yeo, uma costureira viúva recente, beirava os cinquenta anos e tinha uma filha e quatro filhos, três dos quais trabalhavam com gráficas.

Estavam confortavelmente instalados quando, decorridas duas semanas, Mrs Yeo notou que "Mrs Richter" não usava aliança e ameaçou desalojar os inquilinos. Porém velhos amigos que falavam inglês decente vieram em socorro. A antiga paixão de Lênin, Apollinaria Yakubova e seu marido Dr. Konstantin Takhtarev, que já viviam em Londres por algum tempo, asseguraram à senhoria que seus novos inquilinos eram decididamente casados a despeito de Nadya não usar aliança. Mrs Yeo também não gostou do fato de o casal ter colocado cortinas nas janelas de seu quarto – coisa que londrinos de respeito não faziam – porém foi convencida de que isso era "normal para os alemães." Ela abrandou seu tratamento em relação a Lênin, que durante toda a vida gostou de gatos, quando ele fez festas no seu mal-educado gatinho de estimação. "Eles eram bons e tranquilos inquilinos, e sempre pagaram em dia o aluguel," disse Leonard, filho de Mrs Yeo, anos mais tarde. "Embora totalmente desacostumados com os hábitos ingleses, comportaram-se muito bem. Mrs Richter era pessoa extremamente doce e gentil. Ele tinha aparência animada e parecia inteligente, porém, na maior parte do tempo, dava a impressão de ser um homenzinho absolutamente comum. É de admirar que aquele calmo e quieto homem viesse a se transformar em agitador de âmbito mundial."*

A mãe de Lênin ficou preocupada com carta que recebeu de amiga da família, visitante de Londres em novembro de 1902, insinuando que as acomodações de seu filho não eram totalmente satisfatórias. Escreveu então à filha Anna em 3 de dezembro: "Ela descreveu-me o pequeno apartamento com muitas deficiências. No todo, eles viviam em dois diminutos quartos, um dos quais, onde dormia Elizaveta Vasilyevna [que se juntara ao casal no verão], serve de cozinha e quarto de dormir. Água e carvão (...) só existem no térreo e têm que ser levados para cima, e por aí vai (...) de início, eles cogitaram a procura de um lugar mais amplo, mas Nadenka afirmou que ela e Volodya se tornaram verdadeiros gatos que se acostumam com seu cantinho."[1]

Ao longo da vida de casados, Lênin e Nadya viveram de modo frugal e modesto, sem ostentações, se não totalmente espartano.

*Depois que deixou Londres, Lênin enviou à senhoria um livro ilustrado sobre Genebra com a inscrição: "Dedicado à boa e gentil Mrs Emma Yeo." Ela o guardou a vida toda e sempre disse que Lênin "como inquilino foi melhor de lidar do que muitos ingleses."

Nadya, com ajuda da mãe, aprendeu o básico sobre a manutenção de um lar, e os cômodos estavam sempre imaculadamente limpos. Ela confessava ser péssima cozinheira e nunca se preocupou em melhorar. Felizmente para Nadya, Lênin dava pouca importância à alimentação – "ele simplesmente comia o que era posto à sua frente e jamais reclamava." Ocasionalmente e de maneira gentil, brincava com a sogra ou bons amigos sobre os esforços da esposa na cozinha. Aprendeu a descobrir alimentos na dispensa e se virava, apesar do fato prejudicial, como ela admitiu para a sogra, de ele "comer a qualquer hora, e não nas ocasiões adequadas. Sempre que chega, começa a comer."*

Porém Lênin demandava privacidade. Mostrava-se determinado, como disse, "a ficar distante dessa massa tagarela de emigrados que nada fazem além de beber e fofocar" – dos tipos que Boris Pasternak põe no seu *Doutor Jivago*, "que falam, falam e falam sem parar como os russos costumam fazer." Escreveu a Grigory Alexinsky, ativista do RSDLP que conhecera em São Petersburgo: "No exílio, fica-se horrivelmente desligado da Rússia – e predominam a inação e o estado de espírito preguiçoso que acompanham tal distanciamento, uma mentalidade nervosa, histérica, que só sabe criticar e malhar. (...) Não existe trabalho *vivo*, nem ambiente para trabalho produtivo que se possa comentar." Lênin não via sentido em ficar acordado até tarde debatendo com gente da qual no fundo discordava; era perda de tempo que ele podia aproveitar em trabalho genuíno. Insistia em morar em apartamento separado, ao contrário de muitos revolucionários russos que preferiam a vida comunitária.

Lênin odiava a própria ideia de comuna – em especial depois que visitou os cômodos de uma casa quase desabando na King's Cross onde viviam Martov, Vera Zasulich e um bando de jovens revolucionários que entravam e saíam do prédio a qualquer hora do dia ou da noite. Limpo e organizado em seus métodos, ficou espantado com o que viu. Martov e Zasulich eram notórios desarrumados, de modo

*Nadya se jactava de ser desajeitada na cozinha, mas poder preparar um ovo de doze maneiras diferentes. Todavia, quando desafiada, os doze pareciam sair da mesma forma – uma espécie de ovos mexidos – além de virem acompanhados de outra qualquer coisa, como tomates, pão, cebola e assim por diante. "Vladimir se limitava a comentar secamente e de vez em quando sobre a capacidade culinária da esposa," como se recordou um camarada de exílio. "Dizia coisas como acabara de comer 'assado' – querendo dizer que seu alimento passara do ponto ao ser cozido." Invariavelmente, ele deixava que as mulheres de sua vida monitorassem o que comia e, para homem dominador, mandão e ditador que era, podia ser notavelmente submisso. Muitas vezes, quando comia fora, olhava o prato e perguntava a Nadya ou, com frequência à mãe dela: "Posso comer isso?"

que ele foi até lá alertado. Mas não estava preparado para o caos que encontrou. A sala de estar se encontrava envolvida por fumaça. Cinza do cachimbo de Martov podia ser vista até dentro do açucareiro. O material de Zasulich para enrolar cigarros estava espalhado por todos os cantos: peitoris de janelas, mesas, xícaras de chá, nela mesma e, ocasionalmente, sobre a pessoa com quem conversava. Seus métodos de cozinhar eram heterodoxos, mesmo para os padrões de Nadya. "Lembro-me de certa ocasião em que Vera Zasulich preparava refeição para ela mesma num fogão a óleo e ia cortando pedaços dos alimentos com uma tesoura e levando-os à boca," lembrou-se Nadya depois de uma visita. "Alguém lhe perguntou quanto tempo demoraria para os alimentos cozinharem, ela replicou 'Se eu estiver com fome, uns dez minutos, caso contrário pode demorar três horas.' E não estava brincando."

Lênin disse: "É impossível viver numa casa em que as janelas e portas nunca são fechadas; em vez disso, ficam totalmente expostas para a rua, onde qualquer passante pode achar necessário olhar para ver o que se está fazendo dentro de casa. Eu ficaria doido se tivesse que viver como Martov e Zasulich. Aquilo não é um lar, é um local público. Martov pode conviver com um monte de pessoas o dia todo. Eu simplesmente não consigo (...) todos nós temos um cantinho na vida que jamais deve ser devassado, todos precisam um quarto apenas para si."

Ivan Babushkin, jovem social-democrata recém-chegado da Rússia depois de escapar da prisão serrando as barras de sua cela, passou uma olhada na confusão em que Martov morava e deu uma arrumada geral no apartamento, dizendo com um suspiro: "O intelectual russo está sempre na sujeira. Ele precisa de empregado porque é incapaz de ajeitar as coisas."[2]

Londres oferecia uma grande vantagem para o trabalho de desestabilizar a Rússia. Em Munique, a polícia alemã começava a prestar atenção às atividades de Lênin, motivada pelos constantes alertas da Okhrana quanto a perigosos subversivos em seu meio. No todo, as autoridades britânicas eram bem menos empenhadas. Havia uma tradição, iniciada nos anos 1840, de exilados radicais procurarem exílio em Londres. Marx, Engels, Herzen, o nacionalista húngaro Lajos Kossuth e o pai da unificação italiana Giuseppe Mazzini tinham sido bem recebidos na Inglaterra, assim como o escritor anarquista príncipe Pyotr Kropotkin, certa vez rotulado pela polícia czarista como "homem mais perigoso da Europa." A Sociedade dos Amigos da Liberdade Russa, sediada em Londres, era uma longa lista de liberais e de ricos que davam dinheiro para encontrar residência para *émigrés* russos depois de cumprirem suas penas nas prisões russas ou em exílios na Sibéria.

Em Londres, a polícia em geral tinha pouco interesse em Lênin e "em todos aqueles rebeldes estrangeiros que se congregavam na Grã-Bretanha," como os descreveu um alto funcionário britânico. As autoridades russas, vez por outra, alertavam uma divisão especial da Polícia Metropolitana que um terrorista estava prestes a chegar do continente. Mas como explicou o detetive-inspetor Harold Brust da Scotland Yard, os russos invariavelmente exageravam. "Um catálogo totalmente falso e extremamente horroroso de crimes era acrescentado à ficha de um homem com o intuito de colocá-lo em desfavor da polícia britânica. (...) Dávamos pouquíssima importância ao que elas nos diziam."

A polícia monitorava, ocasionalmente, potenciais encrenqueiros russos, mas quase sempre com ações do tipo da charge "PC Plod" ou do cômico Buster Keaton. Um servidor da Scotland Yard disse certa vez a Harry Pollitt, o qual se tornaria chefe do Partido Comunista britânico nos anos 1920, que, como jovem policial, recebeu ordem de se meter no bar Crown and Woolpack, situado na St John Street, em Clerkenwell, onde *émigrés* russos costumavam se reunir, para reportar o que se passasse. De acordo com Pollitt, o relatório foi o seguinte: "Houve a reunião e foi levada a efeito totalmente em russo, e como não conheço nada da língua, fiquei sem condições de reportar os assuntos debatidos."[3]

A mudança para Londres foi decidida pelo conselho editorial do *Iskra*, principalmente porque lá seria mais fácil produzir o jornal. Através de Martov e de Nikolai Alexeyev, socialista russo que vivera em Londres por muitos anos, Lênin foi apresentado a Harry Quelch, editor do *Justice*, boletim do Partido Social Democrata inglês, que era impresso numa pequena gráfica da Twentieth Graphic Press, localizada no número 37 da Clerkenwell Green, bem perto de onde ele morava. O prédio tinha intensas ligações com movimentos radicais de diversificadas espécies: fora usado como local de reuniões dos Cartistas, sessenta anos antes. A pequena gráfica imprimira panfletos para Marx, Engels, Wilhelm Liebknecht e August Bebel. Quelch, figura alegre e amigável, concordou em imprimir o *Iskra*, e Lênin achou todo o ambiente bastante aconchegante, ainda que o espaço fosse reduzido para tanta gente que lá trabalhava. "Um dos cantos foi separado com tábuas da maquinaria da gráfica para servir como sala de edição de

Lênin," disse Potresov. Na salinha cabia diminuta mesa de escrever, uma pequena estante acima dela e uma cadeira (...) não havia lugar para outra." Lênin tinha boas recordações do lugar. Quando o filho de Quelch, Thomas, visitou Moscou em 1920 e conheceu o líder do regime soviético no Kremlin, uma das primeiras perguntas de Lênin foi: "E como vai todo mundo em Clerkenwell Green?"

Lênin passava as tardes no "escritório" do *Iskra*. Mas todas as manhãs em que ela abria, lá estava Lênin no que considerava "a mais rica biblioteca do mundo" – a Sala de Leitura do British Museum com seu magnífico domo central – onde Marx passou grande parte de sua vida. Lênin recebeu carta de apresentação para obter o passe de leitor de Isaac Mitchell, secretário da Federação Geral de Sindicatos, e se inscreveu declarando que chegara da Rússia para "estudar a questão da terra." Foi-lhe dado – ou melhor, ao Dr Richter LL. D [Doutor em Leis] – o cartão de leitor A72453 em 29 de abril.* A biblioteca passou a ser a razão de sua existência, longe dos barulhos e dos "boquirrotos *émigrés* que me amolavam (...) à maneira russa e o tempo todo." Eles o exauriam e esgarçavam ao extremo seus nervos; "Para o que você pensa que eles estão aqui, estão de férias?" – indagava ele sempre.

Nadya, com muito zelo, protegia sua privacidade. Era ela quem sempre atendia à porta. "Quando se confrontava com um intruso, postava-se firmemente na entrada com cara de 'aqui não passarão' e dizia com entonação grave 'Vladimir Ilyich não está' ou 'Ele está no trabalho'. Porém às vezes, isso não barrava tipos mais insistentes, então ele se via obrigado a atendê-los," lembrou-se um jovem visitante da Rússia que repetidas vezes esteve com o casal. Em determinadas ocasiões, Lênin podia ser gregário e bom anfitrião, porém exercia sua autoridade com um misto de distanciamento e polidez, como observou Nikolai Valentinov. "Ele mantinha distância conveniente de todos. Jamais vi Lênin colocar a mão no ombro de ninguém, e nenhum de

*Sempre considerei apócrifa essa história, mas ela se revelou real. Nos anos 1920, o ator Milles Malleson, adepto do esquerdista Partido Trabalhista inglês, trabalhou em tempo parcial na Sala de Leitura. Fez amizade com um bibliotecário que trabalhou por trinta anos no British Museum. O ator perguntou-lhe se conhecera Lênin, que lera naquela sala quando viveu em Londres e também em diversas outras visitas à capital. "Lênin? Desculpe, meu senhor, mas não me lembro de ninguém com esse nome." Malleson tentou de outro modo, pois sabia que depois de sua primeira passagem por Londres, Lênin retornara usando seu nome verdadeiro. "Quem sabe o senhor se lembra de um Mr. Ulyanov vindo aqui?" O bibliotecário relembrou de pronto. "Oh! Sim, uma pessoa muito gentil, baixo e com barba pontuda. Homem instruído e bom de conversa (...) o senhor sabe o que foi feito dele?"

seus camaradas ousava, por mais respeitoso que fosse o gesto, fazer o mesmo com ele."[4]

Lênin sempre se mostrava disposto a aprimorar seu domínio do inglês, de modo que pôs um anúncio na revista *The Athenæum*: "Doutor em Leis russo (e sua esposa) desejam trocar lições de russo por outras de inglês, com cavalheiro ou dama britânicos." Três pessoas responderam: Henry Rayment, que trabalhava para o editor George Bell; Mr Williams, burocrata; e Mr. Younger, operário. Durante meses, Lênin trocou experiências nas duas línguas com os três, mas o favorito era Mr. Rayment, inteligente e educado, mais ou menos da sua idade.*

Em parte para ajudar o estudo de inglês, ele e Nadya iam muitas vezes aos teatros – e, surpreendentemente, Lênin ficou fascinado pelo tipo de sala de música para a classe trabalhadora, que atingiu picos de popularidade na era edwardiana. "Trata-se da expressão de certa atitude satírica ante ideias geralmente aceitas, virando-as ao avesso, distorcendo-as, para mostrar o absolutismo do usual," escreveu Lênin com entusiasmo a Gorky depois de uma apresentação em que ele se digladiou com o senso de humor inglês. "É um pouco complicado, porém instigante."

Lênin tomou-se de interesse pelo estilo de vida inglês, novo para ele, e pela capital britânica, bem maior que São Petersburgo: "Começamos a vagar por esta cidadela do capitalismo com alguma curiosidade," disse Nadya. Com regularidade, iam aos domingos andar pelo Speaker's Corner de Hyde Park, para eles, exemplo extraordinário de liberdade na Inglaterra. Como Nadya registrou em carta à mãe de Lênin depois de uma dessas idas: Um senhor – ateu – tentava provar a um grupo de ouvintes curiosos que Deus não existia. Gostamos particularmente de suas palavras – ele tinha sotaque irlandês que nos facilitava o entendimento. Perto dele, um oficial do Exército da Salvação esbravejava histéricos apelos a Deus Todo-Poderoso, enquanto, não muito

*Rayment professava ser socialista e disse a Lênin que fizera palestras em uns poucos encontros de esquerdistas, mas foi chamado pelo patrão e aconselhado a escolher entre sua profissão e a de palestrante. Como tinha esposa e filhos, fez a opção óbvia. Viajou pela Europa e viveu por algum tempo na Austrália, mas Lênin se surpreendeu quando soube que Rayment jamais fora a Whitechapel, no East End de Londres, onde se congregava vasta quantidade de *émigrés* russos judeus. "Admira-me que o senhor não conheça sua própria cidade." disse-lhe Lênin. E levou Rayment para caminhar pela vizinhança pobre, onde judeus russos, com seus longos *kaftans* e chapéus de peles, viviam em comunidades quase fechadas, muito parecidas com as que criavam nos domínios do Czar.

afastado dos dois, um vendedor arengava contra o trabalho duro dos assistentes de vendas das grandes lojas.

Lênin viu mais de Londres que a maioria dos *émigrés*, caminhando pelas áreas da classe operária, e observando *in loco* a vida comum na Inglaterra. Seus locais preferidos ficavam ao norte de Holford Square, na direção da Primrose Hill e de Hampstead Heath. A passagem de ônibus de Clerkenwell até o Cemitério de Highgate custava só seis pennies e ele foi lá diversas vezes para visitar o túmulo de Marx e fazer pequena caminhada até o topo da Colina de onde tinha excelente vista panorâmica de Londres lá embaixo. Ele viveu tão contente na Inglaterra quanto em qualquer outro país burguês no exterior e aprendeu a "apreciar as características especiais da história e da vida britânicas – o elevado desenvolvimento da democracia, a ausência do militarismo, a grande força sindical, o vultoso investimento de capital inglês fora da Inglaterra, que abrandava antagonismos entre os empregadores ingleses e seus empregados."[5]

Foi a reuniões de esquerda, e quando seu inglês melhorou o suficiente, falou para grupos de radicais locais.* No Primeiro de Maio de 1903, no novo Alexandra Palace do norte de Londres, ele fez o mesmo discurso para três grupos de socialistas, em inglês, russo e alemão.

Mas a maior fonte de alegria para Lênin era sair de Londres e explorar o interior. Nos fins de semana, ele e Nadya, às vezes com a companhia de Elizaveta Vasilyevna, tomavam um trem ou ônibus na direção dos locais mais remotos que podiam alcançar dos condados que cercam Londres; foi assim que caminharam em South Downs, em Chiltern Hills e no Kentish Weald. "Nadya e eu estávamos à procura do interior inglês de fato e o encontramos," escreveu à mãe após oito semanas na Inglaterra. Poucos meses mais tarde, ele descreveu uma dessas breves jornadas. "Levamos sanduíches em vez de almoço, e passamos todo um *Sunday ins Grüne* ["domingo no verde," mistura deliberada de inglês e alemão] (quase sem querer, estamos pegando hábitos estrangeiros e fazendo nossos passeios logo nos domingos, embora sejam as piores ocasiões porque todos os lugares ficam apinhados de gente.) Fizemos longa caminhada e o ar entrou por nossas cabeças como se fôssemos crianças e, depois, tive que deitar para descansar, como fazia após minhas caçadas na Sibéria. De modo geral, não perdemos oportunidade de sair. Somos os únicos entre os

*A fluência de Lênin em inglês tornou-se razoavelmente boa, embora, como muitas pessoas recordaram, tivesse leve mescla do sotaque irlandês com o que já possuía do russo. Ele sempre disse ser mais fácil de entender o inglês falado pelos irlandeses.

camaradas que exploramos cada pedaço do campo que nos rodeia. Descobrimos várias trilhas rurais, conhecemos todos os lugares aqui perto e iremos mais adiante ainda."[6]

Num amanhecer do começo de outubro de 1902, ouviu-se uma série de batidas na porta do número 30 da Holford Square. Um moço desgrenhado – mesmo assim muito elegante e bem-apessoado – com uma cabeleira castanho-escura cacheada, pincenê e aparência alegremente arrogante, estava de pé no degrau de fora da porta. Foi a primeira vez que Lênin viu Leon Trotsky.

"Com sinais e gestos – porque vi outras pessoas fazendo a mesma coisa – consegui pegar um táxi que me levou a endereço que me fora dado, provavelmente em Zurique," lembrou-se Trotsky mais tarde. "Era o endereço da casa de Vladimir Ilyich. Tinham me avisado de antemão para bater determinado número de vezes e de um modo característico na porta. Nadejda Konstantinovna abriu a porta para mim. Eu a tinha arrancado da cama sinalizando a alvorada com minhas fortes batidas. Era, de fato, muito cedo naquela manhã. Qualquer sujeito sensato e mais familiarizado com as convenções normais da vida teria esperado uma hora ou duas na estação de trem em vez de socar a porta de um estranho ao romper da manhã, mas eu me sentia excitadíssimo. Vladimir Ilyich ainda estava na cama e me recepcionou com justificável surpresa, mas foi afável. Ocorreu que ele já sabia quem eu era quando falei meu pseudônimo. E assim me recebeu, dizendo a Nadejda Konstantinovna: 'Veja, chegou Pen' (caneta)." Ela me ofereceu chá e um desjejum improvisado, enquanto Lênin se vestia."

Muita coisa ouvira Lênin sobre Trotsky, cujo nome verdadeiro era Lev Davidovich Bronstein, nascido numa uma família ucraniana e judia de agricultores muito bem de vida. Autodidata com fenomenal memória e vastas reservas de energia – e só com 22 anos – já angariara a reputação de ofuscante jornalista e polemista (daí seu pseudônimo) que podia escrever, rápida e fluentemente, sobre literatura e arte, bem como sobre política e filosofia marxista. Seu ego e sua autoconfiança eram tão grandes quanto – muitos diziam maiores que – seus talentos. Da mesma forma que o era seu interesse de toda a vida por mulheres atraentes. A rebelião de Trotsky contra o conservantismo dos pais era tão apaixonada quanto sua aversão ao Czar, e ele já tivera problemas com a polícia desde a adolescência por causa de sua agitação socialista contra a autocracia. Fora preso uma vez* e mandado em

* Seu nome revolucionário, *Trotsky*, era o nome de um dos guardas de presídio que ele veio a conhecer na prisão perto de Odessa,

"exílio administrativo," tendo poucas semanas antes da visita fugido teatralmente da Sibéria.

Filiara-se ao RSDLP. Escrevia regularmente para o *Iskra*, e uma de suas prioridades depois de ganhar a liberdade era conhecer Lênin.

Nadya conseguiu alojar temporariamente Trotsky numa comuna próxima ocupada por Martov e Vera Zasulich. Trotsky e Lênin conversaram durante todo aquele primeiro dia – sobre escrever, sobre o futuro do *Iskra*, a luta revolucionária e o estado do partido na Rússia ("lamentável e desorganizado," nas palavras do mais jovem).

No dia seguinte, Lênin fez um giro com Trotsky pela cidade, servindo ele mesmo de guia. "Fiz longa caminhada com Lênin. (...) Ele me mostrou a Westminster Abbey (do lado de fora) e outros marcos arquitetônicos da capital. 'Eis as casas do Parlamento deles,' disse-me a certa altura. O 'deles' evidentemente não significava o Parlamento dos ingleses, e sim do inimigo."

Num domingo, Lênin levou-o a um templo socialista – "uma reunião de social-democratas acompanhada por hinos piedosos. O orador principal foi um compositor recém-chegado da Austrália (...), e seu discurso soou bastante revolucionário. Logo depois, entretanto, a congregação ficou de pé e começou a entoar um hino que começava: 'Deus Todo-Poderoso dê um fim a todos os reis e homens ricos.' Enquanto saíamos Lênin me disse: 'O proletariado inglês tem em si mesmo muitos elementos revolucionários e socialistas, mas eles se misturam com o conservadorismo, a religião e o preconceito; e parece não existir modo de esses elementos chegarem ao topo.'"[7]

Justamente quando encontrou um novo camarada que elogiava a quem lhe desse ouvidos – "Como estamos precisando de mais revolucionários com essa capacidade, energia e promessa," disse a Martov – Lênin se engalfinhou noutro conflito com um camarada mais velho. Plekhanov, pelas costas de Lênin, manobrava no conselho editorial do *Iskra* para produzir o jornal em Genebra. Lênin não percebeu a trama a tempo, pois quando se opôs veementemente à mudança, foi voto vencido no conselho. Ele não desejava de modo nenhum viver nas proximidades de Plekhanov. Como quase sempre ocorria quando enfrentava obstáculos políticos, o estresse abalou sua saúde. As dores de cabeça e a insônia que já o atormentavam pioraram muito, e Nadya disse que ele ficou tão "abalado com a mudança de Londres para a Suíça que teve uma doença chamada "fogo santo," que consiste na inflamação dos nervos terminais do peito e das costas."

A doença foi ainda mais danosa por ter sido mal diagnosticada quando eles chegaram ao hotel em Genebra. Um médico julgou que Lênin padecia de dor ciática* e recomendou o uso de iodo sobre as regiões inflamadas, o que lhe causou mais dor e piorou seu estado. Lênin passou as duas primeiras semanas acamado em sua nova residência na Suíça sofrendo "dores horrorosas," segundo Nadya, incapaz de trabalhar – e sentindo-se miseravelmente mal.[8]

*O termo médico para a infecção é erisipela, a qual, nos dias em que não existiam os antibióticos, era doença potencialmente séria; Lênin teve sorte porque se recobrou da enfermidade em tempo relativamente curto. Mesmo nos dias de hoje e com o desenvolvimento da farmacologia, é infecção muito desagradável e debilitante que pode levar muitas semanas para que o enfermo fique bom.

14

Que fazer?

"Nem no presente, tampouco no futuro, pode o povo com seus próprios meios fazer a revolução social. Somente nós, os revolucionários, podemos realizá-la. (...) Ideias sociais são estranhas para as pessoas comuns; elas estão, isso sim, na filosofia social da minoria revolucionária."

Pyotr Tkachev (1844-1886)

"Um comunista que não sonha (...) é um mau comunista."

Lênin a Valentinov, Genebra, 1904

O PRINCIPAL ATRATIVO QUE LÊNIN INSPIRAVA EM SEUS SEGUIDORES não era devido à força de sua vontade indômita, sua mente privilegiada, ou sua genialidade como tático político, apesar de todas essas três qualidades serem crucialmente importantes para a reivindicação de liderança. Sua maior habilidade nos anos iniciais foi se mostrar capaz de despertar otimismo e esperança. Ele afirmava aos seus adeptos que eles podiam transformar o mundo, aqui e agora, se perseguissem um conjunto de passos essencialmente fáceis de dar e acreditassem numas poucas proposições diretas. Não oferecia salvação no pós-vida, e sim vislumbre do paraíso no futuro imediato – ou, que mais não fosse, a conquista de alguns de seus objetivos. O marxismo supostamente é filosofia "específica" que pode ser "provada" empiricamente. Mas qualquer comunista autêntico e fanático, por mais que negue, o sente emocionalmente, religiosamente, espiritualmente, mesmo que essas palavras não desçam goela abaixo do ferrenho e autêntico marxista. Lênin teria feito enérgica oposição a tal sugestão. Porém, como um de seus mais antigos camaradas, Potresov, que o conheceu em São Petersburgo no início dos anos 1890 durante os primeiros estágios revolucionários, asseverou, "para Vladimir Ilyich, o marxismo não era convicção, mas religião." Muitos outros realçaram essa premissa, ao menos até a revolução de 1917.

Conhecendo-se a história da experiência comunista no século XX, é fácil esquecer-se o idealismo fervoroso de alguns dos primeiros marxistas russos, assim como os implacáveis ambiciosos, oportunistas e sedentos pelo poder que o movimento atraiu ao mesmo tempo. Talvez os cínicos tivessem engolido os idealistas numa relação simbiótica. Ou é provável, como argumentaram muitos historiadores, que a ideologia marxista, como interpretada por Lênin, tenha sido em si a causa do desastre do comunismo na prática. Isso sugere que houve certa coisa "inevitável" acerca das pilhas de cadáveres, dos campos de concentração, das filas para adquirir alimentos deixados por dezenas de regimes comunistas ao longo das décadas que sucederam a vida de Lênin – o que parece um tanto simplista. Nada na história é "inevitável."

Nos anos 1900, ninguém imaginava que existiriam um Mao, um Pol Pot ou um Nicolae Ceausescu. A conclamação de Lênin, em especial aos jovens, era otimista e encorajadora. Com a organização adequada e a tática correta até mesmo um punhado de revolucionários podia derrubar um império do tamanho do russo e um regime autocrático tão poderoso quanto o do Czar. "Uns poucos milhares de nobres governaram a Rússia por séculos. Por que não, nós?" – indagava ele.

A essência de leninismo está contida na sua obra mais conhecida, *Que Fazer?*, inspirada, como sugere o título, por Chernyshevsky. Publicada em 1902, logo depois de Lênin mudar-se para Londres, teve vasto impacto sobre o movimento radical e fez a fama do autor como "líder no aguardo" do socialismo revolucionário na Rússia. Deu-lhe visibilidade em toda a Europa como figura de destaque da esquerda. Enquanto permaneceu na capital inglesa e, depois, em Genebra, luminares socialistas acorreram de todos os cantos do mundo para conhecer "o homem do futuro" entre os revolucionários russos do novo milênio. O livro é apenas pequeno panfleto com sucintas 45 mil palavras escritas. Vale a pena ainda ser lido por quem se interessa por tática política; muitos políticos conservadores dos últimos cem anos obviamente o leram e muito aprenderam.

Que Fazer? tornou-se a bíblia dos bolcheviques de Lênin, pois ali estavam as plantas baixas do projeto para tomar o poder e mantê-lo. "Dê-nos uma organização de revolucionários e viraremos a Rússia de cabeça para baixo," declarou ele.

Grande parte do panfleto é específica para as condições de dentro da Rússia e ensina a formar um partido para derrotar os Romanovs. Mas também existem ensinamentos para emprego geral. "A essência é idealista, se bem que conspiratória, prática e otimista, fanática ainda que resulte realista," como explicou um futuro revolucionário.

Lênin não tinha lá esses grandes respeitos pela classe trabalhadora para a qual propunha a revolução. "A classe trabalhadora, exclusivamente com seus próprios meios, é capaz apenas de despertar conscientização sindicalista," disse ele. Serão vítimas da "falsa conscientização" se orientados pelos burgueses, que trairão seus interesses. "A moderna conscientização política só pode ser levada de fora para a classe trabalhadora, e não será genuinamente política a menos que os trabalhadores sejam treinados para ver todos os casos de tirania, opressão e violência como abuso, independentemente da classe que afete. (...) Para levar conhecimento político ao proletariado, os social-democratas têm que penetrar em todas as classes da população, despachar em todas as direções unidades do seu exército. O ideal da social-democracia não pode ser a secretaria de sindicato, mas se tornar tribuna do povo. (...) Isso requer organização de pessoas que tomem, em primeiro e principal lugar, a atividade revolucionária como sua profissão. Em um país com governo despótico, quanto mais restringirmos a afiliação a essa organização àqueles que se engajam na revolução como profissão, mais difícil será nos apanhar. É mais problemático prender uma dezena de pessoas espertas do que uma centena de tolos."

Tinha que existir uma "vanguarda revolucionária" de pessoas que fossem capazes de se proteger contra a polícia, de estudar a ideologia marxista e de dominar as artes da conspiração revolucionária. "Um partido assim não tem como fracassar," se corretamente liderado. "Pois estaremos marchando ao longo de caminho íngreme e pleno de obstáculos, dando-nos firmemente as mãos. Cercados por todos os lados por inimigos, temos de avançar, quase sem parar, sob fogo. Combinamos, mediante livremente adotada decisão, o firme propósito de combater o inimigo, e não recuar para os alagados próximos, cujos habitantes, desde o início, nos reprovaram por termos nos separado em grupo exclusivo e por escolhermos o caminho da luta em vez da rota conciliatória."

Lênin sabia quão idealista estava sendo. "Meu sonho pode estar à frente da marcha natural dos acontecimentos ou pode sair pela tangente numa direção que aquela marcha natural jamais seguiria. No primeiro caso, meu sonho não causaria mal a ninguém. Se um homem fica completamente privado de sonhar dessa forma e não consegue avançar e conceber mentalmente, em imagem inteira e completa, os resultados do trabalho que suas mãos apenas começam a moldar, então não posso imaginar que estímulo deveria existir para que a humanidade empreendesse extenso e exaustivo trabalho na esfera das artes, das ciências e das façanhas práticas (...) o fosso entre os sonhos e a realidade não machuca se o sonhador acredita seriamente no seu sonho, se atentamente observa a vida e se, de modo geral, trabalha conscientemente para a conquista de suas fantasias, Se existir alguma conexão entre seus sonhos e a vida, então está tudo bem."[1]

A organização, é evidente, precisava de um líder e estava claro quem Lênin acreditava que deveria ser. Ele disse a Valentinov: "O direito a empunhar o bastão de comando só pode ser dado a alguém com qualidades especiais de liderança – sobretudo capacidade de organização (...) e ficou patente para mim seu pensamento de que tal direito era só dele (...) seu direito foi definido com tal simplicidade e tal certeza como se ele dissesse que dois mais dois é igual a quatro. Para Lênin, aquela era uma questão que não exigia prova. Fiquei de início chocado com a inabalável fé que ele depositava em si mesmo (...) porém quando me vi entre os membros do entourage de Lênin, (...) ninguém duvidava um momento que fosse do seu direito de empunhar o leme e ditar as ordens. A adesão a [seu grupo] parecia implicar espécie de juramento de lealdade a Lênin, a promessa de segui-lo sem questionamentos."[2]

Nadya era presença constante e caixa de ressonância para quase todas as obras de importância que Lênin escrevia. Muitas vezes ela lhe falou quando alguma coisa não ficava clara ou estava escrita de forma deselegante. Os biógrafos que a viram como simples secretária, que jamais emitia opinião, não entenderam bem o papel dela. "Quando Lênin preparava artigo rotineiro, escrevia muito rapidamente e ia embora apressado independentemente das circunstâncias," lembrou-se um camarada que viveu muito próximo dele em Genebra, no início dos anos 1900. "Ele só precisava de papel, tinta e uma pena. Quando trabalho mais importante estava em questão (...) ele andava para lá e para cá em seu quarto por longo tempo, compondo as frases que expressariam suas ideias principais. Só começava a escrever depois de sussurrar muitas vezes para si mesmo e encontrar a melhor maneira de pô-las no papel. Entretanto, até esse sussurro solitário era insuficiente durante a escrita de determinadas peças. Ele as tinha que explicar a alguém (...) e em voz alta, o que estava escrevendo."

Nadya, depois da morte de Lênin, disse: "A maior parte do que Lênin escreveu foi na minha presença. Na Sibéria, antes de escrever *As Tarefas dos Social-Democratas Russos*, ele me contou tudo o que o livro deveria conter. Os capítulos do *O Desenvolvimento do Capitalismo na Rússia* que ele julgou importantes só foram escritos depois que ele os expôs oralmente para mim. Ele preparou o *Que Fazer?* falando para si mesmo durante todo o tempo enquanto caminhava pelo quarto.

Depois desse trabalho preliminar (...) ele recitou suas ideias em voz alta para poli-las. Antes de escrever o livro (...) ensaiou comigo cada capítulo do panfleto. (...) Ele gostava de fazer isso ao longo de nossas caminhadas. Saíamos da cidade para que ninguém nos importunasse. E Lênin empregou o mesmo método – um sussurro preparatório, seguido da fala – para escrever suas outras obras."[3]

Um dos considerados grandes crimes na era soviética foi ser visto como "desviacionista" das verdades prescritas por Marx e Engels. Milhões perderam suas vidas em expurgos contra os "desvios" durante os embates que ocorreram a partir dos anos 1920, sob o mando de Stalin, com a finalidade de preservar a pureza e a ortodoxia ideológicas. O primeiro grande "desviacionista" foi o próprio Lênin, que frequentemente distorceu o marxismo em sua mente quando ele não se adequava aos seus objetivos táticos. O elevado sacerdote e preparado professor que havia nele era crente autêntico – que sentido existiria em professar o marxismo se cada um dos filiados à congregação pudessem interpretá-lo à sua maneira? O "papa" da Renascença e o político pragmático que também nele existiam podiam fazê-lo desviar ou desbordar se necessário ou até dar uma cambalhota completa. "Para mim, a teoria é apenas hipótese, não Escritura Sagrada. É ferramenta para nosso trabalho cotidiano," afirmou ele certa vez, assombrando sua audiência. "Lênin era capaz de mudar a direção, prevaricar, intrigar e semear confusão, buscando até ajuda do diabo se ela lhe fosse oferecida," registrou Plekhanov, e acertadamente.[4]

O Capital de Marx saiu na Rússia exatamente seis anos depois de publicado em Hamburgo, e quinze anos antes que aparecesse em inglês. Foi sucesso instantâneo. Se alguém conseguiu ou não ler todo o grosso livro, para não questionar se alguém conseguiu captar suas implicações, o fato é que a edição de 3 mil exemplares foi toda vendida em menos de um ano, ao passo que a edição alemã de mil livros levou cinco para se esgotar. As ideias de Marx se alastraram rapidamente entre a *intelligentsia* russa. Sua ênfase na noção de que a revolução socialista só poderia ser liderada pela classe trabalhadora industrial parecia explicar por que o movimento populista dos anos 1870 havia fracassado. Para a *intelligentsia* russa o livro oferecia esperança para que o atrasado país um dia alcançasse as sociedades "avançadas" da Europa Ocidental. E isso ocorreria da mesma forma, rezava Marx, que a Europa Ocidental saíra do feudalismo através da revolução burguesa para chegar ao capitalismo; os mesmos estágios, previa Marx, levariam "inevitavelmente" ao socialismo e, depois, ao comunismo.

O marxismo foi de especial atração para os radicais russos de forma totalmente insuspeitada pelo próprio autor, que pouco pensou no país deles enquanto o escrevia e quase não o mencionou em setecentas páginas densamente escritas. Para muitos intelectuais russos como Lênin, a ideia de que o marxismo levaria a Rússia para mais perto do Ocidente era apetitosa. A doutrina iria clarear um "caminho de razão, iluminismo e esperança," segundo a excepcionalmente inteligente Lidia, irmã de Martov, então casada com o pensador socialista Fyodor Dan. Um dos mais preparados de todos os marxistas russos, Pyotr Struve – apesar de mais tarde ter abandonado as ideias socialistas e se tornado a espécie de "burguês liberal que Lênin tanto desprezava" – disse que ele e outros foram persuadidos porque ela oferecia uma "solução científica" para os dois principais problemas enfrentados pela Rússia para se libertar da autocracia e se desenvolver do semifeudalismo atrasado: "Vamos admitir nossa carência de cultura e nos matricular numa escola de capitalismo." A doutrina era atraente para os judeus, não porque Marx fosse um deles – ou, melhor dizendo, judeu ateu – e sim porque as noções de "populismo" e "volta à terra" ofereciam uma visão arcaica da agrária russa com seus pogroms e discriminações contra judeus. O marxismo prometia assimilar os judeus, postura "moderna" e ocidental que pregava a universal libertação humana embasada em ideias de internacionalismo.

Diferença significativa entre os doutrinariamente ortodoxos marxistas – Martov, por exemplo – e os "desviacionistas" era se um país essencialmente agrícola como a Rússia, onde noventa por cento da população eram camponeses e a classe trabalhadora operária crescia, porém ainda era minúscula, estava maduro para uma iminente revolução socialista. Isso pode ser uma questão obscura vista na atualidade, 120 anos depois. No entanto, na ocasião, dividiu os revolucionários marxistas em crucial dilema ideológico. Lênin argumentou apaixonadamente que o capitalismo avançava a passos muito largos na Rússia e que a classe operária crescia e, portanto, o país estava pronto para a revolução. Só era necessário um empurrão, dado por partido eficientemente organizado, bem liderado e centralmente controlado. Outros ponderavam que a Rússia não estava ainda preparada; o país precisava aguardar os estágios de desenvolvimento preconizados por Marx. A questão não era mero argumento abstrato sobre ajustes mais finos da ideologia. Lênin não queria "esperar para ver." Acreditava na ação prática para fazer a revolução o mais cedo possível. E, de qualquer maneira, com a limitada experiência pessoal que havia adquirido, acreditava piamente nos próprios pontos de vista de Marx sobre a "idiotice da vida rural."

Todavia, nem o oráculo alemão ajudava, pois reconheceu que até ele, se tivesse a chance de participar como russo do áspero debate, "teria sido condenado como indiferente e hesitante marxista." No todo, ele se apegava ao seu princípio de que teria que haver primeiro uma revolução industrial e uma longa fase burguesa antes de qualquer transição para o socialismo. Pelo fim de sua vida, Marx começou a aprender um pouco mais sobre a Rússia, de modo que pôde, com mais conhecimento de causa, estudar o espinhoso dilema teórico. Não conseguiu, contudo, decidir sobre que caminho a Rússia deveria palmilhar.

Depois que Marx morreu, Engels cansou de ser arrastado para o problema, como estava continuadamente sendo pelos camaradas russos. Em 1883, escreveu a Isaac Hourwich, economista russo exilado na América: "Se você acompanhou os escritos dos exilados russos no decorrer dos últimos dez anos, seguramente sabe como os diversos grupos entre eles interpretam passagens dos escritos e cartas de Marx das maneiras mais contraditórias, exatamente como se eles fossem textos de clássicos ou do Novo Testamento. Tudo o que eu pudesse dizer sobre a questão (...) certamente seria usado de modo semelhante."

Nenhum dos lados da disputa doutrinária se interessou em saber o que Marx realmente pensava sobre os russos. Como ele observou em carta para Engels: "Não acredito em russo nenhum. Tão logo um russo se intromete, o inferno se instala."

15

A grande cisão – *bolcheviques e mencheviques*

"Lênin (...) não existe outro tão absorvido pela revolução 24 horas por dia, que não pense noutra coisa que não seja a revolução e que, mesmo quando dorme, sonha com nada mais que a revolução."

Pavel Axelrod (1850-1928)

Apesar de ter detestado a ideia de mudar para Genebra, Lênin tentou se esforçar para que desse certo. Sentiu saudades de sua conhecida mesa, a L13 da Sala de Leitura do British Museum, onde passara tantas manhãs felizes com o duro trabalho que fazia. Mas reconheceu que a cidade suíça tinha meia dúzia de decentes e bem organizadas bibliotecas, uma de suas principais demandas onde quer que se encontrasse quando exilado.

Ele e Nadya alugaram um conjunto funcional e insípido de cômodos em prédio de dois pisos perto de agradável parque e da beira do lago no subúrbio de classe média de Sécheron e lá instalaram seu novo lar. Poucas semanas depois, chegou Elizaveta Vasilyevna. Uma visitante que esteve com os três pouco depois da mudança, Cecilia Zelikson Bobrovskaya, antiga conhecida de Lênin em São Petersburgo, notou que os cômodos eram mobiliados espartanamente. Eles usavam caixas de embalagens para os livros que trouxeram de Londres como improvisadas mesas de refeições. "No térreo existia vasta cozinha com um fogão que estava sempre esquentando água em chaleira esmaltada pronta para qualquer eventual visitante. Na parte de cima, a mobília consistia de simples mesas cobertas com jornais, manuscritos e recortes da imprensa (...) em cada quarto, simples camas com armações de ferro e cobertores, mais duas cadeiras. No centro da mesa de Lênin, uma espécie de ábaco com o qual ele, certamente, contabilizava o número de propriedades de camponeses que existiam na Rússia, ou dos fazendeiros que possuíam cavalos, para um de seus livros."[1]

Os três se alimentavam regularmente num certo Café Landolt das proximidades, onde *émigrés* russos costumavam ir para beber cerveja barata e jogar conversa social-democrata fora – e comer as deliciosas salsichas com chucrute de Genebra. Normalmente Lênin e Nadya tinham mesa cativa, a número 40, perto da janela. Havia reuniões regulares do partido na sala dos fundos, com conveniente porta própria de saída que dava para estreita e tortuosa ruela – em caso de chegada da polícia. De modo geral, os russos não eram incomodados pela polícia suíça, da mesma forma que na Inglaterra. O país tinha longa e honrosa tradição de proporcionar paraísos seguros para dissidentes russos; no entanto, era conservador, e as autoridades faziam questão de garantir que seus hóspedes não provocassem problemas.*

Martov havia desarmado a barraca da Inglaterra alguns meses antes; ele odiava Londres, que naqueles dias não tinha cultura de cafés, nem lugar algum em que um intelectual pudesse ficar o dia inteiro lendo jornal e conversando com exilados sobre os aspectos mais bonitos da dialética do materialismo. "Martov aparecia quase todos os dias lá em casa para bater papo com Vladimir Ilyich," lembrou-se Nadya. Naquele tempo, eles ainda eram bons amigos, porém, já então alguma frieza penetrara na argumentação dos dois sobre política, e a relação entre eles vinha perdendo um pouco do ardor juvenil.[2]

Os Lênins estavam realmente "em casa" e ofereciam reuniões abertas a visitantes russos nas tardes das terças e quintas, regra estabelecida para procurar impedir que camaradas chegassem à residência deles a qualquer hora do dia ou da noite. Ainda que Lênin pudesse ser um tanto distante e pedante, era generoso e divertido anfitrião quando queria. Gostava de companhia alegre que falasse alto e prazerosamente e, ao mesmo tempo, passasse informações engraçadas e úteis. Valentinov, que esteve muitas vezes com Lênin em Genebra, disse que ele "se deliciava" com fofocas de alta categoria. "Lênin não gostava era de pessoas chatas, tediosas e impassíveis. Chegou a dizer sobre determinado [camarada]: 'Ele é um bom homem, quer dizer, revolucionário honesto e útil para o partido. Infelizmente, como pessoa, é uma chatice só – sorri talvez uma vez por ano, e quando o faz ninguém sabe o porquê." Lênin preferia pessoas espirituosas e agradáveis ao seu lado.

Em especial, ele buscava a companhia de jovens ativistas do RSDLP "de casa," recém-chegados à Suíça e, como dizia Nadya, "cheirando à Rússia." Lênin não cessava de perguntar-lhes sobre

*Outro dos assíduos frequentadores do Landolt naquele tempo era Benito Mussolini, que estudava em Genebra. Os *émigrés* russos, escreveu ele mais tarde em artigo de jornal, formavam "um estranho, excêntrico e fantástico grupo de niilistas e boêmios (...) a última palavra em modernidade febril (...) cujas vidas eram orgias de falação forte e chá fraco."

as condições do país e quais ações os membros do partido estavam realizando.[3]

Adorava as agitadas noites em que eram cantadas antigas canções russas e hinos revolucionários. Panteleimon Lepeshinsky, que esteve no exílio com ele na Sibéria e, mais tarde, na Suíça, recordou-se: "Vladimir Ilyich trouxe para nossas apresentações vocais paixão e verve muito particulares (...) apesar de estar sempre comandando o que deveríamos cantar. (...) Ele era quem começava as músicas com sua voz gutural e algo desafinada – que só pode ser descrita como mescla de barítono, baixo e tenor:

Corajosos, camaradas, marcharemos
A batalha vai temperar nossas almas...

E quando a ele parecia que outros não entoavam as passagens heroicas das canções com suficiente ênfase, acenava com energia os punhos fechados e marcava o ritmo no solo com os pés. Mesmo desafiando a harmonia (...) aumentava ao máximo a intensidade de sua voz nos trechos de que mais gostava, acentuando ou esmaecendo o timbre,

E alçaremos bem alto sobre a terra
O fraternal estandarte do trabalho...

E sua voz tendia a engolfar todas as outras."[4]

Ele podia ficar melancólico pelo efeito das canções, porém mesmo então havia sempre o viés ideológico. Sensibilizou-se quase às lágrimas em certa noitada musical no seu apartamento de Genebra quando ouviu o jovem violinista, Pyotr Krasikov, interpretar a *Barcarolle* de Tchaikovsky. No fim, Lênin disse que o jovem tocara magnificamente, com paixão e sentimento, mas os pontos importantes eram a oposição que o rapaz fazia à autocracia e sua bravura pessoal: o músico recentemente escapara de Moscou de maneira dramática, poucas horas antes de a Okhrana concretizar sua prisão. Praticamente o único objeto que trouxera da Rússia foi seu violino.

Todavia, Lênin não podia ser sentimental por muito tempo. Com a idade, mais ambicioso e mais assertivo quanto a seus poderes, ele fez deliberado esforço para controlar suas emoções e tudo mais que restara de sua natureza mais branda. Fez comentário revelador ao escritor Gorky, que se lembrou de uma noite em que Lênin ouvia uma sonata de Beethoven. "Não conheço nada mais bonito que a *Apassionata*. Sempre me orgulho das coisas maravilhosas que os seres humanos podem fazer! Mas não posso ficar ouvindo-os demais. Eles afetam meus nervos, dão-me vontade de dizer coisas estúpidas e melosas, assim como afagar a cabeça das pessoas que conseguem materializar tais lindezas, embora vivendo neste vívido inferno. Não se tem que afagar a cabeça de ninguém – é preciso esfrangalhar suas mãos com os dentes. Bater-lhes fortemente na cabeça, sem compaixão. (...) Hum, hum, nossa tarefa é infernalmente cruel..."

Acolhedor e gregário que pudesse ser, "o cantinho de Lênin era imenso e ele não deixava que quase ninguém nele ingressasse," disse Valentinov. "Existia uma linha divisória invisível que isolava Lênin dos outros camaradas – e jamais vi alguém tentando ultrapassá-la."[5]

A despeito das noites de música e da cordialidade entre camaradas, a primeira crise importante no comunismo russo ameaçava rachar o movimento revolucionário devido a raivoso conflito.

Sempre houve desacordos entre as figuras de realce da liderança do partido, particularmente no conselho editorial do *Iskra*. A relação Plekhanov/Lênin estava outra vez atingindo o ponto de ruptura depois que Lênin se mudou para Genebra; Plekhanov detestava Trotsky; Zasulich mal podia ficar em ambiente em que Lênin estivesse; Potresov tinha desdém por Zasulich; o amistoso Martov procurava se dar bem com todos, mas já começava a ficar crescentemente exasperado com a intolerância de Lênin com quem o questionasse ou pensasse que o *Que Fazer?* era mais manual para imposição de uma ditadura do que guia iluminador para se construir o socialismo. Ficou decido desanuviar o ambiente através da promoção da primeira conferência substancial dos membros do partido desde que o RSDLP fora fundado, em 1898. Os exilados estariam presentes – assim como os membros que trabalhavam clandestinamente na Rússia – e tentar-se-ia chegar a um programa partidário.

Logo surgiram sinais de que uma tempestade se aproximava. O plano inicial era realizar o Segundo Congresso do Partido Social Democrata dos Trabalhadores Russo em Bruxelas, com abertura prevista para 30 de julho de 1903. Quarenta e três delegados apareceram no primeiro dia em um depósito de farinha no centro da cidade. A janela central fora coberta com enorme lona vermelha com o slogan que conclamava Unidade. Enquanto Plekhanov fazia o discurso inaugural, ratos passeavam entre os pés dos delegados, muitos do quais cedo começaram a coçar pernas e braços em evidente desconforto. A polícia belga estava na pista dos revolucionários, fazendo com que eles se deslocassem de um lugar para outro. Eram seguidos por toda a parte, das salas de reunião à hospedaria Coq d'Or, onde a maioria estava alojada, e revistando suas malas quando eles estavam ausentes. A Okhrana repassara às autoridades belgas uma lista completa dos "encrenqueiros" e a polícia do país resolveu cooperar com ela. Depois de alguns dias de cerrada vigilância, os delegados ficaram ansiosos por sair de Bruxelas o mais rápido possível, temendo que alguns pudessem ser mandados de volta para a Rússia se ficassem em território belga.

O Congresso foi mudado para Londres. A alteração de última hora significou muito trabalho extra para Lênin e Nadya. O casal teve que descobrir locais discretos para reuniões, onde não fossem perturbados nem sigilosamente escutados, bem como alojamentos para os delegados, muitos dos quais reclamaram, dizendo que odiavam pubs e indagando se não havia cafés – afinal, Londres não era uma cidade civilizada? Uma das primeiras salas de reunião que conseguiram encontrar foi num clube de pescadores, onde troféus de peixes pescados decoravam as paredes. Outras estavam situadas em salões de bailes e no English Club, mais familiarmente conhecido como Clube Comunista, recém-inaugurado em Fitzrovia.

O Congresso reabriu em 11 de agosto, e foi quando o cisma dentro do partido acabou exposto ao público e os nomes bolcheviques e mencheviques foram pela primeira vez usados como rótulos políticos. A rixa interna persistiu, cada vez mais venenosa, por uma década, até que foi finalmente reconhecido que as diferenças eram irreconciliáveis e, para propósitos práticos, era melhor a separação em dois partidos.

Os problemas principais eram arcanos, minúsculos. O próprio Lênin admitia que "na substância, as diferenças eram desimportantes." Havia muita coisa de pessoal – Lênin agora identificava Martov como potencial líder rival – e só um pouco de como o partido revolucionário RSDLP deveria ser. Lênin desejava liderança estritamente centralizada, um corpo de elite de revolucionários dedicados e profissionais sob liderança pequena e unida que impusesse disciplina à afiliação. Martov tinha em mente um partido mais frouxo, mais inclusivo, menos controlado por liderança, no qual os membros tivessem mais voz ativa.

A causa imediata do racha foi do tipo "o sexo dos anjos?" Lênin e Martov prepararam listas separadas sobre os critérios de afiliação ao partido. Lênin especificou que o membro seria alguém que "aceitasse o programa do partido e o apoiasse por meios materiais e participação pessoal em uma das organizações partidárias." Isso era demasiadamente autoritário para Martov. Depois de dar uma rápida olhada na moção de Lênin, Martov lhe perguntou: "Você está propondo ditadura?" Lênin replicou: "Sim, não há outro jeito." Martov sugeriu uma emenda: "O membro reconhece o programa do partido e o apoia por meios materiais e pela ajuda pessoal regular sob a direção de uma das organizações partidárias."

Martov ganhou na votação por 28 a 23. Àquela altura, ele já tinha o apoio de um dos maiores grupos dentro do partido, a organização dos judeus socialistas conhecida como Bund (nome que significa "União" em iídiche). Seguiu-se uma série de votações divisivas em questões menores. Em determinado momento, cinco delegados da *Bund* abandonaram a reunião, assim como os da União dos Social-Democratas Russos, que tinha dois votos no Congresso. Ocorreu desequilíbrio para o outro lado, e Lênin tirou proveito da situação. A votação seguinte foi sobre remoção de membros da "velha guarda" do conselho do *Iskra* – Axelrod, Zasulich, Petrosov, todos os três que tinham votado a favor de Martov. Foi a vez de Lênin vencer e, então – como se diz no linguajar atual mostrando *spin*, o domínio da tática para "vender seu peixe" – ele tachou seus seguidores de "*bolchintsvo*," a maioria, e seus oponentes de "*menchintsvo*," a minoria. Pelas décadas seguintes, até a era de Stalin, a Revolução Russa ocorreu em meio às rivalidades entre bolcheviques e mencheviques.

O Congresso pegou fogo. Um jovem delegado, Alexander Shotman, estava a ponto de esbofetear outro que mudara de lado na votação e teve que ser contido pelo próprio Lênin: "Só os tolos usam os punhos na polêmica," disse-lhe Lênin. Axelrod levou às lágrimas Nikolai Bauman, o conhecido revolucionário de Moscou, que apoiou Lênin, quando se referiu desairosamente à sua recém-falecida amante. Nadya ficou chocada ao testemunhar acalorada altercação entre o veterano Leo Deutsch, amigo de Plekhanov, e o fervoroso leninista Vladimir Noskov, quando este último disse ao mais idoso, "Cale a boca, velho caindo aos pedaços." Os insultos trocados foram tornando o ambiente irrespirável.

Não houve a menor dúvida de que Lênin fora o causador de toda a desagradável grosseria. Ele estava querendo uma briga e a conseguiu. Lênin esteve sempre se conduzindo na ofensiva, bajulando, intimidando e ofendendo delegados, memorizando bem a reação de cada um e percebendo de que lado estavam as lealdades para uso futuro. Admitiu para Gleb Krjijanovsky, um de seus mais antigos camaradas, que seus modos haviam sido irascíveis: "Reconheço que me comportei e agi movido por terrível irritação. Estou pronto a confessar esta minha falta para quem quer que seja, se é que ela pode ser chamada de falta. (...) Mesmo assim, [minha conduta] foi fruto natural da atmosfera, das reações, das intervenções críticas, da batalha." Krjijanovsky, Krasin,

Potresov e diversos outros, com o apoio dos quais Lênin contava, trocaram de lado, embora alguns tivessem revertido a posição.

Lênin ficou tomado pela excitação e pareceu energizado pelo embate. No dia do encerramento do Congresso, conversou com alguns delegados e deixou transparecer contentamento com as disputas políticas. Adorava o combate. Um camarada disse: "Que ambiente depressivo acabou tomando conta do Congresso! Todas aquelas discussões, as agitações de uns contra outros (...) aquelas atitudes..."

Lênin retrucou: "Não, não! O Congresso foi esplêndido.(...) Uma luta franca e aberta. Opiniões declaradas. Tendências reveladas. Grupos tomando forma. Mãos levantadas. Decisões tomadas. Um estágio ultrapassado. Avante! Coisa assim é que eu entendo."[6]

Lênin entendeu instantaneamente a importância das palavras bolchevique e menchevique. Jamais desistiu do nome que deu aos seus seguidores ou da vantagem psicológica que ele ganhou. Por longos períodos dos anos seguintes, os mencheviques superaram, de fato, os bolcheviques, na Rússia e entre os revolucionários no exílio, e constituíram a real maioria em série de futuras votações nos diversos congressos e conferências. Apesar disso, aceitaram o rótulo que Lênin lhes impingiu e até se referiam a si mesmos como mencheviques. Foram "marcados a fogo," e Lênin soube como explorar a circunstância. "Um nome que ele sabia ter virado programa, essência destilada, mais poderoso em seu impacto sobre mentes despreparadas do que dezenas de artigos em jornais categorizados," disse um de seus camaradas. Foi uma asneira dos mencheviques aceitarem permanentemente a qualificação. Isso mostra quão politicamente ineptos eles eram, Martov era homem decente, culto, muito inteligente, mas desastrado político como páreo para Lênin. Se Lênin tivesse sido minoria, trocaria imediatamente o coletivo para qualquer outra denominação – Autênticos Iskristas, Verdadeiros Marxistas, Marxistas Ortodoxos, Ala Revolucionária da Social Democracia – tudo, menos "a Minoria."

O selvagem enlamear recíproco continuou depois do Congresso de 1903 e virou prática estabelecida dentro do partido. Para Lênin, os martovistas eram meros "traidores" ou, mais comumente, uns "babacas." Os mencheviques foram infamados como "desorganizadores," "oportunistas," "girondistas," "reformistas." Por sua vez, os mencheviques acusaram Lênin de ser um "Robespierre," um "jacobino", um "terrorista," um "déspota" e – péssima denominação no léxico marxista – um "burocrata" ou um "formalista." Martov escreveu uma peça cáustica no *Iskra* com o título "No Lugar de uma Oração Fúnebre," chamando Lênin de "cadáver político." Por todos os lados, espalhava sobre os escritos de Lênin que "ao se ler suas linhas, que sem dúvida transpiram despeitado e espantoso narcisismo, por vezes estúpida maldade pessoal, cegueira e surdez (...) infindável repetição das gastas palavras 'combatendo' e 'enxovalhando,' chega-se à conclusão que se trata de homem fatalmente condenado a escorregar cada vez mais para o fundo do abismo (...) que o levará diretamente para a total corrupção política e para o despedaçamento da social-democracia."

Os dois lados fizeram amplo e profundo uso da sátira e do ridículo. Os mencheviques prepararam constituição cômica para Partido Social Democrata Trabalhista de Todos os Russos cujo primeiro artigo era: "O Partido é dividido entre aqueles que sentam e aqueles que são as cadeiras." Lepeshinsky, cartunista amador, porém muito talentoso, produziu a historinha "Como os Ratos Enterraram o Gato." Plekhanov era o "inteligentíssimo" gato, e Martov e Axelrod, os ratos. As escaramuças se tornaram pessoais e, em geral, envolviam histórias escandalosas onde sobressaíam sexo e dinheiro. Correram boatos de que Nikolai Bauman era "cruel com a amante" e a espancava com incontrolável violência. Martyn Lyadov, convicto bolchevique, alegadamente teria gasto uma fortuna dos fundos do partido em luxuoso bordel. Lênin se utilizava de qualquer expediente possível: tentou cooptar Fyodor Dan oferecendo mostrar-lhe um suposto dossiê contendo rumores libidinosos sobre as vidas privadas de proeminentes mencheviques. A artimanha fracassou.[7]

Lênin perdeu muitos camaradas com os quais esperava contar, bem como pessoas talentosas que admirava. Afastou-se de Trotsky depois do Congresso de 1903, e os dois passaram os treze anos seguintes insultando-se mutuamente. Lênin invariavelmente se referia "ao judas Trotsky," "aquele canalha," "sórdido carreirista," "porco imundo que recorre a frases vazias e bombásticas." Depois de um dos entreveros, Lênin escreveu a um adepto: "Eis o Trotsky para você! Sempre a mesma evasiva fraude, posando como esquerdista, mas ajudando como pode a direita." Trotsky replicou no mesmo tom; disse a um amigo menchevique quase uma década depois do cisma: "Aquela rixa podre, sistematicamente inflamada pelo mestre de tais questões, Lênin, o explorador de qualquer deficiência no movimento russo dos trabalhadores. (...) Todo o edifício leninista é construído sobre mentiras e falsidades, e carrega dentro de si a fonte envenenada de seu próprio desabamento." Lênin, disse ele, "é totalmente inescrupuloso, de cabo a rabo." Seu comentário mais ácido, que provou ser profético, foi: "Quando Lênin fala sobre a ditadura do proletariado (...) ele quer dizer ditadura *sobre* o proletariado."

A briga atingiu níveis absurdos. Todas as personalidades líderes dos dois lados da cerca viviam lado a lado em Genebra, então pequena cidade com não mais do que 75 mil almas. Se o membro de uma das facções avistava um ex-camarada da outra facção, a linha de ação preconizada por Lênin era atravessar a rua para evitá-lo: "Quando se percebe um montículo fedorento na nossa frente, não temos de tocá-lo para saber do que se trata. O nariz logo detecta que é merda, então a gente passa pelo lado," afirmou ele. Os campos rivais comiam salsichas e tomavam café em salas separadas do Café Landolt.

A disputa cobrou seu preço de Lênin. "Com frequência sua conversa em nossas caminhadas consistia de invectivas cruéis e de menosprezo," asseverou Valentinov. "Quando falava sobre os mencheviques, Lênin mal conseguia se controlar. Ele de repente parava no meio do caminho, enfiava os dedos nas aberturas superiores do colete (mesmo quando usando sobretudo), inclinava-se para trás e saltava para a frente, espinafrando seus inimigos. Não se importava com os passantes, que observavam com curiosidade aquela profusão de gestos. Essas suas tiradas, desencadeadas com tal paixão (...) obrigatoriamente o desgastavam por dentro e despendiam grande dose de suas reservas de energia. (...) O estado frenético de raiva e extrema tensão nervosa eram seguidos pela exaustão, falta de forças, inquietação e depressão."

Quando, naquela época, Lênin fazia menção ao "inimigo" ele não falava do Czar ou do regime autocrático. Queria dizer seu velho "amigo" e camarada Martov e os mencheviques.[8]

16

Altos e baixos

"Não quero pessoas sem opiniões definidas nem incapazes de tomar decisões. Mais vale um pássaro na mão do que dois voando. Melhor dois ou três homens enérgicos e completamente dedicados do que uma dúzia de preguiçosos."
Lênin para Nadya, 1904

De volta à Suíça, Lênin buscou tranquilidade e recarregar as baterias da forma que habitualmente fazia. Foi para as montanhas. "Nadya e eu fizemos uma maravilhosa excursão," escreveu à mãe tão logo chegaram de Londres. "Lá embaixo, em Genebra, era tudo névoa e melancolia, mas aqui no alto [cerca de 1.200 metros acima do mar], o brilho glorioso do sol (...) e neve. No pé da montanha – *la mer du brouillard*, verdadeiro mar de nevoeiro e nuvens, escondendo tudo, menos os picos que furam através dele, assim mesmo só os mais altos. Até a pequena Salève [a quase mil metros] pareceu embrulhada pela neblina."

Poucos dias mais tarde, ele caminhava de novo ao longo de uma crista de giz em Salève, acompanhado por Nadya, na hora que mais gostava: para ver o amanhecer. Naquela ocasião, cercado pela beleza da natureza que acalmava seu espírito, ele fez observação política: "Aconteceu de nós subirmos com dois operários, mas os perdemos de vista quando chegamos ao topo. (...). No caminho para baixo, os encontramos novamente e dissemos: 'O nascer do sol foi uma beleza, não foi?' A resposta deles foi: 'Infelizmente não vimos nada. Trabalhamos ontem o dia todo e ficamos tão cansados que sentamos para esperar o sol nascer, mas acabamos dormindo'."[1]

Evidentemente foi Lênin quem provocou o racha no partido revolucionário, e seus oponentes conspiraram para fazê-lo pagar por isso. Plekhanov o apoiara no Congresso de Londres, mas quase de imediato se arrependeu. Voltou-se contra Lênin e tomou providências para que ele fosse excluído do conselho editorial do *Iskra*, posição que era sua base de poder. Lênin renunciou a todos os comitês do RSDLP e ficou quase que totalmente isolado. Bem menos seguidores do que ele esperava permaneceram fiéis. Perdeu amigos, mas pareceu não se importar. Encolheu os ombros quando Potresov, que bem conhecia desde os tempos dos radicais dos salões de São Petersburgo, no início dos anos 1890, rompeu com ele dizendo: "Não consegui encontrar meio-termo com Lênin. Tudo ferve aos extremos – ou se é a favor ou contra ele. Lênin simplifica a condição humana com monolítica natureza de uma nota só." Gleb Krjijanovsky tentou desesperadamente arquitetar uma reconciliação, mas Lênin simplesmente não lhe deu ouvidos. Disse a Lênin que o cisma era "fútil" e perguntou-lhe como poderia ele insistir que estava certo quando todos os outros líderes do partido e camaradas mais antigos o tinham abandonado. "Imploramos ao velho homem para parar de brigar e começar a trabalhar pelo bem do partido. Esperamos que produzisse manifestos, panfletos e todos os tipos de conselhos." O que tiveram de volta foi uma irada, amarga e introvertida justificativa de todas as suas ações – peça polêmica intitulada *Um Passo à Frente e Dois para Trás*, clássica beligerância leninista insultuosa contra inimigos apenas percebidos. "Apenas caipiras ingênuos deixam de ver que o caso dos martovistas tem que receber reação com pressão máxima," disse Lênin.[2]

Sua confiança e auto fé eram inabaláveis. Rachar o partido e rachar de novo, cair no ermo político, pareciam caminhos desesperançados a tomar por um minúsculo grupo sem suporte popular. Mas não no longo prazo – e Lênin estava sempre olhando mais longe e para o grande quadro. A tática deu resultado. Nos seus cálculos, era indiferente a quantidade de seguidores que tinha. O importante era possuir grupo de pessoas, um partido, leal a ele, de adeptos disciplinados e dedicados que difundiriam a grande verdade. "Não quero pessoas sem opiniões definidas nem incapazes de tomar decisões. Mais vale um pássaro na mão do que dois voando. Melhor dois ou três homens enérgicos e completamente dedicados do que uma dúzia de preguiçosos," disse a Nadya. Os poucos que o seguiram, "veneravam-no emocionalmente como herói," comentou um deles que, mais tarde, abandonou o campo: "Jamais duvidar dele, não parecia salutar.*"

*Anatoly Lunacharsky era devotado bolchevique que adorava Lênin, mas conseguiu ver em certa ocasião algumas das deficiências de seu herói. Disse que, no seu tempo em Genebra, Lênin "trabalhou a maior parte do tempo com sua pena. (...) A mim pareceu que Lênin não era o genuíno líder revolucionário que eu pensava que fosse. Começou a parecer que a vida de *émigré* o afetara de certa maneira para pior, que a luta interna do partido contra os mencheviques empurrara para segundo plano a bem maior batalha contra a monarquia e que ele era mais um jornalista do que líder autêntico."

As "raivas" de Lênin, o ritmo frenético e a intensidade com que trabalhava, bem como as regulares crises políticas abalaram-lhe a saúde. Durante toda a sua vida, quando estressado, lá vinham as dores de cabeça, cólicas estomacais e insônia, que o deixavam prostrado com exaustão nervosa.* Ele estava, naquela oportunidade, prestes a sucumbir, como Nadya sabia: "Seus olhos estavam pesados e mortiços; as pálpebras inchadas pela falta de sono. (...) Por vezes, quando trabalhava em casa, movia-se na ponta dos pés para não perturbar seus próprios pensamentos." O estado de saúde piorou quando, em março de 1904, ele bateu com a bicicletas na traseira de um bonde e sofreu dolorosos cortes no rosto e ferimentos nos braços e pernas. Passou a caminhar por Genebra com curativos nas bochechas. Sua mãe e a irmã ficaram apreensivas e escreveram muitas vezes para Nadya relatando suas preocupações. Ele precisava de férias para recuperar a saúde – e a esposa também. "No fim de junho, Vladimir e eu colocamos as mochilas nas costas e rumamos para as montanhas, sem plano a seguir, por um mês." Concordaram em não falar de trabalho ou política pela duração das férias: "O trabalho não é um urso, e vamos escapar para a floresta," disse Lênin para Nadya.

Passada uma semana, ela escreveu a Maria Alexandrovna: "Deixamos nosso trabalho e nossas inquietações lá em Genebra (...) dormimos dez horas por dia, nadamos e caminhamos. Volodya nem lê o jornal por completo. Trouxemos um mínimo de livros e estamos até enviando alguns, não lidos, de volta para Genebra porque vamos fazer uma excursão a pé pelas montanhas (...) até Interlaken e, depois, Lucerna. (...) Só em uma semana já nos recuperamos consideravelmente e começamos a parecer saudáveis novamente. (...) Temos vivido sob tanta pressão que não podemos nos culpar por tirarmos um mês de férias."**[3]

*Lênin claramente sofria de hipertensão, igual ao seu pai: estava bem perto do derrame, como a arteriosclerose em seu cérebro comprovou mais tarde. Mais ou menos àquela época, ele consultou um médico que lhe disse que o real problema não estava em suas vísceras, "e sim na cabeça" – diagnóstico acurado de especialista não foi levado em conta até bem perto de sua morte. O médico sugeriu que a agenda dele e a agitada vida não estavam lhe fazendo bem. Tudo indica que Lênin não disse isso a mais ninguém, inclusive a Nadya.

**Férias eram grandes acontecimentos na vida de Lênin. Poucos dias nas montanhas ou no mar o restauravam inteiramente, por mais cansado e estressado que estivesse. Três anos antes, ele gozara três semanas de folga com sua mãe e a irmã Maria em Loguivy, na costa britânica, sem Nadya. Ele fizera todos os planos e tomara as providências com bastante antecedência, até quanto à estação de trem onde deixariam as malas. "Seria ótimo ir até o Volga no verão," escreveu para Maria Alexandrovna. "Bem, se eu não posso ir até o Volga, a gente do Volga pode vir para aqui. Há ótimos lugares por aqui, se bem que de tipo diferente."

Na primeira parte das férias, eles foram acompanhados por Maria Essen, jovem ativista bolchevique e um de apenas dois membros do Comitê Central do RSDLP a ficar do lado de Lênin no cisma do partido. Ela era também prima distante da mãe de Lênin, de suas raízes escandinavas. "Durante as caminhadas, Lênin nunca parecia cansar," lembrou-se Maria mais tarde.* "Eu me preparava para retornar à Rússia e como lembrança de despedida decidimos que os três, Vladimir Ilyich, Nadejda Konstantinovna e eu, deveríamos ir para as montanhas. Pegamos um vapor para Montreux. Visitamos o sombrio Château de Chillon e a cela de Bonivard, tão belamente descrita por Byron. Vimos a pedra à qual Bonivard foi acorrentado. (...) quando saímos daqueles corredores e salões escuros, fomos deslumbrados pelo brilho do sol e pelo magnífico panorama, (...) Decidimos subir num dos picos." (Era o Rochers de Naye, muito íngreme para escalar, que ficava nos fundos de um hotel próximo.)

"No começo, a escalada foi fácil e agradável, mas quanto mais subíamos, mais difícil ficava. Deixamos a trilha e passamos à vertical. Cada passo acima era mais árduo que o outro. Vladimir Ilyich continuava ágil e confiante, brincando com meu esforço para acompanhá-lo. Decorrido pouco tempo, eu já estava engatinhando, agarrando-me como podia à neve que degelava em minhas mãos, mas ainda conseguindo segui-lo. (...) Finalmente, chegamos ao cimo. Um panorama infindável abriu-se bem abaixo de nós com indescritível variação de cores (...) todos os tipos de vegetação; bem perto, a brancura da neve; um pouco abaixo, os alagados alpinos. (...) Senti-me com ânimo literário e estava a ponto de recitar Shakespeare ou Byron quando olhei para Vladimir Ilyich. Ele estava sentado e perdido em pensamentos. De súbito, explodiu: 'Hum, que bela confusão os mencheviques estão aprontando contra nós!' Quando continuamos a caminhar, combinamos não falar em política 'para não contaminar a paisagem' e, a partir de então, ele foi só alegria e prazer de viver, tirando obviamente da

*Malgrado todos os sintomas de homem com saúde precária, a aparência de Lênin era de pessoa em perfeita forma física. Ele nadava, patinava e fazia exercícios regulares. "Disse-me que todas as manhãs despia-se e movimentava os músculos por pelo menos dez minutos," lembrou-se Valentinov. "Os exercícios eram: em primeiro lugar, movimentos circulares com os braços, agachamentos e inclinações para a frente, com as pernas esticadas para tocar no chão." Valentinov disse a Lênin que nunca fora a um médico porque não tinha dinheiro para isso. "Lênin olhou-me com desgosto – não consigo encontrar palavras melhores – como se observasse uma pessoa imunda e fedorenta. 'Realmente, é falta de cultura,' disse-me. 'Comportamento muito atrasado. Você precisa cuidar de sua saúde e dar valor a ela. É sempre uma bênção ser fisicamente forte e saudável, ter energia para aguentar firme – porém, para o revolucionário, isso é um dever."

cabeça tudo que pensava sobre mencheviques e bundistas. Porém foi só ele sentar de novo para que sua cabeça se enchesse com a fieira dos pensamentos usuais."

Depois que Essen os deixou – ela passou alguns dias na prisão ao retornar à Rússia – o casal continuou suas férias no entorno da Bernese Oberland. "Sempre escolhemos trilhas quase inexploradas, e saímos do coração das montanhas, bem longe de outros seres humanos. Vagamos por um mês. A cada dia, nem sabíamos qual seria o amanhã. À noite, estávamos tão exaustos que desabávamos na cama e pegávamos imediatamente no sono. (...) Tínhamos muito pouco dinheiro, e vivemos quase exclusivamente à base de ovos, queijos e alimentos parecidos, regados com vinho e água das fontes. Raramente sentamos para uma refeição decente. Numa pequena estalagem, administrada por social-democrata, um operário nos alertou: 'Não comam com os turistas, e sim com os cocheiros, motoristas e trabalhadores. Vai ser bem mais barato e duplamente alimentício.' E seguimos o conselho." Lênin enviou regularmente cartas alegres para a mãe e Maria – "Saudações dos mendigos," escreveu de Kandersteg, próximo a Frutigen.

A pausa terminou no Lac du Bré, no início de setembro. Eles tinham caminhado mais que quatrocentos quilômetros e não sentiram nenhuma culpa pelas prolongadas férias. Como sempre, o ar fresco e as montanhas restabeleceram-lhes a saúde e reanimaram seu espírito. "Foi como se os córregos montanhosos lavassem todas as teias de aranha de insignificantes intrigas," escreveu Nadya.[4]

17

Uma autocracia sem autocrata

"Que acontecerá comigo e com toda a Rússia? Não quero ser Czar. Nunca quis. Nada sei do negócio de governar. Não sei como cumprir minhas obrigações."

Nicolau II ao primo Sergius no dia da acessão ao trono, 19 de outubro de 1894

A PRIMEIRA E ORIGINAL "PIADA COMUNISTA" – gênero de humor negro que se tornou famoso no mundo dominado pelos soviéticos – foi o comentário de um comissário bolchevique, em 1918, sugerindo que o Czar Nicolau deveria ser agraciado com a maior honraria dos tempos soviéticos, o Estandarte Vermelho, e conferido a ele por seu "serviço prestado à revolução."

O Czar fez tanto quanto qualquer um, inclusive Lênin, para acabar com a dinastia Romanov e para assegurar a tomada do poder pelos comunistas. Jamais deu um minuto de atenção às consequências não planejadas. Numa ocasião em que a Rússia necessitava de liderança inteligente e imaginativa, coube-lhe um mandante totalmente despreparado para a missão. Não é exagero dizer-se que todas as decisões importantes que Nicolau II tomou foram equivocadas – desde a escolha da esposa, Alexandra, que ajudou a conceber seus maus julgamentos, às suas desastrosas resoluções a respeito de guerra e paz.

Ele jamais questionou sua rígida fé no princípio da autocracia. Em janeiro de 1895, poucas semanas depois de ser alçado ao trono, disse numa reunião de nobres provinciais que quaisquer esperanças de liberalização política eram "sonhos despropositados," e que ele jurara ter a obrigação de "manter (...) a autocracia tão firme e agressivamente como ela fora preservada por seu saudoso e falecido pai." Desejou ser um autocrata, mas não deu a aparência de ser, nem soou como um, além de carecer de personalidade, inteligência e força de vontade para sê-lo. Teria sido bom monarca cerimonial. Seus modos eram impecáveis, falava trivialidades com elegância e era vistoso de uniforme. Mas não tinha sido assim que os Romanovs reinaram. Apesar do cálculo feito certa vez de que Nicolau II era 1/128 russo pelo sangue (o restante sendo, principalmente, germânico), pela atitude e temperamento, segundo um de seus mais duradouros ministros, "Nosso Czar é um oriental, cem por cento bizantino." Alimentava a crença medieval de que possuía direito divino para reinar, porém não tinha a mínima ideia sobre a natureza do poder.

Nunca o ensinaram a "reinar," tampouco coisa alguma sobre administração. Seu tutor principal, general Grigory Danilovich, acreditava que "forças misteriosas emanavam durante o sacramento da coroação e proporcionavam todas as práticas necessárias ao governante." Seu tutor de leis e história, Konstantin Pobedonotsev, procurador do Sínodo Sagrado, não ficou muito impressionado com a caricatura real. Certa vez, disse que a coisa mais importante que podia se lembrar de Nicolau é que ele "parecia absorvido em cutucar o nariz."[1]

Seu pai Alexander III, enorme qual um urso, com gigantescos apetites por comida e garrafa, criou "Nicky" muito mal, não lhe dando nenhuma função na condução do império. Quando o conde Sergei Witte, ministro das Finanças, sugeriu uma posição de somenos importância para Nicolau – um assento no comitê de planejamento da Ferrovia Transiberiana – o Czar olhou-o espantado: "Você já tentou debater qualquer coisa relevante com Sua Majestade Imperial o Grão-Duque Tsarevich? Não me diga que jamais notou que o grão-duque é (...) absolutamente ignorante."

Quando o Czar Alexander faleceu da sua doença renal, em novembro de 1894, seu filho mais velho explodiu lamentavelmente em lágrimas, não de tristeza pelo pai mas de pena de si mesmo. Entre soluços, na câmara de morte do Czar, ele praguejou contra seu destino e perguntou ao primo Sandro (Sergius): "Que acontecerá comigo e com toda a Rússia? Não estou disposto a ser Czar. Nunca quis ser. Não sei coisa alguma do negócio de governar. Não sei como cumprir minhas obrigações."*

Nicolau não era um simplório completo. Falava fluentemente

*Luís XVI, cuja sorte foi semelhante à de Nicolau, disse coisa parecida quando tomou conhecimento da morte do pai: "Que carga! Nada me ensinaram! E todo o universo está a ponto de desabar sobre mim."

inglês, alemão, francês e ainda um bom italiano. Disseram que ele era capaz de falar diversas línguas impecavelmente, mas nada tinha de inteligente ou de importante para dizer em nenhum dos idiomas.*

Outros que o conheceram foram mais generosos. "Ele é a pessoa mais bem educada que conheci," disse Witte. Nicolau possuía algumas boas qualidades – era dedicado aos seus deveres, muito trabalhador e devotado à família – "todavia tais capacitações eram limitadas pelo tremendo paroquialismo de sua educação e da estreiteza de seus horizontes." Até mesmo os ultramonarquistas ficavam desapontados com ele. "Só consegue entender a importância de um fato de cada vez, sem conectar um a quaisquer outros," disse Pobedonotsev. "Apega-se ao desimportante (...) tem uma perspectiva curta."[2]

Nicolau gastava tempo demais com questões triviais que podiam ser resolvidas por funcionários de menor nível – ordenando reparos numa escola agrícola, nomeando parteiras das províncias, aprovando horários de trens. Raramente, como provam seus insossos e entediantes diários, se ocupava do quadro geral ou das grandes questões de estado. Jogava uns ministros contra outros e os tratava com mesquinhez, sem tentar uni-los numa equipe coesa sob sua liderança. Havia no governo administradores competentes e inteligentes – o conde Witte e Pyotr Stolypin sobressaíam – mas Nicolau nunca confiou neles. Numa época em que o gigantesco Império ainda em crescimento pedia "tecnocratas" eficientes e criativos, gente que soubesse o que estava fazendo, o Czar recorria ao seu exíguo círculo de cortesãos reacionários.

Quando, decorrida uma década de seu reinado, ele tomou uma decisão importante, ela foi o erro desastroso que deu impulso e velocidade ao redemoinho revolucionário que iria derrubá-lo: começou uma guerra com o Japão pelo controle do Mar do Sul da China, com o objetivo de aumentar o poder russo no Oriente. Os russos, com a costumeira superioridade racial dos imperialistas europeus, supuseram alcançar rápida vitória que lhes fincaria os pés na Manchúria e na península coreana – afinal de contas, afirmou Nicolau, eram apenas "homenzinhos amarelos não totalmente civilizados" que enfrentavam. Porém os militares russos estavam irremediavelmente despreparados

*Seu inglês era tão perfeito que, no início da adolescência, Alexander III o usou para escrever suas próprias cartas à rainha Victoria. Nicolau era, de certo modo, um anglófilo – em particular tinha relações britânicas de parentesco – porém, na verdade, não admirava tanto assim os ingleses e, decerto, não gostava nada da política deles ou da "civilização" deles, como admitiu a assistentes. Frequentemente, dizia ao primeiro-ministro Witte que "os ingleses eram exatamente iguais aos '*yids*'," "judeus," para ele era palavra insultuosa.

e nem se davam o trabalho de considerar o Japão, que se modernizava rapidamente e possuía poderio militar proporcional a suas ambições imperiais. A Rússia sofreu uma derrota humilhante e perdeu quase toda a sua esquadra do Pacífico. Teve de pedir paz. Nicolau sentiu-se esmagado. Caso tivesse imaginação, teria percebido o perigo que corria a estabilidade de seu trono.[3]

Os historiadores, no cômputo geral, têm sido bastante gentis com Nicolau II, em parte devido à sua medonha morte e de sua família. Mas ele foi em grande parte responsável por sua própria destruição. Não foi uma figura mal-intencionada levada de roldão pelas ondas da história. Se, no início de seu reinado, Nicolau II tivesse feito o mínimo esforço para estabelecer uma monarquia constitucional, introduzir reformas liberais e permitir o florescimento da atividade política, como ocorria por todos os cantos da Europa, talvez tivesse salvado a Rússia da catástrofe – bem como sua vida e a da família. Ele mereceu seu lugar, nas palavras dos marxistas, na lata de lixo da história.

Em Genebra, por volta das 9:30 de segunda-feira, 10 de janeiro de 1905, Lênin e Nadya "estávamos a caminho da biblioteca quando nos encontramos com Lunacharsky, que chegava para nos visitar." A mulher de Lunacharsky* demonstrava tal agitação que mal podia falar, apenas acenava com seu regalo de agasalhar mãos para nós. (...) Fomos para o restaurante Lepeshinsky dos *émigrés*. Queríamos estar juntos. As pessoas se reuniram em nossa volta e falavam pouquíssimo entre si. Pairava sobre o ambiente uma tremenda excitação.**

Os russos devoravam a notícia chegada de São Petersburgo, onde, no dia anterior, um protesto absolutamente pacífico no centro da cidade transformara-se num massacre. "Ficamos atônitos," disse Nadya. "Quase não se conversou durante toda a manhã. Começamos a cantar a marcha fúnebre revolucionária, "Você Caiu na Batalha," compungidos. Foi despertada em todos a ideia de que a revolução havia começado, que as algemas da fé no Czar tinham sido rompidas.[4]

*Esta foi a primeira esposa de Anatoly Lunacharsky, Anna Malinovkaya, irmã do filósofo bolchevique e por muito tempo interlocutor briguento de Lênin, Alexander Bogdanov. Pouco depois da Revolução de 1917, já homem bem maduro no poder como Comissário para o Iluminismo Público, ele deixou a esposa trocando-a por Natalya Rozenel, atriz com a metade de sua idade.

**Novo café recém-aberto pelos amigos de Lênin e ex-companheiros de exílio na Sibéria, Panteleimon e Olga Lepeshinsky, que os bolcheviques agora frequentavam, enquanto os mencheviques ainda favoreciam o salão dos fundos do Landolt, situado nas proximidades.

Os relatos da Rússia eram incríveis. Estourara uma série de greves porque, no início do ano, diversas fábricas haviam fechado, embora sem indício de insurreição na capital. O carismático líder da greve, padre Gregory Gapon, acreditava piamente que o Czar, alertado sobre a vidas difícil que levavam os operários russos, interviria com os empregadores para melhorar as condições de trabalho e aumentar os salários. Era irremediável ingenuidade, mas mostrava a fé popular que o povo parecia depositar em seu Czar. Gapon convocou os grevistas e suas famílias a realizarem manifestação no domingo, 9 de janeiro. Escreveu a petição que planejavam entregar a Nicolau. Era uma solicitação humilde, expressa servilmente e, como os fatos provaram, plena de premonição trágica: "SENHOR: Nós, trabalhadores e habitantes de São Petersburgo, de várias situações, nossas esposas, nossos filhos e nossos idosos desesperançados pais, vêm à VOSSA AUGUSTA presença em busca de justiça e proteção. Estamos empobrecidos; somos oprimidos, sobrecarregados com trabalho excessivo, tratados com menosprezo (...) sufocados pelo despotismo e pela ausência de leis (...) não nos restam forças e nossa resistência está no fim. Atingimos o terrível momento em que a morte é preferível ao prolongamento de nosso insuportável sofrimento."

Na sexta-feira que antecedeu a programada marcha de protesto, Gapon recebeu ordem para sustar a manifestação sob pena de esperar "medidas resolutas."* Vários dignitários – de uns poucos ministros liberais até Maxim Gorky – instaram o governo a negociar com os líderes da reivindicação. Mas Nicolau viajou de São Petersburgo para Tsarskoe Selo e ordenou aos militares que dispersassem as multidões se elas se aproximassem dos prédios governamentais.

Era uma brilhante manhã de inverno com uma geada inclemente. O sol se lançava "brilhantemente de um céu azul-pálido sobre vastos trechos do rio Neva e sobre as ruas e os telhados cobertos de neve." O corpo principal da manifestação tinha como vanguarda grupos de

*Gapon, mescla de líder espiritual e ativista político, fora agente da Okhrana e se tornara chefe de um semilegal movimento sindicalista, criado secretamente pela polícia para se contrapor às iniciativas socialistas. Essa era a atmosfera conspirativa, visão distorcida do mundo político russo, onde nada era o que parecia ser. Gapon, entretanto, virou a casaca e iludiu seus controladores da polícia, inspirando a marcha que resultou no "Domingo Sangrento." Logo depois, ele escapou da Rússia e vagou pela Europa até encontrar refúgio em Paris proporcionado por esquerdistas franceses; em Londres, protegido pelo príncipe Kropotkin; e em Genebra, onde Lênin o conheceu. Lênin se interessou pelo padre e tentou cooptá-lo para a causa bolchevique, mas Gapon preferiu o Partido Socialista Revolucionário. No começo de 1906, ele retornou à Rússia e retomou seus contatos com a Okhrana, porém seu papel de agente duplo logo foi descoberto. Em março de 1906, foi assassinado pelos líderes Socialistas Revolucionários, os SR que planejava denunciar.

mulheres e crianças, "com suas melhores vestimentas domingueiras." O padre Gapon estava à testa de uma das colunas "usando um grosso *cassock* branco e empunhando um crucifixo. Logo atrás dele, um enorme retrato do Czar." Quando a procissão atingiu o Arco Triunfal Narva, recebeu o impacto de poderosa carga de cavalaria armada com sabres. A maioria da manifestação se dispersou. Porém uns tantos prosseguiram caminhando na direção de uma linha de infantaria – e foram totalmente ceifados. Gapon caiu, mas levantou-se de pronto, olhou para a neve coberta de sangue à sua volta e foi ouvido gritando sem parar: "Deus não há mais (...) não há Czar."[5]

Alguns manifestantes conseguiram chegar bem perto do Palácio de Inverno. Uma testemunha ocular presenciou a tropa atirando contra eles, "acertando e derrubando meninos que haviam subido em árvores de um jardim próximo. (...) Um trenó movimentava-se rapidamente subindo a Nevsky seguido por meia dúzia de operários, correndo com as mãos vazias e benzendo-se em pleno movimento, uns chorando. No trenó, um jovem apertava contra o peito um estudante morto com horrível ferimento no rosto. Três ou quatro cossacos galoparam na direção do trenó, puxaram as rédeas, olharam o que existia no veículo e continuaram a galope dando estridentes gargalhadas."

Gorky, em meio aos manifestantes na ponte Troitskaya (Trindade), viu um oficial matar um rapaz participante do movimento. "O dragão circulou o jovem com seu cavalo e berrando (...) elevou seu sabre, equilibrou-se na sela e atingiu o rapaz bem na face, abrindo-a dos olhos ao queixo. Lembro-me bem dos estranhos olhos espantados e esbugalhados do operário e (...) da fisionomia do assassino, corada pelo frio e pela exaltação, dentes crispados, os fios de seu bigode eriçados sobre o lábio elevado. Brandindo seu aço da morte, o dragão emitiu novo grito e (...) cuspiu através dos dentes sobre outro homem morto."[6]

Enquanto a noite avançava, o estado de espírito foi mudando do choque para a ira. O repórter inglês Harold Williams observou "faces ao meu redor e não detectei medo ou pânico (...) somente hostilidade e raiva. Vi aquelas aparências de ódio em todos os rostos, de jovens e idosos, de homens e mulheres. Nascia a revolução. O ideal popular – mito ou não – de um Czar deus, sustentado por séculos pelo regime, foi subitamente destruído." Na realidade, o exército vinha diversas vezes sendo empregado pelos czares ao longo de muitos anos para mantê-los no poder, mas então, no século XX, tudo aquilo pareceu excesso bárbaro aos leais seguidores do regime.

Era diferente em diversos aspectos das atrocidades anteriores. Teve lugar na capital da Rússia onde correspondentes internacionais presenciaram a cena, e a velocidade das comunicações significava que a notícia, já no dia seguinte, estava nas primeiras páginas de todos os jornais do mundo. Governos estrangeiros se preocupavam com a perspectiva de caos na Rússia. O embaixador americano, Robert McCormick, reportou para Washington três dias depois: "Os eventos enfraqueceram e podem até ter estraçalhado a inabalável lealdade e a duradoura reverência que vinham caracterizando os súditos do Czar de Todas as Rússias. Tive prova disso entre as pessoas das classes mais elevadas e das mais baixas, e tal circunstância foi a mim expressa na carta que recebi (...) de Mr. Heenan, nosso cônsul em Odessa, que escreve: 'Em todos os dezoito anos que estou na Rússia, jamais vi o povo russo tão unido. (...) Todas as classes condenam as autoridades e, em particular, o Imperador. Ele perdeu absolutamente toda a afeição do povo russo e, seja qual for o futuro da dinastia, o Czar nunca se sentirá seguro em meio ao seu povo.' Concordo com a opinião de Mr. Heenan: o Imperador jamais será capaz de restabelecer sua anterior situação singular."[7]

Os números oficiais do governo contabilizaram cerca de duzentas mortes e oitocentos feridos, mas as quantidades reais foram muito maiores – provavelmente multiplicadas por quatro. Em Genebra, aproximadamente 1.500 quilômetros distante da ação, Lênin ficou convencido de que o "Domingo Sangrento" era o começo do fim do czarismo – e de que este fim não estava muito longe.

Lênin havia previsto, *na teoria*, um levante contra a monarquia. Cerca de uma quinzena antes do "Domingo Sangrento" ele escrevera um artigo para o novo jornal socialista que lançara, *Vyperod* (Avante). "Um colapso militar [na guerra contra o Japão] é inevitável, e com ele virá inquietação, descontentamento e rebelião dez vezes maiores. (...) A partir de então teremos que estar preparados com todas as nossas energias. No momento propício, uma dessas reações (...) se transformará em tremendo movimento popular. Será então que o proletariado se levantará para ocupar seu lugar à frente da insurreição."*[8]

Mas quando "o momento" chegou, Lênin foi pego totalmente de surpresa, e se encontrava tristemente despreparado e mal equipado para lidar com ele. Como também estavam quase todos os líderes

*Não mais envolvido com o *Iskra*, que se tornou um órgão menchevique e não sobreviveu por muito tempo depois do cisma no partido, Lênin começou o *Vyperod* com generosa ajuda financeira de Gorky. Porém era um jornal, no todo, menos influente, não possuía "agentes" organizados a fim de contrabandear exemplares para a Rússia, e circulava, especialmente, entre os *émigrés* da Europa Ocidental.

marxistas e socialistas revolucionários. Ele denominaria a Revolução de 1905 de Ensaio Geral, como se a peça estivesse toda planejada e com roteiro pronto. Mais tarde, o reescrever comunista da história concedeu ao RSDLP de Lênin papel relevante nos eventos. Entretanto, o partido quase não fez coisa alguma para a manifestação do "Domingo Sangrento" – e os bolcheviques se postaram bem à retaguarda da manifestação, como se tivessem sido lá colocados quase que por acaso.

Lênin muito pouco falou ao longo de todo aquele dia no Lepeshinsky, nem, de acordo com Nadya, depois em casa. Na manhã seguinte, ele fez o costumeiro: foi para a Biblioteca Central de Genebra. Durante alguns dias leu tudo que podia sobre guerra de guerrilhas e tática militar em insurreições históricas, em especial na Comuna de Paris de 1870. Escreveu ferozes cartas aos camaradas na Rússia demandando que fossem criadas unidades armadas de revolucionários, "com fuzis, revólveres, bombas, facões, socos-ingleses, panos encharcados com gasolina, cordas e escadas de cordas, pás para construção de barricadas, bananas de dinamite, arame farpado, objetos perfurantes contra os cascos da cavalaria..." Instrução totalmente irrealista, escrita por um jornalista não guerrilheiro, tirada de livros que acabara de ler, típica de general de poltrona, "Distribuam pelas companhias fórmulas simples para a fabricação de bombas (...) elas têm que começar imediatamente o treinamento em ligação direta com exercícios práticos no campo. Alguns terão que matar logo um espião ou explodir uma delegacia de polícia. Outros organizarão assalto a um banco para confiscar recursos financeiros para o levante." Em nenhum ponto de sua vida, Lênin tivera experiência direta de combate, mas isso não o impediu de escrever de forma horripilante como se fosse especialista militar.[9]

Embates esporádicos entre operários e unidades do exército persistiram por uns cinco dias em São Petersburgo, e com mais ferocidade em Moscou, onde bom número de civis resultaram mortos. As greves continuaram por meses em ambiente de paralisia governamental e crise política que a Rússia não experimentava havia um século.

Da segurança de Genebra, Lênin prosseguiu com suas exortações por violência contra o regime. Poucas semanas depois do "Domingo Sangrento," ele escreveu artigo intitulado "Armar o Povo Tornou-se Tarefa Imediata." Plekhanov, que tinha experiência militar, disse claramente a Lênin que "o povo não deve pegar em armas" – era um erro, e os trabalhadores os que mais sofreriam. Lênin replicou: "Bobagem, o contrário é que é verdade. Os operários têm que ser mais decididos, enérgicos e agressivos (...) aqueles que não se preparam para a insurreição armada precisam ser cruelmente expurgados das fileiras dos adeptos da revolução e mandados para as formações de seus inimigos como traidores e covardes. Uma classe operária que não se esforça por aprender a manejar armas e consegui-las merece ser tratada como escrava."*[10]

O cinismo de Lênin foi impressionante. Naquela ocasião, não havia a menor chance de uma revolta armada ser bem-sucedida, e ele sabia disso. Esperava sacrifícios – talvez mortes – de seus seguidores. Para início de conversa, seus adeptos eram muito poucos para que fizessem alguma diferença. Em 1905, os bolcheviques eram fracos dentro da Rússia: o racha havia desmoralizado o partido. Seus membros não mais entendiam os próprios argumentos e se desesperavam para que a liderança, no seguro exílio de além-fronteiras, aparasse suas arestas pessoais e se unisse contra o inimigo verdadeiro – o regime czarista.

Em dezembro de 1904, apenas poucas semanas antes do "Domingo Sangrento," Maxim Litvinov, um dos lugares-tenentes mais antigos de Lênin, em visita clandestina a São Petersburgo, enviou desanimado relatório de volta a Genebra. Disse que, dentro da Rússia, os bolcheviques "virtualmente não possuem força. (...) Na periferia, o povo, se não é totalmente contra nós, não é a nosso favor em lugar algum. A massa dos trabalhadores do partido continua nos vendo como um punhado de 'desorganizadores' sem nenhum apoio próprio. Nenhum tipo de reunião, muito menos secreta, mudará essa opinião generalizada. Repito, nossa situação é irremediavelmente fraca e precária. (...) Os [mencheviques] estão, comparativamente, muito melhor (...) eles têm de trinta a quarenta jovens mulheres de fora, confiáveis e dedicadas a ponto da histeria." Sergei Gusev, naquela ocasião o bolchevique de maior autoridade dentro da Rússia, disse que, no início da Revolução de 1905, existiam 215

*Lênin arquitetou temerários esquemas militares em sua prancha de projetos de Genebra. Um momento dramático da Revolução de 1905 foi o motim dos marinheiros a bordo do encouraçado *Príncipe Potemkin* no cais de Odessa. Lênin tentou persuadir um estudante bolchevique de 22 anos a embarcar na belonave e convencer a tripulação a se juntar "a qualquer preço" à revolução dos trabalhadores, bombardear os edifícios governamentais e ajudar os camponeses locais a tomar o poder nas propriedades ali de perto. Não havia nenhuma indicação de que os marinheiros estivessem interessados no partido; eles simplesmente odiavam seus brutais oficiais navais. Obstinado, Lênin insistiu que "depois, temos de ficar com a Armada em nossas mãos (...) a maior parte dos navios se associará à tripulação do *Potemkin*. Mas você tem de agir corajosa e resolutamente." O jovem retornou à Crimeia, como determinado, e sob o risco de um passaporte falso, porém quando lá chegou o *Potemkin* já havia zarpado de Odessa, e o que restara do partido local não acalentava mais o espírito revolucionário. A vez seguinte em que Lênin tentaria de novo fomentar insurreição na Marinha, em 1917, ele prepararia o terreno com mais cuidado e atenção, e o levante seria parte essencial da vitória bolchevique.

membros bolcheviques na capital, 109 dos quais eram estudantes. "Só agora conseguimos perceber a desorganização total do partido," disse a Lênin. "O Partido de São Petersburgo não é nada (...) diante do (...) protesto dos operários. É só sair às ruas para se notar quão debilitados estamos. E o que podemos fazer? Distribuir algumas centenas de panfletos, que passarão totalmente despercebidos, e enviar alguns oradores."

Lênin teimou mais uma vez. Continuou demandando mais ação. "Fico horrorizado – dou-lhe minha palavra – fico horrorizado ao saber que se vem falando há meses sobre bombas, e nem uma só foi fabricada. Formem esquadras de combatentes por todos os lados," instou aos bolcheviques de São Petersburgo.

Um jovem militante, que vira muito derramamento de sangue em sua cidade natal de Kazan – cidade que Lênin conhecia muito bem – chegou a Genebra e perguntou o que os membros do partido deveriam fazer, porque tudo indicava que a insurreição havia acabado. "Bem, muito simples," disse Lênin. "Preparem-se para um levante armado." "Mas, Vladimir Ilyich, as chances são muito pequenas de vitória." "Vitória? Quem falou em vitória? Não é esse o ponto para nós. Não ligamos para vitória. Não alimentamos ilusões. Somos realistas e não deixamos ninguém imaginar que temos de vencer. Para isso, somos ainda muito fracos. A questão não é vencer, mas desestabilizar o governo e atrair as massas para nosso movimento. O levante é que interessa. Por não podermos vencer não iremos encenar uma insurreição? – isso é simplesmente conversa de covardes."

Mais tarde e ainda em 1905, os operários de Moscou entraram em greve. Soldados do poderoso Regimento Semenovsky de Guardas foram enviados para forçá-los a voltar a trabalhar. Cercaram os ativistas num distrito da classe trabalhadora da cidade, matando dezenas. Canhões de campanha dispararam granadas contra a região por três dias seguidos, deixando centenas de mortos, inclusive 86 crianças. O comentário de Lênin não se centrou em lastimar as mortes. Disse que o importante fora os revolucionários lutarem nas ruas, e a derrota lhes ensinaria a ter ódio dos inimigos: "aquele que foi açoitado vale dois que não o foram."[11]

Houve uma onda de prisões após o "Domingo Sangrento." Gorky foi apanhado dois dias depois e acusado de organizar a revolução conspiratória, apesar de não ter feito nada além de testemunhar o massacre e escrever sobre ele. O multimilionário Savva Morozov aumentou seu subsídio ao partido, e outros industriais começaram também a fornecer dinheiro a grupos de liberais e socialistas – "ficou na moda fazer isso, e o ato ajudava a aplacar suas consciências, então não nos importamos com a origem da ajuda," afirmou Leonid Krasin, o homem do dinheiro bolchevique e especialista técnico que administrou muitas "doações." Ele reconheceu ser um tipo de vaidade invertida dar apoio a uma causa tão fundamentalmente prejudicial aos próprios interesses pessoais. "Na época, era visto como coisa de *bon ton* nos (...) círculos radicais ou mesmo liberais contribuir com dinheiro para partidos revolucionários – e entre os que regularmente davam entre cinco e 25 rublos (...) mensais estavam não só proeminentes advogados, engenheiros e médicos, mas também diretores de bancos e altos funcionários de instituições estatais." Um grande erro do Czar foi tornar ricos magnatas dos negócios como Morozov, Pavel Ryabushinsky e Alexander Guchkov seus inimigos. Ele considerava se rebaixar muito lidar com "gente de negócios" e não se deu conta da importância que essas pessoas poderiam ter. Muitos integrantes do mundo dos negócios deram apoio aos liberais que desejavam reformas ao estilo ocidental. Um dos industriais mais ricos da Rússia, Alexei Putilov, que empregava 27 mil pessoas na sua gigantesca planta de obras de engenharia nas cercanias de São Petersburgo – e fabricava vasta parcela do armamento para o exército russo – asseverou: "O czarismo está perdido, não tem mais jeito."*[12]

A intranquilidade persistiu – nas fábricas e na terra, onde numerosas propriedades foram incendiadas e seus donos atacados. Muitos latifundiários privilegiados, ou mesmo os inteligentes, declararam que o significativo foi que os camponeses "pareceram mudar de repente." O dono de vasta propriedade perto de Samara, não longe de Alakayevka, onde Maria Alexandrovna possuíra razoável mansão, disse que "ao invés da cortesia, da amizade e da humildade prévias havia apenas ódio estampado em suas fisionomias e na maneira de suas saudações (...) sublinhando a rudeza deles." Outro grande dono de terras da província de Tula, uma das mais ricamente agricultáveis da Rússia, registrou que "externamente, tudo parecia normal. Mas algo essencial, alguma coisa irreparável ocorrera com as pessoas. Um sentimento generalizado de medo havia solapado toda a confiança. Depois de uma vida inteira sem receios – ninguém se preocupava em trancar a porta e em fechar as janelas à noite – os nobres agora

*Às vésperas da Primeira Guerra Mundial, ele previu, com alguma exatidão, o que aconteceria com a Rússia. Haveria uma revolução burguesa liderada por moderados "pensando estar salvando a Rússia (...) mas eles serão varridos em função da interminável anarquia, e a revolução será assumida por operários e camponeses."

pegavam em armas e faziam rondas pessoais para testar suas medidas de segurança."[13]

Diversos *émigrés* retornaram do exílio na Europa, inclusive Martov, Vera Zasulich e, sensacionalmente, Trotsky, que nem bem voltou da Áustria, na primavera, e logo mergulhou na atividade política, fazendo fama como excelente orador e – mais surpreendente – como organizador. Ele personificou o próprio Soviete de São Petersburgo, que brilhou brevemente como poderoso símbolo da oposição ao regime, até que foi fechado no fim do ano.*

Muitos bolcheviques tentaram convencer Lênin a retornar para liderar a revolução de dentro da Rússia. Entretanto, em vez de ir para São Petersburgo, ele partiu para Londres com a finalidade de organizar outro congresso do partido – "jogar conversa fora," como disseram alguns mencheviques – com o objetivo de ser traçada uma linha de ação para dar prosseguimento ao "Domingo Sangrento." Trinta e oito delegados apareceram no início de maio para compor a que talvez tenha sido a mais supérflua de todas as demais conferências esquerdistas anteriores a 1917. Tão logo ela foi encerrada, o Czar cedeu à crescente pressão dos liberais – e aos conselhos do funcionalismo público – e concordou com algumas reformas que outrora jurara jamais permitir: partidos políticos foram legalizados pela primeira vez e uma espécie de Parlamento – a Duma – foi criado; o Czar relaxou a censura e foi concedida mais liberdade, apesar de longe de absoluta, para a imprensa. O regime manteve em suas mãos o poder verdadeiro – e o Ensaio Geral chegou ao segundo ato.

*Essa foi a primeira vez que a palavra "soviet" – que significa simplesmente "conselho" em russo – foi usada no contexto revolucionário pelo qual ficou bastante conhecida: como grupo de representantes de trabalhadores. Trotsky se tornou atração especial da alta sociedade de São Petersburgo, em 1905, como portentoso e genial orador. Ele descreveu a primeira vez que foi solicitado a falar numa grande propriedade: "O mordomo esperou que eu lhe entregasse o cartão de apresentação, porém, cáspite, que cartão poderia ter uma pessoa que usava codinome?" Trotsky recebeu verdadeira ovação quando anunciou à audiência de "nobres, damas cobertas de joias e oficiais das Guardas, que era dever deles entregar seus arsenais ao povo."

18

Volta à casa

"O czarismo não tem mais capacidade para esmagar a Revolução; a Revolução ainda é incapaz de destruir o czarismo."
Lênin, *Novaya Jizn*, 1905

Quando se julgou seguro, Lênin finalmente retornou à Rússia. Uma das concessões feitas pelo Czar no seu Manifesto de 17 de outubro sobre o Aperfeiçoamento da Ordem Estatal foi garantir anistia para alguns presos políticos, mas não todos. Lênin achou que não corria riscos quando retornou para "casa" um mês mais tarde e, apesar de pensar que tinha permissão legal para ficar na Rússia, entrou no país com documentos falsos e o nome William Frey – velhos hábitos conspiratórios são difíceis de abandonar. Ele e Nadya viajaram para São Petersburgo separadamente, via Alemanha, Suécia e Finlândia. Ela retornou dez dias depois dele e, após se reencontrar, o casal ficou primeiro na residência de um amigo da irmã, Maria, e mais tarde alugou apartamento na Avenida Nevsky.

A partir do momento em que Lênin desceu do trem na Estação Finlândia, começou a ser seguido pela Okhrana, que claramente deixou que ele soubesse disso. Registrou-se na polícia, porém o trabalho político tornou-se impossível com vigilância tão cerrada. Sob as chamadas novas condições liberais, as atividades da Okhrana, na verdade, cresceram. Toda vez que Lênin saía do apartamento, enfrentava o risco de levar os agentes diretamente aos camaradas "procurados" ou aos ativistas subterrâneos que ainda fugiam. Lênin e Nadya passaram à clandestinidade – primeiro, numa série de "aparelhos" em São Petersburgo e, depois, em diversos pequenos vilarejos na Finlândia – com documentos falsificados. Ele foi, sucessivamente, o Dr Weber, Irvin Weyhoff e Vladimir Karpov.

Foi com o nome falso de Karpov que Lênin encontrou-se com Stalin pela primeira vez, em 25 de dezembro de 1905. Ambos estiveram presentes à Primeira Conferência Bolchevique de Todos os Russos, na cidade finlandesa de Tammefors (Tampere). Stalin, representante caucasiano, ansiava bastante por uma aproximação com Lênin e mostrou "ao velho" artigos que escrevera para jornais clandestinos que o apoiavam contra os mencheviques. O georgiano esperava encontrar pessoa mais carismática: "Eu tinha certeza que me avistaria com a águia da montanha de nosso partido. Um grande homem, não apenas politicamente, mas também, digamos assim, em termos físicos, porque, na minha imaginação, Lênin era um gigante com postura impecável e impositiva. Que decepção quando me deparei com uma pessoa com todas as características de homem comum, menor que a altura mediana, de forma nenhuma uma aparência, literalmente falando, distinguível dos simples mortais. É mais ou menos protocolar que 'o grande homem' chegue atrasado às reuniões e eventos, para que a audiência espere o personagem com a respiração suspensa; e então, pouco antes de o homem entrar, surgem os alertas: 'Shsss!' 'Silêncio!' 'Ele está chegando!' O ritual não me parece exagero porque ele cria sensação, inspira respeito. Qual não foi meu desapontamento quando soube que Lênin já havia chegado à conferência antes dos delegados, instalara-se em um canto e estava, sem qualquer pretensão, engajado em conversa informal com alguns dos mais insignificantes delegados. (...) Não esconderei que, àquele tempo, julguei sua atitude uma violação de algumas regras essenciais."[1]

Lênin entendeu mais tarde as razões de Stalin e iria se referir a ele como "o georgiano maravilha." Mas o mais moço (por sete anos e meio) não lhe impressionou nada no primeiro encontro. Stalin, naquela ocasião, era apenas um dos codinomes do futuro ditador soviético – entre outros, havia Soso, Koba e Ivanovich. Quando eles se encontraram de novo, dezoito meses depois, Lênin não se lembrava de nenhum deles.*

Houve outro primeiro encontro importante enquanto Lênin vivia na clandestinidade. Como vimos, ele era difícil, dominador e sempre achava estar certo. Contudo, também sabia como encantar e elogiar outros, quando era relevante fazê-lo. Lênin vinha se correspondendo por diversos anos com Maxim Gorky. O escritor e autor de peças era generoso doador para os social-democratas e mantinha

*Nadya detestou Stalin desde o primeiro momento e disse isso a Lênin, instando-o a não confiar no georgiano. Ocasionalmente, Nadya partilhava essa opinião com outros camaradas, embora fosse se tornando mais parcimoniosa à medida que ele crescia no partido e ganhava mais influência sobre Lênin. Certa vez, ela se queixou a um emigrante de confiança, o escritor Viktor Shklovsky, quanto à grosseria de Stalin e ao fato de a ela parecer que alguns bolcheviques de realce eram selecionados "ao acaso. (...) Existem indesejáveis como Stalin – que é sujeira [nos trairá]."

contato com gente rica que possuía gordos talões de cheques. Os dois mantiveram uma relação complexa que passou por mudanças revolucionárias. Por anos, Lênin foi o solicitante e precisou da ajuda financeira e do apoio político de Gorky. A fama de Maxim como escritor e sua reputação no meio da esquerda eram imensas. Com os anos, os dois se tornaram genuínos amigos, embora Gorky costumasse dizer que gostava de Lênin como pessoa, mas o detestava como político. Depois que Lênin assumiu o poder, Gorky se tornou crítico dos bolcheviques, entretanto frequente solicitante pessoal de Lênin; era useiro e vezeiro em pedir favores em prol de outros escritores, artistas e acadêmicos que haviam caído em desgraça com autoridades soviéticas. Na semana em que Lênin voltou à Rússia, no fim de 1905, Gorky e sua amante de muito tempo, a atriz Maria Andreyeva, lançaram o primeiro jornal legal bolchevique, *Novaya Jizn* (Nova Vida). Lênin escreveu com regularidade para o jornal, e boa parte de seu melhor jornalismo foi produzida naqueles poucos meses, inclusive destruidor ataque contra "as reformas cosméticas de Nicholasha," conclamação pelo prosseguimento da revolução através da insurreição e peça sobre o motivo pelo qual os bolcheviques deveriam boicotar a "não democrática Duma."[2]

Por vezes, ele aparecia incógnito em São Petersburgo. Fazia seis meses que não falava em público dentro da Rússia que não fosse em reuniões secretas do partido bolchevique. Quando o fez, em 9 de maio de 1906, foi diante da maior audiência de sua vida até então. Com o nome de "Karpov," ele se apresentou para 3 mil pessoas no Palácio São Petersburgo da condessa Sophia Panina, filantropa e anfitriã de um famoso salão "progressista" ninho principalmente de socialistas moderados e liberais. Ele estava "muito excitado e nervoso" quando começou, segundo Nadya. "Ficou calado por cerca de um minuto, terrivelmente pálido, parecendo que todo o seu sangue houvesse fluído para o coração." Não obstante, quando se lançou em feroz ataque contra os "burgueses Kadets" (coalizão de centro-direita de democratas-constitucionais) e contra a "fictícia Duma", logo "a excitação do orador começou a influir na plateia." Enquanto falava, espalhou-se pelo salão de bailes da condessa o rumor de que "Karpov" era na verdade o bolchevique Lênin, e ele recebeu verdadeira ovação. Imediatamente depois, preocupado com a segurança, Lênin deixou a capital e rumou de volta para a Finlândia.[3]

Ele fez algumas visitas, disfarçado, para ver a mãe, que morava em pequena vila nas cercanias de São Petersburgo. No fim de julho, Lênin e Nadya passaram longo fim de semana com Maria Alexandrovna e suas irmãs em Sablino, próximo à cidade, onde havia um lago e uma cachoeira notável. "Volodya nadou e sentamo-nos debaixo de uma árvore para conversar e comer," disse Anna. "A intenção do casal era passar toda a semana conosco, porém Lênin considerou tão interessantes os jornais na segunda-feira de manhã que ele e Nadya fizeram as malas e foram embora."

O Czar jamais teve o intuito de fazer as concessões, pois, como disse, "elas foram artificialmente forçadas sobre minha pessoa." Greves e manifestações continuaram – como também assassinatos de funcionários perpetrados por socialistas revolucionários. Foram em torno de 2.500 deles nos dois anos que se seguiram ao Manifesto de Outubro.* O regime tomou medidas extremas para suprimir os tumultos numa ocasião em que o funcionalismo civil pleiteava introduzir no governo algo parecido com ordem parlamentar. Nos sete meses entre o manifesto e a abertura da Duma, mais de 15 mil pessoas foram mortas, pelo menos 75 mil foram presas e cerca de 45 mil exiladas na Sibéria, apesar de os números oficiais contabilizarem aproximadamente 1.200 mortes. "O terror tem de ser combatido pelo terror," asseverou Nicolau.

O Czar exonerou o conde Witte, primeiro-ministro liberal que o havia convencido a assinar o Manifesto de Outubro, culpando-o pela persistente confusão. Witte foi substituído por Pyotr Stolypin, inteligente e hábil administrador, que coordenou e concatenou as primeiras reformas sérias em gerações – introduziu planos radicais para estender a propriedade privada de terras entre os camponeses – com severas medidas policiais contra os "encrenqueiros radicais." Milhares foram enforcados com "a gravata de Stolypin," como ficou conhecida, após "julgamentos externos" realizados ao ar livre que os condenaram à morte sem qualquer processo devido. Incontáveis pessoas foram enviadas ao exílio nos "vagões de Stolypin." Vilarejos inteiros foram completamente arrasados – "o Czar entrou em guerra contra seu povo" – como, contrariado, se expressou Witte. "Trata-se de imensa bacanal de prisões, revistas, incursões," disse Stalin, que

*Lênin não fazia fé nos assassinatos individuais e na seleção de determinados funcionários do regime para execução; argumentava que se tratava de formas de "combate singular." Não os condenava por princípio, e sim pela ausência de resultados: "Eles ajudam na consecução de nossos desejados interesses – ou, ao contrário, nos desviam deles?" Os bolcheviques foram responsáveis por muito poucos assassinatos, embora alguns servidores tivessem sido mortos em manifestações que se transformaram em revoltas.

bem entendia do assunto. O ministro do Interior, Pyotr Durnovo, disse aos governadores de províncias: "Apenas prisões não atingirão nosso objetivo. É impossível julgar centenas de milhares de pessoas. Proponho atirar nos revoltosos e, em caso de resistência, incendiar suas casas."

Levantes nacionalistas nas Repúblicas Bálticas, no Cáucaso e na Ucrânia foram brutalmente reprimidos. Houve muitos exemplos do Czar incitando reações sangrentas, das quais até seus militares ousaram discordar. O general Vladimir Bekman reportou em 14 de dezembro de 1905 que decidira contra a redução a cinzas da cidade de Tukums, na Letônia, como houve em outras regiões bálticas. Os habitantes garantiram ao general que haviam expulsado os rebeldes e entregariam a ele todas as armas que possuíam. Como também se encontrava com escassa munição, o general Bekman ordenou aos seus homens que não atacassem. Os residentes o saudaram com a habitual "recepção de pão e sal," e lhe repassaram 62 fuzis e 55 revólveres. O Czar leu o relatório, sublinhou as explicações do general e escreveu à margem: "Isso não é justificativa. A cidade deve ser destruída." Quando o Czar recebeu relatos adicionais sobre expedições punitivas naquele inverno, disse aos cortesãos "*Cela me chatouille*" (Isso é o que me agrada).*[4]

Anos antes de os fascistas de Mussolini e Hitler terem suas batalhas pelas ruas contra oponentes depois da Primeira Guerra Mundial, Nicolau já encorajava grupos de nacionalistas extremados a apoiá-lo contra democratas, liberais e socialistas. Ele era um entusiasmado adepto da recém-criada União do Povo Russo, que se congregou em torno de "Czar, Fé e Pátria." Convidava os líderes da organização ao seu palácio em Tsarskoe Selo, usava sua insígnia nos uniformes e subsidiava seu jornal. Por volta de 1906, a União

*A despeito da brutalidade gratuita "daqueles anos de reação," alguns prisioneiros foram excepcionalmente bem tratados, O mais famoso dos prisioneiros políticos era Trotsky, preso depois que o Soviete de S. Petersburgo foi desarticulado em 1906. Encarcerado na Fortaleza Pedro e Paulo, famosa por ser a mais rigorosa masmorra do Império Russo. No entanto, mais tarde, Trotsky confessou que o tratamento fora bem leniente, "As celas não eram trancadas durante o dia e podíamos passear juntos lá fora. Por horas, em certas ocasiões, podíamos até brincar de pular carniça. Minha mulher me visitava duas vezes por semana. Os funcionários de serviço faziam vista grossa para nossas trocas de cartas e de manuscritos. Um deles, homem de meia idade, era particularmente benévolo conosco. A pedido dele, presenteei-o com um exemplar de meu livro e minha foto com dedicatória – "Minhas filhas são todas universitárias," segredou-me ele quando lhe entreguei o livro. Encontrei-o mais tarde [depois da revolução]." Trostsky conseguiu escrever a maior parte de sua história sobre o Soviete de S. Petersburgo na prisão, e quando foi libertado "sentiu uma ponta de remorso."

tinha cerca de 300 mil membros, cerca de cem vezes mais que os bolcheviques de Lênin.

Se, àquela altura, Nicolau professava alguma ideologia era o antissemitismo, comum e inoportuno incômodo em todo o Império Russo. Mas o ódio do Czar aos judeus era figadal, imperial em seus propósito e amplitude – ia das casuais observações em um jantar ao incitamento de pogroms em escala total. Era ódio mais profundo do que o possuído por um típico aristocrata europeu daqueles tempos, e ele se utilizava do antissemitismo como maneira de unir os "legalistas" ao trono. Achava hilário, como disse à sua mãe, quando "um cortesão nos divertia com engraçadas piadas de judeus – e era muito bom em imitá-los, fazendo até com que seu rosto, de repente, parecesse o de um hebreu." Nicolau definiu certo jornal como "lugar onde alguns judeus ou outros tomam assento (...) para executar seus negócios de instigar paixões de pessoas umas contra as outras."

Em 1905-6, mais de 3 mil judeus foram massacrados em pogroms dos Estados Bálticos à Crimeia. A maioria perpetrada por extremistas que se autodenominavam as Centenas Pretas, braço armado da União do Povo Russo. As autoridades não organizaram os pogroms, mas nada fizeram para impedi-los. O pior pogrom foi o de Odessa, nos dias imediatamente posteriores ao Manifesto de Outubro. Mais de oitocentos judeus foram mortos, 5 mil feridos e aproximadamente 100 mil ficaram sem teto por terem suas residências incendiadas.* Poucos dias depois da carnificina de Odessa, o Czar enviou telegrama a Alexander Dubrovin, líder das Centenas Pretas. "Que você seja meu confiável pilar, servindo a tudo e a todos como exemplo de legalidade e de rosto da ordem cívica."

Como de praxe entre os antissemitas, o Czar culpou os próprios judeus pelos pogroms. Escreveu à sua mãe em 27 de outubro: "A situação na Rússia ainda está muito difícil e séria. Nos primeiros dias que se seguiram ao Manifesto, os maus elementos da população levantaram suas cabeças alto demais, todavia rápida e forte reação foi executada e toda a massa de leais súditos se fez presente. O resultado foi compreensível e o que se podia esperar.

*Um inquérito ordenado por Witte, em um de seus últimos atos como primeiro-ministro, concluiu que a polícia armou e supriu a multidão com armas e vodca e ajudou os criminosos Cem Negros a localizar os judeus. A gráfica do QG da polícia produziu panfletos antissemitas. "Os judeus tentam destruir a Rússia (...) matar gente do povo. Tratem de cortá-los em pedaços." Quando Witte responsabilizou o chefe de polícia e tentou indiciá-lo e julgá-lo, o Czar interveio em seu favor.

O povo está indignado com a audácia e insolência dos revolucionários e socialistas, e como nove décimos deles são judeus, todo o ódio vem sendo dirigido contra estes. Daí os pogroms contra os judeus. Surpreende como esses pogroms ocorreram com unidade de propósito e simultaneamente em todas as cidades da Rússia e da Sibéria. Na Inglaterra, naturalmente, escreve-se que essas desordens foram organizadas pela polícia. Mas isso é (...) fábula. Não só judeus sofreram – mas também engenheiros, advogados e todos os tipos de gente. O que aconteceu em Tomsk, Simferopol, Tver e Odessa mostra claramente o que pode ocorrer num surto de fúria – as casas dos revolucionários foram cercadas e incendiadas. Os que não foram queimados vivos foram mortos ao fugir. Recebi tocantes telegramas de todos os cantos parabenizando-me pela graça da liberdade, bem como com declarações patentes de que eles desejam a preservação da autocracia."[5]

As tropas dos Centenas Pretas voltaram muitas vezes sua atenção para os socialistas. Muitos foram espancados em brigas de rua semelhantes àquelas efetuados pelos Camisas Marrons názis durante os anos 1920.

Como sempre, onde havia violência, Lênin *não* estava. Mais uma vez, sua coragem pessoal foi questionada. No círculo de seus confidentes e entre a liderança do partido era um axioma que ele era revolucionário muito importante para arriscar sua segurança. Porém outros foram mais críticos. "Ele nunca foi para as ruas combater nas barricadas, ou se postar na linha de frente," observou Valentinov. "Não ele, mas sim gente mais humilde precisou fazê-lo. (...) Lênin sempre escapuliu das reuniões de *émigrés* que ameaçaram virar brigas. Seu papel era 'ir embora enquanto as coisas corriam bem' – para usar suas próprias palavras – ou seja, enquanto elas não descambavam. Durante sua estada em S. Petersburgo em 1905-6, ele exagerou tanto o perigo que corria e chegou a tais extremos em sua ansiedade por autopreservação que éramos propensos a nos perguntar se ele não era simplesmente desprovido de bravura pessoal."

Tatiana Alexinsky, esposa de um dos bolcheviques mais antigos em São Petersburgo, ficou profundamente desapontada quando viu Lênin fugir de uma manifestação pacífica que foi subitamente atacada pela cavalaria czarista e por um grupo dos Centenas Pretas num dos subúrbios da cidade no verão de 1906. "Não gosto nem de me lembrar. Para mim, Lênin era herói legendário (...) um revolucionário sem medo ou mancha. Não quando visto de perto. (...) Não foi sua aparência que me causou má impressão (...) mas seu comportamento na manifestação. Quando alguém na multidão, ao avistar alguns cavalarianos, berrou 'Cossacos!' Lênin foi o primeiro a correr. Saltou sobre uma barreira. O boné caiu-lhe da cabeça, revelando sua calva suando e brilhando. Caiu, levantou-se e continuou correndo. Fiquei com uma sensação estranha. Entendi que nada mais havia a fazer para nós (...) mas ainda ele era o líder..."[6]

19

"Expropriem os expropriadores"

"Sim, roubamos. Mas roubamos o que já foi roubado."
Lênin, Londres, maio de 1907

LÊNIN: *"Para tomar o poder valem quaisquer meios."*
ANGELICA BALABANOVA: *"O quê? (...) Mesmo os desonestos?"*
LÊNIN: *"Tudo o que for feito no interesse da causa do proletariado é honesto."*
Conversa em Londres, maio de 1907

ENQUANTO ALGUNS CRÍTICOS ACUSAVAM LÊNIN DE COVARDIA em face do inimigo, outros revolucionários o rotulavam de "ladrão," um pouco melhor que "gatuno" ou "gângster." Se existiam sérias diferenças políticas ou questões de princípios entre bolcheviques e mencheviques, havia também vasta quantidade de desacordos muito mais agudos referentes à tática.

O partido não podia viver exclusivamente das doações de magnatas milionários – oligarcas russos de épocas passadas – para financiar a revolução. Deveria ser encontrado dinheiro de outras fontes, e Lênin montou o que, na realidade, era verdadeira gangue criminosa para confiscar em nome do partido, talvez o modelo original da máfia russa. Ele não ordenava diretamente qualquer incursão, mas as denominava, fazendo eco para Marx, "expropriações," entretanto fosse qual fosse o eufemismo por ele usado, tratava-se de banditismo. Lênin designou Leonid Krasin chefe do "comitê técnico." Krasin nomeou "operador-chefe" seu braço direito Stalin, que planejou e participou de diversas "operações," todas dentro do Império Russo. Diversas gangues que eles organizaram assaltaram bancos, roubaram grande quantia em dinheiro vivo e barras de ouro de um barco a vapor de Nicolau I atracado no cais de Baku e atacaram agências de correios e bilheterias de ferrovias estatais. Krasin montou operação importante para imprimir cédulas falsas de dinheiro em gráfica clandestina, porém não conseguiu encontrar falsificador suficientemente competente.

Martov, Plekhanov e os mencheviques ficaram horrorizados e "não desejaram ter ligação alguma com os atos criminosos – por óbvias razões morais e práticas. Eles poderiam repercutir muito mal para todos nós. Não desejávamos ser vistos como ladrões." Lênin teimou. Disse a Martov: "Não se faz revolução com luvas de pelica."[1]

A disputa chegou ao ápice durante o 5º Congresso do Partido, na primavera de 1907, de novo em Londres. A princípio, deveria ter lugar em Copenhague, mas as autoridades dinamarquesas, depois de permissão inicial, mudaram a decisão e baniram o congresso da Dinamarca quando a maioria dos trezentos delegados já havia chegado ao país. Ele teve de ser rapidamente transferido para Londres e foi mal-humorado desde o começo. "As reuniões foram deliberadamente prolongadas, ardorosas, lotadas de gente e caóticas," disse Trotsky. Angelica Balavanova, *émigré* muito considerada por Lênin e que mais tarde chefiaria a Internacional Socialista, julgou o ambiente desgastante e deprimente "devido a todo aquele absorvente e fanático espírito de facciosismo."

Lênin havia solicitado o comparecimento de Gorky ao congresso como convidado especial, e quando os dois se encontraram na véspera da primeira sessão, em 1º de maio, ele disse ao autor: "Oh! Estou tão feliz por você conseguir vir. Ouvi dizer que você gosta de presenciar uma boa e ferrenha discussão. Teremos grandes brigas por aqui." E tinha razão.* Os debates foram ásperos e cheios de farpas como o tinham sido no congresso de quatro anos antes, na mesma Londres, quando o partido se cindiu. Diversas vezes as reuniões tiveram que ser suspensas porque mencheviques e bolcheviques ameaçaram partir para o desforço físico. Alguns delegados apenas se levantaram e foram embora, como fez Gorky após uns poucos dias, queixando-se de que "o ambiente festivo do início logo azedou (...) a fúria das disputas esfriou meu entusiasmo."

A questão mais divisiva foi a das "expropriações" de Lênin, que Martov chamou de "os roubos de Vladimir Ilyich (...) com a finalidade de levantar dinheiro só para os bolcheviques e o empregar contra nós." Lênin foi irrisório na réplica: "Quando vejo social-democratas declarando orgulhosa e presumidamente 'Não somos anarquistas; não somos bandidos ou ladrões, estamos acima disso tudo,' pergunto-me o que essa gente está realmente dizendo?" Desafiou-os perguntando o que estavam dispostos a fazer pela revolução. "Grupos de *partisans* e 'grupos de combate' devem ter liberdade de ação, (...) porém com o mínimo de risco para os cidadãos comuns e o máximo de danos para

*Lênin se preocupou para que tudo ficasse "na medida" para Gorky em Londres. Reservou suíte para o escritor e Maria Andreyeva no Imperial Hotel em Bloomsbury. Quando o casal se registrou no hotel, Lênin acompanhou os convidados até o quarto, inspecionou tudo minuciosamente e achou que os lençóis estavam úmidos. Instruiu a gerência do hotel a colocar os lençóis perto do aquecedor a gás. "Eles precisam receber ar para secar. Não podemos ter os hóspedes resfriados e tossindo."

a segurança pessoal de espiões, polícia, tropas, marinha e por aí vai, por aí vai (...) autoridades de modo geral."

Lênin saiu-se com argumentos enrolados e contraditórios para justificar os roubos. Em determinada altura, Maxim Litvinov, entre os mais inteligentes dos primeiros bolcheviques e invariavelmente fiel seguidor de Lênin, perguntou-lhe: "Starik, você sempre pregou o direito de 'expropriar os expropriadores.' Diga-me então, se você se encontrasse com Rothschild na rua carregando uma pesada pasta, você mesmo o roubaria, o ameaçaria com um revólver e pegaria a pasta?" Lênin riu e retorquiu: "Acho que não. Mas se chegarmos ao poder, não hesitarei em ordenar a nacionalização dos bancos Rothschild e de suas propriedades. Mas isso terá que ser feito legalmente (...) pelo povo vitorioso e seu governo. Enquanto existir estado – estado proletário inclusive – o império da lei tem que existir ou tudo desmoronará, e os espíritos mais primitivos ficarão à solta." Palavras proféticas.[2]

No lado de fora do salão de reuniões, o congresso recebeu a mais atenta cobertura de Fleet Street jamais conhecida pelos revolucionários russos. O *Daily Mail* tachou os emigrantes de "ameaça alienígena (...) anônimo exército da Rússia" e chamou o encontro de "o Congresso dos Indesejáveis." O jornal calculou com razoável exatidão, como se viu depois, que, somadas, os delegados haviam servido penas que superavam 650 anos de prisões, campos de trabalhos forçados e exílios na Sibéria. O *Daily Mirror* descreveu a chegada de uma delegada como "princesa (...) que tinha assassinado diversos governadores provinciais na Rússia e sempre carregava uma bomba no seu regalo para as mãos." Fotógrafos enlouqueceram por boas fotos, pois os delegados se apresentaram disfarçados com barbas postiças e outros expedientes, e alguns escondiam os rostos. Um repórter que inocentemente perguntou pela razão dos disfarces recebeu de um bolchevique a seguinte resposta: "A polícia russa tem ouvidos compridos e, você sabe, em algum momento teremos que regressar à Rússia." Apesar disso, os pretensamente incógnitos continuaram chegando diariamente durante quase todas as duas semanas do congresso, a maior parte do qual teve lugar no Anarchist Club da Jubilee Street.*

* A polícia inglesa vigiou atentamente as idas e vindas dos delegados. Diversos *bobbies* ficaram de guarda no lado de fora do prédio e detetives à paisana observavam as ruas próximas. Em certo momento, o príncipe anarquista Kropotkin, convidado como observador pela liderança bolchevique, reconheceu Edwin Woodhall, detetive que durante os anos de exílio do príncipe em Londres fora designado para segui-lo. Os dois tinham se tornado amigos, e o príncipe apresentou o policial a Lênin dizendo: "Este é o líder bolchevique, o homem que todos vieram aqui para conhecer."

O problema principal foi encontrar acomodações de última hora para tantos delegados. Alguns foram obrigados a ficar num albergue em East End, partilhando apinhados dormitórios com bêbados, errantes, criminosos e gente destituída. Litvinov e Stalin ficaram assim alojados por dois dias – a seis *pennies* por noite, num cubículo com colchão sobre tábuas – até que encontraram lugar mais saudável. Foi uma experiência para não ser esquecida.

A mudança para Londres ficou tão cara que o congresso quase teve que terminar mais cedo por falta de recursos financeiros. Alguns ricos social-democratas que simpatizavam com a causa sugeriram que os líderes do partido promovessem jantar de captação de fundos para industriais filantropos e banqueiros no estúdio de Chelsea do pintor de retratos, então na moda, Felix Moscheles. Lênin detestou a própria ideia da noitada, que ocorreu no domingo, 13 de maio, mas descreveu a ocasião como "quase insuportável (...) um evento sem sentido". Nem ele nem Gorky tinham roupas adequadas para a noite, mas conseguiram ficar mais ou menos apresentáveis. Plekhanov, como sempre, estava impecavelmente trajado. Lênin ficou sentado a noite toda entre dois milionários, mal escondendo seu desconforto e sua raiva. O inglês do bolchevique era canhestro e, segundo membros da audiência, por vezes difícil de entender. Então resolveu falar em russo. Disse "aos burgueses e capitalistas" que lá estavam que eles eram seus "inimigos de classe," entretanto deveriam bem receber e "apoiar nossa revolução na Rússia contra o czarismo," sem levar em conta autointeresses ou altruísmo – "vocês ficarão em condições de exportar mais bens para uma Rússia preparada e livre."

A maior parte dos bolcheviques presentes, alguns corretamente vestidos para a noite, impressionou os prósperos convivas britânicos como "animais selvagens num jardim zoológico." Porém uma delas ficou altamente impressionada com Lênin. Constance Garnett, a brilhante e bem-relacionada tradutora de Chekhov, Turgenev, Tolstoy e Dostoyevsky, entre outros, lembrou-se mais tarde que achou o líder bolchevique, de fato, "um homem de caráter tremendamente forte, enquanto os outros russos no jantar e no congresso "não passavam de um bando de farsantes hipócritas." Em termos de dinheiro,* o jantar

*Lênin organizou encontros sociais mais agradáveis fora do contexto do congresso. Levou delegados a alguns de seus locais preferidos em Londres: o Speakers's Corner, onde os russos ficaram espantados com o fato de um britânico poder ficar de pé e dizer em público mais ou menos o que desejasse; o túmulo de Marx no Cemitério de Highgate; e o British Museum, onde mostrou-lhes as Elgin Marbles (mármores do sétimo Conde Elgin) – "Olhem bem para elas (...) é claro que o museu é um tesouro de riqueza colossal saqueada pela Inglaterra."

não rendeu quase nada, e Lênin jurou nunca mais se rebaixar de novo para pedir dinheiro a capitalistas – juramento que ocasionalmente iria quebrar nos anos seguintes.

O fracasso do jantar significou que Lênin teve de achar dinheiro alhures para bancar os crescentes custos do congresso e levantar mais ainda para o retorno dos delegados à Rússia. O SDLP alemão cedeu 300 libras, porém surgiu um beneficente inesperado. O magnata do sabão e filantropo, americano nascido na Alemanha, Joseph Fels, que vivera em Londres na maior parte dos anos 1900, ofereceu ajuda, mas desejou ver o congresso em ação antes de desembolsar a vultosa quantia de £1.700 para desafogar o RSDLP. Ele não era socialista de maneira nenhuma, mas ficara muito impressionado ao ouvir e ver Lênin falar – "este homem tem futuro na Rússia," declarou – e concordou em emprestar o dinheiro ao partido. Lênin deu a Fels sua garantia pessoal de que a quantia seria devolvida.*

A mais dramática das "expropriações" foi a arquitetada por Stalin em julho de 1907, poucas semanas depois que o Congresso de Londres as havia expressamente proibido e Lênin prometera que não mais as sancionaria. Grande remessa de dinheiro vivo em diligência de um banco foi assaltada em plena luz do dia no centro da capital georgiana de Tiflis (hoje Tbilisi). O plano foi de Stalin, e ele ficou nos bastidores apreciando enquanto sua equipe, liderada pelo bandido bolchevique Kamo (nome real Simon Arshaki Ter-Petrosian), se apossava do dinheiro destinado ao Banco Estatal Russo, no centro da cidade. Cinquenta passantes inocentes foram mortos pelas explosões de bombas e por ferimentos de disparos, e aproximadamente mais cinquenta ficaram gravemente feridos. Foi, de longe, o maior roubo inspirado por bolcheviques e causou grande comoção internacional e dentro dos partidos revolucionários de toda a Europa; entretanto foi dos menos lucrativos. No cômputo final o custo foi muito alto. O banco estatal jamais calculou a quantia certa que foi roubada. A estimativa foi de entre 250 mil e 340 mil rublos – soma enorme àquele tempo: a última suposição foi de 4 milhões de dólares, em valores de 2016. O problema foi que o dinheiro vivo estava em notas de alto valor, que eram especialmente marcadas, ou seus números de séries conhecidos pela polícia.

Lênin distanciou-se publicamente de qualquer ligação com o assalto. Mas, em particular, conhecia tudo sobre ele, mesmo antes

*E foi – depois da revolução. Fels faleceu em 1914, mas no início de 1918 Krasin foi a Londres como representante de Lênin e, entre outras obrigações, devolveu as 1.700 libras, mais juros de dez anos, aos herdeiros de Fels.

de ocorrido, e o aprovara. Como era normal em todas as "expropriações" anteriores, Stalin repassou parte do dinheiro roubado ao próprio Lênin, e ele ainda recebeu de Kamo outra parcela do crime em Genebra – e foi o líder bolchevique que propôs que membros leais do partido fossem usados para descontar as notas de grandes valores em diversas cidades europeias. Mas o plano transformou-se em espetacular tiro pela culatra: as notas foram rastreadas pela polícia e, em poucas semanas, uma dezena de militantes do partido foi presa, inclusive Kamo.*

Menos sangrento, porém também sujo e moralmente duvidoso, foi o caso Schmidt. Lênin formulou um plano para burlar e roubar a herança de duas jovens mocinhas – e, com muita certeza, deixá-las profundamente desoladas e desorientadas. Essa foi uma história que revelou um Lênin absolutamente inescrupuloso. Apesar de, no plano pessoal, ele ser um pilar de retidão e nada ganancioso nas questões financeiras, no plano político ele se dispunha a mentir, roubar, iludir e até matar por dinheiro para fazer avançar os interesses bolcheviques: "Tudo o que for feito no interesse da causa do proletariado é honesto," disse a Angelica Balabanova.

O mais generoso dos financiadores de Lênin, o milionário Savva Morozov, sofria constantemente de doença depressiva e suicidou-se em maio de 1905. Embora tivesse deixado para o RSDLP considerável legado escrito em seu testamento, Lênin ficou de olho em parcela ainda maior de toda a fortuna do magnata. Morozov deixou a maior parte de seu dinheiro para o sobrinho, Nikolai Pavlovich Schmidt, cuja família era dona de uma lucrativa e próspera fábrica de pianos em Moscou. Schmidt também tinha muito dinheiro próprio: seu pai falecera em 1902, e o filho se tornara adulto e em condições de idade de desfrutar da herança em 1904, quando fez 21anos. Ele igualmente apoiava os social-democratas, embora não especificamente os bolcheviques.

*Kamo, georgiano como Stalin, era figura muito exibida e frequentemente aparecia até em tradicionais cidades suíças usando trajes circassianos e brandindo armas portáteis e sabres. Estranhamente, a mãe de Nadya – radical extremada e sedenta de sangue – simpatizou com Kamo. Ele costumava contar-lhe histórias sobre suas dramáticas fugas no Cáucaso, enquanto limpava seus revólveres. Kamo foi preso em Berlim tentando trocar uma das notas de grande valor do roubo. Evitou a condenação alegando insanidade. Escapou do hospício penal, retornou à Rússia, mas foi preso novamente e sentenciado à morte, pena mais tarde comutada para prisão perpétua. Libertado depois da Revolução Russa, chefiou uma gangue de bandidos durante a Guerra Civil contra os Brancos, no entanto recebeu depois tarefas insignificantes na Geórgia. Lênin considerava-o instável demais para missões importantes no partido ou no estado. Kamo morreu em misterioso acidente de carro em 1922. A suspeita foi de que Stalin ordenou que o matassem.

Schmidt foi preso no fim de 1905 por "ajudar os insurgentes" de sua fábrica. Foi mantido acordado por oito dias, enfrentou prolongado interrogatório e foi ameaçado de execução sumária. Confessou todos os tipos de atividades revolucionárias, muitas das quais nem sabia do que se tratava, foi jogado numa minúscula cela da horrenda Prisão Butyrka, em Moscou, e era regularmente espancado pelos guardas. Sua família queixou-se contra o tratamento que lhe era dispensado, mas foi ignorada. Em 12 de fevereiro de 1907, ele escreveu para uma de suas irmãs dizendo que "passara noite terrível e temia pelo que acontecesse na próxima." Foi encontrado morto logo na manhã seguinte. Tinha dois ferimentos profundos no pescoço, cortes nas mãos e cicatrizes ainda sangrando por todo o rosto. As autoridades da prisão insistiram no suicídio pelo corte da garganta com os cacos de vidro da janela da cela que o prisioneiro quebrara. Todavia, a família estava convencida de que ele fora assassinado. Fosse o que fosse, as circunstâncias da morte e a idade de 22 anos eram suspeitas.

Quando Lênin soube que o jovem homem havia morrido, percebeu uma oportunidade. Sabia que Schmidt tinha duas irmãs: Ekaterina de 19 anos, e Elizaveta, de 17, que também demonstravam interesse pela política revolucionária. Elas, portanto, eram as herdeiras – e altamente atraentes "minas" para um minerador de ouro com motivações indignas. Lênin recrutou dois ativistas bonitões do partido para seduzirem e casarem com as mocinhas que, tomadas pelo romance e pela excitação de ajudarem a revolução, acabariam doando suas fortunas para os bolcheviques.

No início, o plano correu muito bem: Ekaterina Schmidt apaixonou-se pelo vistoso e sedutor Nikolai Andrikanis; a irmã mais moça, Elizaveta, tomou-se de amores pelo belo, porém dominador e sinistro intimidador, Viktor Taratuta.* Houve um casamento duplo em Moscou com lista de convidados que abrangia a alta sociedade e a elite radical. Surgiu então o problema: o curso do amor genuíno não foi suave.

Andrikanis e esposa tiveram outra ideia quanto a entregar o dinheiro a Lênin. Doaram pequena quantia ao partido, mas partiram para Paris e, mais tarde, se instalaram no Sul da França, levando a dinheirama com eles. Lênin esbravejou contra a "grande traição", mas não pôde fazer quase nada.[3]

Taratuta cumpriu o trato. Mesmo que Elizaveta fosse menor de idade e o arranjo não fosse estritamente legal, ela concordou em doar

*Existia também um irmão mais novo de Schmidt, menor de apenas 15 anos. A ideia era de que ele seria "persuadido" pelas irmãs mais velhas a renunciar à sua herança em favor dos bolcheviques.

a parte de sua herança aos social-democratas. Mais tarde, em Paris, o casal abriu mão da fortuna diretamente para Lênin, que assinou recibo e fez declaração jurídica – "Recebi de Ekaterina Schmidt duzentos e setenta mil novecentos e oitenta e quatro francos," quantia que em 2016 equivaleria a cerca de 2 milhões de dólares americanos."[4]

Nadya ficou horrorizada com o esquema e enojada com Taratuta, dizendo que ele lhe causava calafrios. Lênin, como sempre, simplesmente viu todo o caso pelo lado utilitário. Disse aos camaradas que, pessoalmente, toda a ideia lhe era revoltante e que ele próprio não seria capaz de consumá-la – se bem que sua consciência não o tivesse impedido de arquitetar o plano. Disse também que ficou admirado com a "vanglória e ousadia impudente" de Taratuta. "Ele é tão bom que seus escrúpulos não o detêm diante de nada," disse Lênin a um camarada de muito tempo. "Diga-me, você daria em cima de uma rica dama negociante por causa de seu dinheiro? Não. Nem eu. Eu não teria controle suficiente. Mas Viktor [Taratuta] teria. (...) E isso é que o torna pessoa insubstituível." Referindo-se a Taratuta, ele disse mais tarde, "um canalha pode ser o que precisamos, apenas por ser canalha."*[5]

Mas isso não foi o fim da saga da herança de Schmidt. Martov e os mencheviques pleitearam parte da fortuna – com alguma justificativa já que a quantia fora doada ao Partido Social Democrata e não aos bolcheviques, e o partido ainda era, tecnicamente, uma estrutura coesa. "Por que deveremos ser burlados por Lênin, o cafetão, e seu assecla Taratuta?" – demandou um de seus líderes. Lênin tentou manter todo o dinheiro com os bolcheviques, porém a rixa foi se tornando cada vez mais ácida – mas, na disputa que rachava o RSDLP, ao menos isso agora era algo sólido e substancial para se brigar, e não mera disputa pessoal. No fim, Lênin concordou em deixar que um grupo de três nomes respeitados do Partido Social Democrata alemão arbitrasse a questão: os célebres pensadores marxistas Karl Kautsky e Fritz Mehring e a organizadora política Clara Zetkin. Lênin recebeu ordem para repassar o dinheiro para o triunvirato, embora ele tenha tomado a precaução de ficar com soma de vulto para uso exclusivo dos bolcheviques.

No decorrer de anos posteriores, à sua infatigável e cansativa maneira, Lênin infernizou os curadores para que liberassem mais

*Lênin frequentemente citava uma passagem de Gogol no *Inspetor Geral* para justificar o emprego de desonestos, enganadores, assassinos e crápulas cruéis: "Uma boa dona de caso aproveita até o lixo."

fundos para ele, escrevendo inúmeras cartas e, a certa altura, contratando um caríssimo advogado de Paris. Exasperado, Kautsky não aguentou a brigalhada e se demitiu como curador. "Meu trabalho vem sofrendo com a perda de tempo e energia despendidos nessa interminável matéria," disse a Lênin. A querela nunca foi satisfatoriamente resolvida. A guerra interveio, e o dinheiro não pôde ser desembolsado; depois da revolução, os fundos não foram mais tão necessários.[6]

Fazer a revolução não era negócio barato e, enquanto no exílio, Lênin sempre precisou de dinheiro. Ele controlava pessoalmente as finanças dos bolcheviques e, cheio de segredos como sempre foi, não dizia a ninguém quanto era gasto, nem para Nadya. Examinava minuciosamente os livros-caixa e contabilizava cada despesa em obsessivos detalhes até o último copeque. Na Suíça, por exemplo, pagou "salários" ao partido de duzentos a seiscentos francos por mês a aproximadamente uma dúzia de líderes bolcheviques, do seu círculo mais chegado e dependendo de circunstâncias pessoais. Não se tratava de quantias extravagantes, porém úteis para que as famílias dos "assalariados" sobrevivessem. Tirava 350 francos ao mês para si mesmo – aproximadamente, afirmava, o que ganhava um operário qualificado na Europa Ocidental. Além disso, havia as subvenções regulares por parte de sua mãe, que também ajudava Maria e, até ele poder se sustentar como médico, seu irmão mais moço Dmitry. Lênin nunca foi rico nem viveu com ostentação. Tampouco foi pobre. Ganhava muito pouco com seus esforços jornalísticos e literários. No entanto, de algum modo, sempre conseguiu dinheiro quando quis para suas viagens nas férias regulares, e viagens a serviço para palestras, pesquisas e para frequentar reuniões socialistas por toda a Europa. Mesmo chegando aos quarenta anos ainda recebia mesada da mãe. Muitos *émigrés* viviam em dolorosa pobreza. Mas como Nadya disse à sua secretária quase no fim da vida, o casal não estava entre esses desvalidos exilados. "Eles agora escrevem sobre nossas vidas como se sempre estivéssemos na penúria. Não é verdade. Nunca nos faltou pão (...) existiram *émigrés* sem renda alguma por dois ou três anos e sem receber qualquer dinheiro da Rússia. Estes realmente sofreram de fome. Mas nós não. Contudo, de fato, vivíamos com simplicidade."

Lênin retornou do Congresso de Londres para a Finlândia, no início de 1907, padecendo de exaustão e sofrendo dores de cabeça que chegavam a cegá-lo, insônia debilitante e irritabilidade.

As "raivas" o assaltavam regularmente e quase sempre surgiam do nada. "Os tremendos gastos de energias demandados pelas campanhas que Lênin empreendeu, nelas mergulhando de cabeça e exigindo sem cessar que os outros também se dedicassem, o deixavam prostrado e com as forças drenadas," asseverou um camarada de seu círculo íntimo. "A máquina de sua vontade recusava-se a trabalhar além de determinado estágio de tensão frenética. (...) Seguindo-se a um ataque de raiva, sua energia começava a diminuir e instalava-se uma reação: embotamento, fraqueza, fadiga, e ele precisava ir para a cama. Não podia comer nem dormir. Dores de cabeça o atormentavam. Sua face tornava-se pálida, os olhos perdiam o brilho.(...) Nesse estado, ele ficava irreconhecível. (...) Então, o mais importante era não ver ninguém, não falar com ninguém." Gorky o viu numa dessas situações de destempero e teve medo dele: "Pareceu-me horrível (...) até sua língua, para mim, se tornou cinza."

Nadya reconhecia os sintomas e sabia muito bem o remédio. Levava-o para algum local remoto e tranquilo, para Styrs Udde (Stirsudden) perto do golfo da Finlândia. "Aqui existe floresta de pinheiros, o mar, clima magnífico, em suma, tudo é excelente," escreveu à mãe de Lênin em 28 de junho. "Estamos nadando, andando de bicicleta, Volodya joga xadrez, vai buscar água e, em certa ocasião, pegou gosto pelo jogo inglês Donkey [jogado com baralho]. Estamos ficando tão gordos que já não é decente nos apresentarmos em público," escreveu poucos dias depois. Lênin passava horas simplesmente olhando sobre a água do mar para um farol distante, sem dizer ou fazer nada. "Caía no sono com frequência. Quando entrava na floresta, ficava sentado debaixo de um abeto e adormecia de imediato. As crianças da vizinhança já o apelidaram de 'cabeça de sono.'" Ele disse à mãe e à irmã Maria: "O descanso que consigo é maravilhoso, o melhor em anos. Sem gente perturbando e nada a fazer. Longe de gente e nada para fazer é o melhor para mim."

Mas não tardou a que voltasse para a estrada, como representante bolchevique no Congresso da Internacional Socialista – organização originalmente fundada por Marx – ocorrido em Stuttgart no começo de agosto. Um dos grandes atributos de Lênin, como registrou Martov, "era agitar congressos" – fazendo lobbies por votos, armando uma bancada, planejando com atenção como um debate deveria ser conduzido, fazendo acordos de bastidores. Martov, inimigo dessas realidades políticas, queria ser crítico com esse seu comentário e o usava para denegrir. Mas ali estava o porquê de Lênin ter vencido e de Martov e os mencheviques, fracassado. Lênin não só usava invectivas com linguajar vulgar ou machucava os adversários até a submissão com impropérios. Ele podia agradar outros delegados, interessar-se por suas vidas e, quando desejava, ouvi-los: "Ele podia inspirar seguidores com seu toque pessoal." Era por vezes pragmático e podia mudar a tática em 180 graus quando fosse do interesse de sua causa – a arte da política que Martov e outros líderes mencheviques consideravam subserviência, mas que era tão essencial para um líder prático. Acima de tudo, sua lógica era persuasiva e "todos ficavam impressionados com o óbvio poder de sua mente." Até a irmã de Martov, Lidia Dan, menchevique comprometida que aprendeu a odiar a política de Lênin, reconheceu seu talento: "Lênin conhecia – e estava convencido de que conhecia – a verdade, e isso lhe dava o direito de não apenas vencer, mas também de fazer com que se agisse como ele desejava, não porque ele o fazia por si mesmo, e sim porque sabia o que era preciso. Lênin tinha essa capacidade de convencer e comandar."[7]

Lênin encarou o Congresso de Stuttgart como crucial porque, acreditava, ele estabeleceria clara linha de ação socialista para a guerra entre potências europeias, convencido que estava de que ela logo eclodiria e que seria, como Marx profetizara, "a crise final do capitalismo." Lênin foi um dos principais atores da "resolução de guerra" em Stuttgart: "Se a guerra ameaça estourar, é dever da classe trabalhadora e de seus representantes fazer todo o esforço para evitá-la. Se ela vier, não obstante tais esforços, é obrigação dos trabalhadores e de seus representantes intervir para provocar fim rápido do conflito armado e para tirar proveito da crise social e econômica bem como apressar a transformação da sociedade capitalista em socialista." Todos os principais partidos de esquerda apoiaram a moção, inclusive o reconhecidamente maior e mais influente – tão grande em afiliações quanto todos os outros partidos europeus socialistas juntos – o SDLP na Alemanha. A mesma resolução foi confirmada duas vezes entre 1907 e 1914, com o apoio dos socialistas alemães. Lênin estava convicto de que, se a guerra chegasse, os socialistas fariam de tudo para convencer as massas – os homens que lutariam – a não participarem.

Duas famosas mulheres alemãs revolucionárias viram Lênin em ação em Stuttgart. Clara Zetkin e Rosa Luxemburg ficaram fascinadas por ele e debateram à exaustão a respeito da sua personalidade e liderança sobre os bolcheviques. Zetkin lembrou-se da conversa um ano mais ou menos depois. "Rosa (...) que possuía olhar artístico para traços psicológicos, apontou-o para mim e disse: 'Dê uma olhada. Esse é Lênin. Observe a cabeça voluntariosa e obstinada, de verdadeiro camponês russo com alguns aspectos levemente asiáticos. Esse homem tentará virar montanhas. Talvez sejamos esmagadas por elas. Mas ele jamais desistirá."[8]

De volta à Finlândia, "a reação apertava o cerco – e indicava durar por anos," disse Nadya. A Segunda Duma foi dissolvida, o que demonstrou o forte apego do regime às reformas parlamentares. Houve nova onda de detenções e execuções, e um alerta foi divulgado para a prisão de Lênin. "Vladimir Ulyanov, conhecido como Lênin (...) escritor sobre assuntos de economia (...) é o mais perigoso e capaz de todos os líderes revolucionários," declarava o pôster de "procurado' pela Okhrana. Em termos técnicos, a Finlândia era parte autônoma do Império Russo, e os dissidentes lá se consideravam seguros. Mas o sentimento não existia mais. Lênin e Nadya buscaram voltar para Genebra.

Nadya e sua mãe podiam viajar livremente de trem e barco a partir de Helsingfors. Elizaveta Krupskaya relutou em partir, mas definhava a olhos vistos, e Nadya disse: "Não podíamos deixá-la sem ideia de quem cuidaria de minha mãe." Afinal, para um homem procurado como Lênin era mais difícil escapar. As duas mulheres com facilidade foram para Estocolmo. No início de dezembro de 1907, Lênin passou à clandestinidade, raspou a barba, sua marca registrada, e assumiu outra falsa identidade – professor Müller, geólogo alemão que estudava depósitos calcários no Sudoeste da Finlândia. Planejou encontrar-se com elas mais tarde na Suécia – entretanto estava prestes a encetar a jornada fisicamente mais árdua de toda a sua vida, através de florestas cobertas de neve e lagos congelados, com a Okhrana nos seus calcanhares.

Os bolcheviques haviam estabelecido uma rota de fuga de Helsingfors planejada pela célula finlandesa do partido, chefiada pelo outrora chefe da operação de contrabando do *Iskra* para a Escandinávia, Vladimir Smirnov. Ela abrangia elaborada série de trens para o porto de Åbo, ex-capital da Finlândia e, de lá, por barco a vapor, através do Báltico, até a Suécia. Entretanto, a polícia tinha conhecimento da rota e mantinha sobre ela vigilância apertada, especificamente quanto a Lênin, e quase chegou a pegá-lo num trem que se aproximava de Åbo. Em determinado ponto, ele teve de saltar do vagão em movimento, lançando sua maleta antes dele e esperando que a nevasca amortecesse sua queda. Teve sorte, porque a neve estava profunda e macia, e também os dois agentes da Okhrana não se dispuseram a arriscar a vida por ele. Lênin estava de posse de endereços seguros do partido em Åbo e caminhou até alcançar a cidade tropeçando por longos dez quilômetros em estrada vicinal coberta pela neve. Chegou, enregelado e faminto, à residência do negociante local Walter Berg, leal bolchevique. "Lênin mal conseguia sentir os pés, então tive que tirar-lhe as botas." Ida, esposa de Berg, deu-lhe leite quente e conhaque, e teve que esfregar álcool em suas mãos e pés para que a circulação do sangue voltasse.[9]

A Okhrana rondava o porto, de modo que outro plano teve que ser formulado com viagem de balsa a partir de Nagu (Nauvo), uma das miríades de ilhas perto do litoral no golfo da Finlândia, onde existia regular *ferryboat* para Estocolmo. Para evitar a polícia secreta era necessário viajar em carroça tracionada por cavalos e mais trinta quilômetros a pé através de terreno traiçoeiro e temperaturas por volta de dez graus Celsius negativos. "Não tem importância; já caminhei distâncias maiores e em piores condições na Sibéria," disse Lênin a trabalhadores que o alertaram sobre os perigos da jornada. Ele estava mais intranquilo com a forma física de seus guias, um fazendeiro local e um marujo de vilarejo perto de Åbo: era Natal e ambos vinham ingerindo grandes quantidades de bebida alcoólica destilada em casa. Lênin se preocupava com o estado etílico dos dois. Os últimos três quilômetros a pé teriam que ser através de estreito congelado e os acompanhantes disseram a Lênin que prestasse muita atenção. Mas não havia caminho de volta, a sorte estava lançada. Foi logo depois do amanhecer do dia do Natal de 1907, quando um vento sibilante e cortante soprava sobre os três, que eles pisaram no gelo. Uma lenda na Finlândia, que correu por muitos anos seguintes, conta que um dos guias, o marinheiro Gustav Wallstens, viu Lênin fazer o sinal da cruz e sussurrar uma prece antes de colocar o primeiro pé sobre o gelo, embora o líder bolchevique jamais o tenha admitido. A certa altura, quando eles se aproximavam do outro lado do estreito, Lênin sentiu o pé afundar e pensou que iria ser tragado pelo mar. Wallstens estendeu o braço pegou a mão de Lênin e puxou-o para um lugar seguro, mas foi por um triz. Ele disse a Nadya no dia seguinte que imaginou ter chegado ao seu fim, afogado em águas finlandesas. "Que maneira mais estúpida de morrer."[10]

20

Genebra – "buraco horrível"

"Vida no exílio e discussões briguentas são inseparáveis. Viver no meio dessas rixas e escândalos, desse inferno e dessa medonha escória é doentio. Testemunhar tudo isso é igualmente doentio. A vida do émigré *agora é cem vezes pior do que era antes de 1905."*

Lênin a Gorky, 11 de abril de 1910

"Lênin não tolera nenhuma outra pessoa inteligente."

Nikolai Bukharin (1888-1938)

EM 3 DE JANEIRO DE 1908, LÊNIN E NADYA fizeram parada em Berlim na sua viagem de Estocolmo para Genebra. O plano era ficar apenas uma noite, porém depois de jantarem com Rosa Luxemburg retornaram ao hotel "sentindo-se terrivelmente mal." E não foi por causa dos acirrados desacordos que Lênin e Luxemburg tiveram no restaurante – a brilhante feminista e revolucionária alemã ficara chocada com "o rígido centralismo dele (...) um socialismo sem a possibilidade de espírito explícito e criativo, e sim o pensamento estéril de um inspetor-geral," disse-lhe Luxemburg. Ambos, Nadya e Lênin, foram acometidos por infecção estomacal devido a um tipo de peixe que haviam comido. "Nós dois começamos a espumar pela boca e a sentir uma espécie de moleza pelo corpo," disse Nadya. "Um médico teve de ser chamado à noite. (...) [Volodya] estava registrado como cozinheiro finlandês e eu como cidadã americana, de modo que o camareiro conseguiu chamar um doutor norte-americano. Ao nos examinar, ele diagnosticou enfermidade muito grave. Olhou para mim e disse, 'Você vai sobreviver.' Desconfiando que houvesse algo de errado com o casal, o homem cobrou uma fortuna pela consulta. Ficamos uns dias a mais (...) em Berlim e então seguimos ainda um tanto doentes para Genebra."

Eles encontraram um quarto "frio e triste" em pensão e depois de só um dia de volta à Suíça, Lênin já dizia a Nadya: "Sinto-me como se tivesse retornado a Genebra para ser enterrado." Uma semana mais tarde, ele escreveu a Lunacharsky: "É diabolicamente doloroso voltar a esta maldita Genebra, mas tem que ser assim." No dia seguinte ainda se queixava em carta para a irmã Maria. "Estamos nos aguentando por diversos dias nesta detestável Genebra. Isto aqui é um buraco horrível, mas não há nada que possamos fazer. Teremos que nos acostumar a ela."*

Nadya confessou que jamais o vira tão deprimido. "Ele se tornou mais reservado (...) mais pensativo, e quando era interrompido em seus devaneios, podia-se perceber a tristeza em seus olhos. Achamos difícil nos adaptar novamente à vida no exílio. Vladimir Ilyich passava seus dias na biblioteca, mas durante as noites não sabíamos o que fazer. Não gostávamos de ficar sentados naquele quarto (...) e ansiávamos pela companhia de gente, por isso decidimos ir com frequência ao cinema ou ao teatro, apesar de quase nunca ficarmos até o fim da exibição, e saíamos no meio das apresentações para caminhar sem destino. Ao longo daqueles tempos difíceis (...) ele se sustentou com seus sonhos."[1]

Em termos políticos e pessoais Lênin se encontrava em plena maré vazante. Continuava a perseguição aos socialistas; milhares haviam sido mortos, presos e exilados. Lênin começava a entender quão profundamente a Okhrana tinha penetrado nas células revolucionárias. "O trabalho na Rússia (...) se tornou um trapo infestado de espiões," disse ele. Afirmou também que a política de Stolypin "da vara e da cenoura," de brutal repressão contra os dissidentes, porém de reformas econômicas na terra, poderia "transformar a Rússia numa monarquia de classe média, e se isso continuar por muito tempo seremos forçados a renunciar totalmente a quaisquer planos socialistas agrários (...) a ação deles é inteligente."**

Lênin tinha poucos e fiéis seguidores no exílio, mas essa pequena quantidade passou a se esvair, e ele teve que começar a construir nova

*Entretanto, anos mais tarde, após a revolução, ele declarou a uma audiência em São Petersburgo que "de todos os lugares pelos quais vaguei em minhas andanças, pela conveniência eu selecionaria Londres e Genebra como as melhores cidades para se viver."

**Muitos historiadores acreditaram na mesma hipótese: caso tivessem tempo, as reformas de Stolypin teriam funcionado e tornado a Rússia um moderno estado burguês, evitando a revolução sangrenta. Ele propôs a modernização dos governos locais e da polícia, a melhora da educação para os pobres e a revogação das leis discriminadoras contra judeus e outras minorias. Entretanto, essa hipótese "contrariava os fatos" e parecia muito improvável. A parte mais importante de seu programa era a reforma agrária, mas a maioria dos camponeses não aprovou os novos regulamentos para a propriedade de terras e se ressentiu com o fato de eles só beneficiarem os agricultores mais ricos. A maior parte desses camponeses boicotou a política agrária de introduzir pequenos tratos de terra de propriedade privada para substituir as "comunas" – um sistema de propriedade compartilhada de terra que já existia havia séculos. O Czar e sua corte de arquirreacionários passaram a odiar Stolypin e retiraram-lhe o apoio. As políticas reformistas começaram claramente a claudicar, e a relação de Stolypin com o Czar foi interrompida bem antes de ele ser assassinado.

rede quase do zero. O arrocho de Stolypin contra a oposição chegou perto de destruir os grupos revolucionários dentro da Rússia. No auge dos levantes de 1905, existia uma afiliação conjunta de estimados 140 mil: os socialistas revolucionários – maior grupo singular – mais as duas alas de social-democratas; naquela ocasião, em 1908, eles eram menos de 7 mil. Muitos tinham retornado às suas vidas de antes. Milhares de mencheviques e bolcheviques simplesmente desistiram da militância política por causa da persistente rixa dentro do RSDLP. "Foram os dias em que passamos mais tempo aguardando cartas de casa (...) do que as lendo ou as escrevendo," observou Nadya.[2]

Com a ajuda de Gorky, Lênin manobrou a fim de conseguir os recursos financeiros necessários para começar outro jornal do partido, o *Proletarii*, periódico enérgico e bem produzido que publicava contribuições de todo o espectro do movimento radical. Ele era respeitado entre os *émigrés* e tinha tiragem mensal de 10 mil exemplares, porém bem poucos leitores dentro da Rússia. A censura à imprensa havia retornado, e apesar de ligeiramente menos rigorosa que antes, as publicações bolcheviques foram banidas e não existia mais a operação de contrabando para o país como no tempo do *Iskra*. "A vida voltou a ser parecida com a anterior em Genebra," disse Nadya à mãe de Lênin. Ele ia para a biblioteca de manhã, produzia jornalismo à tarde e conduzia as questões do partido no resto do tempo. Viajou extensivamente pela Europa realizando palestras para grupos socialistas. Mas sua influência era limitada. Lênin, como político pragmático e com sua experiência, era um fingido. O grande paradoxo era ele ser, por natureza e personalidade, um otimista. Tinham sido a esperança e o otimismo que impulsionaram sua crença na revolução. Naquele estágio – "o pior ano de minha vida," ele descreveu depois – admitiu pela primeira vez ter dúvidas. "Será que viverei para ver outra revolução?" – perguntou à irmã Maria, denotando algum desalento.[3]

A briga com Martov e os mencheviques prosseguia. Esforços foram despendidos para amenizar o racha, mas não deram em nada. Invariavelmente, era Lênin quem invalidava qualquer tentativa de reconciliação "com aqueles patifes martovitas" ou com os "vermes mencheviques." Vez por outra, Lênin fazia manobras no sentido de aproximação com seus oponentes, mas elas jamais foram confiáveis. Como Plekhanov observou: "Lênin deseja a União como um homem almeja um naco de pão: para engoli-lo." Em certa oportunidade, o venerável August Bebel, cofundador do Partido Social Democrata Alemão que conhecera Marx e era bom amigo de Engels, se esforçou para restabelecer relações diplomáticas entre os dois lados. A tentativa o exauriu. Exasperado, ele disse a Lênin. "Fazer o quê? Vocês são crianças que não irão a lugar nenhum antes de crescerem." A reação de Lênin foi um dar de ombros.[4]

Um novo cisma se abria entre os marxistas da Rússia, e Lênin, como era de se prever, foi a figura principal tentando abrir cada vez mais o fosso. O problema que se apresentava era abstruso aspecto da teoria marxista. Todavia, para Lênin, tratava-se novamente de questão pessoal sobre liderança. A disputa dessa vez foi dentro do próprio partido bolchevique – mas Lênin não se importava com a diminuição de seu bando de seguidores – pequeno grupo dentro de outro – contanto que restassem alguns fiéis para segui-lo. Identificou em Alexander Bogdanov possível rival, três anos mais novo que ele, alto, musculoso, "gigante gentil com natureza doce e mente brilhantemente original." Era formado em medicina e estudara filosofia na Universidade de Moscou. Bogdanov escreveu algumas interessantes peças de ficção. Foi atraído para o marxismo e juntou-se ao círculo de "leitores radicais" aliado ao RSDLP, o que foi suficiente para ser exilado por três anos na Sibéria. No racha do partido de 1903, ele ficou ao lado dos bolcheviques.

Bogdanov começou pelo desenvolvimento de novas ideias que tentavam fundir o marxismo com uma espécie de espiritualismo místico com o objetivo de atrair os cristãos e pessoas de outras religiões. Ele considerava o trabalho braçal rito religioso que tornava as massas de trabalhadores seres celestes. Lênin julgou essa teoria pura enganação, "lixo perigoso" que precisava ser combatido com "perspectiva filosófica, marxista." Mais importante, ele estava louco por uma briga, e Bogdanov precisava ser expelido como adversário potencial pela liderança do partido. Gorky se interessou pelas teorias de Bogdanov, e Lunacharsky, de quem Lênin gostava e valorizava, se convertera às suas noções "criadoras de Deus." Na realidade, Bogdanov jamais foi ameaça de monta: como tático político ele era um desastre, se não fosse ainda engodo maior que Martov, e ao seu modo um diletante, nunca líder plausível. Mas Lênin não desejava dar chance ao azar.

Gorky convidou Lênin para passar uns dias de abril de 1908 em sua villa de Capri. Disse-lhe que Bogdanov, "pessoa extremamente talentosa com personalidade afável," estaria lá também, e ele gostaria que os dois conversassem de maneira relaxada e debatessem suas diferenças. Lênin relutou em disputar diretamente com Bogdanov na frente de Gorky e, de início, disse que não tinha tempo para ir.

No entanto, quando Gorky repetiu o convite, ele concordou meio que forçadamente, embora alertando o anfitrião que "ter de ouvir a baboseira bogdanovita faz-me suar frio." Nadya não quis ir e ficou em Genebra.[5]

Gorky e Maria Andreyeva alugaram a Villa Blaesus, espraiada mansão bem alta em rochedo do sul da ilha, com vista para a marina de um lado e para os famosos Jardins Augustus do outro.* Lênin foi instalado em luxuoso quarto com magnífico panorama para o mar e próximo da esplêndida biblioteca de Gorky. O escritor contou depois a amigos que ficou alarmado com a grosseria de Lênin em relação a Bogdanov. "Vladimir Ilyich a mim pareceu ainda mais obstinado e inflexível do que fora no Congresso de Londres (...) estava em estado de espírito gélido e sarcástico, severo nas conversas filosóficas e sempre desconfiado." Gorky desejava ajudar a criar escola em Capri que ensinasse as teorias espirituais/marxistas de Bogdanov.** Esperava que Lênin desse palestras na escola e contribuísse com um livro de ensaios sobre novas interpretações do marxismo que ele queria publicar. Lênin não quis saber coisa alguma sobre aquela "asneira filosófica total (...) aquele ateísmo religioso." Disse a Bogdanov e Gorky: "Por que deveríamos oferecer tal tipo de tolice como filosofia marxista? Eu preferiria ser enforcado e esquartejado a tomar parte em qualquer publicação ou em qualquer grupo que pregasse tal tipo de coisa."

O marxismo era filosofia "materialista" e, para Lênin, a religião insultava a inteligência racional das pessoas. "Aqueles que vivem do trabalho dos outros são ensinados pela religião a praticar a caridade na terra, oferecendo-lhes assim maneira muito barata para justificar toda a sua existência de exploradores, vendendo-lhes a preço módico o bem-estar no paraíso. A religião é o ópio do povo. A religião é um tipo de bebida alcoólica espiritual na qual os escravos do capital afogam suas imagens humanas, suas demandas por uma vida mais ou menos digna para os homens." Em carta a Gorky, após sua permanência em Capri, Lênin declarou: "Qualquer ideia religiosa, qualquer ideia a respeito de um Deus do tipo que for, até um flerte com Deus, é a mais inexpressiva podridão, sujeira perigosa. (...) Criar um Deus

*A bela *villa*, relativamente nova, era de propriedade da família capreense Settani, porém Gorky viveu lá na maior parte do período entre meados de 1906 e o fim de 1909. Foi mais tarde comprada pela família Krupp de magnatas alemães do aço que ajudaram a financiar o partido názi.

**Conhecidas como "machismo" em homenagem a Ernst Mach, físico e filósofo austríaco, que foi o primeiro a sugerir algumas de suas noções no início dos anos 1890, mais tarde adaptadas por Bogdanov.

não é a maior forma de auto-humilhação? Quem se dispõe a criar um Deus, ou mesmo tolerar tal atividade, humilha-se da pior forma possível (...) porque na verdade está engajado na autocontemplação e na autoadmiração. Do ponto de vista não do indivíduo, e sim da sociedade, toda criação de Deus é autoilusão dos tolos, dos filisteus, dos sonhadores auto-humilhados de burgueses vulgares."[6]

Não havia como encontrar meio-termo com Bogdanov. Por outro lado, sobrou bastante tempo para descanso em Capri. Ele nadou, caminhou e apreciou os pontos turísticos. "A Gruta Azul é bela," escreveu à mãe, "apesar de 'dramática' no sentido de poder servir de cenário para teatro. No caminho para ela, pensei sobre o Volga todo o tempo. A beleza de lá é de tipo diferente; mais simples e mais querida por mim." Jogou xadrez com Bogdanov, que conseguiu vencê-lo numa partida.*

Lênin mostrou para Gorky o outro lado de seu temperamento. "Naquela ocasião, quem estava em Capri era outro Vladimir Ilyich – companhia maravilhosa e pessoa leve, com interesse vívido e interminável pelo mundo que o cercava, e muito gentil nas suas relações com os demais. Tomou-se de intensa curiosidade por tudo." Na maior parte dos dias em que ficou na ilha, esteve com os pescadores locais. Indagava-lhes sobre suas vidas – quanto ganhavam, suas famílias, sua instrução, suas crenças. Maria Andreyeva o acompanhava ao cais próximo e agia como intérprete. Dessa maneira, Lênin ficou conhecendo o modo de vida dos habitantes e fez amizade com dois idosos irmãos, Giovanni e Francesco Sparado, que o ensinaram a pescar sem caniço; bastava tão somente segurar a linha entre um dos dedos e o polegar para sentir quando o peixe fisgasse a isca. *Così, drin drin*, diziam eles. "Assim. Entendeu?" Quando, depois de diversas tentativas, ele pescou uma tainha, ficou muito feliz, sorriu e repetiu por cerca de seis dias a expressão *drin, drin*. O apelido se espalhou pela ilha, e os locais passaram a se referir a ele como *Signor Drin Drin*.**

Gorky retornou com Lênin ao continente e juntos subiram o Vesúvio e visitaram Pompeia. A despeito dos esforços do autor, ele

*Gorky disse que Lênin não gostou de perder e ficou de mau humor por um bom tempo depois da partida. Porém esse é o único registro que existe de Lênin ser mau perdedor no xadrez. Outros afirmam que ele era perfeito *gentleman* no tabuleiro, ganhasse ou perdesse, e sempre capaz de conversar alegremente sobre o jogo depois das partidas. Na ocasião citada, o motivo poderia ter sido o adversário pelo qual fora derrotado.

**Giovanni Sparado lembrou-se por muito tempo de Lênin – "Só um homem bom pode rir daquele jeito," costumava dizer a Gorky. Por alguns anos ele insistia em perguntar aos russos que chegavam à ilha o que acontecera com o Signor Drin Drin. "Sabe quem é? (...) Signor Lênin. O Czar o pegou?"

não conseguiu convencer Lênin a abrandar suas invectivas contra Bogdanov. O bolchevique passou grande parte do ano seguinte escrevendo longo livro, *Materialismo e Empirocriticismo*, vergastando Bogdanov e montando campanha para expeli-lo do Partido Social Democrata. Para Lênin, as opiniões religiosas de Bogdanov eram heréticas – e a heresia precisava ser desenraizada entre os bolcheviques.[7]

Em Genebra, os contatos com os militantes bolcheviques dentro da Rússia eram poucos e muito espaçados no tempo – uma frustração para Lênin e, em particular, para Nadya, oficialmente secretária do partido e responsável pela montagem da rede de comunicações entre os agentes e o "centro bolchevique." Era tarefa ingrata: grande número deles havia sido preso, e as rotas de contrabando que existiram entre a Rússia e o Ocidente antes de 1905 tinham sido interrompidas pela Okhrana. O casal por vezes esperava semanas por qualquer indício de correspondência clandestina. Existia abundância de exilados russos na Suíça, mas quantidade ínfima de bolcheviques, e os anfitriões já se mostravam cansados com seus barulhentos e frequentemente beberrões e briguentos hóspedes russos. Certa vez, o carrancudo camarada de Geórgia, Mikhail Tskhakaya, chegou à casa de Lênin em Genebra vestindo colorido traje caucasiano, completo até na elaborada cobertura da cabeça, "perfeita imagem de bandoleiro," como se lembrou a aterrorizada senhoria. Em diversas cidades suíças era possível a existência de cartazes em suas hospedarias: "Proibidos cães, gatos e russos."

Os *émigrés* formavam comunidades fechadas, ainda que bolcheviques, mencheviques e SRs geralmente se organizassem em grupos separados uns dos outros. Gente nova chegada de "casa," que outrora era bem-vinda, era agora vista com outros olhos. Nadya foi a primeira a desconfiar que a Okhrana desdobrava-se para plantar agentes duplos nos movimentos revolucionários. Dois membros de São Petersburgo, os Komissarovs, fizeram-se conhecer por ela. "No primeiro momento, um sentimento estranho se apossou de mim, espécie de aguda desconfiança. Não consegui perceber a origem da estranheza, mas ela cedo se foi. Katya Komissarov provou ser diligente assistente, fazia tudo rápido, com exatidão – e era extremamente discreta em termos de sigilo." Ela e o marido ajudaram a contrabandear armas para uma célula bolchevique nos Urais e conheciam as identidades dos camaradas ilegais, suprindo-os com passaportes falsos. Logo depois, as armas foram confiscadas, e todos os camaradas com os quais ela entrara em contato foram presos ao tentarem cruzar a fronteira para a Europa Ocidental. "Todos os grupos [dentro da Rússia] estavam infestados de informantes," reconheceu Nadya. "Não existia uma só organização local em que um provocador não tivesse se infiltrado. Todos encaravam os camaradas com suspeitas, estavam sempre em guarda em relação uns aos outros, não confiavam no vizinho."*[8]

Lênin e Nadya depositaram inabalável confiança em dois bolcheviques que emigraram para o Ocidente antes de 1905 e se tornaram os mais fiéis colaboradores de Lênin e amigos do casal desde então – como emigrados e, depois da revolução, no poder. Os três eram chamados "A Troica" pelos outros exilados. Grigory Zinoviev foi, provavelmente, o homem mais próximo de Lênin por maior número de anos, e sua intensa, inteligente e bonita esposa Zina Lilina tornou-se uma das mais importantes confidentes de Nadya. Ao longo dos nove anos seguintes eles foram vizinhos em qualquer lugar em que o amigo casal fosse exilado. Às vezes até partilhando cômodos na mesma residência. Nascido Hirsch Apfelbaum em pequena cidade da Ucrânia, Zinoviev, treze anos mais moço do que Lênin, era homem troncudo, bem barbeado, que tinha dificuldade para respirar e voz esganiçada. Supremo bajulador e rematado hipócrita, Zinoviev fazia a maior parte do trabalho sujo para o líder. Os mencheviques o chamavam de "homem armado de Lênin," e ele parecia não se importar em ser antipatizado e conhecido como inconfiável.

Angelica Balabanova, pessoa de elevada moral e camarada admirada por Lênin em função de sua "inocência," odiava o incessante apunhalar nas costas entre os bolcheviques e descrevia Zinoviev como "simplesmente o ser humano mais canalha que jamais conheci. Onde existisse manobra prejudicial a ser feita contra outra facção, ou uma reputação revolucionária a ser lançada na lama, Lênin encarregava Zinoviev da tarefa." Não obstante, ele se transformava de desprezível adulador em orador altamente eficaz quando ocupava o tablado – o mais convincente dos que falavam em público, só perdendo para Lênin, entre os líderes bolcheviques anteriores à revolução. Lênin o

*A Okhrana conseguiu sucessos importantes contra grupos revolucionários, porém muitos observadores achavam que a agência era exageradamente valorizada, em especial por ela própria. O agente secreto inglês Robert Bruce Lockhart, que trabalhou com a Okhrana de perto por alguns anos quando era o principal espião britânico na Rússia, disse: "Recuso-me a acreditar seja na sua eficiência seja na sua honestidade. A 'temida' Okhrana (...) era um mito horrendo mais no nome do que em sua onisciência. Era organização conduzida por incompetentes e espertos safados, e os incompetentes gozavam da proporção de 9:1 em relação aos descarados."

considerava útil e eficiente, dirigindo-se a ele quando escrevia como "Prezado Grigory," e não pelo sobrenome, como o fazia com seus lugares-tenentes. Zinoviev era um Everest de soberba, mas não conseguia expressar nada com graça e faltava-lhe horizonte de percepção; executava exatamente o que lhe era ordenado. Não obstante, Lênin não vivia sem ele, apesar de achá-lo por demais maçante.

Lev Borisovich Kamenev era, em diversos aspectos, a figura mais atraente do entourage de Lênin. Em comparação com os outros, era homem decente, parecia consciencioso e tinha bom humor. Detestava a briga de ursos que imperava nos debates dos social-democratas. Casado com Olga, irmã de Leon Trotsky, era de constituição forte, imensa barba, e passava a impressão de tio bondoso, embora tivesse apenas 25 anos quando Lênin retornou a Genebra em 1908. Podia contar uma boa piada e gostava de apimentados mexericos que, por vezes, conseguiam fazer Lênin sorrir.* Seus desacordos eram frequentes, no entanto Lênin gostava dele – mesmo quando discutiam asperamente, como ocorreu com frequência em anos posteriores. Lênin se exasperava com a "fraqueza" dele, porém o respeitava. Kamenev era convicto bolchevique, mas carecia do "instinto de matador" dos revolucionários extremados que cercavam Lênin. Lunacharsky disse que Kamenev "comparativamente, era considerado pessoa gentil, devido ao seu bom temperamento. Isso era elogio, e não censura; bem verdade que por muitos também foi encarado como (...) tendendo a vacilar."[9]

Infelizmente para Lênin e Nadya, eles confiaram demais em outro membro do círculo mais chegado, um médico chamado Yakov Jitomirsky, que ocupou funções importantes no partido por anos. Lênin o julgava "homem de confiança" que podia ser empregado em missões delicadas e o colocou no comitê dos preparativos para a Conferência de Bruxelas de 1903, quando começou a vir à tona o racha bolchevique/menchevique. Jitomirsky era igualmente agente da Okhrana – conhecido como Harting pela polícia alemã, pela qual era "procurado" por alegado atentado a bomba em Berlim. Ele se mudou para a França, onde se tornou cavalheiro da Légion d'Honneur. Foi-lhe dada por Lênin uma nota de quinhentos rublos – tolamente como se viu depois – e Jitomirsky denunciou à Okhrana que Kamo liderara o assalto ao banco em Tiflis. Foi tal denúncia que causou a prisão de Kamo.

Então Jitomirsky, principal agente russo na Suíça, ajudou a convencer Lênin a deixar Genebra e se mudar para Paris: "Numa

*Mas não seu cunhado. Trotsky não suportava Kamenev, a despeito das relações de família; e o sentimento era recíproco. Trotsky achava Kamenev fraco e inseguro.

cidade grande, haverá menos espionagem e você deixará de ser alvo preferencial," disse ao líder bolchevique. De acordo com Nadya, "o argumento foi decisivo para Ilyich," apesar de ele saber que a Okhrana tinha considerável presença na França. Em 14 de dezembro de 1908, o casal deixou Genebra e seguiu para a capital francesa. "Esperamos que uma grande cidade nos alegre um pouco mais," escreveu à mãe no dia da partida. "Estamos saturados de viver nesse remanso provinciano. A vida é muito monótona nessa cidade pequeno-burguesa."

Jitomirsky informou à agência da Okhrana em Paris a data exata em que Lênin lá chegaria e onde o casal moraria.[10]

21

Inessa – Lênin apaixonado

"Posso vê-la agora saindo do apartamento de Lênin. Parece inesgotável primavera da vida. Ela foi a chama ardente da revolução, e a pena vermelha espetada no chapéu dá a impressão de ser a língua de fogo da chama."

Grigory Kotov

ELA ERA, POR LÉGUAS DE DISTÂNCIA, A MAIS CHARMOSA de todas as *émigrés* russas nos círculos radicais de Paris. Mulher sofisticada e chique, com 35 anos, figura delgada, cabelo castanho e brilhantes olhos verdes, era também exuberante, altamente inteligente, esperta e sempre com sorriso estampado na face. Inessa Armand era diferente em tudo, mais impressionante e excepcionalmente vibrante, bem mais sensual do que as Olgas e Tatianas que frequentavam os cafés e bistrôs socialistas da Avenue d'Orléans. Até seu sobrenome francês acrescentava-lhe um toque exótico. Ela podia discorrer com a mesma facilidade sobre os últimos gritos da moda e também sobre a teoria do valor agregado de Marx – e era fluente em quatro línguas. Trajava-se elegantemente, sempre com chapéu parisiense, e tocava piano muito bem. Era presença incomparável entre os camaradas da Margem Esquerda do Sena; os membros do partido a descreviam "sempre alegre" e falavam a respeito de seu "dinamismo feliz." Nadya disse que, quando ela chegou, "todos nós nos sentimos atraídos por Inessa (...) ela sempre parecia estar de bom humor (...) dava a impressão de irradiar calor humano." Outro comentou que "Inessa, por natureza, fazia tudo na vida com paixão – política revolucionária e romances."[1]

A primeira vez que ela esteve perto de Lênin foi no fim de maio de 1909 no Café Aux Manilleurs da Avenue d'Orléans no quartier do entorno de Montparnasse onde os esquerdistas de Paris se congregavam. Ela fora a uma reunião socialista junto com amiga de muito tempo, Elena Stasova, e vira e ouvira Lênin falar. Já sabia da reputação que ele tinha e lera seus livros. Juntara-se à facção bolchevique do RSDLP.

Admirava-o como intelectual e ficou cativada por sua fala naquela noite, mas não sentiu nenhuma atração por ele como homem. "Eu o amei, mas não estava 'apaixonada' por você naquela oportunidade (...) fiquei um pouco intimidada com sua presença," confessou-lhe mais tarde. Disse também que ficou surpresa com sua maneira estranha de conhecer pessoas, causada por sua miopia, que o fazia se aproximar bastante do interlocutor, nele fixar os olhos e depois enviesar um deles como se fosse estrábico. O relacionamento entre os dois demorou um pouco a se concretizar.

Decorreram dezoito meses para que tivesse início o caso amoroso, embora os dois se vissem com frequência nos cafés de Paris e nas reuniões do partido. Nesse ínterim, ela se tornou ardorosa bolchevique – ninguém seria mais leal a ele na década seguinte – e Lênin começou a confiar-lhe trabalho político crescentemente importante. Inessa interpretou francês para ele, língua com a qual Lênin nunca se sentiu confortável, e por vezes inglês. Bem depressa ele percebeu que ela era suficientemente inteligente e ágil no debate para representá-lo em uma série de encontros na França e em outros países da Europa e a nomeou chefe do Bureau Internacional Bolchevique. Armand foi a representante bolchevique no Partido Socialista Francês, grande responsabilidade na ocasião, já que muitos russos membros do partido viviam então na França.* Possuía mente incisiva, era bonita, excitante e experimentada mulher do mundo com muito poucas inibições sobre a sexualidade feminina – e Lênin ficou fascinado por ela. Charles Rappaport, socialista inglês que vivia em Paris e viu os dois muitas vezes juntos nos cafés de Paris, disse que Lênin, "com seus pequenos olhos mongóis, estava mesmerizado por Inessa (...) não conseguia tirar os olhos de cima dela.[2]

Raramente havia indício de escândalo a respeito de mulheres na vida de Lênin, quando ele se apaixonou por Inessa. Na ocasião em que retornou da Rússia depois da Revolução de 1905, ocasionalmente encontrou-se com Elizabeth de K, jovem e loura anfitriã da sociedade com moderadas opiniões esquerdistas que permitira a Lênin o uso de seu vasto apartamento em São Petersburgo para reuniões clandestinas. Algumas vezes, terminada a reunião, ele permanecia para conversar; certa feita ela tocou piano para ele – a *Sonata Pathétique* de Beethoven, sua peça favorita. Mas nunca foram amantes, como ela fazia questão de frisar. Lênin tentou convertê-la ao marxismo,

*Lênin pediu para que ela traduzisse para o francês o discurso que pronunciara no funeral de Paul Lafargue e sua esposa, em 1911, que ele considerava muito importante – Laura Lafargue era filha de Marx.

mas fracassou, e depois disso parece que perdeu o interesse por ela. "Houve dias em que eu não estava segura se ele era um homem ou uma máquina," disse ela, mais tarde, a uma conhecida."*[3]

Em contraste com Inessa, os anos não haviam sido bondosos com a esposa de Lênin nos seus quarenta anos. Ela parecia muito mais idosa. Lidia Dan, irmã politicamente engajada de Martov que odiava Lênin, mas gostava de Nadya, disse que, mesmo sem ter sido grande beleza, "sua aparência simples era iluminada pelo charme (...) e temperamento afável." Aos quarenta anos, ela se tornara desmazelada e não dava a mínima importância a esse fato. Engordara bastante e dava mostras de problemas na tiroide da qual sofria por alguns anos, e que logo depois seriam diagnosticados como Doença de Graves: seus olhos se esbugalharam e o pescoço inchou. Entretanto, Nadya não fazia esforço algum para melhorar sua apresentação, quer porque julgasse isso atitude demasiadamente burguesa, quer porque estivesse de baixo-astral. "Os anos de Paris," afirmou ela mais tarde, "foram os mais difíceis de nossa vida no exílio."

Nadya usava sempre o mesmo vestido negro no inverno e um mais leve no verão; sua única concessão era alterar ocasionalmente o ornamento da aba de seu chapéu, lembrou-se a amiga de muito tempo, Clara Zetkin. "Ela parecia a esposa cansada de um operário sempre se preocupando se conseguiria dar conta do que tencionava fazer." O agente da Okhrana que a vigiava podia ser sombra incômoda, mas foi absolutamente justo em um de seus relatórios em que a descreveu como "tendo em torno de quarenta anos, cabelos castanho-pálidos, ombros arqueados, olhos cinzentos, nariz pequeno, lábios finos. Veste-se sempre com desalinho."[4]

Durante todo o casamento, houve períodos em que Nadya e Lênin compartilharam a mesma cama, e outros em que dormiram em camas separadas. Durante grande parte dos anos em Paris, como disse a leal amiga bolchevique Lidia Fotieva, que mais tarde foi secretária de Lênin no Kremlin, Nadya dormira no quarto da mãe. Em setembro de 1911, poucos meses depois de Lênin e Inessa se tornarem amantes,

*Depois da revolução, alguns oficiais *émigrés* Brancos forjaram um punhado de cartas que sugeriam que esse tenro flerte fora tórrido caso de amor, porém foi uma trama amadora. Outra ficção foi o pleito – mais uma vez de fontes Brancas, no início dos anos 1920 – de que, enquanto em Paris, Lênin frequentara um bordel, onde se embebedava, ficava de língua solta e falava sobre mulheres. Um pintor *émigré* russo supostamente acompanhava o líder bolchevique "e partilhávamos nossas mulheres. (...) Lênin era muito alegre e bem-humorado, mas em questões de amor era absolutamente voraz." Total inverdade. Mesmo na improvável eventualidade de ele ter frequentado uma casa de mulheres, Lênin teria sido muito prudente para não se deixar ser visto.

Inessa se mudou para outro apartamento poucas casas distante da do casal, na Rua Marie-Rose.

Elisabeth Inès Armand nasceu em 8 de maio de 1874, embora, com o passar dos anos, outras datas tenham sido dadas por ela ou por sua família e por seus camaradas para confundir a polícia e as autoridade da imigração em vários países da Europa. Ela nasceu em Paris, mas pouco lá viveu, para retornar como militante bolchevique aos trinta e poucos anos.

Sua mãe, Nathalie Wild, era parte inglesa, parte escocesa, parte francesa e parte russa. De modesto sucesso como atriz e professora de canto em Lyon e, mais tarde, em Paris. O pai de Inessa era Théodore Pécheux d'Herbenville, também moderadamente bem-sucedido como cantor de ópera com o nome artístico de Théodore Stephane. O casal se unira oficialmente pouco depois de Inessa nascer, então, para efeito legal e técnicos, Inessa era filha ilegítima. Os pais se separaram quando Inessa tinha cinco anos, e Théodore faleceu pouco depois.

Nathalie foi deixada com três filhas menores para criar – Inessa era a do meio – e a família passou por muitas agruras. Para diminuir a carga de despesas, quando Inessa completou seis anos, sua tia Sophie, irmã de Nathalie, a levou para viver na Rússia – onde o bairro francês de Moscou prosperava bastante à época. A tia tornou-se tutora de música da família Armand de ricos franco-russos da indústria têxtil que empregavam mais de 1.200 operários na sua fábrica de Moscou. Inessa passava grande parte de seu tempo com as crianças da família Armand em sua propriedade, próxima à vila de Pushkino, trinta quilômetros a nordeste da cidade.

O filho primogênito dos Armands, Alexander Evgenevich, cinco anos mais velho que Inessa, apaixonou-se por ela e, quando Inessa fez dezenove anos, os dois se casaram em grande cerimônia à qual compareceu a elite de negócios de Moscou. Inessa ajustou-se ao que pareceu ser uma família normal e privilegiada de classe média alta. Alexander era homem de inatacável moral e com opiniões liberais, generoso e marido adorável. Ela deu à luz quatro crianças, dois meninos e duas meninas, no período de oito anos. Parecia feliz, mas algo faltava na vida dela, disse a amigos. Precisava de uma causa para se engajar; alguma coisa em que acreditasse. Começou um curso de leitura séria: os clássicos da filosofia, história e economia política, assuntos inusitados para uma mulher bem de vida no tipo de ambiente em que vivia e fora criada.

Tornou-se convicta e apaixonada feminista. Juntou-se em Moscou à Sociedade para o Aperfeiçoamento do Gênero Feminino que, entre outras tarefas, se dispôs a reabilitar prostitutas. Inessa, naquele estágio, era grande admiradora de Tolstoy. Uma das outras integrantess do grupo teve a ideia de escrever ao renomado escritor perguntando-lhe o que poderia ser feito a respeito do problema social da prostituição, que destruía as vidas de muitas mulheres russas. Ele tinha experiência no assunto: como jovem, fora entusiasmado cliente de cortesãs – e justamente depois de se tornar famoso, "reformara-se" e se tornara árbitro da consciência nacional. Tolstoy então respondeu àquela carta: "Nada resultará do trabalho de vocês. Foi assim antes e depois de Moisés. Assim foi e assim será." Inessa tomou-se de antipatia pelo escritor e desistiu de Tolstoy. Interessou-se pelo socialismo. O denso e prolixo livro de Lênin *O Desenvolvimento do Capitalismo na Rússia* entrou na lista de leitura dela e, mais tarde, Inessa asseverou que o livro tinha sido um dos que a ajudaram a se converter ao marxismo.

A vida particular de Inessa também passava naquela oportunidade por revolução. Apesar de parecer feliz com o marido, ela começou um caso de amor com outro homem – Vladimir, o irmão mais moço de Alexander. O rapaz tinha apenas 17 anos e matriculara-se na Universidade de Moscou; Inessa tinha 28 e era mãe de quatro filhos. Em 1903, ela se separou do marido dando preferência ao cunhado e levou com ela os filhos.

Alexander continuou sustentando generosamente Inessa e as crianças. Ele a apoiou em várias causas, bancou sua fiança quando ela enfrentou problemas com a polícia e foi presa; duas vezes, no futuro, ele a ajudaria a escapar da prisão e do exílio. Cuidava dos filhos quando Inessa não podia e mantinha uma casa aberta para ela em Pushkino e um apartamento em Moscou. Foi sempre amigo, o mais tolerante dos maridos e pai estremado. Mais tarde, Alexander também arranjou uma amante, mas admitiu que sempre amou Inessa, por mais errático que seu comportamento parecesse ser. Jamais um revolucionário, Alexander, porém, nunca se queixou da vida política de Inessa e entendia seu cometimento à causa.

Os amantes deixaram a Rússia para giro pela Itália, França e Suíça – onde ela engravidou de um filho de Vladimir. De volta à Rússia, deu à luz um menino, André, e se tornou ainda mais ativa na política. Alexander conseguiu manter a Okhrana longe de sua pista à custa de um misto de persuasão e suborno. Mas, no fim, a polícia a pegou.

Foi presa por gerenciar biblioteca de livros ilegais. Malgrado ser mãe de cinco filhos, inclusive um bebê, ela foi encarcerada em prisão notoriamente severa e sentenciada ao exílio no enregelado norte, num lugar que nem existia no mapa próximo a Archangel.

Vladimir, da mesma forma profundamente implicado na política subversiva, acompanhou Inessa, mas a tuberculose o deixou seriamente doente. Foi para o Sul da França em busca de tratamento. Entretanto, a enfermidade se instalara havia muito tempo no seu organismo e nenhuma cura pôde ser encontrada. No começo de 1909, ela escapou do exílio, escondeu-se brevemente em São Petersburgo e, com a ajuda do marido, após dramática jornada através dos lagos congelados da Finlândia, conseguiu juntar-se a Vladimir em Nice. Duas semanas depois de os amantes se reunirem, ele morreu nos braços de Inessa.

Com o coração partido e incapaz de retornar à Rússia, Inessa mandou buscar os filhos. Matriculou-se na Nova Universidade de Bruxelas, que recém-iniciara um dos mais conceituados cursos de economia da Europa, e conseguiu realizar a maior parte de seus trabalhos escritos e leituras exigidos pela universidade belga em Paris. Inessa completou o curso de três anos em dezoito meses e formou-se com mérito. Estabeleceu-se no mundo clandestino dos *émigrés*, com razoável conforto em razão do dinheiro do marido, começou via nova e achou novo amor – Lênin.[5]

Lênin disse que "a maioria dos *émigrés* se deteriorava tão logo chegava a Paris. Só os fortes sobreviviam. O restante era destruído por brigas insignificantes, discussões domésticas, pobreza – e álcool." Lênin sobreviveu, mas nunca gostou de Paris, a despeito da presença em sua vida de Inessa na capital francesa. Ele desejou sair do remanso modorrento de Genebra e aspirou viver em cidade grande. Entretanto, tipicamente, nem bem chegou lá, começou a reclamar. "Deus meu, Paris é um buraco insuportável," disse à irmã Anna depois de poucos dias na França – a palavra "buraco" era uma das suas favoritas para abominar cidades; em diversificadas situações nas suas volumosas cartas ele chamou Paris, Genebra, Londres, Berlim, Zurique, Berna e Moscou de "buracos." Escreveu à mãe, decorridas poucas semanas: "Não sei por que diabos nos mudamos para Paris. Ainda não consegui me adaptar à cidade."

Abrindo suas queixas, Paris era uma das mais caras cidades da Europa. O custo de vida era bem mais alto que na Suíça, país que, na ocasião, sem ser ainda um centro bancário e sem base manufatureira, era pobre e barato para se viver. No início, Lênin e Nadya se instalaram no mais extravagante e ornamentado apartamento em que tinham vivido desde seu casamento – quatro grandes quartos em prédio elegante do Parc Montsouris. Havia quartos separados para a mãe de Nadya e para a irmã Maria de Lênin, que morou com o casal alguns meses. Havia espelhos com molduras folheadas a ouro sobre aparadores de mármore, candelabros, assoalhos com ricos parquetes. Nadya detestou tudo aquilo e se sentia incomodada no ambiente: "Ele (...) [Volodya] tomou muito pouca parte nos esforços que fizemos para 'arrumar' nossas acomodações. Tinha coisas mais importantes para fazer. Você precisava ver o desdém com que a *concierge* observou nossa mesa branca de refeições, as cadeiras comuns e os banquinhos. Na 'sala de estar' tínhamos apenas um par de cadeiras e uma pequena mesa. O apartamento nada tinha de aconchegante."

Os preços eram exorbitantes, disse Nadya. Um visitante da Rússia que chegou para o chá perguntou-lhe quanto custava a carne de ganso e a de vitela na cidade, e sua resposta não foi, como de costume, nada amável: "Durante nossa temporada em Paris, não comemos esses tipos de carne. Se você quiser saber o preço da carne de cavalo e da alface, posso ajudar-lhe." Maria Alexandrovna enviava-lhes pacotes de alimentos, além de dinheiro, para ajudá-los a viver. Eles recebiam apetitosas guloseimas que traziam lembranças de sua terra, inclusive peixes favoritos: filés de esturjão defumado, salmão russo, caviar. E ele agradecia profusamente à sua mãe. "Estamos nos deleitando com as pequenas gostosuras e pensando no Volga enquanto as comemos."[6]

Decorridos seis meses, mudaram-se para acomodação mais modesta com que estavam mais acostumados: dois quartos e cozinha/sala de jantar no segundo andar de típico prédio de apartamentos de Paris, em tranquila rua transversal ao Bulevar Montparnasse. Ele era mobiliado esparsamente, porém mantido escrupulosamente limpo e bem-arrumado, e os três viviam ao tradicional estilo burguês, bem distantes de outros *émigrés*. Ilya Ehrenburg, então jovem estudante, mas repórter competente, que se tornou um dos jornalistas mais conhecidos na União Soviética, "ficou impressionado com a impecável arrumação do apartamento. Os livros alinhados nas estantes. A mesa de Lênin tinha tudo no lugar certo." Os cômodos em nada pareciam com os de outros exilados revolucionários russos; nem o próprio Lênin, sempre bem trajado. "Ele usava terno escuro com colarinho branco engomado. E passava a impressão de respeitável." Madame Rue, a *concierge*, disse – não com muita percepção: "Eles devem levar vida pacata demais. Imagine (...) nem desfrutam dos pequenos vícios humanos, *Monsieur* Ulyanov não bebe nem fuma. Sai para biblioteca ou para reunião, mais nada."

Lênin raramente ia aos locais em que se reunia o mundo boêmio da Paris dos 1900, com artistas como Chagall, Juan Gris, Diego Rivera, Vlaminck, Soutine, Modigliani* e Léger no período de ouro para a pintura – e bebiam no Café Rotonde, próximo a St. Germain des Prés. Certa vez, jogou xadrez com o poeta e artista belga Guillaume Apollinaire.

No geral, Lênin teve dificuldade com leitura séria em Paris; não escreveu livro importante naquele tempo e pensou ter feito jornalismo em ritmo furioso, mas pouco da sua produção chegou a impressionar. Detestou a Bibliothèque Nationale – "inferior em todos os aspectos ao British Museum (...) esta sim, maravilhosa instituição, a melhor biblioteca do mundo para se trabalhar." Em contraste, a biblioteca de Paris fechava duas horas no horário de almoço; sua equipe era "rude e não prestativa," e os livros levavam um século para descer das prateleiras. "Ele se queixava da *bibliothèque* o tempo todo," disse Nadya.

O casal teve grande interesse pelo hobby francês da moda naquele tempo, o ciclismo. Lênin era obsessivo com a limpeza das bicicletas e as lubrificava minuciosamente, pneus sempre bem calibrados, e lá iam os dois em passeios regulares que contemplavam os *bois* de Paris e iam até Fontainebleau, St Germain-en-Laye e, a favorita de Nadya, Forêt de Meudon. Lênin, por vezes, ia bem mais longe, saindo ao romper da manhã e retornando tarde da noite, pedalando setenta ou mais quilômetros.[7]

Ficou furioso certa manhã, ao ver que sua preciosa bicicleta – comprada por sua mãe – fora roubada. Ele costumava deixá-la no subsolo de edifício próximo à biblioteca e pagava à *concierge* dez centavos por dia. Quando notificada de que a bicicleta tinha desaparecido, a mulher simplesmente deu de ombros e disse que ele pagava para deixar a bicicleta lá, e não para que ela tomasse conta. "Ele protestou veementemente contra a biblioteca, contra as *concierges* – contra Paris."**

*Embora tivesse encontrado certa vez com Modigliani. O artista tacou fogo no jornal que Lênin lia – se foi acidente ou não, jamais se esclareceu – e o bolchevique teve de apagar. Artistas que iam ouvi-lo o consideravam "extremista ruim da cabeça," segundo pintor inglês de paisagens que mais tarde se tornou artista famoso – Christopher Nevinson.

**Comprou outra bicicleta também de fim infeliz. Lênin encantou-se por aviões. Louis Blériot, o primeiro a cruzar o Canal da Mancha pelo ar, uma façanha sete meses depois de Lênin chegar a Paris. Este gostava das mostras de aviação populares na época. Pedalava de volta de uma exibição em Juvish-sur-Orge, a vinte quilômetros de Paris, quando um carro bateu sua bicicleta. Lênin teve apenas pequenos cortes e arranhões – mas a bicicleta ficou inutilizada. "Foram muito gentis, me ajudaram a anotar a placa do carro e serviram de testemunhas," disse à irmã Maria. "Descobri quem era o proprietário do carro (um visconde, diabo que o carregue!) e acionei a justiça." Lênin ganhou a causa e recebeu generosa indenização que lhe permitiu comprar outra bicicleta.

A "brigalhada fétida," disse Lênin, era "insuportável" – apesar de ele ser um dos mais teimosos e dos mais ruidosos brigões de todos. "A vida era um tumulto só em Paris. Nossa gente, membros do partido, sentava em cafés até tarde da noite (...) bebendo," disse Nadya. "O conflito dentro da facção bolchevique era de estourar os nervos. (...) Muitas vezes V.I. chegou tarde em casa, irado. (...) Numa dessas ocasiões de debates que entraram pela madrugada, quase não o reconheci quando voltou. Seu rosto estava pálido e ele mal podia falar." Anna Ulyanova veio da Rússia visitá-los seis meses depois que o casal chegou a Paris e disse que "a face do irmão estava cinzenta, e ele muito magro, parecia exaurido." Sofria terríveis dores de cabeça e insônia.[8]

Receando de novo que ele estivesse à beira de um colapso, Nadya o levou para um longo descanso. Por cerca de seis semanas, eles ficaram em confortável pensão na pequena vila de Bon-Bon, na região de Seine-et-Marne, setenta quilômetros a sudeste de Paris. "Ele não trabalhou em coisa alguma, e tudo o que fizemos foi evitar falar sobre as questões de Paris," disse Nadya à mãe dele. "Caminhamos todos os dias (...) e pedalamos pela floresta Clarmont aqui perto." Relaxaram de uma maneira que nunca fizeram – o café da manhã era trazido na cama por uma mocinha que dele se lembrou anos mais tarde "como o polido e gentil cavalheiro russo que me ensinou a andar de bicicleta." Lênin escreveu a Zinoviev dizendo que, "após três semanas, estou começando a me recompor."*

Os feriados de Lênin eram vitais para a sua saúde e para arejar a cabeça. Ocasionalmente, algumas pessoas de seu entourage levantavam um sobrolho de espanto quando o viam *hors de combat* por tanto tempo, mas em todos os casos ele tinha sempre uma explicação lógica e sensível para as tréguas – naturalmente com uma pitada política. E criticava os membros do partido por não descansarem o suficiente para a recuperação que precisavam. "Os revolucionários necessitam ser fortes e permanecer saudáveis," asseverou. A saúde de um revolucionário "é oficial, 'propriedade pública.' (...) Ficar doente e minar a capacidade de trabalho é algo intolerável em todos os aspectos."

Além da sua, a saúde de outra pessoa que muito o preocupava era a de sua mãe. Quando chegou o verão de 1910, ele já não a encontrava

*A única coisa que Nadya teve contra Bon-Bon foram os outros hóspedes da *pension* com os quais partilhavam às refeições uma *table d'hôte* de prato fixo. Ela podia ser férrea bolchevique e uma terrível *snob* e os achou "tão burgueses (...) gente medíocre, mas ótimos para se conversar sobre seus confortos. É claro que aquilo era muito entediante. O bom foi que conseguimos ficar distante deles e viver de acordo com nossas ideias."

havia cerca de cinco anos, e ela chegava aos 75 anos de idade. Soube pelos comentários das irmãs que Maria Alexandrovna estava com aparência velha e se sentia enfraquecida. Relutava em deixar a Rússia, porém, finalmente, Lênin conseguiu convencê-la a tomar parte de um feriado familiar num encontro que ele organizara em Estocolmo. Mui caracteristicamente, quando ela o reviu, mostrou-se apreensiva com a magreza dele, e não com suas próprias enfermidades e sua falta de disposição. Ele interrompeu o feriado por uma noite para falar aos socialistas suecos. Foi a primeira vez que a mãe viu o filho se apresentar em público. "Ele falou tão bem e com tal eloquência. (...) Mas por que se esforça tanto e vive cansado? Por que fala tão alto? Isso é prejudicial. Ele não está se cuidando muito bem." Presenteou-lhe com uma manta de lã grossa para o inverno que ela própria usava regularmente.*

Quando Maria Alexandrovna retornou para casa, Lênin a acompanhou até o cais, mas não pôde subir a bordo do vapor russo – havia a possibilidade de ser preso. "Aquela foi a última oportunidade em que viu sua mãe,[9] e ele teve essa premonição enquanto seus olhos acompanhavam o navio se afastando," disse Nadya. A irmã Maria lembrou-se: "Jamais esquecerei a expressão de sua face enquanto, de pé, testemunhava a partida de mamãe. Quanta compaixão estampada naquele rosto."

Numa de suas pedaladas para fora de Paris, no começo de 1911, Lênin passou por Longjumeau, no vale Ivette, dezoito quilômetros distante da capital. Nos arrabaldes do vilarejo, ele identificou uma oficina abandonada com algumas casas ao redor e logo percebeu que se tratava de local perfeito para projeto que acalentava havia muito tempo: desejava abrir uma escola para pessoas da classe operária de membros do partido residentes na Rússia, que ele poderia treinar sobre a teoria do marxismo e a prática da conspiração. Depois do curso, ele poderia mandá-los de volta à casa como vanguarda do movimento para montar a insurreição que dispararia a revolução em todo o mundo. Alugou de imediato as instalações, contratou trabalhadores para transformá-las em salas de aula decentes, formulou o currículo e selecionou dezoito militantes como estudantes iniciais para que viessem sigilosamente à França – e escolheu um bolchevique leal e eficiente para inaugurar a escola e gerenciá-la. Nomeou Inessa.

A escola foi concebida como réplica dos cursos de verão que Gorky imaginara criar em Capri, dirigidos por Bogdanov, o qual, por

*Essa manta estampada e xadrez estava na cama de Lênin quando ele faleceu, e foi colocada dentro de seu caixão.

instigação de Lênin, fora expelido do partido no fim de 1909. Inessa entregou-se de corpo e alma ao projeto para torná-lo um sucesso. A escola abriu na primavera de 1911 e Lênin proferiu a aula inaugural – sobre o Manifesto Comunista. Fez trinta outras palestras nos meses seguintes sobre economia, organização político-partidária e teoria do socialismo. Além de administrar a escola, Inessa dava aulas sobre economia e feminismo; Zinoviev e Kamenev ocasionalmente faziam palestras sobre cultura. Nadya foi professora regular a respeito da edição de jornais clandestinos e organização de redes de agentes secretos. Quando o clima permitia, Lênin "fazia seu trabalho ao ar livre, andava bastante de bicicleta e nadava, definitivamente feliz com a vida no campo," Nadya escreveu para a mãe dele. "Ele gosta particularmente das excursões que começam as seis ou sete da manhã e duram o dia inteiro até tarde da noite."

Os melhores indícios são de que nessa época da abertura da escola foi que Lênin e Inessa se tornaram amantes. Numa carta sincera e posterior para Lênin – ela era a única pessoa fora da família que se dirigia a ele pelo íntimo "*ty*" – Inessa repete que, no começo, "eu tinha um medo terrível de chegar perto de você." Mas prossegue: "O desejo de vê-lo estava sempre presente, porém preferia morrer a ir à sua presença; e quando, por alguma razão, você apareceu no quarto de NK [de Nadya], perdi instantaneamente o controle e comportei-me como uma tola. Só em Longjumeau (...) (e mais tarde) me acostumei a ficar nas suas proximidades. Adorava ouvi-lo e também ficar a observá--lo enquanto V. falava. Em primeiro lugar, seu rosto era muito altivo (...) e, segundo, podia ficar olhando porque você não me notava. Eu o amava sem estar 'apaixonada'. (...) Contudo, depois fiquei, de fato, enamorada."

Nada havia de ostensivo no caso amoroso, tudo era muito discreto. Os bolcheviques mais antigos que cercavam Lênin em Paris sabiam do *affair*, porém raramente havia mexericos a respeito.* Como era de esperar, a Okhrana e a polícia francesa sabiam do relacionamento. Ambas relataram diversas vezes sobre ela – usando seus falsos nomes "Popoff, Sophie" – claramente como *la maîtresse de Lenine*. Um desses relatórios diz que ela foi mandada a Paris *par son amant, Lenine*. E isso

*Muita gente especulou que a rival de Inessa entre as "mais glamorosas mulheres bolcheviques" possíveis, Alexandra Kollontai, baseou nesse romance sua história *Um Grande Amor* (publicada pela primeira vez em 1923, quando Lênin ainda estava vivo, mas Inessa não). Ela descreve um revolucionário russo (Senya) que usa chapéu de pano, tem esposa doentia (Aniuta) e vive um ardente caso de amor com uma rica e bela revolucionária (Natasha), excepcional linguista. A história, no entanto, bem podia ser autobiográfica. A própria Kollontai era revolucionária rica, fluente em vários idiomas e viveu muitos casos amorosos com outros revolucionários.

não era escrito para embaraçar Lênin: àquela época era de se supor que um líder revolucionário morando em Paris provavelmente tivesse amante. Tratava-se de simples rotina do trabalho da inteligência.

Nadya, decerto, tinha conhecimento, como também a mãe dela. Elizaveta Krupskaya notara "quão animado Lênin ficava quando conversava com Inessa, e não gostava nada daquilo." Foi o tempo em que Nadya escreveu suas cartas mais soturnas para a família de Lênin. Não mencionava Inessa nem parecia ciumenta, apenas desesperadamente triste. "Ando melancólica (...) o tempo agora parece simplesmente escoar," escreveu a Maria Alexandrovna. Justificando a demora em escrever para a cunhada Maria, ela finalmente admitiu: "Não tenho ânimo para escrever (...) vamos apenas levando a vida."[10]

Em nenhum momento ela se comportou como esposa traída, ou demonstrou seus genuínos sentimentos. Segundo Alexandra Kollontai, que tinha condições de saber, Nadya definitivamente estava a par do que ocorria. Ela disse a uma camarada mais tarde, depois da revolução e quando foi nomeada embaixadora soviética na Noruega: "Nadya ofereceu-se para deixá-lo a fim de que ele seguisse seu caminho com Inessa, mas Lênin pediu-lhe que ficasse."

Talvez Lênin desejasse se acomodar à situação. Inessa não parecia incomodada com um convencional *ménage à trois*, que, disse a Lênin, "não machucaria ninguém." Ou talvez ele percebesse que, por mais excitante e apaixonado que fosse o caso amoroso, Inessa, no todo, era "de manutenção mais exigente" do que Nadya.[11] A amante era emocionalmente mais absorvente, manipuladora e tinha cinco filhos que tinham prioridade para ela. Além do mais, como via Lênin, as duas mulheres de sua vida tinham se tornado boas amigas autênticas. "A vida parecia sempre mais alegre quando Inessa estava por perto, mais aconchegante, mais feliz," disse Nadya. "Existiam tantas coisas boas em Paris nas minhas relações com Nadya," afirmou Inessa para Lênin. "Fiquei muito apegada a ela." Inessa conseguiu até atrair a mãe de Nadya de temperamento às vezes áspero e irascível. "Inessa passava bom tempo conversando com ela; habitualmente falavam e fumavam juntas. (...) Minha mãe passou a gostar muito dela."

Muito poucas pessoas pareciam ter alguma coisa de ruim para falar de Inessa nos anos pré-revolução. "Posso vê-la agora saindo do apartamento de Lênin. Parece inesgotável primavera da vida. Ela foi a chama ardente da revolução, e a pena vermelha espetada no chapéu dá a impressão de ser a língua de fogo da chama," disse Grigory Kotov, *émigré* russo em Paris. "Ela era (...) o tipo de pessoa (...) [que estava] disposta a partilhar com os camaradas seu último naco de pão," disse outro. Angelica Balabanova era quase a única que a detestava como "perfeita – quase passiva – executora das ordens de Lênin (...) se encontrava tão impregnada pela autoridade e infalibilidade do mestre que a possibilidade de qualquer divergência era inconcebível para ela. Era o protótipo (...) do bolchevique de rígida e incondicional obediência (...) Não me enganei com Inessa. Ela era pedante, cem por cento bolchevique (...) na maneira com que pensava e se expressava. Falava diversas línguas fluentemente, e em todas repetia Lênin *verbatim*."[12]

Nadya foi paciente e determinada a não deixar a situação azedar. Podia ter ciúmes, mas entedia seu papel de braço direito de Lênin, garantindo-lhe paz de espírito. Se isso implicasse fazer amizade e ser amável com Inessa, provavelmente foi outro sacrifício que Nadya se mostrou disposta a fazer pela revolução.

22

Traições

"Que bastardo aquele Malinovsky (...) enganou todos nós durante anos. Jamais consegui perceber o que fazia o patife. Salafrário imundo!"
Lênin para Zinoviev, 1917

A CAPACIDADE DE LÊNIN PARA MANOBRAR E ZIGUEZAGUEAR, para mudar totalmente de direção quando oportuno era constante fonte de espanto entre os bolcheviques não tão taticamente flexíveis como ele. Lênin era fanático e ideólogo, porém, na perseguição do poder, mais pragmático – "a teoria é vital em nosso trabalho, todavia não é Escritura Sagrada," dizia aos seus seguidores, a maioria dos quais acreditava ser a teoria marxista exatamente assim. "Um marxista tem que reconhecer os fatos da vida e não perder de vista a realidade (...) sem se aferrar à teoria. A teoria é cinza, mas verde é a eterna árvore da vida." Quando as circunstâncias mudavam, Lênin também o fazia.

A despeito do assassinato de Stolypin em setembro de 1911, o regime acreditava que sua brutal repressão contra os dissidentes havia derrotado os revolucionários.* Milhares haviam sido encarcerados ou executados, e então o governo fazia modesto esforço encenando algumas reformas. Com iniciativas que faziam lembrar os conflitos de Charles I com o Parlamento, antes da Guerra Civil, na Inglaterra do século XVII, o Czar dissolvera duas Dumas por achar que elas desafiavam suas prerrogativas reais. Estabeleceu uma terceira com rigorosas restrições no tipo de votação que garantiram maioria conservadora pró-monarquia.

*Nunca houve provas, entretanto os indícios sugerem que o assassinato na Casa da Ópera de Kiev foi, de fato, planejado por inimigos de Stolypin de dentro do governo e pela corte real, se bem que o Czar definitivamente não se envolvera. O homem que acionou o gatilho, Dmitry Bogrov, advogado de 24 anos de bem conhecida família da cidade, era socialista-revolucionário, mas recebeu os meios para cometer o assassinato de figuras importantes do Ministério do Interior. E foi a polícia que conseguiu para ele tíquete de entrada, dificílimo de se encontrar, para aquela noite de apresentação da ópera de Rimsky-Korsakov, *A Lenda do Czar Saltan*. Bem antes no mesmo dia, ele implorara à polícia por um tíquete. Foi ato terrorista – mas os terroristas parecem ter sido funcionários públicos.

Lênin boicotara as Dumas desde 1905 e insistia para que os bolcheviques não tivessem nenhuma relação com elas. Atacava como ingênuos os social-democratas, em especial os mencheviques, que desejavam acordos com as reformas parlamentares do Czar. Negociar com "democratas burgueses" e "liberais brandos" era considerado caminho traiçoeiro para revolucionários, argumentava ele. Então, em maio de 1912, Lênin mudou seu modo de pensar e incitou bolcheviques a se candidatarem a assentos na eleição da Quarta Duma, escrevendo diversos artigos favoráveis aos parlamentos em geral e ao sistema da Duma de Nicolau II em particular. No *Nevskaya Zvezda* (Nova Estrela), periódico legal na Rússia, ele contradisse o raciocínio que vinha adotando por anos: "Onde não existem instituições representativas, há *muito maior* decepção [itálicos de Lênin], mentira política e truques fraudulentos de todos os tipos (...) e quanto maior o grau de liberdade política num país e mais estáveis e democráticas suas instituições representativas, mais fácil é para a massa de sua população encontrar o rumo adequado na luta entre os partidos e entender de política." Pouco mais tarde, ele declarou que "nem um só socialista abdica da democracia (...), a menos que julgue inconsequentes as questões de liberdade política, caso em que deixa de ser socialista. (...) Quem desejar aproximação com os socialistas por outra estrada que não seja a da democracia política, inevitavelmente chegará a absurdas e reacionárias conclusões tanto econômicas quanto políticas."[1]

É muito improvável que ele quisesse realizar aquilo que dizia: não existiriam "instituições democráticas" no estado que Lênin construiu, e nele pouco se falaria em democracia. Todavia, apenas como tática política, tudo pareceu fazer muito sentido: com um só movimento ele pegou no contrapé os mencheviques, os liberais e o regime czarista; fez Lênin parecer razoável e construtivo; e trouxe para os bolcheviques novos membros numa ocasião em que estavam desesperadamente necessitados de crescer. Elena Stasova, a mais antiga agente de Lênin em São Petersburgo, escreveu mais ou menos à mesma época dizendo que o partido fora "quase destruído," que não havia mais do que oitocentos leais bolcheviques na capital, e bem possivelmente a mesma quantidade de membros em todo o restante da Rússia. A organização, afirmou ela, "está esfrangalhada. Não existem centros regionais sólidos. As organizações locais se encontram isoladas umas das outras e, na maioria dos casos, por todos os lados só há operários nelas; os profissionais [revolucionários profissionais] desapareceram há muito tempo. Não existem endereços secretos ["aparelhos"] em nenhum local, nem práticas conspiratórias são exercitadas."

A meia-volta de Lênin sobre parlamentos deu a impressão de ser trama inteligente e aumentou sua reputação dentro do movimento revolucionário como tático mestre. Pareceu boa ideia naquela ocasião. Entretanto, foi um dos seus maiores equívocos; ela resultou em amargo golpe pessoal e causou sério estrago no partido como um todo.

Lênin escolheu como líder do grupo de sete bolcheviques na Duma – com efeito, o chefe do partido na Rússia – um polonês de 34 anos e com personalidade russa chamado Roman Malinovsky. Por breve período de tempo, Malinovsky foi um de seus favoritos, fiel confidente, jovem que Lênin desejava tornar uma das estrelas da revolução.

Lênin o admirava porque Malinovsky vinha da classe operária, originalmente membro do campesinato, mas que também era vigoroso, superinteligente, possuía charme sedutor e era orador eloquente – Nadya disse que ele tinha "bela voz" – sendo também líder natural. Lênin não se importava de Malinovsky ser igualmente grosseiro, tosco, contumaz beberrão, além de chegado a surtos de violento temperamento. "Ao menos, pela primeira vez, temos destacado trabalhador, autêntico líder para nos representar," disse Lênin a seu respeito. "Os resultados podem não se revelar de imediato, mas tendem a ser extraordinários."[2]

Alfaiate que virou metalúrgico, Malinovsky já tinha sido preso três vezes e, no fim, ficou encarcerado de 1899 a 1902 por "roubo, arrombamento e invasão de domicílio." Havia também a acusação de impressionante tentativa de estupro. A polícia anotou em sua ficha que ele era um perdulário e que sua renda mal dava para bancar seus gostos caros.

Logo que saiu da prisão, Malinovsky arranjou um emprego de torneiro-mecânico e se filiou ao Sindicato dos Metalúrgicos. Foi recrutado pelo Partido Social Democrata. E também recrutado pela Okhrana como espião e agente-provocador. Em parte ele foi motivado por pura ganância; mas noutra parte porque a polícia secreta ameaçou reabrir o caso da tentativa de estupro.

De início, ele recebia pequenas somas de dinheiro para complementar seu salário. Porém, ao crescer na hierarquia da organização trabalhista, tornou-se importante para a Okhrana. Denunciou os verdadeiros nomes dos agentes, códigos e endereços de "aparelhos." Por três anos, começando em 1906, Malinovsky foi chefe do sindicato, cuidando para trilhar caminho seguro entre os mencheviques e os bolcheviques. Tornou-se elemento central para que a polícia secreta do regime lidasse com os sociais-democratas: mantendo o racha do partido e a luta interna entre os dois lados. Parte da estratégia era fortalecer Lênin, que continuava veementemente contra o fim do cisma com os mencheviques.

Cedo Malinovsky deixou de ser informante e foi promovido a agente regular da Okhrana com salário médio de cem rublos ao mês mais despesas, consideravelmente maior do que a renda média de um metalúrgico. Tinha um codinome, *Portnoi* (alfaiate). "Malinovsky recebeu a missão de fazer o possível para alargar o fosso entre as duas facções dentro do partido," disse o diretor da polícia Sergei Beletsky. "Todo o objetivo de minha direção se resumiu no seguinte: não dar oportunidade para que o partido se unisse. Trabalhei dentro do princípio *divide et impera*."[3]

Malinovsky também foi ordenado a "se apresentar" como bolchevique e a conhecer Lênin pessoalmente. O líder bolchevique ficou tão impressionado quando os dois se encontraram em janeiro de 1912, no Congresso do Partido em Praga, que Malinovsky foi de imediato nomeado membro do Comitê Central – elevada posição de liderança – e convencido a disputar o cargo de deputado da Duma.

A polícia secreta ficou igualmente satisfeita com seu *protégé*. Malinovsly recebeu linha telefônica privativa que o ligava diretamente com o QG da Okhrana. Os encontros com o chefe de polícia Beletsky tinham lugar em salas particulares dos restaurantes da moda. Ele foi apresentado ao vice-ministro da Justiça, ao chefe da Okhrana e ao governador-geral de Moscou.

Tanto os bolcheviques quanto o regime fizeram de tudo para garantir sua fácil eleição. A polícia prendeu seus mais populares rivais a fim de aplainar o caminho, e ele recebeu certificado de "ficha limpa" que lhe conferiu boa reputação. A satisfação da polícia secreta foi demonstrada através do aumento do salário de Malinovsky para 5 mil rublos por mês, mais bônus especiais por informações de grande relevância – de longe a maior quantia recebida por qualquer de seus agentes.*

*A Okhrana não era tão eficiente ou onisciente quanto apregoava. Na ficção, espiões são tradicionalmente apresentados como "cérebros brilhantes." Ficção mesmo. Com honrosas exceções, em geral os espiões têm raciocínio bastante limitado. Mas a Okhrana era, de fato, boa no recrutamento de agentes duplos e provocadores. Aproximadamente na mesma ocasião em que Malinovsky começou sua vida dupla, Yevno Azef, líder dos SRs, a maior organização terrorista da Rússia que estava por trás de centenas de assassinatos de servidores públicos, vinha sendo agente da Okhrana. Próximo de ser desmascarado por seus camaradas, ele escapou no último momento para a Alemanha. Faleceu em 1918, em Berlim, de causas naturais.

Malinovsky fazia jus ao dinheiro que ganhava. Conhecia todos os antigos bolcheviques e traiu muitos deles, inclusive Yakov Sverdlov, que se tornou chefe bolchevique importante depois da revolução. Em fevereiro de 1913, Lênin enviou Sverdlov do exílio suíço para missão importante em São Petersburgo. Na capital russa, ele ficou hospedado na casa de simpatizante bolchevique, mas foi preso quando se mudava de lá para um "aparelho" mais seguro. Poucos outros, salvo Malinovsky, conheciam os detalhes da missão. Um mês depois, Stalin também foi pego pela polícia num concerto promovido com a finalidade de arrecadar fundos para os membros bolcheviques da Duma. Ele perguntara a Malinovsky se era seguro ir ao concerto e a resposta fora: "Claro que sim." Os dois foram mandados para a Sibéria, onde permaneceram até fevereiro de 1917.*

Lênin tinha um ponto cego em relação a Malinovsky. Muitos já o tinham alertado de que o moço era inconfiável, mas Lênin não lhes dava ouvidos. Nikolai Bukharin foi preso em Tula, em 1911, um dia após estar com Malinovsky. Escreveu, cheio de suspeitas, a Lênin, contudo o líder ficou irado com a maledicência desferida contra seu leal confidente. Depois de fugir do exílio na Sibéria, Bukharin foi ao encontro de Lênin e lhe disse pessoalmente estar convencido de que Malinovsky era agente duplo. Lênin julgou tratar-se de ciúme. "Vladimir Ilyich achou totalmente impossível Malinovsky operar como *agent provocateur*," disse Nadya. "Os rumores (...) [sobre Malinovsky] saem de círculos mencheviques. (...) Só uma vez a sombra da dúvida pairou sobre Lênin." O casal caminhava depois de uma noite em companhia dos Zinovievs. "De repente, ele se deteve pensativo no meio de uma pontezinha que atravessávamos e disse: 'Pode ser verdade ...', e sua fisionomia expressava ansiedade. 'Sobre o quê você está falando, é um absurdo,' repliquei. Ilyich se acalmou e começou a insultar os mencheviques, (...) Não tinha mais dúvida sobre a questão."

Lênin simplesmente disse que, na ocasião, não acreditara nas alegações, não por causa de sua proveniência, mas "se Malinovsky era um provocador, a Okhrana não tiraria proveito maior do que o de

*Sverdlov era o maior inimigo jurado de Stalin – ainda mais do que Trotsky famosamente se tornaria – e a antipatia começou quando os dois estavam exilados juntos em Kureiko, diminuto vilarejo nas vastidões geladas da Sibéria, bem no perímetro externo do Círculo Ártico. Pouco tempo depois, Sverdlov não suportava mais a proximidade com o georgiano. "Um camarada está também aqui, mas nos conhecemos bem demais," escreveu a um amigo. Ele não nomeou *o camarada*, nem precisava, porque ele era definitivamente Stalin. "O mais triste nos exílios ou nas condições de preso (...) é que o homem se desnuda e todas as suas características mesquinhas são reveladas. O pior é que também as trivialidades (...) da vida [da pessoa] são vistas de perto."

nosso partido." Parece racionalização, muito improvável, em função do estrago que Malinovsky provocou, todavia Lênin acreditava piamente nela.[4]

Estava difícil controlar o mais importante agente da Okhrana, e os policiais encarregados desse controle iam cansando dele. Malinovsky fez discursos incendiários na Duma com o propósito de aplacar as suspeitas dos bolcheviques, porém a polícia considerou os pronunciamentos prejudiciais ao regime: pagou-lhe um bônus especial de despedida de 6 mil rublos e uma passagem para fora da Rússia.

Lênin não conseguiu entender por que Malinovsky renunciou à sua posição de deputado da Duma em maio de 1914, aparentemente no ápice de sua autoridade, deixando as fileiras bolcheviques do país inteiramente confusas. No começo, ficou com raiva; porém, depois, foi convencido de que Malinovsky sofrera colapso nervoso e sossegou. A verdade foi que Malinovsky temeu que sua vida dupla fosse desvendada.

Lênin persistiu acreditando nele até que os arquivos secretos da polícia foram abertos depois de o Czar abdicar e de a Okhrana ser extinta. Para homem cruel e intensamente suspeitoso, que vivia cercado por tramas conspiratórias, Lênin podia ser infantilmente confiante. Ele pouco falou sobre Malinovsky depois que a verdade veio à tona, apesar de ter reconhecido para Zinoviev no verão de 1917: "Que bastardo aquele Malinovsky. Enganou todos nós durante anos. Jamais consegui perceber o que fazia o patife. Que salafrário imundo![5]*

Apareceu outro milionário na hora certa para reforçar o cofre dos bolcheviques. A censura à imprensa foi relaxada em 1912, e como os bolcheviques tinham decidido participar da Duma, a eles foi permitido, pela primeira vez, publicar um jornal legal. Lênin ficou animado e viu nisso a oportunidade de atrair filiação em massa para o partido. Ele acalentava ambições elevadas. Queria produzir um jornal diário, repleto de notícias e de propaganda, contando com colaboradores de toda a Rússia, mas tendo ele próprio como guia espiritual, um editor-chefe *in absentia*. Embora os bolcheviques estivessem parcialmente

*Malinovsky foi expulso do partido em 1914, não por ser um traidor – tal acusação jamais foi provada contra ele num "tribunal de inquisição" presidido por Lênin no mesmo ano. Malinovsky foi censurado por abandonar sua posição na Duma. Ele decidiu retornar da Alemanha para a Rússia depois da guerra. Foi sigilosamente julgado e afirmou sem pestanejar durante todo o tempo que Lênin sabia que ele trabalhava para a Okhrana, mas isso era total inverdade. Foi sentenciado à morte, porém acreditou que, se pudesse falar com Lênin, a sentença seria comutada para tempo de prisão. Lênin não o recebeu ou interveio em seu favor, e Malinovsky foi executado em novembro de 1918.

legalizados, Lênin ainda era "procurado" e não podia retornar à Rússia. Ele já tinha todo o jornal planejado na cabeça. Escolheu o nome – *Pravda* (Verdade); selecionou uma equipe de jornalistas para a redação e para as contribuições. Só lhe faltava dinheiro para a publicação. Os recursos financeiros essenciais vieram como presente de Viktor Tikhomirov, que acabara de herdar uma fortuna com a morte de seu pai, homem de negócios em Kazan. Ele fora membro de grupo de intelectuais radicais que se reunia secretamente em Kazan, mas quando se mudou para São Petersburgo depois da revolução de 1905 juntou-se aos social-democratas, dizendo-se convencido pelo *Que Fazer?* de Lênin, e se tornou bolchevique. Tikhomirov doou 100 mil rublos a Lênin – quantia vultosa – para o lançamento daquele que se tornaria um dos mais famosos, ou melhor dos mais notórios, jornais do mundo.

Por ordens de Lênin, o *Pravda* tentou, cuidadosamente, ficar no lado correto da lei, ocasionalmente escorregando, quando então toda a edição era confiscada. Sua tiragem era de 60 mil exemplares e, na maioria dos dias, se esgotava na venda, em poucas horas. Dos muitos jornais que surgiram naquela ocasião, representando todo o espectro das opiniões, ele era um dos melhores profissionalmente produzidos. Malgrado as ameaças regulares do regime, o jornal sobreviveu a diversas crises. Foi banido nove vezes – para reaparecer no dia seguinte com título ligeiramente diferente. O novo nome tinha sempre que conter a palavra *Pravda*. Assim, quando o regime o fechava, nova encarnação surgia – Verdade Trabalhista, Verdade Diária, Verdade da Tarde, Verdade do Trabalho, Caminho da Verdade, Verdade Proletária, e assim por diante. A função de editor não era a das mais seguras, embora o jornal fosse, supostamente, legal. Nas suas primeiras 38 edições, o *Pravda* teve uma sucessão de 36 editores, que foram todos presos. Somadas as penas, esses editores contabilizaram o total de 47 meses de cadeia. Na oportunidade em que o regime, finalmente, baniu o jornal, logo após a eclosão da Primeira Guerra Mundial, tinham sido publicadas 636 edições do *Pravda*, e Lênin havia escrito volumosamente para o jornal – 280 peças com seu próprio nome e muitas mais sem assinar. Ele se preocupava com todos os aspectos do jornal, da "linha do partido" a *design* tipográfico. Não há evidências de que Lênin tenha sido especialista em tipos e tamanhos de fontes, mas ele escreveu a um dos editores, Vladimir Karpinsky, dizendo-lhe para espremer mais matéria em duas páginas se o jornal mudasse para o tipo menor *brevier* e encaixasse uma fonte mais compacta para o nome do jornal num canto da página; "então se abriria novo espaço para outros dois artigos."[6]

Nadya disse às irmãs de Lênin que "ele se tornara outra pessoa depois de publicada a primeira edição do *Pravda*." Adicionou um pós-escrito: "Agora, por fim, ele tem trabalho real ao vivo para fazer." Mas Lênin não podia se envolver muito de perto com o *Pravda* vivendo em Paris; precisava chegar às proximidades da Rússia. Resolveu mudar-se para Cracóvia, a só dez quilômetros da fronteira russa. "Não importa quão provinciana e bárbara esta nossa cidade possa ser, de um modo geral vivo melhor aqui do que em Paris," disse à mãe em meados de 1912, pouco depois de chegar à cidade. Cracóvia acabou se tornando uma de suas cidades favoritas na Europa.

Tradicionalmente, Inglaterra, Suíça e França eram os destinos de escolha dos *émigrés* russos. A parte austríaca da Polônia era seleção nova, mas muitas características a recomendavam e "em numerosos aspectos ela é muito mais conveniente que Paris," pensava Nadya. "Enquanto a polícia francesa ajudava a russa de todos os modos possíveis, os poloneses (...) eram hostis a todo o governo russo. Em Cracóvia, podíamos ter certeza de que nossas cartas não seriam interceptadas e de que ninguém espionava os recém-chegados."

Quando Gorky escreveu-lhe perguntando por que vivia na "burguesa" Áustria, ele respondeu dizendo que era conveniente: "A fronteira é bem perto daqui e tiramos bom proveito disso. Estamos bem mais próximos de Petersburgo. Recebemos jornais de lá com apenas três dias de atraso. É mais fácil escrever daqui para lá. A cooperação e a comunicação com eles fluem melhor. Existe aqui também bem menos brigalhada, o que é uma vantagem."[7]

Os Ulyanovs alugaram uma casa em conjunto com os Zinovievs em Zwierzyniec, próspero subúrbio nas proximidades do rio Vístula e de um grande bosque. "As ruas não são calçadas, por isso são muito lamacentas," disse Nadya à mãe de Lênin. "Mas a uns cinco quilômetros daqui existe Las Wolski, bela floresta que frequentamos com nossas bicicletas." Bem mais distante se elevava vasta cadeia de montanhas, menores que os queridos Alpes de Lênin, mas para ele já era bom ter montanhas por perto. "Volodya vive muito alegre na Polônia," afirmou Nadya.

Em anos posteriores, Lênin relatava com muito prazer uma excursão que fizera com um amigo de Cracóvia, Sergei Bagoczki. Os dois saíram certo dia para subir a serena montanha Babya, bem conhecida atração da cadeia Tatra. A excursão levaria ao meio da subida pelo fim da tarde; passaríamos a noite numa cabana e, do pico, apreciaríamos o amanhecer. Porém, no dia escolhido, o tempo mudou. Eles deixaram as bicicletas no pé da montanha e começaram a subir a pé a ladeira. "Logo alcançamos mata virgem," relatou Bagoczki. "Escurecia. Infelizmente, deixáramos nossas tochas junto às bicicletas. A trilha serpenteava morro acima (...) e acabou sumindo. Debalde, procuramos por ela. Estava bem escuro, seguíamos muito devagar, tropeçando em arbustos e troncos. Podíamos ter de passar a noite na mata. De súbito, uma luz piscou (...) e pudemos divisar as janelas de uma cabana." Os dois passaram a noite abrigados na cabana e pediram ao vigia que os acordasse às quatro da madrugada. "Ainda sonolento, escutei a voz de Vladimir Ilyich: 'Já são sete da manhã e não fomos despertados. Perdemos o amanhecer.' Chamamos o vigia. 'Mas, meus senhores, olhem pela janela (...) com esta névoa, nada se pode ver a mais de dois passos. Achei melhor deixá-los dormir' (...) e disse que ficaria assim até o dia seguinte. Nossa empreitada estava fadada ao insucesso. Não podíamos esperar até o dia seguinte porque Vladimir Ilyich precisava estar em Cracóvia naquela noite. O fiasco não o desencorajou. 'No meu próximo dia livre vou voltar aqui,' disse ele com convicção. Mal passaram duas semanas e voltamos (...) o vigia nos recebeu como se fôssemos velhos amigos e prometeu nos acordar bem cedo, independentemente do tempo. Quatro da madrugada, havia névoa, mas não tão densa como a da vez anterior.(...) Chegamos ao topo da montanha, porém a névoa persistia. Só enxergávamos alguns metros adiante. Decidimos esperar e fazer o desjejum (...) após meia-hora, a névoa começou a levantar (...), à nossa frente se descortinava panorama maravilhoso. À distância, iluminada por brilhantes raios de sol, a longa fileira de picos da Tatra, como se suspensos no ar; mais abaixo, tudo envolto em neblina, como um cobertor de espuma encorpada. Vladimir Ilyich vibrava: 'Veja, nossos esforços não foram em vão,' disse."[8]

A Galícia era pobre e suja, no entanto Lênin a achou "quase-Rússia," e disse à mãe, "faz-me lembrar de casa." Os lavradores eram parecidos com os que ele vira nos dias de mercado em Simbirsk ou Kazan: "Há mulheres com narizes longos e curvados em vestidos coloridos (...) como na Rússia. O bairro judeu, Kazimierz, era similar ao *shtetl,* o vilarejo judeu de qualquer região ocidental do império czarista – como a Polônia ocupada pela Rússia só alguns quilômetros adiante. "Todos nós em segredo pensávamos na Rússia," afirmou Nadya "O forte desejo de cada um era ir para lá. (...) Não tocávamos no assunto, porém, bem no íntimo, só pensávamos nisso. Cracóvia (...) era apenas um semiexílio."[9]

23

Um triângulo amoroso – dois viram três

"Vladimir Ilyich não poderia amar uma mulher de cujas opiniões ele discordasse totalmente e que não fosse camarada autêntica em seu trabalho."

Nadejda Krupskaya, *Memórias* (1930)

"Sou uma inválida e canso rapidamente," escreveu Nadya de Cracóvia para a mãe de Lênin em 3 de maio de 1913. Dez dias depois, Lênin contou paa Maria Alexandrovna que estava "seriamente preocupado com a saúde de N (...) ; ela não melhora." Nadya sentia palpitações no coração, desmaiava algumas vezes, o pescoço se alargava, os olhos inchavam, e as dores de cabeça eram horrendas. Não podia caminhar mais que algumas centenas de metros sem ficar exausta. Parecia ter 60 anos, e não 44. Lênin consultou diversos "camaradas médicos," *émigrés* bolcheviques na Polônia, mas nenhum deles sabia com certeza do que ela padecia, e os diagnósticos não passavam de "algum problema de endocrinologia." O irmão de Lênin, Dmitry, que fazia prática médica na Crimeia, consultou as últimas pesquisas na Europa. Diagnosticando à distância, ele garantiu a Lênin que, fosse qual fosse o mal, não era necessário cirurgia, que podia até piorar as condições – para grande alívio de Nadya, que tinha pavor de operações.*

Por fim, Lênin levou a esposa a um dos melhores neurologistas da Polônia, o Dr Jan Landau, da Universidade de Cracóvia. "Foi descoberto

*Lênin com frequência criticava os "camaradas médicos" e, geralmente, aconselhava os amigos, inclusive muitos militantes bolcheviques, a não confiar neles. Quando soube que Gorky vinha sendo tratado de enfermidade com um outrora membro do partido, escreveu-lhe sugerindo – não como brincadeira – que consultasse qualquer outra pessoa. "A notícia de que um bolchevique está lhe tratando, mesmo que antes tenha sido ativista, me incomoda. (...) Deus o livre de camaradas doutores em geral e de doutores bolcheviques em particular. Na realidade, os camaradas doutores são, 99 em cem casos, verdadeiras nulidades. (...) Garanto-lhe que, salvo em doenças triviais, o melhor é sermos apenas tratados por homens de reputação inquestionável."

que tenho problema na tiroide," escreveu Nadya à cunhada Maria. "O doutor me assustou, e vou todos os dias à clínica para tratamento elétrico [uma forma de terapia eletroconvulsiva]. Dura três horas e depois dele fico vagando por meio dia como uma lunática. Ingiro brometos, que me causam enjoos."[1]

O tratamento não vinha funcionando, e Lênin procurou por outras curas. Seu amigo polonês Bagoczki, neurologista, recomendou que Nadya fosse levada ao endocrinologista e cirurgião suíço, professor Theodore Kocher, que ganhara o Prêmio Nobel de Medicina em 1909 pelo trabalho pioneiro sobre patologia, fisiologia e tratamento da glândula tiroide. Bagoczki adiantou que o professor provavelmente sugeriria cirurgia, mas Nadya não quis operar, de modo que os dois decidiram que paz e repouso durante o verão ajudariam bastante. Foram para as montanhas Tatra e alugaram espaçoso bangalô com belo terraço no pequeno vilarejo de Biały Dunajec, próximo à vila de Poronin, setecentos metros acima do nível do mar. A casa era cercada por mata virgem, pelos sopés das montanhas e perto dela corria um riacho; "o ar é maravilhoso e a vista da montanha, uma beleza," escreveu Nadya. Lênin também adorou "nossa vida rural. Levantamos bem cedo e vamos para a cama quase ao mesmo tempo que os galos e galinhas." disse ela à mãe dele. "Poronin é quase russa: telhados de palha e pobreza, mulheres e crianças descalças. Homens andando para lá e para cá com veste folclórica polonesa *gurali*: calças de tecido branco, metade de capas também de pano branco e jaquetas curtas."

Foi um idílio de interior, mas a saúde de Nadya não melhorou; as palpitações no coração e os desmaios ficaram mais frequentes. Lênin conseguiu finalmente convencê-la a ir à clínica em Berna do professor Kocher. Ele diagnosticou Doença de Graves, também conhecida como Doença de Basedow ou bócio multinodular tóxico, e recomendou cirurgia para arrancar metade da glândula tiroide de Nadya. Tratava-se de operação nova, muito complexa e altamente perigosa, mas o Dr. Kocher já havia realizado mais de 2 mil de tais cirurgias. Nadya dominou o terror e concordou em se submeter ao procedimento.[2]

O preço do tratamento com o professor Kocher era verdadeira fortuna, mas Lênin não tinha o menor remorso em pagar qualquer preço para consultar os melhores médicos disponíveis, para ele e para Nadya. Com sua mãe também adoentada, ele, ao menos dessa vez, não quis perturbá-la com o pagamento da conta do professor, mas não teve dúvida em pedir auxílio financeiro ao partido. Julgou totalmente razoável os bolcheviques cuidarem bem de seus ativos principais – os servidores importantes do partido como Nadya.

Lênin escreveu aos editores do *Pravda* solicitando contribuição para a crucial cirurgia. "Imploro que não demorem," escreveu em 10 de junho. O jornal aprovou o auxílio, embora o dinheiro fosse levar algum tempo para chegar. Poucos dias mais tarde, ele escreveu de novo e urgentemente: "Minha esposa vai fazer uma operação. O dinheiro é vitalmente necessário."

Lênin e Nadya chegaram a Berna em 12 de junho. Mas Kocher era uma espécie de astro, com enorme demanda de doentes e longa lista de espera. Quando lhes foi dito que eles precisavam ser pacientes, aguardar pela vez e se instalar durante o intervalo em Berna pagando bom preço pelas acomodações, Lênin ficou furioso. "Houve uma discussão ácida com Kocher – pessoa de temperamento caprichoso," escreveu a Kamenev. "O professor é uma celebridade e gosta que lhe roguem."[3]

Houve diversos adiamentos ao longo das semanas seguintes, mas a cirurgia teve lugar em 10 de julho. Três dias depois, Lênin escreveu à sua mãe: "Finalmente Nadya foi operada na quarta-feira passada. A cirurgia evidentemente foi um sucesso porque ontem (sexta-feira) ela parecia razoavelmente bem e começou a comer e beber com gosto. Uma operação aparentemente bastante difícil. Por cerca de três horas, eles a torturaram sem anestesia, mas ela aguentou heroicamente. Na quinta-feira Nadya passou muito mal – temperaturas elevadas e delírio – e fiquei muito assustado, porém o estado dela vem melhorando bastante."*

Nadya permaneceu no hospital em convalescença por cerca de quinze dias. Lênin aproveitou a oportunidade para realizar alguns trabalhos práticos. "Enquanto eu estava no hospital," disse ela laconicamente, "Vladimir Ilyich deu aulas em Genebra, Lausanne, Zurique e Berna sobre os problemas das minorias nacionais."

Lênin não era homem de consciência moral altamente desenvolvida. Não obstante, antes da mudança para Cracóvia, ele acabou com o lado físico de seu *affair* com Inessa – pelo menos, tentou. Os dois foram por alguns dias para Arcachon, no Sudoeste da França, e ele disse à amante que não podia continuar ferindo Nadya. Inessa ficou zangada e infeliz, e disse não achar que o relacionamento dos dois "estivesse machucando qualquer pessoa," mas Lênin insistiu que julgava difícil "administrar" o caso amoroso. Os dizeres das cartas

*No longo prazo, contudo, a cirurgia teve apenas sucesso parcial. Os sintomas imediatos desapareceram por certo tempo quando Lênin e Nadya retornaram à Polônia após a operação. Mas eles foram recorrentes ao longo de toda a vida de Nadya, algumas vezes causando-lhe dores agudas e desconfortos.

de Inessa, no entanto, comprovam que o caso continuou, com certa intermitência, por diversos anos.

A intimidade com Inessa era central para a vida emocional de Lênin, e importante para ele no aspecto profissional. A partir de 1912, Lênin escreveu com regularidade para a amante; sem contar os breves cartões-postais, dos quais existem muitos; cerca de 150 cartas sobreviveram. Decerto, ele escreveu diversas outras, que desapareceram ou foram destruídas. A certa altura de 1914, Lênin pediu-lhe que devolvesse todas as suas cartas: "Enviá-las por despacho registrado, não julgo conveniente; um grande envelope registrado pode facilmente ser aberto por amigos (...) ou coisa parecida. (...) Por favor, traga todas as cartas, venha você mesmo e falaremos sobre o assunto."* A correspondência dos dois mesclava pessoal e político, indo de um ao outro quase sem necessidade de transição, demonstrando assim quão íntima era a ligação entre ambos. As cartas também revelam uma relação tempestuosa na qual os dois amantes se envolveram em acaloradas brigas. Inessa era passional e podia ser exigente e geniosa. É fácil ver-se por que Lênin ficou caído por ela – e igualmente por que não quis com ela viver.

Inessa e os cinco filhos juntaram-se ao casal em Cracóvia, nem bem decorridos seis meses, ocupando um apartamento na mesma rua. Os três adultos passavam muito tempo juntos – "V.I. escrevia um discurso, discursava na nossa frente, e Inessa o transcrevia," relatou Nadya a Maria Ulyanova. De outra feita, contou: "Costumávamos caminhar por horas pelas trilhas do bosque cobertas por folhas. Normalmente íamos os três, V.I., Inessa e eu (...) às vezes, sentávamo-nos numa ensolarada encosta recoberta de vegetação rasteira. Ele esboçava pronunciamentos que faria, ajeitando aqui e ali, enquanto eu aprendia italiano (...) e Inessa cosia uma saia ou desfrutava do calor do sol." Inessa tocava piano muito bem e, a despeito da afirmação de Lênin de que não podia ouvir muito Beethoven porque "ele nos deixa demasiadamente brandos," ela com frequência executava sua sonata Appassionata.[4]

Lênin e Nadya se tornaram muito chegados aos filhos de Inessa, em especial aos mais novos. Nadya gostava bastante das duas meninas, Inna e Varvara, e a afeição era recíproca. Fosse por causa de condição ginecológica não especificada que a acometeu após seu exílio siberiano

*Quase toda a correspondência foi censurada pelas autoridades soviéticas após a morte de Lênin. Afora bem poucas cartas absolutamente mundanas sobre questões triviais do partido bolchevique, nenhuma outra apareceu depois do colapso da URSS em 1991, e muitas só foram reveladas alguns anos mais tarde. É provável que ele próprio tenha destruído algumas das cartas que Inessa devolveu, mas não se sabe ao certo.

e requereu tratamento de dois meses, fosse por seus problemas com a tiroide, que provavelmente se instalaram em seu organismo por anos, sem serem diagnosticados, Nadya e Lênin não tiveram filhos. Ela raramente mencionava qualquer desapontamento. Escreveu algumas vezes sobre a dor de outras mulheres que não podiam engravidar. Possivelmente estivesse pensando em si mesma quando disse de sua grande amiga, a convicta solteira Vera Zasulich, que "ela tinha enorme necessidade de uma família. Bastava ver como brincava amorosamente com o cabelo louro de Dimka [Dmitry, irmão mais novo de Lênin]."

Lênin também gostava de crianças – até certo ponto. Apegou-se ao filho Stepan dos Zinovievs, nascido em 1900. Em Cracóvia, Lênin passeou muitas vezes com o menino enganchado em seus ombros e brincou afetuosamente com ele, chegando os dois a rolarem pelo chão. "Algumas vezes, Vladimir Ilyich e Styopka derrubavam tudo que existia no quarto," escreveu mais tarde a mãe de Stepan, Zina Lilina. "Quando a situação ficava muito barulhenta, eu tentava pará-los, mas eles insistiam: 'Não se meta, estamos brincando.'" Certa ocasião em que caminhavam por uma rua de Cracóvia, Lênin suspirou, mostrou tristeza e disse a Zina: "É uma pena não termos um Styopka como este."*[6]

Separar o relacionamento pessoal entre Inessa e Lênin do político, nunca foi fácil. Os dois eram cerradamente ligados. Ele confiava a ela o cumprimento de missões, importantes ou pequenas, que não delegaria a mais ninguém. Lênin era possuidor de tal autoconfiança que julgava os outros incapazes de funcionar melhor que ele em qualquer matéria que requeresse discernimento político. Mas reconhecia que podia delegar a Inessa. Chegou a persuadi-la a representá-lo na conferência de Bruxelas, tarefa que exigia conhecimento e *nous* [habilidade]. Famosas figuras do socialismo internacional estariam presentes, como Karl Kautsky, Martov, Rosa Luxemburg e Plekhanov; ela relutou e temeu a missão de ser a porta-voz de Vladimir Ilyich.

*Mais tarde, Lênin gostou muito de Gora, filho adotivo de sua irmã Anna e do marido Mark Elizarov – um menino-prodígio de quem o casal ouviu falar por volta de 1911 quando os dois moravam em Saratov. Seu nome verdadeiro era Georgy Lozgachev, que, aos seis anos de idade, aprendeu por conta própria a ler em russo e, através de bíblias em eslávico liturgico, chegando também a ler alguma coisa em hebreu. Anna Ulyanova e o marido ofereceram-se para adotá-lo e dar-lhe a melhor educação, e seus pais biológicos concordaram. Lênin, em seus últimos anos, tomou-se de amores pelo menino. Outros relatos, todavia, diferem sobre o gosto de Lênin por crianças. Panteleimon Lepeshinsky, que bem o conhecia do exílio na Sibéria e da vida de *émigré* em Genebra, lembrou-se de que Lênin achou muito chato ter que tomar conta de sua jovem filha, Olga, "porque ela implicou o tempo todo com a calvície dele."

Por fim, após praticamente implorada a ir, Inessa cedeu e, segundo muitos relatos, saiu-se muitíssimo bem, sempre mantendo a calma e agindo com diplomacia. Lênin escreveu depois a ela: "Você acabou de prestar excelente serviço ao nosso partido. Sou-lhe especialmente grato por substituir-me (...) você equacionou os problemas de forma muito melhor do que eu poderia fazer. (...) Por certo, eu teria explodido e os xingado de canalhas. Era isso que eles queriam que ocorresse. Já você foi só tranquilidade. Agradeço-lhe mil vezes."[7]

Passados três meses em Cracóvia, Lênin a enviou em missão perigosa e audaz de volta à Rússia, onde ela também era mulher "procurada." A tarefa era fazer contato com uma célula bolchevique em São Petersburgo sobre a qual Lênin não recebia notícias havia muito tempo. Ela ingressou no país disfarçada de camponesa e com identidade falsa em nome de Fransiska Yankevich. A partir do momento em que cruzou a fronteira do país, a Okhrana passou a seguir seus passos. Ela conseguiu encontrar-se com os camaradas que deveria procurar; entretanto, as fileiras do partido em São Petersburgo estavam tão infiltradas por agentes-duplos que ela acabou sendo traída, presa e encarcerada.

O marido conseguiu tirá-la da cadeia. Pagou a fiança de 5.500 rublos e propiciou-lhe escapar para a Polônia. Inessa deixou as crianças mais novas com ele em Moscou e, a partir de setembro de 1913, ocupou um quarto no lar dos Kamenevs, perto da residência de Lênin, retornando à familiar rotina do *ménage*. "Todo o nosso grupo de Cracóvia sentiu-se atraído por Inessa (...) vivíamos juntos num pequeno e amistoso círculo."

Do nada, em dezembro, Inessa surpreendeu a todos e subitamente deixou Cracóvia e voltou a Paris. Não ficou claro o porquê, apesar de parecer possível que, após outra breve viagem juntos à Suíça, Lênin tivesse decidido novamente terminar o *affair*. Talvez se sentisse culpado em relação a Nadya, que ainda se recuperava da operação. Inessa ficou profundamente magoada e deprimida. Logo depois de chegar à capital francesa, escreveu a Lênin, sem fazer qualquer esforço para disfarçar seus sentimentos ou a natureza das relações.

"Manhã de domingo...

Meu querido,

Aqui estou em Ville Munière e minha primeira sensação é de desgosto. Tudo em relação ao lugar irrita – o cinza das ruas, as mulheres exageradas nas vestes, as conversas acidentalmente ouvidas, até a língua francesa. (...) Foi uma pena que Arosa fosse tão passageira, tão transitória. Arosa era tão perto de Cracóvia, enquanto Paris, digamos assim, é tão final.* Nos separamos, separamos mesmo, você e eu, meu querido! E dói tanto. Sei, apenas sinto, que você não virá aqui. Observo os locais familiares e percebo bem claramente, como nunca antes, o espaço enorme que você ocupou na minha vida aqui em Paris, de modo que qualquer coisa que aqui seja feita é ligada por milhares de fios ao pensamento sobre você. Eu não estava absolutamente apaixonada por você naquele tempo, apesar de, então, já amá-lo. Mas agora, posso até passar sem seus beijos se conseguir vê-lo; ocasionalmente falar com você seria a glória – e não machucaria ninguém. Por que tenho que abrir mão disso tudo? Você diz que estou aborrecida porque foi você quem "tomou a decisão" da separação. Não, não acho que você decidiu por você mesmo. Houve muita coisa boa em minhas relações com NK [Nadya Konstantinovna]. Em uma de nossas últimas conversas, ela me disse que apenas recentemente passou a gostar de mim e se achegar a mim."[8]

Inessa data como domingo à noite o restante da carta, cuja maior parte se refere a questões do partido e política. E o fecho foi:

"Quando você escrever para mim sobre assuntos profissionais dê-me alguma indicação a respeito do que o KZO [Comitê dos Social Democratas Russos no Exterior] pode falar e do que não pode.

Bem, meu querido, por hoje basta. Quero despachar logo esta carta. Ontem não chegou carta sua! Receio que as minhas também não estejam chegando às suas mãos – enviei três delas (esta é a quarta) e um telegrama. É possível que você não os tenha recebido? Sou invadida pelas mais estranhas ideias quando penso a seu respeito. Escrevi também para NK, para seu irmão e para Zina [Lilina, esposa de Zinoviev]. Será que ninguém recebeu nada? Beijos.

Sua Inessa."

Lênin escreveu de volta, deixando perfeitamente claro quão importante para ele era a relação dos dois – e quanto ela significava para ele: "Querida amiga, (...) Sua última carta chegou tão carregada de tristeza e evocou em mim tão sombrios pensamentos, noções de culpa, que não consigo equilibrar meus sentidos."

*Arosa, cidade turística alpina na Suíça, é onde parece que Inessa e Lênin passaram alguns dias no outono de 1913. Fica claro que os dois estiveram na Suíça ao mesmo tempo, embora não tenha ficado totalmente claro se lá estiveram juntos. Tudo indica que sim.

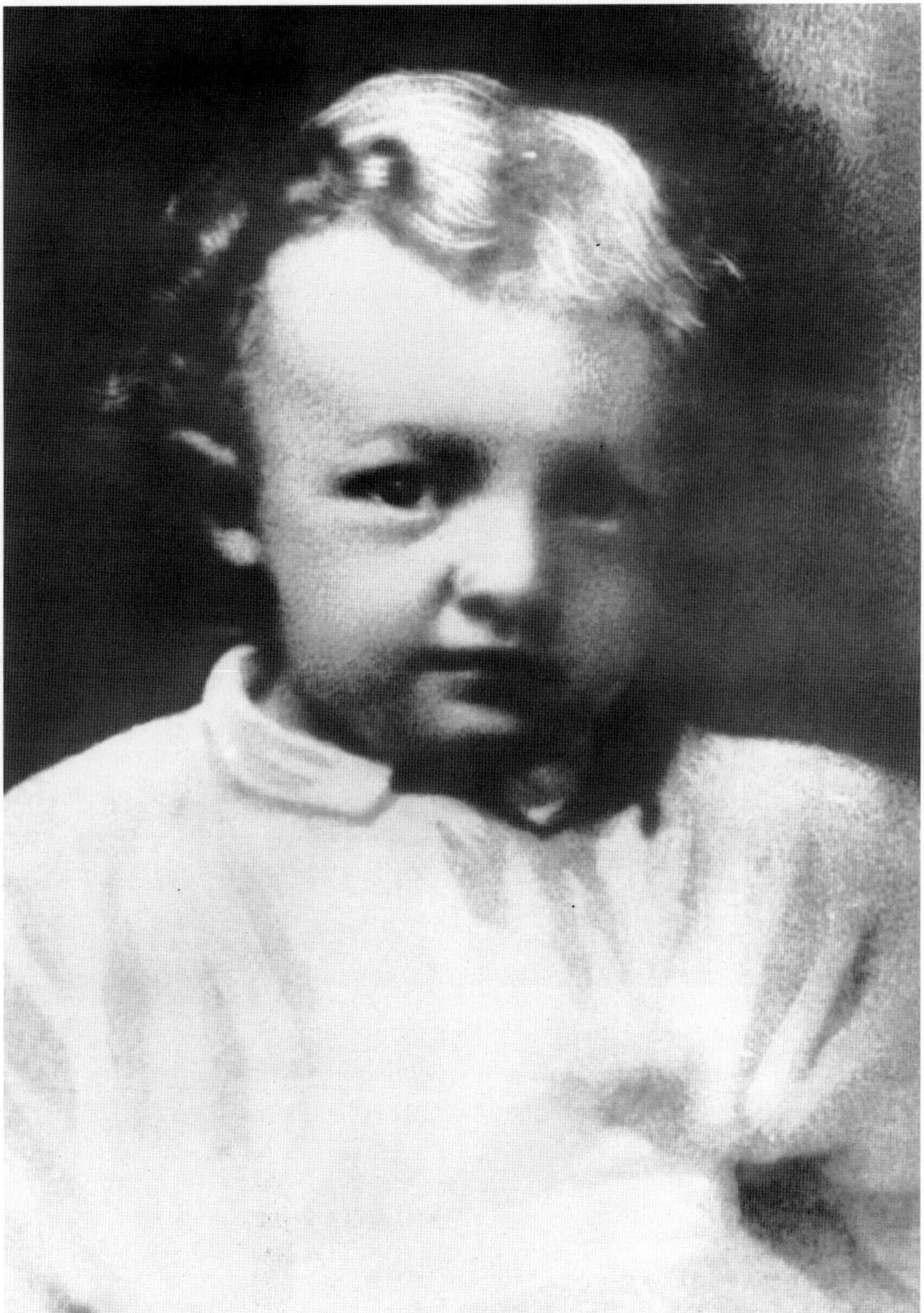

Vladimir Ilyich bebê era de "cabeça pesada" – parecia desproporcional ao corpo, segundo a irmã Anna. E "era muito barulhento e briguento."

"Berço de gente respeitável," a família Ulyanov em 1879. *Da esquerda para a direita:* Olga, Maria Alexandrovna (*com a filha Maria no colo*), Alexander (*de pé*), Dmitry (*sentado*), Ilya Nikolayevich, Anna e Vladimir.

Alexander "Sasha" Ulyanov, ótimo estudante de ciências naturais, poucos meses antes de ser enforcado com vinte e um anos de idade.

Irmã mais velha de Lênin: Anna Ilyinichna com vinte e poucos anos.

A outra irmã, Maria. As duas foram revolucionárias ativas, presas e exiladas repetidas vezes, e fizeram grandes sacrifícios pela carreira de Lênin.

Nadejda Konstantinovna Krupskaya, aos vinte e um anos de idade, três anos antes de conhecer o futuro marido Vladimir. "Ele nunca poderia amar uma mulher de cujas opiniões discordasse totalmente e que não fosse boa camarada em seu trabalho."

“Foto de ficha policial” de Vladimir Ilyich tirada quando ele foi preso pela primeira vez em 1895.

Yuri Martov (Julius Osipovich Tsederbaum), o mais próximo amigo homem de Lênin por muitos anos, até que os dois se tornaram adversários políticos e inimigos figadais.

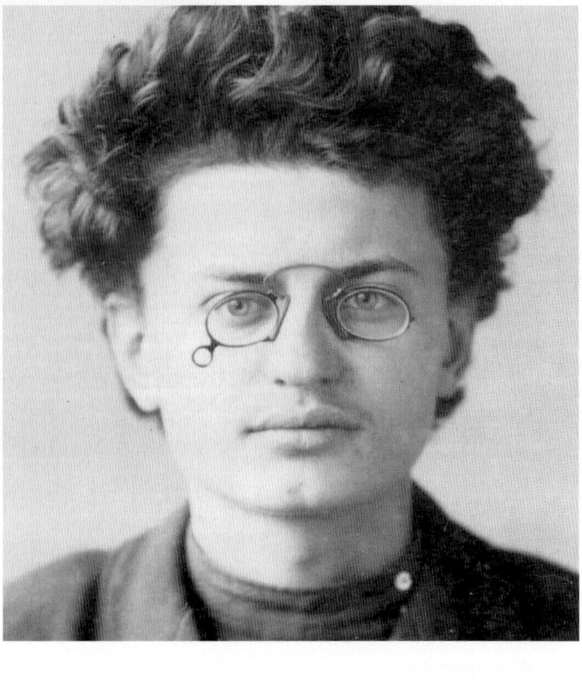

Leon Trotsky, ao tempo em que conheceu Lênin, em 1902, quando seu pseudônimo amigável de conspirador era "Pen."

Nadya aos vinte e seis anos.

Inessa Armand, amante de Lênin. "Uma inextinguível fonte de vida (...) a chama ardente da revolução," segundo um de seus camaradas.

24

Catástrofe – o mundo em guerra

"Uma guerra entre Áustria e Rússia seria boa para a revolução, mas não é provável que Franz Josef e Nikolasha nos deem esse prazer."

Lênin a Gorky, 25 de janeiro de 1913

"O czarismo é cem vezes pior que o kaiserismo. (...) Do ponto de vista da classe operária e das massas trabalhadoras da Rússia, o mal menor seria a derrota da monarquia czarista e de seu exército."

Lênin a Alexander Shlyapnikov, 17 de outubro de 1914

LÊNIN VINHA PREVENDO UMA GUERRA MUNDIAL entre as grandes potências havia uma dúzia de anos a partir de 1900. "A guerra está chegando (...) travada por repartição de colônias, pela luta por mercados e pela liberdade para saquear territórios estrangeiros. Ladrões se desentenderão." Cinco anos antes de eclodir a luta armada, ele disse: "A guerra é inevitável. O mundo capitalista atingiu o estado de putrefação. Os povos estão começando e se envenenar com as drogas do nacionalismo e do chauvinismo. Acho que veremos em breve uma guerra geral europeia (...), e a classe operária não será capaz de encontrar força para evitar a carnificina (...) ela não é suficientemente organizada ou tem consciência de classe para fazê-lo (...) e uma guerra em que os trabalhadores sofrerão horrivelmente. Mas serão os inimigos dos operários que enfraquecerão uns aos outros. Os trabalhadores pagarão alto preço, mas no fim lucrarão."[1]

Com o passar dos anos, Lênin mudou de ideia e descartou um conflito iminente – embora não estivesse sozinho na nova noção: pouca gente na ocasião via uma guerra se aproximando. Lênin julgou que as grandes potências poderiam evitar as hostilidades no curto e no médio prazos. Em novembro de 1912, escreveu à sua mãe e à irmã Maria: "Há muita conversa sobre guerra por aqui, como vocês podem ver nos jornais. Se ela estourar, provavelmente eu tenha de ir para Viena, ou talvez para a cidade onde nos vimos pela última vez [modo codificado de se referir a Estocolmo], mas não creio que haverá guerra." Um mês depois, ele escreveu para Gorky: "Provavelmente não haverá guerra, e ficaremos por enquanto aqui mesmo, tirando vantagem do desesperado ódio dos poloneses ao czarismo." E tinha, como sempre, muita confiança em seu julgamento. Se pensasse que a guerra era iminente entre Áustria e Rússia, não teria permanecido na Galícia, onde era grande a possibilidade de ele ser considerado cidadão de nação inimiga quando as hostilidades começassem. Muito certamente ele pensou em se mudar da Polônia austríaca para a Escandinávia; porém achou que os suecos ou os dinamarqueses seriam pressionados a extraditá-lo para a Rússia. Foi sério erro de cálculo permanecer em Poronin, que em pouco tempo levaria a problemas pessoais e políticos. Primeiro, Lênin foi detido, preso, encarcerado, e por um curto período houve sério perigo de ser linchado como espião. Depois, quando surgiu a oportunidade de retornar à Rússia, a única maneira de lá chegar foi buscando ajuda da Alemanha, expondo-se, pois, à acusação de traição.[2]

Quando a guerra de fato eclodiu, ele errou novamente. Tinha certeza de que o Partido Social Democrata Alemão – o maior e mais antigo no mundo, partido que a maioria dos marxistas julgava ser o disparador e líder da revolução mundial – votaria contra a guerra no parlamento alemão. "Eles não podem apoiar uma guerra imperialista e dinástica (...) não são assim tão canalhas," disse a Zinoviev poucos dias antes de os socialistas alemães, impulsionados por uma onda de nacionalismo, votarem para garantir ao governo os recursos financeiros necessários para travar o conflito armado. Os partidos equivalentes na França, na Áustria e na Inglaterra fizeram o mesmo, e Lênin ficou furioso. "Traíram o socialismo. (...) A partir deste momento não posso mais me considerar social-democrata. Sou um comunista."*

No início da tarde de 7 de agosto de 1914, seis dias depois de os austríacos declararem guerra à Rússia, a polícia chegou para revistar a residência de Lênin em Poronin. Histérica "mania de espionagem" varreu a Galícia, até mesmo nas remotas regiões do sopé dos Montes Tatra, para onde Lênin, Nadya e os Zinovievs haviam se deslocado para passar o verão. Antes, eles eram muito populares entre as pessoas locais. Agora, o padre católico das vizinhanças incitava os moradores dos vilarejos a suspeitarem da "gangue moscovita" que vivia entre eles. Nos sermões, ele alertava que os russos poderiam envenenar os reservatórios de água. Um aldeão disse a um miliciano que vira Lênin

*E foi uma posição firme. Uma das primeiras coisas que Lênin fez quando assumiu o poder na Rússia foi mudar a denominação do RSDLP de Partido Social Democrata dos Trabalhadores Russos para Partido Comunista.

sentado no cume de um morro "escrevendo num bloco de anotações – exatamente como um espião faria." A empregada que Nadya contratara para limpar a casa começou a fofocar no vilarejo. Foi despedida e recebeu passagem de trem para ver sua família em Cracóvia.

Lênin foi bastante displicente em relação às ameaças de prisão. Nem tentou esconder sua velha pistola Browning – descarregada – antes que a polícia revistasse sua casa. A polícia também encontrou blocos de anotações repletos de dados estatísticos e números, material de pesquisa para artigo que escrevia sobre a produção de grãos nas fazendas comunitárias russas. Confiscaram tudo como alegadas provas de espionagem. Lênin foi obrigado a se apresentar todas as manhãs à delegacia de polícia da cidade mais próxima, Nowy Targ, "para interrogatório." No curso do dia, ele, Nadya, Zinoviev e seus amigos, perceberam que o perigo era potencialmente sério. Ele encontrou um médico local disposto a afiançar por ele. Escreveu a funcionários do governo usando seu verdadeiro nome, o que raramente fazia. Deixou claro que era inimigo figadal do regime russo. "A polícia local de Nowy Targ suspeita de mim com espião. Vivi em Cracóvia por cerca de dois anos. (...) Forneci pessoalmente informações sobre quem sou ao comissário de polícia de Zwierzyniec [a região onde residiu]. (...) Sou um emigrante, um social-democrata. Por favor, entrem em contato telegráfico com Poronin e com o prefeito de Nowy Targ para evitar mal-entendidos. (...) V. I. Ulyanov."*

Quando chegou no dia seguinte à delegacia de Nowy Targ, havia uma turba ameaçadora do lado de fora tentando ter um vislumbre do "espião russo."

Foi posto numa cela em companhia de uma variedade de contraventores, bêbados e mendigos. Quarta vez que era preso, de modo que as condições não o incomodaram. Rapidamente impressionou seus companheiros de cadeia. Embora não falasse polonês, nem fosse qualificado como advogado nas terras dos Habsburgos, tentou ajudá-los em suas reivindicações – "ele era 'popular' e verdadeiro touro," lembrou-se mais tarde um companheiro de cela.

*O principal apoio que Lênin recebeu localmente foi dos judeus da Galícia, que viam nele importante inimigo do Czar. Ele se tornara amigo do dono da principal loja da cidade, Mendel Singer, que levantou fundos para pagar advogado de defesa. Foi contratado o respeitado advogado local Dr Bernard Cohen, e Nadya recebeu algum dinheiro. Na primavera de 1918, Singer se surpreendeu ao receber carta com selos de Moscou. "Por favor, aceite minhas desculpas por deixar a cidade sem pagar o senhor em 1914, devido a certas circunstâncias difíceis. O dinheiro acompanha esta carta." Em 1920, Lênin enviou uns poucos funcionários para localizar os documentos e livros que ele e Nadya tinham deixado na Polônia. Eles encontraram um embrulho com papéis de Lênin cuidadosamente escondido no sótão de Singer.

Choveram pedidos por sua libertação, inclusive solicitações à polícia local feitas por funcionários de Cracóvia. Mas a milícia de Nowy Targ resistiu às pressões, e Lênin ficou um bom tempo numa cadeia de província.

Zinoviev e outros ativistas bolcheviques da Galícia aconselharam Nadya a procurar o auxílio de Victor Adler, um veterano líder dos socialistas austríacos com quem Lênin havia se encontrado algumas vezes em conferências ao longo dos anos, e de um distinto membro social-democrata do Parlamento austríaco, Hermann Diamand. Adler, figura venerada pela esquerda europeia, tinha profundos desacordos com Lênin, que era muito extremado para seu gosto, mas se dispôs a se encontrar com o ministro do Interior em Viena, Karl, barão Heinold, e argumentou que a soltura de Lênin viria ao encontro dos melhores interesses da Áustria. "Ulyanov não é um cidadão russo comum e, seguramente, não é espião. É, isso sim, um determinado oponente do czarismo e homem que devotou toda a sua vida à luta contra o governo russo. Caso apareça na Rússia, será preso imediatamente." "Mas, o senhor tem certeza?" – perguntou o ministro do Interior. "Oh! Sim," retorquiu Adler, "ainda mais implacável inimigo do que Vossa Excelência. Ele foi inimigo do czarismo quando Vossa Excelência ainda podia ser amigo. Continua inimigo. E será inimigo quando Vossa Excelência eventualmente voltar a ser amigo."

Lênin foi libertado em 19 de agosto, depois de onze dias de prisão, e recebeu permissão para atravessar a Áustria a caminho da Suíça. Ele e Nadya, com Elizaveta Krupskaya ainda mais debilitada, resolveram não residir em Genebra por uma terceira vez, e se instalaram em Berna. Como de hábito, passados alguns dias, ele já estava qualificando a cidade como "um buraco." Disse à irmã Maria: "É uma cidadezinha monótona, porém melhor que a Galícia e é o que existe de mais bom agora. Não se preocupe, nos adaptaremos."[3]

Para o Czar, e em especial para a Imperatriz, 1913 parecia ser o ponto mais alto de seu reinado. Comemorava-se o 300º aniversário da dinastia Romanov no poder, e multidões agitadas saudavam com entusiasmo o casal real que fazia giro pelo país, As celebrações do jubileu iludiam os que queriam ser enganados sobre a estabilidade da monarquia e a popularidade do governante. "Agora, pode-se testemunhar claramente quão covardes são aqueles ministros de Estado (...) [que] constantemente assustam o Czar com ameaças de revolução. É aqui que se vê que basta nos apresentarmos em público para constatar que conquistamos o coração de nossos súditos," escreveu a Imperatriz Alexandra a uma de suas damas de companhia no fim do ano. Foi dito ao Czar que as aglomerações de gente em nenhum lugar chegaram perto da quantidade e do entusiasmo que a Corte esperava; a Okhrana reportou muitas manifestações de protesto e perturbações antirregime nos eventos do jubileu. Mas o Imperador e sua corte acreditaram que o aniversário sustentara a monarquia.*

Os estrangeiros também ficaram convencidos. Uma nota do Foreign Office inglês ao Gabinete, no verão de 1913, afirmou categoricamente que "nada poderia exceder a afeição e a devoção demonstradas à pessoa do Imperador pela população onde Sua Majestade apareceu. Não há dúvida de que nessa estreita ligação das massas com a pessoa do Imperador repousa a grande força da autocracia russa." Em fevereiro de 1913, *The Times* publicou uma edição especial sobre o aniversário na Rússia e previu que "nenhuma esperança parece demasiadamente confiante e brilhante" para o Czar e seu país.[4]

Justamente quando ele imaginava estar no zênite do poder de sua dinastia, o Czar cometeu a mais catastrófica de todas as suas péssimas decisões – erro que, mais do que qualquer outro, lhe custou o trono e a vida. A guerra foi um desastre maior para a Rússia do que para as demais nações beligerantes. Como Lênin reconheceu, não fosse a guerra, "a Rússia teria continuado a viver por anos, talvez décadas, sem a revolução contra os capitalistas."

Mesmo alguns historiadores pouco simpáticos ao Czar Nicolau admitem que pouco ele poderia ter feito para evitar a guerra em agosto de 1914, que a corrida para as hostilidades bélicas tinha *momentum* próprio. Isso parece por demais simplista. O problema da autocracia – pelo menos das que funcionam adequadamente – é que o autocrata é responsável, no tempo e na história, por suas decisões. Nicolau tinha alternativa. Poderia ter decidido não ir à guerra, e salvado sua vida e seu país de uma catástrofe que durou quase um século.

Muitos de seus assessores aconselharam-no a não guerrear. O conde Sergei Witte disse ao Czar que "a Rússia não pode correr o risco da derrota porque o exército é o estai principal do regime e pode ser necessitado para preservar a ordem doméstica." O Czar agradeceu o conselho

*As celebrações requereram pesado policiamento, e o exército participara ativamente de sua maior parte. Em alguns lugares em que o casal real teria que passar, a presença de aglomerados foi proibida para evitar que se transformassem em demonstrações contra o governo. Em São Petersburgo, soldados estavam por todos os cantos. "A cidade se transformou, literalmente, num grande acampamento militar," disse o chefe do Corpo de Gendarmes. O autocrata não se sentia seguro em sua própria capital.

– e disse-lhe para deixar de ser tão negativo. Witte afirmou então a Maurice Paléologue, embaixador francês na Rússia, que a guerra entre a Rússia e a Tríplice Aliança da Alemanha, Áustria-Hungria e Turquia seria "uma loucura para nós (...) e só pode dar resultados desastrosos."

Em fevereiro de 1914, o ministro do Interior, Pyotr Durnovo, extremado de direita que, como chefe de polícia, havia ordenado a destruição de vilas inteiras depois da Revolução de 1905, escreveu presciente memorando para Nicolau alertando que a Rússia e a monarquia eram fracas demais para sustentar a longa guerra de desgaste que provavelmente resultaria do conflito com a Alemanha. Previu com notável exatidão o que poderia ocorrer: "O problema começará com a culpa atribuída ao governo por todos os desastres. Terá início nas instituições legislativas campanha mordaz contra o governo, seguida de agitação revolucionária por todo o país, com slogans socialistas, capaz de aliciar e congregar as massas a partir da divisão de terras e seguida pela divisão de todos os bens e propriedades. O exército derrotado, tendo perdido seus homens mais valiosos e arrastado pela onda de primitivos camponeses sedentos por terra, ver-se-á desmoralizado demais para servir de baluarte da lei e da ordem. As instituições legislativas e os partidos de oposição intelectual, desprovidos de autoridade real aos olhos do povo, não terão força para deter a maré popular levantada por eles mesmos, e a Rússia será lançada na mais desesperançada anarquia, cujo resultado não pode ser antevisto." Até o místico preferido do Czar, Grigory Rasputin, em quem a Czarina confiava mais do que em qualquer outro como "o Nosso Amigo, enviado por Deus," alertou contra a guerra e previu que se eclodisse um conflito com a Alemanha, "seria o fim de todos vocês." Mesmo ele foi ignorado.[5]

Na Rússia, o começo da guerra foi marcado por onda de fervor patriótico, como ocorreu em todas as nações beligerantes. O Czar recebeu apaixonada ovação quando surgiu no balcão do Palácio de Inverno depois que a declaração de guerra foi assinada em São Petersburgo, cujo nome havia mudado para Petrogrado, a fim de fazê-lo soar menos germânico. Os nacionalistas pan-eslávicos e a imprensa jingoísta vinham por muito tempo clamando por hostilidades armadas. Estavam convencidos de que o embate seria curto, "terminado pelo Natal" e resultaria vitorioso – com a Rússia no controle dos Bálcãs e concretizada a ambição Romanov, por muito tempo sonhada, da tomada de Constantinopla das mãos turcas.

As ofensivas de abertura funcionaram bem para os russos. Rapidamente, eles tomaram da Áustria-Hungria vastas áreas da Galícia. Entretanto, no momento em que tiveram de enfrentar o exército alemão, profissional, bem treinado e remetido para reforçar o aliado austríaco, os russos foram totalmente superados e sofreram derrotas trás derrotas. Perderam um corpo de exército inteiro nos Lagos Masurianos, mais de 170 mil combatentes mortos ou feridos. A Batalha de Tannenberg, apenas quatro semanas após o começo da guerra, foi um dos piores fracassos da história russa: todo o II Exército foi varrido, com baixas acima de 160 mil. O general vencedor, Paul von Hindenburg, disse depois que "tivemos de remover montes de corpos inimigos da frente de nossas trincheiras a fim de termos campo de tiro para disparar sobre as repetidas ondas de assaltos russas. A imaginação pode tentar contabilizar as quantidades de suas perdas, porém o número exato permanecerá para sempre um esforço inútil." O general derrotado, Alexander Samsonov, entrou num bosque à retaguarda e suicidou-se com um tiro. No correr de três meses, os russos perderam qualquer chance de executar uma guerra ofensiva e combatiam somente para sobreviver.[6]

Lênin não era homem com treinamento militar, no entanto descreveu com exatidão o exército russo como "bela maçã podre por dentro." No século XIX, o Império Russo se expandira para o leste e o sul no Cáucaso, saíra-se bem nas Guerras Balcânicas dos anos 1900, pouco menos contra franceses e ingleses na Crimeia, e muito mal contra os japoneses em 1904-5. Sua tática quase não mudara desde o tempo de Napoleão; o exército estava totalmente despreparado para uma guerra de atrito.

As perdas russas foram estarrecedoras, bem maiores do que qualquer um podia supor; e as reservas eram tão pequenas que o exército se viu forçado a mandar para a frente de combate homens mal instruídos da segunda leva de convocação. Por volta do fim de outubro de 1914, a Rússia já havia perdido 1,2 milhão de combatentes mortos, feridos ou desaparecidos em ação, grande parte dos quais jovens oficiais preparados e praças profissionais. O comandante do VIII Exército, general Alexei Brusilov, que mais tarde seria comandante supremo do exército, disse que a Batalha de Przemysl, naquele outubro, foi a última em que ele comandou "um exército devidamente preparado e treinado antes da guerra. (...) Nem bem decorridos três meses de hostilidades, a maior parte de nossos oficiais regulares e profissionais, e de outros homens treinados tinha desaparecido, deixando apenas um esqueleto de força que precisou ter os claros preenchidos às pressas por combatentes muito mal instruídos, enviados para mim dos centros de recompletamento. (...) Daquele período em diante, o caráter profissional de nossas forças desapareceu (...) muitos não sabiam sequer carregar suas armas. Aquele pessoal não podia absolutamente ser considerado militar (...) o exército regular sumira, substituído por bando de *ignoramus*." As reservas da retaguarda eram constituídas por homens que "já traziam a semente da deserção em massa, do descontentamento e, finalmente, do motim que a revolução criou." Esses seriam os homens que se tornariam cúmplices voluntários de Lênin.[7]

O exército esgotou seu equipamento mais rápido do que a perda de homens. Existiam 6,5 milhões de combatentes em armas em outubro de 1914 e apenas 4,6 milhões de fuzis disponíveis. Quando a guerra eclodiu, todo o exército russo possuía só 679 veículos a motor e duas ambulâncias motorizadas. Equipamento, inclusive artilharia pesada, oficiais de altas patentes e soldados feridos, tudo era deslocado dos pontos finais de linhas férreas em carros de boi por estradas lamacentas. O primitivo sistema de comunicações estava na raiz do desastre militar. Ao longo da extensa fronteira ocidental russa existiam apenas 25 telefones e alguns telégrafos de código Morse; os dispositivos do telégrafo enguiçavam constantemente. Comandantes e seus assistentes precisavam se movimentar a cavalo para descobrir o que se passava nos fronts – bem parecido com o descrito nos dias do *Guerra e Paz*.

A indústria não produzia munição suficiente, inclusive granadas de grosso calibre, em parte porque o Czar e a nobreza da corte faziam restrições aos lucros dos homens de negócios com a guerra. Os generais também julgavam que os equipamentos e suprimentos com que contavam bastavam para a breve guerra que lhes foi garantida, e não providenciaram produções de contingência para a manufatura de armas depois de poucos meses de combate. Decorridas apenas poucas semanas de combate, muitos batalhões ficaram sem munição. Em meados de outubro de 1914, alguns combatentes foram ordenados a limitar a quantidade de disparos a dez cartuchos por dia durante os embates. Em muitos casos, quando a artilharia germânica bombardeava suas posições, os artilheiros russos eram proibidos de responder com o fogo de contrabateria. Na Batalha de Przemysl, as tropas russas assaltaram posições alemãs praticamente com as mãos vazias e, quando foram ceifadas, o pessoal desarmado da retaguarda preenchia as lacunas com ordens para pegar as armas dos combatentes que haviam caído. "Eles eram jogados na linha de frente armados com baioneta em uma das mãos e uma espécie de bomba/granada na outra."

O moral despencou rapidamente, e os bolcheviques tiraram proveito da situação. Brusilov disse que, depois que os soldados profissionais foram abatidos nas primeiras semanas do conflito armado, a maioria dos soldados das reservas nada entendiam além de seus vilarejos e províncias, e não tinha a mais remota ideia de porquê de uma guerra estar sendo travada. "Os novos convocados chegados do interior da Rússia não faziam a menor ideia do que a guerra tinha a ver com eles," disse o general.[8]

Vasta quantidade de soldados russos preferiu se render a combater. No primeiro ano de guerra, 4,5 vezes mais russos foram feitos prisioneiros do que mortos em ação – 1,2 milhão para 270 mil. No exército britânico, esses números eram invertidos, com os mortos ultrapassando os prisioneiros de guerra na aproximada proporção de cinco para um. Com a continuação da guerra, os prisioneiros russos passaram os mortos na assustadora proporção de dezesseis para um. "Sinais ameaçadores de crescente desmoralização estão ficando mais e mais evidentes," disse o general Alexei Polivanov, ministro da Guerra, ao Czar quando as hostilidades já duravam seis meses. Alguns oficiais-generais dos escalões mais elevados sabiam que um desastre se formava a todo vapor, mas nada podiam fazer a respeito.[9]

No exílio suíço, Lênin via a impopularidade da guerra como grande chance para espraiar o bolchevismo pelo exército russo. Mas combatia batalhas próprias. Para ele, a guerra que realmente importava não era aquela das trincheiras e dos campos de luta da Galícia e da Ucrânia Ocidental. Ele era mais ou menos indiferente aos conflitos sangrentos nos quais eram massacrados milhões de moços da classe trabalhadora. A guerra de Lênin era pela liderança do movimento revolucionário.

25

Ao ermo

"Quão engraçado e desapontador. Veja só meu destino. As campanhas de uma luta atrás da outra – contra estupidezes, banalidades e oportunismos políticos. (...) *Tem sido assim desde 1893. E, em pagamento, recebo o ódio das pessoas vulgares. Não obstante, eu não trocaria tal destino pela "paz" com filisteus e gente ordinária."*

Lênin a Inessa Armand, 5 de dezembro de 1916

LÊNIN INSTALOU-SE NO EXÍLIO SUÍÇO MAIS UMA VEZ, embora vivesse entediado em Berna e, pior para sua mente, a cidade não tinha uma biblioteca decente. Para ter uma percepção filosófica do marxismo mais firme, estava estudando Hegel, a dialética; Aristóteles (no original em grego) e tentando escrever livro importante que, no fim, aparentaria ser imperialista: *A Fase Superior do Capitalismo*. Contudo, carecia de muito mais material e ia ficando profundamente frustrado.

A vida retornou ao estilo anterior à guerra. O casal encontrou pequeno apartamento nos arrabaldes da cidade, próximo a bosques charmosos. "Do outro lado da rua, morava Inessa; cinco minutos a pé, os Zinovievs. Caminhávamos ociosos (...) os três de nós ao longo das trilhas nas matas," lembrou-se Nadya. O *Pravda* fora fechado no início de setembro de 1914 por batalhar firmemente (sob a direção de Lênin) contra a guerra, mas ele produziu copiosa quantidade de jornalismo para outras publicações. Fazia incansáveis palestras na Suíça e, ocasionalmente, na França. Como de hábito, engalfinhava-se duramente com os oponentes do movimento revolucionário – o verdadeiro inimigo, como ele via a situação. Embora contasse com alguma fama na esquerda europeia, Lênin era quase desconhecido em seu próprio país, fora do movimento insurgente. Até o público leitor russo não tinha particular interesse nele. Dois anos antes de a guerra começar, um editor de São Petersburgo, Mikhail Kedrov, lançou três volumes da compilação de suas obras. Só houve 200 subscrições. A editora havia produzido uma tiragem de 3 mil exemplares, só vendeu menos da metade em um ano, e o resto das sobras foi negociado a preço de papel usado.

Nos primeiros anos da guerra, quando atingiu a meia-idade – meados dos 40 anos – Lênin começou a mostrar-se mais impaciente, irritadiço e difícil de lidar do que já era. Estava quase sempre estressado e sofrendo de insônia, dores de cabeça e cólicas estomacais. As "raivas" desenfreadas descritas por Nadya ocorriam com maior frequência. Discutia com todo mundo, inclusive com a irmã Anna, uma das pouquíssimas vezes em que trocou palavras ásperas com membros da família. Depois de carta dele, do outono de 1915, em que reclamou com aspereza de algo que ela havia escrito referindo-se ao fato de a guerra ir muito mal, Anna, profundamente magoada, retrucou: "Volodya (...) sinto que estou sendo atemorizada por você (...) a ponto de ficar receosa de emitir quaisquer opiniões precipitadas." Ela sempre o apoiara, trabalhara incessantemente para ele e cumprira com disposição qualquer tarefa que ele lhe pedisse, mesmo assim Lênin resmungara para Nadya e para amigos chegados que sua irmã "jamais fez mesmo sentido político em momento algum." Anna soube do comentário e aventou que talvez seu irmão "não consiga se controlar." Os dois fizeram as pazes logo a seguir, mas o incidente demonstrou o estado febril em que Lênin se encontrava.[1]

Só no *ménage* com Inessa e Nadya ele revelava seus reais sentimentos. "Observando-o de perto (...) ele se tornou mais reservado, mais introspectivo e, quando interrompido em seus devaneios (...) percebia-se uma dose de tristeza em seu olhar," disse Nadya. No todo, Lênin não era propenso à autopiedade, mas podia ser taciturno em suas cartas para Inessa. "Como me exaurem esses fétidos bastidores da política revolucionária," disse-lhe. "Já cansei das reuniões; meus nervos estão à flor da pele; minha cabeça dói; estou absolutamente esgotado."

As intermináveis batalhas internas o desgastavam, apesar de admitir, ao menos para Inessa, que muitas vezes ele era o causador. Só desabafa assim para ela: "Oh, como essas 'insignificantes questões' são apenas problemas fictícios e não reais, questões menores, obstáculos para os assuntos mais importantes colocados no caminho por essas futricas, questiúnculas e desimportâncias – e como estou inextricavelmente e para sempre ligado a elas! (...) Isso é sinal de que me encontro desanimado, cansado e em péssimo estado de espírito. No geral, gosto de minha missão – mas a estou quase detestando." Lênin levava tudo a sério e via cada leve desconsideração, desacordo ou desvantagem, pequenos que fossem, como um insulto pessoal. Durante a guerra, quando aconteceu ser afastado do conselho editorial da revista *Vorborte* dos social-democratas alemães, rugiu furioso em carta para Inessa: "Quem quer que perdoe essas coisas assim na política – atrevidas, insolentes, estúpidas – é um jumento ou um canalha, e jamais esquecerei (...) [delas]. Por coisas assim você desfere um soco na cara de um homem ou lhe dá as costas. Garantir igualdade a tolos e pequenos porcos – jamais. Mas é claro que tudo isso fica entre nós. Não posso escrever de outra forma quando me expresso livremente, embora talvez esse mau humor vá passar."[2]

O falecimento da mãe de Nadya causou um imenso transtorno naquela vida tranquila, confortável e tediosa em Berna. Elizaveta Vasilyevna já vinha decaindo visivelmente havia muito tempo; ela emagrecera ou encolhera para um tamanho assustadoramente pequeno e perdera muito peso, além de sofrer de demência por vários anos. No início da primavera de 1915, caiu de cama por causa de uma forte gripe e não se recuperou mais. Morreu dormindo aos 75 anos, na noite de 20 de março, com Nadya ao seu lado. Ela queria morrer na Rússia, mas não havia como. "Não tínhamos ninguém lá para cuidar dela," disse Nadya. Ela e o genro discordaram algumas vezes, mas viveram juntos e, em geral, amistosamente por quase vinte anos. Nadya quis que o corpo de sua mãe fosse cremado, prática relativamente nova na época e só legalizada na Suíça na virada do século. "Vladimir Ilyich e eu ficamos sentados no cemitério e, decorridas duas horas, nos entregaram uma pequena urna metálica ainda aquecida com suas cinzas e nos disseram onde enterrá-la," contou a uma amiga.*[3]

*Elizaveta Vasilyevna conseguiu, no fim, voltar à Rússia. Em 21 de fevereiro de 1969, durante os anos de Brejnev, o governo soviético providenciou para que suas cinzas fossem levadas para Leningrado, como era então chamada a São Petersburgo onde ela nascera. A propaganda Branca na Guerra Civil espalhou uma história diferente sobre a morte da sogra de Lênin, crível para algumas pessoas. Era a seguinte: durante a doença final, Nadya ficou ao lado da mãe noite após noite. Em 20 de março, exausta, ela pediu que Lênin a substituísse por algumas horas, "mas não deixe de me acordar, se minha mãe precisar de mim." Lênin sentou-se com um livro, enquanto Elizaveta falecia pacificamente durante o sono. Na manhã seguinte, Nadya, mortificada, perguntou-lhe por que não a tinha despertado como prometera. "Mas agi estritamente de acordo com suas instruções," teria ele supostamente dito. "Você desejava ser acordada se sua mãe precisasse de você (...) [ela faleceu] então, simples e logicamente, não precisava mais de você." Este relato é um popular mito anticomunista, totalmente fabricado. Na verdade Nadya estava com a mãe quando ela morreu..

Logo em seguida, decorrido apenas um mês, e ela ainda de luto fechado pela mãe, a própria Nadya sofreu uma forte recaída dolorosa de bócio tóxico, a Doença de Graves que constava como tendo sido totalmente curada pela cirurgia executada dois anos antes. Os sintomas eram os usuais: palpitações do coração, pescoço inchado e assustadores olhos esbugalhados. Sentiu-se e pareceu muito mal. Os médicos recomendaram que viajasse para um bom repouso curativo e, embora apreciasse os Alpes, Nadya escreveu à amiga Alexandra Kollontai, no exílio na Escandinávia, em busca de uma alternativa. "Preciso ir para as montanhas, entre 1.100 e 1.300 metros de altitude. Você sabe se existem elevações assim na Suécia ou Noruega? Aqui tenho uma espécie de sonolento remanso. Pergunte a alguém, por favor, se existem montanhas assim (...) e se o custo de vida é baixo." Mas eles não conseguiram ir para a Escandinávia. A geografia funcionava contra eles. Quão diferente poderia ter sido a história da revolução se Lênin tivesse conseguido durante a guerra um exílio na Suécia ou na Noruega? Ele não teria feito o pacto com a Alemanha que quase destruiu sua reputação na pátria-mãe e poderia ter resultado em sua morte como alegado traidor.[4]

O estranho triângulo revolucionário instalou-se nos Alpes e passou a fazer idas, a intervalos regulares, à região denominada Bernese Oberland (as serras altas e planaltos em volta de Berna). Durante uma dessas grandes excursões durante a guerra, Lênin, Nadya e Inessa passaram juntos quase quatro meses em Sörenberg, entre Berna e Lucerna. Um visitante da mesma época lembrava-se de ter visto Lênin cuidando do jardim na casa de repouso que alugaram, enquanto Inessa tocava piano na sala de estar. Lênin manter-se-ia em contato com Zinoviev e outros revolucionários através de chamadas telefônicas diárias, às 8:30. De tarde, eles passeavam, normalmente os três. Retornavam à noite com apanhados de rododentros, flores silvestres e uma cesta de cogumelos. "Vivíamos confortavelmente lá (...) bosques em todo o entorno e montanhas bem altas – e havia até neve no cume do Rothorn. A correspondência chegava com pontualidade suíça. Descobrimos que até naquela remota vila era possível obter de graça qualquer livro de Berna ou da Biblioteca Pública de Zurique." Certa vez, Lênin foi surpreendido nadando nu no rio Kleine Emme.[5]

Nadya recobrou bastante bem a saúde naquela estada nas montanhas. Mas sobreveio então outro triste drama familiar. Lênin convenceu-se de que, por certo, nunca mais veria sua mãe de novo; mesmo assim, quando ela enfim faleceu em 25 de julho de 1916 devido a uma série de crises provenientes de suas enfermidades, ele ficou desolado. Maria Alexandrovna havia sido uma constante em sua vida, apesar de terem-se encontrado pouco nos últimos vinte anos. Sentiu-se miseravelmente pesaroso, por não ter podido vê-la no leito de morte, ou de não estar presente ao seu funeral na seção luterana do Cemitério Volkovo, em Petrogrado. Os que carregaram o caixão foram seu cunhado Mark Elizarov e Vladimir Bonch-Bruevich, amigo da família e ferrenho bolchevique, que se tornou secretário-particular de Lênin quando este retornou à Rússia.

A neutra indiferença de Lênin em relação à guerra pareceu um equívoco arriscado a muitos de seus leais seguidores. Os militantes do partido, em especial na Rússia durante os anos de euforia que antecederam a guerra, julgaram que tal postura deixava os bolcheviques parecerem extremados e impatrióticos. O apoio caiu, e "as consequências se mostram muito sérias para nós," alertou Lênin a um adepto de Petrogrado. Mesmo Inessa, que odiava o imperialismo alemão e austríaco, não concordou com Lênin a respeito do conflito armado – e muitas vezes disse isso para ele.

Lênin não se desculpava. No curto prazo, aceitava que os bolcheviques pagariam algum preço. Entretanto, do ponto de vista estratégico, estava certo. No longo prazo, sua consistente linha de ação contra a guerra foi fator crucial para ajudá-lo a conquistar o poder – e mantê-lo. Quando o estado de espírito mudou na Rússia, e o cansaço da guerra começou a crescer, o apoio aos bolcheviques aumentou. Lênin pôde então plausivelmente argumentar que fora sempre contra as hostilidades – ele e os bolcheviques poderiam trazer a paz. Foi a principal promessa feita ao povo em 1917.

A linha de Lênin era simples. Queria que o país perdesse a guerra; a derrota dispararia a revolução. "O czarismo é cem vezes pior que o kaiserismo," disse a Alexander Shlyapnikov, um dos altos bolcheviques na Escandinávia, o qual providenciou para que essa declaração de Lênin fosse contrabandeada da Suécia para a Rússia. "Do ponto de vista da classe operária e das massas trabalhadoras da Rússia, o melhor dos dois infernos seria a derrota da monarquia czarista e de seu exército." Ele não era um pacifista – longe disso. "Esse tipo de conversa de paz é coisa para sacerdotes e filisteus." Ele desejava transformar o conflito entre nações numa guerra de classes contra os opressores capitalistas. "Toda a essência de nosso trabalho (persistente, sistemático, talvez de longa duração) tem de ser tornar a guerra nacional em guerra civil. Quando isso ocorrerá (...) não está claro. Precisamos aguardar o momento amadurecer – forçá-lo a amadurecer (...), porém temos de persistir trabalhando nessa direção pelo tempo que for preciso."

No mês seguinte, Lênin argumentou da mesma maneira para Alexandra Kollontai na Suécia. "Transformar a presente guerra imperialista em guerra civil é o único *slogan* proletário adequado." O movimento socialista, acrescentou, tiraria vantagem da guerra, seria "purgado" pelo conflito armado. "A guerra europeia prestou grande serviço ao socialismo internacional por ter claramente revelado o total estado de podridão, baixeza e imundície dos oportunistas (...) assim proporcionando magnífico incentivo no sentido da limpeza do movimento trabalhista, tirando dele a sujeira acumulada ao longo de muitos anos pacíficos."[6]

A esquerda, nela incluindo-se os social-democratas, dividiu-se em três grupos a respeito da guerra. Os internacionalistas permaneceram neutros e sustentaram que essa havia sido a posição tradicional de que trabalhadores não deveriam matar-se uns aos outros em prol dos capitalistas. Os derrotistas desejavam ver seu próprio país batido como o menor dos males, porque a "vitória" fortaleceria seus regimes capitalistas e adiaria a revolução. Lênin era o "arquiderrotista," mas entraria em acordo com os internacionalistas quando isso fizesse sentido político.

Ao longo da guerra, ele esteve numa rixa acirrada com os "defensistas" – "vermes que traíram o socialismo," como Lênin os qualificava. Os oponentes dele eram em sua maioria os usuais suspeitos – mencheviques e "burgueses liberais fantasiados de socialistas." O principal traidor era Gregory Plekhanov, que disse no eclodir do conflito: "Se não fosse velho e doente, apresentar-me-ia voluntariamente ao exército. Fazer uma carga contra os camaradas alemães com a baioneta calada dar-me-ia enorme prazer." Lênin escreveu uma tensa réplica: "Tem de ser a missão primordial dos social-democratas de cada país combater o chauvinismo das respectivas nações." Os dois raramente entraram em contato depois disso, embora continuassem se digladiando através da imprensa durante toda a guerra.

Houve repetidos esforços para unir a Esquerda, mas foi impossível. Não poderia haver meio-termo entre Lênin, Plekhanov e os Social Democratas Alemães. Em uma conferência vital de setembro de 1915, numa estação de inverno nas montanhas suíças, Trotsky (internacionalista) criou aquilo que ficou conhecido como o grito antiguerra do Manifesto de Zimmerwald – "Trabalhadores Homens e Mulheres! Mães e Pais! Viúvas e Órfãos! Feridos e Inválidos! A todos os que sofrem com a guerra ou em consequência da guerra, exclamamos por sobre as fronteiras, por sobre os fumarentos campos de batalha, por sobre as cidades e aldeias devastadas: TRABALHADORES DO MUNDO UNI-VOS." Lênin o apoiou, mas o manifesto foi derrotado por uma combinação de mencheviques e alemães. Lênin não se surpreendeu. De qualquer forma, ele nunca levou conferências muito a sério; sabia que perderia. Passou a maior parte da conferência fora do plenário a brincar com os cães do dono do Hotel Zimmerwald, onde ocorriam os eventos. Em Kiental, outra estação de inverno nos Alpes suíços, sete meses mais tarde, Lênin foi novamente derrotado e não houve ostensiva condenação à guerra. Mas o Manifesto tornou-se o grito de guerra bolchevique.

Lênin escreveu muitos artigos sobre política de guerra, e sobre o que ela significaria para a esquerda. Entretanto, pouco mencionou a dimensão humana do conflito armado, a escala industrial do morticínio que ocorria. Argumentou que o resultado de cada batalha individual não tinha importância. Declarar vitória, em dado momento, para um ou outro lado, "para um grupo de ladrões contra outro grupo de ladrões," era irrelevante. A quantidade de mortos da classe trabalhadora era realidade sangrenta que parecia não despertar sua atenção. Martov era um pacifista, neutro em relação à guerra, que travava suas próprias batalhas particulares com Lênin, mas estava correto quando disse a um grupo de amigos que Lênin "não se interessa em (...) paz ou guerra. A única coisa para a qual dá atenção é a revolução. E a única revolução autêntica para ele é aquela que resulta na tomada do poder pelos bolcheviques."[7]

Inessa e Lênin tinham intensas e tempestuosas brigas que sempre mesclavam o pessoal e o político. Durante uma conversa em Berna pouco depois de a guerra estourar, ele disse a ela que tinha estreitas amizades e respeito com apenas "duas ou três mulheres na minha vida," implicando claramente, apesar de não dizer explicitamente, que ela era uma dessas mulheres. Lênin não ouviu qualquer reação a tal comentário por diversos dias, então, de repente e quase se materializando do nada, recebeu de volta dela uma carta indignada acusando-o de "extrema arrogância" ao dizer que só conhecia duas ou três mulheres que mereciam respeito. Lênin sentiu-se afrontado e não deixaria aquilo assim. Disse a Inessa que ela havia deliberadamente malentendido o que ele falara. "Jamais, jamais escrevi que só valorizo três mulheres. Nunca! O que escrevi foi que minha amizade incondicional, absolutos respeito e confiança tenho a duas ou três mulheres apenas. E isso é completamente diferente."[8]

Pouco depois, os dois tiveram outro sério desentendimento que mui claramente ultrapassou a linha divisória entre a teoria socialista e a relação pessoal – sobre a questão do "amor livre." Após uma longa discussão atinente a amor e casamento com suas filhas Inna e Varvara, no início de 1915, Inessa começou a trabalhar num panfleto que desejava escrever sobre direitos da mulher à luz da lei – matrimônio, divórcio, amor e sexo na nova era da revolução. Fez uma sinopse, que ansiava por mostrar a Lênin, supondo que ele se entusiasmasse tanto quanto ela pelo tema, e a encorajasse. Em vez disso, a resposta que recebeu foi fria, áspera, rude e pedante – como se fosse uma palestra sobre Marx que ele proferisse na prefeitura de Berna, e não a resposta a uma mulher com quem se mantinha em termos íntimos. A sinopse de Inessa cobria boa gama de tópicos femininos, mas ele selecionou apenas uma área – seu pleito para que as mulheres tivessem a "liberdade no amor." Freud, sem dúvida, teria tanto a dizer quanto Marx sobre o porquê de ele ter se concentrado só naquele assunto, porém os impensados comentários dele feriram Inessa profundamente. A demanda de amor livre, disse-lhe ele com dogmatismo, era politicamente incorreta – um conceito burguês, não proletário; "você deveria ter levado em conta o objetivo lógico das relações de classe em questões de amor." Ademais, uma autocentrada e "imoral busca pelo amor a qualquer custo" resultaria em promiscuidade e adultério.

Inessa ficou compreensivelmente furiosa, tanto com a questão por ele levantada quanto pela falta de tato com que ele a enfocou. Tratava-se de um comentário pudico,* sem imaginação e que ignorava por inteiro a própria posição dela. Não tinha Inessa abandonado o marido por amor? Ele não a amava, mesmo sendo infiel no casamento de papel passado? Ela replicou que a questão nada tinha a ver com relações de classe e que ele "confundia liberdade no amor (...) com liberdade para adultério. Seguramente até uma paixão passageira é (...)

*Nadya era bem mais pudica que Lênin e jamais acreditou no tal "amor livre" advogado por Inessa e, mais notoriamente, por Alexandra Kollontai. Nadya gostava de Kollontai, e elas se tornaram boas amigas, mas admitiu ter ficado "bastante espantada" com o famoso comentário de Kollontai que, quando a emancipação feminina ocorresse e houvesse igualdade entre os sexos, o fato de as mulheres fazerem amor "não seria mais significativo do que beber um copo d'água," como o era, argumentou ela, para a maioria dos homens. Nadya era burguesa da classe média no que tratava de questões sexuais, e considerava o casamento – dela e dos outros – com muito mais reverência do que outras feministas do seu círculo de conhecidas. Ela jamais expressou aprovação para qualquer alternativa à monogamia e, com toda a certeza, nunca flertou com outro homem depois que casou com Lênin. Seu comentário sobre o "copo d'água" de Kollontai era típico de Lênin. "Sim, é claro que todos têm suas necessidades. Mas quem escolheria beber de uma poça d'água?"

mais poética e pura do que beijos sem amor entre marido e mulher."

Lênin não percebeu aonde ela queria chegar e defendeu-se como se a matéria fosse totalmente acadêmica, como se eles não tivessem vivido um caso amoroso e ele não estivesse ainda com sua esposa. "Beijos sem amor entre cônjuges vulgares são *nojentos*. Concordo. Eles precisam ser comparados (...) com quê? Parece que: com beijos de amor. Mas você os contrasta com uma paixão (por que não amor?) passageira (por que passageira?) – e resulta logicamente como se beijos sem amor (...) sejam contrastados com beijos maritais sem amor." Não seriam repreensíveis os dois?[8]

Concordaram em discordar – caso raro para Lênin – mas a troca de palavras deixou Inessa claramente insatisfeita. Por um tempo, ela se afastou de Lênin e Nadya, retardou as respostas às cartas dele e demonstrou crescente independência. Não havia nenhuma dúvida na falta que ele sentia quando Inessa não estava por perto, quando se desculpou com a amante: "Querida amiga, (...) Aparentemente, a falta de resposta para diversas de minhas últimas cartas indica – em conexão com mais alguma coisa – certo estado emocional, uma decisão, sua situação. No fecho de sua última carta uma palavra foi repetida duas vezes. Fui checar. Nada. Não sei o que pensar, se você está ofendida por algo ou apenas muito distraída. (...) Receio perguntar, pois bem sei que você não gosta de indagações, então admiti que você não suporta ser questionada, e é isso. Então, desculpe-me..."[9]

Os alemães mantinham o olho em Lênin tanto quanto a Okhrana. Lênin sabia que espiões germânicos o seguiam e era cuidadoso em evitar contatos óbvios com quaisquer alemães ou seus agentes enquanto estivesse no exílio. Se fosse percebido na Rússia que ele se ligava com algum representante da Tríplice Aliança – em especial com um alemão – sua reputação estaria manchada e prejudicaria os bolcheviques. Ficou muito atento aos *provocateurs* e manteve distância de recém-chegados. Em Berna, Lênin regularmente se encontrava com Karl Moor, banqueiro suíço e social-democrata que ajudava a financiar os bolcheviques.* Começou a suspeitar dele quando Moor quis apresentá-lo a outros esquerdistas que Lênin não conhecia. Escreveu a confiáveis esquerdistas suíços e pediu que checassem Moor. "Quem

*Moor era sujeito esquisito. Rico, mas esquerdista genuíno – e, na verdade, também agente duplo para a inteligência militar alemã. Não obstante, jamais traiu Lênin, de vez que apreciava sua inteligência e seus úteis fuxicos sobre política suíça. De modo muito estranho, depois da revolução, embora tivesse sido revelada sua ação como agente alemão, ele se mudou para a Rússia soviética e manteve contatos ocasionais com Lênin.

é Moor? Já foi provado, completa e absolutamente, que ele é limpo? Teve ele quaisquer relações amistosas recentes, diretas ou indiretas, com alemães social-imperialistas ? [nova expressão cunhada por Lênin para os social-democratas pró-guerra] (...) Urge que ele seja verificado com muito cuidado – com provas documentais se possível. Não pode haver sombra de dúvida ou rumor." Moor passou no teste e Lênin ficou mais aliviado.

Entretanto, mediante estratagemas, sigilo e complicados subterfúgios – tudo de que gostava – Lênin manteve algumas ligações com a Alemanha, que foram vitais para o sucesso da revolução. Não fosse pelo obeso, ostentoso e corrupto multimilionário socialista chamado Alexander Helphand – normalmente conhecido pelo codinome "Parvus" – talvez Lênin nunca chegasse ao poder na Rússia. De todos os canalhas, patifes, charlatães, assassinos e cruéis hipócritas – assim como de todos os idealistas, pensadores inteligentes e políticos argutos – que aparecem nestas páginas, Parvus foi o mais curioso e grotesco.

Nascido em 1867 nas proximidades de Minsk, filho de artesão judeu, Helphand/Parvus frequentou escola em Odessa e universidade em Berna, onde se doutorou em filosofia. Retornou à Rússia e se tornou jornalista bem-sucedido e orador público; era "cintilantemente astuto, com língua afiada sempre a postos entre os lábios." Em série de artigos de 1904, previu quase com exatidão o que ocorreu: a derrota russa contra o Japão e a oportunidade revolucionária dentro de casa. Parvus podia ser pensador sério. A ideia da "revolução permanente," teoria central daquilo que se chamaria trotskismo, foi desenvolvida por ele. Desempenhou papel proeminente na Revolução de 1905, ao lado de Trotsky, com quem era muito próximo pessoal e politicamente. Mas se distanciaram um do outro. Foram presos, separadamente, pelo fim de 1905 e exilados para a Sibéria. Ambos escaparam: Parvus para a Alemanha, onde fez fortuna em diversificados negócios – inclusive propaganda e venda de produtos químicos e farmacêuticos, bem como preservativos para o exército alemão. Parvus adorava tramas políticas, "estar por dentro" e no centro dos eventos; porém gostava muito mais de dinheiro.

Por um breve período foi agente de Gorky e seu representante literário na Alemanha, quando a peça *The Lower Dephts* era apresentada com teatros lotados. Segundo Gorky, Parvus ficou com vinte por cento dos lucros para si, e concordou em dar um quarto a Gorky e o restante ao Partido Social Democrata Alemão. Helphand embolsou mais de 100 mil marcos, mas em vez de dar a Gorky sua parcela, escreveu-lhe francamente explicando que gastara tudo em viagens luxuosas à

Itália com companhia feminina. Gorky respondeu de bom humor que "devem ter sido férias muito agradáveis." Mesmo assim, queixou-se ao partido dos social-democratas. Um "tribunal" composto pelos pesos pesados do partido – Kautsky, Bebel e Zetkin – condenou Helphand moralmente, e ele mudou-se da Alemanha para Constantinopla, onde se tornou assessor político do grupo "Jovens Turcos," movimento que desejava modernizar o Império Otomano. Fez outra vasta fortuna no comércio com os militares turcos.

Como rapaz, ele fora bonito, esguio e elegante, mas ficou monstruosamente obeso. "Sua barriga vibrava como um saco de farinha," observou um de seus bons amigos. "Era figura massiva, gigantesca (...) espaçosa, cara de touro com testa alta, nariz pequeno e barba muito bem cuidada, papada molenga e dupla atrás da qual seu pescoço desaparecia totalmente. Os pequenos e adoráveis olhos eram profundamente engolidos pela gordura. As pernas curtas mal sustentavam seu pesado corpo; quando ficava de pé ou caminhava, parecia usar os braços para manter posicionado o centro de gravidade sem cair."

Parvus viu a guerra como oportunidade para ganhar muito dinheiro – como também para avançar a revolução na Rússia. A despeito de seus desjejuns com champanhe e uma série de jovens amantes que escandalizavam os camaradas puritanos, ele acreditava que a evolução estava prestes a ocorrer na Rússia e queria ser o homem que daria velocidade ao processo. Estava convencido de que "os interesses do governo alemão eram idênticos aos dos revolucionários russos. Os social-democratas russos só poderiam concretizar seus objetivos com a destruição do czarismo. Por outro lado, a Alemanha não seria inteiramente bem-sucedida se não fosse possível atiçar uma revolução importante na Rússia." Em março de 1915, ele escreveu memorando de dezoito páginas que apresentou ao ministro alemão das Relações Exteriores, detalhando como a Rússia poderia ser desestabilizada por dentro através de grupos de revolucionários, que promoveriam uma série de motins militares, greves e atos de sabotagem. O governo alemão estudou o memorando, e formou-se a convicção entre os ministros decisivos de que o plano poderia funcionar. Tomaram a decisão e deram a Parvus 1 milhão de marcos – o equivalente a mais de 4 milhões de dólares americanos em 2016 – para tocar o plano de desencadear a revolução na Rússia. Parvus deslocou sua organização de negócios para Copenhague, onde poderia dar a impressão de ser mais neutro e operar com maior liberdade.

Parvus fez a viagem para Berna em maio de 1915 com o único propósito de se encontrar com Lênin e de oferecer a ele uma vultosa quantidade de dinheiro para ajudar os bolcheviques a desencadearem uma revolução que derrubasse o Czar. Lênin não seria o único beneficiário da generosidade alemã: muitos outros grupos radicais, mencheviques e SRs entre eles, também receberiam dinheiro. Mas Lênin era elemento-chave do plano. Como Parvus disse a Arthur Zimmermann, ministro alemão do Exterior, Lênin era "muito mais louco delirante" do que os outros revolucionários e o mais estridente contra a guerra.

Helphand chegou em alto estilo à Suíça com sua amante do dia, Ekaterina Groman, e hospedou-se no hotel mais caro de Berna. Certa noite, ele entrou no restaurante onde frequentemente se reunia grande número de *émigrés* russos e foi direto para a mesa em que Lênin, Nadya, Inessa e um grupo de bolcheviques jantavam. Os dois tiveram rápida conversa, depois deixaram o restaurante: Lênin levou Parvus ao seu apartamento, onde eles conversaram por diversas horas. Lênin nunca relatou a ninguém os detalhes do encontro.

E tudo o que Helphand disse mais tarde foi que tentou convencer Lênin de que os bolcheviques não poderiam vencer na Rússia sem a ajuda alemã. Lênin desconfiou de Parvus logo à primeira vista.* Se alguma vez se tornasse público que ele aceitara ajuda em recursos financeiros "desse homem depravado," sua carreira política estaria terminada. Recusou qualquer negociação. "Parvus comeu sem sal," sempre sustentou Lênin, dando a entender que a reunião e a conversa dos dois não dera em nada.** Mas Lênin manteve a linha de contato aberta com "aquele gordo" através de um de seus mais confiáveis e espertos lugares-tenentes, Yakov Fürstenberg, também conhecido como Ganetsky Hanecki ou Borel, que morava em Copenhague e arranjou um emprego no negócio de Parvus. Era politicamente conveniente para Lênin dissociar-se de Parvus, mas ele verdadeiramente odiava o

*Rosa Luxemburg, farol da pureza socialista, detestava Parvus. Helphand, ridicularizava ela, foi "o primeiro a fazer fortuna durante uma guerra em que milhões de proletários estão sendo mortos, e depois instalou-se na segurança de Klampenborg, na Dinamarca, e gerencia de lá uma companhia limitada para a exploração de (...) dois proletariados nacionais – porque desse papel revolucionário 'superior' entendemos muito pouco."

**Lênin também se recusou a escrever para o jornal socialista que Parvus fundara, *Die Glocke* (O Sino), periódico pró-guerra que fazia campanha pela vitória alemã. Ele o descreveu como "órgão (...) de lacaios renegados e imundos, esgoto de nacionalismo germânico (...) nem um só pensamento honesto, nem um só argumento sério, nem um único artigo direto, podem ser encontrados."

barrigudo – tudo nele, desde sua aparência ao seu extravagante estilo de vida e sua hipocrisia. Nenhum dinheiro foi dado para os bolcheviques até a fase em que seu líder afinal retornasse à Rússia em 1917. Mais tarde, Lênin não seria, nesses assuntos todos, tão exigente e cheio de melindres.[10]

26

O último exílio

"Como pôde esse homem pequeno e obstinado tornar-se de tamanha importância?"

Olga Novikova (1842-1925)

No início de 1917, Lênin e Nadya nunca estiveram tão mal de finanças. Não recebiam mais dinheiro da Rússia desde a morte da mãe dele. Os ricos doadores dos bolcheviques murcharam; não havia mais acesso aos enodoados fundos da herança de Schmidt, e Lênin recebia muito pouco por seus escritos e palestras. Ele ainda ofertava a si próprio, como antes, o mesmo "salário" do partido, que não era grande coisa para a vida do casal. Nadya fazia trabalhos de cópia e dava aulas de russo a alunos particulares, mas eles eram em pequena quantidade e bastante ocasionais. Ela recebeu pequeno legado de 4 mil rublos de uma tia – irmã de sua mãe, que fora professora em Novocherkassk, pequena vila próxima a Rostov. Um banqueiro austríaco transferira o dinheiro da Galícia, mas ficou com cinquenta por cento de comissão. Diferentemente do marido, Nadya quase nunca se queixava de falta de dinheiro, mas escreveu à cunhada Maria: "Logo chegaremos ao fim de nossos anteriores recursos de sobrevivência, e o problema de ganhar a vida começará a ser sério. É difícil encontrar-se alguma coisa por aqui. Vou ter de começar a pensar em uma renda literária.* Eu não queria que esse lado de nossa relação fosse só problema de Volodya. Ele já trabalha tão duro. (...) Essa questão de renda preocupa-o demais."[1]

Logo depois, Lênin contou a mesma história para a irmã Maria. "É preciso que eu lhe diga que necessito de uma renda. Caso contrário,

*Nadya negociava comissão com editor para escrever um dicionário popular pedagógico sobre o desenvolvimento de crianças e métodos de ensino. Porém nenhum contrato jamais foi fechado antes de ela e Lênin retornarem à Rússia.

simplesmente perecerei. É verdade! O diabólico alto custo de vida – não há nada que garanta nossa sobrevivência. O dinheiro tem de ser espremido de alguma forma. Shlyapnikov precisa falar sobre isso diretamente com Gorky, caso não seja grande vergonha (...) ou com o editor da *Letopis* [uma revista de esquerda] para a qual dois de meus artigos foram enviados (...) que ele os pague imediatamente – e pelo melhor preço possível. Se isso não for providenciado, não conseguirei me manter. Tenho absoluta certeza. A situação é muito, muito séria." Lênin estava acostumado a "chorar" por dinheiro, mesmo quando sua mãe ainda enviava mesada. Porém jamais escreveu em termos tão desesperados. Claro que o casal não se encontrava em penúria total como estavam outros *émigrés* russos – "Nunca tive que me preocupar com o pão. (...) Isso jamais aconteceu em minha vida," admitiu. Entretanto, Lênin enfrentava agruras desusadas.

Eles haviam se mudado para Zurique em março de 1916, para uma das mais modestas de suas várias residências nos longos anos de exílio. "Morávamos (...) nas profundezas da cidade," reconheceu Nadya.[2]

No começo, eles alugaram um quarto de pensão no antigo e dilapidado centro da cidade de Zurique. Faziam as refeições em um pequeno restaurante próximo, cuja gerente era uma loura idosa, Frau Perlog. Era escuro, sujo e "cheirava mais a porão mofado do que a restaurante," contudo, tipicamente, Lênin formulou caso político e afirmou gostar do "jeito plebeu" que ele tinha e "de frequentar um lugar que usava xícaras lascadas para o chá." O casal partilhava a sala de refeições com uma prostituta conhecida como Maria Vermelha – referência à cor de seu cabelo encaracolado, e não a qualquer ideologia política. Ela contou seus problemas a Lênin e Nadya, explicando que recorria àquela profissão para sustentar a mãe idosa e as crianças pequenas. Seu amante austríaco fora levado para longe pela guerra que, segundo ela, "nada mais era que uma ladra de homens, manobra suja de autoria (...) dos ricos." Frau Perlog fez eco para tal sentimento. Disse a Lênin não entender por que os soldados simplesmente não atiravam nos oficiais e voltavam para casa. Lênin sorriu e concordou.

Depois de umas poucas semanas, eles se mudaram para um pequeno quarto no segundo piso de prédio de cinco andares, no nº 14 da Spiegelgasse, no centro medieval de Zurique, com vista para um pátio que "com frequência exalava o fedor de uma fábrica de salsichas das proximidades."* O quarto fora sublocado para eles por um sapateiro,

* Era no prédio ao lado da pensão onde o autor teatral Georg Büchner escreveu *Woyzeck*.

Titus Kammerer, que tinha seu negócio no andar térreo do prédio ao lado. Era um quarto miserável e sombrio, mas os dois se acostumaram a ele, a despeito da pobre calefação no inverno e dos odores opressivos no verão. Havia uma mesa onde o casal comia e trabalhava, um par de cadeiras e duas camas de solteiro em ferro batido. Kammerer lembrou-se de que Lênin e Nadya "viviam muito simplesmente (...) mas ele parecia ser bom sujeito (...) com um pescoço de touro (...) ela parecia também boa alma, mas quase nunca estava bem de saúde. Seria uma boa dona de casa, mas tinha sempre a cabeça virada para outras coisas."

Os dois comiam com simplicidade as refeições que Nadya raramente aprimorava com sua incrível capacidade para torrar as batatas e a aveia, invariáveis presenças no almoço. Lênin olhava para Herr Kammerer e brincava: "Está vendo! Vivemos em grande estilo." Aos domingos era diferente: havia carne para comer. Frau Kammerer ensinou a Nadya as primeiras lições de culinária de sua vida, mostrando-lhe como preparar refeições simples, nutritivas e baratas no próprio pequeno quarto.[3]

Como de hábito, Lênin aferrou-se a uma rotina. A cada manhã, ia à Biblioteca Central da Zähringerplatz, por volta das nove horas, e voltava para casa na hora do almoço. Retornava à biblioteca por duas horas e depois lia os jornais no Café Adler ou no Café Odeon, na promenade à margem do rio Limmat. Promovia reuniões com sua pequena facção bolchevique no salão dos fundos do Zur Eintracht, outro café na cidade antiga. Uma ou duas noites por semana ele fazia palestras sobre socialismo. Como sempre, exercitava-se fisicamente. Nas quintas-feiras, quando a Biblioteca Central de Zurique fechava na hora do almoço, ele e Nadya subiam o Zürichberg, com seus setecentos metros de altura, "para fazer um pequeno lanche à base de chocolate e encontrar seu ponto favorito no meio do cerrado arvoredo onde não havia aglomerados de gente." Se o tempo permitisse, ficavam lá até anoitecer. Nos fins de semana, o casal fazia longas caminhadas pela margem do lago.

Em seis meses, Lênin completou um de seus mais longos e mais interessantes livros, *Imperialismo: O Estágio Mais Elevado do Capitalismo*. Grande parte do livro é antiquada, mas algumas de suas ideias ainda ressoam hoje: "O capitalismo (...) não é mais a força progressista descrita por Marx"; a era do mercado livre "foi seguida por outra nova em que a produção é concentrada em vastos fundos e conglomerados que objetivam o monopólio central." Gigantescas companhias multinacionais de tecnologia "congelam a competição de modo a monopolizarem inovações tecnológicas independentes." O controle financeiro "passou das mãos dos industriais para um punhado de bancos financiadores – a criação de uma oligarquia bancária."

Havia poucos territórios restantes para potências emergentes como os EUA explorarem. Elas não tinham outra opção que não fosse recorrer à guerra e à militarização. "Movimentos de independência nacional (...) terão de ser esmagados num ciclo sem fim para manter os mercados delas. Esse movimento de independência nacional ameaça (...) o capital em seus campos mais vulneráveis e promissores de exploração, e o capital só consegue manter sua dominação pelo contínuo crescimento de suas forças militares." São pontos que continuam sendo repisados tanto pela esquerda quanto pela direita em 2017 – em particular os perigos para a economia de uma "oligarquia bancária" e os objetivos monopolistas das corporações tecnológicas.

Zinoviev estava em Zurique, Inessa dividia seu tempo entre Berna, Zurique e ocasionais visitas a Paris e, enquanto crescia o cansaço da guerra, pequeno fluxo de mencheviques e "defencistas" corria para Lênin. Mas eram quantidades diminutas. A polícia suíça mal notava os bolcheviques, embora espiões russos e alemães continuassem a seguir Lênin bem de perto: "sabiam o que ele escrevia, o que lia, o que comia no desjejum," observou Zinoviev.* Nadya e Lênin raramente se reuniam com alguém de fora de círculo fechadíssimo de *émigrés* russos, apesar de Zurique ferver com exilados de diversos países europeus que esperavam a guerra passar. Em ocasionais encontros, ele esteve com o escritor Stefan Zweig, pacifista antiguerra, no Café Odeon, onde se reuniam com frequência os bolcheviques – os mencheviques preferiam o Adler. Zweig não ficou muito impressionado com o líder bolchevique, chegando a questionar anos mais tarde: "Como pôde esse homem pequeno e obstinado (...) Lênin tornar-se de tamanha importância?"[4]

Lênin não desesperou: "A reação triunfa no momento (...) mas nosso dia chegará," disse para Inessa em carta no novo ano de 1917. Não tinha certeza de quando, apesar de não parecer achar que fosse

*As autoridades locais pareciam mais apreensivas com o grupo de poetas e artistas dadaístas que se congregaram em Zurique durante a guerra. O pintor *avant-garde* e pioneiro produtor de filmes Hans Richter disse que a polícia acreditava que "éramos capazes de perpetrar alguma nova enormidade a qualquer momento para chocar as sensibilidades provincianas dos suíços. Tudo o que os calmos e estudiosos russos faziam, à sua maneira despretensiosa de realizar coisas, era planejar uma revolução mundial."

iminente. No fim de 1916, ele fizera requerimento para a extensão de um ano em sua permissão para residência na Suíça; junto com a solicitação, teve que demonstrar posse de conta bancária (ele tinha, e seu saldo era de 100 francos suíços). Escreveu a Inessa sobre seu último plano – criar pequena gráfica para produzir uma série de panfletos sobre a missão da esquerda na Europa, enquanto a guerra se arrastava. Poucos dias depois, escreveu de novo para ela e deixou muito claro que a queda dos Romanovs e o retorno à Rússia não tinham prioridade em seus pensamentos. Por alguma razão – e nunca explicou por que – estava convencido de que as Potências Ocidentais estavam prestes a invadir a Suíça, e se preocupava com os fundos do partido. "Se a Suíça for arrastada para a guerra, a França ocupará Genebra imediatamente. Estar em Genebra então significará estar na França – estar em contato com a Rússia. Por conseguinte, penso em repassar os fundos do partido para você, a fim de que os guarde pessoalmente numa pequena bolsa costurada à sua roupa." Tal plano não deu em nada, porém, a certa altura, ele imaginou realmente Inessa passeando pela Suíça durante a guerra com o cofre do dinheiro bolchevique escondido em suas vestes. Para um homem extraordinariamente inteligente, que em breve estaria com as rédeas de um dos mais poderosos impérios do mundo, Lênin podia ter ideias bastante bizarras.[5]

Na *Volkshaus* de Zurique, em 22 de janeiro de 1917, ele falou sobre as lições da Revolução de 1905 para grupo de estudantes suíços e de jovens trabalhadores. "Os anos vindouros, precisamente por causa da guerra predatória, terão levantes populares da classe operária (...) e essas sublevações levarão à vitória do socialismo. Nós, das gerações mais velhas, talvez não estejamos vivos para testemunhar as batalhas decisivas da revolução futura. Porém posso exprimir minha confiança em que a juventude, que vem trabalhando tão esplendidamente no movimento socialista, terá a ventura de não apenas lutar, mas de vencer essa revolução." Um jovem esquerdista romeno, Valeriu Marcu, perguntou-lhe quando julgava que a revolução poderia começar. Ele respondeu: "Talvez em dois, talvez em cinco, no máximo em dez anos." A revolução vinha sendo seu perene pensamento diário nos últimos dez anos, mas quando ela chegou, apenas poucas semanas mais tarde, ele estava inteiramente despreparado para ela, e se surpreendeu como qualquer outra pessoa.

27
Revolução – parte I

"E sobre a Rússia vejo calmo e alastrado incêndio consumindo tudo."
Alexander Blok (1880-1921)

"Dançamos o Último Tango à beira das trincheiras repletas de cadáveres insepultos."
Vasily Shulgin (1878-1976)

Em Petrogrado, os bem de vida partiam rápida e impensadamente, em grandes quantidades, como se não existisse amanhã – o que para muitos deles foi verdade. Isso acontecia bem no fim da chamada "Idade da Prata" da cultura russa, um florescimento excepcional das artes, literatura, música, projetos e da ciência. Em meio à crua energia criativa do movimento revolucionário, escritores como Alexander Blok e Nikolai Gumilev compunham bela poesia, e Wassily Kandinsky, Marc Chagall e Kazimir Malevich produziam quadros notáveis. O grande tenor Fyodor Chaliapin estava no auge de sua fama; os *Ballets Russes* de Sergei Diaghilev encantavam plateias por toda a Europa; Sergei Rachmaninov, Igor Stravinsky e Sergei Prokofiev, de diversificadas maneiras, revolucionavam a música. Cientistas russos como o químico Dmitry Mendeleyev e o pioneiro da pesquisa psicológica moderna Ivan Pavlov ganhavam Prêmios Nobel. Mas o outro lado da moeda era um "fastio sem sentido," como observou o escritor Dmitry Merejovsky, e uma penetrante atmosfera de iminente perdição. Em famoso poema, Anna Akhamatova captou o espírito:

Somos todos vencedores, somos todos meretrizes
Que triste estarmos juntos.

A épica e impensável escala da bacanal, da bebedeira e da promiscuidade, transcenderam a decadência. Em parte, era histeria, e em parte, declaração de desesperança. "A que estado os Romanovs nos levaram? Ao quinto ato de tragédia encenada em bordel," disse Merejovsky, que, politicamente, se posicionava à direita. Sua esposa Zinaida Gippius, excepcional poetisa, escreveu em seu diário. "A Rússia é um vasto asilo de lunáticos. Quando se vai a um asilo em dia de visitas quase não se percebe que estamos em hospício. Parece muito normal, mas todos os internos são loucos."[1]

A vodca fora banida desde o início da guerra, embora não os vinhos e outras bebidas alcoólicas, fato que não trazia harmonia entre as classes.* Os pobres recorreram às bebidas destiladas em casa ou às falsificadas do mercado negro para afogar suas mágoas; os ricos se embebedaram com inacreditáveis quantidades de vinho ou champanhe. Enormes fortunas foram arriscadas e perdidas no jogo da noite para o dia, enquanto a escassez de alimentos atingia as famílias da classe média e a inflação disparava. O preço da maior parte dos produtos alimentícios, inclusive o do mais consumido na Rússia, o pão, subiu quinhentos por cento entre o verão de 1914 e janeiro de 1917. A inflação nos medicamentos foi ainda maior: um quilo de aspirina custava dois rublos em 1914, e duzentos no fim de 1916; o preço do quinino subiu de quatro rublos o quilo para quatrocentos. A especulação e os lucros desenfreados prosperaram. Longas filas se formavam no lado de fora das lojas de alimentos desde o outono de 1915, e ficavam cada vez mais compridas com a duração da guerra. Barracas eram armadas no exterior de alguns grandes açougues e padarias. Em janeiro de 1917, uma trabalhadora de São Petersburgo precisava reservar em média um turno inteiro de dez horas – e passar quarenta horas por semana nas filas para aquisição de alimentos.

As mostras de excessos em tempo de guerra chocaram estrangeiros e russos da classe média. Sir Samuel Hoare, chefe da inteligência britânica em Petrogrado, começou a odiar os russos das classes superiores: "suas riquezas e o perdulário uso que delas faziam assombravam-me em comparação com as condições austeras da Inglaterra de tempo de guerra." Um convidado da extravagante recepção oferecida em Petrogrado ao príncipe japonês visitante reportou "demasiado deslumbramento, pratas e pratos, alimentos e música, muitas flores, muitos criados." A taxa de suicídios na Rússia triplicou durante aqueles anos – epidemia que afetou em especial jovens com menos de 28 anos.

A licenciosidade sexual atingiu escala sem precedentes e, entre

*Tola proibição que causou rombo orçamentário gigantesco. A venda da vodca era monopólio estatal e as vendas atingiam tal patamar que os impostos delas respondiam por quase vinte por cento do Produto Interno Bruto. Para compensar a perda, o governo teve de tomar mais empréstimos, aumentando em muito suas enormes dívidas provocadas pela guerra, e também imprimir mais dinheiro, atiçando a inflação. Apesar de raramente mencionada, a proibição da vodca foi grande fator para a queda do regime czarista; e setenta anos mais tarde, quando o último chefe soviético, Mikhail Gorbachev, tentou proibir o álcool, o resultado foi similar. O ato ajudou a quebrar a URSS e concorreu para o colapso da União Soviética.

os ricos, o divórcio – raro até por volta dos anos 1900 – tornou-se comum. A milionária Madame Zimin jogava bridge todos os sábados em seu apartamento palaciano de Petrogrado com seus "três maridos – dois ex e o atual." Alexander Blok caçava mulheres freneticamente, e sua esposa, a atriz Lyuba era apenas um pouco menos promíscua. "Tive cerca de cem mulheres – duzentas – trezentas (talvez mais?)", escreveu ele. "Porém, na realidade, somente duas: uma foi Lyuba; a outra – todo o restante."[2]

O moral no exército despencou a níveis espantosos. Cinco milhões de soldados tinham sido mortos, feridos ou feitos prisioneiros por volta do fim de 1916. Desertavam às carradas. O presidente da Duma, Mikhail Rodzianko, disse a amigos que "os sintomas da desintegração do exército já podiam ser sentidos no segundo ano da guerra. (...) Reforços dos batalhões da reserva chegavam ao front já com um quarto de desertores nos seus efetivos (...) por vezes, contingentes que se dirigiam às frentes de combate paravam no caminho porque nada lhes restava além de oficiais e graduados. Todo o resto havia sumido." Oficiais estendiam por demais suas licenças, em geral por muitas semanas, e passavam o tempo em cassinos e restaurantes de luxo. "Hotéis se encontravam apinhados de oficiais que deveriam estar nos fronts. Não era desdouro algum se afastar do combate ou encontrar uma sinecura à retaguarda."[3]

Os soldados se cansavam crescentemente do conflito armado. E ali estava excelente campo de recrutamento para os bolcheviques e outros grupos de esquerda. Por tradição, sempre houve imensa guarnição militar em Petrogrado, em especial para o caso de ser necessário o sufocamento de uma potencial revolta. Os oficiais de altas patentes preocupavam-se com o imenso efetivo aquartelado na cidade – mais de 250 mil homens – e "muitos aparentavam ser ameaçadores e perigosos," como disse um general. "É madeira em brasa perto de barril de pólvora." Ele notou que cerca de 4 mil integrantes do ótimo Regimento Preobrajensky se encontravam amontoados em quartéis construídos para 1.200 homens. "Se Deus não poupar a Rússia de uma revolução (...) ela será iniciada não pelo povo, e sim pelo exército."[4]

Previsões de iminente revolução estavam na boca de todos os membros da inteligência, entre os russos das classes elevadas e dos estrangeiros mais sagazes. "A cada dia os indícios de problemas internos mais e mais se multiplicam – e mesmo assim nada é feito para barrar a inevitável crise," registrou em seu diário Meriel Buchanan, filha de Sir George Buchanan, embaixador britânico na Rússia. O marechal inglês Sir Henry Wilson, ex-chefe do Estado-Maior Geral Imperial, passou a maior parte de janeiro e o começo de fevereiro de 1917 em Petrogrado, Moscou e na frente oriental como chefe da missão aliada que investigava como as outras potências da Entente poderiam ajudar a Rússia. Ele reportou a Londres que "prevalece a opinião (...) [aqui] de que o Imperador e a Imperatriz são perigos para o país e provavelmente serão assassinados." A entrada no seu diário para 16 de fevereiro observa: "Tudo indica que o Imperador e a Imperatriz caminham para a queda. Todos – oficiais, negociantes, damas – falam abertamente sobre a necessidade absoluta de se verem livres deles." Havia opinião mais confiante do ministro do Gabinete Lord Milner, que visitava a Rússia separadamente, mais ou menos na mesma ocasião. Ele disse aos seus colegas ministros no início de fevereiro que "formei opinião de que há grande dose de exagero nas conversas sobre revolução."[5]

A Okhrana sabia sobre o estado de espírito da população e enviava seguidos alertas aos escalões mais elevados do governo. Um relatório para o ministro do Interior, Alexander Protopopov, em outubro de 1916, destacou em termos firmes que não era com grupos revolucionários que o regime deveria se preocupar: "é com o povo." A agência repisou que "a raiva agora não é mais dirigida contra o governo em geral, mas contra o Czar." O relatório revelou ao ministro, se é que ele ainda não sabia, que Alexandra era invariavelmente chamada de "a alemã," e que corriam rumores escandalosos sobre sexo entre ela e Grigory Rasputin "extremamente danosos para o governo." Não interessava se as histórias eram verdadeiras ou não – decerto não eram – mas o povo as dava como verídicas. O país estava à beira do abismo, "ao lado do qual, 1905 parece brinquedo de criança. O ânimo alarmante cresce dia a dia. Penetra em todos os níveis da população e existe ameaça muito forte de grande turbulência, desencadeada (...) principalmente pelos fatores econômicos, pela fome, pela desigual distribuição de alimentos e pelos monstruosos aumentos nos preços de artigos de primeira necessidade. Até agora, o descontentamento tem base econômica e, aparentemente, nenhuma conexão com movimentos políticos. Mas só precisa de alguma coisa concreta e específica para assumir expressão política. Se o pão se tornar mais escasso, resultarão desordens mais sérias (...) e intermináveis manifestações nas ruas."

Poucas semanas mais tarde, outro relatório da Okhrana de agentes infiltrados nas linhas de frente e nas reservas alertou assim os chefes do exército: "Se houver revolução, ela será apoiada por dois terços dos (...) militares da ativa."

Em 5 de janeiro de 1917, a Okhrana de Petrogrado reportava para o Ministério do Interior que existiam complôs de membros da família real e de figuras de realce de centro-direita da Duma para derrubar o Czar, baseados no argumento de que "precisamos salvar a monarquia do monarca." Era dito que "o estado de ânimo na capital assumiu características excepcionalmente ameaçadoras. Os mais ferozes rumores circulam na sociedade de que o governo pretende tomar diversas medidas reacionárias (...) a população, ostensivamente, nas ruas, nos bondes, nos teatros, nas lojas espera algum tipo de ação extraordinária, uma crise, iniciada por um lado ou pelo outro."[6]

Nas suas festas indecorosas e decadentes a *intelligentsia* sabia que as coisas não poderiam continuar como estavam. "Sabemos que vem algo por aí," disse Zinaida Gippius. "Mas será 'a revolução,' ou alguma coisa estarrecedora com nome desconhecido?"[7]

Em Zurique, no início da tarde de 2 de março, Lênin se preparava para voltar à Biblioteca Central depois do almoço, na companhia de Nadya. Ela lavava os pratos, ele vestia o sobretudo, quando ouviram passos apressados subindo as escadas na direção do quarto deles. Ofegante, o jovem polonês bolchevique e membro do partido Mieczysław Bronsky exclamou: "Vocês não ouviram a notícia? Houve uma revolução na Rússia." Lênin, a princípio não acreditou. "Já escutamos antes esse tipo de boato. Deve ser propaganda alemã." Mas os três se dirigiram para a Praça Bellevue, à margem do lago, onde os jornais podiam ser lidos em pôsteres nas paredes. A notícia foi confirmada pelo *Neue Zürcher Zeitung*, pelo *Züricher Post* e por alguns jornais estrangeiros, embora os relatos de Petrogrado oferecessem poucos detalhes. Lênin soube que um motim generalizado ocorrera no exército, um Governo Provisório assumira o poder na Rússia e aconteciam levantes nas ruas da capital e de Moscou. Não estava claro àquela altura se o Czar havia abdicado. Como em 1905, Lênin foi pego de surpresa pela notícia, apesar de ter captado de pronto o significado do evento.

A primeira pessoa com quem buscou contato foi Inessa, que passava alguns dias na estação de tratamento de saúde de Clarens, perto de Montreux. Ele escreveu-lhe de um café das proximidades: "Estamos hoje em estado de grande agitação. Encontro-me fora de mim por não poder ir à Escandinávia. *Jamais me perdoarei* [itálicos de Lênin] por não ter arriscado a jornada em 1915. (...) A Rússia deve se encontrar na iminência de revolução por dias. (...) Estou muito empolgado."[8]

Lênin então elaborou uma linha de ação a ser adotada. Ele não esperava a queda do *ancien régime* para tão cedo, como repetiu várias vezes, "os revolucionários não esperam pela revolução; eles a fazem." Aquela podia ser a oportunidade para que chegasse ao poder – e ele estava determinado a isso. Imediatamente, esboçou como os bolcheviques deveriam lidar com os novos mandatários na Rússia. Poucas horas depois de ouvir sobre a revolução, Lênin telegrafou para Alexandra Kollontai na Noruega, bolchevique mais antiga da Escandinávia. "Eis nossa tática. 1) Nenhuma confiança ou apoio ao novo governo. 2) Alexander Kerensky é especialmente suspeito. 3) Armar o proletariado como única garantia de sua proteção. 4) Eleições imediatas para o Conselho da Cidade de Petrogrado. 5) Reaproximação de espécie nenhuma com outros partidos. Telegrafar isso para Petrogrado." Na essência, essa seria a política que ele perseguiria até que seu *coup d'état* o levasse ao poder sete meses mais tarde: nada de compromissos; nenhum reconhecimento do "governo que apoia a guerra imperialista"; nada de negociações com outros partidos, em particular com os mencheviques. A tática pareceu extremada para a maioria de seus seguidores no exílio ou na Rússia, fora de sintonia com o estado de espírito da época. Mas ele estava certo; e os outros, errados. A reputação de Lênin como mestre da oportunidade e como tático supertalentoso, sua compreensão da natureza do poder tudo isso influiria no modo como iria agir nos meses seguintes.[9]

Dessa vez, diferentemente de 1905, ele se desesperava por voltar à Rússia com a maior rapidez possível, mas enfrentou grandes obstáculos. Como chegar lá? "A partir do momento em que a revolução ocorreu (...) ele não conseguiu mais dormir à noite, e todos os tipos de planos incríveis começaram a ser feitos: poderíamos ir de avião! Mas essas coisas só podiam ser pensadas em seus delírios noturnos. Só em falar sobre elas percebia-se quão impraticáveis eram," disse Nadya.

Uma das ideias foi forjar passaporte sueco, muito fácil de ser feito. Porém Lênin não falava sueco. "Nadya, seguramente eu seria capaz de falar algumas palavras, não é?" "Não seja ridículo. Você poderia cair no sono a qualquer momento, ver mencheviques por todos os lados em seus sonhos e começar a xingá-los de 'canalhas' ou de outro impropério qualquer, pondo tudo a perder."

Os planos se tornavam mais e mais absurdos. Ele escreveu a Ganetsky em Estocolmo: "Não dá mais para aguardar. Todas as esperanças de uma jornada legal são utópicas. Encontre um sueco que pareça comigo. Mas como não falo sueco, ele tem que ser surdo-mudo. De qualquer maneira, enviarei uma foto." Disse a

Vyacheslav Karpinsky, chefe bolchevique em Genebra, para "providenciar documentação em nome dele a fim de viajar através da França, Holanda e Inglaterra, que eu usarei. Viajarei então pela Holanda e Inglaterra para chegar à Rússia. Colocarei uma peruca, irei ao consulado em Berna com seus papéis, mas usando a peruca, e eles que me fotografem." Com tal disfarce, era bem improvável que Lênin saísse da Suíça.[10]

Um grupo de revolucionários discutia seus apuros em um café, poucos dias depois da revolução. Uma respeitada bolchevique, Olga Ravich, primeira esposa de Zinoviev e mulher corajosa que havia sido presa por tentar passar uma das notas de quinhentos rublos roubadas do banco de Tiflis, disse que poderia se casar com um suíço, conseguir passaporte suíço e viajar através da Alemanha até a Rússia. "Ideia brilhante," disse Lênin, "mas não muito útil para mim."*

Lênin continuou explorando a possibilidade de ir através da Inglaterra, apesar de ela ser proposição remota e arriscada. Telefonou para Inessa em Clarens e solicitou que ela fosse à Inglaterra em seu nome e descobrisse com o governo britânico se era factível conseguir uma passagem para ele. Ela recusou a viagem: não estava bem de saúde e as chances de sucesso eram tão insignificantes que nem via sentido em tentar. Naquela noite, Lênin escreveu-lhe uma carta zangada. "Preciso dizer-lhe que estou profundamente decepcionado. Em minha opinião, todos nós só podemos ter um único pensamento nesses dias: chegar à Rússia com a rapidez possível. Eu estava certo de que você dispararia para a Inglaterra, pois apenas lá você descobriria a maneira de proceder e o risco que correria." Poucos dias depois, ele escreveu de novo. "Meus nervos estão esgarçados ao máximo. (...) Pudera! Ficar aqui sentado em dolorosa ansiedade..."[11]

A revolução começou quase exatamente como os relatórios da Okhrana anteviram. O inverno russo de 1916-7 fora o mais inclemente de todo o novo século, fator significativo e muitas vezes descartado para o que viria a acontecer. As temperaturas em Petrogrado no fim de janeiro e em todo o fevereiro ficaram na média de menos 15 graus Celsius. As vias de transporte entre cidades estavam quase interrompidas, inclusive ferrovias, e não chegavam grãos nem outros artigos alimentícios a

*Mas Lênin se divertiu com a ideia. Sugeriu que ela encontrasse "um velhinho conveniente para o propósito" e recomendou Pavel Axelrod, inimigo menchevique de muito tempo que, embora naturalizado suíço, era viúvo e tinha sessenta e sete anos. Ravich – no início dos seus trinta – declinou da sugestão.

Petrogrado ou Moscou. O prefeito da capital, A.P. Balk, anunciou em 19 de fevereiro que na semana anterior a cidade recebera apenas cerca de 5 mil *puds* de farinha [antiga medida russa de peso: um *pud* equivale a aproximadamente 16 quilos], comparados com os usuais 30 mil *puds* semanais, e os padeiros de Petrogrado tinham permissão para só utilizar o total de 35 mil *puds*, em vez dos normais 90 mil. Milhares de mulheres – que eram sempre maioria – ficavam toda a noite nas filas para conseguir pão. Em 23 de fevereiro, o clima ártico amainou "e as temperaturas ficaram quase agradáveis nos seus cinco graus positivos." Foi então que começaram as greves e manifestações em Petrogrado – cerca de 130 mil pessoas se reuniram no dia 23, Dia Internacional das Mulheres, mais de 180 mil no dia seguinte. Pela tarde do primeiro dos grandes protestos de rua, as pessoas não mais gritavam "Queremos pão" e "Temos fome," e sim "Abaixo o Czar," "Queremos paz" e "Fora com a alemã." A polícia não era capaz de conter as multidões, e as tropas se recusavam a atirar em civis. Bandos linchavam policiais – o chefe da Gendarmeria de Petrogrado foi apedrejado até a morte – e começaram as invasões dos prédios públicos. A Fortaleza de Pedro e Paulo foi "libertada" e soltos os poucos prisioneiros que lá estavam, a maioria dos quais tinha sido presa nos dias anteriores. Grande parte da cidade ficou nas mãos dos manifestantes.*

O Czar não estava mais na capital, tampouco em Tsarskoe Selo, mas no seu quartel-general militar em Mogilev, perto do front. Em outro de sua desastrosa lista de erros, ele havia, dezoito meses antes, assumido o comando pessoal do exército – contra o conselho de todos os seus ministros e do seu chefe do Estado-Maior Imperial. A atitude significou que, quando as coisas saíssem erradas, ele não mais poderia culpar seus comandantes em campanha, e sim assumir toda a responsabilidade pela condução da guerra.** O Czar soube das

*Isso não impediu que a princesa Catherine Radziwill promovesse a *soirée* em 25 de fevereiro sobre a qual toda a sociedade de Petrogrado vinha comentando havia semanas. No seu diário, Maurice Paléologue, embaixador francês, anotou que o brilhantemente iluminado palácio dela em Fadanka e a opulência da noite fizeram-no lembrar de Paris em 1789.

**Os oficiais quase imploraram para que o Czar não se autonomeasse comandante do exército, mas Nicolau argumentou que sua presença elevaria o moral e que se as tropas não combatessem pela Rússia elas o fariam por ele. Grosseiro equívoco! O general Brusilov, no comando do front, disse que a decisão foi um terrível erro de cálculo. "Todos sabiam que Nicolau não entendia coisa nenhuma de questões militares e, embora a palavra 'Czar' ainda tivesse poder mágico sobre a tropa, faltava-lhe carisma para dar vida à magia. Posicionado à frente de um destacamento militar, ele ficava nervoso e não sabia o que dizer." O Conselho de Ministros, que raramente criticava o Czar, foi unânime na oposição: "A decisão que Vossa Majestade tomou ameaça a Rússia, Vossa Majestade e vossa dinastia com as mais graves consequências."

manifestações de rua, mas não se apercebeu de quão sérias eram, e acreditou que as medidas usuais contra levantes na capital – o envio de tropas – funcionariam. Alexandra escreveu-lhe complacentemente, dizendo: "Trata-se de movimento de brigões. Jovens correm pelas ruas e gritam que não há pão, simplesmente para provocar tumulto, como também operários impedem que outros trabalhem. Se o tempo ainda estivesse muito frio, eles provavelmente ficariam em casa. Mas tudo isso vai se acalmar e passar..."[12]

Ele optou por ignorar o alerta mais realista dado pelo presidente da Duma, Rodzianko: "Situação séria. Anarquia na capital. Governo paralisado. Transporte de alimentos e de combustível completamente desorganizado. Crescente insatisfação pública. Nas ruas, tiroteios caóticos. É essencial confiar de imediato a uma pessoa que goze da confiança do país a formação de novo governo. Não pode haver demora. Todo adiamento significa morte." Sem obter resposta, poucas horas mais tarde ele enviou outro cabograma: "Situação se deteriora. Imperativa a tomada de providências porque amanhã será tarde demais. Chegou a hora final, decisiva para o destino da Pátria e da dinastia." A única reação do Czar foi olhar para o telegrama e virar-se para seu principal ajudante, o confuso e barbudo cortesão de 79 anos de idade conde Vladimir Fredericks, e dizer: "Aquela gorda figura do Rodzianko escreveu de novo para mim muitas bobagens. Nem vou responder."[13]

Nicolau enviou uma ordem fatídica ao general Sergei Khabalov, comandante do distrito militar de Petrogrado: "Ordeno que o senhor empregue toda a força necessária para acabar amanhã com as desordens na capital, que são inaceitáveis nestes tempos difíceis de guerra com a Alemanha e a Áustria."

Khabalov afirmou depois que ficou desolado com as instruções do Czar. Ele sabia, já que o Czar não sabia, que a tropa não obedeceria àquelas determinações. A revolução foi desencadeada pelas revoltas por pão, mas venceu porque todos os regimentos de Guarda de Petrogrado – regimentos impecáveis que vinham sendo por séculos ferozmente leais aos Romanovs – haviam se amotinado. Foram as famosas Unidades de Guarda, o Regimento Preobrajensky, o Regimento Volinsky, o Regimento Pavlovsky e o Regimento Litovsky, conhecidos como os pretorianos do Czar, que decidiram a sorte do Imperador.

Um dia e meio após a ordem do Czar, o chefe de polícia de Petrogrado descreveu as cenas na capital em seu último relatório para o ministro do Interior. "Às seis da manhã, o telefone tocou. O prefeito da cidade disse-me que um sargento do Regimento de Guardas Volinsky chamado Kirpichnikov acabara de matar um oficial superior (...) o assassino desaparecera e a atitude do regimento era ameaçadora (...) [para outros oficiais]. Vejo agora quão amplamente a anarquia se alastrou e infectou os quartéis. Pouco tempo depois o prefeito telefonou novamente com mais notícias ruins. Dobrovsky, o oficial comandante do batalhão de sapadores dos Guardas, foi morto por seus próprios homens. Os acontecimentos se desdobraram com rapidez. A tropa do Regimento Volinsky (...) botou quase todos os seus oficiais para fora dos quartéis. Esses amotinados se juntaram aos do Regimento Preobrajensky, cujo quartel era próximo ao deles. E, em conjunto, conseguiram tomar o Arsenal da Ponte Liteiny. Soldados vagavam armados pelas ruas. Uma multidão furiosa invadiu a Prisão de Confinamento Temporário e abriu as celas. Logo essa ação se espalhou para todas as prisões da cidade. As delegacias de polícia foram tomadas por bandos de insurgentes. Policiais que não conseguiram tirar o uniforme e se disfarçar com roupas civis foram esquartejados. O restante foi eliminado a tiros."

Historiadores têm afirmado que o levante foi, em geral, pacífico. Mito popular que se sustentou em grande parte porque a Revolução de Fevereiro foi, de fato, apoiada pela vasta maioria da população. Mas foi violenta. Bem mais gente morreu em fevereiro do que no golpe bolchevique de outubro – 1.433 em Petrogrado e cerca de 3 mil em Moscou, onde gangues armadas perambularam pelas ruas por vários dias. Em comparação, o golpe de outubro é que pode ser considerado sem derramamento de sangue.[14]

Depois de ordenar que tropas sufocassem as manifestações, o Czar fechou a Duma. De novo, seu instinto ao enfrentar problemas foi banir a política. Mas os integrantes da Duma não quiseram ser calmamente postos de lado, e quando, na manhã seguinte, alguns membros entraram no Palácio Tauride,* ninguém se importou em cumprir o desejo do Imperador. Sem governo, com a anarquia nas ruas, o exército ostensivamente amotinado e multidões gritando "Morte ao Czar!" os políticos preencheram o vazio de poder, ou

* O enorme palácio havia sido originalmente construído pelo estadista e militar príncipe Grigory Potemkin, amante de Catarina, a Grande (dizem alguns, marido secreto). Sediou a Duma (na ala direita do prédio, de frente para o rio Neva) e, desde a revolução, abrigou o Soviete de Petrogrado (que se reunia na ala esquerda).

tentaram, com um "Comitê Temporário da Duma Estatal." Em primeiro lugar, a Duma criou o Governo Provisório liderado pelo idoso liberal, príncipe Georgy Lvov, que formou às pressas uma coalizão composta por alguns Kadets – o centro-direita dos Democratas Constitucionais – outros liberais e socialistas moderados, como Alexander Kerensky, que ficaria no leme até a formação de uma Assembleia Constituinte. Em segundo lugar, era preciso decidir sobre o destino do Czar. Houve unanimidade quanto à saída de Nicolau, contudo os realistas desejavam que ele abdicasse em favor do filho Alexei e fosse mantida uma monarquia constitucional. Liberais e esquerdistas entraram em acirrada discussão contra os Romanovs e a ideia da monarquia – "não apenas inaceitável, mas também utópica, em função do ódio à monarquia generalizado entre a massa da população." Houve acordo, com a bênção dos Kadets, de que forçariam o Czar a abdicar em favor do irmão, Michael Alexandrovich, o qual deu sua palavra aos políticos de que, na manhã seguinte, dissolveria a pretensão dos Romanovs ao trono.

Foi só quando militares dos escalões mais elevados do exército aconselharam Nicolau a abdicar – em particular seu chefe do Estado-Maior, general Mikhail Alexeyev – que ele anuiu em fazê-lo. Afirmou que seu filho era muito adoentado para ser Czar "e não suportarei ter de me separar dele." A dignidade de sua partida e o cavalheirismo de sua postura não deveriam esconder a incompetência de Nicolau II como governante, e o estado terrível em que deixava seu país. A Duma despachou dois políticos da ala direita, Alexander Guchkov e Vasily Shulgin para buscarem a proclamação de abdicação. O Czar retornava a Petrogrado de seu quartel-general militar no vagão ferroviário imperial. Os políticos se encontraram com ele numa remota estação próxima a Pskov, às 9:45 de 1º de março. O Czar estava "absolutamente calmo, quase impenetrável," lembrou-se Guchkov. "Cheguei até a pensar que tratava com pessoa perfeitamente normal. Qualquer outro teria demonstrado emoção naquela ocasião, mas não aquela impassibilidade." Poucas palavras estavam escritas na proclamação. "Entregamos nossa sucessão ao Nosso Amado Irmão o Grão-Duque Michael Alexandrovich e o abençoamos em sua acessão ao Trono." Fredericks colocou o documento sobre a escrivaninha real. "Então, curvando a cabeça por poucos momentos, ele molhou a pena e (...) pela última vez apôs sua assinatura como Czar de Todas as Rússias no documento de abdicação; Nicolau admitiu mais tarde que fervia de raiva, sofria profunda dor, mas um de seus assistentes asseverou logo depois do extraordinário evento que foi de maneira bem casual que o Czar assinou a Abdicação, "como se estivesse simplesmente passando o comando de um regimento de cavalaria."[15]

Os grupos radicais praticamente não desempenharam papel nenhum na revolução, como reconheceu Sergei Mstislavsky, ativista líder dos Socialistas Revolucionários em Petrogrado. "Nós SRs dormíamos profundamente, como as Virgens Tolas do Evangelho," disse ele numa analogia não muito apropriada. "A grande verdade é que, afora pequenas facções de revolucionários (...) que também batalhavam para sobreviver, os partidos socialistas estavam completamente falidos." Os bolcheviques se juntaram com relutância às manifestações de rua, mas não as lideraram. "Não achamos que aquilo seria a revolução, então participamos dos protestos com o coração aflito, pensando que eles seriam brutalmente reprimidos pelo Czar," disse Vladimir Kayurov, um dos líderes do partido clandestino na Rússia. A maior autoridade bolchevique em Petrogrado na oportunidade, Shlyapnikov, que chegou à capital logo depois da revolução, reconheceu mais tarde que em fevereiro de 1917 os bolcheviques eram fracos, com no máximo 3 mil membros e quase totalmente quebrados. No mês anterior, afirmou ele, escassos 1.117 rublos e cinquenta copeques haviam entrado nos cofres do partido. Os bolcheviques de Petrogrado não podiam se dar ao luxo de enviar agitadores às províncias e tiveram de recorrer a militantes que visitavam parentes ou que saíam da cidade em viagens de negócios.[16]

A revolução fora inteiramente espontânea, uma descarga de raiva – exemplo clássico de revolta popular contra regime incompetente e falido. A polícia do Czar havia derrotado os bolcheviques e outros grupos de revolucionários, mas se esquecera do povo. O jornalista inglês Arthur Ransome* começou assim seu telegrama de 3 de março para o *Daily News*: "Não nos enganemos. (...) Esta não foi uma revolução organizada. Será impossível erigir a estátua de seu condutor, a menos que ela represente um simples soldado camponês russo."

Nos primeiros dias, pareceu que "ocorrera um milagre e que podíamos esperar mais milagres," como Alexander Blok escreveu para

*As histórias de aventura escritas mais tarde por Ransome, quando produziu diversos romances, nem chegam perto da excitação de sua vida real. Ele foi um talentoso repórter e escreveu vívidos despachos das linhas de frente das revoluções russas. Homem de esquerda, mas não comunista, como comprovam seus escritos, ele certamente foi espião inglês e até um possível agente duplo. Deixou a primeira esposa na Inglaterra e fugiu com Evgenia Shelepina, fiel secretária de Trotsky. Ainda não foi inteiramente esclarecido, como pretendem certos historiadores, se ele seduziu a moça para que espionasse em prol dos ingleses, ou vice-versa. Talvez até nada disso.

sua mãe. "Experimenta-se um vertiginoso senso de liberdade – mas também de maus presságios." Depois de 300 anos de poder absoluto, a dinastia Romanov entrara em colapso em questão de dias "como um desastre noturno de trem, uma ponte desabando sob seus pés, uma casa desmoronando."

28

O vagão lacrado

"Lênin foi despachado pelos alemães em um vagão "lacrado" da Suíça para a Rússia do mesmo modo que se pode mandar um tubo de ensaio contendo cultura de tifo ou cólera para ser despejada no suprimento de água de grande cidade, e tudo funcionou com impressionante precisão."

Winston Churchill, *The World Crisis*, vol. II, 1929

A IDEIA ORIGINALMENTE FOI DO EX-AMIGO DE LÊNIN que se tornara rancoroso inimigo, Yuli Martov. Ele se entristecia e desanimava durante os últimos dez anos no exílio suíço com seu grupo de adeptos, todos igualmente ansiosos para retornarem à revolucionária Rússia.

Na noite de 6 de março de 1917, vasto grupo de *émigrés* esquerdistas reuniu-se no Café Zur Eintracht para debater como poderiam voltar para casa. Era coisa rara para bolcheviques, mencheviques e SRs se encontrarem na mesma sala, mas naquela excepcional oportunidade o hábito da briga foi esquecido. Um socialista alemão que estava presente disse, no início da reunião, que "nunca vira Lênin tão agitado e furioso." Mal podia ficar sentado, andava para lá e para cá pelo salão "como um pacote de energia nervosa" e repetidamente afirmava: "Temos que ir a qualquer custo, mesmo que seja preciso atravessar o inferno."

A sugestão de chegar à Rússia pela Alemanha foi feita por Martov bem no início do encontro. O Governo Provisório em Petrogrado havia libertado todos os prisioneiros políticos. Que tal, disse ele, tentarmos conseguir uma negociação pela qual os russos repatriariam alguns presos alemães e austríacos em troca de passagem segura através da Alemanha para os exilados russos fincados na Suíça?

Lênin se interessou de imediato e disse a Martov coisa que não expressava havia muito tempo: "Excelente ideia!" O líder bolchevique, contudo, estava por demais impaciente para negociar com o governo do príncipe Lvov, que ele descrevia como "dez capitalistas e um refém da democracia." Iria demorar muito tempo e seria enorme complicação. Não desejava também entrar em negociações com o novo Soviete de Petrogrado de Representantes dos Trabalhadores e dos Soldados, que rapidamente fora criado como rival pelo poder na capital da Rússia. Como sempre, Lênin dispunha-se a operar em segredo. Disse a um ajudante bolchevique: "Temos de nos empenhar no ótimo plano de Martov (...) mas não podemos chegar diretamente. Eles suspeitariam de nós. (...) Russos sem partido e patriotas russos deveriam apelar ao governo suíço em Berna. Não podemos participar nem direta nem indiretamente. Nossa intervenção arruinaria tudo. Mas o plano em si é excelente e muito bem pensado."[1]

O sigilo era vital para Lênin: "Pessoalmente, não posso tomar nenhuma iniciativa, a menos que medidas muito especiais sejam adotadas," disse a Inessa. Recrutou o socialista suíço Robert Grimm, editor do radical *Berner Tagwacht*, para negociar em seu nome – discretamente. Não confiava em Grimm, "centrista detestável," afirmou a um grupo de camaradas. Porém Grimm podia ser útil e tinha boas ligações com o governo suíço e com socialistas de toda a Europa. Ao mesmo tempo, Lênin abriu uma segunda frente e começou conversas confidenciais com alguém que igualmente considerava repulsivo: através de seu leal lugar-tenente na Escandinávia, Ganetsky, ele fez contato com Helphand, o tenebroso Parvus. Lênin havia recusado qualquer dinheiro "enodoado" do kaiser quando Parvus o oferecera dois anos antes. Agora, o líder bolchevique não podia ter tais escrúpulos. Estava disposto a negociar com os alemães se os termos fossem aceitáveis.[2]

Da perspectiva germânica, investir em Lênin parecia ser inteiramente justificável tática de guerra que valia a pena arriscar – embora eles também se interessassem em manter o acordo secreto para seu próprio povo e, se possível, para os Aliados Ocidentais. O general Erich Ludendorff, Chefe do Estado-Maior, um dos dois generais mais antigos do exército alemão, admitiu que não tinha noção de quem era Lênin antes da Revolução de Fevereiro em Petrogrado – e que não entendia nada da política de Lênin ou do marxismo. Era tudo uma grande tolice para ele. Mas se Lênin ajudasse a desestabilizar a Rússia, infiltrá-lo no país fazia sentido militar. E a hipótese era mais tentadora ainda naquele exato momento: em fevereiro de 1917, o Alto-Comando alemão tinha certeza de que os EUA estavam prestes a entrar na guerra ao lado dos Aliados (o que, de fato, fizeram em 6 de abril). Era importante evitar a continuação da guerra em duas frentes. Ludendorff disse mais tarde que, "uma vez enviado Lênin para a Rússia, nosso governo assumia responsabilidade especial. Do ponto de vista do conflito armado, a jornada era plenamente explicável. A Rússia precisava ser derrotada." O general Max Hoffmann, comandante alemão dos exércitos que combatiam a Rússia, foi muito franco. "Da mesma maneira que disparei granadas sobre as trincheiras inimigas e despejei gás venenoso contra nossos oponentes, também tenho direito de usar propaganda contra nossos inimigos."[3]

Depois que Helphand/Parvus se convenceu de que Lênin falava sério a respeito da negociação, ele persuadiu o embaixador alemão na Dinamarca, conde Ulrich von Brockdorff-Rantzau, a contatar Berlim com a ideia de ajudar Lênin a chegar a Petrogrado. Anteviu, com notável presciência que, se retornasse à Rússia, Lênin ajudaria a derrubar o Governo Provisório, tomaria o poder mediante golpe armado e prontamente concluiria uma paz em separado com a Alemanha. Asseverou que Lênin tinha tal "sede de poder" que certamente concordaria em aceitar ajuda alemã para retornar à pátria.

O embaixador passou logo um cabograma para o ministro alemão do Exterior. "Definitivamente, temos agora de criar caos extremo na Rússia. Com tal objetivo, precisamos evitar qualquer vestígio rastreável de interferência nossa no curso da Revolução Russa. Mas é mister que, sigilosamente, façamos todo o possível para agravar as diferenças entre os partidos moderados e os extremados (...), já que temos interesse na vitória destes últimos. Isso porque outro levante se tornará inevitável, e tomará a forma que sacudirá as fundações do estado russo. É preferível nosso apoio aos elementos extremados, de vez que assim o trabalho é mais completo e consegue resultados com maior rapidez. Segundo todas as previsões, contamos com uma desintegração já tão avançada que, em três meses, se tanto, nossa intervenção militar garantirá o colapso do poder russo." Tratava-se de previsão otimista, no entanto o ministro alemão do Exterior, Arthur Zimmermann, intuiu que era do interesse germânico "que a ala radical da Revolução Russa prevalecesse." O kaiser Wilhelm tomou conhecimento pessoal das linhas gerais do plano e o aprovou.[4]

Lênin rejeitou a primeira proposta dos alemães. A sugestão era que Lênin e Zinoviev fossem acompanhados através da Alemanha e até a Rússia por um negociante germânico, Georg Sklarz, que já tomara todas as providências para comprar as passagens de trem e já estava a caminho da Suíça para encontrá-los. Antes que ele chegasse, Lênin recusou o plano como politicamente muito comprometedor. Não dava a mínima para a moralidade de qualquer negociação; desejava poder "negar," caso algum dia fosse levantada a hipótese de que ele estivera "no bolso" dos alemães. Sklarz retornou de pronto a Berlim.

Por alguns dias, não houve resposta alemã. Lênin mal podia conter a raiva e o receio de não poder sair da Suíça. Disse a Inessa que não estava disposto a arriscar uma viagem de navio da França para a Escandinávia "e ser posto a pique por um submarino," o que ocorrera alguns dias antes com o vapor *Zara*, que transportava alguns *émigrés* russos. "Mas é uma miserável tortura para nós," queixou-se. "Imagine se não for autorizada passagem nenhuma pela Alemanha ou pela Inglaterra? E isso é possível!"[5]

Grimm não conseguia nada no outro conjunto de negociações com os representantes alemães em Berna. Em 20 de março, Lênin, exasperado com a lentidão das conversas, substituiu-o por outro intermediário, Fritz Platten, secretário do Partido Socialista Suíço. Foi ele que, por fim, concluiu a negociação com o embaixador alemão em Berna, conde Gisbert von Romberg. Lênin tinha uma lista de exigências. Insistiu que ele mesmo compraria todas as passagens de trem "às tarifas normais" – um grupo de socialistas se cotizara para bancar o substancial custo da jornada inteira – e que os exilados retornariam num vagão ferroviário que "desfrutasse de direitos extraterritoriais" (o que explica a ideia de o vagão ser "fechado"). Dentro das possibilidades, "a viagem não deveria ter paradas e a composição seria a de um trem expresso normal. Nenhum passaporte seria checado." Os passageiros não sairiam do vagão durante toda a jornada, e não conversariam com ninguém, a não ser uns com os outros. Romberg observou maliciosamente ser "inusitado viajantes proporem condições ao governo de país através do qual pretendem viajar." Não obstante, repassou o texto com as condições para sanção de Berlim. Os alemães também tinham exigências. Teimaram que todos os passageiros assinassem declaração de entendimento dos termos do acordo e aceitassem total responsabilidade por qualquer tipo de recepção que os esperasse na Rússia. Não era impossível serem logo presos e julgados por traição. Lênin concordou com os termos em nome de todos os bolcheviques. Como de hábito, mesmo que tivessem dúvidas, seus adeptos fariam o que "o velho" mandasse.

Passados dois dias, von Romberg comunicou a Platten que o Ministério do Exterior em Berlim aprovara o plano e logo enviaria o trem incógnito para a fronteira suíça a fim de receber os passageiros. Havia espaço para sessenta passageiros.[6]

O arranjo não permaneceu secreto por muito tempo. A história vazou para repórteres de Zurique e rapidamente se espalhou pelos cafés dos *émigrés*, onde jornalistas, escritores e artistas passaram a não falar de outra coisa. A imprensa escrita de esquerda ficou irritadíssima e não podia acreditar que Lênin, o mais radical esquerdista de todos os revolucionários, chegara a acordo com os ultradireitistas, militaristas e imperialistas alemães. Quando os primeiros rumores correram, "um pandemônio se instalou no Café Plauen de Zurique" (principal locus de encontro dos intelectuais da cidade), escreveu o jornalista de esquerda J. Ley, que passava a maior parte de seu dia naquele café. "Arthur Grumbach, famoso correspondente do *l'Humanité*, e Otto Pohln do *Viennese Arbeiterzeitung*, ficaram possessos. Stefan Zweig desaprovou em alto e em bom som a atitude de Lênin, e o escritor pacifista francês Romain Rolland, que ganhara o Prêmio Nobel dois anos antes, ficou apoplético de raiva. Achou "tudo aquilo muito errado da parte de Lênin ao entrar em acordo com Ludendorff (...) e se preocupou com as repercussões que a atitude provocaria no movimento internacional pela paz." Rolland, a certa altura, meteu a mão no bolso da jaqueta e mostrou a Zweig telegrama que recebera de Lênin convidando-o para a despedida na plataforma da estação. Declinou. James Joyce, que ouvira falar da notícia mais tarde naquele dia, comentou: "Isso para mim lembra o Cavalo de Troia. Suponho que Ludendorff esteja bastante desesperado."[7]

Lênin jamais achara necessário explicar e justificar suas ações. Para ele, aceitar ajuda dos alemães – e, como ficou depois patente, também vastas quantias em dinheiro vivo – pareceria racional e razoável. Lênin, naquela fase de sua vida, tinha acabado de raciocinar em termos morais convencionais e julgava totalmente aceitável receber auxílio de quem quer que fosse, desde que ajudasse a revolução socialista, primeiro na Rússia – e depois no mundo todo.[8]

Raramente falava sobre o "vagão fechado" e defendeu suas ações por escrito apenas uma vez. "Ninguém pediu ajuda dos alemães (...) houve coincidência de interesses. Seríamos muito tolos se não tirássemos proveito disso," disse ele. Porém, sem dúvida, sabia que tudo aquilo aparentaria coisa ruim, por isso foi cuidadoso em esconder as pistas e em se distanciar do envolvimento pessoal com os detalhes financeiros – em particular quaisquer detalhes escusos que pudessem levar até Parvus.

Os ingleses conheciam as negociações de Lênin com os germânicos mesmo antes de o acordo sobre o "vagão fechado" ser concluído e bem antes do vazamento da notícia para a imprensa. O governo britânico considerou a ideia de criticar os alemães por subornarem Lênin e de a Inglaterra fazer uma campanha favorável à continuação da guerra pela Rússia. Claramente, os ingleses não conheciam o homem, nem as apostas que Lênin fazia. Lord Milner repassou relatório dos serviços de inteligência ao primeiro-ministro David Lloyd George sugerindo uma possível aproximação com o líder bolchevique. O envio do relatório foi acompanhado de ofício que dizia: "Até Lênin pode ser subornado (...) qualquer coisa pode ser conseguida na Rússia, na Turquia e na Grécia por meio de suborno (...) o relatório anexo pode ser valioso para sua apreciação pessoal." Lloyd George não deu seguimento à ideia.[9]

Depois de tudo acertado, as engrenagens se moveram céleres. "Tivemos apenas duas horas para fazer as malas (...) [esvaziar totalmente] nossos quartos," lembrou-se Nadya. "Precisávamos acertar as contas com a senhoria, devolver livros à biblioteca e pequenas coisas assim."

Não houve tempo, lamentou ela, para pegar as cinzas da mãe e levá-las à Rússia para enterrá-las em Petrogrado, como Elizaveta Vasilyevna pedira e Nadya queria cumprir o prometido. Tiveram que deixar as cinzas na Suíça.

Herr Kammerer foi à Spiegelgasse para nos desejar boa sorte. Disse a Lênin esperar "que, na Rússia, ele não trabalhasse tanto como aqui em Zurique." Lênin "replicou do jeito clássico de declaração incompleta e sutil: 'Penso, Herr Kammerer, que em Petrogrado terei ainda mais trabalho.'" O senhorio desejou que ele e Nadya encontrassem boas acomodações em Petrogrado. Lênin respondeu que tinha certeza que achariam algo confortável em algum lugar, "mas não sei se será tão tranquilo quanto foi aqui com o senhor."

Quando deixaram seu último lugar de exílio, Nadya e Lênin tinham mui pouca coisa a dizer sobre o que tinham feito em dezesseis anos de vida na Europa Ocidental. Ele saiu da residência em Zurique com uma mochila às costas contendo livros inseparáveis, papéis e documentos, e uma desgastada mala com algumas peças de vestuário e de roupa de cama. O restante eles confiaram aos Kammerers e, como Nadya contou mais tarde aos amigos, a bagagem que levaram não passava de "um cesto com artigos caseiros, um cesto de livros, uma caixa repleta de recortes de jornais e outra com material de arquivo (...) e um fogão suíço a querosene." O fogão seria para fazer chá na jornada de trem.[10]

Por volta das onze horas da manhã de segunda-feira, 27 de março, Lênin e Nadya receberam a companhia de trinta outros camaradas para almoço no Hotel Zähringer Hof, no centro de Zurique. Quando ele redigiu a lista dos passageiros que fariam a viagem e a entregou a Fritz Platten, o nome de Inessa a encabeçava.* A maior parte do grupo de camaradas bolcheviques chegados a Lênin ainda na Suíça estava na lista, inclusive Zinoviev, esposa e o filho de nove anos Stepan, Olga Ravich, que encontrara outra maneira de chegar à Rússia sem ser casando-se com um cavalheiro suíço idoso, Anatoly Lunacharsky e Karl Radek, bolchevique polonês tecnicamente desertor do exército austro-húngaro e, potencialmente, correndo grave risco quando embarcasse no trem.

Lênin leu um combativo "Discurso de Despedida aos Trabalhadores Suíços." Repetiu sua conclamação-padrão por "guerra civil" em toda a Europa dos operários contra seus governantes. "Não somos pacifistas. (...) Nos opomos às guerras imperialistas que contemplam a divisão dos espólios capitalistas (...) mas sempre consideramos absurdo o proletariado repudiar guerras revolucionárias que demonstrem ser necessárias aos interesses do socialismo." Ele foi mais incisivo, no entanto, ao se dirigir privadamente ao seu próprio círculo de bolcheviques, alguns dos quais já estavam celebrando – muito prematuramente para o gosto de Lênin. "Sozinho, o proletariado russo não pode levar a revolução socialista à conclusão vitoriosa," alertou. Então, às duas e meia da tarde o grupo deslocou-se para a estação ferroviária principal de Zurique – a Hauptbanhof.

Na estação foi grande a desordem. Os revolucionários russos foram recebidos por uma multidão raivosa que aguardava por eles. Alguns berravam "traidores," "espiões," "porcos," "trapaceiros"; outros portavam cartazes dizendo "Vergonha levar ouro do Kaiser." Em meio à hostilidade geral, despontaram alguns amigos. Siegfried Bloch, jovem conhecido suíço, conseguiu chegar perto de Lênin e disse "Esperamos tê-lo novamente de volta entre nós." Lênin sorriu e retorquiu: "Bem (...) isso não será muito bom sinal político."

Na plataforma do trem local que seguiria para a fronteira suíço-germânica Schaffhausen, Lênin ficou sozinho por um instante,

*Quase nenhum relato daquele tempo menciona a presença de Inessa no trem, e os suíços tentaram mais tarde, canhestramente, censurar o fato de que ela estava na composição. Histórias oficiais da União Soviética até os anos 1970 não a citavam na lista de passageiros. Apesar de a ideia inicial do "vagão lacrado" ter sido de Martov, ele não quis partir com Lênin. Queria esperar um convite formal de retorno com origem no Soviete de Petrogrado e com a garantia de que teria permissão para entrar na Rússia. Foi um processo lento e cheio de percalços. Martov só chegou um mês depois. Plekhanov havia voltado uma semana antes, através da França e da Inglaterra, e teve recepção de herói em Petrogrado.

parecendo nervoso e desajeitado, olhando várias vezes para o relógio. Lunacharsky que sempre em todos os seus comentários foi famoso por sua propensão a exagerar e romantizar, podia, de vez em quando, ser bom observador. Nessa ocasião ele disse que, naquele momento, Lênin parecia pensar: "Até que enfim, eis que estou a ver aquilo que eu nasci para criar."

Lênin subiu no vagão e, enquanto procurava seu lugar, Radek perguntou-lhe como se sentia. Lênin deu um assobio e disse: "No prazo de seis meses, ou estaremos balançando em forcas, ou instalados no poder."

Houve agitação de monta quando o jornalista revolucionário alemão Oscar Blum abriu caminho a empurrões e tentou entrar no trem para se juntar aos russos. Ele foi pessoalmente empurrado para fora do vagão por Lênin, convencido de que o intrometido era espião alemão.

Precisamente à 15h30, entre vaias e gritos da aglomeração que lotava a plataforma, o trem partiu lentamente. Começava jornada de sete dias até que Lênin chegasse em casa.[11]

O trem com o "vagão lacrado" esperava em Gottmadigen, pequenina estação do lado alemão da fronteira. Era formado pela locomotiva, três seções pintadas de verde de segunda classe, cinco de terceira classe com assentos de madeira, e furgão para bagagens à retaguarda. Havia lavatórios ao fim de cada vagão, mas não existia vagão-dormitório. Dois oficiais alemães estiveram no trem durante todo o deslocamento através da Alemanha até o porto báltico de Sassnitz. Ocuparam uma cabine no fim do vagão lacrado e, antes de o trem se movimentar, fizeram uma marca de giz ao longo do corredor para estabelecer onde começava o lado "alemão." A regra era não haver troca de palavras entre os militares alemães e os russos. Três das quatro portas do vagão foram trancadas. Segundo o acordo, não existiria verificação de passaportes. Seria apenas contado o total deles dentro da Alemanha.

Lênin e Nadya quiseram uma cabine própria de segunda classe, de modo a gozarem de privacidade para começarem logo a trabalhar. Ele fazia a revisão de um panfleto que vinha escrevendo e que já estava quase pronto. Esse texto tornar-se-ia conhecido como *A Tese de Abril* – um de seus mais dramáticos "desvios" da ortodoxia marxista, e que seria leitura obrigatória nas escolas soviéticas depois da morte de Lênin. Com não mais do que 10 mil palavras, Lênin subvertia totalmente o ensinamento de Marx de que cada sociedade tinha de passar por um período capitalista "burguês" num primeiro estágio, antes de poder ser feita a revolução socialista. Lênin argumentava que a Rússia, atrasada e essencialmente agrícola, podia saltar sobre a fase industrial capitalista do desenvolvimento e detonar de imediato a revolução socialista que seria logo copiada por toda a Europa. E esboçou, mais ou menos exatamente, como os bolcheviques tomariam o poder na Rússia e instituiriam uma "ditadura do proletariado." Era algo excitante, direto e, como ele afirmou, complicado de escrever. No trem, então, era muito difícil se concentrar.

Partilhar longa jornada ferroviária e com proximidade cerrada a Lênin deve ter sido um suplício para os outros passageiros. Se ele já era severo e exigente quando estava de bom astral, imagine-se naquela viagem, com perigos tão grandes e boas possibilidades potenciais tão elevadas, a que patamar chegaram sua agitação e suas frequentes explosões de energia nervosa... A excitação e o drama de estar com ele no momento em que se fazia história era uma coisa. Mas seu modo mandão e implicante, e ainda por cima ter de aguentar as constantes e irritadas reclamações dele por qualquer coisa, deve ter sido um tormento.

A composição deixou Gottmadigen logo depois das dez da noite. Passada uma hora, Lênin já se queixava para Nadya que não podia tolerar o barulho que vinha do compartimento ao lado e que era impossível trabalhar naquelas condições – "é simplesmente insuportável." Muito riso, gargalhadas e um estado de espírito de grande animação na área contígua. Lênin podia ouvir bem o som agudo e estridente das risadas de Ravich e o tom de barítono do baixinho, cabeludo e erudito polonês Radek – "um pequeno duende revolucionário, brilhante mímico, pleno de vitalidade e de tiradas cômicas" – a contar uma série infindável de piadas. Lênin admitiu que Radek pudesse ser útil como jornalista popular e agitador, mas sempre o julgou "um desagradável bestalhão." Disse a Nadya que iria acabar imediatamente com aquele barulho, caminhou para a cabine ao lado, pegou Olga Ravich pelo braço e entrouxou-a em cabine mais afastada ao longo do corredor. Alguns camaradas tentaram reclamar. Lênin simplesmente ignorou.

Depois, irritou-se com o cheiro e a fumaça dos cigarros que rapidamente encheu o abafado ambiente do vagão. Instituiu a proibição do tabaco no interior do vagão, só permitindo o fumo nos dois lavatórios. Como era de se prever, longa fila se formou e houve ruidosas e ásperas discussões entre os passageiros – a maioria dos revolucionários russos daquele tempo era formada por fumantes inveterados. Lênin improvisou justa resposta socialista: pegou folha de papel, cortou-a cuidadosamente em tiras e as utilizou como "entradas," um conjunto para uso normal do banheiro e outro para fumantes. Lênin, naturalmente, foi o bilheteiro. Aquele foi o primeiro processo inspirado por Lênin de um sistema de racionamento gerido pelos comunistas: imposto de cima para baixo, sem permitir objeções e provocando mal-humorada insatisfação para muitos.[12]

Foi uma longa e lenta jornada. O trem raramente andou a mais de quarenta quilômetros por hora, mas os alemães cumpriram seu lado do acordo. Em determinada situação, um trem militar que conduzia o Príncipe Herdeiro Wilhelm foi detido para dar prioridade ao de Lênin. Apesar disso, a composição ficou parada cerca de vinte horas em Berlim – agonizante espera durante a qual não houve permissão para que os passageiros russos descessem do vagão. A comida começava a acabar. Muitos russos haviam trazido provisões – pão, queijo, chocolate – mas o estoque tinha se esgotado havia muito tempo, e ninguém podia deixar o vagão para comprar mais alimentos.* Em certo estágio da viagem, um grupo de social-democratas alemães tentou encontrar-se com os alemães e conversar com Lênin. Chegaram a subir nos degraus do vagão, mas lhes foi dito que se dessem mais um passo, seriam atirados para fora do trem. Decorreu mais um dia para o comboio chegar a Sassnitz. Lênin, segundo Nadya, mal olhou para fora da janela do trem a fim de observar as condições da Alemanha em tempo de guerra. Limitou-se a revisar sua *Tese*.

Quando a comitiva alcançou o pequeno porto, em torno das seis da tarde, tinham perdido o *ferry* do Báltico para Trelleborg. Tiveram de ficar no vagão selado por uma noite extra. Quando o cruzaram na manhã seguinte, o clima estava enregelante e o mar, batido. Todos ficaram terrivelmente enjoados, salvo Radek, Zinoviev e Lênin, que passou toda a travessia de cinco horas caminhando pelo convés e parecendo ansioso. Ele havia trabalhado, enquanto revia a *Tese de Abril*, na sua estratégia para derrubar o Governo Provisório em Petrogrado, mas teria alguma chance? A certa altura, perguntou a Zinoviev: "Será que seremos presos logo ao chegarmos à Rússia?" Zinoviev não encontrou resposta.[13]

*Houve muita especulação sobre o motivo da longa parada do trem em Berlim. A resposta óbvia é que, durante a guerra, o sistema ferroviário alemão congestionava com frequência – estava planejado para garantir que tropas e equipamentos se deslocassem com eficiência, e muitos trens sofriam atrasos. Mas vários historiadores sustentam que a verdadeira razão foi permitir que Lênin tivesse uma reunião secreta com funcionários alemães. Foi dito que ele se encontrou com militares de alta patente e com ministros a noite toda no Ministério do Exterior, na Wilhelmstrasse, e recebeu milhões de marcos em ouro. Não há prova de tal reunião ter ocorrido, e ela parece mesmo altamente improvável. Os alemães decerto deram dinheiro aos bolcheviques, mas o fizeram por processos mais sutis e empregando intermediários. E Lênin, seguramente, não se arriscaria a se encontrar com funcionários alemães, depois de ter sido tão enfático em manter "negável" a ajuda germânica.

Ganetsky recebeu-os no cais ao anoitecer da sexta-feira e teve que apressá-los para tomarem o trem com destino a Malmö que partia em quinze minutos. Decorrida cerca de uma hora, os social-democratas de Malmö recepcionaram os famintos *émigrés* com um *smorgasbord*, que os russos – até mesmo Lênin – "devoraram com incrível rapidez (...) parecendo um bando de bárbaros," segundo um dos empregados do restaurante. Já com a noite avançada naquele mesmo dia, eles pegaram um trem noturno com vagão-dormitório para Estocolmo.

A história do trem lacrado e as andanças dos "exóticos" radicais russos foram manchetes na Suécia. Pela absoluta primeira vez, foi estampada foto de Lênin num jornal, e o respeitado diário sueco *Politiken* publicou um perfil do homem que prometera revolução na Rússia e, uma vez no poder, o fim da guerra. Ele foi festejado em todos os lugares por onde passou em Estocolmo. Foi recebido ao desembarcar do trem por Carl Lindhagen, prefeito da cidade, que lhe ofereceu o café da manhã, e houve ainda almoço em sua homenagem organizado pelos socialistas suecos no Hotel Regina.

Lênin recusou-se a dar entrevistas, mas escreveu comunicado à imprensa explicando o motivo pelo qual escolhera viajar através da Alemanha: ele não fora "ajudado" pelos alemães; houvera tão somente um arranjo de viagem, justificou. Negou categoricamente que ele ou qualquer bolchevique tivessem aceitado dinheiro alemão.

Parvus viera de Copenhague e solicitou encontro com Lênin, mas foi recusado de pronto e fez questão de que duas testemunhas bolcheviques de seu grupo ouvissem a recusa para poder confirmar mais tarde.

Distante do noticiário por cinco dias, Lênin leu os jornais com muita atenção. Teve "um acesso de raiva," lembrou-se um dos viajantes, quando leu evidência de que Malinovsky fora agente duplo. O Governo Provisório abolira a Okhrana e abrira seletivamente seus arquivos, que comprovaram sem qualquer dúvida que Malinovsky recebera vultosas quantias como informante da polícia. "Como pôde aquele bastardo ter nos enganado tanto tempo?" perguntou retoricamente a Nadya.

Teve um dia inteiro de reuniões com políticos socialistas e bolcheviques exilados na Escandinávia, mas conseguiu encontrar tempo para compras. Relutantemente, foi convencido por Radek e Nadya a adquirir algumas roupas novas. "Não vou a Petrogrado para abrir uma loja de roupa para homens," resmungou. Mas acabou persuadido de que o homem que retornava para assumir o poder precisava se vestir adequadamente. O casacão e o terno com que viajara estavam uns trapos, tinha nos pés seu único calçado – um par de botinas feitas com tachões que Herr Kammerer confeccionara para ele em Zurique, e seu chapéu-coco estava fora de moda. "Ele parecia operário em excursão domingueira com clima incerto," disse um dos suecos que o conheceu.

Acompanhado por Radek à loja de departamentos mais sofisticada de Estocolmo – a Bergström's – Lênin comprou um terno elegante e decentes sapatos pretos. "Muito provavelmente, foi a aparência adequada de nossos fleumáticos camaradas suecos que nos evocou o apaixonado desejo para que Ilyich se assemelhasse a um ser humano," disse Radek. Lênin também comprou chapéu-coco moderno para a época, e uma total novidade de complemento que jamais antes usara – um boné de operário cinza-escuro com pala. Ele cedo se tornaria sua marca registrada de cobertura.[14]

Pouco depois das seis e meia da mesma tarde, o grupo de Lênin se reuniu para pegar o trem noturno com destino à Finlândia, a última perna da jornada até o Império Russo. Cerca de cem pessoas estavam na estação para as despedidas, mas dessa vez com apanhados de flores e cestos de frutas, e não dos insultos e vaias que se ouviram em Zurique. "Lênin foi o centro das atenções de todos" observou um dos suecos presentes naquela noite. Ele sorria e exsudava alegria enquanto acenava da janela do vagão quando o trem partiu.

Os ingleses tiveram oportunidade de evitar que Lênin entrasse na Rússia, e pensaram seriamente em aproveitá-la. Cogitaram fazer pressão sobre a neutra Suécia para que negasse visto de saída do país e o prendesse na fronteira. O ministro diplomático britânico em Estocolmo, Sir Esmé Howard, escreveu mais tarde: "Por um tempestuoso momento, os ministros dos Aliados debateram se poderiam, evidentemente com a ajuda das autoridades suecas, agarrar o arquirrevolucionário na sua passagem pelo país. Mas o plano pareceu impossível. Deu a impressão de que só tornaria maior o problema (...) a revolução já avançara tanto na Rússia que tudo indicava ser melhor deixar que os acontecimentos se desenvolvessem sem interferências."[15]

Mas o Foreign Office britânico telegrafou a Kerensky, então ministro da Justiça do Governo Provisório, especulando se "um equívoco não teria sido cometido deixando-se Lênin retornar." Receberam rápida resposta insistindo que o novo governo da Rússia "fundamentava-se na democracia. (...) O grupo de Lênin seria autorizado a entrar no país." Eram os ingleses que controlavam o remoto e afastado ponto de cruzamento da fronteira para onde Lênin se dirigia: Tornio, gélida região da área de alagadiços que, por muitas centenas de anos, a história desbordara. Mas era então atarefado fim de linha e principal rota de suprimentos que os Aliados Ocidentais utilizavam para mandar material e assessores militares vitais para a Rússia. O lugar fervia de tropas inglesas, de mercadores que faziam negócios duvidosos – e de espiões de diversos países.

A viagem de trem a partir de Estocolmo durou dois dias e utilizou rota circular em torno do golfo de Bothnia. No entanto, Nadya e Lênin contaram ao menos com um compartimento-dormitório equipado com colchonetes à guisa de camas, cabine que eles compartilharam com Inessa e um jovem bolchevique da Geórgia, David Suliasvili. Lênin não conseguiu dormir. Estava por demais agitado, ainda engalfinhando com sua *Tese de Abril* e nervoso para saber se os ingleses deixariam que ele cruzasse a fronteira, ou, caso tivesse autorização para passar, se o Governo Provisório o prenderia tão logo entrasse no lado finlandês. E mais furioso ainda com as últimas notícias de que os bolcheviques em Petrogrado estavam atuando sem a liderança dele. Ele conseguira alguns jornais russos e leu as últimas poucas edições do *Pravda*. O jornal bolchevique fora legalizado no primeiro dia após a Revolução de Fevereiro e era editado em conjunto por Kamenev e Stalin, libertados do exílio ao mesmo tempo. Lênin teve "um de seus ataques de raiva" e ficou de mau humor a maior parte da viagem, segundo Nadya, quando viu no jornal – em nome do partido – a argumentação de que a guerra deveria prosseguir. "Esses idiotas vão arruinar tudo," disse ele. Foram necessárias diversas horas para que ele se acalmasse.[16]

A preocupação mais imediata era chegar à Rússia. O fim da linha férrea no lado sueco era em Haparanda. O grupo de Lênin teve que deixar o trem e ser transportado em trenó puxado por cavalo, de dois em dois, pelo último quilômetro e meio através de um rio congelado até Tornio. Lênin acenou com cachecol vermelho amarrado na ponta de um bastão de alpinista quando seu trenó atingiu o posto da fronteira, o qual, como ele suspeitara, era guarnecido por militares ingleses que tinham sido alertados sobre a aproximação de perigoso revolucionário. A ordem dos soldados era para que deixassem o grupo passar, não sem antes submeter seus integrantes a uma perda de tempo irritante, desconfortável e humilhante.

Estava de serviço um jovem inglês do controle, Harry Gruner, membro da equipe do MI5. Numa noite gélida, ele deteve os russos no posto por horas enquanto os viajantes eram despidos, um a um, até ficarem nus em pelo. Zina, a esposa de Zinoviev jamais esqueceu a humilhação. "Ficamos inteiramente sem roupa," relembrou-se. "Meu filho e eu fomos obrigados a tirar até as meias. (...) Todos os nossos documentos, bem como os livros e brinquedos infantis que meu filho trouxera conosco, foram confiscados." Lênin foi revistado e interrogado. Que tipo de informação poderia um jovem funcionário da inteligência arrancar de um homem como Lênin permanece um mistério. Todos os pertences dos membros da comitiva foram meticulosamente revistados. No fim, Gruner não teve alternativa senão deixar todo o grupo passar. Durante anos, ele foi atormentado pelos colegas por deixar "Lênin, o homem mais perigoso do mundo, livre." Diziam a ele: "Você é um cara brilhante, aferrolhou a porta do estábulo depois que o cavalo saiu, ou melhor, entrou."*

A tensão abrandou quando eles cruzaram a fronteira. Lênin sorria em plena exaltação ao embarcar no vagão de terceira classe de um trem finlandês que fora despachado para Tornio por Shlyapnikov. Quando o trem começou a se movimentar, Lênin levantou-se, ergueu a mão direita, fechou o punho e se dirigiu aos camaradas. "Estamos agora em território de casa. Vamos mostrar a eles que somos os valorosos senhores do futuro."[17]

*O escritor William Gerhardie, um colega, sugeriu – só de brincadeira – que apenas Gruner fosse responsabilizado por ter deixado ocorrer a revolução bolchevique. "Se ele fosse japonês, teria cometido o haraquiri."

29

Rumo à Estação Finlândia

"As pesssoas que imaginaram ter feito uma revolução sempre viram, no dia seguinte, que não sabiam o que haviam feito, e que a revolução que fizeram não parecia nada com a que desejaram fazer."

Friedrich Engels (1820-1895)

"Tudo é tão terrivelmente bom e tão russo," entusiasmou-se Nadya para um de seus companheiros de viagem enquanto o trem corria entre os conhecidos lagos, florestas de abetos e vilarejos da Finlândia – Tammefors, Kuokkala, Teriijok, todos lugares que ela e Lênin conheciam bem. Por mais de seis horas, eles viajaram numa "cabine dilapidada e desconfortável," com assentos de ripas de madeira, porém estavam felizes – "quase em casa, nossos rostos grudados às janelas." Eles partilharam vagão com um contingente de soldados russos, e Lênin começou a dar-lhes aulas sobre a guerra "predatória" e sobre como a revolução socialista traria a paz – "quando ele argumentou sobre os méritos do 'derrotismo,' os militares olharam boquiabertos para aquele estranho filósofo." Era segunda-feira de Páscoa, 3 de abril pelo calendário gregoriano, e os passageiros comiam *paska,* tradicional bolo russo da Páscoa, que muitos no trem não provavam havia bastante tempo.

Em meio ao chuvisco do fim da tarde, chegaram à junção ferroviária de Riihimäki e baldearam para o trem da linha principal Helsingfors-Petrogrado. Havia inda um obstáculo final a ultrapassar antes de estarem realmente "em casa." Em cerca de meia hora atingiriam a fronteira do território propriamente russo, e ainda era possível que o Governo Provisório mandasse prender os *émigrés* bolcheviques. Fato menos provável, contudo Lênin se mostrava inquieto e "parecia claramente estressado," observou Radek.[1]

No entanto, em vez de soldados e de policiais do governo, Lênin foi recebido na cidadezinha fronteiriça de Beloostrov, cerca das nove horas da noite, por um comitê de boas-vindas composto de entusiasmados moradores locais e de alguns destacados bolcheviques. Sua irmã Maria chegara de Petrogrado para encontrá-lo. Shlyapnikov, Lev Kamenev e Fyodor Raskolnikov, um jovem oficial da base naval de Kronstadt que havia se amotinado na revolução e era o principal agitador na Marinha, juntaram-se a ela. Alexandra Kollontai veio presentear Lênin com um buquê de flores encharcadas e murchas. Era esperado que ela fizesse um pronunciamento, mas – estranho para ela, que normalmente era uma oradora altamente eficaz – ficou nervosa, travou a língua e congelou. Em vez de se pronunciar, plantou um beijo na bochecha de Lênin, que recuou parecendo assustado.

Enquanto os funcionários da aduana e os da imigração checavam os documentos dos *émigrés* que chegavam retornados, uma grande bandeira vermelha e galhardetes revolucionários decoravam a Locomotiva 293 da Ferrovia Estatal Finlandesa. Seria apenas curta viagem de uma hora para o trem chegar a Petrogrado. Lênin deveria usar aquele tempo para refletir sobre a extraordinária e dramática semana que acabara de passar em sua vida e pensar com satisfação que não fora diretamente levado para a cadeia. Em vez disso, procurou Kamenev e começou a censurá-lo pelos artigos que vinham sendo publicados no *Pravda*, que pareciam mostrar apoio bolchevique à guerra. "Quanta idiotice," disse ele. Kamenev empalideceu e tornou-se apreensivo quando Lênin chamou sua atenção para um artigo específico onde estava escrito: "O slogan 'Abaixo a Guerra' é absolutamente impraticável. Quando um exército enfrenta outro, seria a política mais estúpida propor que um deles depusesse as armas e debandasse (...) isso não seria política de paz, mas de escravidão. Enquanto o exército alemão obedece às ordens do Kaiser, o soldado russo deve ficar firme em sua posição, respondendo bala com bala, granada com granada." Lênin disse a Kamenev: "Quando lemos essa porcaria, realmente rogamos praga contra você. Isso não faz sentido. Nossa prioridade é terminar com a guerra (...) ao custo que seja."[2]

Típico de Lênin, a primeira coisa que fez depois de passar dez anos no exílio foi insultar um de seus lugares-tenentes por estar politicamente desalinhado.

Em Petrogrado, os bolcheviques organizaram a fanfarra para recepcionar Lênin. Anos mais tarde, os cidadãos dos estados comunistas se acostumariam a cerimônias orquestradas e grandes comícios em datas especiais de feriados do governo socialista – Primeiro de Maio, por exemplo, e o aniversário da Revolução de Outubro. Constituíam parte importante da vida soviética. Mesmo quando alguns regimes comunistas provaram ser incapazes de organizar vitualmente qualquer outra coisa, podiam sempre montar um grande desfile. Assim, o retorno de Lênin, o Líder que cruzou águas, foi o protótipo – e os primeiros bolcheviques trataram de fazer tudo corretamente. Durante todo o dia, desde o raiar, militantes do partido visitavam alojamentos de operários e bairros das classes trabalhadoras de Petrogrado e espalhavam cartazes. "Lênin chega hoje! Vá encontrá-lo!" As fábricas estavam fechadas devido à Páscoa, era feriado, e muitos podiam ser tentados pelo falso rumor que corria na cidade de que quem aparecesse teria cerveja grátis. Mesmo assim, foi estranho tanta gente acorrer à Estação Finlândia tarde da noite num frio enregelante para recebê-lo – em particular pelo fato de poucos saberem ao menos como Lênin era. Sua foto jamais aparecera em jornal russo, nem mesmo no *Pravda*.

Porém, a partir das nove e meia da noite, suportando grande umidade e frio de cortar, milhares de pessoas surgiram na modesta Estação Finlândia, um prédio provinciano e sem graça naquele tempo, e não o grande centro de conexões de viagens internacionais adequado a uma moderna capital. "A multidão em frente à estação bloqueou toda a praça tornando quase impossível a movimentação e perturbando o tráfego dos bondes," registrou Nikolai Sukhanov, menchevique de projeção em Petrogrado, cuja inextinguível energia e importantes contatos o tornaram um soberbo historiador da revolução. Uma banda regimental tocava marchas militares no "saguão de espera imperial," e três carros blindados se encontravam estacionados na entrada. Gigantescas bandeiras vermelhas tremulavam em torno da estação. Para aumentar o efeito dramático, os bolcheviques convenceram a guarnição da Fortaleza Pedro e Paulo a emprestar seu enorme farol de busca montado em sua base, que fora ligado ao anoitecer e fornecia à cena uma espetacular iluminação.

O trem de Lênin encostou às onze da noite. Guarda de honra da base naval de Kronstadt, trajando seus uniformes azul e vermelho, e boinas com pompom vermelho estava formada para saudar o dignitário. A banda atacou de *Marselhesa*, não sabendo ainda executar a *Internacional*. Porém, de início, poucos marujos e soldados – ou os trabalhadores e diferentes coleções de observadores curiosos que se espremiam na multidão – reconheceram o homem troncudo, vestido com sobretudo gasto, barba em ponta e chapéu coco que desceu para a plataforma. Quando, após alguns minutos, se espalhou a informação de quem era Lênin entre os exilados, levantou-se um coro de vivas, mas foi reação retardada. Nadya afirmou mais tarde que tudo o que Lênin realmente queria "era uma xícara de chá." Mas a excitação da oportunidade tomou conta dele.

Lênin ostensivamente ignorou a saudação formal de Nikolai Chkheidze, *chairman* menchevique do Soviete de Petrogrado. Os dois se detestavam mutuamente. Lênin julgava o menchevique " um abominável oportunista"; o rival o considerava um perigoso extremista "causador de muitos males." Chkheidze fez um discurso verborrágico sobre a necessidade de cooperação entre os socialistas. Lênin esfregava impacientemente as mãos nas lapelas do casacão e pareceu entediado durante toda a fala. Em certo ponto, ele havia trocado o chapéu coco e usava então o boné com pala que comprara em Estocolmo.

Subiu numa cadeira trazida para ele por um soldado, começou a falar e desconstruiu tudo o que o moderado Chkheidze acabara de dizer. Aqueles não eram tempos para meios-termos ou frases diplomáticas, declarou. A hora era de ir adiante e construir o estado socialista. "A guerra imperialista entre os piratas é o começo da guerra civil em toda a Europa. (...) Não está distante a hora em que o povo vai virar as armas contra os exploradores capitalistas. A revolução mundial já amanheceu. A Alemanha fervilha. (...) Agora, em qualquer dia o capitalismo europeu desabará. Ainda não sei se vocês têm fé em todas as promessas do Governo Provisório. O que tenho por certo, no entanto, é que quando eles fazem promessas açucaradas, vocês estão sendo iludidos da mesma forma com que toda a população russa está sendo enganada. O povo quer a paz. O povo precisa de pão e terra. Eles lhes dão guerra e fome – e os latifundiários ainda têm a posse de toda a terra. Marinheiros, camaradas, temos de lutar pela revolução socialista, combater até o fim. Vida longa à revolução socialista mundial." A maior parte da multidão aplaudiu com entusiasmo, contudo Sukhanov ouviu pequeno grupo de soldados reclamando amargamente. "É melhor enfiar uma baioneta num sujeito como este," sussurrou um deles. "Se ele descer aqui mostramos como se faz. Ele deve ser alemão," afirmou outro.

Já quase à meia-noite, Lênin conseguiu avançar para a grande praça fora da estação. Um grupo de marinheiros o envolveu. Levantaram-no e o puseram em cima de um dos carros blindados que levou Lênin pelas ruas de Petrogrado com os faróis acesos até a sede dos bolcheviques.[3]

Alguém possuidor de fina ironia no Governo Provisório havia designado para os bolcheviquesa a suntuosa Mansão Kscheinskaya como sede. A talentosa bailarina Mathilde Kscheinskaya fora amante de Nicolau II antes de ele se casar e ser coroado Czar. Desde então, ela o substituíra por uma série de grão-duques, inclusive seu admirador de então, o primo do Imperador, grão-duque Andrei Vladimirovich. O Czar a presenteara com a enorme *villa* neoclássica no centro da cidade, e Kscheinskaya a havia decorado ao estilo russo ostentoso da época – cortinas de veludo, tetos pintados com afrescos, candelabros em formatos de cisnes, amplos espelhos com molduras douradíssimas. A maior parte da mobília fora removida quando o governo determinou a mansão confiscada "em nome da revolução" e lá colocara cadeiras funcionais e horríveis mesas lisas. Entretanto, como observou Shlyapnikov, a mansão continuava sendo um local incompatível com reuniões de radicais de esquerda. "Teria sido melhor para o exercício da ocupação de Kscheinskaya do que para o equacionamento de questões inerentes ao partido bolchevique – o que não faltava na mansão eram banheiros, piscinas e coisas assim," disse ele. Trotsky odiava o grande e luxuoso prédio. Ele disse que mesmo quando operários e soldados bolcheviques a ocupassem, ela persistiria cheirando a "ninho de cetim de bailarina cortesã."*[4]

Lênin não dormira nos dois dias do último trecho da viagem. Estava, segundo Nadya, extremamente nervoso, mas a adrenalina o mantinha aceso. Jantou, tomou chá e comeu sanduíches com sessenta dos líderes bolcheviques de Petrogrado e outras pessoas que sempre aparecem nessas ocasiões. Por volta da uma hora da madrugada, no vasto salão de recepção do térreo, ficou de pé frente à lareira de mármore com seus suportes negros recobertos de decorações folheadas a ouro, e lançou, num discurso de duas horas, suas noções sobre a maneira de os sovietes tomarem de imediato o poder. Foi um desempenho extraordinário – declaração firme e inamovível dos objetivos bolcheviques nos quais as ideias de meios termos, recuos e negociação não foram sequer citadas. Os camponeses deviam tomar posse das terras no campo sem esperar permissão, afirmou Lênin; os operários deviam patrulhar as ruas armados e infligir "justiça revolucionária" nas classes exploradoras; os soldados russos deviam fazer a paz confraternizando com os soldados alemães no front. "Não precisamos de uma democracia burguesa. Não necessitamos de governo nenhum que não seja o exercido pelos Sovietes de Representantes dos Soldados, Operários e Camponeses."

O menchevique Sukhanov deixou o único registro da aparição de Lênin naquela noite. Disse ele que ficou impressionado, até mesmo

* Depois da revolução bolchevique, Mathilde Ksheinskaya encontrou-se com Shlyapnikov para pleitear sua mansão de volta. Tentou todos os expedientes possíveis, inclusive lágrimas, mas o ascético revolucionário não cedeu. Kscheinskaya perdeu quase tudo, inclusive a *villa* e uma mala repleta de joias que o Czar a presenteara. Mas recebeu autorização para deixar a Rússia e foi para sua casa em Cap d'Antibes, outro mimo de Nicolau. No fim, casou-se com o grão-duque Andrei.

um pouco alarmado. "Jamais esquecerei aquele discurso tonitruante que espantou e assombrou não só a mim, um herege que estava acidentalmente presente, mas todos os fiéis crentes também. Tenho certeza de que ninguém esperava ouvir aquilo." A fala de Lênin não teve sutilezas ou emoções, foi simplística e direta, "mas Lênin tinha um jeito especial de martelar, martelar e martelar as ideias para dentro das mentes da audiência até as tornar cativas. Senti-me como se tivesse sido espancado na cabeça com um malho."

Os aplausos foram vibrantes e logo seguidos por cantos apaixonados de canções revolucionárias. Lênin deu a impressão de estar inteiramente exaurido quando acabou de falar, mas amanhecia quando ele conseguiu se retirar.[5]

30

O interregno

"A revolução foi feita nas ruas; o governo, nos salões."
Nikolai Sukhanov (1882-1940)

"Alguém, vindo do nada,
Sonha acordado
E assim chega um Bonaparte
Em meu país."
Marina Tsvetaeva sobre Alexander Kerensky,
em *O Campo dos Cisnes*, julho de 1917

LÊNIN, FINALMENTE, CONSEGUIU DORMIR. Deixou os bolcheviques cantantes na Mansão Kshesinskaya e foi levado num carro confiscado para o apartamento da irmã Maria na rua Shirokaya, em próspero bairro de classe média de Petrogrado, onde morou por dois meses depois de retornar. De manhã, ele e Nadya entenderam realmente que seus exílios haviam terminado. "Quando ficamos sozinhos (...) observamos atentamente o quarto," disse Nadya. "Era típico de apartamento. Sentimos imediatamente que estávamos em Peter, e todas aquelas Parises, Genebras, Bernas e Zuriques eram agora, sem dúvida, parte do passado."

Foi a primeira vez que ele viu o sobrinho Gora, então com doze anos, que Anna e Mark Elizarov haviam adotado seis anos antes. Os dois logo se chegaram um ao outro e não tardou para que estivessem brincando relaxadamente. A certa altura, estavam lutando e fizeram do quarto uma bagunça. A irmã ficou zangada: "Volodya! Agora que você já o atormentou bastante, deixe o menino em paz. Olhem só (...) vocês quebraram a mesa."

A primeira vez que Lênin se aventurou a sair do apartamento naquela manhã foi para visitar o túmulo da mãe e da irmã Olga no

Cemitério Volkovo. Vladimir Bonch-Bruevich, velho amigo da família e leal funcionário bolchevique, um dos condutores do caixão de Maria Alexandrovna, levou-o de carro, mas se postou discretamente à distância quando Lênin aproximou-se da sepultura da mãe e sua simples lápide. "Sempre calmo, sempre totalmente autocontrolado, Vladimir Ilyich nunca, em especial na presença de outras pessoas, deixou que transparecesse o âmago de seus sentimentos. Mas todos nós conhecíamos a ternura e a afeição que sentia por sua mãe e, sabendo disso, entendemos que o caminho que levava à pequena elevação no Cemitério Volkovo foi uma das mais difíceis estradas em que andou."[1]

Sem mais tempo para sentimentalismo, Lênin voltou à política. A notícia sobre seu incendiário discurso da noite anterior se espalhara. Até seus seguidores mais próximos ficaram mesmerizados por sua tática e por seu extremismo, sua convocação pela insurreição e sua demanda por revolução imediata. Tanto otimismo – "se empurrarmos (...) por certo venceremos," dissera ele – pareceu a muitos de seus seguidores sonho precipitado e utópico. No meio da manhã do dia seguinte ao da chegada a Petrogrado, Lênin compareceu a uma reunião de bolcheviques e mencheviques no magnífico Palácio Tauride. Foi recebido com vaias e censuras de ambos os lados. Um destacado bolchevique da mesma região de nascimento de Lênin no Volga, Pavel Lebedev, disse-lhe sem rodeios: "Ficamos perplexos, a maioria de nós. (...) Acho que aquilo só pode ser explicado, camarada Lênin, por sua prolongada falta de contato com a vida russa." Outros foram bem menos polidos: "O que você andou dizendo parece surtos de um louco," bradou para ele o menchevique Boris Bogdanov, um dos líderes do Soviete. "Foi obsceno ouvir aquelas besteiras." Ivan Goldenberg, que fora do Comitê Central Bolchevique e conhecia bem Lênin, afirmou que pregar a guerra civil era "perigosa tolice, mas é inútil falar em unidade para alguém cuja palavra de ordem é racha, dissídio. Esse programa é insurreição e nos levará (...) à anarquia. Essa é uma tática que ecoa algo muito antigo – o anarquismo primitivo."[2]

Quando a baderna amainou, Lênin estava tranquilo e repetiu todos os pontos inflexíveis que fizera na noite anterior e que logo seriam publicados em Petrogrado como *A Tese de Abril*. "Não tem de haver meio-termo com o Governo Provisório, o qual, de qualquer maneira, não pode sobreviver. Todo o poder tem de ser dos sovietes," reafirmou ele. A guerra tinha de terminar imediatamente; o exército, a polícia e o funcionalismo público tinham de ser abolidos; os bancos e os "escalões elevados que comandam" a economia, nacionalizados. Tudo tinha de ser destruído antes de ser reconstruído sob o socialismo.

Ministros do Governo Provisório congratulavam-se entre si por terem deixado Lênin retornar ao país, convencidos de que o extremismo dele tornava-lhes a vida mais fácil. O líder dos SR, o Socialista Revolucionário Viktor Chernov, ministro da Agricultura, disse que as ideias de Lênin eram tão radicais e "delirantes" que "o perigo bolchevique ficaria limitado e localizado." O príncipe Lvov, primeiro-ministro, afirmou a Vladimir Nobokov (pai do romancista), seu assistente mais próximo e secretário do Gabinete: "Não se preocupe com Lênin. O homem não é perigoso – e, além disso, podemos prendê-lo à hora que quisermos." Naquela noite de terça-feira depois da chegada de Lênin, o ministro do Exterior, Pavel Milyukov, líder dos Kadets e reputado historiador antes de entrar para a política liberal, disse confidencialmente a amigos durante um jantar que as principais ideias bolcheviques "são totalmente inaceitáveis. (...) Agora ele está na Rússia e vai entender melhor." Apesar de Lênin ter regressado à Rússia apenas vinte e quatro horas antes, os ministros já o desconsideravam: "Lênin é caso inteiramente perdido."[3]

De um dia para o outro, a revolução trouxera liberdades políticas jamais conhecidas na Rússia – e quase nunca mais, desde então. As pessoas podiam falar, escrever e ler o que quisessem, o que não poderiam fazer um ano mais tarde – nem seus bisnetos cem anos depois. Decorridos poucos dias, diversificados jornais representando toda a gama de opiniões começaram a aparecer nas ruas de Petrogrado, Moscou e outras cidades. Entretanto, acompanhando tais liberdades vieram anarquia, violência e violações da lei e da ordem que o governo foi incapaz de reprimir. Imediatamente após a revolução, a alegria foi grande com a queda da monarquia Romanov. Estátuas de czares históricos e emblemas imperiais como a águia de duas cabeças foram destruídos em meio a uma série de celebrações espontâneas em todo o país. Pessoas ficaram particularmente satisfeitas nas regiões que extrapolavam o território russo, de Varsóvia a Tiflis, onde muitas esperavam que a revolução cedo conduzisse à independência nacional. Por toda a parte, a República era causa avassaladoramente popular. Panfletos explícitos, semipornográficos, antimonarquistas com títulos como *Os Segredos dos Romanovs*, *As Noites de Orgia de Rasputin* e *As Mentiras Diabólicas da Alemã,* foram vendidos às mancheias. Todas as instituições do regime anterior ficaram sob ataque.

Mas as celebrações logo deram lugar a alguma coisa mais horrenda: a busca de vingança, que Lênin e os bolcheviques foram rápidos em explorar, mas outros socialistas se convenceram de que iria destruir os ideais pelos quais batalharam tantas décadas. "Linchamentos, destruição de casas e lojas, zombarias e ataques pessoais contra servidores públicos e estranhos, prisões não autorizadas, sequestros e espancamentos sem razão – tudo isso ocorria e era diariamente anunciado," admitiu um revolucionário entusiasta, com apreensão, quinze dias depois da revolução.

Gorky apoiara a insurreição de 1905 e a queda do Czar, mas abominou a insensata "destruição pelas multidões (...) a onda anárquica de violência e vingança plebeias (...) tem levado o país a uma nova era das trevas do caos bárbaro," disse ele. Outros intelectuais ficaram alarmados com o fato de que toda a velha ordem e todos os traços da passada civilização russa estivessem desaparecendo: monumentos nacionais, prédios antigos, bibliotecas, obras de arte. "Esta é uma luta da cultura contra a anarquia," asseverou Gorky num artigo pessimista publicado em seu jornal, *Novaya Jizn*. E escreveu para a esposa Ekaterina a respeito de sua querida Petrogrado: "Isso não é mais uma capital, é uma fossa. Ninguém trabalha; as ruas estão imundas; pilhas de lixo fedorento nos pátios e quintais. Fico triste com a maneira como as coisas se tornaram ruins. Só vejo crescer a indolência e a covardia nas pessoas, assim como os instintos maldosos e criminosos (...) parece, estão destruindo a Rússia."[4]

Nem todos concordavam. Alexander Blok acreditava que a violência seria "limpeza," modo catártico, porém necessário, para sarar feridas de séculos. Trotsky viu o espírito violento como previsível, entendível e justificável. "É natural que as pessoas desacostumadas com a revolução e sua psicologia, ou aquelas que previamente a experimentaram apenas no reino das ideias que ela desvendou (...) possam ver com tristeza, até com desgosto, a selvageria anárquica e a violência que afloram nos eventos revolucionários. No entanto, é essa anarquia revoltosa, mesmo em suas manifestações mais negativas, quando o soldado e o servo de ontem, de repente se vêm num vagão ferroviário de primeira classe e rasgam os forros de veludo para fazer meias para si mesmos; até num ato de vandalismo assim há expressão do despertar de personalidade. O desprezado e oprimido camponês russo, que foi esbofeteado e submetido aos mais vis insultos, vê-se, talvez pela primeira vez na vida, num vagão de primeira-classe com seus estofamentos de veludo enquanto calça trapos de tecidos, rasga o veludo dizendo que também tem direito a um pedaço de seda dourada ou de pano fino." Lênin estava determinado a atiçar esse desejo de vingança e destruição, convencido de que ele o alçaria ao poder.[5]

Desde o início, houve uma debilidade fatal na estrutura política organizada imediatamente após a Revolução de Fevereiro. Foram criadas duas sedes rivais de poder – receita infalível para o caos. A Duma instalou o Governo Provisório do príncipe Lvov que, supostamente, faria a transição suave do regime czarista. Mas, no primeiro dia de tal governo, ela reconheceu também o Soviete de Representantes de Soldados, Trabalhadores e Camponeses como parceiro, e aceitou que todas as medidas governamentais teriam que ser aprovadas pelo Soviete antes de entrarem em vigor. Os membros dos sovietes foram eleitos às pressas nas fábricas, nos regimentos do exército e nas comunas rurais, normalmente sem eleição secreta. O Soviete de Petrogrado tinha mais de seiscentos deputados, que não eram representantes reconhecidos nem modernamente democráticos em qualquer sentido. Tampouco o era a própria Duma que nomeava o governo de coalizão, pois se tratava de um "assim chamado" Parlamento, desvirtuado e falsificado pelo Czar e baseado num minúsculo eleitorado de proprietários de terras. As duas instâncias de governo frequentemente entraram em colisão nos poucos meses seguintes, e ambas reivindicaram a legitimidade que não possuíam. Dizia-se abertamente e à exaustão que o Governo Provisório tinha poder sem autoridade, e os Sovietes tinham autoridade sem poder. Todavia, na realidade, os dois não tinham poder nem autoridade. Lênin conseguiu, vezes sem conta, deixar clara essa debilidade nos meses seguintes para evidenciar que o sistema não funcionava mesmo. Como um de seus adeptos observou, "de pura incompetência política e inépcia bem-intencionada, a história tem poucos exemplos mais gritantes" do que o do interregno entre a queda do Czar e o golpe bolchevique.

Os Sovietes se assemelhavam a tudo, menos às câmaras tradicionais de Parlamento. "Quem quisesse podia se levantar e falar o que lhe viesse à cabeça," disse um dos membros do Soviete de Petrogrado, sediado no Palácio Tauride, após um par de semanas de trabalho. "De início (...) os deputados permaneciam sentados em seus bancos, cadeiras (...) e mesas. Nos saguões havia gente de todos os matizes, criando confusões e tumultos. Depois, os aglomerados de gente em pé foram se tornando tão densos que era quase impossível a movimentação no plenário. Poucas horas depois, as cadeiras haviam sumido

(...) e os deputados, suando de pingar, se mantinham esmagados uns contra os outros. No dia seguinte e no outro, as mesas também desapareceram, exceto a do *chairman*, e a assembleia passou a parecer um comício de massa."[6]

Nas semanas que se sucederam a situação foi se tornando caótica, com mais sovietes sendo criados nas cidades e províncias de todo o país. No Soviete da capital "as questões tinham de ser resolvidas sob a pressão da extraordinária massa de delegados e de portadores de petições da guarnição de Petrogrado, do front, dos locais mais remotos da Rússia," lembrava-se o moderado Vladimir Stankevich. Muitos deputados tinham apenas uma educação rudimentar. "As decisões mais importantes eram, com frequência, decididas por maiorias totalmente acidentais. Não havia tempo para o equacionamento completo dos problemas, tudo era feito de cambulhada, depois de muitas noites insones e de muitas brigas. Todos estavam fisicamente exaustos. Nenhum sono. Reuniões intermináveis. Alimentação inadequada ou insuficiente; gente vivendo de pão e chá."

A Duma era, igualmente, uma casa de loucos: "seus membros motivados por um só sentimento: o medo das massas – e de quem pudesse culpá-los." Em particular, tinham terror dos soldados, cujo motim derrubara o Czar e cuja raiva poderia se voltar contra eles. Três semanas após a revolução, o ministro da Guerra, Guchkov, que presenciara a abdicação do Imperador, escreveu ao comandante em chefe do Exército e chefe do Estado-Maior, general Alexeyev, dizendo-lhe: "O governo não tem poder verdadeiro, e suas ordens só são executadas se sancionadas pelo Soviete, que retém em suas mãos os elementos mais importantes do poder genuíno, como tropas, ferrovias, serviços postais e de telégrafos. (...) O Governo Provisório existe apenas enquanto é permitido pelo Soviete." Lênin percebeu rapidamente como poderia explorar o existente vácuo de poder. Depois de poucos dias de retorno à Rússia, ele já dizia aos seus leais seguidores: "Bem cedo este governo não terá condições de se sustentar com as próprias pernas." Muitos ainda achavam que ele estava perdidamente maluco.[7]

Vladimir Nabokov, o mais categorizado dos funcionários públicos da Rússia, enxergou quão fraco e ineficiente se tornara o príncipe Lvov. "Não me lembro de uma única ocasião em que (...) [ele] usasse o tom de autoridade, ou se expressasse decisiva e definitivamente. Era a personalização da passividade." Liberal decente e bem-intencionado, com 56 anos, Lvov não estava à altura de suas responsabilidades naqueles tempos revolucionários de 1917. Era rico proprietário de terras da antiga nobreza, com longa experiência no movimento *zemstvo* de governo local e crente sincero em reformas modestas e evolutivas. Havia desempenhado relevante papel no financiamento de centenas de hospitais, escolas e estudos superiores para camponeses. Depois que os servos foram emancipados nos anos 1860, oferecera terra de suas propriedades aos camponeses num gesto mais generoso do que qualquer latifundiário do país. Era uma pessoa gentil, porém ineficaz. Um de seus aliados mais chegados, Alexander Bublikov, poderosa figura da Duma, gostava dele – na verdade, quase todos gostavam dele – mas se exasperava com seu "permanente ar de desespero e constante esforço para ser afável com todos (...) ele era símbolo ambulante da impotência do Governo Provisório." Um de seus velhos amigos disse que recordaria para sempre sua aparência de "solene *ennui*."*

Suas boas intenções levaram a lamentáveis julgamentos a respeito da Rússia revolucionária. Ele costumava falar sobre "a alma do povo russo (...) a qual, por sua própria natureza, é uma alma universal e democrática." E a Nabokov, que aparentava ceticismo, disse que uma vez libertados os servos do jugo da tirania czarista, eles aprenderiam a conduzir suas vidas no liberal e democrático espírito da Europa Ocidental e dos Estados Unidos, que ele grandemente admirava. Colegas de governo ficavam pasmos com a imensidade de sua indecisão. Deparado com uma série de problemas espinhosos sua atitude habitualmente era "esperar para ver como é que fica." Um ministro lembrava-se dele a dizer: "Senhores, temos de ser pacientes. Precisamos ter fé no bom senso, na crença no estado e na lealdade do povo russo" – e passava a outro assunto.[8]

Lvov foi completamente ofuscado pelo personagem mais jovem e carismático que assumiu no seu lugar a função de primeiro-ministro no início do verão e passou a ser identificado com tudo que dava errado no Governo Provisório: Alexander Kerensky. Com 36 anos de idade, mas parecendo muito mais novo, sua face era mortalmente pálida, quase descorada, e ele tinha "modos nervosos, febris, era frágil na aparência, e com intensidade frenética, que fazia parecer que estivesse permanentemente sentindo dor." Tinha olhos verdes e brilhantes, levemente estreitos, e muitos que o conheceram o descrevem como tendente a movimentar seus membros com espasmos convulsivos e

*Mesmo quando jovem, ele aparentava um cansaço do mundo. Numa visita a Niagara Falls, um companheiro de viagem cantou loas ao esplendor do cenário. "Realmente, faça-me um favor, o que é isso? Um rio corre em seu leito e cai. Nada mais."

enérgicos. Seu codinome nos arquivos da Okhrana era "Ligeirinho."

Diferentemente de Lênin, que veio a odiar Simbirsk, Kerensky escreveu muitas vezes que, como jovem, fora feliz naquele lugar em meio "às ofegantes canções dos rouxinóis." Porém, mal pôde esperar para cair fora. Formou-se decentemente em Direito na Universidade de São Petersburgo e, como muitos outros estudantes, envolveu-se com a política radical. Mas jamais foi seduzido pelo marxismo – disse detestar "sua austera integralidade e lógica ordenada, tomada emprestada do exterior" – ou pelo terrorismo revolucionário. Juntou-se a um grupo de trabalhistas moderados, os Trudoviks, e, mais tarde, quando a guerra eclodiu, aos Socialistas Revolucionários (SRs).

Ficou encarcerado por quatro meses na Prisão Kresty durante a Revolução de 1905, quando sua saúde decaiu. Depois de solto, tornou--se defensor público de diversos e famosos casos políticos. Ganhou reputação com seus elogiados e dramáticos apelos por clemência para penas capitais. Foi eleito para a Duma em 1912 e rapidamente ficou conhecido por seus discursos altamente teatrais e emotivos que "o deixavam esgotado (...) todo o corpo tremendo, suor escorrendo pelos lados da face empalidecida." Era admirado pelas galerias, se não o era pelos mais tradicionais membros da Duma. Cedo na vida, quis ser ator, até que foi persuadido a seguir uma profissão mais estável. Contudo, seus pronunciamentos, em especial no decorrer da guerra, quando demonstrou notável dom para inflamar as tropas, eram ocasiões vibrantes, por vezes acompanhadas de desmaios.* Em parte, eram desfalecimentos autênticos, pois foi homem doente em grande porção da vida, com dolorosos problemas nos pulmões e nos rins, todavia os desmaios ocorriam em momentos certos.

Kerensky se tornou orador extraordinário, que podia enfeitiçar multidões. Uma apresentação sua "parecia passagem de ciclone. Multidões se aglomeravam por horas para ter vislumbre de sua pessoa. Seu caminho era atapetado de flores por onde passasse. Soldados corriam quilômetros atrás do carro que o conduzia, tentando um aperto de mão ou beijar as bordas de sua roupa. Nas reuniões dos grandes salões (...), as plateias chegavam aos paroxismos de entusiasmo e adoração. Depois de um discurso, o tablado de onde falara ficava repleto de relógios, anéis, braceletes, medalhas militares, bem como notas de dinheiro, sacrificados por admiradores em prol da causa comum."[9]

*Um dos professores de Kerensky, vendo-o representar o personagem principal, Khlestakov, numa produção escolar de *O Inspetor-Geral*, de Gogol escreveu acidamente que "a figura daquele adorável matador de mulheres e (...) trapaceiro deve ter sido criada para ele."

Mas Kerensky não era só show. Podia ser corajoso. Denunciava o antissemitismo onde o via – entre os círculos de cortesãos e nas fileiras de soldados rasos do exército. Certa vez foi a Kuji, pequena cidade próxima ao front na Ucrânia Ocidental, onde judeus eram linchados por alegadamente (acusação totalmente falsa) ajudarem as tropas alemãs, e rogou aos soldados em geral, mas especialmente aos locais, para que parassem com suas ações "bárbaras e contraproducentes." Sua intervenção evitou aquilo que poderia se transformar num pogrom bem mais sangrento. Pessoalmente, ele era em geral gentil. Não conhecia Lênin, mas teve um encontro com a irmã Anna num vapor no Volga, pouco antes de a guerra começar em 1914. Os dois entabularam conversa e, aparentemente, ele disse a Anna: "Preste atenção, você cedo verá Vladimir." "Por que você diz isso?" – perguntou ela. "A guerra vai mudar tudo na Rússia," disse ele com entusiasmo, "e seu irmão poderá retornar."*

Kerensky foi o único socialista declarado no primeiro Governo Provisório e o único que era membro tanto da Duma quanto do Soviete de Petrogrado. Mas socialista só no nome, como observou um de seus amigos, "era mais um perpétuo estudante radical." Nunca se aventurou nas ruas durante os nove meses do Governo Provisório. Mexia-se intensamente entre as alas da direita e da esquerda no Palácio Tauride tentando ser útil, ou pelo menos plausível, para as duas. Na Duma, sempre vestiu paletó de terno perfeitamente passado e camisa social bem engomada com colarinho duro. Quando pronunciava discursos inflamados no Soviete, arrancava o colarinho, tirava o paletó e parecia mais operário. Não foi um revolucionário, mas, como disse Trotsky, "um homem que meramente esteve na Revolução."**

Kerensky se apresentou, depois da revolução de fevereiro de 1917 como "inquestionável líder do povo," e sua popularidade foi enorme durante certo tempo. Era o favorito da *intelligentsia* liberal e também dos setores do exército que desejavam continuar a guerra. Convicto de sua própria grandeza, convenceu também alguns outros. Zinaida Gippius registrou em seu diário: "Só existe um nome que une todo mundo – e ele é (...) Kerensky. Nós o amamos. Existe algo de vivaz, algo de pássaro e de criança nele. É o homem certo no lugar certo."[10]

*Essa história vem de amigos de Kerensky, mas foi corroborada por conhecidos de Lênin, embora não diretamente por Anna Ulyanov ou por sua família.

**No inverno de 1916, ele ficou criticamente doente depois de operação para remover um rim com tuberculose. Quase faleceu ao longo de todo um mês. Enquanto convalescia, começou um caso amoroso com Lidya Baranovskaya, prima e amiga próxima de sua esposa Olga, que deixara por causa dele o marido oficial do exército. Por muitos meses, entre as duas revoluções, os três viveram juntos com seus diversos filhos.

Lênin o detestava como o tipo de burguês liberal ao qual não devotava nada diferente de menosprezo, mesmo que o pai de Kerensky tivesse tentado tão generosamente ajudar sua família. Desde o primeiro dia depois da Revolução de Fevereiro, Lênin o identificou como o mais implacável inimigo dos bolcheviques e a maior ameaça pessoal contra ele próprio. Daí o porquê de ter reservado para Kerensky suas descrições mais mordazes, "aquele enfatuado saco de vento" e "não passa de uma *balalaika* que eles [os outros ministros do Governo Provisório] (...) tocam com a finalidade de enganar os trabalhadores." A autoproclamação de Kerensky como socialista foi um insulto para os socialistas autênticos. "A gente tem de empurrar essas pessoas contra a parede e se, mesmo assim, elas não se retratarem, jogá-las na lama."

31

"Paz, terra e pão"

"Sabemos por experiência que as grandes questões do nosso tempo só foram resolvidas por aqueles que não mantiveram sua palavra e foram capazes, quando necessário, de enrolar outros em torno de seus dedos."

Niccolò Machiavelli, *O Príncipe*, 1532

O Lênin público adotou estilo altamente populista que seria identificado – e imitado por muitos demagogos – cem anos mais tarde, mesmo em democracias longamente estabelecidas e sofisticadas. Ele oferecia soluções simples para problemas complexos. Mentia descaradamente. Lênin jamais foi orador de inflamar multidões, como Kerensky e Trotsky o eram em suas diferentes maneiras. Porém era brilhante para apresentar um caso em linguajar direto e objetivo que qualquer um poderia entender, e para explicar como o mundo poderia ser transformado se as pessoas o ouvissem e a seus bolcheviques. A injustiça econômica e o semifeudalismo haviam mantido a Rússia atrasada por séculos? Sua resposta era simples: "Tudo o que povo tem que fazer é expropriar 1 milhão de figurões banqueiros e industriais (...) e quebrar a resistência de algumas dezenas de milionários," disse ele. O povo tinha fome de terra? Simples. "Os camponeses têm que se apossar das terras de seus antigos senhores proprietários. Os senhores agora têm de ser eles próprios." Os operários podiam não saber como gerir as indústrias? Lênin tinha a solução: "Prendam um punhado ou dois de capitalistas, mantenham-nos nas mesmas condições em que vive hoje Nicolau Romanov, e eles desvendarão para vocês todas as dicas e segredos de seus enriquecimentos." Lênin sabia que um estado revolucionário precisaria de especialistas, profissionais em diversas esferas, para se manter funcionando. Porém argumentava que as pessoas já tinham ouvido demasiado dos especialistas. "Qualquer trabalhador dominará o trabalho de um ministério em poucos dias; não é necessário ter qualificação especial (...) nem aprender técnicas de trabalho, porque isso é tarefa dos burocratas, e podemos compeli-los a executá-la, da mesma forma que são agora obrigados a trabalhar."[1]

Com um cinismo insolente, prometia tudo e mais alguma coisa a todo mundo. Prometia terra aos camponeses – apesar de não demonstrar muita fé em entregar a terra aos lavradores; desejava nacionalizar a terra na qual os camponeses trabalhariam em grandes fazendas estatais coletivas. Afirmou que os operários deviam administrar as fábricas. Porém, igualmente, não acreditava em operários controlando as empresas deles, ou na sua outra proposta de criar cooperativas administradas por sindicatos. Objetivava na verdade a centralização do controle do trabalho sob a liderança de seu partido. Quando o Governo Provisório retardou as eleições para a Assembleia Constituinte que havia inicialmente agendado para início de setembro, Lênin atacou-o por "trair" a democracia. É claro que ele não acreditava na "democracia burguesa" – eleições livres disputadas por partidos políticos, que não existiriam nos 75 anos que durou o estado que ele criou. Disse a seus lugares-tenentes que em suas propagandas era importante manter simples as coisas. "Temos de falar em paz, terra e pão, sobre coisas assim. Então brilharemos como um farol na escuridão." Defendeu o que sabia serem mentiras com base na racionalização da maioria das coisas: o fim – a revolução socialista – justificava os meios.[2]

Dia após dias, pelos três primeiros meses depois de Lênin retornar à Rússia, ele falou em numerosos encontros e tornou-se uma atração popular. Era claro, direto, lógico, sincero, aparentemente honesto e persuasivo. Não era uma presença física poderosa, "mas as pessoas podiam sentir que havia algo de extraordinário nele," como Gorky, que reconheceu ter aprendido, naquela primavera, a abominar a maneira como ele conduzia a política. Mais importante ainda, Lênin soava otimista, positivo, disposto e oferecia esperança aos ouvintes. Sorriu e gargalhou muito durante aquele período. Alegrava-se visivelmente com a revolução. Algumas pessoas que o conheciam de antes da guerra, entretanto, inclusive algumas que passaram tempo de exílio em sua companhia, notaram sensível diferença em seu comportamento. "Como ele envelheceu," observou Roman Gul, antigo camarada social-democrata que esteve bastante tempo com Lênin na Suíça. "Toda a aparência de Lênin se modificou. E não só isso. Sumiram a costumeira cordialidade e seu humor amistoso e companheiro nas relações com outras pessoas. O novo Lênin que chegou era cínico e grosseiro, um conspirador contra tudo e contra todos, determinado a lançar-se com vigor sobre o poder."

Aquela foi a primeira vez que ele falou para vastas quantidades de operários. Sua experiência até então tinha sido com pequenos grupos de militantes do partido e em conferências socialistas – mormente intelectuais – que concordavam com ele nos aspectos gerais. Contudo, julgou que estava pronto para atingir trabalhadores comuns. Isso não ocorreu imediatamente, pois foi preciso primeiro que simplificasse sua mensagem. De início, ele mesmo reconheceu, ficava "muito nervoso diante de multidões." No primeiro grande encontro, poucos dias depois de chegar à Estação Finlândia, ficou aterrorizado e paralisou totalmente. Partilhava a plataforma com Alexandra Kollontai; antes de subir ao tablado, sua face ficou lívida e, como confessou, "teve medo e pediu a ela que fizesse o discurso." Kollontai assustou-se com aquilo que lhe pareceu falta de confiança e fez o que pôde para encorajá-lo, dizendo-lhe que ele se sairia brilhantemente e que não havia nada a temer em falar para grandes plateias. Ele subiu ao tablado, falou com entusiasmo, foi ovacionado e nunca mais sentiu medo de tribuna.

A anfitriã da sociedade condessa Irina Skariatina disse a amigos que, apesar de seus primeiros instintos de choque e ira, ela ficara impressionada com Lênin. "Estive lá duas vezes. (...) Ele é calvo, terrivelmente feio, veste um velho terno marrom todo amarfanhado, fala sem qualquer poder de oratória, calmo como um professor universitário proferindo sua aula diária. (...) Ainda assim, o que ele diz eletriza suas audiências muito mais do que qualquer orador que jamais ouvi."

Lênin escreveu intensamente – quarenta e oito artigos para o *Pravda* só em maio, embora alguns apenas tivessem uma centena de palavras. Foi um ritmo de trabalho fenomenal, mas ele e outros políticos saciavam uma fome de política totalmente desconhecida na Rússia. Nova palavra foi cunhada para o vocabulário russo na primavera de 1917: *mittingovanie*, significando comparecer a grandes comícios políticos. "Dia e noite, em todo o país, uma continuada e desorganizada manifestação de rua persistiu de fevereiro até o outono," disse o escritor Konstantin Paukovsky, que também viu agitação no front e sabia como os soldados estavam sendo politizados. Em Petrogrado, as semanas que se seguiram à Revolução de Fevereiro foram "um festival de libertação," escreveu o repórter americano Albert Rhys Williams. "Não se podia comprar um chapéu ou um maço de cigarros sem terminar numa discussão política. (...) Os empregados e porteiros pediam conselhos sobre em que partido votar nas eleições locais para o Soviete. As paredes ficaram recobertas de notícias sobre reuniões, comícios, palestras (...) e anúncios não apenas em russo, mas também em polonês, lituano, iídiche. (...) Dois homens que discutissem numa esquina viam-se logo cercados por um grande grupo excitado. Até nos concertos a música é interrompida agora por pronunciamentos políticos de oradores bem-conhecidos. A Nevsky Prospekt transformou-se de avenida numa espécie de Quartier Latin. Camelôs de livros se enfileiravam nas calçadas." John Reed simplesmente disse que, por meses, "em Petrogrado, cada esquina virou uma tribuna pública."[3]

O Governo Provisório saltava de crise em crise e sempre parecia instável. No fim de abril sobreviveu a uma fieira de manifestações de rua não iniciadas por bolcheviques, mas que delas participaram com gosto. Numa só delas houve mais de 150 mil manifestantes – muitos empunhando cartazes que diziam "Fora o Governo!" – mas nunca saiu do controle da polícia. Os oponentes de Lênin à direita, bem como os mencheviques e os SRs, acusaram-no de tentar liderar um *putsch*. Ele negou categoricamente – e foi correto naquela ocasião. Os bolcheviques não tinham planos para derrubar o governo nem estavam de modo nenhum prontos para montar um golpe. "A história talvez tivesse sido diferente se percebêssemos que as massas (...) [nas manifestações] tivessem virado definitivamente para nossa posição," afirmou Lênin para Zinoviev e Kamenev mais tarde. "Mas isso não ocorreu. Montamos um protesto pacífico, porém alguns camaradas, é verdade, se excederam . (...) O slogan 'Fora o Governo Provisório!' é aventurista. Não podemos derrubar o governo agora. Queremos tão somente um reconhecimento pacífico das forças nossas inimigas."[4]

Houve quatro coalizões em oito meses e meio, e sete importantes reformas do ministério. Nenhum dos Gabinetes conseguiu restabelecer a lei e a ordem, controlar o exército e barrar a inflação, que cresceu exponencialmente. O governo não tinha condições para tomar mais empréstimos no Ocidente; não tinha crédito, então a solução foi imprimir mais dinheiro. O complexo gráfico do Tesouro ficava fora de Petrogrado e não conseguiu manter a velocidade necessária de produção de notas: não tinha suficientes guilhotinas para fatiar as folhas de papel-moeda, de modo que, em alguns casos, os próprios clientes de bancos recortavam as folhas de notas individuais. Os salários médios industriais triplicaram nos três meses seguintes à revolução, mas tinham, de fato, se desvalorizado em dois terços da sua capacidade de compra.

O exército era uma massa deprimente, derrotado e envergonhado. Os soldados acreditavam, com alguma razão, que fora o motim deles que disparara a revolução e derrubara o velho regime. Ministros do governo temiam que as tropas fizessem o mesmo com eles. Logo após a revolta, os soldados fizeram uma série de exigências para "democratizar" o exército e garantir que seus integrantes não fossem processados por qualquer recusa em obedecer às ordens durante a Revolução de Fevereiro.

O acordo que conseguiram deu enorme influência a Lênin dentro do exército e foi fator capital em ajudar os bolcheviques a ganharem suficiente apoio entre os soldados e marinheiros e para a tomada do poder alguns meses mais tarde. A Ordem Número Um, como ficou conhecida, teve um profundo efeito sobre as forças armadas. Tornou o exército subordinado ao Soviete de Petrogrado, e não ao Governo Provisório; soldados e marujos elegeriam seus próprios comitês, que enviariam delegados ao Soviete. Soldados passaram a ser "cidadãos" não sujeitos a leis marciais. Os comitês controlariam as armas, "que em caso algum deveriam ser repassadas a seus oficiais superiores." Não eram mais obrigados a bater continência aos oficiais quando não estivessem em serviço; os oficiais foram proibidos de punir fisicamente seus subordinados, como de hábito faziam no regime czarista. Os oficiais eram também obrigados a se dirigir aos subordinados com o formal "*vy*" em vez do "*ty*." Os soldados se dirigiriam aos superiores como "senhor general" ou "senhor coronel" e não mais como "Vossa Excelência" ou "Vossa Senhoria." Lênin despachou bom número de sargentos recrutadores aos quartéis, e soldados se filiavam cada vez mais aos bolcheviques. E incrementou a campanha por uma paz em separado com os alemães para terminar a guerra.

"É o fim do Exército," declarou o inteligente e influente Vasily Shulgin, político da ala direita, ao ouvir falar da Ordem Número Um. Mas o Exército já estava morto. Mais de 1,25 milhão tinha desertado: cerca de 10 mil por dia deixaram seus regimentos em abril e maio. "Toda a disciplina desapareceu no Exército," reportou a Paris o embaixador francês, Maurice Paléologue. "Oficiais são insultados (...) e, se reagem, são massacrados. (...) Desertores vagam pela Rússia, lotando estações, assaltando carruagens e paralisando os meios de transporte, tanto militares quanto civis. É nos principais entroncamentos que eles realmente se aglomeram. Quando chega um trem, os soldados expulsam os passageiros, ocupam seus lugares e obrigam o chefe da estação a acionar os desvios para alterar as rotas ao bel prazer deles. Pode muito bem ser um trem repleto de soldados se dirigindo ao front. Os homens saltam na primeira estação, realizam um comício, discutem entre si por umas horas, e decidem retornar ao ponto de partida da viagem."

O coronel Alfred Knox, adido militar inglês em Petrogrado, se mostrou incrédulo em relação ao estado das forças russas. No fim de abril, ele e um grupo de outros oficiais britânicos visitaram a Frente Norte, "onde as unidades tinham se tornado sociedades debatendo política (...) e negociações tinham lugar diariamente com o inimigo, que se diverte com a credulidade do soldado russo. No front doméstico – a Rússia rural – prisioneiros de guerra são libertados pelos camponeses e trabalham para os proprietários de terras, enquanto em Moscou, oficiais alemães e austríacos passeiam tranquilamente. (...) Por certo jamais houve outro país em guerra no qual prisioneiros de guerra entraram em greve por melhores pagamentos e condições de vida."

O governo não contabilizava mais o número de desertores, e mesmo que pusesse as mãos em alguns deles, "o que poderíamos fazer?" – especulou o general Klembovsky, um dos assistentes do chefe do Estado-Maior no QG principal. "Sentença de morte? Teríamos que enforcar divisões inteiras. Cortes marciais? Então metade do exército iria para a Sibéria. Não se assustam soldados com ameaça de prisão ou trabalhos forçados. 'E agora? Estaremos de volta em cinco anos com a pele inteira,' dizem eles."[5]

As tropas se radicalizaram, mas não necessariamente como Lênin desejava. O general Brusilov, que seria nomeado comandante em chefe do Exército no verão de 1917, disse mais tarde que "os soldados só queriam uma coisa: paz – para que pudessem voltar para casa (...) [para seus vilarejos], roubar os proprietários de terras e viver livremente, sem pagar impostos ou reconhecer autoridade nenhuma. Soldados voltaram a atenção para o bolchevismo por julgarem que ele representava seu programa. Não tinham a menor noção do que era comunismo ou do que queria dizer Internacional Socialista, mas se imaginavam em casa, vivendo sem leis ou proprietários de terras. A 'liberdade' anarquista era o que eles chamavam de bolchevismo."

O escritor Ivan Bunin passou a primeira parte de 1917 num vilarejo do Volga e manteve um diário sobre o período. Era antibolchevique vitriólico, porém concordava com Lênin a respeito da guerra. Os camponeses estavam simplesmente enjoados da guerra e "entenderam, como seus senhores provavelmente também, que a vitória era impossível. (...) O povo não quer guerrear e não compreende por que combate. A guerra não é problema deles. E vão ficando mais furiosos a cada dia que passa."

Os críticos de Lênin ficaram horrorizados com sua determinação em incitar o ódio entre classes para alcançar seus objetivos políticos. Entretanto, para ele, socialismo era guerra de classes; e a violência que a acompanhava era inevitável. Como frequentemente dizia:

"Nenhuma grande questão (...) jamais foi resolvida na história que não pela força." O caos na Rússia, disse a camaradas, deveria ser bem-vindo porque "o que é ruim para eles, o governo burguês, é bom para nós." Não obstante, mesmo alguns de seus admiradores ficavam abalados com o grosseiro populismo incitador de massas que ele empregava na primavera e verão de 1917, como o slogan que usou em vários discursos: "Roubem os Ladrões!" O apaixonado socialista Gorky se desesperou. "Todos os dias cresce minha ansiedade," escreveu à esposa em 14 de junho. "A louca política de Lênin cedo nos levará a uma guerra civil."[6]

Guerra civil já acontecia sobre terra no interior, que foi engolfado pelo caos. As determinações do Governo Provisório jamais penetraram muito na Rússia provinciana, onde a lei e a ordem haviam entrado totalmente em colapso. Centenas de grandes propriedades por todo o país foram tomadas pelos camponeses, que expulsaram, espancaram e, em muitos casos, assassinaram os donos da terra. Foi um processo que começou bem antes da chegada ao poder dos bolcheviques, teve início quase imediatamente após a Revolução de Fevereiro. A chamada "marcha sobre as casas grandes" foi um movimento espontâneo para forçar os latifundiários a entregar suas terras aos empregados – na maioria dos casos, ex-servos. No passado, os feudos, com sua pequena nobreza, eram protegidos pelo exército, o qual por séculos reprimia as inquietações dos camponeses e servos com medidas duras. Porém agora, desde a revolução, os soldados eram, com frequência, os líderes e incitadores da violência, e em muitas regiões da Rússia a polícia não existia mais. O pequeno nobre estava então por conta própria.

A fúria contra os donos de terras era tradição antiga entre os *mujiks*. Bem no âmago das comunas – a *mir* – em meio à servidão, vigorava a crença de que a terra não devia ser propriedade privada dos pequenos nobres, que nunca a trabalhavam, e sim dos que a amanhavam e cuidavam do gado. "Nós somos de vocês, mas a terra é nossa," corria o ditado. A esperança sempre viva era de que, um dia, o Czar dividiria a terra novamente e distribuiria tratos dela aos camponeses fazendeiros, numa dispensação totalmente diferente. O Czar deixara de existir, mas agora, muitos pensavam, era a oportunidade para a grande e nova divisão da terra que faria justiça aos lavradores.

Desde o início do verão, em especial nas áreas mais agricultáveis, assembleias de camponeses eram organizadas nos vilarejos e votavam pelo confisco de domínios dos pequenos nobres. Grupos de homens – também algumas mulheres, porém a maioria era de homens portando armas, forcados e enxadas – se dirigiam às casas-grandes, exigiam a presença dos pequenos nobres proprietários e expulsavam todas as famílias, normalmente com avisos prévios de poucas horas. Quase sempre o ato era acompanhado por terrível violência, justificada como forra pela brutalidade do período Stolypin de 1905-7, quando milhares de camponeses foram mortos por soldados agindo em prol dos pequenos lordes proprietários de terras. Muitos foram os exemplos semelhantes ao que teve lugar em junho de 1917 na bela mansão de Bor Polianshcina, próximo a Saratov. Multidão liderada por soldados desertores esquartejou a machadadas o idoso príncipe Vladimir Saburov como vingança pelo papel desempenhado por seu filho como "capitão da terra" local em 1906, quando doze camponeses foram enforcados na frente de esposas e filhos. Depois do sangrento assassinato, o furioso aglomerado incendiou o palacete que abrigava uma das mais completas bibliotecas particulares da Europa, reduzindo-o a cinzas. Uma multidão também marchou na direção da mansão de Tolstoy, em Yasnaya Polyana, duzentos quilômetros ao sul de Moscou, todavia o grande romancista era adorado pelo campesinato russo e sempre fizera campanhas por seus direitos. A idosa e quase cega Sophia, viúva do escritor, pediu socorro ao Governo Provisório, mas nenhum chegou. Ela e as filhas colocaram os livros dentro de caixas em um dos quartos e ficaram de guarda com um revólver e um machado. Na noite em que a multidão chegou à mansão, todas as luzes estavam apagadas, os rebeldes julgaram que a casa já tinha sido saqueada e, por isso, passaram à propriedade seguinte.

O príncipe Lvov viu-se sem poder para restabelecer a ordem no campo e, de sua reação, não ficou muito claro se o desejava. Deu de ombros e afirmou de maneira um tanto *blasé* que "entendia perfeitamente (...) a revolução pela terra." Disse também a ministros, durante almoço no início de junho, que ela era "vingança dos servos em consequência – e digo isso porque sou proprietário de terra – de nosso pecado original. Bastava a Rússia ter sido abençoada com uma verdadeira aristocracia fundiária, como a da Inglaterra, que teve a decência de tratar (...) [os campônios] como seres humanos, e não como cães. Então a situação poderia ter sido diferente."[7]

No fim de maio, uma recém-criada Assembleia de Camponeses Russos, autonomeado grupo de delegados das assembleias das terras locais, declarou que todas as tomadas de terras levadas a efeito até então eram legais, e que suas chamadas "leis" eram legítimas. Lênin apoiou a Assembleia, argumentando que prometeria qualquer coisa aos camponeses para ganhar o suporte deles. Mas tal apoio era farsa. Ele tinha pobre opinião sobre os *mujiks* russos, a quem qualificava de bárbaros e semifeudais. No entanto, frequentaria a assembleia – por ora. Como disse o líder bolchevique de Nijny Novgorod, mal disfarçando seu desdém, "o campônio local tem (...) a opinião fixa de que todas as leis civis perderam a força (...) [desde fevereiro] e todas as relações jurídicas devem agora ser reguladas por organizações de camponeses."

O príncipe Boris Vyazemsky recusou-se a aceitar a deliberação de uma dessas assembleias de que era obrigado a entregar Lotarevo, propriedade da família na fértil "terra negra" da província de Tambov, com sua imponente mansão, criação de cavalos e hospital. Seu irmão Dmitry fora um dos mais brutais dos oficiais do exército e enforcara centenas de camponeses do decorrer dos distúrbios de 1906, e havia ressentimentos contra toda a família. Quando uma multidão chegou para expulsá-los com varas e porretes, no verão de 1917, um ancião do vilarejo disse que, apesar de respeitá-lo pessoalmente, eles desejavam acabar de uma vez por todas com os Vyazemkys "e tomar a terra que por direito nos pertence." O príncipe não sairia da propriedade de moto-próprio. Os camponeses improvisaram um tribunal e sentenciaram o envio do príncipe ao front. Ele mal chegou à estação de trem mais próxima quando se deparou com outro bando de soldados desertores e camponeses que o mataram a golpes de baioneta. Depois de morto, Vyazemsky teve a cabeça decepada.

Os camponeses haviam feito sua revolução – antes de Lênin desfazê-la mais tarde e impor-lhes sua própria versão do que uma revolução devia ser.[8]

32

Os espólios da guerra

"Lênin era homem de muitas capacitações, porém as condições anormais da vida subterrânea as alteraram e atrofiaram de maneira medonha. Ele podia dizer de si mesmo, não sei para onde caminho, mas vou para lá com determinação. A devoção de Lênin à causa revolucionária permeia seu inteiro ser. Mas, para ele (...) não há diferença entre política pessoal e os interesses do partido (...) do socialismo. Lênin possui mente privilegiada, mas é mente de dimensão única. Ele é homem absolutamente honesto, mas apenas com um par de trilhos (...) e, por conseguinte, com atrasada sensibilidade moral."

Viktor Chernov, perfil de Lênin em
Delo Naroda (A Causa do Povo), abril de 1917

LÊNIN E KERENSKY JAMAIS FALARAM UM COM O OUTRO. Mas, certa vez, falaram um para o outro quando estiveram no Primeiro Congresso dos Sovietes de Todos os Russos em 17 de junho.* O salão principal da Escola Naval de Cadetes na ilha Vasilyevsky estava apinhado, no entanto os bolcheviques se encontravam superados em quantidade. Estavam lá cerca de novecentos SRs e mencheviques, e só 105 bolcheviques. Foi uma ocasião dramática de quase tiro-pela-culatra contra Lênin, mas ele foi suficientemente esperto para se manter de pé e desbordar a situação.

Em algum ponto da sessão matutina, o líder menchevique da Geórgia, Irakli Tsereteli, disse que a política na Rússia estava emperrada e nenhum partido conseguia formar um plausível e operante governo por si próprio ou se encontrava pronto para assumir o poder. Lênin

*Pouco depois de Lênin retornar à Rússia, Kerensky desejou encontrar-se com ele. Achou que isso ajudaria o Governo Provisório a conseguir apoio da esquerda, porém nunca entendeu seu inimigo. O secretário do Gabinete Vladimir Nabokov anotou que os ministros quase não mencionavam Lênin, fosse nas reuniões oficiais ou privadamente. Por isso ficou surpreso "quando escutei Kerensky dizendo que queria reunião com ele para conversar. Em resposta às perplexas perguntas que se seguiram (...) ele explicou que o líder bolchevique 'vivia em ambiente totalmente isolado, não sabia nada, via tudo através das lentes de suas próprias fantasias e não tinha ninguém para ajudá-lo a entender o que se passava'." Estaria Kerensky, de fato, falando de si mesmo? De qualquer maneira, Lênin declinou do encontro.

levantou-se, limpou a garganta e afirmou: "Sim, esse partido existe. Nós, os bolcheviques, estamos preparados. Nenhum partido deveria recusar a oferta, e nosso partido decerto não recusa. Ele está pronto para assumir o governo a qualquer momento." Uns poucos bolcheviques o aplaudiram com algum desânimo. Entretanto, quase o salão inteiro explodiu em gargalhadas e começou a zombar de Lênin. Quando a barulheira abrandou um pouco, apesar da persistência de alguns apupos, ele continuou: "Podem rir o que quiserem, porém, diferentemente dos outros, nós temos um programa atinente à crise econômica. Olhem o que vocês estão fazendo com a continuação da guerra," disse ele, apontando dedo acusador para Kerensky e outros ministros. "Capitalistas com lucros da guerra de oitocentos por cento continuam negociando por todo o país exatamente como antes. Por que vocês não tornam públicos seus lucros, prendem uns cinquenta deles e os deixem na cadeia por um tempinho, mesmo mantendo-os nas condições luxuosas de que goza Nicolau Romanov. Vocês falam de paz sem anexações e contribuições. Ponham isso em prática aqui no país. (...) Afirmam que há avanços nos fronts. Em princípio, não somos contra a guerra. Somos apenas contra a guerra capitalista com finalidades capitalistas, e até que todo o governo e a burguesia sejam expelidos, o tipo de socialismo de vocês é mera ferramenta para os que levaram o mundo a este desastre."*

Houve murmúrios no salão quando Kerensky se levantou para replicar. Ele era então ministro da Guerra e trajava túnica militar marrom e perneiras, apesar de nunca ter servido ao exército. Um de seus braços achava-se apoiado em tipoia que passava em torno de pescoço, embora ninguém soubesse de ferimento ou qualquer outra lesão que o prejudicasse. "Sua face estava pálida de tensão e seus olhos cintilavam como gotas ferozes," como relatou um observador próximo. Começou a falar em tom ameno e comedido.

"Nosso dever é fortalecer a recém-conseguida liberdade, de modo que nossos camaradas que voltaram do exílio não devam para lá retornar, de sorte que um deles [apontando para Lênin] que viveu no conforto da Suíça todo o tempo, não tenha também que para lá voltar. Ele nos propõe nova e maravilhosa receita para nossa revolução;

*O jornalista inglês Morgan Philips Price, que mais tarde se tornaria parlamentar trabalhista, reportando para a revista de esquerda *Common Sense*, foi o único correspondente estrangeiro que cobriu o congresso. Ele não ficou muito impressionado com Lênin, "homem baixo, de cabeça redonda, pequenos olhos porcinos e cabelo cortado bem rente. (...) Podia-se ficar fascinado por seu domínio da língua e pelo apaixonado modo de expor sua denúncia, mas quando tudo acabou, a tendência foi por se coçar a cabeça e perguntar de que se tratava tudo aquilo."

precisamos prender uns poucos capitalistas russos. Camaradas, não sou marxista. Mas acho que entendo melhor o socialismo do que o irmão Lênin, e sei que Karl Marx nunca propôs tais métodos de despotismo oriental."

Enquanto prosseguia, "seu rosto foi enrubescendo e sua voz tonando-se áspera com a excitação," ficou mais melodramático, seu habitual estilo retórico. "Você nos diz que teme a reação. Nos diz também que deseja fortalecer nossa nova liberdade, e, não obstante, propõe-nos liderar para o caminho da França em 1792. Como terminou a França depois de 1792? Resultou com a queda da República e a ascensão de um ditador. O problema para os partidos socialistas da Rússia é evitar tal término como o que ocorreu na França (...) em vez de reconstrução, você clama por mais destruição. Do caos que você quer, surgirá um ditador." Kerensky fez uma pausa e caminhou dramaticamente pelo salão na direção do grupo de bolcheviques que cercava Lênin. "Não serei o ditador que você está pretendendo criar. Quem será?" E então virou as costas para Lênin, que ficou sentado, sorrindo, tocando calma e lentamente em seu queixo. Foi um desempenho provocador.*[1]

Lênin exalava otimismo, em parte porque se convencera de que sua mensagem se espalhava, mas principalmente porque tinha nova e vasta fonte de recursos financeiros à sua disposição. A filiação ao partido bolchevique crescia. De um máximo aproximado de 23 mil no início de março, ela atingira cerca de 200 mil por volta de julho. Mais importante: os bolcheviques tinham rapidamente criado um próspero império jornalístico, de longe maior do que o de qualquer outra organização política no país. O *Pravda* fora legalizado no fim de fevereiro. Em meados de abril, imprimia – e vendia – 85 mil exemplares diariamente em Petrogrado. Havia edições provinciais do jornal e versões para as diferentes nacionalidades que surgiam, entre outras línguas, em georgiano, letão, polonês, armênio e iídiche. Vastas edições eram preparadas para os soldados – *Soldatskavie Pravda*, para as tropas das linhas de frente com tiragem diária de 70 mil exemplares – e uma edição especial para os marinheiros. Não tardou que os bolcheviques tivessem condições de bancar impressoras novas, caras e no estado da arte, além de dinheiro para depósito de grandes quantidades de

*Segundo as memórias de Kerensky, jamais relato confiável dos eventos, e sim tão melodramático quanto seus discursos, "Lênin pegou sua pasta e, com a cabeça abaixada (...) foi embora do salão quase despercebido." Mas isso era o que Kerensky queria que tivesse acontecido. Lênin permaneceu sentado e ficou no salão por mais tempo do que o próprio Kerensky.

material impresso, um sistema de distribuição envolvendo substancial número de pessoas e, muito importante, jornalistas competentes para produzir exemplares de qualidade tanto material quanto profissional, em alguns casos, edições brilhantes. No total, por volta do começo de julho, o complexo produzia 45 publicações com circulação diária de aproximadamente 350 mil exemplares. "Foi extraordinária façanha de organização," imprimir com tanta rapidez, disse Trotsky, e ela permitiu enorme impacto de propaganda para os bolcheviques. Pessoas que mal tinham ouvido antes falar desses ativistas, agora conheciam a postura deles – sem dúvida, sobre a questão da guerra.

Toda a operação foi obra cerebral de Lênin, mas não poderia ter sido realizada sem o generoso dinheiro alemão, como parte do acordo que incluiu a jornada do trem incógnito com o vagão "fechado." Sem dúvida, Lênin conhecia todos os pormenores da ajuda, embora não tivesse participado pessoalmente das negociações e não deixasse rastros documentais de seu envolvimento direto nas transações. Foi só algum tempo depois do desabamento da União Soviética, em 1991, que as evidências vieram à superfície; o Partido Comunista enterrara cuidadosamente as provas por mais de setenta anos Mesmo agora os detalhes ainda são incompletos. Ninguém sabe com certeza quanto foi canalizado pela Alemanha para os bolcheviques entre fevereiro de 1917 até, pelo menos, março de 1918. O social-democrata germânico Edward Bernstein foi um dos primeiros a tornar públicas as alegações. Mas ele foi um famoso e duradouro inimigo de Lênin e admitiu não poder provar nada de suas "fontes inquestionavelmente confiáveis." Todavia, afirmou que a quantia que os alemães deram a Lênin foi fantástica – "cerca de 50 milhões de marcos-ouro," em torno de 100 milhões de dólares americanos em valores de hoje. Qualquer que tenha sido a soma exata, estava longe da alegada, porém foi certamente uma quantia vultosa.*

*O governo dos EUA enviou Edgar Sisson, ex-editor da revista *Cosmopolitan* e, àquela altura, chefe do Comitê Americano de Informação Pública, para investigar os pleitos do Governo Provisório contra Lênin. Seu relatório, "A Conspiração Germano-Bolchevique," publicado em 1918, foi categórico quanto à enorme quantidade de dinheiro que mudou de mãos, contudo duvidou sobre algumas provas do governo ou se elas se sustentariam como constatação de espionagem. Um dos mais famosos acadêmicos e diplomatas americanos conhecedores da Rússia, George Kennan, que veio mais tarde a ser embaixador dos Estados Unidos em Moscou, autor da política da "contenção" da URSS na Guerra Fria e não simpático do bolchevismo, descartou a maioria das provas do governo como falsas. "A questão de estado sugerida no corpo principal dos documentos é de tal implausibilidade histórica que deve ser feita a pergunta se ela deve ou não ser declarada generalizadamente fraudulenta (...) pois por toda a parte são encontradas sérias discrepâncias entre as circunstâncias sugeridas pelos documentos e os fatos históricos conhecidos."

Rumores circularam sobre a ajuda da Alemanha aos bolcheviques logo após o retorno de Lênin à Rússia. Eles foram invariavelmente negados. Quando o Governo Provisório começou a investigar as alegações em abril com a intenção de acusá-lo de espionagem para país estrangeiro, as autoridades chegaram a apenas informações parciais, não provas sólidas, e cometeram o equívoco de tentar criar evidências.

Os alemães admitiram mais tarde terem apoiado financeiramente os bolcheviques, sem especificarem as quantias. A satisfação deles foi imensa com a bem-sucedida estratégia quando os bolcheviques assumiram o poder. O ministro alemão do Exterior, Richard von Kühlmann, quase se inclinou pela jactância: "A desorganização da Entente (...) constitui o objetivo de guerra mais importante de nossa diplomacia," disse a colegas de governo. "A Rússia era o elo mais fraco da corrente inimiga. Nossa tarefa foi afrouxá-la e, quando possível, rompê-la. Este constituiu o propósito de nossa atividade 'subversiva' na Rússia com grupos revolucionários. (...) Foi só quando os bolcheviques receberam de nós constante fluxo de fundos, através de diversos condutos e com diferentes rótulos, que eles conseguiram fortalecer seu órgão, *Pravda*, para promoverem enérgica propaganda e ampliarem consideravelmente a estreita base de seu partido. (...) Totalmente de nosso interesse."[2]

O dinheiro alemão foi intermediado através de Helphand/Parvus, que esteve sempre em ligação direta com Ganetsky, o factótum de Lênin na Escandinávia. O dinheiro foi depositado em vários bancos escandinavos, e Ganetsky o transferiu para um de seus próprios parentes, Evgenia Mavrikovna Sumenson, aparentemente uma senhora idosa e respeitável da classe média, mas, na realidade, confiável e antiga agente bolchevique. Ela abriu diversas contas em bancos russos, embora, até cem anos depois, apenas um par delas foi rastreado. Na primavera de 1917, registros mostraram a existência de 1 milhão de rublos no Banco da Sibéria em nome de Sumenson, e de novo aproximadamente a mesma quantia no Banco Azov Don. Ela a repassaria para outro operador clandestino bolchevique, Mechislav Kozlovsky, que o distribuía para o *Pravda* e suas publicações, assim como a outras operações de propaganda. "Entreguei-lhe o dinheiro sempre que me foi solicitado, sem pedir recibos, já que tive a impressão de se tratar de um antesrepresentante de Ganetsky," reconheceu Sumenson mais tarde.

Sumenson foi presa pelos serviços de inteligência do Governo Provisório em 8 de julho e confessou sua participação nas transações, contudo manteve o nome de Lênin distante da questão. Lênin simplesmente mentiu ao pleitear não ter vínculos financeiros de qualquer espécie com Ganetsky e de não ter ideia sobre a conexão entre Ganetsky e Parvus.*

Uma vez no poder, Lênin foi rápido em apagar todas as pistas. O novo regime pós-revolução destruiu as provas que pôde encontrar quando funcionários examinaram minuciosamente os documentos do Governo Provisório. Lênin e Trotsky com certeza sabiam das armações e, mais que provavelmente, as ordenaram. Mas se mostraram determinados em não deixar indícios delas, porém ao menos uma anotação sobrevivente sugere que eles foram descuidados. Fyodor Zalkind e Evgeny Polivanov, dois servidores do Comissariado do Exterior sob o mando de Trotsky, reportaram que haviam localizado algum "relevante material que fora confiscado." Eles escreveram a Lênin que "nos arquivos do Ministério da Justiça, das pastas sobre a chamada 'traição' dos Camaradas Lênin, Zinoviev, Kollontai e outros, removemos a ordem bancária número 27433 do Banco Imperial Alemão, datada de 2 de março de 1917, autorizando o pagamento de dinheiros." Disseram mais que "examinamos todos os livros do Novo Banco de Estocolmo (...) e lá apareceu a ordem bancária 2.704 do Banco Imperial Alemão" que eles também removeram. Os documentos vieram à tona setenta anos mais tarde.[3]

Um grande e disponível cofre de guerra da Alemanha foi profícuo fomentador da sorte bolchevique. Mas a incompetência dos oponentes de Lênin foi fator maior – e este se aproveitou rapidamente de tal incúria para tirar proveito das oportunidades que lhe foram repetidamente oferecidas.

*Parvus escreveu aos investigadores do Governo Provisório negando qualquer envolvimento – na sua maneira grandiloquente que não convenceu ninguém: "Vocês lunáticos. (...) Por que essa preocupação se dei dinheiro para Lênin? Lênin e outros jamais demandaram ou receberam de mim nenhum dinheiro como empréstimo ou doação. Mas dei a eles – e a muitos outros – algo bem mais eficiente do que dinheiro ou dinamite. Sou um daqueles homens que fornece nutrição para a determinação revolucionária de proletariado russo..." Quando no poder, Lênin recusou qualquer contato com Parvus e baniu-o da Rússia quando ele pediu para retornar em 1918. "Absolutamente não," disse Lênin a Bonch-Bruevich, seu secretário particular. "A revolução não pode ser enodoada por gente como ele."

33
Aposta desesperada

"Sei de casos em que soldados de regimentos que haviam prometido atacar, após ouvirem pronunciamento de Kerensky (...) mudaram de ideia e se recusaram a partir para o ataque quando chegou a hora da ação."

General Anton Denikin, comandante do Exército no Front Ocidental, junho de 1917

"Os que fazem revoluções pela metade apenas cavam a própria sepultura."

François-René Chateaubriand (1768-1848)

O ESCRITOR W. SOMERSET MAUGHAM, que operava de tempos em tempos como agente da inteligência inglesa sem vínculo oficial com a organização, passou a primavera e o verão de 1917 em Petrogrado. Sua missão: fazer o possível para manter a Rússia na guerra e garantir que a Alemanha continuasse combatendo em duas frentes. "Fiquei empolgado com a responsabilidade de minha posição," escreveu Maugham mais tarde. "Fui como agente privado, que podia ser desautorizado se necessário, com a missão de entrar em contato com partidos hostis ao governo (...) para evitar que os bolcheviques assumissem o poder." Maugham vangloriou-se de ter "dinheiro ilimitado à minha disposição," mas quando sugeriu oferecer 50 mil libras aos mencheviques e SRs, a maioria dos quais ainda apoiava a guerra, o Foreign Office inglês questionou o vulto da quantia e enfatizou o risco da empreitada. Como os alemães davam a Lênin e aos bolcheviques o equivalente a milhões, tal atitude soou um tanto míope e sovina, mas, de qualquer maneira, era duvidoso o plano de Maugham ser bem-sucedido.

A política dos Aliados de exercer pressão máxima sobre a Rússia cansada da guerra para que continuasse combatendo foi uma dádiva para Lênin. Ao longo de maio e junho, ele asseverou aos camaradas que o que mais temia era o Governo Provisório assumir "a posição sensata," apropriando-se da política bolchevique, e buscar paz em separado com a Alemanha. "Seria tirar o chão de nossos pés," disse a Trotsky. Em determinada altura de maio, ele achou que isso iria acontecer, mas não tinha entendido corretamente os argumentos de outros ministros no governo, alguns dos quais acreditavam que, se a Rússia ficasse firme por um pouco mais de tempo, os Aliados ganhariam a guerra para ela, e ela se beneficiaria.

Em público, os Aliados comemoraram a Revolução de Fevereiro. O presidente dos EUA, Woodrow Wilson, disse que "um novo e liberal governo, substituindo o tirânico e corrupto" Czar era parceiro desejável para a América. "Agora, a severa autocracia da Rússia foi sacudida, e o grande e generoso povo russo foi acrescentado às forças que lutam pela democracia (...) pela justiça e pela paz (...) eis um parceiro perfeitamente pronto para a Liga da Honra." Quando Lênin ouviu o discurso do presidente americano, sussurrou: "Que hipócrita, esse saco de vento."

O primeiro-ministro britânico, David Lloyd George, enviou mensagem ao príncipe Lvov dois dias depois da revolução: "Acreditamos que a revolução, pela qual o povo russo depositou seus destinos nas seguras fundações da liberdade, é o maior serviço que poderia ser prestado à causa pela qual os povos dos Aliados batalham desde agosto de 1914."

Entretanto, por trás das declarações públicas dos líderes ocidentais, eles estavam seriamente apreensivos que o Governo Provisório pudesse ceder às pressões da esquerda e propusesse paz em separado com a Alemanha. Os ingleses enviaram espiões como Somerset Maugham e Robert Bruce Lockhart – como o fizeram franceses e americanos – para se intrometerem sutilmente na política russa, e diplomatas tornaram-se mais ostensivos tentando fortalecer a determinação do Governo Provisório. A interferência dos Aliados levou diretamente a um desastre militar que acelerou a segunda revolução de 1917 e ajudou para que ocorresse o resultado que eles não desejavam: os bolcheviques no poder e a Rússia fora da guerra.[1]

O ministro da Guerra, Kerensky, e os membros Kadets do governo queriam demonstrar o compromisso da Rússia com o esforço de guerra. Persuadiram os oficiais de altas patentes do exército a formularem planos para uma ofensiva de verão – um grande empurrão que expulsaria alemães e austríacos da Ucrânia, a maior parte da qual se encontrava ocupada por dois anos. Antes que a ofensiva começasse, o chefe do Estado-Maior do Exército, Brusilov, alertou Kerensky sobre suas crescentes dúvidas. Dezenas de motins já tinham ocorrido mesmo entre unidades leais e bem treinadas, e milhares de soldados se recusavam a seguir para o front. Possivelmente três quartos do efetivo desertariam, afirmou a Kerensky – "Mas ele não deu a mínima atenção às minhas palavras."

A ofensiva foi uma aposta desesperada, com fichas desvantajosas empilhadas contra a Rússia. Em 16 de junho, ela teve início com dois dias de bombardeios de artilharia pesada sobre as trincheiras alemãs no Noroeste da Ucrânia. Dois dias mais tarde, as tropas se deslocaram à frente, e as primeiras linhas germânicas foram penetradas – um "Triunfo para a Liberdade" foi manchete principal dos jornais patrióticos. Mas a progressão emperrou no terceiro dia; os alemães se reagruparam e contra-atacaram. Os russos debandaram em pânico. As linhas de suprimentos estavam longas demais, e muitas unidades ficaram sem alimentos ou munição. Contudo, o principal motivo do fracasso da ofensiva foi a recusa dos homens a combater. Só numa noite, um batalhão de elite do XI Exército prendeu cerca de 12 mil desertores próximo à cidade ucraniana de Volochinsky. Houve centenas de casos de homens atirando contra seus oficiais antes de escaparem para a retaguarda. Os russos tiveram aproximadamente 200 mil baixas entre mortos e feridos, além de perderem vastas áreas de território em poucas semanas. O barão Alexei Budberg, de famosa e nobre família, era coronel de regimento numa das linhas de frente e era tudo, menos um oficial típico e reacionário da velha escola. Ele asseverou que mesmo antes daquele estágio o exército "não mais existia como organização militar (...) oitenta por cento dos oficiais e praças teriam concordado com o slogan 'Abaixo a Guerra'. É terrível para um oficial expedir ordens sem qualquer confiança – muitas vezes sem qualquer esperança – de que elas serão cumpridas." A ofensiva fracassada foi um golpe fatal para o Governo Provisório e para a autoridade de seus líderes – e grande golpe de propaganda para Lênin, que aumentou a escala da campanha bolchevique contra Kerensky, o qual, malgrado a derrota militar, tornou-se primeiro-ministro no começo de julho.[2]

Kerensky pensou sobre um armistício com a Alemanha logo depois de tornar-se premiê, mas abandonou a ideia. Argumentou que o ato o faria "responsável pela humilhação nacional."*

Todavia, apesar de os Aliados Ocidentais saberem da pressão a que ele estava submetido, eles não lhe tornaram as coisas mais fáceis. Interromperam os empréstimos para ajudar a Rússia a sair da crise econômica, nem forneceram mais reforços ou equipamentos bélicos

* Em 1931, o magnata da imprensa anglo-canadense Lord Beaverbrook, almoçando com Kerensky em Londres, perguntou-lhe se os bolcheviques poderiam ter sido barrados caso o Governo Provisório buscasse acordo de paz com os alemães. "É claro," replicou ele, "estaríamos agora em Moscou." Um surpreso Beaverbrook perguntou então por que diabos não o haviam feito. "Nós éramos muito ingênuos," respondeu Kerensky.

extras. Em termos diplomáticos, intimidaram o Governo Provisório para que continuasse na guerra – política infeliz e de estreito horizonte. O embaixador britânico, Sir George Buchanan, reportou de volta a Londres em julho: "Estive nesta manhã com Kerensky. Disse-lhe que, embora eu julgasse ainda ser um dos poucos que não haviam abandonado toda a esperança de a Rússia ser capaz de recompor-se, não poderia assumir a responsabilidade de enviar relatórios favoráveis (...) [para Londres], a menos que ele pudesse me dar garantias satisfatórias relativas à manutenção da ordem na retaguarda bem como quanto às questões de transportes e alimentação. Disse-lhe que a minha maior preocupação era os membros socialistas [não os comunistas] do governo não desejarem transformar o exército em força combatente realmente eficiente, temerosos de que ele pudesse algum dia ser empregado contra a revolução. (...) Não pude disfarçar quão doloroso era observar o que ocorria em Petrogrado. Enquanto soldados britânicos derramavam seu sangue pela Rússia, soldados russos vadiavam pelas ruas, pescavam nos rios e viajavam nos bondes, e agentes alemães pululavam por todos os cantos."

Certa vez, depois de Kerensky ter sido amedrontado tanto por Buchanan quanto por David Francis, o embaixador americano, ele se reuniu com Somerset Maugham e tentou explicar as dificuldades do governo: "Não serei capaz de manter o exército nas trincheiras. Não vejo como possamos continuar. É claro que não digo isso ao povo. Sempre afirmo que prosseguiremos, aconteça o que acontecer, porém a menos que eu tenha alguma coisa para dizer ao exército, é impossível." O frio agente espião demonstrou pouca simpatia.*

*Alguns dos agentes tinham dúvidas quanto às suas missões. Bruce Lockhart disse a seus chefes que eles perseguiam uma política fútil. "Os Aliados estavam blindados quanto ao seu desejo de prolongar a colaboração militar para a Rússia a qualquer preço," escreveu ele. "Eles simplesmente não conseguiam ver o que era possível e o que não era (...) entregavam tudo de mão beijada a Lênin e alienavam Kerensky do povo russo."

34
Os dias de julho

"Então que eles atirarão contra nós. Será a hora mais favorável para eles."
Lênin a Trotsky, 4 de julho de 1917

"A revolução é impossível sem uma situação revolucionária; além disso, nem toda situação revolucionária conduz à revolução."
Lênin, *O Colapso da Segunda Internacional*, 1915

EM MEADOS DO VERÃO, NADYA PODIA PERCEBER todos os sinais do trabalho intenso: o estresse e o nervoso no marido que quase o levavam ao colapso. Ele dormia mal e padecia de "terríveis dores de cabeça, sua face ficava lívida e os olhos demonstravam grande fadiga." Vivia em plena excitação pelo movimento revolucionário – "até que enfim fazemos real trabalho," disse Lênin aos camaradas. Porém as palestras infindáveis e o jornalismo ativo, além da liderança de um partido político repleto de facções como o bolchevique, cobravam seu preço. No exílio da Suíça, regulares caminhadas pelas montanhas, ou a natação em rios e lagos, mantinham-no em forma e relaxado. Desde que retornara à Rússia, entretanto, quase não praticava exercícios e se alimentava muito mal. Depois de uma palestra, lembrou-se Nadya, "quando chegava em casa, não parecia feliz e exaltado, e sim completamente cansado e exaurido. Mesmo as caminhadas não ajudavam a melhorar seu ânimo. Certa vez, fomos à ilha Yelagin [belo e popular local com bosques e lago], mas havia tanta gente que não conseguimos passear como desejávamos. Foi então que nos habituamos a andar pelas ruas transversais, menos movimentadas, quase vazias, de Petrogrado." Existiam ruas assim perto do edifício de apartamentos onde Anna e Mark Elizarov ainda moravam, contudo essas caminhadas urbanas não eram suficientes para recuperar a energia de Lênin. "Naquela ocasião, sua aparência era horrível," disse outro camarada. "Sua face estava sempre amarelada; sua língua, cinzenta."

Inessa fora para Moscou poucos dias após sua chegada à Rússia a fim de ver os filhos, em particular André, que se suspeitava atacado pela tuberculose. Pelo menos uma vez – e possivelmente mais quando ia a Petrogrado – ela se encontrou com Lênin no apartamento da irmã, como fica evidente no que ele lhe escreveu –"Minha queridíssima amiga. (...) Conosco a vida não mudou, como você pôde ver por si mesma. A exaustão não tem fim..."*

Nadya sabia a cura: uma pausa tão longa quanto possível no trabalho estafante. Por isso despachou Lênin, com a irmã Maria, para uns dias em local remoto da costa finlandesa, onde pudesse descansar e se recuperar. Mas antes de ir havia importante decisão a tomar. Os bolcheviques haviam convocado uma série de manifestações em Petrogrado para o fim de junho e início de julho, a fim de protestarem contra a guerra e exercerem máxima pressão sobre o combalido Governo Provisório. Em 20 de junho, Lênin disse aos seus lugares-tenentes mais chegados, num encontro do Comitê Central Bolchevique em avançadas horas da noite e marcado de afogadilho, que a ideia era "sondar para ver o que acontece," mas não deixar que o protesto saísse do controle. "Temos que ser especialmente cuidadosos para não dar lugar à provocação. Um movimento nosso em falso poria tudo a perder. Mesmo que tivéssemos agora condições de tomar o poder, não seríamos capazes de mantê-lo (...) nos sovietes das duas capitais [Petrogrado e Moscou], para não falar em outras regiões do país, onde somos insignificantes minorias. Esse é fato básico. (...) Os eventos não deverão ser antecipados. O tempo está ao nosso lado." Uma semana mais tarde, ele promoveu outra reunião do círculo mais íntimo e disse que as manifestações podiam ocorrer, "mas temos que administrá-las com cuidado."

Com a irmã Maria, Lênin deixou Petrogrado em 29 de junho e foi para uma dacha cujos donos eram Vladimir Bonch-Bruevich e sua esposa Vera, médica, no pequeno vilarejo de pescadores de Nevyola, no istmo da Karelia. Nadya permaneceu na cidade. Lênin ficava sentado na varanda por longos períodos olhando para o céu e para o campo, descoberto e frio, mas com seu tipo de beleza. Saía para demoradas caminhadas. Leu romances ingleses e conversou bastante com a irmã. Banhava-se num lago próximo, o que deixava Bonch-Bruevich muito ansioso. O alegre e barrigudo homem de barba ruiva que mais parecia

*Lênin estava então mais prudente sobre a maneira de escrever um para o outro. Deu a Inessa instruções precisas em duas cartas sucessivas. Ela deveria endereçar sua correspondência ao escritório da irmã Maria no *Pravda* e marcá-la com as letras "Para V. I." Forneceu-lhe também os nomes de dois emissários que podiam usar – "nossos camaradas totalmente confiáveis."

afável cavalheiro corretor de valores ou advogado do que perigoso revolucionário afligia-se: "Vladimir Ilyich nada vigorosamente, mas gosta de se aventurar para muito longe (...) estamos sempre alertando de que há certo risco; as correntes frias podem criar redemoinhos. Já vimos gente se afogando no lago não faz muito tempo. 'Bem, prometo não me afogar,' disse ele. Então sorriu e desapareceu debaixo d'água." A pausa fez o efeito de sempre e ele recobrou sua energia.[1]

Havia ainda aqueles que declaravam ser "feriado diplomático," convenientemente agendado, para Lênin poder se distanciar daquilo que ocorria em Petrogrado. As manifestações acabaram sendo violentas e houve choques sangrentos nas ruas. A cidade virou um caos, e até alguns bolcheviques e seus adeptos pensaram que um golpe acontecia. Sergo Ordjonikidze, líder organizador do partido e, naquele tempo, bom amigo de Lênin – mais tarde se tornaria líder dos bolcheviques na Geórgia – disse acreditar que as manifestações eram "a primeira tentativa séria para acabar com o poder do Governo Provisório." Outros não tinham tanta certeza, inclusive a maioria da liderança menchevique e o servidor-chefe da inteligência do Governo Provisório, Boris Nikitin, que afirmou ter sido,"mais uma baderna de que golpe."

Mesmo hoje, a única coisa clara sobre os Dias de Julho, como ficaram conhecidos, é que nada daquilo foi planejado ou organizado. É muito improvável que Lênin tivesse autorizado um *putsch* estando ele fora de Petrogrado para supervisioná-lo. Sonhara com a revolução na maior parte de sua vida, exceto sobre ela, quase não escreveu coisa alguma nos últimos 25 anos, tornando-se apenas especialista "na arte" da insurreição. Seguramente, se aquele fosse o momento central de sua existência, Lênin não teria deixado o resultado da situação tão ao acaso. Negação absoluta de suas características.

Por outro lado, os bolcheviques haviam convocado as manifestações e sempre havia a possibilidade de elas fugirem ao controle. A impressão foi de que fizeram o bolo e queriam comê-lo. Quando a desordem começou, Lênin estava "de férias," e a liderança saiu de Petrogrado em pânico sem ideia do que fazer e com os nervos em frangalhos.

Algumas unidades militares – a 1ª Brigada de Fuzileiros, e grande contingente de marinheiros da base naval de Kronstadt – se amotinaram, pleitearam lealdade aos bolcheviques e desejaram invadir o Palácio Tauride para derrubar o governo e a Duma. Por diversas horas do dia 3 de julho, elas tiveram o controle de Petrogrado e poderiam facilmente ter assaltado o Tauride e o Palácio de Inverno, caso desejassem. A liderança bolchevique hesitou e jamais deu a ordem.

Mais tarde do mesmo dia, tropas leais ao governo reagiram. Cerca de 300 – militares e civis – pereceram nos embates de rua. Petrogrado se transformou em enorme tumulto. Ninguém sabia quem governava; Kerensky estava em Kiev, depois de fazer uma série de pronunciamentos inflamados para as tropas no front da Ucrânia. Soldados furiosos de ambos os lados patrulhavam as ruas, onde entreveros isolados persistiram por todo o dia. Marinheiros e soldados que apoiavam os bolcheviques não podiam entender por que os figurões do partido não tinham tomado o poder, quando ele parecia já estar em suas mãos. "Tomem o poder, seus filhos da mãe, porque ele lhes está sendo oferecido," bradou um soldado na direção de Trotsky mais tarde, quase ao anoitecer.[2]

Em Nevyola, às seis da manhã de quarta-feira, 4 de julho, Lênin foi acordado por repetidas e frenéticas batidas na porta da cabana de madeira de Bonch-Bruevich. Era um nervoso Maximilian Savelev, diretor do conselho editorial do *Pravda*, que fora enviado pelos demais da liderança bolchevique para implorar que Lênin retornasse a Petrogrado de imediato. "As manifestações descambaram por completo e estão violentas; há caos na cidade." Lênin teve um de seus surtos de raiva. "O que eles estão fazendo? Vão pôr toda a causa a perder," afirmou. Bonch-Bruevich foi até a porta e Lênin disse-lhe: "Esta é a oportunidade completamente errada. Temos que fazer alguma coisa rapidamente. Isso não pode funcionar. Não podemos tomar o poder agora."

Lênin correu para a estação ferroviária mais próxima, Mustamäki, a fim de pegar o primeiro trem para Petrogrado. Alguns dos passageiros que tinham ouvido as notícias culpavam pelos levantes "aqueles amaldiçoados bolcheviques" ou "aquele tal de Lênin," embora ninguém o reconhecesse. Àquela altura, raramente as pessoas na Rússia – mesmo bolcheviques antigos – sabiam qual era a aparência de Lênin. Ele encontrou alguns jornais matutinos no trem. A leitura não foi confortável. O menchevique *Rabochaya Gazeta* (Diário Trabalhista) classificou as manifestações como "punhalada nas costas da revolução." O socialista revolucionário *Delo Naroda* disse que os levantes levariam à guerra civil. O jornal dos Kadets, *Rech*, simplesmente saiu com a manchete "Anarquia." Lênin ficou irado quando viu página em branco no *Pravda*. Descobriu mais tarde que o artigo que sairia em tal página aconselhava cautela e fora retirado no último momento porque a liderança bolchevique não sabia que rumo político tomar.

Na Estação Finlândia, Lênin pegou um táxi puxado a cavalo até a Mansão Kshesinskaya. Tiroteios isolados espocavam em algumas partes da capital. Subiu correndo para o terceiro piso, onde estava reunido a maior parte do Comitê Central do Partido Bolchevique, com líderes dos marinheiros de Kronstadt. Ele não os cumprimentou. Apenas olhou-os e rosnou com fúria: "Todos vocês deveriam ser esmagados por causa disso." Passou então a procurar uma desculpa para ele e para os bolcheviques. Os amotinados ainda estavam no controle de partes da cidade, e milhares de manifestantes se concentravam no lado de fora da mansão esperando que Lênin falasse. Ele fez um pronunciamento enrolado e medíocre, suspendendo as manifestações – "sempre quisemos que elas fossem pacíficas, sem violência." Porém, a certa altura, tentou cercar sua aposta. O pleito bolchevique "por poder para os sovietes vencerá algum dia, a despeito dos ziguezagues da história, mas talvez não hoje," disse. Sukhanov, de pé à frente da multidão, qualificou-a de "a mais ambígua das declarações." O aglomerado de pessoas se mostrou perplexo. Pequeno número de soldados e operários marchou na direção do Palácio Tauride, mas foi barrado por soldados pró-governo do Regimento Izmailovsky e de um destacamento de cavalarianos dos cossacos. A ameaça imediata estava acabada, e Kerensky, vindo do front, se encontrava no caminho de volta a Petrogrado. Lênin sempre sustentou que não houve naquela ocasião complô para derrubar o governo – "foi um pouco mais do que uma manifestação e muito menos que uma insurreição," disse mais tarde. Mas aquele foi o trecho mais lento da corrida de Lênin pelo poder.[3]

De volta ao interior da mansão, o temperamento de Lênin havia se acalmado. Mais tranquilo, disse aos camaradas que eles precisavam se preparar para a resposta do governo – "um período de reação" – e "aprenderemos com o fiasco que nos causará prejuízos." Decidiu que os bolcheviques deveriam desistir das manifestações de rua, que jamais lhes trariam a vitória, meramente os tornariam impopulares e concorreriam para que parecessem anárquicos. Eles precisavam se organizar mais efetivamente nas fábricas e nos quartéis para formarem grupos armados leais à causa bolchevique e, mais especificamente, à sua liderança centralizada. Esses seriam os "Guardas Vermelhos" que executariam uma insurreição na ocasião oportuna.

Nos tumultos daquele dia, nenhum dos bolcheviques teve noção alguma do que ocorria na cidade. "Vocês seriam capazes de me fazer relato exato de sua força?" – desafiou Lênin. "Darem-me os nomes das unidades que realmente nos seguirão? Quem está contra nós? As novas pontes sobre o Neva foram levadas em conta?" Ninguém conseguiu oferecer-lhe uma resposta sequer. Lênin então completou a reprimenda dizendo que quando os bolcheviques fizessem uma tentativa séria para tomar o poder, ela teria que ser eficientemente planejada e implacável, sem ser deixada ao acaso e ao sabor da multidão. Eles teriam que criar "um órgão militar revolucionário que planejasse" uma insurreição detalhada e precisa.[4]

Não obstante, era necessário de imediato que cuidassem de sua própria segurança e se preparassem para o contra-ataque das forças do Governo Provisório. "Será então que atirarão contra nós. Será a hora mais favorável para eles," disse a Trotsky.* Ele passou aquela noite com Nadya em um "aparelho" mais seguro de Petrogrado, afastado do centro da cidade, perto do apartamento de Anna e Mark Elizarov.

No dia seguinte, o jornal *Jivoe Slovo* (Mundo Vivo), sensacionalista, de direita e pró-governo, acusou Lênin de ser agente inimigo e os bolcheviques de receberem vastas somas de dinheiro dos alemães. "Horrores! Petrogrado foi ontem quase conquistada pelos alemães," foi sua manchete de primeira página. Se, na essência, a história tinha fundamento, nos detalhes ela era totalmente fabricada, mas os pormenores foram generalizadamente aceitos.

Naquela noite, Kerensky ordenou a prisão de Lênin e de seus lugares-tenentes acusando-os de "alta traição e de organizarem levante armado." O líder dos bolcheviques passou à mais cerrada clandestinidade. Entrou e saiu de cinco endereços diferentes de Petrogrado em apenas cinco dias, por vezes mudando de casa duas vezes ao dia. Cedo na manhã de 6 de julho, milícias armadas invadiram o apartamento dos Elizarovs. Nadya berrou: "Gendarmes! Iguais ao antigo regime" quando eles entraram. Lênin não estava lá, mas seu cunhado foi preso, homem alto e corpulento que não podia ser mais diferente de Lênin. A polícia não tinha ideia sobre a aparência do líder bolchevique, por isso deteve Elizarov para não passar em branco, apesar de seus protestos.**

*Àquele estágio, Trotsky ainda não havia se juntado oficialmente aos bolcheviques, mas se encontrara diversas vezes com Lênin desde seu retorno à Rússia, e os dois tinham feito as pazes. Ele se afastara dos mencheviques alguns anos antes e era um dos assim chamados "revolucionários independentes" que não emprestavam sua lealdade a lado algum. Porém, então, Trotsky percebeu que só existia real perspectiva de poder caso se aliasse a Lênin. Dispôs-se a ser liderado – até mesmo a obedecer religiosamente. Admitiu que Lênin fosse o homem que fazia acontecer, não apenas "um daqueles revolucionários que fala, fala, fala." Dali por diante, embarcou na canoa de Lênin e dos bolcheviques com entusiasmo. Trouxe algumas centenas de seus próprios seguidores, inclusive alguns dos que ocupariam posições de relevo no regime soviético depois de 1917.

**Ele foi solto mais tarde, na mesma noite, quando foi identificado pelas autoridades como "definitivamente, não Lênin."

O exército vasculhou a Mansão Kshesinskaya, mas nenhum bolchevique importante foi encontrado. Todos tinham fugido. O prédio foi confiscado para uso do governo, e todos os membros do partido expelidos. Policiais procuraram minuciosamente nos escritórios do *Pravda*, onde perderam Lênin por poucos minutos. Cumprindo ordens do governo, saquearam o local, cortando linhas telefônicas, inutilizando os manuscritos prontos para impressão e destruindo as caras e relativamente novas rotativas, além de quebrarem as máquinas de linotipos.

Alguns dos nomes na lista de "procurados" pelo governo já estavam seguramente encarcerados. Trotsky entregou-se voluntariamente. Kamenev foi identificado em um dos bloqueios de estrada tentando sair de carro da cidade. Alexandra Kollontai foi presa em seu apartamento. Lênin escondeu-se por um dia e uma noite numa região próspera de Petrogrado, no apartamento de um trabalhador muito qualificado e confiável ativista bolchevique, Sergei Alliluyev. Ocupou o quarto que era habitualmente usado por Stalin quando ia à cidade.*

Naquela tarde, Lênin, Nadya e Zinoviev estavam no apartamento com os líderes remanescentes bolcheviques não ameaçados de prisão. Lênin enviou pessoas para sondarem se membros do Soviete de Petrogrado, caso se entregasse a eles, garantiriam sua segurança. A resposta foi que não poderiam prometer nada, pois o governo estava determinado a levá-lo a julgamento. No entanto, de repente Lênin olhou para Nadya e disse-lhe: "Decidi que eu e Grigory vamos nos entregar e aparecer diante do tribunal. Vamos nos despedir. Talvez não nos vejamos de novo." Abraçaram-se rapidamente – um dos muito poucos momentos de ternura que o casal demonstrou em público. Ela então voltou para o apartamento dos Elizarovs.[5]

Nem bem Nadya foi embora, houve breve reunião formal – isto é, minutos foram aproveitados – dos cinco membros do Comitê Central Bolchevique, que incluíam Stalin, Sverdlov e Elena Stasova, que se opuseram à decisão de Lênin. E conseguiram persuadi-lo de que era muito perigoso se entregar. De Stasova veio o argumento mais convincente. Ela disse que corria o boato, por toda a cidade e no Soviete, que o governo havia desenterrado documentos provando que Lênin tinha sido espião da Okhrana. Lênin forçou um sorriso triste e fez uma das típicas retiradas táticas pelas quais ficou famoso.

*O quarto contíguo era o da filha Nadejda de Sergei e Olga Alliluyev, que tinha dezesseis anos e pouco tempo depois se casou com Stalin (e cometeu o suicídio em 1932). Ela pouco se lembrou do primeiro encontro com o líder bolchevique, salvo do barulho que vinha do quarto ao lado – "um arranhar dia e noite de pena em papel."

"Vocês estão certos. Não posso fazer isso. Seria boa atitude para outros. Eles iriam para a cadeia por um curto período e então seriam soltos. Enquanto eu ficaria balançando na forca." Lênin simplesmente explicou-se assim em declaração expedida no dia seguinte: "Não há garantia no momento de julgamento justo na Rússia. (...) Entregar-se às autoridades seria ceder aos contrarrevolucionários, para quem essas acusações contra nós são meras partes de pequena escaramuça na guerra civil."

Mais uma vez, Lênin enfrentou acusações de covardia feitas pelos próprios adeptos. "Muitos membros do Soviete se exasperaram," disse Sukhanov, inclusive diversos bolcheviques que expressaram "desabrido ressentimento e condenação de Lênin do ponto de vista político e moral. A fuga do pastor só poderia resultar em pesado golpe para as ovelhas (...) que espécie de general abandona seu exército, seus camaradas, e busca segurança na fuga?" Não havia pena de morte na ocasião, tampouco prisão com trabalhos forçados. "Lênin não arriscava absolutamente nada, só prisão, e teria tanta liberdade de ação na cadeia quanto escondido (...) os outros continuaram trabalhando e escrevendo, e saíram da prisão poucas semanas depois com halos de mártires."

Porém Lênin temia genuinamente a morte caso ficasse em Petrogrado. Escreveu a Kamenev, naquela mesma tarde, apreensivo quanto às notas que havia feito para um livro que vinha escrevendo. "*Entre nous*, se eu for morto, por favor, garanta a publicação de meu bloco azul de anotações *Marxismo e o Estado*." Não se tratava de paranoia, e sim de acurado julgamento de seu valor para os bolcheviques. Trotsky foi claro. "Se eles [o Governo Provisório] tivessem conseguido prendê-lo é muito provável que lidariam com Lênin da mesma maneira com que os oficiais do exército alemão trataram Rosa Luxemburg," escreveu mais tarde.* "Nesse caso, é bastante possível que não haveria uma Revolução Bolchevique." O embaixador americano, David Francis, ferrenho inimigo ideológico, afirmou o mesmo e seguidamente aconselhou o governo a prender Lênin. "Tivesse o Governo Provisório levado Lênin ao tribunal (...) julgado e executado (...) a Rússia não teria sido compelida a embarcar em outra revolução, seria poupada do reino do terror e das mortes por inanição e assassinato de milhões de seus filhos e filhas," escreveu depois.

Em fuga, Lênin resolveu esconder-se não muito longe e encontrar o local mais seguro possível na Finlândia, "quase Rússia," onde seria

*Luxemburg foi inspiração para o levante socialista de Berlim, em junho de 1919, que sobreviveu por algumas semanas antes de ser esmagado pelo exército alemão. Ela foi morta de maneira horrenda e seu corpo jogado no canal Landwehr.

mais difícil ser rastreado pelas agências do governo. Trocou o terno por roupas mais casuais e, com a ajuda de Stalin, raspou bigode e barba. "Agora sim, ficou bom," disse depois de se olhar no espelho. "Pareço um camponês finlandês, e duvido que alguém me reconheça." Aquele foi o início de outra de suas urgentes escapadas da Rússia. Poucos de seus camaradas bolcheviques saberiam onde ele estava ou o veriam durante os três meses seguintes.[6]

35

Em fuga

"Quando existe o estado, não há liberdade;
quando há liberdade não existirá estado."
Lênin, *O Estado e a Revolução*, 1917

POUCO DEPOIS DAS ONZE DA NOITE DE 9 DE JULHO, Lênin e Grigory Zinoviev deixaram o apartamento onde tinham sido escondidos por Alliluyev. O plano da escapada foi confiado ao veterano metalúrgico bolchevique Nikolai Yemelyanov, dono de pequena cabana perto do golfo da Finlândia, a trinta quilômetros do centro da cidade, onde eles estariam em segurança – ao menos por um tempo. Mas chegar lá sem obstáculos preocupava os dois homens que fugiam. Lênin demonstrava excitado nervosismo – "estava em estado de espírito desesperador," lembrou-se Yemelyanov.

A Estação Finlândia se encontrava muito policiada, por isso eles decidiram ir a pé da residência dos Alliluyevs na parte central de Petrogrado para a estação ferroviária suburbana de Novaya Derevnya, onde poderiam pegar um trem em linha secundária para Sestroretsk. Pensou-se que andar seria menos perigoso do que ir de carro ou táxi; os veículos eram normalmente parados por patrulhas.

Lênin não esperaria na plataforma, para não correr o risco de ser reconhecido. Os três se esconderam debaixo de vagões com mercadorias estacionados em desvio. Quando a composição deles estava prestes a partir, por volta de uma hora da madrugada, eles correram e entraram no último vagão de carga. Lênin insistiu em ficar sentado nos degraus de entrada do vagão, segurando-se no gradil, pronto para saltar depressa do trem. "Mas é perigoso, você pode cair," disse Yemelyanov. "Não se preocupe, sou bom de segurar," replicou Lênin.

Em determinada estação, um grupo de soldados notou Lênin, e dois deles foram perguntar o que se passava – mas eles tinham bebido demais e resolveram voltar para suas garrafas baratas. Depois de quarenta inquietos minutos, perto do fim da linha, os três desceram do trem em Razliv e caminharam quilômetro e meio até a cabana de

Yemelyanov, onde teriam que dormir em cima de palheiros que os dois filhos adolescentes do dono haviam preparado para os ilustres bolcheviques.

Zinoviev escreveu lírico relato sobre a estada dos dois no celeiro. "Noites frias e calmas com as estrelas; cheiro de feno cortado (...) fumaça de pequena fogueira onde carne de cervo ferve no fogo brando em pequena panela. Fomos cedo para a cama. (...) Faz frio. Cobrimo-nos com um só cobertor velho, mas ele é curto e ficamos brigando para conseguir seu maior pedaço. (...) Por vezes, não consigo dormir por longos períodos,e fico de olhos abertos em completo silêncio. Posso ouvir o bater do coração de Ilyich. Dormimos apertados um contra o outro..."

Lênin não ficou muito satisfeito com aquele interlúdio, sempre pensando naquela situação de estar afastado de seus seguidores. E não podia estar contente partilhando cama de palha com Zinoviev. Queixava-se dos mosquitos – "esses insaciáveis não dão trégua" – reclamava por não receber suficientes informações de Petrogrado e se inquietava com a segurança. A cabana era cercada por outras casas e ficava perto de local de acampamento lotado de pessoas que desfrutavam as férias de verão em suas barracas. Além disso, existia uma trilha próxima muito frequentada por caminhantes durante o dia todo. Havia o prêmio de 200 mil rublos por sua cabeça e, num lance de sorte, ele poderia ser localizado, a despeito do disfarce. Os jornais haviam reportado com exatidão que ele deixara Petrogrado e entrara na clandestinidade. Lênin insistiu em que fossem para local mais seguro. Yemelyanov localizou outro esconderijo – pequena cabana coberta com palha três quilômetros distante, em clareira bem no interior do bosque e perto de lago. Os vizinhos eram uns poucos camponeses. Durante três semanas, aquele seria o lugar do planejamento da vindoura Revolução Bolchevique.[1]

Lênin gostou do segundo esconderijo por ser mais isolado. Ele e Zinoviev faziam chá e cozinhavam batatas numa panela de estanho, suspensa por varetas com extremidades em gancho, sobre pequeno fogo. No calor do meio do dia, nadavam no lago, e em algumas noites que custavam a escurecer, Lênin pescava carpas e sargos. Através de caminho sinuoso para evitar serem seguidos por espiões da polícia, mensageiros chegavam ao menos uma vez por dia, remando pelo lago o último trecho da jornada. Nadya chegou certa vez e permaneceu o dia inteiro, mas teve que trocar de trem diversas vezes para despistar possíveis seguidores.

Sobre uma prancheta e perto do fogo, Lênin escreveu sem parar artigos para a imprensa do partido e começou trabalho sério em *O Estado e a Revolução,* estudo do ideal de comunismo que desejava criar. Não havia, para ele, necessidade de "democracia burguesa" ou de estado, depois da revolução, quando o proletariado ficasse livre, a classe trabalhadora se autogovernaria: seria então que o Estado, como dissera Engels, "definharia." O mais conhecido *aperçu* do livro foi sabiamente fraseado: "Quando existe Estado, não há liberdade; quando há liberdade, não existirá Estado." Por certo período, o livro foi considerado uma das obras mais significativas de Lênin, repleto de reflexões sobre a terra prometida do porvir. No entanto, com o passar do tempo e sob o mando de seus sucessores, o livro, compreensivelmente, foi saindo de moda e quase não foi mencionado na União Soviética, onde o Estado se recusou a definhar e se tornou cada vez mais forte, mais centralizado e mais impiedoso. A obra parecendo enorme anel oco quando lido um século depois, apesar de ter valor como espécie de sonho utópico; "Não sabemos quando (...) [o Estado] irá definhar, mas sabemos que irá."[2]

Aquele idílio rural não poderia durar. Zinoviev escapou por pouco quando foi caçar cervos em clareira no meio do grande bosque. Foi visto por um guarda-florestal que suspeitou e perguntou quem ele era e de onde tinha vindo. Zinoviev bancou o bobo e disse que era camponês finlandês que não sabia falar russo. Correu entre os bolcheviques de Petrogrado a notícia de que a polícia sabia que Lênin estava escondido em algum lugar perto do golfo da Finlândia. Lênin decidiu ir para mais longe ainda, porém na própria Finlândia. Zinoviev tinha menos medo de ser enforcado e resolveu retornar incógnito para a capital russa.

Lênin precisava de passaporte falso para cruzar a "fronteira administrativa" russo-finlandesa. Seria o último dos inúmeros documentos falsos de identidade que usaria na vida de conspirador; dessa vez era o operador de máquinas chamado Konstantin Petrovich Ivanov. Existe curiosa foto dele sem barba, única existente, na qual aparenta figura despretensiosa, despida de qualquer autoridade, irreconhecível como o homem que liderou a primeira revolução comunista no mundo.

O plano arquitetado rapidamente era para que os dois partissem em 8 de agosto, com Yemelyanov e dois novos correios-guias, os bolcheviques finlandeses Eino Rahkia e Alexander Shotman. Haveria caminhada de dez quilômetros na direção leste, através da floresta e a partir do lago até a diminuta estação ferroviária de Levashevo, e depois rumo a Petrogrado, onde Zinoviev ficaria. Lênin se deslocaria para o norte da Finlândia, mas antes permaneceria na vila de Udelnaya com um simpatizante bolchevique, Emil Kalske, depois cruzaria a fronteira posando de foguista de locomotiva ferroviária. Para Lênin, pareceu plano bem formulado. Mas o plano foi um desastre, e Lênin teve sorte de escapar da prisão – e inteiro.

Primeiro, eles se perderam na floresta. Yemelyanov tinha casa no local e supostamente conhecia o caminho, mas tomou um atalho pouco familiar e cedo admitiu não ter ideia de onde estavam. Para piorar as coisas, quando anoiteceu, eles se sentiram sufocados por fumaça: numa clareira próxima, um fazendeiro local preparava com fogo uma área para turfeira. O grupo caminhou ao léu e aos tropeções pela floresta quando escureceu de todo, e seus integrantes estavam esfomeados. Shotman empacotara apenas três pepinos para os cinco caminhantes em toda a jornada. Ao chegarem a um córrego, não conseguiram encontrar a ponte e tiveram que atravessá-lo com água à altura do peito. Finalmente, por golpe de sorte, viram o piscar de uma lanterna. Era uma pequena estação de trem, porém não a Levashevo, mas ao menos fazia parte da mesma linha Petrogrado-Finlândia. Cansados, famintos e encharcados, tiveram que esperar horas no escuro por uma composição. Lênin estava muito irritado com Yemelyanov e Shotman pela quase total desorganização do plano. Toda a revolução estava em risco. "Os nervos de Lênin não aguentaram. Insultou-nos com extrema selvageria," lembrou-se Shotman. "Não há dúvida de que deveríamos ter mapa detalhado da região? Por que não estudamos a rota e outros particulares? Também falhamos no 'reconhecimento'; por que a estação nos pareceu a certa? Por que não sabíamos nada com exatidão?"[3]

A situação foi ficando cada vez mais confusa. A estação que eles encontraram inesperadamente, Dibuny, estava sob a guarda de um destacamento de cadetes do exército. Lênin e Zinoviev esconderam-se numa vala e, quando o trem finalmente chegou, por volta de uma da manhã, os "guias" foram dar uma espiada. Um dos militares desconfiou de Yemelyanov por não achar que ele fosse local. Ele foi detido. Outro cadete julgou ver algo esquisito no comportamento de Shotman. Enquanto os dois estavam sendo interrogados, os outros três se esgueiraram pelos guardas distraídos e entraram numa das cabines na retaguarda do trem. Nada daquilo fazia parte do plano, mas tiveram um golpe de sorte. No fim, eles chegaram a Udelnaya muitas horas mais tarde.

No dia seguinte, Zinoviev retornou a Petrogrado. Lênin mudou a roupa para parecer foguista e, ao anoitecer, subiu na cabine da Locomotiva 293, operada por Hugo Jalava, e rumou, cruzando a fronteira, para a cidade litorânea de Terijok. O ânimo de Lênin melhorou, embora ainda houvesse o problema de atravessar a Finlândia. Foi dito a Jalava que Lênin era jornalista que escrevia sobre trens a vapor. O maquinista não acreditou muito na história, mas permitiu de qualquer modo que Lênin ficasse na locomotiva e notou que seu novo passageiro pareceu gostar "de passar o tempo todo pondo lenha na fornalha (...) saltando entre as toras."

No posto de fronteira de Beloostrov, onde quatro meses antes Lênin fora recebido como herói, no seu retorno à Rússia, havia mais milicianos na plataforma da estação do que o normal. O governo ainda acreditava que Lênin se escondia em algum lugar da Finlândia. O trem parou por mais de vinte minutos enquanto os passaportes eram checados, mas os soldados não foram à cabine da locomotiva.

Lênin ficou por dois dias na casa de parentes de Rahkia em um pequeno vilarejo próximo a Terijoki, mas se sentiu isolado. Estava disposto a chegar a Helsingfors, onde poderia estabelecer boas comunicações com os bolcheviques em Petrogrado – e, como pensava, estaria suficientemente perto para dirigir o partido.

Lênin morou depois em uma série de "aparelhos" organizados por Shotman. Afora os curtos períodos em que se movimentava, com os mais diversos disfarces, entre as casas, ele jamais pisou nas ruas. Certa noite, foi acomodado na residência do veterano socialista finlandês Karl Willik, durante a qual, disse depois a Nadya, releu a vívida e bela narrativa de Jules Michelet sobre o Terror durante a Revolução Francesa. Ele cita várias vezes os Jacobinos como uma inspiração para os Bolcheviques*. No entanto, pela maior parte do tempo na capital finlandesa, Shotman o colocou em contato com um de seus amigos próximos, Gustav Rovio, ardente bolchevique que acontecia também de ser o chefe de polícia de Helsingfors. A cabeça de Lênin estava a prêmio, mas ele se encontrava escondido no lugar mais seguro da cidade. "Minha gente vai morrer de rir quando eu voltar a Petrogrado e contar aos camaradas onde alojei Lênin. (...) Nenhum homem de Kerensky pensaria em procurar Vladimir Ilyich na casa de um policial."[4]

* "O exemplo dos jacobinos é instrutivo," escreveu Lênin em *O Estado e a Revolução*, "mas os jacobinos do século XX não se poriam a guilhotinar capitalistas; seguir um bom modelo não implica necessariamente copiá-lo. Seria suficiente prender de cinquenta a cem magnatas e rainhas do capital bancário, verdadeiros cavalheiros das fraudes no tesouro e da pilhagem dos bancos; bastaria detê-los por algumas semanas, se tanto, para revelar seus malfeitos sujos (...) mostrar a todo o povo quem realmente necessita da guerra."

A campanha de ódio contra Lênin e os "traidores bolcheviques" chegou ao ápice em agosto. Jornais leais ao governo publicavam histórias libidinosas relatando que ele, enquanto em Petrogrado, havia se mudado para o ornado *boudoir* da Kshesinskaya, onde os bolcheviques promoviam depravadas orgias. Caricaturas mostravam Lênin no patíbulo (apesar de uma das primeiras providências do Governo Provisório ter sido a abolição da pena de morte). Para a imprensa, Lênin era o Inimigo Público nº 1. Na verdade, contudo, a polícia só o procurava; mais de oitocentos "subversivos" presos depois das manifestações de julho já tinham sido libertados em poucas semanas. Kerensky estava bem menos preocupado com Lênin do que com as ameaças da direita. Os Kadets, alguns monarquistas e jornais reacionários exigiam "um fim para a anarquia" e receavam uma contrarrevolução por parte do exército.

Kerensky não possuía poder verdadeiro. Seu governo só sobrevivia dia a dia. De um modo geral, ele era homem decente, incapaz de controlar o rápido desenrolar dos eventos na Rússia. Porém sua maior fraqueza era a vaidade: a aparência de poder subiu-lhe à cabeça. Quando se tornou premiê, sinalizou que objetivava neutralizar o Soviete de Petrogrado, mudando-o para o Instituto Smolny. O governo retornou para a tradicional sede da administração, o Palácio de Inverno. Grande parte do mundo literário da capital ainda adorava Kerensky – pessoas como Stanilavsky, Marina Tsvetaeva, Dimitry Merejovsky e Zanaida Gippius. Ele passou a morar no Palácio de Inverno e ocupou a suíte de Alexander III. Dormiu na antiga cama do Czar e levou a amante com ele. Tinha uma foto com ele por trás da imensa escrivaninha de Alexander, da qual mandou cópias para diversos admiradores. Fez com que a mesa de bilhar de Nicolau II, que havia sido embalada desde a abdicação, voltasse para um dos cômodos reais. Manteve criadagem tão grande quanto a do Czar. Quando entrava ou saía do palácio, a bandeira de seu topo era içada ou arriada, como se fazia no tempo de Nicolau.

Kerensky acreditava que a direita planejava golpe contra o Governo Provisório e também a acessão ao poder como ditador do popular general Lavr Kornilov, genuíno herói de guerra desde os dias iniciais das hostilidades em 1914-1915 e que, a partir da Revolução de Fevereiro, era comandante do Distrito Militar de Petrogrado. Existem várias interpretações para o Caso Kornilov, mesmo decorridas décadas; muitos ainda sustentam a versão dos historiadores soviéticos de que o general Kornilov ambicionava ser ditador. Fica claro, todavia, que Kornilov jamais planejou derrubar o governo, e sim apenas queria forçar Kerensky a agir com maior firmeza contra os bolcheviques e que desbordasse o Soviete – "um conselho de ratos e cães," como costumava dizer. Entretanto, Kerensky via no general sério rival. Kornilov, atlético cossaco de 47 anos, era politicamente ingênuo, e não o mais inteligente dos articuladores: "ele tem coração de leão e cérebro de carneiro," de acordo com seu ex-comandante, general Alexeyev. Cercara-se também de um grupo de assessores pró-monarquia e de estranhos charlatões que o usavam em seus próprios jogos do poder. Quando, em meados de agosto, Kornilov fez uma série de exigências para robustecer Kerensky contra a esquerda, o primeiro-ministro aproveitou a oportunidade e planejou a queda do general. Acusou Kornilov de montar tentativa de golpe, fabricou evidências para "provar" a acusação e ordenou a prisão do general por traição. Tolamente, Kornilov reagiu declarando a lei marcial e enviando tropas a Petrogrado "para apoiar o governo e fortalecer sua determinação." Kerensky apelou por ajuda à esquerda – bolcheviques, mencheviques e SRs – e os bolcheviques acederam com entusiasmo à conclamação.

O chamado "golpe" de Kornilov foi sufocado sem o disparo de um só tiro; soldados leais encontraram o general, detiveram-no e o encarceraram. Mas a capacidade dos bolcheviques de criar mitos pelos setenta anos seguintes reivindicou terem sido eles o fator crucial para a derrota de séria tentativa de tomada do poder. Na realidade, só enviaram alguns Guardas Vermelhos para montar defesa do Palácio de Inverno, caso necessário, assim como também guarnecer alguns bloqueios de estradas. A intervenção bolchevique se resumiu a isso. Entretanto, o Caso Kornilov se tornou vitória propagandista para Lênin, que os bolcheviques ampliaram para que parecesse que este "barrara" uma contrarrevolução e o retorno do Czar. O caso todo significou outro grande desastre para Kerensky, o qual ficou então totalmente isolado. A direita e os liberais moderados deixaram de confiar nele a partir de então. Viam-no como um fraco. Por seu lado, Lênin, o chefe bolchevique, calculava cuidadosamente o tempo para derrubá-lo.

Lênin ficava cada vez mais frustrado por estar inativo em Helsingfors, enquanto o "movimento revolucionário amadurecia na Rússia," como disse a Kamenev. Ele mantinha contato duas ou três vezes ao dia através de mensageiros secretos de Petrogrado. Os bolcheviques haviam organizado rota segura que jamais foi descoberta pelos agentes do Governo Provisório. Lênin lia os jornais da capital na manhã em que eram publicados. Mesmo assim, sentia-se muito distante e impaciente por não estar na capital russa ditando os acontecimentos.

Em Petrogrado, cada coalizão formada se revelava mais fraca que a anterior, as filas por alimentos encompridavam, e o crime nas ruas tornara-se epidêmico – "o governo estava paralisado tanto no topo como localmente," disse Sukhanov. A inflação crescia assustadoramente. O governo imprimia dinheiro num ritmo sem precedente – 429 milhões em papel-moeda em abril, 729 milhões em junho, 1,1 bilhão em julho. Os preços de alguns artigos básicos da alimentação quadruplicaram entre fevereiro e setembro. Mais de quinhentas fábricas em Petrogrado fecharam e cerca de 100 mil trabalhadores perderam seus empregos na capital desde fevereiro. Uma série de greves foi convocada para o fim de setembro. As deserções no exército "se tornaram impetuosa escapada de soldados do front," como observou Brusilov.

Lênin não estava tão isolado como fazia parecer. A afiliação ao partido bolchevique crescera além de 350 mil. Em 1º de setembro, os bolcheviques, pela primeira vez, ganharam pequena maioria nos Sovietes de Petrogrado e Moscou. "Isso é um grande avanço e significará bastante (...), as massas nos estão ouvindo," disse ele a Shotman, que era um dos regulares homens de ligação com o QG do partido na capital.

Kerensky, nominalmente, respondia pelo governo e fazia grande show pelo fato de estar no poder. Porém, depois do Caso Kornilov, alguns de seus admiradores de longo tempo entre a *intelligentsia* começaram a se desesperar com ele. "Kerensky continua caindo, e os bolcheviques já são senhores no Soviete. Trotsky é o *chairman*," registrou Zinaida Gippius no seu diário. "Exatamente quando a carnificina, os canhoneios, o levante, o pogrom em Petersburg começarão ainda não é certo. Mas eles virão."

A partir de meados de setembro, Lênin se convenceu de que o golpe contra o governo seria em breve, e se os bolcheviques perdessem a chance, talvez não tivessem outra por anos, e ele nem estaria mais vivo para presenciá-la. Ainda acreditava que Kerensky era capaz de fazer um acordo com os alemães – ou deslocar o governo para Moscou, longe do front e das guarnições do exército. As duas hipóteses fariam mais difícil a montagem da insurreição bolchevique.

De seu esconderijo finlandês, ele escreveu série de cada vez mais desesperadas cartas aos camaradas em Petrogrado, demandando a insurreição imediata. Em 12 de setembro: "Temos que planejar rapidamente os detalhes práticos de uma segunda revolução. As maiorias (...) [nos sovietes] mostram que o povo está conosco se prometermos logo pão, paz e terra."

No dia seguinte, foi mais agudo: "Não há razão para se esperar por eventos como o Congresso dos Sovietes [agendado para 25 de outubro]. Esperar é loucura porque o congresso nada fará. Ele não pode fazer coisa nenhuma. Primeiro, precisamos derrotar Kerensky, e só então convocar o congresso. Como disse Marx, insurreição é uma arte. (...) Seria muito ingênuo esperar por uma maioria formal dos bolcheviques. Revolução nenhuma jamais contou com a sorte e esperou por isso. A história nunca nos perdoará se agora não tomarmos o poder agora."

Os outros bolcheviques da liderança ficaram espantados e amedrontados, disse Bukharin. Decidiram queimar todas as cópias das cartas – exceto uma;* oficialmente, tudo o que fizeram foi anotar as opiniões do camarada Lênin. Desde julho, na ausência de Lênin, o restante da liderança do partido vinha seguindo linha mais conciliadora. Tinham até participado de reuniões conjuntas com auxiliares de Kerensky para trabalhar em legislação atinente à eleição da Assembleia Constituinte planejada para novembro e dezembro. Se o governo dos Kadets obtivesse provas de que Lênin planejava golpe iminente, ele poderia destruir os bolcheviques.

As semanas seguintes revelaram as grandes capacidades de Lênin. Se existe algo que contraria a ideia marxista de que não são indivíduos que fazem a história, e sim as amplas forças sociais e econômicas, é a revolução de Lênin. Ele arrastou seus relutantes e temerosos camaradas para uma insurreição que a maioria deles não desejava. Empregou um misto de trapaça, lógica, petulância, ameaças e persuasão tranquila para impor-lhes sua vontade. "Os demais da liderança enrolam a revolução praticando o jogo das varetas (...), são miseráveis traidores da causa do proletariado," disse ele para Nadya. Sem Lênin para incitá-los, a maioria deles dar-se-ia por satisfeita apenas em falar sobre a revolução, disse Trotsky.

Ele tentou uma vez mais com outra "carta de longe," como a chamou, "É *garantida* a vitória dos bolcheviques em um levante (...) desde que ataquemos *subitamente* de três pontos: de Peter [Petrogrado], de Moscou e da Esquadra Báltica. Temos a capacidade técnica e o suporte armado. Se tomarmos o Palácio de Inverno, o Estado-Maior Geral, as centrais telefônicas, as estações ferroviárias (...) é 99 por cento certo que venceremos com poucas baixas (...) é minha crença absoluta que se esperarmos e deixarmos o presente momento passar, *arruinaremos* a revolução [itálicos de Lênin]."

Ele afirmou para a liderança que, se não aprovassem seu plano, renunciaria ao Comitê Central e levaria suas ideias "à afiliação." Tal

*Nenhuma das cartas veio à tona até 1925, o ano seguinte à morte de Lênin.

ameaça fez com que eles pensassem duas vezes: "outro líder naquela ocasião era inconcebível, para nós e para os membros do partido." Ao mesmo tempo, ele exigiu que o deixasse voltar a Petrogrado para liderar a revolução em pessoa. Eles recusaram. A segurança do chefe era muito importante. Porém concordaram que ele se deslocasse para mais perto, para Vyborg, pequena cidade ainda na Finlândia, mas a somente noventa quilômetros de Petrogrado.[5]

36

Revolução – parte II

"Lênin não dá a mínima para o que os outros pensam."
Nikolai Bukharin (1888 - 1938)

"Vou lhe dizer o que fazer com pessoas como Lênin. Fuzilá-las."
Coronel Alfred Knox, adido militar inglês em Petrogrado,
21 de outubro de 1917

COM LÊNIN ESCONDIDO POR TRÊS MESES, Trotsky foi a face pública dos bolcheviques, apesar de, tecnicamente, ter se tornado membro do partido havia pouco tempo. Ele era bem mais conhecido que Lênin dentro da Rússia e adorava holofotes. "Enquanto Lênin precisava de escritório, Trotsky queria palcos," dizia-se. Depois de sair da prisão em meados de agosto, Trotsky apareceu diversas vezes por semana para casas lotadas no enorme Cirque Moderne dos arrabaldes de Petrogrado, que acomodava 2.500 pessoas. Ele fascinou e assustou as classes médias; era "a própria encarnação do revolucionário (...) sua grande testa (...) sobre a qual sobressaía copiosa massa de cabelo revolto (...) lábios grossos e salientes (...) ele era todo temperamento, um artista individualista." Provocava sensação.

Sua voz era aguda, um pouco áspera, tom estridente. Mas foi extraordinário atuante naqueles dias – divertido, direto, imaginativo e inspirador.* Sukhanov, um menchevique que compareceu por pura curiosidade, estava entre os ouvintes da primeira aparição de Trotsky depois de sair da prisão. "O ambiente era de pura excitação em todo o salão. O murmúrio que enchia o ar indicava expectativa. A plateia era em sua maioria de soldados e operários, embora existissem também

*Apesar da década e meia de mútuas desconfiança e hostilidade, Lênin confiava plenamente em Trotsky nas semanas que antecederam a revolução – e depois dela. Nunca foram pessoalmente muito chegados um ao outro, mas ambos reconheciam que, politicamente, havia poucas diferenças entre os dois. Trotsky disse que teve dificuldade "para se render ao partido de Lênin" até que entendeu que ele era o único caminho plausível para o poder. Angelica Balabanova, que odiava Trotsky, certa vez perguntou a Lênin o que os separara de 1903 a 1917. "Ora, você não sabe? Ambição, ambição, ambição." Ele queria dizer ambição de Trotsky, e não, é claro, a sua própria.

burgueses, homens e mulheres. Trotsky começou de imediato a incendiar a audiência. (...) Descreveu, com notável força, o sofrimento dos soldados nas trincheiras. (...) Trotsky sabia o que fazer. O poder para os sovietes, disse, não só se destinava a pôr um fim naquele sofrimento; proporcionaria também terra e acabaria com a desordem interna. 'O governo dos sovietes daria tudo o que o país tinha aos pobres e aos soldados. Vocês, burgueses,' e apontou para as pessoas mais bem vestidas nos lugares mais caros. 'Vocês têm dois sobretudos. Deem um deles aos soldados que congelam nas trincheiras. Possuem botas que aquecem os pés? Fiquem em casa. Suas botas são necessárias para os operários.' Os ouvintes estavam quase em êxtase. Parecia que o aglomerado iria espontaneamente explodir a qualquer momento no entoar de um hino religioso qualquer. 'Defenderemos a causa dos operários e dos camponeses até nossa última gota de sangue,' afirmou. 'Quem é a favor?' A plateia pôs-se de pé e todos levantaram as mãos. Vi as mãos elevadas e os olhos ardentes de homens, mulheres, adolescentes, operários, soldados, camponeses. Eles concordavam com o orador. Juravam. Observei aquele grandioso espetáculo com inusitado coração aflito."[1]

Lênin estava resolvido a acelerar o passo e chegar a Petrogrado o mais cedo possível. Argumentava que "o líder deveria estar presente onde as grandes questões eram decididas." Mas seus camaradas continuavam negando permissão. Shotman reportou a decisão deles e foi alvo da irritação de Lênin. "Não deixarei as coisas assim, garanto a você. Aqueles traidores (...) ainda não ouviram a última palavra a respeito disso."

Em primeiro lugar, ele teve que encontrar uma saída da capital finlandesa. Foi com o chefe de polícia Rovio a um fabricante de trajes teatrais e encomendou peruca na medida. Mas foi-lhe dito que teria que esperar semanas pela peça adequada. Existia apenas uma "pronta para usar" que se ajustava à cabeça de Lênin, com fios grisalhos e que fazia o revolucionário de 47 anos parecer servidor burocrata aposentado de 67. De início, o dono da loja não quis vender a peruca porque o tornava homem insignificante, mas acabou cedendo, e Lênin a comprou. Em 30 de setembro, ele deixou Helsingfors e rumou para Vyborg, instalando-se em casa de alguns amigos de Rovio. Seu guia foi Eino Rakhia, de quem Lênin gostava desde sua dramática jornada de julho para a capital finlandesa. Para sair de Vyborg, executaria plano secreto com destino a Petrogrado, mesmo sem a permissão dos camaradas. Comprou outra peruca, uma jaqueta com colarinho ajustado em volta do pescoço como o de um padre, e mais um chapéu preto. Passou a parecer um pastor luterano finlandês.

Pegou na tarde de 7 de outubro um trem para Petrogrado. Então, cruzou a fronteira sem incidentes com a identidade que antes usara. Nunca mais deixaria a Rússia.

Poucas pessoas sabiam que ele estava na cidade: Nadya, Yakov Sverdlov, secretário do partido, as irmãs de Lênin e a amiga de Anna Ulyanov, Margarita Fofanova, que concordou que ele se instalasse em seu apartamento próximo à Estação Finlândia. No dia seguinte, os demais da liderança descobriram que ele havia voltado e insistiram em uma reunião imediata. A princípio, diversos bolcheviques do círculo mais fechado do partido relutaram. Porém Lênin os incomodou tanto que o encontro foi marcado para dois dias depois, bem tarde da noite.

Lênin não foi hóspede fácil, segundo Fofanova. "Disse-me para conseguir, diariamente e não depois das 8h30, todos os jornais de Petrogrado, inclusive os burgueses. Horário rigoroso foi fixado para desjejum e almoço – 'será difícil na primeira semana; tudo desabará em cima de você,' disse-me ele." E estava certo. Lênin não saiu do apartamento pelos três primeiros dias. Nadya visitou-o diariamente, com cuidado para não ser seguida. Ele continuou malhando seus camaradas: "Eles estão vacilando, temendo a luta pelo poder."[2]

Às dez da noite de 10 de outubro, ainda disfarçado de padre, Lênin chegou ao elegante bloco de apartamentos do nº 32 da avenida Karpovka, um famoso aterro à beira do rio Karpova. Ele sabia que o apartamento do terceiro piso que iria visitar era seguro, pois nele morava destacado jornalista menchevique e ácido crítico do líder bolchevique Nikolai Sukhanov; aquele seria o último lugar que espiões de Kerensky pensariam em revistar. Mas a esposa de Sukhanov, Galina Flaxerman, era leal bolchevique e sugerira ao marido, afetuosamente, que talvez ele pudesse passar aquela noite em algum lugar próximo ao seu escritório, proposta obedientemente aceita, em vez de fazer a cansativa viagem de noventa quilômetros à noite quando o serviço de bondes funcionava precariamente.*

A história pode ser dramática e agitada, com ações eletrizantes nos campos de batalha e barricadas – e por vezes, no entanto, é escrita em comitês reunidos. Existiam 22 membros do Comitê Central Bolchevique, porém apenas doze deles se sentaram em torno da mesa redonda, iluminada por uma só lâmpada e na sala de estar de Sukhanov, onde

*Mais tarde, Sukhanov se transformou em piada por ter permitido que a mais importante das reuniões da história russa tivesse lugar em seu apartamento enquanto ele estava alhures, e pior, dormindo. Foi provavelmente a maior das histórias perdidas por um jornalista tão próximo do evento. "Oh, as gozadas peças que a divertida musa da história prega," disse ele quando soube do acontecido.

foi tomada a decisão de desencadear a Revolução Russa. Foi uma minoria de minoria já existente.

Lênin falou por uma hora e repetiu veementemente suas pretensões de que o golpe ocorresse de imediato. Ele se mostrava impaciente e constantemente à beira da explosão, no entanto, como Trotsky observou, "obviamente, se controlava."

Em algumas ocasiões, batia com o punho cerrado na mesa para enfatizar determinado ponto. "Desde o início de setembro, tem havido certa indiferença quanto à ideia de insurreição," começou ele. Depois esboçou claramente em detalhes o porquê "de termos de tomar o poder agora, e não esperar pelos sovietes ou por congresso algum. (...) A hora certa é agora e chegou o momento da decisão. As massas estão cansadas de palavras e moções. A maioria está hoje conosco. O sucesso das revoluções russa e mundial depende de uma luta de dois ou três dias."

A discussão durou sete horas e meia. Vez por outra, uma breve pausa para Flaxerman fazer chá ou servir picantes salsichas, e alguns minutos de folga para a controladora de tempo, jovem funcionária chamada Varvara Yakovleva. À meia-noite as luzes se apagaram, como era usual na Petrogrado daqueles dias; a eletricidade era cortada por algumas horas cada dia. Eles continuaram à luz de candeeiro a óleo e velas.*

Lênin convenceu a maioria que ainda duvidava. Originalmente, Trotsky desejava esperar até que o Congresso dos Sovietes – que ele presidiu – se reunisse. Mas Lênin persuadiu-o de que seria tarde demais. "Mesmo quando o congresso estivesse instalado e funcionando, seria difícil conseguir de um grupo grande e organizado de pessoas de ações ágeis e decisivas. Temos de atuar no dia 25, dia em que o Congresso se reúne, de modo que se possa dizer claramente aos delegados: 'Aqui está o poder. O que vamos fazer com ele?'"

Só os mais antigos camaradas de Lênin, Kamenev e Zinoviev, teimaram. Eram contra o golpe por princípio e por razões práticas. "O povo não exige uma insurreição," disse Kamenev. Havia tudo a ganhar "caso se esperasse algumas semanas pela Assembleia Constituinte, onde teríamos excelente chance de formar uma grande maioria legal. O camarada Lênin sugere que apostemos em uma única carta a sorte não só de nosso partido, como também a da Revolução Russa e mundial." Zinoviev concordou e acrescentou que se falhassem, "seríamos todos fuzilados."

*Os outros onze em torno da mesa eram: o sindicalista Andrei Bubnov, Felix Dzerjinsky, que mais tarde chefiaria a temida agência de inteligência Cheka, Kamenev, Kollontai, Georgy Lomov, bolchevique-chefe em Moscou, Grigori Sokolnikov, editor do *Pravda*, Stalin, Sverdlov, Trotsky, Moisei Uritsky, que se tornaria outro espião-chefe, e Zinoviev.

Só ao amanhecer foi realizada votação. Ela resultou dez a dois em favor de Lênin, com apenas Zinoviev e Kamenev votando contra. Lênin esticou o braço e pegou um lápis em cima da mesa. Não havia papel, de modo que – caso muito conhecido – ele rabiscou num caderno de exercícios infantis a maior decisão até então tomada pelos bolcheviques: "Reconhecendo que um levante armado é inevitável e a oportunidade, perfeitamente madura, o Comitê Central propõe a todas as organizações do partido que ajam de acordo com isso e debatam e decidam sob esse ponto de vista todas as questões práticas."[3]

A decisão não permaneceu secreta. Kamenev e Zinoviev tornaram pública sua oposição a ela. Poucos dias depois, eles distribuíram aos membros do partido em Petrogrado uma declaração: "Diante da história, diante do proletariado internacional, diante da Revolução Russa e da classe trabalhadora russa, não temos o direito de colocar em jogo no presente momento todo o futuro nessa aventura de insurreição armada."

Juntos, escreveram causticante carta no jornal de Gorky, *Novaya Jizn*, embora apenas assinada por Kamenev. "Não apenas Zinoviev e eu, mas também bom número de camaradas pragmáticos pensam que tomar a iniciativa com uma insurreição armada no momento atual (...) é inadmissível, e um passo danoso para o proletariado e para a revolução. Apostar tudo numa insurreição nos próximos dias seria ato de desespero. E nosso partido é suficientemente forte, há um grande futuro diante de nós, para que se tome esse passo impensado."

Lênin ficou furioso e os chamou de "traidores." Regra cardinal entre os conspiradores era, supostamente, o sigilo, e ali estavam dois líderes antigos do quadro "burlando seus camaradas com infindáveis mentiras caluniosas (...) isso é pior que furar greves." Desejou expulsar os dois do partido: "Daqui para a frente, não mais os considero camaradas."

Trotsky concordou; porém, naqueles tempos, ele raramente apoiava qualquer coisa que seu cunhado Kamenev fizesse. Stalin recomendou reação mais branda – uma censura, desde que prometessem não dizer mais nada. Por fim, Lênin se acalmou e rabiscou um sinal de tick para a punição como censura.

Toda Petrogrado falava sobre o iminente golpe. O *Novaya Jizn* especulou sobre a data, prevendo, quase corretamente, 20 de outubro. Kerensky se encontrava completamente fora de contato com a realidade, tão complacente quanto o Czar estivera e ativamente dava boas-vindas à tentativa de insurreição. Disse ao embaixador britânico Buchanan, poucos dias antes do levante: "Tudo o que quero é que eles ajam (...) então os esmagarei". Em 20 de outubro, afirmou a Nabokov que se e quando a insurreição começasse, "seria novamente como em junho (...) estou disposto a orar pela rebelião. Tenho forças maiores do que o necessário. Eles serão totalmente derrotados." Em 21 de outubro, depois de se encontrar com o primeiro-ministro, o embaixador americano Francis passou cabograma para o Departamento de Estado. "Começando pensar bolcheviques não farão manifestações; se fizerem arrependerão pois sentimento de crença se volta contra eles e (...) [agora] oportuno momento dar-lhes lição benéfica." Algumas personalidades da liderança da direita extremada se deleitavam com a possibilidade de golpe. O industrial do aço e dos metais Stepan Liazonov – "O Rockefeller russo" na imprensa popular – disse a John Reed que uma insurreição bolchevique não duraria nem um dia. "O governo declararia estado de sítio (...), os comandantes militares podem lidar com esses cavalheiros sem formalidades legais."

Dessa forma, o governo não fez nada para prevenir o golpe. Não prendeu bolchevique algum. Não tentou ocupar o Instituto Smolny. Não reforçou as defesas das pontes sobre o Neva ou quaisquer centros de comunicações. Não acreditou que os bolcheviques pudessem vencer.*

Trotsky, oficialmente nomeado chefe do Comitê Militar Revolucionário Bolchevique em 12 de outubro, não fez segredo sobre o que pretendia realizar. Uma de suas primeiras medidas foi editar uma "Declaração de Missão" – atitude estranha para um grupo revolucionário de conspiradores na iminência de desfechar um *putsch*. "No interesse da defesa da revolução e de suas conquistas contra ataques de contrarrevolucionários, foram por nós nomeados comissários em unidades militares e em pontos estratégicos da capital e de suas cercanias. Os comissários, como representantes dos Sovietes, são invioláveis. Oposição aos comissários é o mesmo que oposição ao Soviete de Representantes dos Trabalhadores e dos Soldados. O Soviete tomou todas as providências para proteger a ordem revolucionária contra ataques de contrarrevolucionários."

Em 21 de outubro, Trotsky fez uma das mais dramáticas de suas

*Àquela altura, houve um último suspiro de esforço por parte de alguns ministros para explorar a possibilidade de paz em separado com a Alemanha – que poderia, mesmo naquele estágio, ter salvado o Governo Provisório. Em 20 de outubro, o ministro da Guerra, general Alexander Verkhovsky, disse a Kerensky que o exército estava "despreparado para combater" e recomendou que a melhor maneira de se opor aos bolcheviques seria, no mínimo, entabular conversações com os alemães – "e tirar o chão dos extremistas." Kerensky descartou a ideia – e demitiu Verkhovsky.

aparições no Cirque Moderne. Atiçou a audiência quase ao estado de frenesi. Depois de incendiário discurso, demandou: "Se quiserem nos apoiar sem hesitação (...) e desejarem levar a revolução à vitória, dedicarem toda a sua força à causa (...), vamos jurar nossa lealdade à revolução. Caso desejem cumprir o sagrado juramento que estamos fazendo, levantem suas mãos." Toda a plateia se pôs de pé e exclamou. "Juramos!"[4]

Kerensky era então detestado pelo povo que o idolatrara poucos meses antes. Em 24 de outubro, véspera da revolução, Zinaida Gippius anotou em seu diário: "Ninguém quer os bolcheviques. Mas ninguém também se dispõe a lutar por Kerensky."[5]

37
Enfim, o poder

"Quem já experimentou o poder e a irrestrita capacidade de humilhar outro ser humano automaticamente perde suas próprias sensações. Tirania é um hábito. Tem vida orgânica própria; transforma-se por fim em doença (...) sangue e poder intoxicam."

Fyodor Dostoyevsky, A *Casa dos Mortos,* 1862

"Primeiro temos de tomar o poder. Então decidir o que fazer com ele."

Lênin para Trotsky, 24 de outubro de 1917

DESDE O PRIMEIRO MOMENTO, O SOVNARKOM – nome do Conselho dos Comissários do Povo que Lênin disse "cheirar a revolução" – sentiu-se inseguro. Lênin sabia que o poder podia escapar-lhe das mãos a qualquer instante, o que explica bastante dos 74 anos de história do estado soviético. A partir de 25 de outubro de 1917, tendo ilegalmente chegado ao poder, a única real inquietação de Lênin pelo resto da vida foi mantê-lo – uma obsessão que foi transmitida aos seus sucessores. Ao longo de toda a sua existência a União Soviética se identificou com seu fundador do Estado, vivo ou morto. O regime por ele criado foi em grande parte moldado por sua personalidade: sigiloso, suspeitoso, ascético, imoderado. Poucos dos mais decentes atributos de seu caráter encontraram espaço na vida pública da União Soviética.

Durante toda a sua vida de revolucionário, ele ficou mais absorvido por um assunto acima de todos os outros: a natureza do poder, como ele é obtido e usado, como ele modifica quem o possui e aqueles que não o detêm. Lênin desejou o poder pelo poder, como é próprio dos egoístas. Mas genuinamente acreditava que o iria usar para melhorar a vida da maioria de seu povo. E foi assim que justificou suas mentiras, a fraude e o terror que se seguiram; tudo era aceitável na busca do sonho socialista. Como Angelica Balabanova, que o respeitou e admirou, mas aprendeu a temê-lo e acabou o odiando, observou: "a tragédia de Lênin foi que, na frase de Goethe, ele desejou o bem (...) mas criou o mal."

Lênin jamais se interessou pelas benesses do poder e não desfrutou delas. O objetivo era impor suas ideias e personalidade aos outros; dobrar as pessoas com sua vontade. Não gostava das demonstrações de ostentação e viveu modestamente com Nadya num estilo burguês e entediante. Gorky disse certa vez que essa simplicidade, em tão ditatorial homem, era exemplo do "narcisismo" de Lênin. Martov pensava da mesma forma, apesar de, ao mesmo tempo, dizer "que não existia vaidade em Lênin" – paradoxo aparente em poucos homens poderosos.

Lênin não quis o poder pelo luxo, dinheiro ou sexo. Inessa foi seu único interesse romântico fora do casamento. Gostava do poder, mas não se deleitava pessoalmente com a violência. Não foi um sadista. Nunca trajou uniformes semelhantes aos dos militares, como é hábito de muitos ditadores. Normalmente vestia surrados ternos e gravatas. Sabia que os bolcheviques empregariam o terror, e aceitou o fato, sempre justificando-o como necessário. Entretanto, jamais presenciou uma execução e não teve interesse em ouvir sobre elas. Só viu três cadáveres em sua vida: o de seu pai, o da irmã Olga e o da sogra. Para Lênin, o sangue que derramaria seria em grande parte teórico.

Ninguém em Petrogrado acreditava que os bolcheviques sobreviveriam por muito tempo. Era um governo de "jornalistas e panfletários" que não tinham ideia de como administrar coisa alguma, de acordo com os jornalistas de periódico liberal. Jocosa manchete em outro jornal na manhã seguinte ao golpe descreveu os bolcheviques como "Califas por uma hora." O líder menchevique Tsereteli deu-lhes "não mais que três dias." Gorky, que estivera nas ruas no dia anterior, observando a revolução com o coração apertado, afirmou que, no máximo, Lênin aguentaria duas semanas, embora logo revisse essa opinião. Vladimir Nabokov, desempregado quando o governo foi derrubado, mas não preso como os ministros para os quais trabalhara, "recusou-se a acreditar por um minuto na força do regime bolchevique (...) e esperou sua morte em pouquíssimo tempo." Zinaida Gippius disse: "Esse governo de um punhado de vigaristas não vai durar muito." Algumas embaixadas estrangeiras diziam, imprudentemente, o mesmo a seus governos. Um oficial de chancelaria do embaixador britânico telegrafou poucos dias depois para o Foreign Office: "Não se pode tomar como garantido que o Governo Bolchevique está firmemente de pé." O embaixador americano, tendo dito ao Departamento de Estado que uma revolução bolchevique jamais ocorreria, chamou então o golpe de "coisa deprimente" e asseverou a Washington que os bolcheviques seriam logo derrubados.[1]

Alguns dos bolcheviques mais antigos também não nadavam em confiança. Bonch-Bruevich disse que "viviam sentados nas malas," de modo a poderem fugir a qualquer momento. Lunacharsky escreveu à esposa apenas quatro dias depois de ser nomeado Comissário do Povo para o Iluminismo, título grandiloquente, escolhido por ele mesmo, para se encarregar das pastas da Educação e da Cultura: "As coisas estão muito instáveis. A todo momento interrompo uma carta porque não sei se será minha última. Posso ser a qualquer instante jogado numa cela." O sempre prático Sverdlov havia passado as mãos em mais de 100 mil rublos-ouro, algumas joias e sete falsos passaportes – um para si mesmo e os outros para Lênin e bolcheviques de renome – e colocara tudo dentro de um cofre à prova de fogo, para o caso de apressada escapada. Nadya disse com sinceridade a camaradas que o medo de Lênin era que o "poder lhe escapasse entre os dedos (...) e, por essa razão, estava disposto a não ser muito leniente."[2]

Isso explica uma de suas primeiras ações como *chairman* do Sovnarkom, na tarde depois do golpe. Assim que o amanhecer se firmou, em seguida à sua aparição no Smolny, quando sabia que o Palácio de Inverno havia sido tomado e Petrogrado estava em mãos bolcheviques, ele foi para o apartamento de Bonch-Bruevich tentar algum descanso. Só pôde dormir não mais que duas ou três horas e logo retornou ao Smolny, que seria a sede do poder na Rússia pelos próximos cinco meses. Nas poucas horas de ausência de Lênin, Kamenev ocupou o cargo de *chairman* provisório do Sovnarkom. Ele tinha decretado o fim da pena capital para as tropas do front, que o governo Kerensky reintroduzira no verão. A reação de Lênin foi a previsível – e Kamenev disse a camaradas mais tarde que a havia antevisto, mas anunciara o decreto mesmo assim. Lênin procurou Kamenev e exclamou: "Bobagem. Quanta estupidez! Isso seria grave erro, imperdoável fraqueza. Como se pode fazer uma revolução sem pelotões de fuzilamento? Se você acredita que podemos vencer sem execuções (...) conseguir nosso objetivo, você está ingenuamente iludido. Que outros meios de repressão possuímos? Você não percebe as sérias dificuldades que vamos enfrentar." Segundo Trotsky, ele propôs a revogação imediata do decreto, mas "alguém argumentou que isso daria má impressão no primeiro dia de revolução; Lênin pensou por alguns segundos e disse 'sim (...) seria melhor recorrer à execução quando ficar óbvio que não existe opção, mas não espalhem a notícia' – e o assunto foi sendo esquecido aos poucos." Desde as primeiras horas como líder da Rússia, Lênin estabeleceu os fundamentos para o mando pelo terror. "Muitas vezes ao dia, desde o início, ele diria coisas como, 'Bem, que tipo de ditadura é esta, mostre para mim'," afirmou Trotsky. "Vladimir Ilyich não vivia de ilusões."

No segundo dia, ele começou a censurar a imprensa e ameaçou fechar jornais da oposição. Se os Romanovs o tinham feito, então os bolcheviques também fariam. Poucas semanas antes, em 15 de setembro, num dos jornais do partido, *Rabochii Put* (Caminho Trabalhista), Lênin qualificara a censura como "feudal (...) asiática," e louvara a imprensa livre "como muito mais democrática em princípio do que qualquer alternativa." Prometera "incomparavelmente maior imprensa livre" se os bolcheviques concretizassem seu objetivo. Em 27 de outubro, Lênin escreveu um decreto sobre a imprensa que criou um sistema de censura gerido por *apparatchiks* do partido. "Qualquer órgão da imprensa poderá ser (...) [fechado] por incitação de resistência aos Decretos do Sovnarkom (...) ou se for julgado que está a semear confusão por meio de distorção dos fatos obviamente difamatória." As medidas eram alegadamente "temporárias" contra "claros contrarrevolucionários (...) medidas emergenciais precisam ser tomadas para barrar a torrente de imundície e difamação contra as novas autoridades. Tão logo a nova ordem esteja firmemente estabelecida, todas as medidas administrativas que afetem a imprensa serão revogadas e a ela será garantida plena liberdade."

O estado seria dono das gráficas e de todas as editoras de notícias. O novo governo distribuiria verbas "equitativamente." Partidos políticos receberiam parcelas, e a outros grupos seria garantido o acesso ao complexo nacionalizado de impressão se conseguissem colher determinado número de assinaturas para terem jornal próprio. "Isso proporcionará real liberdade de imprensa para todos, e não apenas para os ricos. Agirá para o iluminismo do povo, e não para sua estupidez e burla." Quando surgiram murmúrios de dissidência entre seus mais chegados, ele disse: "Há um coro unânime desses chacais. Não vamos colocar um freio nessa turba? A imprensa burguesa é uma arma não menos perigosa que bombas e equipamentos apontados contra nós. Por que deixá-la nas mãos deles?" Mais ou menos nessa ocasião, ele chocou Emma Goldman dizendo-lhe que "discurso livre é preconceito burguês, emplastro paliativo para doenças sociais. Na república dos trabalhadores, conversas sobre bem-estar econômico falam mais alto do que discursos."[3]

A partir de 28 de outubro, os jornais dos Kadets foram fechados. Guardas Vermelhos destruíram algumas de suas rotativas e máquinas de linotipo e confiscaram as demais. Uns poucos editores e jornalistas proeminentes foram presos. O jornal SR mais vendido *Volya Naroda* (Vontade Popular) foi descaracterizado. Apareceu no dia seguinte com novo nome *Volya*, e no seguinte, depois que seu editor foi encarcerado, como *Narod* – exatamente como ocorreu com os jornais banidos durante os tempos czaristas. Quando, por fim, esse jornal desapareceu o editorial de despedida fez eco para Marx: "A história se repete..."

Na ocasião em que o jornal *Den* (Dia) foi banido, transformou-se na edição noturna Noite, depois Meia-Noite, e em seguida Noite Mais Escura. A imprensa de oposição era jogada para a clandestinidade.

Alguma crítica da imprensa foi permitida – relutantemente e por curto período. Gorky não seria silenciado. Dia após dia, até que seu jornal foi fechado no verão seguinte, ele alertou com presciência em sua coluna "Pensamentos Decisivos" sobre as intenções dos bolcheviques. Logo depois do Decreto para a Imprensa, ele escreveu: "Lênin e Trotsky não têm a menor ideia do significado de liberdade ou dos direitos do homem. Eles e seus companheiros de viagem já estão intoxicados pelo terrível veneno do poder, como demonstram com suas desgraçadas atitudes contra a liberdade de expressão, contra o indivíduo e contra todos os direitos pelos quais a democracia batalha. (...) A classe trabalhadora não pode deixar de entender que Lênin está apenas realizando experiência com sua pele e seu sangue. (...) Lênin não é onipresente mágico, e sim trapaceiro de sangue frio, que não poupa a honra nem as vidas do proletariado." Poucos dias depois: "Lênin é uma daquelas pessoas que possuem excepcional força de caráter (...) é homem de muitos dons e tem todas as qualidades de 'líder' – em particular a completa falta de moralidade essencial para tal papel, e o desprezo aristocrata pelas massas. A vida, em toda a sua complexidade, é desconhecida por Lênin. Ele não conhece as massas. Jamais viveu entre elas, mas descobriu nos livros como incitá-las ao ódio, como irritar facilmente seus instintos. Para Lênin, a classe trabalhadora é como o ferro na mão de metalúrgico. É possível, dadas as presentes circunstâncias, moldar um estado socialista com esse minério? Claro que não. Mas por que não tentar? Qual o risco para Lênin se a experiência fracassar? (...) Desconfio de russos no poder – recém-saídos da servidão, eles se tornarão desenfreados déspotas tão logo tenham a chance de se tornarem senhores de seus vizinhos."[4]

Lênin não escondeu sua intenção de fechar a imprensa de oposição. Poucas semanas depois do golpe, numa reunião do Soviete de

Petrogrado, ele se queixou sobre a crítica da imprensa, e um menchevique se ergueu e o censurou provocando aplausos: "O que você quer dizer com crítica? De quais jornais? Onde? Você fechou todos eles."

"Não, não ainda," replicou Lênin. "Mas eles cedo serão."

A velha esquerda ficou estilhaçada. O venerável pai do marxismo russo, Georgy Plekhanov, então com 61 anos e saúde abalada, afastara-se de Lênin anos antes, mas estava espantado com o antigo camarada por ter tomado o poder para ele e para seu partido, deixando de lado outros socialistas. No dia seguinte ao golpe, escreveu carta aberta para a classe operária de Petrogrado: "A revolução bolchevique é a maior calamidade histórica, que rodará para trás os ponteiros do relógio e reverterá todos os ganhos feitos na Rússia desde fevereiro." No dia seguinte, soldados e marinheiros invadiram seu apartamento quando ele tomava chá com a esposa, Rozalia Markovna. Um soldado encostou sua pistola contra o peito de Plekhanov, exigindo: "Seu verme, entregue todas as suas armas. Vamos revistar tudo. Se encontrarmos alguma o mataremos no ato." O ancião ergueu-se ao alto de seu 1,84m e retrucou, "Você, provavelmente, fará isso de qualquer maneira. Vá em frente (...) mas não tenho arma nenhuma." Os militares vasculharam o apartamento e deixaram o casal ileso, porém Plekhanov passou à clandestinidade.* Uma semana após a revolução, Vera Zasulich, 68 anos, disse desesperada a um camarada: "Sinto que tudo pelo que lutei, tudo que me era caro por toda a vida, virou pó."[5]

Kerensky escapuliu para o front e tentou organizar um exército para recapturar a capital quando retornasse em triunfo. Todavia, a maior parte do exército recusou-se a apoiá-lo e ele só conseguiu arregimentar umas poucas centenas de cossacos da Cavalaria sob o comando do general Pyotr Krasnov. Em 28 de outubro, eles retomaram Gatchina, quarenta e cinco quilômetros ao sul de Petrogrado, base estratégica da qual poderiam reconquistar a cidade. Lênin ficou seriamente preocupado com a possibilidade de eles marcharem sobre a capital e derrubá-lo no prazo de três dias. Por volta do meio-dia, ele foi ao QG militar de Petrogrado e assumiu o comando pessoal da defesa. Questionou acerbamente cada ordem emitida pelos membros do

*Ele foi admitido, secretamente e com nome falso, numa clínica de Petrogrado, e depois fugiu para a Finlândia, onde faleceu num vilarejo próximo a Terijoki, em 30 de maio de 1918. Não tardou, entretanto, para que fosse reabilitado politicamente. Durante a era soviética, seus ataques a Lênin e aos bolcheviques foram censurados, mas sua obra filosófica sobre o marxismo continuou admirada – até por Lênin – e foi ensinada nas escolas como matéria obrigatória até o colapso da URSS.

Comitê Militar Revolucionário, a maioria do qual era constituída, salvo Trotsky, por ex-militares. Tão ao acaso fora o golpe – ainda que bem-sucedido – que Lênin desconfiava de qualquer informação a ele repassada.

Lênin chegou a usar o aparelho a fio Hughes, um dos primeiros protótipos do telex, que nunca usara antes. Não deu nome ou título. A conversa demonstrou quão nervoso estava. Inicialmente, entrou em contato com Alexander Sheinman, *chairman* do Soviete de Helsingfors, "Você poderia deslocar imediatamente o maior número possível de contratorpedeiros e outros navios de guerra para Petrogrado?" – perguntou. Sheinman disse que teria de perguntar ao comandante da Esquadra do Báltico, pois nada sabia. "Esta é uma questão naval. Quais as novas de Petrogrado?"

"A grande novidade é que as tropas de Kerensky estão se movimentando e tomaram Gatchina (...) é imperativo que recebamos fortes reforços o mais cedo possível."

"Alguma coisa mais?"

Recebeu resposta típica de Lênin: "Em vez de sua pergunta 'Alguma coisa mais?' eu esperava ouvir que você está pronto para partir e combater."

Sheinman: "Parece-me desnecessário repetir isso. Tomamos nossa decisão e (...) tudo será feito."

Lênin: "Você tem estoques de fuzis e de munição para nos ajudar?"

Foi então que Ivan Mikhailov, chefe da seção militar do Soviete de Helsingfors, entrou na linha: "De quantos homens você precisa?"

"O máximo possível, e homens leais e dispostos a combater."

Foram-lhe prometidos cinco mil homens dentro de vinte e quatro horas – "e eles estão preparados para lutar."

"Você pode suprir alimentação para eles?

"Sim. Temos bastante provisões. Também temos 35 metralhadoras. Podemos enviá-las acompanhadas de suas guarnições sem prejuízo para as posições daqui, bem como alguns canhões."

"Em nome do Governo da República, requeiro o envio dessas forças com urgência. Você sabe que um novo governo foi formado? Qual a posição de seu soviete em relação a ele?"

"Sim. Soubemos pelos jornais. O povo daqui está entusiasmado com a passagem do poder para as mãos dos sovietes."

"Suponho que as forças partirão de imediato."

Finalmente, Nikolai Izmailov, representante da Frota do Báltico no soviete, entrou na conversação. Disse que despacharia o encouraçado *Republic* e dois contratorpedeiros. Eles deveriam chegar a Petrogrado em dezoito horas. Lênin insistiu que queria as belonaves no Canal do Navio o mais próximo que pudessem da costa. Izmailov, que fora oficial da Marinha, respondeu com impaciência a Lênin que os navios não poderiam ancorar muito perto da costa, porém, "de qualquer maneira, seus canhões tinham alcance de 25 verstas. (...) Em suma, que ele deixasse o problema para os comandantes e seus marinheiros."

Lênin perguntou se ele tinha estoque disponível de fuzis e munição. "Adeus e boa sorte," completou.

"Adeus. Você me diria com quem eu estava falando?"

"Lênin."

"Adeus. (...) Vamos pôr tudo para funcionar."

Lênin não pareceu aliviado com aquela conversa nem se convenceu de que os reforços chegariam.

Ele enfrentou problemas para persuadir a guarnição de Petrogrado a se deslocar contra as forças de Kerensky. Mais tarde, naquela noite, Nikolai Podvoisky, ex-oficial do exército que tivera papel relevante no planejamento do golpe, teve reunião desconfortável com Lênin. "O Volinsky e outros regimentos meramente se recusam a partir (...) não temos uma só unidade do exército que deseje ir," explicou Podvoisky.

"Então você tem que tirá-los daqui," replicou Lênin. "Eles têm de partir imediatamente, a qualquer custo."

"Mas não há nada que possamos fazer com os regimentos."

De acordo com Podvoisky, "Lênin teve um ataque de ira. Suas feições se tornaram irreconhecíveis. Fixou os olhos nos meus e, sem elevar a voz, embora parecesse estar gritando, disse, 'Você será diretamente responsabilizado perante o Comitê Central se os regimentos não deixarem a cidade imediatamente. Ouviu? Exatamente neste momento'."

Podvoisky conseguiu recrutar uns poucos homens, mas só depois de dizer-lhes o que Lênin provavelmente faria com eles se teimassem em ficar nos quartéis.[6]

Se os poucos cossacos de Krasnov tivessem se movido rapidamente de Gatchina para a capital, eles poderiam ter retomado o poder para Kerensky. Mas eles estavam tão desanimados para combater quanto as tropas da guarnição de Petrogrado. Trotsky – assim como Lênin – desempenhou papel importante na defesa da cidade. Disse que, se não pudesse confiar na tropa, armaria os trabalhadores. Ao longo do dia, fez um giro pelas fábricas, proferindo apaixonados discursos de conclamação aos operários para "tornarem Petrogrado uma fortaleza." Na mesma noite, no soviete, ele apelou para que todos marchassem ao front a fim de salvar a revolução. Uma voz rouca o interrompeu.

"Por que você não está lá junto aos Guardas Vermelhos?" Trotsky replicou dramaticamente, "Estou partindo agora," – e deixou a plataforma. Foi exatamente o correto gesto revolucionário, como John Reed, presente ao ato, o descreveu. Mas não houve necessidade da tropa da guarnição da capital, das belonaves da Esquadra do Báltico ou da milícia de operários.

Foi o suborno e a fraude que salvaram os bolcheviques da derrota. Em 30 de outubro, as forças de Kerensky atingiram as elevações de Pulkovo, a 25 quilômetros de Petrogrado. Até então, não houvera batalha de vulto, apenas pequenas escaramuças sob pesada chuva. Mais tarde daquela noite, Pavel Dybenko, enérgico oficial naval e então comissário da Marinha no novo regime, foi infiltrado no acampamento dos cossacos e com eles negociou acordo prometendo passagem segura para o Don e autonomia para sua região nas estepes. Eles então não viram razão para lutarem por Kerensky e se renderam aos bolcheviques, que mantiveram a palavra empenhada e os deixaram passar. Trotsky chegou ao local do acordo bem mais tarde na mesma noite e concordou com os termos da negociação.* Às duas da madrugada, ele despachou um cabograma a Lênin: "Esta noite (...) entraremos para a história. A tentativa de deslocar tropas contrarrevolucionárias para a capital da revolução foi decisivamente repelida. Kerensky recua; e nós avançamos. Todo o país, de agora em diante, ficará convencido de que o poder dos sovietes não é coisa efêmera, mas um fato. Não haverá volta ao passado. À nossa frente existem lutas, obstáculos e sacrifícios. Mas o caminho está aberto e a vitória é certa."**[7]

Já com a tarde de 29 de outubro avançada, a nova Comissária do Povo para o Bem-Estar Social, Alexandra Kollontai, chegou ao seu novo ministério no grande edifício neoclássico da rua Kazan. Foi recebida por uma linha de piquetes de servidores públicos que protestavam. Um idoso porteiro em traje formal não quis deixar que ela entrasse, dizendo-lhe não ter ideia de quem era. Kollontai disse-lhe o título

*Mas os cossacos do Don foram enganados sobre sua "independência" não muito tempo depois. A despeito das promessas, eles foram anexados à altamente centralizada URSS, como, no fim, acabaram sendo todas as chamadas regiões autônomas.

**Kerensky permaneceu escondido dentro da Rússia ou na Finlândia ao longo de toda a Guerra Civil que veio a seguir, esperando pelo retorno triunfal a Petrogrado. Por fim, aceitou que tal volta dificilmente ocorreria e partiu para Berlim em 1922 e, subsequentemente, para Paris, caminho tomado por centenas de milhares de *émigrés* russos. Quando a França caiu para os alemães, ele foi para os Estados Unidos. Viveu em Nova York, fazendo bom dinheiro em circuito de palestras. Depois viajou para a Califórnia e se juntou à Instituição Hoover. Morreu em 1970 quando tinha oitenta e nove anos de idade.

que tinha e exigiu ver o funcionário mais antigo do prédio. O porteiro insistiu que os portadores de petições só eram recebidos da uma às três da tarde e como já passava das cinco, era melhor ela retornar noutro dia. Quando ela tentou forçar a entrada, ele bateu a porta na sua cara. Ela voltou bem cedo no dia seguinte com um escolta de soldados, mas encontrou o mesmo piquete de protesto na entrada e o interior do edifício quase vazio. Todo o funcionalismo público que servira ao regime czarista e ao Governo Provisório fazia greve geral contra o novo governo. Somente cozinheiros, servidores da limpeza, porteiros e funcionários de apoio trabalhavam normalmente.

Kollontai desceu até a linha de protesto e ameaçou prender os manifestantes, a menos que um deles encontrasse as chaves do cofre de seu escritório. Como temia, o cofre estava vazio; sua antecessora, a condessa Kadet Sophia Panina, levara com ela os recursos financeiros do ministério e recusou-se a devolver qualquer dinheiro até que ordenada a fazê-lo pela Assembleia Constituinte que seria eleita no mês seguinte.*

No mesmo dia, Shlyapnikov, comissário para o Trabalho (e ex-amante de Kollontai), tentou entrar no seu escritório. O zelador informou-lhe que só o pessoal da limpeza trabalhava, todos os demais estavam em greve. Ele retornou para o Smolny, onde funcionários e serventes do partido bolchevique ainda trabalhavam. Tentou recrutar alguns servidores de um dos comissariados, de modo a criar uma equipe. Um funcionário civil de nível médio procurou-o: "Bem, você não encontrará nenhum – decerto não para você. Veja só. Sindicalista a vida toda, tenta agora recrutar furadores de greves. Você deveria ter é vergonha na cara."

Decorridas quase duas semanas, Trotsky tentou entrar no seu designado escritório no Comissariado para os Assuntos do Exterior. Apareceu elegantemente trajado bem cedo da manhã de 9 de novembro no grande edifício do Estado-Maior Geral, no lado oposto ao Palácio

*As duas se conheciam desde criança – e se odiavam, embora a Condessa tivessesse admitido certa vez que Kollontai "se vestia muito bem... para uma revolucionária." Panina, em cujo palácio Lênin causara sensação em 1906 como orador, foi presa e acusada de apropriar-se indevidamente de 93 mil rublos do ministério/comissariado. Por ordem de Lênin, no início de dezembro, ela compareceu ao primeiro julgamento-show diante de Tribunal Revolucionário. O processo foi uma farsa, com o veredicto decidido pelo partido bolchevique e o Sovnarkom – o que se tornaria muito familiar nos anos soviéticos. Panina, obrigada a entregar a quantia, recusou-se e foi encarcerada na Fortaleza Pedro e Paulo. Só foi solta quando um de seus ricos amigos levantou a quantia demandada. Ela recebeu permissão para deixar Petrogrado e se juntou aos Brancos na Guerra Civil, escapando depois para a Alemanha e para os Estados Unidos. Faleceu em Nova York em 1956, com oitenta e quatro anos.

de Inverno. Alguns funcionários curiosos que queriam ver o famoso líder revolucionário foram recebê-lo, como um deles se lembrou: "O novo 'ministro' chegou e disse: 'Sou Trotsky, o Comissário.' A reação foi uma longa e jocosa gargalhada. Ele não deu atenção ao fato e apenas disse que voltássemos ao trabalho. Saímos – não para o trabalho, mas para casa, não pretendendo voltar à repartição enquanto Trotsky fosse o ministro." Trotsky lidou calmamente com a greve. Como disse a um amigo quando retornou de bom humor ao Smolny, mais tarde na mesma manhã: "De que relações exteriores os bolcheviques, de qualquer maneira, precisariam? Tudo o que eu faria seria expedir algumas proclamações aos estrangeiros e depois fechar a loja." Ele só fora ao comissariado com um propósito: encontrar cópias dos chamados "tratados secretos" que o governo czarista tinha assinado com os Aliados para entrar na guerra. Não conseguiu achá-los e foi-lhe dito que um secretário do Governo Provisório os levara na véspera da revolução.*[8]

Lênin considerou a greve "sabotagem (...) nada menos do que chantagem" e exarou repetidas ordens para que o funcionalismo público voltasse ao trabalho. Não estava, contudo, por demais preocupado com alguns dos funcionários. Sabia que, por enquanto, a revolução poderia viver sem os servidores dos Comissariados do Exterior e do Bem-Estar. Mas precisava de dinheiro imediatamente. Se os bolcheviques não pudessem pagar seus apoiadores, comprar suprimentos ou confiscar alimentos não haveria como sobreviver por longo período de tempo. Lênin disse a Vyacheslav Menjinsky – que recebeu o cargo de Comissário das Finanças em grande parte porque anos antes trabalhara por pouco tempo como empregado bancário de nível inferior – que "sem dinheiro estaremos perdidos. Os salários dos ferroviários, operadores do telégrafo e de funções similares têm de ser pagos."

Tiveram de voltar aos assaltos a bancos para conseguir dinheiro. No primeiro dia após a revolução, Lênin em pessoa e o Sovnarkom formalmente solicitaram ao chefe do Banco Nacional, Ivan Shipov, que liberasse 10 milhões de rublos para o governo. Ele se recusou, afirmando que seria ilegal. Não reconhecia o regime bolchevique ou o soviete como governo legítimo; os empregados do Banco Nacional haviam se juntado à greve geral dos funcionários civis. Três dias depois, Lênin exigiu novamente o dinheiro e, mais uma vez, a resposta foi negativa. Mensageiros enviados do Smolny com minutas assinadas pelos comissários foram rechaçados, e não demoraria para que o

*Eles apareceram mais tarde e, quando Trotsky os tornou públicos, provocou, como veremos mais tarde, importante incidente diplomático.

Sovnarkom ficasse absolutamente sem fundos. E também sem ninguém que entendesse como o sistema bancário funcionava. "Existiam alguns entre nós que sabiam (...) de livros e manuais," admitiu um servidor do partido. "Mas não havia um só que conhecesse os procedimentos técnicos do Banco Estatal Russo."

Em 7 de novembro, Menjinsky, acompanhado por uma unidade de Guardas Vermelhos e um pequeno destacamento de soldados, chegou ao banco, totalmente deserto, exceto pela presença de Shipov e alguns de seus assistentes mais próximos. Eles receberam um ultimato. A menos que o dinheiro fosse dado no prazo de vinte minutos, todos os empregados "de colarinho branco" acima das posições de caixas perderiam os empregos e suas pensões, e todos os homens em idade para servir ao exército seriam convocados e enviados para o front. Mesmo assim, todos aguentaram firmes. Shipov foi trancado sob guarda na sala de Menjinsky, no Smolny. O comissário teve de dividi-la com o empregado.

Lênin ficou furioso com Menjinsky e, três dias depois, ordenou ao vice-comissário. Nikolai Gorbunov, e ao recém-nomeado Comissário do Banco Estatal, Nikolai Osinsky, "que fossem ao banco e pegassem no mínimo 5 milhões de rublos, e que não ousassem voltar sem eles."

Guardas Vermelhos cercaram o banco enquanto os dois bolcheviques entravam no prédio e mandavam os caixas, sob mira de armas, abrir os cofres. Cinco milhões de rublos foram rapidamente ensacados – como nos filmes de assaltos. Gorbunov e Osinsky carregaram os sacos nos ombros, entraram em carros blindados e seguiram diretamente para o escritório de Lênin. Ele não estava lá. O par de bolcheviques transferiu o dinheiro para bolsas de veludo e ficaram de guarda perto do produto da pilhagem. Osinsky empunhou durante todo o processo seu revólver engatilhado. Ao retornar, Lênin exultou. As bolsas foram guardadas dentro de um guarda-roupa no escritório contíguo, e uma sentinela ficou de guarda permanente. Foi o primeiro Tesouro Soviético.[9]

38

O homem no leme

"Nada havia na aparência de Lênin que sugerisse, mesmo debilmente, semelhança com super-homem (...) ele parecia à primeira vista mais dono de mercearia do que líder. Ainda assim, naqueles olhos de aço existia algo que chamava a atenção, algo naquele ar inquisidor, meio desdenhoso, meio sorridente, que demonstrava ilimitada autoconfiança e superioridade consciente."

Robert Bruce Lockhart, do encontro com Lênin, primavera de 1918

"O fato de todos (...) os poderes e energias [de Lênin] estarem concentrados sobre uma só coisa torna fácil para ele parecer extraordinário aos olhos das massas e transformar-se em líder, da mesma maneira que aqueles que realmente se concentram em Deus se tornam santos e aqueles que vivem apenas para o dinheiro se tornam milionários."

Ignazio Silone (1900 -1978)

QUASE TODAS AS NOITES ATÉ O FIM DE 1917, Lênin e Nadya saíram para caminhadas como costumavam fazer no exílio. "Ninguém conhecia nossos rostos àquele tempo, de sorte que chegamos até a andar em torno do Smolny," disse ela. Decorreram algumas semanas para que a barba de Lênin crescesse de novo, e mesmo pessoas que podiam conhecê-lo ficavam em dúvida. Petrogrado foi uma cidade sem lei nos primeiros meses do mando bolchevique, e crimes aleatórios eram frequentes. Lênin jamais precisou de intervenção do guarda-costas que o seguia a uma discreta distância.*

Lênin e Nadya receberam um apartamento de dois quartos, com cozinha, no primeiro piso do Smolny. Era confortável, se bem que longe de

*Mas ele foi vítima de crime poucos dias depois do golpe bolchevique. Seu primeiro carro oficial, belo e luxuoso Turcat Méry, fabricado em 1915 para o Czar, foi roubado quando estacionado no lado de fora do Smolny. Um grupo de bombeiros o levara e planejava conseguir bom dinheiro com sua venda a um comprador particular da Finlândia. Stepan Gil, que fora um dos motoristas de Nicolau II, mas tornou-se leal bolchevique e *chauffeur* de Lênin, liderou uma busca e encontrou o automóvel antes que ele saísse de Petrogrado.

luxuoso. Para Lênin, o importante era a segurança: seus fundos davam para corredor que levava diretamente a um pátio pelo qual poderia fugir rápido se necessário – e ele disse a Nadya que isso poderia ocorrer a qualquer momento. Ninguém podia entrar sem passe especial assinado por Lênin. Nadya gostava das acomodações e desfrutou do tempo que passou no Smolny. "Nosso quarto fora outrora ocupado por dama de alta classe. Ele possuía tela de partição no outro lado da qual ficava a cama (...) e tinha-se que entrar através do banheiro."

Por anos, Nadya trabalhara para ele como secretária e ocupara função tanto de servidora do partido quanto de confidente pessoal. Agora, tinha toda a ajuda de que precisava. A mudança foi difícil para ela e, como disse a amigos, precisava desesperadamente ser útil em qualquer trabalho. Lunacharsky deu-lhe o cargo de um de seus vice-comissários. Nadya só lamentava não ficar mais ao lado de Lênin para cuidar dele e dar atenção à sua saúde. Ele comia muito mal, remexia com o garfo os alimentos, "quase não tinha dinheiro," e não ligava para a saúde. "Suas condições preocupavam. Jeltyshev [Yuri, seu segurança pessoal] levava-lhe o almoço – pão que era separado como sua parcela da ração. Algumas vezes, Maria Ilyinichna [irmã de Lênin] trazia-lhe algum tipo de alimento de sua casa, mas eu não ficava em casa por muito tempo e não havia cuidado com sua dieta." Como era de esperar, logo ele começou a queixar-se de dores no estômago, indigestão e insônia.[1]

"Cada sessão do Sovnarkom era uma improvisação em grande escala," disse Trotsky a um de seus principais assistentes depois de alguns dias no Comissariado do Exterior. "Tudo estava em seu começo (...) tudo tinha que ser feito de novo. Não adiantava procurar por precedente porque a história não supria nenhum." Lênin repetia quase sempre: "Temos que destruir tudo (...) tudo, criar o novo." No início, o governo parecia extensão da clandestinidade revolucionária, quando conspiradores se reuniam, agrupados num canto, enquanto um par de rebeldes armados ficava atento contra espiões da polícia. A despeito dos esforços de um secretário para impor alguma aparência de solenidade, "não podíamos deixar de pensar que comparecíamos a outro encontro de um (...) comitê revolucionário," disse um antigo militante que frequentou algumas das primeiras sessões. "Por anos tínhamos sido filiados a diversas organizações subterrâneas. Todos os comissários permaneciam sentados com seus paletós ou sobretudos (...) [para o caso de terem de sair às pressas] (...) muitos usavam jaqueta de couro."[2]

Logo prevaleceu o senso de ordem de Lênin e as sessões passaram a ser bem melhor estruturadas. Como ele era obsessivo pelo sigilo, as grandes, difíceis e não muito legais decisões eram tomadas quase sempre por pequeno círculo de seus fiéis lugares-tenentes – no começo, ele confiava mais em Sverdlov e Trotsky – que eram cuidadosos em não deixar rastros em papéis. Mas Lênin era meticulosamente insistente para que o grosso das questões formais do Sovnarkom fosse obrigatoriamente conduzido segundo suas instruções. As reuniões, em geral, começavam às cinco da tarde e normalmente duravam seis ou sete horas quase sem pausas, e no primeiro mês Lênin presenciou todas.

As sessões tinham lugar numa sala surpreendentemente acanhada e escura do terceiro piso, "sombria até nos dias ensolarados," lembrou-se uma participante regular. "A luz lutava para penetrar no ambiente, e era difícil abrir as cortinas. Umas poucas cadeiras de braços ficavam encostadas às paredes. A mobília era de diversos tipos, reunida que fora em distintos locais do prédio. Um carpete velho e desbotado cobria o assoalho. Parecia mais sala de espera de advogado de província."

Lênin detestava que alguém chegasse atrasado e instituiu um sistema de multas por falta de pontualidade. Claro que ele mesmo ditou as regras. Qualquer comissário ou funcionário que atrasasse até meia hora, a multa era de cinco rublos, que crescia para dez para os atrasados em uma hora. "Só os comissários que justificassem de antemão os atrasos eram isentados da penalidade." Lênin estabeleceu regulamentos similares para todos os órgãos governamentais. "Atrasos de dez minutos sem boas razões incorreriam em reprimendas; reincidência, perda de um dia dos vencimentos; um terceiro atraso, censura publicada na imprensa. (...) Quem atrasasse mais de quinze minutos ficaria sujeito à repreensão pública ou trabalho obrigatório nos feriados."

Limitou rigorosamente o tempo dos oradores, fazendo referência ao relógio de bolso que mantinha sobre a coberta verde da mesa bem à sua frente. A maioria dos comissários era constituída de escritores, agitadores, organizadores sindicais, "conspiradores." Poucos conheciam alguma coisa de administração, e o pleito de Lênin de que "qualquer operário pode aprender como gerir um ministério em poucos dias" foi imediatamente posto em teste. Ele logo percebeu que sua afirmação não fazia sentido. Como Trotsky reconheceu, muitas vezes os comissários não sabiam nada a respeito de questões complexas. "O debate quase sempre era conciso. O orador (...) não passava de cinco ou dez minutos e, mesmo assim, Lênin, às vezes tateando, sempre encontrava a linha segundo a qual a discussão deveria ser dirigida. Quando a sessão contemplava muita gente, entre ela especialistas e pessoas desconhecidas para Lênin, ele recorria ao seu gesto favorito: cobria a testa e os olhos com a mão direita e ficava observando através dos dedos esticados. Assim, brincando de se esconder, ele escrutinava, intensa e atentamente, orador e participantes, e via exatamente o que queria. Observava o orador por trás de sua mão, como se estivesse sentindo e pesando cada palavra; era um olhar especial de interrogação. Mas ficava também de olho no relógio (...) ocasionalmente lembrando ao orador que seu tempo se esgotara."

Anotava tudo, ou às vezes escrevia rápidos bilhetes para serem entregues ao orador solicitando informações ou fazendo observações. Com muita frequência, eram reclamações quando via alguém sussurrando nas reuniões ou parecendo não estar suficientemente concentrado. Um dia, ele disparou zangado bilhete contra uma de suas favoritas, Lidia Fotieva, sua leal e eficiente secretária pessoal, quando a viu conversando com uma das estenógrafas. "Se você veio aqui para bater papo, juro que vou expulsá-la." Noutra vez, poucas semanas depois, não conseguiu localizá-la porque queria que ela encontrasse alguém para ele. "Estou lhe fazendo uma censura. Você não tem que *dormir*, e sim organizar as coisas de modo que *qualquer um* possa facilmente lhe ver [itálicos seus] e <u>sempre</u> [sublinhado três vezes] quando isso tem a ver comigo." Ele gostava muito de usar itálicos e sublinhar palavras para dar ênfase.

Lênin também recebeu pequeno escritório particular no primeiro andar do prédio, ao longo do mesmo corredor de seu apartamento – Kollontai o achou "atulhado (...) uma escrivaninha apertada contra parede sob uma única lâmpada, e muito pouco espaço." Pelo segundo dia após a revolução, ele já estava enfezado com tanta gente que não conhecia, inclusive algumas pessoas com problemas urgentes, entrando sem bater na porta ou sem anúncio. De próprio punho, rascunhou a lápis instruções ao porteiro-chefe do prédio. "Deixe passar membros do 'Gabinete' que seus auxiliares reconhecerem, caso contrário, peça para ver o documento de identidade. Todos os outros têm de escrever seus nomes e o motivo da visita em não mais de duas linhas num pedaço de papel. Seus auxiliares têm que trazer esses papéis ao *chairman* [Lênin] sem os quais ninguém entra neste prédio. Se meu escritório estiver vazio, mantenha a porta dele aberta para que um secretário possa atender ao telefone. Se alguém estiver na sala do *chairman*, mantenha sempre essa porta fechada."[3]

As nomeações para cargos de importância eram aleatórias, muitas vezes de pessoas totalmente inexperientes, por razões políticas ou daquelas que aconteceram estar no lugar certo no momento adequado. Certo dia, durante o impasse entre o novo regime e o Banco Estatal, um ativista bolchevique relativamente pouco categorizado, Mikhail Peskovsky, encontrava-se conversando com o comissário das Finanças Menjinsky, colega de muito tempo. Peskovsky mencionou casualmente que fora estudante em Londres por alguns anos e uma de suas matérias em determinado período, entre outras, fora economia. "Menjinsky olhou para mim e disse: 'Bem, nesse caso, temos que nomeá-lo diretor do Banco Estatal.' Fiquei temeroso e disse-lhe não desejar aquela posição; não era minha especialidade, nem me encaixaria nela. (...) Menjinsky pediu-me que esperasse um pouco e deixou a sala. Pouco depois voltou com uma folha de papel. Com a assinatura de Lênin, lá estava confirmada minha designação para o cargo; solicitei que a nomeação fosse revogada, porém ele permaneceu inarredável."*

Nikolai Gorbunov, de 25 anos, que por muito tempo ocupou posição-chave no Sovnarkom e foi assistente-pessoal de Lênin, viveu experiência semelhante. Formado engenheiro, ele chamara a atenção de Vladimir Bonch-Bruevich, secretário do gabinete pessoal de Lênin. BB, como era conhecido, chamou-o ao Smolny no início de novembro – "e fui levado à presença de Lênin que me disse que eu acabara de arranjar emprego." Gorbunov não tinha nenhuma experiência em trabalho administrativo, "e, para começar, não recebi instrução alguma sobre minhas atribuições. Não tinha a menor ideia de qual seria minha tarefa, ou sobre as obrigações de modo geral do secretariado. Não sabia datilografar, porém, de algum modo, confisquei uma máquina de escrever, na qual consegui preparar uns tantos documentos usando dois dedos, já que por longo tempo não havia como se achar datilógrafos." Noutra oportunidade, ele precisou anotar detalhadas minutas em uma reunião do Sovnarkom, sem saber nada de taquigrafia. Lênin era severo "designador de trabalhos (...) poucos eram os erros que passavam por ele e era muito exigente. Costumava dizer que 'trabalhar como meu secretário é dureza – sem folgas e sem feriados,' e era verdade." Mas Lênin se interessava bastante pelas pessoas que trabalhavam ao seu lado. Disse à sua equipe que não havia "moleza" de sua parte. E era mais frio e calculista do que isso. "Aqueles que trabalham no Smolny fazem parte dos móveis e utensílios do estado (...) são valiosas propriedades estatais."[4]

O próprio Lênin demonstrou sua inexperiência. Em geral, era sagaz ao escolher pessoas inteligentes e eficientes para funções de

*No fim, ele conseguiu persuadir o bolchevique mais antigo de que realmente não estava à altura da missão e retornou à obscuridade em outro comissariado, mas ficou famoso por um dia ou dois.

realce, que selecionava pela capacidade, bem como pelo talento político e status no partido. Mas nem sempre sabia as habilidades que o trabalho implicava. Adolph Joffe, um dos mais inteligentes dos primeiros revolucionários, que foi nomeado para a posição-chave de embaixador na Alemanha – e, mais tarde, embaixador itinerante para os soviéticos – se surpreendeu com uma conversa que teve com Lênin no Smolny poucos dias após a revolução, como explicou em carta ao bom amigo Trotsky. "No dia seguinte à nomeação de Leonid Krasin para comissário dos Transportes, função para a qual, apesar de suas muitas qualidades, ele era totalmente inadequado, eu estava deixando Petrogrado. Fui ver Vladimir antes de partir. Quando saía, ele me perguntou e eu lhe disse não saber exatamente a hora que meu trem partiria. 'Telefone para Krasin,' aconselhou. Do seu ponto de vista, o comissário dos Transportes supostamente conhecia todos os horários de trens, mesmo que só estivesse na função por um dia e nunca tivesse enfrentado problemas ferroviários. E acontecia o mesmo com tudo o mais."[5]

Lênin, no entanto, foi astuto ao escolher Yakov Sverdlov como supervisor-geral do aparato governamental, tecnicamente denominado *chairman* do Comitê Executivo Central. Ele era brilhante organizador, cruelmente eficiente, notório não sentimental e aprendia rápido. Com 32 anos de idade, já passara anos nas prisões do Czar ou nos exílios siberianos, tempos que aproveitou para ler vorazmente tudo que lhe caiu nas mãos. Possuía memória fotográfica acompanhada de exaustiva curiosidade. Baixo, fino e musculoso, moreno de boa aparência, sua cabeça era encimada por abundante cabelo negro, penetrantes olhos castanhos, barbicha de bode e pincenê. Sverdlov habitualmente trajava o paletó de couro dos comissários, porém de vez em quando acrescentava ornamento de seu gosto exclusivo – molenga e boêmia echarpe preta, por exemplo. Tinha voz profunda e tonitruante que alguns achavam agradável, e outros, quando ele estava de mau humor, aterradora. "Era como um diamante," de acordo com Lunacharsky, que fora "escolhido por sua absoluta dureza para ser o eixo principal de alguma delicada peça de mecanismo em perpétua rotação." Se Lênin foi o cérebro-central e teórico da revolução, e Trotsky, o *showman* e orador, Sverdlov foi o operador-principal. Lênin disse, simplesmente: "Sverdlov (...) é indispensável (...) seriam necessários seis homens para substituí-lo."[6]

Durante os primeiros dias como líder da Rússia, Lênin governou por decretos. Dezenas deles saíram do Smolny como impulsionados por ventania, a maioria escrita pelo próprio Lênin. Além do Decreto da Imprensa, houve decretos sobre a Paz, que prometeu rápido fim para a guerra, sobre a Terra, que especificou vastas áreas para reforma agrária e concedeu direitos de propriedade aos camponeses para gerenciarem extensos bens particulares, e decreto sobre os Direitos dos Trabalhadores, que garantiu "liberdade da exploração capitalista" e controle das fábricas. Outro decreto separado assegurou as oito horas de trabalho por dia – algo que os sindicatos batalhavam por décadas para conseguir. Todas as nações do Império Russo, da Armênia aos Estados Bálticos e Polônia, receberam o direito à independência. Às mulheres foram concedidos direitos iguais no trabalho, no casamento e sobre os bens da família. Liberdade de religião foi igualmente assegurada. No antigo regime, a Igreja Ortodoxa era a religião oficial, muitas outras tinham sido banidas, e existiam ainda as cortes eclesiásticas que exerciam considerável poder. Decretos nacionalizaram os bancos e as principais indústrias.

Quando Lênin não estava presidindo reuniões, escrevia ferozmente esses decretos como se eles tivessem que ser expedidos sem muita reflexão. Outros eram meros "exercícios de propaganda, não de governo," como admitiu um dos antigos camaradas de Lênin encarregado de sua implementação. Desde o começo, tais decretos revelaram dois aspectos de seu mando que logo sobressaíram: o tom ditatorial e a maneira com que Lênin podia ser desviado para as pequenas coisas. O homem, que com frequência pensava numa grande e histórica varredura e achava estar desencadeando uma revolução mundial, podia ficar obcecado com insignificâncias. Por exemplo, quando o problema era perigoso para sua revolução sobreviver ou não – os estoques de alimentos minguavam em Petrogrado e a Rússia ainda participava da guerra – ele gastava horas em assuntos que lhe eram caros, mas que podiam muito bem ser equacionados por servidores de nível médio. Ele próprio escreveu com sua caligrafia comprida e estreita um Decreto das Bibliotecas; o tom professoral se fez, como de hábito, presente: "1. A Biblioteca Pública [antes Biblioteca Imperial] tem que providenciar imediata troca de livros com todas as bibliotecas de Petrogrado e das províncias, assim como com bibliotecas do exterior (Finlândia, Suécia,etc.). 2. Não devem ser cobrados os envios de livros de uma biblioteca para outra. 3. As salas de leitura das bibliotecas têm que abrir todos os dias, inclusive sábados e feriados, das oito da manhã às onze da noite. Este é o procedimento nas bibliotecas privadas e salas de leitura utilizadas pelos ricos nos países civilizados. 4. Um adequado número de funcionários precisa ser imediatamente transferido para a Biblioteca Pública do Comissariado do Iluminismo (...) e ampliado os serviços femininos nas bibliotecas, de vez que os homens têm sido convocados para o exército (...) nove décimos do atual pessoal do ministério estão engajados em trabalhos não apenas inúteis como também perniciosos..." E prossegue com outras cláusulas na mesma linha.[7]

O ritmo frenético dos decretos era, em parte, provocado por Lênin, preocupado em avançar velozmente. Mas a verdadeira razão estava na insegurança: caso seu regime não sobrevivesse, ele queria que a evidência dos decretos registrasse na história as coisas que pretendia fazer. Os decretos eram aprovados pelo Sovnarkom, mas dificilmente debatidos pelos Sovietes, em nome dos quais ele havia tomado o poder. Bem rápido o Soviete se tornou órgão carimbador, como o seria pelas sete décadas seguintes – "triste paródia de um parlamento revolucionário."

Alguns bolcheviques se rebelaram, mas Lênin os desconsiderou. Uma semana após a revolução, Kamenev e Zinoviev tentaram sacudir Lênin para que cogitasse um governo de coalizão com partidos socialistas – os mencheviques e social-revolucionários. Parece quase inconcebível que, tendo trabalhado tão próximos a Lênin pelos últimos quinze anos, só então percebessem que ele tinha a intenção de criar o estado de um só partido. Mais provavelmente, pensaram que Lênin pudesse ser posto de lado, quando então os dois assumiram a liderança dos bolcheviques.

Em 4 de novembro, ambos ameaçaram renunciar aos seus cargos no governo, mas quando Lênin pagou para ver, eles se afastaram do Sovnarkom e do Comitê Central do Partido com outros três comissários, Nikolai Milutin, Viktor Nogin e Alexei Rykov. Todos fizeram publicidade do fato – ofensa atroz para os olhos de Lênin. "Acreditamos que só em conjunto com os outros partidos socialistas seremos capazes de consolidar os resultados da heroica luta da classe trabalhadora e da revolução," escreveram no *Izvestia*, jornal controlado pelo soviete. "Só existe uma alternativa para isso: a manutenção de um governo exclusivamente bolchevique que conduzirá o país por meio do terror. Não queremos e não iremos palmilhar esse caminho (...) não podemos assumir responsabilidade por tão fatal política, perseguida em total oposição à vontade da maioria dos trabalhadores e soldados, política que (...) levará à criação de um regime irresponsável e à destruição da revolução e do país." Lênin chamou-os de "traidores e desertores (...) dois dos quais, mesmo antes da insurreição, agiram como furadores de greves." Entretanto, Lênin não ficou muito preocupado com os dois; eles não significavam importante racha no partido ou ameaça para ele próprio. Simplesmente isolou-os por algum tempo. Com bastante certeza, em poucas semanas eles se submeteriam e retornariam ao ninho.

O primeiro a resvalar foi, previsivelmente, Zinoviev, que disse a Lênin com palavras dúbias: "Preferimos errar na companhia de milhões de trabalhadores e soldados, e morrer junto a eles, a ficarmos distantes desse decisivo e histórico momento."

Lênin ainda não era ditador àquela altura e iria fazer face a uma considerável oposição e monumentais desafios nos poucos anos seguintes, contudo, como disse Trotsky, "a partir do momento em que o Governo Provisório foi deposto, Lênin assumiu o leme das questões grandes e pequenas, como se governo fosse."[8]

39

A espada e o escudo

"*Em cada revolucionário há um gendarme escondido.*"
Gustave Flaubert, *Educação Sentimental*, 1869

Um decreto secreto formulado por Lênin criou a Cheka, pedra fundamental da polícia estatal soviética. Houve diversas mudanças de denominação com o decorrer do tempo – GPU, GPRU, NKVD, MGB e, finalmente, sua encarnação mais conhecida, a KGB. Fosse qual fosse o nome, a missão foi sempre a mesma: proteger o partido e sua liderança contra qualquer ameaça possível de subversão e distribuir a "justiça revolucionária."* Ela foi, nas palavras de Lênin, "a espada e o escudo do partido," e seu emblema é composto pelas duas imagens. A maioria de seus operadores se autodenominava chekista, até o dia em que foi desativada nos anos 1990. O presidente da Rússia, cem anos depois da revolução, Vladimir Putin, funcionário por muito tempo da KGB até o colapso da URSS, costumava dizer que fora um chekista. Como também o fizeram as milhares de pessoas que trabalharam para as agências imitadoras que a Cheka espalhou por todo o mundo comunista – a Stasi na Alemanha Oriental ou a Securitate na Romênia de Nicolae Ceauşescu.**

A Cheka foi estabelecida em 7 de dezembro de 1917 como Comissão Extraordinária (*Chrejvychnaya Komissiya*) para Combater a Contrarrevolução, a Especulação e a Sabotagem. Oficialmente, a agência trabalharia de mãos dadas com comissão separada e criada três dias antes para combater "*pogroms* do vinho" – as pessoas saqueavam as adegas do Czar e dos ricos que tinham sido presos ou fugiram de Petrogrado. "Tentativas de invasão das adegas de vinho, lojas de bebidas,

*Como disse que faria, Lênin – monocraticamente – mudou o nome do partido, em março de 1918, de Partido Social-Democrata e Trabalhista, como foi chamado desde 1895, malgrado todos os rachas, para Partido Comunista Russo (Bolchevique).

** O atual FSB (Serviço Federal de Segurança) mui temido substituto da KGB, ainda mantém o lema "A Espada e o Escudo."

grandes depósitos, lojas e residências particulares serão impedidas por disparos de metralhadoras sem qualquer aviso." No entanto, a missão da Cheka sempre foi pensada como bem mais ampla.

Citando Lênin, o objetivo da Cheka era "investigar e liquidar todas as tentativas ou ações ligadas à contrarrevolução ou à sabotagem, independentemente de onde viessem, em toda a Rússia." Mas suas atribuições e poderes não deveriam ser tornados públicos até meados dos anos 1920 e, inicialmente, ela operou ao arrepio da lei regida por protocolos ultrassecretos com virtualmente nenhuma responsabilidade de justificação política. O Soviete não tinha ingerência sobre ela nem, com o passar dos anos, o Sovnarkom. Ela se reportava apenas a Lênin.

Cedo a Cheka se transformou no mais temido dos "órgãos" estatais, e seu chefe, o homem mais odiado na Rússia. Lênin disse que a Cheka precisava "de um firme jacobino proletário" na sua chefia, apesar de Felix Dzerjinsky, com 44 anos, "impiedoso, frio, tímido e profundamente puritano," não ser exatamente um proletário. Sua rica família era de origem polonesa ligada à terra, que, como a de Lênin, podia reivindicar certa nobreza. Ele acabou sendo chamado de "Felix de Ferro" ou "o Conde de Ferro."

Nascido em Vilna, Dzerjinsky frequentou um dos melhores ginásios da Polônia antes de ser expulso na adolescência por insistentemente falar em polonês com os colegas de turma – séria atividade sediciosa ao tempo dos czares. Ele detestava o regime dos Romanovs e a burguesia russa com ódio tão arraigado que jamais o abandonou. Para Dzerjinsky, a revolução era caso pessoal. Ele foi membro fundador do primeiro grupo revolucionário marxista na Polônia e quase imediatamente depois foi preso aos vinte anos. Foi torturado e mantido em confinamento solitário por um ano. Passou dois períodos de exílio na Sibéria, mas conseguiu fugir nas duas vezes. Logo depois de se casar com a companheira do RSDLP Zofia Muszkat, ela foi presa por contrabandear literatura subversiva; ele ficou sozinho com o bebê. Em 1912, foi novamente preso e dessa vez tratado com extrema brutalidade. Espancado regularmente e após longos períodos com algemas, seus pulsos e tornozelos ficaram com cicatrizes permanentes. Foi solto quando o Czar caiu.

Dzerjinsky se movimentava desajeitadamente – "alto e magro, com longo e ondulado cabelo negro, rosto inusitadamente fino e anguloso, ele usava vistoso bigode e satânica barba afunilada," como um colega de Sovnarkom o descreveu. "Exibia modos bastante corretos e sua fala era tranquila (...) formidavelmente focado (...) sem qualquer traço de humor em seu temperamento." Era fanático até a raiz do cabelo e totalmente incorruptível. Józef Piłsudski, futuro ditador militar da Polônia, lembrou-se do Dzerjinsky dos tempos de escola como "atormentado (...) porém menino que não sabia mentir." Um camarada que bem o conheceu abominava seu ascetismo pudico: "Ele não conseguia entender ou tolerar a fraqueza moral dos outros." Contudo, nem sempre conseguiu descobrir onde ela estava. Debaixo de seu nariz, mas sem seu conhecimento, por mais de dois anos a organização que alegadamente deveria combater a "especulação" e os lucros ilegais tornou-se umas das maiores especuladoras das agências do país. Seus depósitos viviam repletos de bens confiscados dos "burgueses" como propriedades estatais, todavia eram vendidos a funcionários e amigos de servidores. "Eles procuravam contrarrevolucionários, mas ficavam com os valores," era o ditado que corria.[1]

Dzerjinsky de início rejeitou o cargo na Cheka, argumentando que não era a pessoa mais indicada para a função. Lênin tentou a persuasão, mas quando ela não funcionou, ordenou que ele assumisse o posto. O chefe bolchevique logo percebeu ter feito uma escolha inteligente, do seu ponto de vista. Dzerjinsky era absolutamente leal, mas não lacaio. Dispunha-se, algumas vezes, a contrariar Lênin, embora os dois concordassem nas ações mais amplas, em particular na necessidade de vigilância para salvar a revolução e no terror contra os inimigos, potenciais ou reais.

Na reunião em que a Cheka foi criada, Dzerjinsky foi claro sobre a missão da agência: "Travar guerra sem piedade contra todos os inimigos da revolução. Precisamos enviar para tal front – o mais perigoso e cruel dos fronts – camaradas determinados, duros e dedicados, prontos para fazer qualquer coisa na defesa da revolução. Não busco formas de justiça. Não necessitamos de justiça. Agora é guerra – cara a cara, combate até o fim. Luta de vida ou morte."

De início, a Cheka* contou com efetivo menor que quarenta agentes e ficou sediada em dilapidadas instalações no quarto piso de imundo edifício da rua Gorokhovaya, não distante da avenida Nevsky Prospekt. Dzerjinsky guardava todas as pastas que a agência então possuía numa pasta de couro e colou um grande aviso na parede perto da

*A polícia secreta russa ficou para sempre identificada com o edifício de Moscou para o qual a Cheka se mudou no março seguinte – antiga sede da Companhia Lloyd's de Seguros, no nº 22 da Lubyanka, endereço que logo se tornaria o de uma das mais famosas prisões do mundo. Era – e ainda é – enorme prédio que ocupava quase o quarteirão inteiro. Dzerjinsky disse a colegas que uma das principais razões para a escolha que fez do edifício foi o gigantesco tamanho do porão, onde o barulho podia ser facilmente abafado. O que ficou provado. O slogan sobre a burguesia foi mais tarde escrito em letras garrafais nas salas de interrogatórios quando a Cheka se mudou para Moscou.

porta: "Morte à Burguesia." Passados três meses, o efetivo já crescia para seiscentas pessoas, sem contar a própria a tropa de segurança – cerca de trezentos homens em uniformes azuis. Originalmente, de acordo com decreto de Lênin, "a comissão promoveria apenas uma investigação preliminar, no que fosse necessário, com objetivos preventivos." Entretanto, quase imediatamente, ela expandiu seus poderes e, sem autorização legal, passou da investigação à execução. A Cheka pôde ampliar com facilidade suas atribuições porque contava com a proteção de Lênin, e virtualmente ninguém sabia que poderes eram aqueles. Seus servidores podiam formulá-los à medida que os problemas e casos surgiam. Na tardou para a Cheka se tornar um estado dentro do Estado.

Dzerjinsky, por assim dizer, transformou-se no braço direito de Lênin, tão próximo a ele nos primeiros dias do Regime Vermelho quanto Sverdlov ou Trotsky. Números precisos são ainda difíceis de calcular quanto à quantidade de pessoas assassinadas pela Cheka logo depois da Revolução de Outubro. Dzerjinsky reportou 884 execuções ao Sovnarkom entre dezembro de 1917 e junho de 1918, porém seguramente foram números bem mais expressivos.*

Lênin manteve sua atenção constantemente voltada para a Cheka e sempre a defendeu. Quando, em seus primeiros dias, críticos da liderança manifestaram preocupação com o comportamento da agência, que parecia fazer suas próprias leis, ele disse, "sem uma instituição assim o regime dos trabalhadores não poderia existir." Houve esforços de alguns comissários depois da revolução para limitar seus poderes, mas Lênin sempre garantiu que a Cheka era diretamente subordinada a ele, procedimento seguido por seus sucessores. Ele disse a Dzerjinsky poucos meses depois da criação da agência: "O que me surpreende é que esses poucos [críticos] não são capazes de avaliar o quadro geral da ação da Cheka. (...) Você tem que agir firme, rápida e lealmente. Quando comparo conquistas e malfeitos, estes últimos mergulham na insignificância. (...) Para nós, a importante consideração é que a Cheka fez da ditadura do proletariado palpável realidade (...) seu trabalho é inestimável. Só existe uma maneira de libertar as

*Inclusive o primo em primeiro grau de Lênin, Viktor Ardashev, que foi preso e fuzilado pela Cheka em Ekaterinburg, em janeiro de 1918. O matador foi quase certamente Yakov Yurovsky, um dos homens que assassinariam o Czar e sua família poucos meses mais tarde. Lênin só soube da execução quando solicitou a um assistente que enviasse cumprimentos ao primo, e o auxiliar lhe disse que ele fora executado. Ele gostava de Ardashev, com quem passou verões em Kokushkino quando crianças, porém a afeição, muito provavelmente, não era recíproca. Ardashev fora bem conhecido Kadet e advogado que ajudara a organizar a greve do funcionalismo público em Ekaterinburg.

massas e é esmagando os exploradores. Essa é a missão da Cheka, e é por causa disso que ela merece a gratidão do proletariado."

A Cheka foi mais implacável que a Okhrana, sobrepujando-a no quesito da escala, não no da categoria. Em muitos aspectos, as duas agências foram imagens espelhadas. A Okhrana operou como força policial particular da Coroa, a espada e o escudo do Czar. O papel da Cheka foi semelhante, como também suas técnicas. A maior parte dos primeiros bolcheviques tinha longa experiência com os métodos da Okhrana, e a Cheka copiou muitos deles, como a infiltração nos grupos de oposição, o uso de agentes provocadores e o recrutamento de agentes duplos. Enquanto o Exército Vermelho iria mais tarde trazer para suas fileiras ex-oficiais czaristas, a Cheka não fez o mesmo com ex-agentes da Okhrana. Todos – Dzerjinsky, Lênin, Sverdlov e Stalin – argumentaram que eles simplesmente não eram confiáveis. A Cheka teve que começar do zero a aprender como se organizava uma agência de espionagem. Marx e Engels não deixaram plantas baixas de seu projeto; a Okhrana, sim.

Lênin se interessou pelos detalhes técnicos das operações da Cheka. Foi ele quem sugeriu, numa nota para Dzerjinsky logo depois de a agência ser criada, "que seria útil a execução de prisões *à noite*." As fortes batidas de madrugada nas portas se tornaram *modus operandi* dos "órgãos" no decorrer de todos os anos comunistas.[2]

40

Guerra e Paz

"Sem paz, e bem cedo, a revolução não poderá sobreviver."
Lênin a Trotsky, 7 de novembro de 1917

A GUERRA NÃO HAVIA TERMINADO. Lênin sabia ter que cumprir sua promessa de paz a fim de evitar qualquer chance para Kerensky. Estava disposto a consegui-la ao preço que fosse.

Sua primeira tática – no dia da revolução – foi apelar por paz generalizada entre as potências beligerantes. Demandou conferência imediata para dar fim ao conflito armado: "Lançamos um desafio aos saqueadores imperialistas de todos os países," disse ele. Jamais esperou que sua cartada desse resultado, e, previsivelmente, todos os lados rejeitaram de pronto a proposta.

A seguir, Lênin tentou paz em separado, uma trégua temporária com a Alemanha, e quis ganhar tempo. Verdadeiramente, acreditava que sua revolução dispararia imediatos levantes na Europa Ocidental, que dariam impulso à revolução mundial – fé inabalável dos bolcheviques. Para cada motim ou greve em pequena escala na Alemanha, Inglaterra e França, sua expectativa era de insurreições entre os trabalhadores, inspiradas nos bolcheviques, que derrubariam os respectivos governos. Tudo o que teria que fazer era esperar – e encorajar os trabalhadores do mundo a se unirem. Trotsky, como comissário do Exterior, fazia discursos diários convocando "os trabalhadores de todos os cantos a se rebelarem contra seus patrões para dar fim à guerra."

A paz em separado com a Alemanha causou a primeira colisão entre as potências ocidentais e o regime de Lênin – a Guerra Fria original com os soviéticos. "Intolerável!" – telegrafou o embaixador americano David Francis para Washington. Dois dias depois, ele reportou ao Departamento de Estado: "Alimento forte suspeita de que Lênin e Trotsky trabalham agora para os interesses da Alemanha; porém, se isso é impressão correta ou não, o sucesso deles inquestionavelmente resulta em ganhos para a Alemanha." Francis registrou em seu diário no dia seguinte à revolução: "É claro que não podemos – e não o faremos – reconhecer nenhum ministério do qual Lênin seja premiê e Trotsky, ministro do Exterior."* O presidente Woodrow Wilson foi mais brando e disse esperar que "tenhamos o privilégio de testemunhar o povo russo materializando seus anseios por liberdade e por paz em ordem." Mas acrescentou que o "governo em Petrogrado assumiu o poder pela força e não é reconhecido pelo povo russo. Ele, evidentemente, não pode ser reconhecido (...) [pelos EUA], em particular se buscar paz em separado com a Alemanha."

Robert Cecil, subsecretário do Foreign Office britânico, disse: "As ações dos extremistas em Petrogrado seriam uma brecha nos acordos entre nós (...) e os colocaria praticamente fora dos limites aceitos pelos conselhos normais da Europa. Não há a intenção de reconhecer tal governo." Os franceses igualmente reagiram: "O quê? Conversações com Lênin (...) depois de ele violar os tratados conosco? Depois de nos abandonar em plena guerra? Nunca...," disse Gustave Hervé, um dos líderes políticos socialistas do país. O ministro francês do Exterior, Stéphen Pichon, sublinhou que, "faça Lênin o que quiser, continuaremos combatendo."**

Existiam assessores nos países aliados que diziam aos seus governos que o melhor caminho para lidar com o novo regime era negociar com Lênin. Bruce Lockhart aconselhou o governo britânico a fazer isso, e havia membros do Gabinete que queriam conversações com os bolcheviques. Contudo, provavelmente, tal iniciativa não daria certo; Lênin tinha o fim da guerra da Rússia como a primeira de suas prioridades,

*Francis, a caminho de Washington poucas semanas após a revolução, foi um dos convidados do almoço oferecido por George V no Palácio de Buckingham. O Rei perguntou-lhe o que deveria ser feito com a Rússia e os bolcheviques; ele respondeu: "Temos que derrubar Lênin." O rei completou: "Bem (...) concordo, mas seu presidente parece não pensar assim."

**Oficiosamente, entretanto, todos os governos dos Aliados despacharam agentes para conversar com o regime bolchevique num esforço para persuadir Lênin e Trotsky a permanecerem na guerra. A Inglaterra mandou Robert Bruce Lockhart como intermediário, os americanos enviaram Raymond Robins, a pretexto de ele ser *chairman* do Comitê da Cruz Vermelha Americana, mas, na verdade, canal secreto de comunicação com os bolcheviques que tinham ligação direta com Lênin, que frequentemente com ele falavam e muito o admiravam. Os franceses usaram o capitão Jacques Sadoul, que transformou o objetivo de sua missão em grande mixórdia quando se descobriu que ele era ardente comunista e fervoroso apoiador de Lênin. Os ingleses, como ficou provado à exaustão, fizeram mais do que espionar os bolcheviques e de tentar influenciá-los. Vários agentes secretos tramaram com grupos de oposição a derrubada do regime de Lênin porque ele fazia a paz com a Alemanha (ver o excelente *Roleta Russa* de Giles Milton e *Espiões e Comissários* de Robert Service).

e logo se tornou politicamente impossível para os governos ocidentais equacionarem problemas em conjunto com os bolcheviques.

Conversas sobre paz em separado eram realmente maléficas. No entanto, os Aliados ficaram abalados e embaraçados quando Trotsky tornou públicos os tratados "secretos" que o Czar assinara com a França e a Inglaterra antes de a guerra começar. Eles revelaram que negociações foram feitas para dividir os espólios pós-guerra: o Oriente Médio seria retalhado, a Rússia conseguiria Constantinopla – sonho dos Romanovs por três décadas – e a França retomaria a Alsácia-Lorena. Para Lênin, os tratados provavam que a guerra era "uma aventura imperialista relacionada a colônias e saques." Para os Aliados, as revelações puseram fim a quaisquer acordos com o líder bolchevique.*

O primeiro-ministro britânico Lloyd George, afirmou querer conversar com Lênin – mas não depois que os tratados secretos foram vazados. Após o fato, admitiu que, "as dificuldades (...) para persuadir certos membros do governo sobre conversações com Petrogrado, que envolvessem reconhecimento dos bolcheviques, ficaram muito maiores."[1]

As negociações de paz russo-germânicas começaram em 1º de dezembro na soturna e triste cidade de Brest-Litovsk, situada onde era então Bielorrússia, na fronteira com a Polônia. Ela havia sido seriamente atingida por granadas de artilharia dos dois lados durante a guerra, e grande parte da cidade estava destruída. As sessões diárias, num forte militar, foram extraordinárias – "dignas de serem retratadas por um grande pintor," como lembrou um dos delegados russos. Pelo lado das Potências Centrais, "casacos escuros, muitas condecorações, cavalheiros à moda antiga diplomaticamente polidos, trajados de modo adequado para as manhãs," quase todos ou condes ou barões, no mínimo com um "von" precedendo seus sobrenomes. Pelo lado russo, um bando de desmazelados revolucionários comunistas, muitos deles recém-saídos das prisões ou dos exílios na Sibéria que passaram suas vidas combatendo a ordem aristocrática.

O príncipe Max von Baden recordou o jantar de abertura: "Meu primo príncipe Ernst von Hohenlohe sentou-se ao lado de Madame [Anastasia] Bitsenko, que estava presente às conversações pela

*Kerensky sabia que os tratados eram potencialmente explosivos. Quando se tornou primeiro-ministro, no verão de 1917, e os viu pela primeira vez, ordenou que seus assistentes "os escondessem." Daí a razão de Trotsky não tê-los achado imediatamente quando se tornou comissário do Exterior, e teve que mandar uma equipe de agentes confiáveis procurá-los.

façanha de ter assassinado um ministro. Em 5 de dezembro de 1905, ela matara o general e ex-ministro da Guerra, Viktor Sakharov."

O general Max Hoffman, comandante do Exército Alemão na Frente Oriental, deixou divertido relato pessoal: "Jamais me esquecerei daquele primeiro jantar com os russos. Sentei entre [Adolph] Joffe e [Grigory] Sokolnikov [editor do *Pravda* e, a partir de março de 1918, comissário das Finanças]. Do outro lado, ajeitou-se um operário, obviamente intrigado com as quantidades de peças de prata do serviço de jantar que, diante dele, o desafiavam a decifrá-las. Tentou fisgar isso ou aquilo no seu prato com os diversos tipos de talheres, mas apenas usou o garfo com o objetivo de limpar os dentes. À minha frente (...) sentou-se Madame Bitsenko e justo diante dela, um camponês, [Roman] Stashkov, fenômeno totalmente russo com longos cachos grisalhos e vasta barba. O garçom não conseguiu esconder um sorriso quando lhe perguntou se desejava vinho tinto ou branco para acompanhar o prato e recebeu como resposta, 'Qual o mais forte?'"*

A tática de Lênin foi esticar no tempo as negociações o máximo possível. E ele conhecia o homem que poderia atrasar os procedimentos à saciedade. No começo, Joffe liderou a delegação russa, mas depois de alguns dias foi substituído por Trotsky. Ninguém era capaz de discursar por tanto tempo sem chegar a lugar algum. Lênin determinou ao estupendo palestrante, antes que partisse para Brest: "Precisamos de alguém que faça o retardo (...) e ninguém se compara a você. Encompride as conversações até que haja uma revolução na Alemanha – ou as mais longas que conseguir."

Trotsky partiu com a missão e, mestre da arenga tola que era, falou sem cessar. Durante um dia inteiro, ele proferiu demoradíssima aula

*Stashkov só estava lá por acidente, segundo Joffe. Os líderes da delegação perceberam no último momento que não havia representante dos camponeses com eles entre os operários, soldados e *apparatchiks* do partido. Fato típico da mentalidade bolchevique, porém potencialmente embaraçoso para o regime dos "Operários" e "Soldados." Enquanto eram levados de carro do Smolny para a Estação Varsóvia, Joffe e Kamenev de repente viram um velho usando paletó comum de camponês e com um saco às costas. Kamenev ordenou que o condutor parasse o carro e perguntou ao ancião para onde ele ia. "Para a estação, *barin* [senhor], quer dizer, *tovarich* [camarada]." "Entre no carro," disse Kamenev. "Vamos lhe dar uma carona." De início, o camponês se deliciou, mas então percebeu que o carro não se dirigia à Estação Nikolaevsky, de onde os trens partiam para o centro da Rússia e para o vilarejo em que residia. Ele pediu aos dois bolcheviques que o deixassem sair do carro, mas Kamenev replicou, "Não há necessidade de você voltar para o vilarejo. (...) Venha conosco fazer a paz com os alemães." Stashkov não tinha ideia de onde ficava Brest-Litovsk ou do que lá acontecia. Porém, quando lhe ofereceram algum dinheiro para ir, concordou com a viagem. Foi assim que Stashkov se tornou delegado e "representante plenipotenciário do campesinato russo" nas negociações.

a uma variedade de diplomatas alemães e austríacos sobre o primeiro volume do *O Capital* de Marx. Noutra ocasião, esquadrinhou todas as cláusulas do potencial tratado em alemão e russo, insistindo para que dois intérpretes trabalhassem, duplicando assim o tempo necessário. Os alemães começaram a ficar entediados e suspeitosos, embora prosseguissem participando dos elaborados jantares e eventos sociais. Trotsky reportou a certa altura, em meados de dezembro, que "já se estava se esgotando o tempo das palestras" e, num pós-escrito, perguntou a Lênin se deveria usar traje de noite em uma das ocasiões. "Vá até de anágua se quiser, mas nos consiga a paz."

Os alemães, cansados da tática de procrastinação dos russos e na véspera do Natal, ofereceram uma paz em termos que lhes eram favoráveis. Insistiram em ficar com os territórios que haviam conquistado: Polônia, Lituânia, Curlândia e a maior parte da Ucrânia Ocidental. No fim de dezembro, Trotsky solicitou suspensão temporária das negociações e retornou a Petrogrado para consultas com Lênin e outros comissários.

O acordo de paz com a Alemanha era o primeiro grande teste da posição de Lênin como chefe da revolução. Ele abriu dissensão dentro do partido bolchevique que poderia destruir o regime em poucas semanas. Lênin desejava aceitar os termos alemães. Mas ele não era – ainda – o ditador de seu próprio partido e, para começar, estava em minoria. Precisou batalhar muito para chegar onde queria. De início, os próprios camaradas recusaram-se a aceitar os termos da paz abjeta e humilhante. A oposição a ele era liderada por Bukharin, mas também incluía Kamenev, Kollontai e Dzerjinsky. Só Stalin e Zinoviev estavam inteiramente ao seu lado. Inessa vivia em Moscou, mas ocupava elevada posição no soviete de lá e enviava-lhe repetidas mensagens implorando que pensasse melhor antes de "concluir a paz que tinha tudo para ser desgraçada." Eles desejavam travar "guerra revolucionária" contra a Alemanha que, argumentavam, provavelmente seria a melhor maneira de desencadear um levante na Europa Ocidental. "Temos que encarar a república socialista da perspectiva internacional," asseverou Bukharin em dramático encontro do Comitê Central Bolchevique de 11 de janeiro de 1918. "Deixemos que os alemães progridam, deixemos que avancem mais uma centena de quilômetros, o que nos interessa é como isso afeta o movimento internacional."

Lênin retorquiu afirmando que a ideia revolucionária era "suicida" e desesperadamente ingênua. O exército era "um zero como força combatente." Quase não existia. Não resistiremos por mais que alguns dias. Estou disposto a ceder território ao vitorioso atual para ganhar tempo, conseguir espaço para respirar. Este é o ponto principal e só existe ele. Assinar um tratado na derrota é maneira de se alcançar força. Travar uma guerra revolucionária agora, como Bukharin quer, seria o melhor modo de nos colocarem de lado. Para nós, assim como do ponto de vista internacional, a república soviética avulta sobre qualquer outra coisa.

Continuou insistindo que não fazia sentido arriscar a revolução com a possibilidade de insurreição na Alemanha, que ele começava a duvidar se seria iminente. "A Alemanha ainda está grávida de revolução, enquanto nós já parimos uma criança perfeitamente saudável." Lênin não conseguiu convencer os camaradas.

Trotsky saiu-se com fórmula diferente, que soou absurda mas não obstante foi aceita pelos outros. Sua tática era ganhar ainda mais tempo com o aparentemente atraente slogan "Nem Paz nem Guerra." Ele voltaria às conversações, declararia o fim da guerra, porém recusaria "a paz com anexações." Se a Alemanha invadisse, o que a Rússia não poderia impedir de forma alguma, para o mundo a Alemanha estaria cometendo ato de agressão contra "país pacífico."

Lênin disse-lhe que o crucial era a sobrevivência da revolução. "Podemos restaurar mais tarde o equilíbrio do partido," ponderou. "Só podemos salvar a revolução assinando os termos da paz. Melhor um racha do que sermos derrubados. (...) Vamos supor que seu plano é aceito e nos recusemos a assinar o tratado de paz. Os alemães atacam logo em seguida. O que faremos então?" "Assinaremos os termos da paz sob a ameaça de baionetas," respondeu Trotsky, "e então o quadro ficaria claro para os trabalhadores de todo o mundo." Lênin qualificou a ideia de Trotsky como "produção internacional de espetáculo," mas teve que segui-la, mesmo sabendo que fracassaria. Como disse Nadya mais tarde, Lênin estava "em estado lamentável," sempre irado, sem dormir, parecendo doente e seriamente preocupado com a possibilidade de seu sonho ser despedaçado pela estupidez dos seus próprios camaradas.

Os alemães resolveram não aceitar mais retardos. Enquanto as negociações eram retomadas, em Berlim o comandante do exército Ludendorff perguntava a Hoffman: "Diga-me uma coisa, é mesmo possível negociar com essa gente?" Hoffman respondeu: "Sim, por enquanto. Vossa Excelência precisa de tropas na Frente Ocidental, e essa é a maneira mais rápida de consegui-las."

Trotsky voltou a Brest-Litovsk e tentou de novo ganhar tempo com sua tática "Nem Paz nem Guerra." Pouco tempo depois, Hoffman deu um basta. "Desta vez os camaradas vão ter que engolir o que for posto à sua frente," escreveu no seu diário. Em 9 de fevereiro, disse a Trotsky que se o acordo não fosse assinado no dia seguinte, os alemães invadiriam a Rússia. Quando o prazo expirou, Trotsky declarou que os russos estavam "saindo da guerra," mas se recusavam a assinar o tratado de paz – um novo conceito de diplomacia. O silêncio se abateu sobre a sala. Os alemães não entenderam e ficaram sem saber o que fazer. Por fim, Hoffman se levantou e declarou simplesmente e em tom alto: "*Unenhört*" (nunca se ouviu isso).

Uma semana mais tarde, os alemães anunciaram que retomariam as hostilidades contra a Rússia em 18 de fevereiro. Até a maior parte da liderança bolchevique recusou-se a aceitar os termos da paz. A moção de Lênin no Sovnarkom pela assinatura imediata do tratado de paz foi derrotada por seis votos a cinco.

Cinco dias depois, os alemães deram ultimato final: os russos tinham o prazo até as sete horas de 24 de fevereiro para aceitar os termos, ou enfrentariam avassaladora invasão. Lênin disse aos camaradas: "Temos de assinar. Se não o fizermos, estaremos firmando a sentença de morte do poder soviético no prazo de três semanas." Ameaçou renunciar à chefia do governo e se desligar também do partido bolchevique – tática da qual já se utilizara. Ninguém se dispôs a pagar para ver.

No período de três dias, os germânicos progrediram e conquistaram mais território do que nos três anos anteriores da guerra. Lênin chegou a pensar que eles marchariam sobre Petrogrado.*

Houve mais três reuniões em 18 de fevereiro. Lênin fez um apelo final: "Entendo que nosso impulso seja resistir a essa paz ladra e vergonhosa. A razão nos aconselha, nos momentos mais calmos, a aceitar a autêntica verdade: a Rússia não pode oferecer resistência; estamos exauridos depois de três anos de guerra. Pode haver quem deseje lutar pela causa justa. Mas são românticos que sacrificariam as próprias vidas sem perspectiva de alguma vantagem. As guerras não são ganhas hoje em dia por entusiasmo." Trotsky finalmente mudou seu voto e inverteu a votação em favor de Lênin. Porém o líder colheu o ódio. Em encontro mais amplo do partido quatro dias depois, Lênin foi recebido com gritos de "Traidor" e "Espião alemão," mesmo de camaradas muito chegados. Os debates foram ásperos, e os ânimos se exaltaram com facilidade. A certa altura, Karl Radek levantou-se de sua cadeira e bradou para Lênin. "Se tivéssemos quinhentos homens

*Foi nessa ocasião que Lênin decidiu que, se sobrevivesse, transferiria a capital para Moscou assim que pudesse.

corajosos em Petrogrado jogaríamos você na prisão." Lênin sorriu e respondeu com voz cansada. "Algumas pessoas irão de fato para a prisão depois disso, porém se você calcular as probabilidades, verá ser mais possível que você seja jogado lá do que eu."

À meia-noite de 23 de fevereiro, Lênin enviou pessoalmente telegrama a Berlim aceitando os termos da paz. Já então os alemães faziam exigências mais duras. Os russos teriam que aceitar os termos da proposta oferecida em dezembro. Agora, como Lênin explicou ao "Gabinete," a paz significava mais partição, escravidão e humilhação. Além dos territórios já perdidos, os russos eram forçados a ceder também os Estados Bálticos, Finlândia e quase toda a Ucrânia para as Potências Centrais, e os portos de Kars, Andalan e Batum para os turcos – 1,8 milhão de quilômetros quadrados, 62 milhões de cidadãos, cerca de 32 por cento de suas melhores terras agricultáveis, 54 por cento de sua indústria e 89 por cento de suas minas de carvão.

Já enfrentando enorme desastre econômico, os russos tinham que pagar gigantescas "indenizações." Aproximadamente 120 milhões de rublos-ouro foram enviados para a Alemanha. O preço da paz foi extremamente elevado.

O tratado foi finalmente assinado em 3 de março. Nenhum dos líderes bolcheviques desejou apor sua assinatura naquela "paz vergonhosa." Trotsky distanciou-se da confusão renunciando à pasta do Comissariado do Exterior. Joffe recusou de pronto assinar o tratado, assim como o novo comissário do Exterior, Georgy Chicherin. Sokolnikov propôs que Zinoviev arcasse com a tarefa, e Zinoviev sugeriu exatamente o contrário. Sukolnikov inicialmente disse que não o faria, mas então recebeu ordem de Lênin. Assinou o documento, como depois diria, com profunda vergonha.[2]

41
Estado de partido único

"Ninguém jamais ficou mais feliz à força."
Vladimir Medem (1879-1923)

"Desconfio de russos no poder – recém-servos, transformar-se-ão em déspotas desenfreados tão logo possam se tornar senhores de seus vizinhos."
Maxim Gorky, *Novaya Jizn*, 13 de novembro de 1917

O PRIMEIRO PARLAMENTO RESULTANTE de eleições livres na Rússia – a Assembleia Constituinte – sobreviveu por cerca de doze horas. Não existiria outro nos quase setenta anos seguintes.

A introdução de uma democracia representativa foi a única promessa importante feita pelo Governo Provisório depois que o Czar foi deposto. De início, o mês agendado para as eleições foi setembro, depois elas foram empurradas para outubro e, finalmente, para meados de novembro. A votação duraria aproximadamente duas semanas, em função do tamanho do país e da imensa operação logística para a apuração dos votos.

A cada vez que as eleições eram adiadas, os bolcheviques reclamavam que o governo tencionava "estrangular a democracia" e planejava enganar o povo quanto ao "parlamento livre pelo qual eles lutavam havia tanto tempo." Entretanto, Lênin no poder, não tinha intenção nenhuma de permitir um parlamento livre. Ele podia ter, no passado e ocasionalmente, escrito em louvor de eleições. Mas, por princípio, não acreditava em "democracia burguesa," e por certo menos ainda na sua prática para um estado revolucionário. A ditadura do proletariado e a autoridade do Soviete "não eram apenas formas elevadas de democracia (...) [mas] a única forma de democracia."[1]

No primeiro dia pós-golpe, passadas apenas horas no poder, Lênin desejou postergar as eleições indefinidamente. "Temos que acabar com elas," disse ao círculo íntimo de camaradas. "Elas podem custar a cabeça da revolução. É necessário que tenhamos a oportunidade de renovar as listas eleitorais. No nosso lado, a lista de candidatos é pura inutilidade. Elas incluem um monte de intelectuais que lá estão por acidente, ao passo que precisamos de operários ou camponeses." E não queria que partidos de direita concorressem de modo algum. "Temos que pôr os Kadets na ilegalidade."

Quase todo o *entourage* se opôs a ele – não só os usuais desconfiados, mas linhas-duras como Dzerjinsky e Sverdlov, assim como uns que divergiam por vezes, como Stalin naquele tempo. Sverdlov simplesmente disse: "Não podemos, é a hora errada (...) parecerá muito ruim." Por um momento, Lênin não se convenceu. "Por que não é uma boa hora?" – perguntou. "Bobagem (...) tolice. E se a Assembleia resultar predominantemente menchevique-Kadet-SR? Seria bom para nós? É erro, óbvio erro. (...) Já ganhamos o poder (...) e agora temos que ganhar tudo de novo, provavelmente com medidas militares." Relutantemente, contudo, ele foi cedendo e acabou permitindo que as eleições ocorressem.

De pronto, arrependeu-se. Lênin sabia que os bolcheviques não se sairiam bem. Mas se saíram muito pior que o imaginado e tiveram menos de 10 milhões de votos, cerca de 24 por cento do total, o que tornava sem sentido dizer-se que eles contavam com o apoio popular. Os SRs venceram por larga maioria de votos – 39 por cento, embora o sucesso fosse complicado porque eles se dividiram em duas facções antes de a campanha começar. Ficou muito difícil para os eleitores saberem quem era da "direita" SR, que se opunha aos bolcheviques, ou da "esquerda" SR, que era mais amistosa com eles e, no início de dezembro, se tornou o único parceiro da coalizão com o partido de Lênin. Os mencheviques só conseguiram três por cento dos votos, e os Kadets, cinco.

Lênin retardou a abertura da Assembleia, enquanto tramava sua abolição. Calculava que a maioria do povo não dava importância a ela. Os intelectuais se interessavam, afirmou ele, porém a maior parte dos operários e camponeses só se preocupava com pão e paz – a escassez de alimentos se tornava quase tão séria quanto fora na ocasião da queda do Czar.

Lênin reagiu com a estratégia de, primeiro, decretar a destituição dos comissários eleitorais neutros, cujo trabalho era supervisionar os arranjos práticos para o funcionamento da Assembleia, substituindo-os pelo seu seguidor do partido bolchevique Uritsky.

Em 27 de novembro, dia fixado para a primeira reunião da Assembleia, Lênin exarou decreto banindo o partido Kadet. Declarou que seus membros eram "inimigos do povo," e os Guardas Vermelhos prenderam todos os Kadets destacados que puderam encontrar – dezenas de pessoas, muitas das quais acabavam de ser eleitas para a Assembleia. Quando oponentes reclamaram que aquilo não era legal, ele retorquiu: "Não faz sentido nem discutir a questão da legalidade. (...) O Partido Kadet, brandindo a arma da democracia (...) constitui o estado-maior da guerra civil contra a classe explorada." Enquanto isso, Trotsky alertava para o que provavelmente ocorreria. "Não vamos partilhar o poder com ninguém. Se pararmos no meio do caminho, isso não seria uma revolução, e sim um aborto (...) um falso parto histórico."[2]

Lênin não teve condições de adiar por mais tempo a primeira reunião da Assembleia. E ela teve lugar em 5 de janeiro de 1918 no Palácio Tauride. Petrogrado estava em "estado de sítio" desde o início da manhã. O governo declarara a lei marcial e inundara a cidade com tropas e Guardas Vermelhos. Manifestações foram proibidas; contudo, ao meio-dia aproximadamente 40 mil operários, estudantes e servidores públicos desafiaram a ordem e começaram a marchar os dois quilômetros que separam a Praça de Marte do Palácio Tauride, em um dia gélido e com neve. Quando chegaram à Liteiny Prospekt [avenida], Guardas Vermelhos, escondidos em telhados, abriram fogo. Os manifestantes se dispersaram e dois grandes cartazes que carregavam – "Todo o Poder à Assembleia" – ficaram jogados na lama formada pela neve depois de muito pisoteada. Pelo menos dez pessoas foram mortas e setenta seriamente feridas.

Os ânimos estavam à flor da pele quando o plenário ficou repleto e foram iniciados os procedimentos às quatro da tarde. Muitos dos membros da Assembleia haviam estado na manifestação do lado de fora, dispersada a disparos de metralhadoras – primeira vez que as tropas tinham atirado contra aglomerado desarmado desde a Revolução de Fevereiro. Guardas ameçadores se espalhavam pelo saguão de entrada, e diversos deputados também portavam armas. Carl Lindhagen, prefeito de Estocolmo, que estava em Petrogrado como observador e conhecera Lênin nove meses antes durante a viagem do trem incógnito, disse: "Vamos ter hoje um show do faroeste selvagem (...) está todo mundo armado." Lênin chegou mais ou menos uma hora antes – pela porta dos fundos e cercado de guarda-costas. Observava do camarote do mezanino onde costumavam sentar ministros do governo durante as sessões da Duma czarista. Tentava demonstrar ar de indiferente e entediado, que camuflava, como disse um de seus próximos, seu nervosismo interior. Conversou relaxadamente com uns poucos jornalistas americanos, perguntando a um deles, Albert Rhys Williams, como ia seu estudo de russo. "Estou achando difícil, as palavras são muito compridas," respondeu o repórter. "Bem, acho que você devia fazer como eu quando aprendi línguas: primeiro os substantivos, depois os verbos, deixe a gramática para o fim." A certa altura, pouco depois, fingiu cochilar com as mãos sobre os olhos. Mas estava alerta. O líder SR Viktor Chernov foi eleito para presidir a Assembleia e fez longo e grandiloquente discurso de críticas aos bolcheviques; embora amplamente sobrepujados em quantidade, estes últimos o interromperam e vaiaram durante toda a fala.[3]

Findo o discurso, tiveram início os trabalhos. Sverdlov propôs moção bolchevique forçando a Assembleia a ratificar automaticamente os decretos do Sovnarkom sem analisá-los, só carimbar – a começar pelo Decreto dos Direitos dos Trabalhadores, a nacionalização dos bancos e o Decreto do Trabalho Mandatório "para destruir a classe dos parasitas."

A moção foi derrotada por ampla margem, e os bolcheviques abandonaram o plenário – "Não permaneceremos em órgão contrarrevolucionário," afirmou o líder dos marinheiros de Kronstadt, Raskolnikov. Houve pausa nos trabalhos, e Lênin deu então a ordem para que fosse dissolvida a Assembleia: "A situação está agora clara e podemos nos livrar deles," afirmou. Porém determinou também que os Guardas Vermelhos não empregassem a violência. Disse que quando os deputados se retirassem naquela noite, as portas do palácio deveriam ser trancadas, e ninguém retornaria ao seu interior no dia seguinte.

Quando os delegados se reuniram novamente às 23h30 os discursos se tornaram mais longos e monótonos: "Um marinheiro sentado (...) num caixote amaldiçoou Tsereteli e, falando monotamente, apontou seu fuzil contra ele. Outro se divertia olhando Chernov, com sorriso maldoso no rosto, através da alça de mira de sua arma," lembrou-se Reed. Lênin foi embora por volta de uma da madrugada, julgando desnecessário testemunhar o fim do breve experimento russo com democracia.

Em torno das quatro da manhã, o comissário da Marinha Dybenko ordenou ao comandante dos Guardas Vermelhos que esvaziasse a câmara. Aproximou-se de Chernov na mesa do presidente, deu-lhe tapinha no ombro e disse: "Todos daqui devem deixar a câmara agora porque os guardas estão cansados." Chernov replicou: "Estamos todos cansados, mas não podemos interromper o trabalho nosso que toda a Rússia está observando." Os guardas, quase todos bêbados, começaram a colocar os dedos nos gatilhos de suas armas e a desligar as lâmpadas uma a uma. Às 4h40 de 6 de janeiro todos os delegados já haviam deixado o palácio e os seus portões foram trancados. Quando começaram a voltar para o Tauride na tarde seguinte, seu caminho foi barrado pelos soldados, e um decreto estava colado nos mesmos portões dissolvendo a Assembleia.

Lênin disse a Trotsky depois: "Sim, foi um risco, grande risco, não abolir antes a Assembleia. Mas no fim deu certo. Dissolvê-la (...) significa total e completa liquidação da democracia formal em nome da ditadura revolucionária. Servirá de boa lição. O povo quis convocar a Assembleia e nós a reunimos. Mas o povo entendeu de imediato o que essa Assembleia representava (...) [um retorno ao passado], pois então fizemos a vontade do povo."

Poucos dias mais tarde, Vladimir Medem, um dos líderes da Liga Judia, disse a um amigo e delegado da Assembleia que "existem muitas pessoas impacientes que pensam que sem uma Assembleia Constituinte será mais fácil e rápido torná-las mais felizes. Porém jamais alguém ficou mais feliz pela força."[4]

No entanto, Lênin estava certo em sua estratégia. Pequeno foi o suporte à Assembleia, além do louvor da *intelligentsia*, nem houve grandes manifestações, greves, motins no exército. "Sobrou apatia entre soldados e operários (...) Lênin julgou corretamente," disse um dos seus camaradas do Sovnarkom.

Justo no amanhecer de 6 de janeiro, poucas horas depois de a Assembleia ser dissolvida, dois marujos do cruzador *Seagull* da Esquadra do Báltico entraram no Hospital Mariinsky em Petrogrado. Eles invadiram bruscamente um dos quartos onde, sob guarda armada, dois ex-ministros do Governo Provisório dormiam, estrangularam-nos e fuzilaram-nos apenas para terem certeza de que estavam mortos. Então os dois assassinos caminharam calmamente pela Avenida Liteiny sem que ninguém os barrasse.

Os ministros, um conhecido médico, Andrei Shingarev, e o professor de direito constitucional da Universidade de Petrogrado, Fyodor Kokoshkin – destacados Kadets – tinham baixado ao hospital apenas na véspera. Desde que foram presos logo depois do golpe bolchevique, eles estavam detidos na Fortaleza Pedro e Paulo. Mas os dois declararam-se doentes e foram removidos para o hospital supostamente sob guarda cerrada.

Quando Lênin soube dos assassinatos, mais tarde naquela manhã, convocou o comissário da Justiça, Isaac Steinberg. "Essa é uma questão muito séria e tem que ser examinada urgente e apropriadamente

(...) e não ser descuidadamente considerada." Steinberg era da esquerda SR e suplente no Sovnarkom, além de ter passado anos no exílio siberiano sob o regime czarista por ser agitador populista. Era também respeitado advogado. De imediato, instaurou inquérito, que Lênin apoiou de forma irrestrita.

No início, o inquérito correu normalmente. O comandante da Esquadra do Báltico disse que cooperaria, e Dybenko anunciou com solenidade em reunião do Sovnarkom: "Escreverei forte recomendação para que o fato não se repita e direi que os dois acusados serão levados à justiça." Então mudou de tom e arrematou: "Porém, é claro, apenas qualificarão o caso como ato de terror político." Foi assim, de acordo com o comissário da Justiça, que acabou percebendo que no regime bolchevique a expressão "terror político" justificaria amplo espectro de crimes.

Steinberg insistiu em continuar a investigação e acreditou que os assassinos tinham sido identificados. "Naturalmente eles têm de ser presos," disse a Lênin. Mas não foi tão simples. "Você nos quer contra os marinheiros? Pode ser caminho escorregadio." "Sim," disse Steinberg. "Se não o fizermos agora, será mais difícil pôr freio na violência e aplacar mais tarde a sede de sangue. Foi puro assassinato, nada de terror político."

Lênin deu de ombros. "É mesmo? Não acho que o povo se interesse por essas questões. Pergunte a qualquer operário ou camponio. Eles nem ouviram falar do Dr. Shingarev." Steinberg disse que só poderia ir atrás dos marinheiros culpados "se eu tiver um destacamento de Guardas Vermelhos para cercar o quartel e prendê-los." Ele não recebeu os guardas, e os assassinos jamais foram presos.*[5]

A onda de crimes e de anarquia que se espalhava por toda Petrogrado e outras cidades importantes era um dilema para Lênin. Ele presenciara parte dessa onda no dia de Ano Novo, logo depois de retornar do feriado de Natal na Finlândia com Nadya. No início da tarde, quando Lênin voltava de carro depois de uma palestra para o Smolny, tiros esparsos foram disparados contra seu automóvel. Fritz Platten, o socialista suíço que ajudara a organizar o vagão "fechado" do trem incógnito através da Alemanha, fazia breve visita a Lênin e estava no

*A única pessoa acusada em relação àquele crime foi o comandante do destacamento de Guardas Vermelhos do hospital, Stepan Basov, que foi levado ante o Tribunal Revolucionário poucas semanas depois. Ele justificou o crime dizendo que "ele significa a existência agora de duas bocas burguesas a menos para alimentar." Recebeu apenas uma repreensão.

carro. Quando ouviu os disparos, ele se jogou para cobrir com seu corpo o do chefe bolchevique. Platten ficou levemente ferido na mão; Lênin saiu ileso. Mas foram constatados diversos buracos de balas na lateral do automóvel. Ninguém sabia que Lênin estava naquele carro, de modo que não foi tentativa de assassinato, só violência "normal." Porém demonstrou como a Rússia tinha passado a uma ausência de lei nos últimos anos. O caos precisava ser controlado.

Por outro lado, o próprio Lênin encorajava grande parte da violência por razões políticas – como vingança do povo contra os burgueses por "séculos de tremenda desigualdade" e como "justiça revolucionária contra os exploradores." No começo, sua retórica foi consideravelmente aceita: não era isso que a revolução representava, abolição dos privilégios? O ajuste de contas com a burguesia, na frase favorita de Dzerjinsky, começou antes que a Cheka assumisse o comando do terror.

Os apartamentos dos ricos eram roubados e vandalizados, e as próprias pessoas, rotineiramente maltratadas. O povo tomou a vingança em suas mãos. E Lênin o incentivou. Em meados de dezembro de 1917, ele declarou que aqueles que "acumulavam" alimentos ou riqueza eram "inimigos do povo" e, no seu usual linguajar odioso, conclamou o povo "a uma guerra de vida ou morte contra os ricos, os preguiçosos e os parasitas (...) [os cidadãos devem] varrer todos os vermes, as moscas canalhas, os ricos percevejos (...) para um lugar onde possam prender uma dezena de ricos, uma dezena de patifes, meia dúzia de operários que se esquivam do trabalho (...) e para outro lugar onde eles terão que limpar latrinas ao ar livre; num terceiro lugar, eles receberão passes amarelos [como as prostitutas recebiam] depois de um tempo de prisão, de sorte que todos saibam que são prejudiciais e possam ficar de olho neles; em um quarto local, um em cada dez preguiçosos será fuzilado. Quanto mais modalidades melhor (...) pois só a prática pode identificar as melhores formas de luta."

Não tardou para que agitadores bolcheviques atiçassem massas ao acaso para entrar em ação. "Arrancados da burguesia os milhões tomados das massas e astutamente transformados em lingerie de seda, casacos, tapetes, ouro, mobília e quadros (...) ficaremos de posse deles e os distribuiremos pelo proletariado, e depois forçaremos a burguesia a trabalhar por seu sustento," exortou um *apparatchik* do partido em Ekaterinburg em dezembro de 1917. Os ricos foram rotulados de "já eram", passaram a receber rações menores, e foram colocados no fim das filas do pão. Alguns descendentes de famílias aristocráticas definharam de inanição, inclusive com mortes.

Famílias de classe média tiveram que dividir suas residências com pobres e, em geral, ficaram com os piores quartos – "verdadeira revolução na vida doméstica, um novo mundo, em que empregados e patrões trocaram virtualmente de lugar." A noção de vingança foi justificada por Trotsky de maneira forte e assustadora: "Por séculos, nossos pais e avós limparam a imundície e os dejetos das classes mandantes, mas agora faremos com que limpem nossa sujeira. Teremos que tornar a vida tão desconfortável para eles até que percam a vontade de ser burgueses."

Um dos decretos de Lênin codificou as ideias bolcheviques sobre "justiça revolucionária." Com uma só penada, ele aboliu o sistema legal existente, apesar de manter o princípio czarista de que existia um sistema de justiça para os crimes normais contra a propriedade e leis separadas para crimes contra o estado. Criou as "Cortes Populares" para os criminosos comuns, em geral mera reunião ao acaso de doze juízes "eleitos," a maioria dos quais quase de analfabetos, que analisavam menos os fatos de um caso do que o uso, nas palavras de Lênin, da "consciência revolucionária." O ódio de Lênin às leis e aos advogados permeou todo o decreto. "Os procedimentos desses tribunais não se baseavam nas evidências, eles iam sendo criados, mais ou menos, com o decorrer do processo. Houve casos em que pessoas foram condenadas por 'denúncias' de indivíduos envolvidos em antigas brigas de família, e condenações por acusações de esposas contra seus maridos infiéis," disse Steinberg. "As sentenças variavam de acordo com o estado de espírito dos presentes aos julgamentos, que verbalizavam suas opiniões livremente das plateias e galerias."

Outra nova criação de Lênin foi tomada emprestada da Revolução Francesa – o Tribunal Revolucionário. Esses tribunais julgavam os crimes contra o estado e foram populares por quase ano e meio, mas perderam gradualmente a atração. Os julgamentos públicos foram substituídos por oitivas de dez minutos por uma *troika* de membros do partido operada pela Cheka.

Lênin tinha explicação muito simples, direta e, pelo menos, honesta em favor desse sistema de chamada justiça: era bem superior, prática e moralmente, porque trabalhava pelos interesses das classes exploradas – o que justificava tudo. "Para nós, não pode haver, e não há, o velho sistema de moralidade e 'humanismo' inventado pela burguesia com o propósito de oprimir e explorar as 'classes inferiores.' Nossa moralidade é nova, nosso humanismo é absoluto, porque repousam no ideal da destruição de todas as opressões e coerções. Para nós, tudo é permitido, porque somos os primeiros no mundo a levantar a espada, não em nome da escravidão ou da opressão de alguém, e sim em nome da quebra de todos os grilhões. (...) Sangue? Deixemos que haja sangue, se só ele pode alterar o estandarte branco, cinza e negro do velho mundo pirata para a cor vermelha, porque só a morte completa e final desse mundo velho nos salvará do retorno aos antigos chacais."[6]

Quando atacado pelo demasiado derramamento de sangue que desencadeara, ele não se desculpava. O jornalista americano Lincoln Steffens perguntou-lhe: "O Terror Vermelho e a matança vão continuar?" Lênin replicou: "Você está me dizendo que esses homens, que acabaram de organizar a carnificina de 17 milhões de pessoas numa guerra sem sentido, estão incomodados com uns poucos milhares de mortos em nossa revolução, que tem objetivo consciente – para evitar a necessidade de guerras futuras? Não fique preocupado (...) não nego o terror, não minimizo os malefícios da revolução. Eles acontecem. Têm que ser tomados em conta."

Em 21 de fevereiro de 1918, Lênin exarou o decreto "A Pátria Socialista em Perigo" – escrito no seu familiar estilo literário – que permitiu aos Guardas Vermelhos "dispararem no ato" (...) contra agentes inimigos, especuladores, saqueadores, baderneiros e agitadores contrarrevolucionários." Quando leu o decreto, o comissário da Justiça, Steinberg, foi visitar Lênin e protestou dizendo que aquelas medidas duras "destruiriam a revolução." Lênin retrucou: "Pelo contrário (...) você realmente acredita que podemos triunfar sem o mais cruel terror revolucionário?" Resposta: "Então para que serve um Comissariado da Justiça? Vamos denominá-lo Comissariado do Extermínio Social e acabar logo com isso." O rosto de Lênin iluminou-se e, segundo Steinberg, ele comentou: "Muito bem dito. É exatamente isso que ele tem de ser; mas não podemos dizer."

No mais completo segredo, na noite de 10 para 11 de março, dois trens governamentais partiram da Estação Moskovsky, em Petrogrado, com destino a Moscou. O primeiro levava Lênin, Nadya, Maria Ulyanova, Sverdlov, Dzerjinsky e Stalin, acompanhados por 45 datilógrafos secretários, seguranças e telefonistas. O segundo trem, uma hora, se tanto, mais tarde, transportava o restante da liderança bolchevique, um grupo diversificado de servidores do partido e funcionários civis, e dois vagões repletos de documentos e arquivos. Ocorria a mudança de todo o governo soviético para a segunda cidade da Rússia e capital histórica que remontava aos dias de Pedro, o Grande.

A mudança fora decisão pessoal de Lênin, e grande parte do seu *entourage* não gostou da ideia. Na verdade, nem Lênin gostou. Pouco sabia de Moscou, mas detestava o que conhecia. Nunca morou lá e jamais passou mais que alguns dias por vez. Suas primeiras cartas nos anos 1890 fazem diversas referências a Moscou como "cidade asquerosa," "buraco imundo" e uma chega a chamá-la de "pesadelo (...) doentio." No entanto, Lênin percebeu que os acordos de Brest-Litovsk não garantiram segurança à Rússia, e os alemães podiam violá-los a qualquer momento. A certa altura, antes de o tratado ser assinado, os alemães estavam prestes a atingir Pskov, só 150 quilômetros distante de Petrogrado, a poucos dias de marcha. "A paz que conseguimos é instável," ele disse a camaradas. "O espaço para respirar que alcançamos pode ser quebrado em qualquer dia. (...) Não há dúvida de que nossa situação internacional é tão crítica que temos que esgarçar cada nervo para que sobrevivamos pelo maior tempo possível até que amadureça a revolução no Ocidente, o que vem acontecendo mais lentamente do que esperávamos e desejávamos."

A maior parte dos antigos bolcheviques via Petrogrado como cidade ocidental de tradição europeia e considerava Moscou, com os domos de suas igrejas em forma de cebolas, como capital da ortodoxia e da Rússia Antiga – semiasiática. Mudar para lá, em muitos aspectos, era retrocesso e sugeria separação das raízes europeias do socialismo. "Moscou, com suas muralhas medievais e incontáveis cúpulas douradas, era definitivo paradoxo como fortaleza da ditadura revolucionária," disse Trotsky. Outros da liderança bolchevique reclamavam que a mudança seria um afastamento de Petrogrado e pareceria "covardia" e derrota moral. Os bolcheviques não conseguiam desconsiderar "o espírito glorioso do Smolny." Lênin descartou todos os argumentos. Com o governo, mudavam também o poder e a autoridade. "Se os alemães, em violento assalto, conquistam Petersburgo [ele quase sempre se referia assim à cidade, ou Peter] – e a nós todos – a revolução morre. Se o governo está em Moscou, a queda de Petersburgo será golpe pesaroso, mas só um golpe. Se estivermos lá (...) aumentaremos o risco militar. Se partimos para Moscou, a tentação para os alemães tomarem Petersburgo é muito menor. Qual a vantagem para eles da conquista de uma cidade faminta e revolucionária? (...) Por que vocês ficam tagarelando sobre a importância simbólica do Smolny? O Smolny é o que é porque estamos nele. Quando todos estivermos em Moscou, o simbolismo de vocês irá inteiramente para o Kremlin."

Moscou estava em estado lastimável quando Lênin e seus camaradas chegaram. Se o golpe em Petrogrado havia sido em geral pacífico, em Moscou houvera embates muito sérios por seis dias entre os Guardas

Vermelhos e as tropas leais a Kerensky. Cerca de mil combatentes do dois lados e civis apanhados no fogo cruzado tinham sido mortos antes que as forças de Kerensky se rendessem. Ainda existiam destroços em muitas ruas, e alguns dos mais belos prédios da cidade – como a Catedral de São Basílio – tinham sido muito danificados. Os revestimentos de diversos palácios se encontravam crivados de buracos de balas.

De início, Lênin e Nadya se instalaram por cinco dias em uma suíte de dois quartos do Hotel Nacional, bem perto da Praça Vermelha, cuja grandiosidade também estava algo desbotada. O casal foi identificado por um repórter "sentado no saguão de entrada cercado por trapos e pedaços de bagagens e roupa de cama envolta por um lençol, um baú surrado, pilhas de livros e todos os tipos de cestos." No dia seguinte, um dos guardas do Portão Trindade do Kremlin recusou a entrada de Lênin porque jamais vira um retrato dele e não o reconheceu.

O Kremlin em si fora muito negligenciado desde a queda do Czar. Algumas das construções caíam aos pedaços; montes de estrume de cavalos enchiam os pátios e todo o lugar exalava odor horrendo. A primeira ordem de Lênin foi trocar a música do relógio do Portão Spassky, que ainda tocava "Deus Salve o Czar." Passou a ser a "Internacional."

Lênin e Nadya receberam um apartamento funcional de dois quartos, longe de acolhedor, no magnífico Corpo de Cavalaria do Grande Palácio do Kremlin, onde alguns outros figurões bolcheviques também estavam alojados. A maioria dos serventes do Czar ainda estava por lá, e continuou.* Cinco semanas depois, enquanto o Kremlin era reformado, os dois se mudaram para um confortável, porém simples, apartamento de três quartos, mais quarto de empregada, no primeiro piso do edifício principal do governo, que permaneceu sendo a residência do casal em Moscou. Muitos dos outros camaradas receberam acomodações mais requintadas no Kremlin ou em grandes edifícios das proximidades.

Lênin ficou furioso com o ritmo lento da reforma do apartamento. Escreveu típica nota irada, com ameaça implícita, ao chefe das propriedades públicas quando o trabalho passou de um mês. "Eu gostaria muito de saber o nome e o endereço da pessoa que você

*Inclusive empregado muito antigo, um garçom, Stupishin, do tempo de Alexander III, que certa noite serviu Lênin e Trotsky no belo serviço de jantar imperial. Ele fez questão, disfarçando um sorriso, de colocar o símbolo dourado com a águia de duas cabeças estampada nos pratos bem de frente para os convivas, embora tudo o que jantassem fosse apenas sopa de vegetais e purê de trigo-sarraceno.

encarregou de fazer a reforma no apartamento. Ela se arrasta desorganizadamente, e a pessoa culpada pelos inacreditáveis atrasos tem que ser achada."

Em Moscou, Lênin começou a se encontrar regularmente com Inessa. Ela foi indicada para destacada posição oficial – chefe da seção feminina do Comitê Central do Partido. Mas sua posição de influência não guardava relação com as atribuições e títulos de seu cargo. Todos do entorno de Lênin conheciam muito bem o valor que ela representava na vida dele. Um sistema telefônico especial em circuito fechado foi instalado em Moscou para que os servidores do alto escalão do partido pudessem se comunicar sem passar pelas telefonistas da central. Por ordem de Lênin, o apartamento de Inessa foi um dos primeiros a ser conectado ao sistema. Lênin telefonava com frequência para Inessa. O dela foi um dos poucos números – 31436 – que ele registrou em sua caderneta pessoal de endereços. Inessa visitava o Kremlin, e ele, ocasionalmente, ia ao apartamento dela, não longe do Kremlin – no Edifício Arbat 3/14, esquina da Denejny com a Glazovsky, apartamento 12, endereço que ele anotou de próprio punho.

A ida para Moscou era para ser, supostamente, temporária. Zinoviev declarou no dia seguinte: "Estamos convencidos de que a mudança da capital não durará muito e de que as difíceis condições que ditaram sua necessidade em breve passarão." Mas os chefões dos bolcheviques foram cada vez mais gostando dos novos estilos de vida e das cercanias palacianas do Kremlin; cedo não mais se ouviam conversas sobre retorno a Petrogrado.[7]

42

A batalha pelo grão

"Se os agricultores ricos continuarem sugando o sangue do povo, voltaremos contra eles o próprio povo. Se houver obstáculos demais para distribuir justiça a esses traidores, conspiradores, especuladores, então teremos que deixar o povo lidar com eles."

Maximilien Robespierre, 1792

GRANDE PARTE DA RÚSSIA PASSAVA FOME – e Lênin precisava de alguém para levar a culpa. Logo de início, ele julgou que transformar os agricultores em bodes expiatórios seria a maneira mais expedita de alimentar o país, independentemente da miséria e do derramamento de sangue que se abatessem sobre milhares de vilarejos da Rússia. Não foram os bolcheviques os causadores da fome que então afligia o povo; as pessoas deslocadas pela guerra, o sistema de transporte totalmente prejudicado e as pobres safras estavam entre as causas mediatas. Mas as políticas punitivas de Lênin da imposição e do terror brutal no campo tornaram a situação bem pior.

Lênin precisava de um inimigo. Portanto inventou uma nova classe de russos – *kulaks* ou agricultores ricos – a quem acusou de estarem deliberadamente estocando grãos e esfomeando de propósito o restante do país, em particular as cidades.* Na realidade, existiam poucos fazendeiros ricos na Rússia – pequena quantidade de cidadãos era proprietária de vastas extensões de terra, outros as partilhavam com meeiros camponeses, um punhado deles possuía pouco mais de um cavalo, uma vaca ou um arado. Menos de dois por cento dos camponeses empregavam alguém de fora da família. A campanha de Lênin contra os *kulaks* era extensão da guerra de classes que ele travava nas cidades. Marxistas rigorosos sempre suspeitaram de que a vida rural e o campesinato – uma "classe atrasada," ainda

*A palavra *kulak* significa, literalmente, "punho" e é usada pelos russos para fazer referência às pessoas de "mão fechada." Então, os bolcheviques deram leve torção na acepção e ela passou a sugerir que os fazendeiros prósperos se assemelhavam a "especuladores" e exploradores.

semifeudal – era obstáculo no caminho histórico inevitável para o socialismo, de acordo com o próprio oráculo alemão. A maioria dos bolcheviques era da *intelligentsia* urbana, que em geral desprezava os *mujiks* por fazerem parte da analfabeta e supersticiosa Velha Rússia. Os bolcheviques acreditavam, talvez corretamente, que o campesinato jamais os apoiaria. Então a gente do campo foi por eles infernizada, coagida e, finalmente, aterrorizada à obediência. Anteriormente, os identificados como *kulaks* eram na sua maior parte os anciãos dos vilarejos ou os líderes das comunidades. Ou eram os fazendeiros mais bem-sucedidos, criativos ou trabalhadores vigorosos. Antes, a revolução bolchevique prometera que os camponeses receberiam terras tomadas dos latifundiários – os nobres, grandes industriais e a Igreja. Não mais se falou disso depois do golpe.

A falta de alimentos piorou durante 1918 e afetou duramente as cidades, em parte porque o sistema de transportes era tão deficiente que sua distribuição era enorme problema, e em parte por causa da inflação.

A moeda se desvalorizou com tal velocidade depois da revolução que os fazendeiros se recusaram a ser pagos em dinheiro vivo. A casa da moeda que empregava cerca de 3 mil pessoas em 1917, passou a 13.500 um ano depois; "imprimir dinheiro era a única indústria que crescia," disse Sukhanov, sem pilheriar muito. No prazo de um ano, a quantidade de rublos em circulação foi de 60 a 225 bilhões. Um sistema especial e paralelo de compras por troca de artigos – o escambo – foi criado. Alguns bolcheviques de horizontes estreitos, afetados por algum tipo de teoria econômica socialista, julgaram ser a inflação boa coisa porque destruía a confiança na economia com base no dinheiro. Lênin discordou e percebeu o que a inflação faria com o valor de tudo, porém, como outros chefes ao longo da história, se viu impotente para lidar com a inflação tão logo ela se instalou.

Milhões de pessoas deixavam as cidades na esperança de que teriam mais alimentos no campo, o que foi verdade por algum tempo. Petrogrado perdeu dois terços de sua população em dezoito meses. "Esta cidade está morrendo," escreveu Gorky à esposa. "Todos estão indo embora, a pé, a cavalo, de trem. Cavalos mortos estão insepultos nas ruas; cães se alimentam deles." Logo, as pessoas também os estavam comendo num país em que, diferentemente da França, a carne de cavalo não era de modo algum iguaria. A exilada russa Emma Goldman, que voltou a Petrogrado em 1918 depois de viver na América por cerca de vinte anos, comparou "o brilho, a vivacidade e a alegria da cidade" com os que encontrou no retorno, quando "ela estava quase em ruínas como se um furacão a tivesse varrido. As casas pareciam túmulos arrebentados de cemitérios esquecidos e negligenciados (...) as pessoas vagavam como se fossem cadáveres ambulantes; a carência de alimentos e combustíveis lentamente minava as fundações da cidade (...) homens, mulheres e crianças emaciados e enregelados eram açoitados pelo mesmo algoz, a procura por um naco de pão (...) era penosa visão à luz do dia e peso opressivo à noite. Tudo me assustava, em particular aquele horrendo silêncio ocasionalmente quebrado por disparos."

Zinaida Gippius disse que a maioria de seus amigos, os que "já eram," estava com "as barrigas inchadas (...) na primavera de 1919, quase se tornando irreconhecíveis." Alguns intelectuais estavam com os livros, mas (...) trabalhando como vendedores de livrarias e operários de gráficas sob mando bolchevique. A eles era dado exatamente o suficiente para que morressem de fome, contudo lentamente. As pessoas com estômagos inchados eram aconselhadas a comer suas batatas com casca, no entanto, já na primavera, nem batatas existiam (...) elas haviam desaparecido, como também os achatados bolos de cascas de batata."[1]

Lênin nunca tentou esconder que havia crise: "Toda a revolução se arruinará e perecerá se não vencermos a fome nos próximos meses," escreveu a Shlyapnikov no início de junho de 1918. "O tempo que antecede a nova safra é o período mais difícil e crítico para nós. Tinha plena consciência da situação em Petrogrado quando escreveu a Trotsky três meses depois de o governo se mudar, que "a cidade está em condições catastróficas. (...) Petrogrado está prestes a morrer de fome."

As reações de Lênin para a crise nos alimentos foram crescentes imposição e terror. Lançou a "batalha pelos grãos" com sanguinário discurso, no começo do verão de 1918, culpando os *kulaks* e os "especuladores" pela fome na Rússia. "Os *kulaks* são os invejosos inimigos do governo soviético (...) esses chupa-sangues ficaram ricos com a fome do povo. Aranhas que engordaram a expensas dos trabalhadores. Sanguessugas que acabaram com o sangue do povo trabalhador e se tornaram mais prósperos à proporção que as cidades definhavam. Guerra sem misericórdia contra os *kulaks*! Morte a todos eles."

Em primeiro lugar, ele estabeleceu preço fixo que o governo pagaria pelo milho e outros cereais, na média dos preços em 1916 – absurdamente baixo, pois a inflação tornara os preços sete vezes maiores em um ano e meio. Quando os camponeses se recusaram a vender por tais preços e esconderam estoques e sementes, além de ameaçarem replantar tipos de grãos não atingidos pelos preços fixos, Lênin empregou a força. Decreto em 13 de maio criou o Comissariado da Alimentação, que fixou sistema de requisições de grãos "utilizando destacamentos armados e Guardas Vermelhos (...) iremos à guerra impiedosa."

O decreto deixou claro o motivo daquilo que o governo iria fazer. "Os camponeses burgueses, havendo acumulado em seus cofres enormes quantidades de dinheiro que usurparam do governo durante a guerra, permanecem teimosamente resistentes aos gemidos dos operários famintos e dos camponeses pobres (...) eles não trarão seus grãos para os pontos de coleta, ameaçando forçar o governo a elevar de novo os preços, de sorte que possam vender seus cereais a preços fabulosos aos especuladores (...) a obstinada ganância dos *kulaks* dos vilarejos e dos ricos fazendeiros tem que chegar ao fim. Só resta um caminho: responder à violência dos donos dos grãos contra os pobres com a violência contra os especuladores dos cereais. Nenhum *pud* de grão deveria permanecer em mãos dos camponeses além da quantidade necessária para semear seus campos e alimentar suas famílias até a próxima safra."[2]

Brigadas de confisco, como eram chamadas, foram enviadas a mais de 20 mil vilarejos nos primeiros dois meses do decreto. Elas normalmente consistiam de 75 homens armados com duas ou três metralhadoras, que cercavam o vilarejo e exigiam que os camponeses entregassem certa quantidade de grãos decidida pelo QG do partido bolchevique local. "Especuladores que forem flagrados não entregando a quantidade requisitada de grãos e que possam ser condenados por claras evidências, serão executados no ato," especificava o decreto de Lênin. Com frequência, as brigadas agiam com extrema brutalidade, rotineiramente torturando suspeitos até que a quantidade "devida" de grãos era encontrada. Um servidor bolchevique, que presenciou a ação de uma brigada na região da "terra negra" do Sul da Rússia, ficou horrorizado. "As medidas do confisco fizeram lembrar a Inquisição medieval. Os homens obrigavam os camponeses a se despirem e se ajoelharem no chão, açoitando-os ou espancando-os, por vezes matando-os." Lênin pessoalmente sugeriu adicional maldade à "luta de classes nos vilarejos." Disse que, enquanto as punições eram infligidas, as brigadas "deveriam procurar pelo menos seis testemunhas entre a população pobre das vizinhanças." Houve casos de brigadas que mantiveram de vinte a trinta reféns do vilarejo até que a quantidade confiscada de grãos fosse entregue. Originalmente, Lênin insistira para que todos os camponeses entregassem os grãos por nomes, e quem não o fizesse seria de pronto executado. Mas o comissário da Alimentação, Alexander Tsyurupa, e Trotsky se opuseram à ideia e a amenizaram um pouco no fraseado: "Quem não entregar em ordem os grãos nas estações ferroviárias e postos de coleta deverá ser declarado inimigo do povo."

Até Dzerjinsky alertou contra a dureza das medidas da "batalha pelos grãos" e disse a Lênin que ela prejudicaria a reputação dos bolcheviques na Rússia rural, "talvez por uma geração," mas Lênin não lhe deu ouvidos. Em vez disso, exigiu ainda mais rigor. Em 23 de agosto disse aos chefes bolcheviques da província de Pensa: "Camaradas, o levante *kulak* em seus cinco distritos tem que ser esmagado sem dó. Os interesses de toda a revolução demandam isso, porque está agora em curso a batalha final e decisiva contra os *kulaks* em todos os rincões do país. Um recado tem que ser passado. 1) Enforquem (repito, enforquem para que as pessoas possam ver) não menos de cem *kulaks* conhecidos, homens ricos, sanguessugas. 2) Publiquem seus nomes. 3) Identifiquem reféns. (...) Façam isso de sorte que, a 150 quilômetros em torno do vilarejo, pessoas vejam, tremam, saibam e chorem: eles estão matando e continuarão a matar os *kulaks* sanguessugas. Telegrafem dizendo que receberam esta mensagem e cumpriram [as instruções].

Lênin

PS: Escolham gente dura.

Pouco depois, no dia 29, Lênin passou novo cabograma expressando "sua extrema indignação porque absolutamente nada de definido foi recebido de vocês acerca das medidas rigorosas que foram tomadas para reprimir implacavelmente os *kulaks* e confiscar os grãos deles nos cinco distritos sob suas responsabilidades. A inação de vocês é criminosa."

Pelo menos 3.700 pessoas foram mortas, provavelmente muito mais, no primeiro ano do confisco de alimentos. Vilarejos inteiros foram incendiados, ou o suprimento de sementes para o plantio da safra do ano seguinte foi requisitado deixando os camponeses totalmente à míngua. Tsyurupa, antigo bolchevique severo e de modo algum brando, disse certa vez que "as brigadas de alimentos emularam os métodos da polícia czarista." Foi aconselhado por Lênin a apertar ao máximo. A "batalha pelos grãos" foi justificada porque pacificaria a

Rússia rural, e "isso era o significado da ditadura do proletariado," afirmou ele.

Lênin desejou exarar outro decreto declarando que "em cada distrito produtor de grãos, 25 ou 30 reféns deveriam ser feitos entre os ricos, que responderão com suas vidas pela coleta e carregamento de todos os excedentes." Tysurupa replicou que desaprovava a existência de reféns. Na reunião seguinte do Gabinete, Lênin exigiu saber por que ele não reportara como pretendia cumprir as ordens sobre reféns. Tysurupa deu a impressão de desconforto e murmurou que não sabia como organizar aquilo. Lênin fixou o olhar nele e só afirmou: "Com energia." Então enviou ao comissário nota explicando o que queria dizer: "Não estou sugerindo que reféns sejam feitos, e sim indicados pelos nomes em cada distrito. O objetivo para isso é que, sendo ricos, da mesma forma que são responsáveis por suas contribuições, também o são por suas vidas pela imediata coleta e o carregamento dos excedentes de grãos."

Stalin foi designado para Tsaritsyn (mais tarde renomeada Stalingrado e, depois, Volvogrado) em junho de 1918 para garantir o suprimento de grãos. Ele purgou a cidade de qualquer pessoa suspeita de ser contrarrevolucionária. Isso não foi suficiente para Lênin, que ordenou que ele fosse mais cruel – "seja impiedoso", determinou por cabograma. Stalin respondeu rápido: "Esteja certo de que nossa mão não tremerá."*

Mas a amarga guerra produzia poucos resultados para o abastecimento da Rússia. Nos primeiros anos, as requisições resultaram em poucos grãos extras. Mesmo pelos números oficiais do governo, as brigadas de confisco coletaram apenas 570 mil toneladas – de uma safra total de 49 milhões de toneladas. Lênin mais tarde recolheu as brigadas de confisco e, por breve período abrandou sua retórica contra os camponeses. Tentou tática diferente a fim de trazê-los para seu lado. No entanto, as campanhas contra os *kulaks* e a ameaça sob mira de armas para que os camponeses produzissem para o estado tornaram-se características marcantes da vida soviética pelas décadas vindouras.[3]

As requisições de itens alimentícios provocou a primeira rebelião importante contra o regime soviético. Os SRs haviam se dividido em dois grupos após o golpe bolchevique; os da "Esquerda" se tornaram

*Vyacheslav Molotov, por anos fiel e obsequioso subordinado tanto de Lênin quanto de Stalin, não hesitou em dizer quando sua vida caminhava para o fim (nos anos 1970), que os dois chefes foram "homens duros (...) ásperos e inflexíveis. Porém, sem dúvida, Lênin foi o mais rude."

os mais novos parceiros de regime de Lênin, com uns tantos assentos no Sovnarkom e posições de relevo na Cheka. Os da "Direita," assim como os mencheviques, jamais aceitaram o novo governo.

Os da "Esquerda" cedo perceberam ter cometido um grande erro e, a partir de março de 1918, começaram a se distanciar da coalizão. Então, no início de julho, tentaram derrubar o governo com um golpe de sua própria autoria, que quase foi bem-sucedido.

Eles foram liderados por Maria Spiridonova, que depois da Revolução de Fevereiro emergiu como heroína após onze anos de prisão. Ela foi a única líder feminina de um partido político na história da Rússia e podia pleitear amplo apoio da Rússia rural onde os SRs, herdeiros da tradição populista do socialismo agrário, eram fortemente representados nos vilarejos. Os SRs receberam cerca de 20 milhões de votos a mais que os bolcheviques nas eleições para a Assembleia Constituinte.

Spiridonova, 34 anos, foi terrivelmente maltratada na prisão. Foi estuprada diversas vezes pelos guardas, que repetidamente apagavam cigarros em seus braços nus. Era dolorosamente magra, tinha longos cabelos escuros que – inusitado para a época – escorria livremente por seus ombros, e intensos olhos azuis. Os homens frequentemente empregavam o adjetivo "histérica" para descrevê-la, contudo ela era extraordinariamente inteligente, mesmerizante, apaixonada oradora e não tinha medo. Ao seu modo, era cruel e não se opunha à violência – afinal, ela havia assassinado um policial quando tinha 21 anos. Não obstante, era ferrenha opositora de Lênin, com quem só se encontrou uma vez. Recusava-se a aceitar a "humilhante" paz de Brest-Litovsk, que afirmou ter enchido de vergonha toda a Rússia.

Foi a batalha bolchevique engendrada contra os vilarejos que estimulou os SRs à ação. Spiridonova disse a seus seguidores que toda a sua vida fora devotada ao bem-estar dos camponeses: o guarda de segurança no qual atirara em janeiro de 1906 na província de Tambov, Gavril Lujenovsky, havia sido acusado de brutal repressão à revolta dos camponeses. Lênin, declarou ela, era quase tão mau quanto Lujenovsky fora. "Acuso você, Lênin, de trair os camponeses, de fazer uso deles em seu próprio interesse. Para você, eles são lixo, apenas estrume. Nossas outras diferenças são apenas passageiras, mas na questão camponesa estamos prontos para nos digladiar. Onde os camponeses forem humilhados, oprimidos e esmagados, você me encontrará empunhando a mesma pistola que outrora me forçou a defender (...) [eles]."[4]

O primeiro tiro da rebelião da "esquerda" SR contra os bolcheviques foi disparado em 20 de junho em Petrogrado. Terroristas revolucionários mataram o chefe da seção de agitação e propaganda da cidade, V. Volodarsky (apelido revolucionário porque, na verdade, se chamava Moisei Goldstein). Lênin ficou irado – menos com os SRs do que com o líder do partido em Petrogrado, Zinoviev. Um grupo de bolcheviques operários de fábricas planejou ataque ao QG/SR da cidade. Zinoviev o evitou. No dia seguinte, ele recebeu telegrama típico de Lênin: "Desgraçado! Isso não pode ser per-mi-ti-do [sublinhado duas vezes]. Os operários estavam certos. Protesto contra sua intromissão em iniciativa revolucionária plenamente correta das massas. Os terroristas vão nos tomar por efeminados. É necessário encorajar a energia e o caráter do terror de massa contra os contrarrevolucionários, especialmente em Petrogrado, cujo exemplo será decisivo." Os SRs da cidade foram atacados, mas o assassino de Volodarsky não foi imediatamente achado.

Duas semanas mais tarde, os da "esquerda" reagiram, coordenados por Spiridonova. Em 6 de julho, um grupo executou o embaixador alemão em Moscou, conde Wilhelm Mirbach, único representante de qualquer país importante na Rússia. O propósito foi atingir o Tratado de Brest-Litovsk junto com o embaixador, dar aos bolcheviques uma dor de cabeça diplomática e, possivelmente, provocar os alemães a começarem nova guerra contra a Rússia. Foi uma operação confusa do agente da Cheka Yakov Blumkin, de 21 anos, que inicialmente não acertou o embaixador com um tiro à queima-roupa, e só o atingiu por sorte na terceira tentativa quando, na realidade, mirava sobre um dos assistentes de Mirbach. Ele escapou depois de explodir uma bomba de fabricação caseira.*

Outro grupo de "terroristas" fez Dzerjinsky refém – muita coisa para as providências de segurança das próprias espada e escudo – e

*Todos os tipos de teorias de conspiração surgiram na ocasião e por muitos anos posteriores de que Lênin orquestrara o assassinato de Mirbach. O embaixador enviava relatórios para Berlim, dos quais espiões soviéticos tinham conhecimento, dizendo que os bolcheviques não durariam muito tempo e que a revolução já se revelara um fracasso: "Lênin está acabado," escreveu ele numa carta ao kaiser em meados de junho. A versão da conspiração ganhou credibilidade pelo fato de que, mais tarde, o assassino, Blumkin, permaneceu na Cheka e recebeu carteira de filiado ao Partido Comunista, sendo inclusive promovido. Entretanto, é difícil imaginar-se o que Lênin ganharia com a morte do embaixador. Os alemães poderiam ficar raivosos a ponto de invadir a Rússia de novo e, àquela altura, ainda não havia certeza de que eles perderiam a guerra no Ocidente. Para que provocá-los de propósito? Nenhuma evidência veio à tona ao longo de cerca de cem anos que provasse ter Lênin alguma a coisa a ver com o assassinato, e muitas surgiram para constatar que a morte do embaixador só complicou a situação dos bolcheviques.

o manteve preso no QG/SR da palaciana Mansão Morozov, junto com outros destacados bolcheviques como o presidente do Soviete de Moscou, Pyotr Smidovich. Um terceiro destacamento tomou o Escritório Central dos Correios de Moscou e enviou dois cabogramas para repartições do telégrafo, para os QGs bolcheviques das províncias e para agências do governo de todo o país. Um deles reportava o assassinato de Mirbach, e o outro dizia que houvera a tomada do poder e ordenava o não encaminhamento dos telegramas assinados por Lênin, Trotsky e Sverdlov.

Os bolcheviques, naquela oportunidade, contavam com poucas tropas confiáveis ou Guardas Vermelhos em Moscou, e Lênin sabia que o general Mikhail Muravyov, ex-oficial czarista tornado bolchevique, comandante das forças Vermelhas na Ucrânia, tinha virado a casaca novamente e se juntara aos SRs.

O golpe de Spiridonova poderia ter triunfado se os "esquerdas" quisessem de fato o poder, ou caso tivessem se aliado aos mencheviques e juntado forças com os "direitas" SR Socialistas Revolucionários. Porém, "nunca fomos realmente sérios, queríamos mais fazer show do que uma revolução autêntica. Jamais desejamos derrubar o governo," afirmou mais tarde Steinberg, um dos líderes da revolta. Foi "menos um *coup d'état* e mais um *coup de théâtre*," disse outro.

Trotsky foi encarregado de suprimir o levante. Ele cooptou um corpo de setecentos soldados letões para assaltar o QG de Spiridonova, retomar o escritório dos Correios e libertar os prisioneiros. Embates esporádicos espocaram por algumas horas. No Kremlin, por volta da meia-noite, Lênin se mostrava preocupadíssimo e "a atmosfera era a de uma frente em teatro de operações," disse o comandante das tropas defensoras, general Jukums Vatsetis. Lênin não parava de perguntar ao general: "Camarada, será que aguentaremos até o amanhecer?"

Pelas nove da manhã "a crise tinha acabado," reportou Trotsky. Os líderes SRs se renderam e foram presos. Cerca de duzentos foram executados nas semanas seguintes e outros seiscentos, aprisionados. Muravyov ou cometeu o suicídio ou foi atingido tentando escapar depois de preso, dependendo da versão da morte que se queira acreditar: dos SRs ou dos bolcheviques. Spiridonova foi tratada, comparativamente, com mais leniência, levando-se em conta quão cruelmente os soviéticos lidam com seus inimigos. Ela ficou presa por um ano, foi libertada, mas enviada para um hospital psiquiátrico. Foi libertada no começo de 1921 em condições físicas tais que jamais tomou parte de novo na política. Foi mantida viva para futuras barganhas.*[5]

*Mas ela não conseguiu sobreviver aos expurgos de Stalin. Spiridonova foi presa em 1937, enviada ao *Gulag* e executada em 1941.

43

Regicida

"A decisão (...) [de matar os Romanovs] não só foi vantajosa como necessária. Ela mostrou a todos que continuaríamos a lutar sem nos determos em obstáculo algum. Era necessário não apenas assustar, horrorizar e instilar um sentimento de desesperança no inimigo, como também sacudir nossas próprias fileiras, para demonstrar que não recuávamos, que só existia à frente a vitória total ou a perdição total."

Trotsky, 1935

"Na Inglaterra e na França, eles executaram seus reis há alguns séculos, mas nós estávamos atrasados com os nossos."

Lênin, 1919

O MEDONHO ATO NÃO FOI EXECUTADO como os ingleses providenciaram a morte de Charles I ou os franceses a de Luís XVI. Não houve julgamento, sequer perfunctório, ou mero show. Também não houve execução pública para dar aparência jurídica e demonstrar autoridade do estado. O monarca não teve oportunidade de marcar a experiência final de sua vida com dignidade real. O czar Nicolau II e seus familiares mais próximos foram fuzilados em sigilo por um bando de brutamontes, alguns bêbados, em um porão imundo, seus restos mortais foram queimados e lançados em estreito poço de mina – e os homens que ordenaram o assassinato mentiram sobre o fato.

Não existe evidência documental de que Lênin deu a ordem para que o Czar fosse morto. É pouco provável que ele tenha assinado algum papel nesse sentido, e mesmo que tivesse, com certeza teria acabado cuidadosamente com as provas. E mais, se documentos existissem, seus sucessores os destruiriam. Porém não há dúvida de que Lênin deu tal ordem – por certo verbalmente ao segundo homem do governo, Sverdlov, e provavelmente em reunião no Kremlin de 12 de julho de 1918. A oportunidade e os detalhes foram deixados a outros – Sverdlov e seus asseclas – mas a decisão de matar todos os Romanovs, e em segredo, foi tomada por Lênin. É possível que, afora

Lênin e Sverdlov, a maioria dos chefões Vermelhos não teve conhecimento dos assassinatos até dois dias depois de eles terem ocorrido.

Por volta das quatro da tarde de 18 de julho, membros do Sovnarkom se encontraram para reunião rotineira na sala contígua ao gabinete particular de Lênin, no terceiro piso do Grande Palácio do Kremlin. Lênin a presidia, contudo antes de os comissários apreciarem os itens da pauta, eles ouviram pronunciamento de Sverdlov, previamente preparado. "Depois que um Guarda Branco tentou sequestrar a família Romanov, na noite de 16 de julho, o Soviete de Ekaterinburg ordenou a execução de Nicolau Romanov. O restante da família foi evacuado para local seguro." Pequena foi a reação entre os 33 servidores comunistas sentados em torno da mesa. Sverdlov solicitou então que os camaradas aprovassem a decisão tomada pelos comunistas locais. Houve silêncio.

Lênin, que escrevia uma nota para o comissário do Exterior Chicherin, levantou a cabeça e disse: "Alguma pergunta para o camarada Sverdlov?" Só um camarada levantou a voz para falar, porém seu nome não foi registrado nos anais da reunião.

"E a família foi levada?" – indagou ele.

Nenhuma resposta foi anotada.

Lênin parou de escrever por um momento e perguntou: "Que decisão devemos tomar?" Mas não havia necessidade de debate. Eles aprovaram a ação assumida pelos camaradas de Ekaterinburg. Na ata da reunião está sumariamente registrado que "o relatório do camarada Sverdlov foi recebido e anotado."

A reunião teve então início para a análise dos itens da agenda que incluíam a reorganização da Cruz Vermelha, a redação de decreto referente à Proteção da Saúde e um relatório sobre a coleta governamental de estatísticas. Lênin olhou em volta da mesa e disse: "Devemos agora prosseguir lendo a minuta de decreto para o Comissariado da Saúde, artigo por artigo."

O *Izvestia,* jornal oficial do governo, publicou no dia seguinte que "o ex-imperador Romanov tinha sido executado (...) a esposa e filho de Nicolau Romanov tinham sido enviados para lugar seguro." A mentira foi tomada diversos dias como verdade por alguns comissários. Trotsky não estava em Moscou e só retornou à cidade uma semana após aquela reunião, e registrou em seu diário a conversa que teve com Sverdlov quando chegou ao Kremlin. Sverdlov relatou-lhe "quase de passagem" a questão do Czar, segundo Trotsky.

"E onde está a família?"

"A família que está com ele."

"Todos?"

"Sim, todos," replicou Sverdlov.

"Por quê? (...) Quem decidiu isso?"

"Decidimos aqui. Ilyich achou que não devíamos deixar os Brancos com uma bandeira viva para ficarem desfilando por aí, em especial nas presentes circunstâncias."[1]

O Governo Provisório havia garantido segurança ao Czar – "Ele não pode ser transformado em mártir," disse Kerensky, que o visitou em diversas oportunidades em Tsarskoe Selo, onde ele ficou por algumas semanas depois de deposto. "O Czar parecia genuinamente contente com seu novo modo de vida (...) como se os grilhões de pesada carga tivessem sido retirados de seus ombros," acrescentou Kerensky, embora saibamos de seu diário quão miserável Nicolau de fato se sentia – que mais não fosse, naquele estágio, apavorado a respeito da segurança de sua família. No começo, o Governo Provisório acreditou que o Czar e a Imperatriz buscariam refúgio na Inglaterra. Entretanto, depois de afirmar que os Romanovs seriam bem-vindos, o primo, rei George V, mesquinhamente, mudou de ideia. Julgou que aquela seria uma atitude por demais impopular e cairia muito mal para ele, de modo que não cumpriu o prometido com palavras traiçoeiras e deixou que Lloyd George – que estava feliz por permitir que os Romanovs fossem para a Inglaterra – ficasse com toda a culpa.

Os Romanovs foram levados para a cidade siberiana de Tobolsk na primavera de 1917. Kerensky via a possibilidade de eles serem atacados ou feridos perto de Petrogrado. Viveram com conforto na mansão do ex-governador, "com cortesãos favoritos, seis criados, dois valetes e três cozinheiros, um *sommelier* e dois cães *spaniels* de estimação."

Lênin, de início, debateu o que fazer com a família real poucos dias depois do golpe, nos primeiros dias de novembro de 1917, mas não chegou a uma decisão firme. A maioria dos camaradas desejava que o Czar fosse submetido a julgamento e, em diversas sessões do Sovnarkom, votaram para que ele fosse levado a tribunal. Não propuseram ação legal contra o restante da família. Trotsky era especialmente favorável a um grande julgamento-show como o de Luís XVI, com ele, teatralmente, como promotor-chefe, assumindo no centro do palco o papel de Saint-Just. Lênin considerou várias vezes a ideia, porém tergiversou. Durante todo o tempo, ele e Sverdlov sabiam o destino que visualizavam para o Imperador; era questão de quando e como sua execução teria lugar, e se apenas Nicolau morreria. Para ele, o Czar era "um inimigo de classe muito particular," e os Romanovs, "uma desgraça de 300 anos." Seu dilema era o receio sobre o que o kaiser Wilhelm faria se os bolcheviques assassinassem seus primos próximos. Não alimentava a menor preocupação quanto à opinião popular dentro da Rússia. Tinha certeza de que poucas pessoas se importavam com o que acontecesse ao Czar e sua família.

Houve uma disputa entre bolcheviques de duas regiões sobre qual das duas teria a "honra revolucionária" de lidar com Nicolau. Sverdlov fez questão de garantir ao seu velho amigo de exílio siberiano, Filipp Goloshchekin, líder do Soviete dos Urais e chefão bolchevique em Ekaterinburg, que sua região seria a escolhida. Lênin concordou. Goloshchekin, 42 anos, ficara dois anos preso na hostil fortaleza de Schlüsselberg (onde Sasha Ulyanov fora executado) e conhecera Lênin no exílio em Paris. Sverdlov descrevia o amigo como "frio (...) muito enérgico," e Lênin o considerava "útil e eficiente."

O ex-Imperador e a família foram transferidos para Ekaterinburg em junho de 1918. Lá viveram numa construção neoclássica de generosas proporções, a Casa Ipatiev, mas as condições de vida agora não eram boas.

Goloshchekin queria ver o Czar assassinado, de modo a ficar com o crédito. Lênin desejava esperar; mas o tempo o pressionava e ele não podia mais retardar a decisão. Ekaterinburg estava cercada por um exército de soldados de Legião Tcheca da guerra contra a Áustria-Hungria. Eram soldados que, supostamente, atravessavam a Rússia para que pudessem retornar à Europa Ocidental de navio a partir do Extremo Oriente, mas que no caminho começaram a combater os bolcheviques. Caso capturassem a cidade, poderiam libertar o Czar, de sorte que Goloshchekin disse a Sverdlov que precisavam agir com toda rapidez.* Ele foi a Moscou conseguir uma autorização final para matar toda a família – que lhe foi dada depois de reunião de 12 de julho no Kremlin.

Goloshchekin já tinha escolhido o homem encarregado da tarefa suja: Yakov Yurovsky, a quem nomeou comandante da Casa Ipatiev.**[2] Homem alto e de boa constituição, de quarenta anos de idade, "com

*As tropas tchecas tomaram Ekaterinburg uma semana depois da morte do Czar.

**Sverdlov sobreviveu a Nicolau II por apenas poucos meses. Faleceu na grande epidemia de influenza em março de 1919. Todos os tipos de rumores se espalharam mais tarde de que ele fora de fato morto por ordem de Lênin, mas um motivo razoável jamais veio à superfície. Sverdlov não desafiara Lênin em esfera alguma e sempre viveu de bem com ele, sendo inclusive considerado seu sucessor natural. Outro fascinante "se" na história, é o que poderia ter acontecido com a Rússia soviética se Sverdlov, e não seu acirrado inimigo Stalin, assumisse o poder depois da morte de Lênin.

generoso e ondulado cabelo negro, altivo e culto, e barba bem tratada ao estilo Van Dick, Yurovsky era muito inteligente, bolchevique ferrenho, que ardia de amargura contra a burguesia, em especial contra a família real." Um de seus dez filhos crescera em meio a extrema pobreza e enfrentara discriminação por causa de suas raízes judaicas, pela qual o pai culpava diretamente os Romanovs e a aristocracia russa. Yurovsky alimentava tremenda sede de vingança e, como líder da Cheka local, estava em condições de materializar com sobras o seu sonho. Goloshchekin conhecia seu indicado e acreditava que ele faria "eficiente trabalho." Deixou os detalhes da missão por conta dele.

Yurovsky havia escolhido dias antes uma esquadra de execução, e o método.* Fizera um giro pelas cercanias da cidade e encontrou o melhor ponto para cremar os corpos das onze vítimas e enterrar as cinzas – poço de mina abandonada próximo ao vilarejo de Koptyaki, doze quilômetros distante de Ekaterinburg.

Às 1h30 de 16 de julho, Yurovsky acordou o Dr Evgeny Botkin, leal médico da família que fazia parte do círculo íntimo por muitos anos, e disse-lhe para levantar os Romanovs. Alegou que havia "um tumulto na cidade e que [em função] da preocupação com a segurança da família real, todos seriam transferidos para o porão." A explicação foi convincente, pois, dos seus quartos, tinham sido ouvidos disparos nas últimas noites.

Demorou meia hora para que todos se lavassem e se vestissem. Por volta das duas da madrugada, na semiescuridão, eles desceram os degraus da estreita escada. Yurovsky foi na frente. Logo a seguir, Nicolau com o *czarevich* Alexis no colo. Ambos vestiam túnicas e bonés militares. Depois, a ex-Imperatriz, segurando o *spaniel King Charles*, Jemmy, seguida pelas quatro filhas e, então, Botkin. A empregada Demidova carregava dois grandes travesseiros, em um dos quais ela havia escondido uma caixa contendo joias. Fechando a fila, o valete,

*Além do nome de Yurovsky, quatro outros nomes foram oficialmente registrados. Seu subcomandante, Grigory Nikutin, que a ex-imperatriz achava "bonito e decente," o servidor da Cheka Pyotr Ermakov, conhecido alcoólatra, Pavel Medvedev, soldador de fábrica local, e um mecânico, Mikhail Kudrin. Todavia, recentes arquivos revelados mostraram mais quatro nomes implicados: Alexei Kabanov, soldado de um dos postos de metralhadoras do exterior da Casa Ipatiev, Viktor Netrebin, nervoso principiante de 17 anos da Cheka, Stepan Vaganov, assíduo parceiro de bebida de Ermakov, e um soldado letão Jan Tsel'ms. Por muitos anos, correu a lenda entre os Brancos de que a maior parte do pelotão de fuzilamento era composta por "judeus, letões e húngaros." Na realidade, o grupo letão concordara inicialmente em participar quando acharam que só o Czar seria fuzilado, mas ao saberem que toda a família seria executada, eles se recusaram a matar as mocinhas e a mulher. Exceto um, todos os demais assassinos eram russos e não judeus – os pais de Yurovsky eram judeus convertidos.

Trup, e o cozinheiro, Kharitonov. De acordo com Pavel Medvedev, que escreveu detalhado relato, a "família parecia calma, como se não esperasse perigo."

Eles foram levados através de um pátio para um quarto do porão, na extremidade oposta da casa, que fora previamente ocupado pelos guardas, com cinco metros de largura e seis de comprimento. O quarto possuía pequena janela oval com grade de ferro. Toda a mobília havia sido removida. Nenhum dos prisioneiros sabia que a esquadra de execução estava no cômodo ao lado.

Alexandra perguntou por que não existiam cadeiras, e duas foram trazidas. Nicolau colocou o filho numa delas, e Alexandra sentou-se na outra. Os demais receberam ordem de se alinhar contra uma das paredes. Ali eles esperaram alguns minutos antes que Yurovsky entrasse de novo acompanhado pelos executores.

Como ele descreveu anos mais tarde: "Eu disse aos Romanovs que 'em vista do fato de seus parentes continuarem a ofensiva contra a Rússia soviética, o Comitê Executivo do Soviete dos Urais decidira fuzilá-los.' Nicolau virou as costas para (...) [nós] e olhou sua família. Depois, como se reorganizasse o pensamento, deu meia-volta e perguntou: 'O quê? O quê?' Imediatamente, repeti o que havia dito e determinei que a esquadra se preparasse. Seus membros tinham sido previamente instruídos sobre em quem atirar e para mirar diretamente no coração a fim de evitar muito sangue e terminar aquilo com rapidez. Nicolau não disse mais nada. Voltou-se de novo para a família. Os outros exclamaram palavras incoerentes. Tudo demorou alguns segundos. Começaram os disparos. Continuaram por dois ou três minutos. Acertei Nicolau no alvo. A Imperatriz mal teve tempo de se benzer antes de levar o tiro. Morreu instantaneamente. Por todos os cantos do quarto havia sangue espalhado pela carnificina quando os guardas perderam o controle e dispararam insanamente. Os tiros ricochetearam nas paredes, no chão e voaram pelo quarto como pedras de granizo. Alexis caiu da cadeira, atingido na perna, mas ainda vivo. Kharitonov sentou-se e morreu."

Os guardas transformaram sua tarefa em absoluto caos. Seis das vítimas continuavam vivas quando o tiroteio cessou. Alexis jazia sobre uma poça de sangue, gemendo. Yurovsky completou o trabalho com duas balas na sua cabeça. Demidova ofereceu certa resistência com seus travesseiros. Mas acabou abatida a golpes de baioneta. "Quando uma das mocinhas começou a receber baionetadas, a lâmina teve que ser bem forçada para perfurar o corpete," disse

Yurovsky. Todo o "procedimento", como ele denominou, levou mais de vinte minutos. Um pelotão de fuzilamento treinado teria feito o trabalho em segundos.

Medvedev relembrou a cena: "Todos estavam com perfurações de tiros em várias partes; seus rostos, cobertos de sangue; as roupas também, encharcadas de sangue."

Os executores trouxeram lençóis de um quarto contíguo e depois de despojarem os corpos dos itens de valor – que embolsaram – levaram--nos pingando sangue em macas improvisadas através do piso térreo para um caminhão Fiat que aguardava no portão principal. O motor do veículo estava em funcionamento desde que os Romanovs foram acordados, na tentativa de abafar o barulho dos disparos. Empilharam os corpos uns sobre os outros.

Yurovsky era impiedoso, assassino a sangue-frio, mas tinha alguns resquícios morais quanto ao roubo de "propriedade do povo." Exigiu então, com a ameaça de morte, a entrega da pilhagem feita nos corpos. Confiscou um relógio de ouro, um cigarreira com diamantes incrustados, e alguns outros itens.

Medvedev foi encarregado de limpar a cena do morticínio. Guardas trouxeram escovões, baldes de água e terra para remover as manchas de sangue. Um deles descreveu a tarefa: "O ar do quarto cheirava a alguma coisa parecida com fumaça de pólvora (...) havia buracos de balas nas paredes e no chão (...) principalmente numa das paredes (...) poças de sangue no chão. Havia poças de sangue também em outros quartos que eles tiveram que passar para chegar ao pátio (...) até o portão."

O destacamento se deslocou para o "lugar do enterro" que Yurovsky escolhera. Quando começaram a despir os cadáveres, encontraram mais riquezas. "As moças e a mulher usavam uma espécie de corpetes (...) cheios de joias escondidas dentro deles." Alexandra tinha um cinto de pérolas feito com diversos colares costurados no tecido. Yurovsky colocou as joias num saco – só os diamantes pesavam mais de seis quilos. Os corpos foram cremados e baixados para dentro da mina.

Yurovsky se preocupou com a pouca profundidade do poço, que talvez não escondesse os restos mortais das vítimas por muito tempo. Procurou em área mais ampla e descobriu minas mais profundas a alguns quilômetros ao longo da estrada para Moscou. Na noite seguinte, ele e um grupo de agentes da Cheka retornaram com alguma gasolina e ácido sulfúrico. Desenterraram os corpos, colocaram-nos em um caminhão e viajaram até o novo local de repouso final, uma vala rasa das proximidades. Ácido foi derramado sobre eles, e a vala, coberta por terra e galhos de arbustos.*[3]

Lênin era grande admirador de Sergei Nechaev, líder do Vontade Popular e autor do *Catecismo Revolucionário*. Antes da revolução, ele ocasionalmente lembrava à sua equipe as opiniões de Nechaev sobre o regicídio. Certa vez, disse a Vladimir Bonch-Bruevich: "As pessoas se esqueceram completamente que Nechaev possuía talento especial como organizador, capacidade para criar habilidades particulares em trabalho ilegal. (...) Basta que recordemos sua resposta precisa à questão de quem deveria ser morto na família real? Ele disse 'toda a *ektenia*' [a lista completa dos Romanovs lida em voz alta num tradicional serviço religioso ortodoxo]. Então quem deveria morrer? Toda a Casa dos Romanovs. (...) Isso foi gênio puro."

No entanto, quando Lênin ordenou a morte de "toda a *ektenia*," ele mentiu a respeito – temeroso, principalmente, da reação internacional. Os soviéticos tentaram por anos manter a ficção de que os assassinos de Ekaterinburg receberam a ordem do soviete local. Apegaram-se à história de que o restante da família morrera devido a circunstâncias aleatórias durante a Guerra Civil, que suas mortes se deveram a danos colaterais.**

Mesmo que a verdade fosse dita, não faria muita diferença na Rússia, tão acostumado começava a ficar o povo com as mortes violentas, e

*Na noite seguinte, em Alapaevsk, a 120 quilômetros de distância, a irmã da ex-Czarina, grã-duquesa Ella, que havia se tornado freira, sua companheira Irmã Barbara, o grão-duque Sergei e cinco outros Romanovs foram assassinados – de novo, pelas mãos da Cheka dos Urais – de maneira muito mais horrorosa. Foram levados na calada da noite em carroça para uma floresta e forçados a caminhar até a beira de poço de mina em desuso. Foram espancados a coronhadas de fuzis e, um a um, lançados dentro do poço que tinha água acumulada no fundo. Sergei morreu rapidamente – de alguma forma, ele conseguiu escalar até a borda do poço e levou um tiro na cabeça. Os demais foram deixados para morrerem de inanição.

**Adolph Joffe, embaixador russo na Alemanha no verão de 1918, tinha certeza de que Lênin sabia todo o tempo qual seria o destino dos Romanovs. O embaixador escreveu em suas incompletas memórias: "Eu estava em Berlim quando (...) [eles] foram executados. Fui oficialmente informado apenas sobre a morte de Nicolau II. Não soube nada sobre (...) [a família] e pensei que estivessem vivos. Quando representantes de Wilhelm II e o irmão da ex-Imperatriz, o duque de Hesse-Darmstadt, e outros príncipes me visitaram e perguntaram sobre a sorte de Alexandra Feodorovna e de seus filhos, eu sempre lhes disse o que acreditava. Mas comecei a ter dúvidas; vinha ouvindo diversos rumores. A despeito de todas as indagações que enviei a Moscou, não consegui nada que fizesse sentido nas respostas. Finalmente, quando Dzerjinsky chegou incógnito a Berlim, em rota para a Suíça, consegui que me contasse a verdade. (...) Ele me disse que Vladimir Ilyich havia afirmado que eu não deveria ter conhecimento de coisa alguma. Segundo Dzerjinsky, Lênin dissera: 'É melhor que Joffe não saiba de nada. Será mais fácil para ele mentir aos alemães em Berlim'."

tão impopulares eram os Romanovs. O espião inglês Robert Bruce Lockhart escreveu em seu diário: "a população de Moscou recebeu a notícia (...) [da morte do Czar] com surpreendente indiferença. Sua apatia quanto a tudo, salvo seu próprio destino, era completa, ainda que sintomática dos tempos extraordinários que vivíamos."

O ex-primeiro-ministro czarista Vladimir Kokovstov viajava de bonde em Petrogrado no dia em que a notícia foi anunciada. "Não houve indício de pesar ou de simpatia entre as pessoas," disse ele. "O relato da morte do Czar foi recebido com sorrisos forçados, zombarias e comentários ignóbeis. Alguns passageiros disseram 'já era hora.'"[4]

44
As balas dos assassinos

"O fim está próximo? Se estiver, diga-me sem rodeios, para que eu não deixe questões pendentes."
Lênin para o Dr. Vladimir Rozanov, 30 de agosto de 1918

"A revolução devora impiedosamente seus filhos."
Alexander Herzen (1812-1870)

POUCO DEPOIS DAS DEZ DA MANHÃ DE 30 DE AGOSTO DE 1918, Moisei Uritsky, chefe da Cheka de Petrogrado, deixava seu gabinete no Comissariado de Assuntos Internacionais, sediado na Praça do Palácio. Quando ele pisou na calçada fora do prédio e estava prestes a embarcar em seu automóvel um tiro foi disparado. Uritsky caiu no chão e formou-se em torno de sua cabeça uma poça de sangue – "um orifício de bala ocupava o lugar onde estivera seu olho esquerdo," de acordo com uma testemunha.

Houve troca de tiros entre os seguranças de Uritsky e um jovem que trajava uniforme de cadete militar, mas ele conseguiu escapar de bicicleta. Enquanto isso, Uritsky era transportado às pressas para o hospital mais próximo, onde morreu poucos minutos depois de dar entrada.*

Lênin soube do assassinato uma hora depois do ocorrido. Ele gostava de Uritsky, antigo bolchevique que estivera na crucial reunião de outubro do ano anterior e decidira montar o golpe bolchevique. Afirmou que a perda seria tremendo golpe para a revolução. Foi dito a Lênin que a reação imediata seria um aperto na segurança pela Cheka e os Guardas Vermelhos nos edifícios do governo e do Partido Comunista. Teve curto encontro ao meio-dia com a irmã Maria, que

*O assassino logo foi identificado como Leonid Kannegisser, 22 anos, que foi preso um dia mais tarde, horrivelmente torturado na tentativa de descobrir se tinha cúmplices e, quando concluíram que agira sozinho, fuzilado. Ele era adepto dos SRs, porém não assassinou o comissário com o conhecimento do partido. Era talentoso poeta – amigo do escritor Sergei Esenin e de Marina Tsvetaeva – e seus poemas foram publicados postumamente em Paris, nos anos 1920.

pediu a ele que não saísse do Kremlin naquele dia. Lênin respondeu que tinha compromisso de palestra agendado para aquela tarde na fábrica Michelson, complexo de engenharia em bairro de classe operária em Moscou, e desejava honrá-lo. Fez um breve lanche com Bulkharin, que afirmou ser grande tolice ir a qualquer lugar de Moscou naquele dia e o aconselhou a permanecer no Kremlin.

Lênin tinha uma pilha de correspondência a examinar – inclusive cabograma que enviou a Trotsky em Sviyajsk, Tatarstan, uma das diversas frentes da Guerra Civil que grassava nas vastas extensões russas. Lênin disse-lhe que devia empregar "medidas extremas" contra os soldados que demonstrassem falta de vigor e "força" no campo de batalha. Deve ser dito a eles que, de agora em diante, aplicaremos o modelo da Revolução Francesa (...) e eles serão julgados e até fuzilados."[1]

Às cinco da tarde, Lênin foi levado de carro para a fábrica e falou por meia hora. Foi um desempenho típico. "A revolução não foi feita para que latifundiários possam retomar suas propriedades," disse ele. "Esses parasitas que sugaram o sangue do povo por tanto tempo têm que saber que nem liberdade nem igualdade farão com que recebam de volta suas riquezas perdidas, que irão seguramente para as mãos dos trabalhadores. Onde a burguesia manda, ela nada dá às massas laborais. (...) Tomem-se os EUA como exemplo (...) o país com maior liberdade, como garantem. Eles têm uma república democrática. E qual o resultado? Um punhado de milionários e bilionários que insolentemente domina, e toda a nação fica refém. Onde os chamados 'democratas' governam encontra-se dor e deslavado roubo. Nosso caminho é mais elevado. Só temos uma escolha: vitória ou morte."

Os aplausos foram entusiasmados, e Lênin sorriu quando acenou para se despedir. Caminhou para a saída onde seu carro aguardava e parou por pouco tempo para falar com grupo de mulheres que, polidamente, perguntavam sobre a escassez de alimentos.

De súbito, foram ouvidos três disparos, sons altos e secos. A multidão que se encontrava no portão da fábrica se dispersou. Lênin estava caído no chão, sangue se espalhava por sua camisa branca e jaqueta escura. Seu motorista e guarda-costas, Stepan Gil, debruçou-se sobre ele para verificar se ainda respirava. Os olhos de Lênin estavam abertos e ele se encontrava consciente.

Um homem do comitê da fábrica correu na direção de Gil e percebeu que o homem ferido era Lênin. Disse ao motorista, "Você tem de levá-lo ao hospital mais próximo. Não é longe." Mas Gil replicou:

"Não, vou levá-lo para casa." Lênin deve ter ouvido, pois sussurrou: "Casa, casa." Os dois homens levantaram-no, colocaram-no dentro do carro e Gil saiu disparado pelas ruas de Moscou em direção ao Kremlin.

Quando chegaram, Lênin recusou ajuda. Vestiu ele mesmo a jaqueta e subiu com suas próprias pernas os degraus dos três andares até se apartamento. A irmã Maria abriu-lhe a porta e ficou alarmada. Lênin sangrava profusamente, parecia sofrer muita dor, porém disse "Recebi um tiro e estou levemente ferido, foi só no braço."

Não havia cirurgiões por perto, mas duas pessoas formadas em medicina foram rapidamente encontradas no Kremlin, só uns poucos metros distantes do apartamento de Lênin: Vera Velichkina, esposa de Bonch-Bruevich, e Vera Krestinskaya, casada com antigo *apparatchik* do partido Nikolai Krestinsk, examinaram o ferido e o deixaram em condições confortáveis no aguardo dos cirurgiões. Velichkina injetou-lhe morfina. Nadya ainda estava em seu escritório no Comissariado do Iluminismo, e um carro foi despachado para trazê-la ao Kremlin.

Meia hora depois, os professores Vladimir Rozanov e Vladimir Mints, reputados especialistas de hospital, já haviam limpado seus ferimentos. Descobriram que uma das balas atravessara o pescoço de Lênin da esquerda para a direta e, por fração de centímetro, não atingira a aorta e, depois de perfurar seu pulmão, ficara alojada no pescoço acima da clavícula. Outra bala se encontrava no ombro esquerdo. A terceira atravessara, sem feri-lo, a jaqueta que o chefe bolchevique usava. A primeira das três era a mais perigosa porque afetava a respiração. Os cirurgiões pediram balões de oxigênio, gaze, mais ataduras e outros equipamentos que não existiam no Kremlin. Funcionários saíram voando para buscar os pedidos numa farmácia da principal rua de lojas de Moscou, a Tverskaya, bem próxima. Os cirurgiões decidiram deixar as balas no interior do corpo de Lênin.

Quando Nadya retornou para casa, a primeira pessoa que encontrou foi Sverdlov, que parecia apreensivo e pálido; tudo o que ele disse foi, "Estamos tomando todas as providências para Ilyich." Ela entendeu que Lênin estava morrendo e quando chegou ao quarto, que havia se transformado quase num centro cirúrgico, Nadya foi tomada pela incerteza e o nervosismo.

Os braços de Lênin estavam içados e presos a uma espécie de barra, no entanto ele ainda permanecia consciente e pôde perceber a extensão de seus ferimentos. "O fim está próximo?" – perguntou a

Roznavov. "Se estiver, diga-me sem rodeios, para que eu não deixe questões pendentes." O cirurgião assegurou-lhe que os ferimentos não eram fatais. Mas ele não pareceu convencido.

Quando percebeu a presença de Nadya, olhou-a por alguns segundos em silêncio, então disse: "Você veio. Deve estar cansada. Vá se deitar um pouco." Ela disse mais tarde "que as palavras ditas foram irrelevantes (...) seus olhos diziam outra coisa: 'chegou o fim.' Saí do quarto para não o deixar nervoso."

A primeira pessoa que ele mandou buscar depois de Nadya foi Inessa, que correu de imediato para seu lado. Ela trouxe a filha mais velha Varvara, então com dezesseis anos. Nadya levou a mocinha para fora a fim de que ela desse uma olhada no entorno do Kremlin e tirasse algumas fotos de família, "deixando Inessa sozinha com Lênin por longo tempo," segundo uma das outras esposas do Kremlin.

Logo depois da visita, Inessa escreveu para a filha mais velha, Inna, com o cabeçalho "de minha cama, no meio da noite." Disse escrever às pressas e muito excitada porque a tentativa de assassinato e a experiência de quase morte "haviam nos reunido e feito com que nos tornássemos mais próximos ainda."*[2]

A suspeita foi presa rapidamente. Operários da fábrica Michelson a mantiveram sob mira de armas até que chegaram agentes da Cheka e a levaram. Era Fanny Kaplan (nascida Fanya Yefimovna Roitman), 28 anos, filha de professor escolar na província de Volhynia. Desde adolescente, ela se envolvera com política radical, primeiro num grupo anarquista, quando foi presa em 1906, por tentativa de assassinato de um funcionário czarista. Kaplan planejou e executou muito mal sua missão e acabou ferida pela explosão de sua própria bomba caseira. Foi sentenciada a "trabalho forçado perpétuo." De início, foi mandada para a cruel prisão de Maltsev, onde foi frequentemente açoitada em público com vara de marmelo – punição habitual à época – depois, para Orel, na Rússia Central e, finalmente, para o tristemente notório Akatua, campo com mineração de prata no leste da Sibéria, onde as condições eram tão pavorosas que centenas de cativos morreram. Kaplan desenvolveu sérios problemas de visão e ficou parcialmente cega de um dos olhos. Foi solta após a Revolução

*Houve outra pessoa ferida no atentado, Maria Popova, uma das mulheres que conversavam com Lênin após o discurso na fábrica. Ela se lembrou da troca de palavras. Relatou que: "Eu lhe disse 'deram permissão para comprar farinha, mas não retiraram os bloqueios de estrada,' e Lênin replicou: 'De acordo com o decreto, eles não podem retirar os bloqueios de estrada. Temos de continuar combatendo.' Então houve o tiro, e caí."

de Fevereiro e passou a viver na Crimeia. Na prisão, ela ab-rogara o anarquismo e se tornou socialista revolucionária. Após onze anos como convicta, ela se tornou tão dedicada e fanática quanto no dia em que foi presa com dezoito anos de idade.

Kaplan tinha de saber o que a esperava quando foi presa. Ela foi levada para a Lubyanka, onde ficou por pouco tempo na mesma cela do agente da inteligência britânica Robert Bruce Lockhart, detido pela Cheka por suspeita de participação na trama, e de outros dois espiões ingleses. Lockhart viu os guardas empurrando-a para dentro da cela. "Ela estava de vestido preto, e seus olhos, paralisados em olhar fixo, cercados de profundas olheiras; sua face, inteiramente sem cor. Devia ter entre 20 e 35 anos. Decerto, os bolcheviques esperavam que ela nos fizesse um sinal qualquer de reconhecimento. Mas sua postura não teve nada de natural. Dirigiu-se à janela e, pousando o queixo sobre uma das mãos, ficou observando a luz do dia. E assim permaneceu: imóvel, muda, resignada com sua sorte; até (...) que as sentinelas entraram para levá-la."

Foi transferida para outra cela poucas horas depois; dois dias mais tarde, foi transportada para o Kremlin e colocada em confinamento solitário num quarto diretamente abaixo do de Sverdlov.

Kaplan foi repetidas vezes interrogada por dois vice-chefes da Cheka, Yakov Peters e Nikolai Skrypnik, pelo comissário da Justiça, Dmitry Kursky, e pelo chefe do Tribunal Revolucionário de Moscou, Stanislav Dyakanov.

Os interrogadores ficaram convencidos de que ela fazia parte de conspiração mais ampla dos socialistas-revolucionários, cuja tentativa de golpe fracassara poucas semanas antes. Porém Kaplan nada revelou, insistindo que agira sozinha, fato que as melhores provas pareciam confirmar.

Absolutamente calma, ela disse vezes sem conta: "Não pertenço a partido nenhum."

"Por que você atirou no camarada Lênin?"

"Eu o considero um traidor. Quanto mais ele viver, mais retardará a ideia do socialismo. Por dezenas de anos."

"Quem mandou você cometer o crime?"

"Cometi o atentado sozinha."

Perguntaram-lhe sobre sua ligação com os SRs e quiseram saber os nomes de outros membros do partido que conhecia. Ela respondeu que conhecera muitos deles enquanto esteve presa, mas nenhum tinha nada a ver com sua tentativa de assassinar Lênin.

"O que você acha da Revolução de Outubro?"

"Eu estava em Kharkov, no hospital, quando ela aconteceu. Não gostei. Considerei-a negativa. Eu era mais pela Assembleia Constituinte. E ainda sou."

"Então, por que você atirou em Lênin?"

"Decidi atirar em Lênin há muito tempo. Fui eu quem atirou nele. Resolvi fazer (...) [isso] em fevereiro passado. A ideia amadureceu na minha cabeça já em Simferopol [na Crimeia] e desde então vim me preparando."

Muita gente no decorrer de décadas duvidou que a tentativa de assassinato fora obra de uma só atiradora, em particular alguém com tamanha dificuldade para ver como Kaplan. Segundo algumas teorias, havia outra mulher atiradora de uma equipe de assassinato SR postada nas proximidades – não em um "gramado inclinado,"* mas espreitando perto dos portões da fábrica Michelson e se aproximando disfarçadamente de Lênin. Kaplan teria aceitado deliberadamente a culpa, e a verdadeira assassina escapara. Outros afirmaram que a Cheka sabia que outra pessoa atirara, mas se satisfez em ter Kaplan como bode expiatório e prelúdio de aumento do terror contra qualquer oposição.** O fato é que não surgiram provas sólidas sobre o envolvimento de outra ou outras pessoas, e a pistola Browning de Kaplan foi encontrada na cena do crime com a evidência de três tiros disparados. Outro inconfiável SR disse que a autêntica culpada era outra "terrorista" chamada Lidia Konopleva, mas não se conseguiu relacioná-la com o crime, nem ela se encontrava no local do atentado. Kaplan, na realidade, tinha ligações estreitas com ativistas SRs, porém, a bem da verdade, também não era conectada a nenhuma "célula combatente" terrorista.[3]

No entanto, àquela altura, Lênin já estava acostumado com tiros contra ele. Houvera o incidente no dia de Ano Novo em Petrogrado, e em Moscou grassava a violência nas ruas. Lei e ordem quase não existiam. Justo três semanas antes, o carro de Lênin recebera disparos três vezes em um só dia. De manhã, um grupo de jovens de uma rua lateral – depois identificados como bolcheviques – atirou no automóvel; Lênin desceu do carro e passou-lhes uma carraspana: "Vocês

*NT: *"grassy knoll"* foi também a primeira suposição feita pelos jornalistas sobre o local em que se postou o assassino do presidente John F. Kennedy.

** Ver o trabalho de Robert Service, acadêmico que muito respeito, que acabou convicto de que Kaplan não poderia ter disparado em função de seu problema de visão e de sua generalizada confusão mental.

não podem ficar atirando de uma esquina, puramente ao acaso, sem identificar as pessoas em quem atiram." De tarde, seu carro foi barrado por um inesperado bloqueio de estrada feito por operários, que atiraram para o ar, exigiram ver seus documentos e não acreditaram que se tratava de Lênin. Deixaram que ele passasse, mas foram presos mais tarde. De noite, novos tiros recebidos de uma esquina não distante do Kremlin e disparados por homem não identificado, que errou o alvo.*

Nenhum desses casos foi tentativa de assassinato, apenas um dia normal no centro de Moscou no verão de 1918. O incidente com Kaplan foi diferente – ataque direto contra Lênin e o regime.

Tarde da noite de 3 de setembro, o comandante da guarda do Kremlin, Pavel Malkov, foi convocado à Lubyanka, e um dos assistentes de Dzerjinsky, Varlam Avanesov, disse-lhe que fora decidida a sentença de morte contra Kaplan e que ele, Malkov, estava encarregado de executar a pena. "A execução de um ser humano, especialmente de uma mulher, não era missão fácil; ao contrário, muito espinhosa. Mas jamais fora chamado a cumprir tarefa tão justa," disse ele depois. "Perguntei a Avanesov, 'Quando?' – e ele respondeu: 'Hoje, imediatamente.' Não houve comutação da sentença de morte de Kaplan. Foi devidamente executada, e fui eu quem a executou."

Pouco depois da execução, Malkov foi mandado reportá-la a Sverdlov, o qual solicitou detalhes. As instruções de Malkov foram para que a fuzilasse com um tiro na nuca – método clássico bolchevique – numa das garagens do pátio do Kremlin, com um motor de veículo funcionando para disfarçar o barulho do disparo, "e seus restos mortais deveriam desparecer sem deixar rastros," ordenou Sverdlov. Ela foi

*Poucos meses mais tarde, ele foi novamente rendido à mão armada. Em 19 de janeiro de 1919, Lênin visitava Nadya, convalescendo em Sokolniki, bairro afastado no Norte de Moscou, de reincidente e doloroso ataque da Doença de Graves. No caminho de ida, seu carro foi parado por seis homens armados. Os bandidos ordenaram-lhe que saísse do carro, roubaram-lhe a carteira e ainda pegaram a pistola Browning que carregava sob o casaco. A irmã Maria, que o acompanhava, foi revistada e exclamou: "Como vocês ousam nos revistar? Não sabem quem somos? Não reconhecem Lênin? Vocês não têm o direito de fazer isso." "Temos todos os direitos," respondeu o líder do bando. O motorista de Lênin, Stepan Gil, tentou intervir, mas Lênin mandou que se afastasse. Os bandidos entraram no carro e foram embora, deixando Lênin e seus acompanhantes caminhando a pé até o QG do partido mais próximo em busca de ajuda. Não lhe permitiram a entrada – os assaltantes tinham levado sua carteira de identidade, e os servidores não acreditaram que ele fosse Lênin. No fim, foi feita chamada telefônica para Dzerjinsky que, reconhecendo a voz, perguntou se havia motivação política para o incidente. "Não, definitivamente não. Se fosse o caso, eles teriam me liquidado."

fuzilada às quatro da madrugada de 4 de setembro. A execução foi testemunhada por uma só pessoa – escolha um pouco estranha entre os servidores da Cheka: o "poeta proletário" Demyan Bedny estava lá, disse Sverdlov, para servir de "inspiração revolucionária."

Lênin não interferiu na decisão. Malkov escreveu narrativa da execução cerca de quarenta anos mais tarde. "Uma charmosa fábula subsistiu de que Kaplan, alegadamente, permanecera viva, e que, no último minuto, Vladimir Ilyich solicitara que a vida de Kaplan fosse poupada. Correram boatos de chamadas testemunhas que a viram em um campo da ilha Solovki ou Kolyma, em 1932 ou 1938, para demonstrar quão generoso Lênin era ao perdoar seus inimigos e seus feitos maléficos. Porém nada anulou a sentença de morte de Kaplan. Tais rumores não passaram de histórias inventadas."[4]

Ao tempo da execução de Kaplan, os bolcheviques desencadearam uma orgia de violência vingativa em muitas das principais cidades e vilas da Rússia – o Terror Vemelho em enorme escala. Boatos se espalharam imediatamente em Moscou e Petrogrado de que Lênin estava morto havia alguns dias e que o regime entrara em pânico. Os médicos expediam boletins de três em três horas sobre o bom estado de Lênin, mas, embora precisos, as pessoas não acreditavam neles. O Dr. Rozanov afirmou que "Vladimir Ilyich tivera sorte. Se a bala se desviasse questão de milímetros em ambas as direções, ele estaria morto." Houvera séria hemorragia na cavidade toráxica de Lênin e havia a possibilidade de infecção, mas ele se recuperava muito bem. Cinco médicos se revezaram durante 24 horas diárias em sua cabeceira e, decorridos dois dias, declararam que o paciente não corria risco.

Muito antes, todavia, os chefões comunistas se empenharam em brutal represália. Às 23 horas de 30 de agosto, poucas horas depois do atentado, Sverdlov exarou decreto alertando os oponentes sobre o que estava prestes a acontecer: "Poucas horas atrás, vil atentado foi cometido contra a vida do camarada Lênin. A classe trabalhadora reagirá aos atentados contra a vida de seus líderes aprofundando suas forças e agindo através de impiedoso terror maciço contra os inimigos da revolução."

A Cheka simplesmente se soltou. Em Petrogrado cerca de quinhentos prisioneiros – Zinoviev se referiu a eles como "reféns" – foram imediatamente "executados em consequência do terror proclamado após a tentativa de assassinato de Vladimir Ilyich e da morte de Uritsky." No mês seguinte, mais trezentos. Ex-funcionários czaristas e SRs foram fuzilados em público. Em Nijny Novgorod, 41 pessoas foram executadas na tarde do dia do atentado contra Lênin. Seus nomes foram publicados e a Cheka local alertou que "para cada morte de um comunista ou mesmo só a tentativa responderemos com o fuzilamento de reféns burgueses." Em Kronstadt, os marinheiros detiveram aproximadamente 400 prisioneiros numa fortaleza por diversos meses. Na manhã seguinte, não havia mais detidos; todos tinham sido mortos.

O mesmo ocorria em todo o país. Sverdlov, então agindo como chefe de governo, recebia constantes mensagens de comissários que haviam sido enviados para as províncias. Stalin, em Tsaritsyn supervisionando a guerra contra os *kulaks*, passou cabograma a Moscou dois dias depois da tentativa de assassinato, reportando as dúzias de prisões e execuções: "Tendo ouvido sobre a perversa tentativa de assalariados dos capitalistas contra a vida do maior dos revolucionários, o líder do proletariado (...) reagimos a tão inqualificável ataque com a organização de terror de massa sistemático contra a burguesia e seus agentes." No total, 6.185 sentenças de morte foram exaradas em dois meses depois que Lênin foi baleado, mas é provável que muito mais pessoas tenham sido mortas. "Temos que dar fim de uma vez por todas a essa arenga papista-quaker sobre a santidade da vida humana," disse Trotsky justificando o terror.

Dali por diante, deixou de existir praticamente freio para a Cheka. A mensagem passada era de que ela podia, mais ou menos, fazer o que quisesse. Em circo-cabaré de Moscou, um grupo de chekistas fora do expediente assistia a uma apresentação dos palhaços "Bim-Bom," dupla muito popular de cômicos na virada do século, que fazia um misto de pastelão e sátira política. Todos em Moscou iam àquele circo, dos ricos aos operários. A certa altura durante o show, os chekistas, já um tanto sob efeito de bebidas, subiram ao palco e começaram a censurar os palhaços pela encenação "contrarrevolucionária" e insultuosa. A audiência pensou que aquilo fazia parte da apresentação – até que um deles sacou seu revólver e matou o palhaço conhecido como "Bom."* O incidente provocou protestos; o vice-chefe da Cheka, Yakov Peters, investigou a ocorrência, porém não tomou nenhuma medida contra o assassino, argumentando que seus servidores estavam apenas demonstrando excesso de zelosa vigilância revolucionária.

A tentativa de assassinato foi o começo do "culto a Lênin," o exagerado louvor e a semirreligiosa veneração que caracterizaram a liderança

*"Bom" era Ivan Radsunski, principal ator da dupla que, ao longo dos anos, trabalhara com diversos "Bims" – que naquele ato era Mieczław Stanewieski.

no mundo comunista pelas décadas seguintes – aperfeiçoado mais tarde por Stalin, Mao Tsé-tung e Kim Il-Sung, mas com origem nos dias que sucederam o atentado contra a vida de Lênin. Três dias depois dos disparos, Zinoviev fez absurdo discurso que estabeleceu o tom: "Lênin é o maior líder que a humanidade já conheceu, o apóstolo da revolução socialista," jorrou emocionado. Supostamente ateu, ele comparou Lênin a Jesus Cristo e afirmou que ele se tornara "Líder pela Graça Divina" – como os sacerdotes ortodoxos se referiam aos czares. Trotsky voltou correndo da frente de combate para qualificar Lênin no Soviete de Petrogrado como "o maior ser humano de nossa época revolucionária, nossa nova era (...) a perda de Lênin seria devastadora para a revolução." Os jornais publicaram uma série de edições especiais com matérias extravagantes – e, por vezes, fictícias – sobre o heroísmo e a personalidade de Lênin. Foi a primeira vez que a imprensa soviética escreveu extensamente sobre Lênin como pessoa.[5]

O líder bolchevique se recuperou e voltou ao seu gabinete no prazo de três semanas.* Exercitava-se ocasionalmente e caminhava em torno das instalações do Kremlin com o braço esquerdo numa tipoia. Contra suas ordens expressas, ele foi filmado por uma equipe cinematográfica organizada por Bronch-Bruevich. Ainda corriam boatos em Moscou de que ele morrera e fora enterrado; Bronch-Bruevich e Sverdlov quiseram provar que ele ainda vivia. "Foi uma câmera o que vi no telhado?" – perguntou Lênin certo dia. "Acho que lhe disse que não queria fotos, não foi?" "Sim, Vladimir Ilyich," admitiu Bronch-Bruevich, "eles estão filmando. Esta é a única maneira de podermos mostrar com certeza que você ainda está entre nós. Isso vai nos ajudar bastante." Por um instante, Lênin ficou furioso, mas

*Visitantes durante sua convalescença incluíram Maxim Gorky, que ainda escrevia artigos para os jornais criticando a revolução e Lênin pessoalmente. O líder bolchevique desejou ver o escritor. Gorky lembrou-se: "Visitei-o quando ele ainda não era capaz de usar o braço com liberdade e dificilmente movimentava o pescoço perfurado. Em resposta às minhas palavras de indignação, ele falou de má vontade, como se o incidente fosse algo que o incomodasse. 'Foi apenas uma rixa. O que se pode fazer a respeito? As pessoas agem da única maneira que sabem'." Angelica Balabanova recordou-se de Lênin poucos dias depois do atentado, "sentado na varanda e tomando sol (...) emocionada, abracei-o em silêncio. Só quando eu estava indo embora, ele comentou o que havia ocorrido. (...) Quando conversamos, ele pareceu aliviado com o fato de outras pessoas terem decidido sobre o destino de Kaplan. Afirmou: 'O Comitê Central decidiu o que fazer com ela.' Mas quando disse isso, ele tinha que saber que Kaplan já estava morta." Nadya, contudo, "ficou profundamente afetada pelo pensamento de revolucionários condenando outros revolucionários à morte (...) quando depois nos vimos a sós, ela chorou amargamente ao se referir ao fato." Conclua-se o que se quiser, mas Balabanova é usualmente fonte confiável.

foi se acalmando. "Bem, provavelmente você está certo, mas ainda não gosto disso."

Por uma providência de Stalin, a segurança pessoal de Lênin foi triplicada em tamanho, e quando ele saía do Kremlin três carros idênticos passavam pelo portão ao mesmo tempo para que qualquer potencial assassino não soubesse em qual deles viajava Lênin.

Leonid Krasin, um dos mais antigos camaradas de Lênin, escreveu sabiamente à sua esposa em 7 de setembro: "Acontece que a tentativa de matar Lênin o tornou muito mais popular do que era. Ouvem-se (...) pessoas que estão longe de ter qualquer simpatia pelos bolcheviques, dizendo que teria sido um desastre se ele sucumbisse aos ferimentos, como se pensou de início. E elas estão certas (...) no meio de toda essa confusão e caos, ele é a espinha dorsal do novo corpo político, o apoio principal sobre o qual repousa todo o resto." Muitos que podiam até odiá-lo diziam o mesmo tipo de coisa.[6]

45

A vida simples

"Em Lênin houve aquela combinação em uma só pessoa da autopunição, que é a essência de todo o autêntico ascetismo, com a punição de outras."
Pyotr Struve (1870 - 1944)

ENQUANTO MUITOS DOS OUTROS CHEFÕES DO KREMLIN logo passaram a desfrutar dos penduricalhos e benesses do poder, Lênin e Nadya viviam em razoável modéstia. A vida familiar corria, mais ou menos, como era no exílio – sem ostentações, embora agora contassem com empregada/arrumadeira, Olymprada Jaralova, que antes trabalhara em fundição nos Urais. Logo depois de eles se mudarem para Moscou, a irmã Maria foi morar com o casal.* Dois gatos moravam também no apartamento e, ocasionalmente, aparecia um felino desgarrado para viver com eles. Lênin gostava de gatos, e normalmente era ele quem lhes providenciava água e alimentos; Nadya e Maria quase sempre se esqueciam desses afazeres.

Raramente faziam refeições no restaurante do Kremlin, onde figurões do Partido Comunista podiam comer decentemente em ocasião de racionamento apertado e fome em Moscou. O Kremlin era um vasto complexo, quase pequena cidade dentro da nova capital, abarcando muitas ruas e prédios de escritórios onde cerca de 3.500 pessoas já trabalhavam seis meses depois da mudança de Petrogrado. Nadya era constantemente vista caminhando firme ao longo de suas calçadas, com pão preto sob o braço e empunhando uma terrina de sopa. Lênin trabalhava punitivas dezessete horas diárias, mas almoçava em casa quase todos os dias – como fizera em Genebra e Paris.

Ocasionalmente saíam para se divertir. Quando Clara Zetkin os visitou poucos meses depois do atentado contra a vida de Lênin encontrou "Nadya e a irmã de Lênin jantando, e rapidamente me convidei para partilhar a refeição, que era muito simples: chá, pão preto, manteiga, queijo. Mais tarde, Maria tentou encontrar 'alguma coisa doce' para a 'convidada de honra' e descobriu uma

*Ela continuou morando com Nadya – embora em outro apartamento do Kremlin – depois que Lênin faleceu e até que ambas morressem.

rara compota de fruta em calda." A modéstia e a simplicidade em parte se deviam a razões políticas: Lênin sabia que seu estilo de vida seria conhecido e queria passar a mensagem para os outros que seus modos visivelmente puritanos deveriam ser os de todos os outros bons comunistas. Todavia, aquele modo de viver era em grande parte genuíno; sempre fora assim e gostava mesmo da vida sem luxos. Abominava os grandes jantares com sete pratos, regados a bebidas, infindáveis brindes com vodca e conversas sobre bravatas masculinas, que se tornaram norma entre os manda chuvas comunistas. Ele nunca participava deles.[1]

Sua única concessão era a casa de hóspedes em Gorky, 20 quilômetros a sudoeste de Moscou, para aonde Lênin foi a fim de se recuperar dos ferimentos pós-atentado. Ele passou a usá-la com regularidade –"parece muito um pedaço tranquilo da Suíça," disse – e nos seus dois últimos anos viveu lá quase permanentemente. A casa era chamada dacha ou cabana, porém bem maior e mais confortável do que qualquer residência em que o casal antes morara, uma graciosa pequena mansão com seis colunas brancas na entrada e exagerado interior repleto de vidro laminado e candelabros. Ela pertencera a Savva Morozov, mas fora confiscada pelo regime czarista para entreter os hóspedes oficiais, e acabara herdada pelos bolcheviques. Numa área conhecida como "pequenas colinas," era cercada por abetos e bétulas prateadas, e de sua varanda observava-se magnífica paisagem. Tanto Lênin quanto Nadya adoravam o lugar, se bem que no início ele comentara: "Era tudo tão novo e estranho para nós (...) nunca moramos em nada parecido, tão acostumados estávamos a residências humildes (...) sentíamos um tipo esquisito de incômodo. Escolhemos o menor dos quartos para dormir."

Em Gorky, quatro eram os guardas sempre de serviço, e os empregados eram três, incluindo um cozinheiro, Spiridon Putin, cujo neto Vladimir se tornaria, décadas mais tarde, líder da Rússia.[2]

A maioria dos figurões comunistas vivia mais confortavelmente. Lênin havia imaginado sua "vanguarda" revolucionária constituída por homens e mulheres austeros, quase monásticos, suportando agruras pela causa; entretanto, rapidamente, como disse Joffe, ela se transformou em casta privilegiada. Os comunistas se distanciaram do povo.

O requintado estilo de vida da elite bolchevique – e a corrupção que o acompanhou – começou cedo. Decorridas poucas semanas do golpe, Lênin enviou um relatório da Seção de Trabalhadores do Instituto

Smolny, cidadela da Revolução de Outubro, especificando que enquanto Petrogrado experimentava a fome, funcionários bolcheviques corruptos no Smolny vendiam alimentos em caminhões repletos a preços fantásticos aos agentes do mercado negro. "Os famintos operários observam as bem-vestidas czarinas dos chefões do partido soviético saindo com pacotes de alimentos e sendo conduzidas em seus automóveis," dizia o relatório. "Eles dizem que está tudo parecido com os velhos dias dos Romanovs e suas *fräuleins*. (...) Receiam reclamar com Zinoviev [chefe do partido em Petrogrado], pois ele vive cercado de asseclas com revólveres que ameaçam os trabalhadores quando fazem demasiadas perguntas." Lênin estava irado, apesar de não totalmente surpreso. Ele pôs fim ao escândalo imediato, mas casos semelhantes continuaram ocorrendo. Já se preocupava que a corrupção – e a burocracia – podia devorar a alma do partido, mas não fez, nem faria, nada de significativo para remediar o problema.

Os privilégios dos *apparatchiks* começaram de forma bem modesta. Refeições regulares para os camaradas, que trabalhavam com devoção para a revolução, com baixos salários e grandes sacrifícios, pareceram preço razoável a pagar pela lealdade. No começo de 1918, quando a falta de alimentos foi extrema em toda a Rússia, Lênin apoiou o plano de se abrir restaurante só para os militantes bolcheviques em Petrogrado, argumentando que não se podia fazer revolução com o estômago vazio: "Os trabalhadores entenderão a necessidade do restaurante," disse ele.

Alguns puristas julgavam que os servidores do partido deveriam ser tão rigorosos quanto o restante do povo no recebimento de rações: iguais para todos. Mas Lênin os contradisse. "Os heróis do autossacrifício, que é sua posição fundamental, estão, em especial nas condições atuais, arraigados na pequena burguesia," afirmou ele. "A classe trabalhadora não pode marchar na vanguarda da revolução sem seus ativistas, seus organizadores. É preciso que se dê atenção aos militantes e, nos dias de hoje (...) eles têm de ser fisicamente apoiados."[3]

Os trabalhadores teriam entendido se os privilégios ficassem apenas nas refeições decentes. Mas o sistema rapidamente se ampliou para uma série de benesses à elite comunista com base na antiguidade, tempo de afiliação e lealdade. Um sistema que não tinha nada a ver com o marxismo, mas espelhava o complexo funcionalismo público czarista, com sua pormenorizada tabela de funções e postos que gratificava com benefícios de maneira altamente rígida. O sistema da *Nomenklatura* comunista protegia, da mesma forma, os melhores empregos para os membros do partido. Passados dois anos, aproximadamente 4 mil bolcheviques e suas famílias viviam no Kremlin e nos hotéis dirigidos pelo partido, o Metropol e o Nacional, ambos próximos à Praça Vermelha.

Existiam por volta de 2 mil empregados domésticos para funcionários comunistas já no fim do primeiro ano da mudança para Moscou, e um complexo de lojas especiais, spa, cabeleireiro e restaurante com cozinheiros formados na França. Em Petrogrado, oficiais dos altos escalões do partido viviam no Hotel Astoria, recém-restaurado para sua antiga glória dos tempos do Czar. "Grishka" Zinoviev morava em espaçoso apartamento da cidade, mas uma suíte do hotel estava sempre disponível para seu uso, com também para uma variedade de jovens amantes.

Logo depois de Stalin ser nomeado comissário do Controle Estatal em 1919, função extremamente importante que lhe conferia imenso poder sobre as designações do estado e os negócios do governo, Lênin ordenou-lhe a investigação da corrupção nos altos cargos de uma maneira geral e, mais especificamente, "promover uma sindicância ultrassecreta nas repartições do Smolny," sem que Zinoviev ou outros funcionários do partido soubessem da ação. Stalin raramente dizia não para Lênin, mas naquela ocasião recusou a missão, argumentando que a espionagem de camaradas minaria o trabalho do partido e iria contra o espírito bolchevique. A razão, é claro, era ele não querer ser odiado por outros camaradas como o homem que começara a acabar com seus privilégios. Não seria assim que ele chegaria ao topo.[4]

A dacha de Lênin não era, de modo nenhum, a mais luxuosa de todas. Outros chefões receberam residências bem mais requintadas e maiores. Trotsky, por exemplo, ganhou mansão bastante ostentosa da região – Arkhangelskay – uma das mais elegantes e outrora propriedade da princesa Yusupov. A de Stalin fora a de milionário do petróleo.

Decorridos alguns meses depois da revolução, Gorky escrevia à esposa que "só os comissários levam boa vida nesses tempos. Roubam o que podem do povo para pagar às suas cortesãs e aos luxos que nada têm de socialistas." Lênin não gozava deles, porém sabia que isso era feito por muitos de seus camaradas da liderança. Reclamações de bolcheviques da velha escola, os verdadeiros crentes de um partido cujas fileiras se viam cada vez mais ocupadas por carreiristas, eram constantes.

Um camarada que Lênin conhecera por muitos anos escreveu-lhe de Tula, no início de 1919, com uma mensagem de "não era assim em meus dias": "Nos afastamos das massas e tornamos difícil atraí-las. O espírito dos velhos camaradas do partido sumiu por completo.

Foi substituído pelo mando de uma só pessoa, no qual o chefão do partido é o dono de tudo. O suborno virou universal; sem ele, nossos camaradas comunistas não sobreviveriam." Lênin ignorou uma série de alertas similares.

Joffe – um dos mais incorruptíveis servidores – retornou de Berlim para desempenhar cargo no Comissariado do Exterior e ficou chocado. Escreveu ao bom amigo Trotsky que "existe enorme desigualdade, e a posição material de alguém depende em grande parte de sua situação no partido; você há de convir que se trata de perigosíssima questão. Foi-me dito que, por exemplo. (...) velhos bolcheviques ficam horrorizados de perder o cargo só porque ficariam sem o direito de morar no Hotel Nacional e sem outros privilégios a ele relacionados. O antigo espírito do partido foi perdido, aquele da falta de egoísmo e da devoção entre os camaradas." Ele cunhou um apelido para os novos comunistas, que Trotsky iria adotar e usar mais tarde: "*radishes* – Vermelhos por fora e Brancos por dentro."[5]

O gabinete de Lênin nada tinha de luxuoso, era quase espartano, assim como seus aposentos privados, pouco além no mesmo corredor do principal prédio do Kremlin. Era cômodo apertado, não mais que dezoito metros quadrados, com surrado carpete marrom e vaso com planta num dos cantos. A mobília era muito simples. Todos os itens – deixados pelo Czar – eram funcionais, exceto um velho relógio que atrasava de três a quinze minutos por dia. Constantes reparos não adiantavam e, ainda assim, Lênin insistia em que ele lá ficasse: "Outro relógio não seria diferente," disse ele misteriosamente. "Era o tipo do escritório que poderia ser o de diretor de escola provinciana," afirmou um visitante regular.

Lênin não admitia cortinas em seu gabinete e as venezianas jamais eram baixadas. Quando o governo se mudou para Moscou, sua secretária, Lidia Fotieva, de 36 anos, disse: "Era como ele se sentisse apertado ou oprimido numa sala isolada do mundo exterior pelas persianas." A temperatura tinha que ser mantida exatamente em 14 graus Celsius, "e ele não podia suportar se ela subisse um grau sequer."*

Havia três telefones sobre sua mesa. As canetas e os lápis ficavam ordenadamente alinhados, e os lápis tão apontados quanto afiados

*Por vezes, Lênin, ostensivamente, se privava dos confortos. Certo dia do inverno congelante de 1918, o tapete de pele não curada de carneiro colocado sob a escrivaninha para aquecer seus pés foi substituído por outro de belo pelo de urso. Ele protestou – aos gritos – e exigiu que o antigo voltasse ao lugar. "É um luxo do qual não preciso (...) totalmente desnecessário num país arruinado como o nosso."

estiletes. Havia uma elaborada base para tinteiros com dois pequenos abajures pendentes. Peça mais querida da mesa era estranha estátua de macaco sentado em pilha de livros olhando fixo para exagerado crânio humano, representando a teoria da evolução de Darwin.

Não havia fotos de pessoas ou retratos de família. Na parede oposta à mesa ficava pendurada grande imagem de Marx. Próxima dela, à esquerda, um mapa da Rússia, e mais à esquerda uma placa de bronze de Stepan Khalturin, revolucionário executado em 1881 por assassinar o general czarista, Fyodor Strelnikov. Lênin dizia que não comemorava a façanha, mas a "extraordinária coragem do moço." O escritório continha também um retrato de Chernychevsky em outra parede. Lênin havia tempo detestava o fumo, porém depois do atentado baniu qualquer fumaça de cigarro ao seu redor. Existia grande placa de "Proibido Fumar" no seu escritório e na sala de reuniões contígua.

Também não gostava de cadeiras estofadas macias. A cadeira de sua escrivaninha era simples, com assento e espaldar de pura madeira. Pendia um candelabro do teto, e Lênin jamais saía do gabinete sem apagar suas lâmpadas. Todos os dias, ele rasgava uma página do calendário de parede. Noutro canto do escritório ficava uma pequena mesa atulhada de atlas e mapas, que ele gostava de estudar. Existiam cerca de 2 mil livros e dicionários em diversas estantes no gabinete; ele alertou as secretárias para que ficassem de olho nos visitantes que pudessem se apropriar deles. Em alguns volumes, escreveu "Exemplar de Lênin." Fotieva disse certa vez que "de modo geral, Vladimir Ilyich gostava das coisas como estavam, sem grandes alterações no ambiente. Parecia que na quietude do gabinete e de seus itens, sempre os mesmos e sempre nos mesmos lugares, ele encontrava o repouso que não tinha nos diversificados eventos da vida." Em outras palavras, que um ultraleal e duradouro bolchevique nunca usaria, era profundamente conservador, exigente e muito difícil de com ele se trabalhar.

Lênin ainda adotava ultrapassados, sigilosos e conspiratórios métodos. Frequentemente enviava cartas e mensagens para pessoas de Moscou por mensageiro de bicicleta e dizia às secretárias para não despacharem pacotes sem antes se assegurarem de que as pessoas estavam nos locais exatos para recebê-los. "Selem as cartas em envelopes e, se necessário, costurem-nos e os lacrem. (...) Escrevam no envelope 'Para Não Ser Lido por Mais Ninguém' e alertem o mensageiro que o destinatário tem que assinar recibo." O recibo tinha que ser mostrado a Lênin. Em certa ocasião, uma de suas cartas atrasou e ele enviou zangada nota para Gorbunov, secretário executivo do Sovnarkom: "Ontem descobri que um documento urgente que entreguei a Fotieva foi despachado como 'comum' e atrasou diversas horas; se eu não tivesse intervindo, ela se atrasaria por dias. Se isso acontecer de novo, irei recorrer a severas punições e demissões." Diversas vezes ele ameaçou "prender no ato" assistentes que não estavam à altura de seus padrões perfeccionistas.

Por outro lado, Fotieva garantiu que ele era, na maior parte do tempo, gentil em seus modos pessoais e bem-educado: "Acho que se pode dizer que ele trabalhava jovialmente (...) com muitas gargalhadas." Isto era dito com frequência sobre Lênin, descrição que não combina muito bem com sua persona demandante, difícil, dominadora e impiedosa. Seu senso de ironia era mordaz, quase sempre à custa de alguém. Mas algumas de suas rigorosas críticas continham senso mais amplo de humor, até de ocasional tolice. Gorky muitas vezes observou que "Lênin gostava de rir (...) e quando ria, o fazia com todo o corpo. Certas vezes, ria com tanto gosto que chegava às lágrimas. Podia dar às suas curtas exclamações de 'hum, hum' infinitas tonalidades, do sarcasmo cortante à dúvida não comprometida. Com frequência em seu 'hum, hum' o interlocutor captava o som do fino humor que um homem sagaz experimenta quando vê claramente através das estupidezes da vida."

Noutras oportunidades, ele podia fazer coisas que surpreendiam seus auxiliares mais próximos, como Fotieva lembrou-se. "Certa vez, depois que uma delegação de Bukhara, da Ásia Central, saiu, em hora que ele costumava ir para sua casa jantar, a porta entre seu gabinete e a sala de reuniões ficou trancada por dentro. Supondo que ele havia sido trancafiado por agente da Cheka que guardava outra porta, e preocupados porque Lênin deixara instruções para que continuássemos o trabalho, começamos a esmurrar seguidamente a porta. Depois de alguns minutos, ela foi aberta por um sorridente Vladimir Ilyich. Lênin estava vestido com traje nacional bukharense que a delegação lhe havia presenteado e ele o enfiara pela cabeça para ver como ficava. Pena que não existam fotos daquela ocasião."[6]

As petulantes raivas de Lênin por questões menores se tornaram mais pronunciadas depois do atentado contra sua vida. Nadya não estava mais tão presente para amainar suas fúrias, e poucas pessoas – quanto mais poderoso ele se tornava – eram bastante fortes para confrontá-lo. Ele podia perder às vezes o senso de proporção e gastar tempo em assuntos triviais mesmo estando a Rússia e seu regime enfrentando graves crises.

No verão de 1918, ele ficou obcecado com a retirada de estátuas e bustos czaristas dos locais públicos, substituindo-os por figuras do iluminismo e do socialismo – Danton, Darwin, Engels, Herzen e muitos mais. Em julho de 1919, enquanto grassava a batalha pelos grãos, e no dia em que deu instruções para o prosseguimento do assassinato do Czar e sua família, Lênin enviou nota a Anatoly Lunacharsky, mesmo estando numa reunião do Sovnarkom, perguntando se ele havia falado recentemente com Vasily Vinogradov, funcionário responsável pela Comissão das Estátuas. "Ainda não," replicou Lunacharsky.

Veio nota em resposta: "Quando você irá [a Petrogrado para debater vários assuntos], (...) dia e hora?" "Amanhã à meia-noite."

"Telefone para Vinogradov e o receba em audiência." Depois, ainda na reunião, passou nota a Fotieva dizendo-lhe para se ligar com Vinogradov e marcar a audiência com Lunacharsky. Tudo durante debates sobre a crise russa dos alimentos. Lênin não deixava o assunto esfriar.

Três semanas mais tarde, mais notas foram expedidas ao comissário do Iluminismo. "Não existe ainda busto de Marx em nenhum lugar público. Estou pasmo e muito zangado que tal providência ainda não tenha sido tomada. Censuro e repreendo você por tal negligência criminosa. Exijo os nomes dos outros responsáveis para que eu possa enviá-los a julgamento. Vergonha para os sabotadores e vagabundos."

Suas explosões de temperamento podiam ser fenomenais e fora de quaisquer proporções. No outono de 1918, um elevador no Kremlin não funcionava havia três dias. Ele podia ter ordenado a um assistente que telefonasse para a equipe de manutenção e perguntasse o que ocorria. Porém Lênin escreveu de próprio punho uma extraordinária nota ao administrador do Kremlin: "Este é o cúmulo das desgraças. Existem pessoas que sofrem doenças do coração para as quais subir escadas é prejudicial e perigoso. Já falei mil vezes que esse elevador tem que ser mantido em operação e que uma pessoa precisa ficar responsável por ele. Repreendo-o fortemente e o encarrego de procurar a identidade desse culpado que não deu o devido aviso (...) [de que o elevador não funcionaria].* Envie-me mais uma vez a lista das pessoas responsáveis pelo elevador para que eu possa impor-lhes punições."

Lênin perdia tempo e paciência com tarefas que pessoas de nível inferior poderiam facilmente resolver, como Trotsky registrou. "A maneira de Lênin de lidar pessoalmente com muitas coisas custa-lhe grande dispêndio de energia. Com frequência, ele mesmo redige suas cartas, escreve endereço e remetente, envelopa e ainda cola os envelopes."

*No Partido Comunista, a palavra "repreensão" não era tão simples assim. Todo membro do partido possuía ficha histórica, que era muito importante para futuros cargos e postos dentro da organização partidária. Uma repreensão formal de líder era grande mancha negra.

O método preferido de Lênin para lidar com muitos problemas administrativos era ameaçar "enfileirar e fuzilar" alguém. Porém poucas ameaças eram tão absurdas e desproporcionais quanto essa, mesmo as que fossem ditadas em plena explosão petulante. Quando Stalin se encontrava em Tsaritsyn distribuindo justiça revolucionária contra os *kulaks* houve problemas com as linhas telefônicas. Lênin passou-lhe um cabograma: "Ameace fuzilar o idiota responsável pelas telecomunicações que não sabe empregar melhor amplificador ou manter decente conexão telefônica."

Lênin quase não fazia exercícios físicos, comia muito mal, trabalhava sob extrema pressão e por muitas horas seguidas, e esteve a ponto de ser morto em atentado. Quando, no passado, as "raivas" o atacavam, ou sofria de insônia e dores de cabeça, a reação de Nadya era arrastá-lo para uma folga ou feriado. Mas isso já não era tão fácil naquela ocasião. Ele podia ir para Gorky por alguns dias, mas o trabalho lhe pesava muito até lá "e ele não podia descansar adequadamente," disse ela. Vez por outra, no entanto, ele podia se afastar por um dia ou dois para caçar.

Um de seus companheiros regulares de caça era Nikolai Krylenko, funcionário do Comissariado da Justiça e que, mais tarde, seria o promotor-chefe da União Soviética com exaltados desempenhos nos julgamentos-shows stalinistas.* Numa de suas primeiras saídas, próximo a Smolensk no outono de 1918 "queríamos perdizes brancas e tetrazes negros," escreveu Lênin à irmã Anna. "O melhor de tudo foi que ao longo de dois dias não houve chamada telefônica (...) nenhuma mensagem, nem uma só questão para ser respondida."

Ele caçaram raposas – esporte totalmente diferente na Rússia e na Inglaterra, ou em muitos outros países. Na Rússia, a raposa é fuzilada. A ideia é forçar o animal a entrar numa clareira onde só existe uma saída, e nela se posta o caçador a esperá-lo. "A raposa veio diretamente na direção de Lênin, que não a identificou de pronto porque o pelo vermelho-acastanhado do animal estava coberto com a neve que também embranquecia o entorno," lembrou-se Krylenko. "Quando afinal ele reconheceu o animal, ficou mesmerizado, olhando fixamente para ele e não atirou (...) e a raposa ficou lá parada por um instante até que saiu em disparada e fugiu como um raio. 'Por que você não atirou?' – perguntei. 'Bem (...) ela era tão vistosa e bonita,' replicou ele."

Algumas vezes, ele ia caçar só nos domingos, com Jan Rudzutak, segurança letão que depois ascendeu ao Politburo soviético sob Stalin.

*Até que ele mesmo foi "expurgado" em 1938 e executado, horas depois de sua última aparição no tribunal.

Rudzutak ia acordar Lênin, "que já estava calçado com as botas de feltro, calças de couro e jaqueta também de couro preto de cavalo, um pacote de sanduíches e pequena caixa de latão com torrões de açúcar para o chá." Certa vez, depois de um dia totalmente infrutífero do esporte – na maioria das ocasiões sua bolsa voltava sem caça; o poder não o tornara melhor caçador – o trenó deles quebrou a quarenta quilômetros de Moscou. Eles tiveram de andar dois quilômetros e meio até a estação ferroviária mais próxima, estafante jornada através da neve acumulada.

Uma excursão de caça com Krylenko, nos meses finais de 1919, deu-lhe um alerta de saúde. Seguindo-se a outro dia improdutivo do esporte, os dois viajaram 25 quilômetros em carroça de camponês e passaram duas noites em celeiro de palha. Lênin não deixava ninguém servir-lhe chá ou alimentos; ele mesmo fazia tudo – "nunca se queixava, embora às vezes parecesse bem fatigado." Na manhã seguinte, ele reclamou de terrível dor de cabeça e, poucas horas mais tarde, depois de vadear um alagadiço, tropeçou num toco de árvore, caiu e não conseguiu mais se mexer. Disse estar "com sensação de formigamento."[7]

Às vezes, Lênin e Nadya iam ao teatro em Moscou, porém era muito comum saírem após o primeiro ato. "Fomos algumas vezes ao Teatro de Arte de Moscou," disse Nadya. "Em certa ocasião, assistimos a uma peça sobre um desastre de barco no Mississippi e Lênin gostou imensamente, coisa rara. (...) Desejamos ir de novo ao teatro na noite seguinte e estava sendo apresentada a peça *O Submundo*, de Gorky, que irritou Lênin. (...) Depois disso resolvemos dar um tempo ao teatro (...) na última vez que fomos, assistimos *O Grilo da Lareira* de Dickens, que deixou Lênin entediado já no meio do primeiro ato. O sentimentalismo de classe média de Dickens mexeu com os nervos de Lênin e ele deixou o teatro no meio do ato seguinte."

De modo geral, o gosto de Lênin na literatura, com em toda arte, era altamente conservador e pragmático. Lera com muito prazer na juventude, na adolescência e no início de sua vida adulta, mas raramente depois disso. Para um homem de sua época, bem-educado, sofisticado intelectualmente e inteligente, Lênin foi, surpreendentemente, pobre leitor – por certo em comparação com leitores onívoros como Stalin, Trotsky e Lunacharsky, entre seus amigos bolcheviques. Sabia pouco sobre pintura ou qualquer outra das artes visuais. Adorava música – em particular as sonatas para piano de Beethoven e, outra surpresa, Wagner – mas raramente ouvia música para evitar, como disse a Gorky, que ela o deixasse "brando."

Lunacharsky descreveu seus gostos com o eufemismo "ortodoxo." Em muitos aspectos, Lênin foi para as artes um rude filisteu. "Ao longo de toda a sua vida, ele teve pouco tempo para a arte e sempre se considerou ignorante nesse particular. Como odiava todo diletantismo, estranho à sua natureza, não era do seu feitio fazer comentários sobre o assunto das artes. Não obstante, tinha gostos definidos: admirava os clássicos russos, o realismo na literatura e a pintura."

Lênin espantou-se com a maior parte da arte e literatura modernas, e se apegou à ideia de que a busca pelo novo poderia destruir o antigo. Certa vez disse a Clara Zetkin: "Custou-me coragem reconhecer que sou um bárbaro nesses assuntos; não entendo nem aprecio as obras dos futuristas, imagistas, cubistas, formalistas – e outros istas."

Tipicamente, Lênin tinha opiniões formadas, e como a maioria das criaturas dogmáticas, não tinha muito interesse em descobrir significados nas coisas que não entendia. Sua curiosidade pelas artes cessou quando ele chegou por volta dos seus 25 anos de idade. Seu primeiro grande amor foi Turgenev. Lênin levava um volume de suas obras coligidas para onde estivesse no exílio e o releu vezes sem conta. Gostava dos poemas de Nekrasov, que escreveu belamente sobre a natureza, embora por vezes seu trabalho gotejasse sentimentalismo, como Lênin algumas vezes admitiu.[8]

Normalmente ele julgava os escritores menos pelo mérito artístico do que por seu lado político.* Reconhecia em Tolstoy um "gigante," mas detestava a visão mundial tolstoyista, com seus misticismo e pacifismo. "As contradições em Tolstoy (...) são gritantes. De um lado, temos um grande artista, o gênio que não apenas fez incomparáveis imagens da vida russa, mas também contribuições de primeira categoria para a literatura mundial. De outro lado, o grande latifundiário obcecado com Cristo. De um ângulo, o extremamente poderoso, direto e sincero protesto contra a falsidade e hipocrisia sociais. Doutro ângulo, o chorão cansado e histérico intelectual russo que bate publicamente no peito e lamenta: 'Eu sou um homem mau e infeliz, mas pratico a autoperfeição moral; não como mais carne, só me alimento de bolinhos de arroz.' Por um lado, sua inflexível crítica à exploração capitalista. Do outro, o excêntrico pregando submissão. (...) Tolstoy possivelmente não poderia entender, seja o movimento da classe trabalhadora e seu papel na batalha pelo socialismo, seja a Revolução Russa."

Lênin odiava Dostoyevsky como "brutal e perigosamente reacionário" e "totalmente imoral," apesar de reconhecer nele a genialidade das

*A exceção foi Turgenev, a quem amava a "despeito de ser um liberal."

"vívidas imagens da realidade." Certa vez, ele descreveu o *Memórias da Casa dos Mortos* como "inigualável conquista porque descreve extraordinariamente não apenas a colônia penal siberiana, mas também todo o povo russo que vivia sob o mando dos czares."*

Desprezava também a maior parte dos escritos russos contemporâneos. Criticou bastante Alexander Blok, cujo longo poema *Os Doze*, publicado na primavera de 1918, compara Lênin (não desfavoravelmente) a Jesus, e os bolcheviques, aos Apóstolos.** Mas Lênin reservou especial desdém ao poeta futurista Vladimir Mayakovsky, cuja obra se tornou muito popular nos primeiros anos soviéticos; grande parte dela – se bem que, de forma alguma, toda – louvação a Lênin e aos comunistas.

Lênin reagiu com fúria quando soube que a editora estatal estava imprimindo 5 mil exemplares do *150.000.000* de Mayakovsky e que Lunacharsky apoiava a publicação. "Você não tem vergonha de votar a favor disso?" – escreveu a Lunacharsky. "Trata-se de bobagem, estupidez, pretensiosa e enganosa tolice e afetação. Acredito que coisas assim devem ser editadas uma vez em cada dez oportunidades, e não mais do que 1.500 cópias para as bibliotecas e os desequilibrados. Você deveria ser chicoteado por seu futurismo." Lunacharsky escreveu de volta dizendo que ele mesmo não gostava do poema, mas que outros críticos influentes o apreciavam, "e quando Mayakovsky era lido em público fazia grande sucesso entre os operários."

Lênin não se conformou. Escreveu ao vice de Lunacharsky, o historiador Mikhail Pokrovsky, solicitando que ele interviesse. "Peço-lhe outra vez que ajude na batalha contra futurismo, etc. Isso não pode ser barrado? Vamos concordar com a publicação de futuristas duas vezes ao ano em não mais do que 1.500 exemplares. Será que não se pode encontrar quaisquer confiáveis antifuturistas?" Ele disse a Gorky

*Lênin abominava o personagem Novodorov do último romance de Tolstoy, *Ressurreição* (1899), meio sonhador idealista e meio implacável revolucionário oportunista, que tinha muito de Lênin. "O todo da atividade revolucionária de Novodorov, embora ele possa explicá-la com muita eloquência e convincentemente, parece fundamentada em nada mais do que ambição e desejo de supremacia. Porém, despido dessas virtudes morais e estéticas, que despertam dúvidas e hesitações, ele muito cedo adquire posição no mundo revolucionário que o satisfaz – a de líder do partido. Uma vez escolhida a direção, jamais duvida ou hesita e, por conseguinte, fica convicto de que nunca comete erros. (...) Sua autoconfiança é tão grande que ele ou repele as pessoas ou as submete. E quando executa suas atividades entre pessoas muito jovens, que confundem ilimitada autoconfiança com profundidade e sabedoria, a maioria se submete a ele, que assim faz grande sucesso nos círculos revolucionários." Observação de grande sagacidade e presciência.

**Blok cedo se desiludiu com a revolução e, passados três anos, solicitou permissão para deixar a Rússia. Depois de alguma procrastinação, a autorização foi dada, mas sua saúde declinava e ele faleceu em 1921, antes de poder emigrar.

que Mayakovsky "grita, inventa palavras e não vai a lugar algum (...) é incompreensível, difícil de ler, desconectado, diz baboseiras. Tem talento? Até muito talentoso? Hummm. Veremos."

Em determinada recepção, ele estava fulminando os futuristas e simbolistas em geral, e Mayakovsky em particular quando Nadya o interrompeu. "Quantas vezes já lhe disse, Volodya, que você devia ler mais Mayakovsky? Então o entenderia. Você simplesmente não lhe dá atenção séria."

Ele reagia da mesma forma às pinturas e esculturas modernas. Um estudante de arte, Mikhail Gorlovsky, acompanhou Lênin na observação das obras de uma exibição e ouviu suas ideias sobre a pintura abstrata. "Nós todos éramos da *avant-garde* e, naturalmente, só aprovávamos o construtivismo. Entre os quadros da exposição havia uma obra de artista detestado que, com menosprezo, era por nós conhecido como 'troca-tintas.' Mas ele não se dava por achado e persistia com suas pinturas realistas. Foi exatamente tal quadro que despertou admiração em Lênin. 'Este, vê você, é claro para mim. Eu o entendo e você também, como de resto os operários e todo o mundo. Mas me explique o que você vê em seus quadros? Em todas as imagens [pintadas por você] não encontro nem olhos nem narizes,' disse ele."[9]

Lênin tinha opiniões arraigadas sobre o que era arte para o mundo socialista. "Por que voltar as costas para a beleza real e descartá-la por toda a vida só porque é 'antiga'? Por que venerar o novo como o deus a ser obedecido só porque é 'novo'? Isso não faz sentido. É absolutamente sem sentido," disse a um velho camarada dois anos depois de assumir o poder. "A arte pertence ao povo. Ela tem que ter suas raízes na ampla massa dos trabalhadores. Tem que ser entendida e amada por eles. Ela tem que enraizar e crescer com seus pensamentos, sentimentos e desejos. Deve despertar e desenvolver o artista que existe neles. Será que devemos distribuir bolos e doces a uma minoria, quando a massa de operários e camponeses ainda carece de pão preto?"

Nos anos iniciais soviéticos, antes que o "realismo socialista" se tornasse gênero prescrito na literatura, pintura, cinematografia e até na música, a primeira grande novidade nas artes sob o comunismo foi a "Prolekult" – cultura proletária. A ideia foi que a arte refletiria a experiência das pessoas nos seus locais de trabalho, e muitos artistas se dirigiram às fábricas para produzir arte coletivamente, não mais individualmente. "O 'eu' da cultura burguesa daria lugar ao 'nós' do novo mundo," como disse Lunacharsky. Grandes quantias foram gastas em projetos, como organizar uma orquestra com os sons produzidos pelo matraquear das máquinas dos complexos industriais, e substituir velhas pinturas nos museus por, quase sempre, novas peças abstratas produzidas nas condições do trabalho com uma equipe mista de operários e artistas. Essa foi a primeira "revolução cultural" sob o comunismo, que visava a destruição de tudo que fosse velho e o recomeço. "Está na hora de balas perfurarem todos os museus," disse Mayakovsky. "Em nome do amanhã, temos que incendiar Raphael," escreveu outro propagandista da "Prolekult."*

O cérebro por trás da "Prolekult" e organizador dos grandes projetos era o antigo adversário de ideias, porém amigo de Lênin, Alexander Bogdanov, que com ele discutira nos anos 1900 sobre religião, e agora desejava reinventar a cultura. E tinha à sua disposição considerável orçamento a ele proporcionado pelo amigo Lunacharsky.

Lênin não gostava da "Prolekult" por motivos estéticos e políticos. Acreditava que, mesmo que o socialismo derrotasse o capitalismo, ele teria que construir sobre suas fundações um princípio tão importante culturalmente quanto era social e economicamente. E Lênin acreditava que a maioria dos "artistas da Prolekult" era de *poseurs* e impostores. Mas teve que costurar o assunto com cautela. Não interferiu no pequeno império de Bogdanov por algum tempo e permitiu o gasto do orçamento desde que ele permanecesse empregado claramente no movimento artístico. Mas foi então que Bogdanov e Lunacharsky cometeram erro político. No fim de 1919, eles extrapolaram e solicitaram autonomia para a "Prolekult" como ramo da sociedade soviética com igual importância à do Partido Comunista. Lênin então interveio, retirou o dinheiro do orçamento, exigiu que a "Prolekult" submergisse como órgão menor do corpo do partido e proibiu que ela operasse dentro dos museus e fábricas estatais. A "Prolekult" saiu de moda. "A 'Prolekult' como instituição é uma tolice," disse ele. "Pode-se ser um comunista apenas com o enriquecimento da experiência e da memória e com o conhecimento de toda a riqueza que a humanidade produziu até agora."**

Para início de conversa, podemos dizer que Lênin foi mais leniente com os livros do que com os jornais. A censura foi estabelecida imediatamente depois da revolução, porém foi branda nos primeiros

*Óperas foram produzidas em versões reescritas. *Tosca* tornou-se *A Batalha pela Comuna*, e a *Vida para o Czar* de Glinka transformou-se em *A Foice e o Martelo*.

**Em determinada altura, no entanto, quando Lunacharsky solicitou fundos adicionais para a Ópera do Bolshoi, Lênin ficou irritado. "O quê? Dinheiro para essa arte dos grão-senhores? Absolutamente não. Em vez disso, deveríamos acabar com ela para sempre. Os operários não gostam de ir lá." Por um momento, ele continuou pensando em fechar o Bolshoi, mas foi convencido do contrário e acabou concordando com o aumento no orçamento de Lunacharsky. Mesmo assim, a reação inicial demonstrou sua verdadeira opinião.

três anos. A Editora Estatal, *Gosidat*, foi fundada por Lênin em dezembro de 1918 e ficou com o monopólio da publicação de livros. No ano seguinte, ganhou o monopólio da produção de papel. Três anos depois, ficou com o da venda de todos os livros. Os manuscritos, em sua totalidade, tinham que passar por um censor preliminar, como eram obrigados nos dias czaristas. Nos primeiros anos, antes de Lênin ficar doente, a censura operou com mão leve. Entretanto, decorridos poucos anos, alguns dos melhores escritores haviam deixado a Rússia: Ivan Bunin, Marina Tsvetaeva, Alexei Tolstoy, Boris Zaytsev, Vyacheslav Ivanov. No fim, Gorky partiu.* Quando Evgeny Zamyatin. autor do brilhante romance *Nós*, emigrou, disse: "A literatura russa só terá um futuro – seu passado."

As bibliotecas, instituições muito queridas por Lênin, locais onde passou grande parte de sua vida, ficaram sob ataque. Desde o início dos anos 1920, o trabalho de Nadya no Comissariado do Iluminismo foi purgar os livros "inaceitáveis" das bibliotecas públicas russas – "um ato de vampirismo intelectual," como Gorky o qualificou. Ela ficou na função até a morte de Lênin. Desempenhou sua missão com o zelo costumeiro – e contava com a bênção do marido. Obras de noventa e quatro autores, incluindo Kant, Descartes, William James, Schopenhauer, Pyotr Kropotkin e Ernst Mach foram retiradas. "Essa árvore do desconhecimento foi plantada por Nadejda Krupskaya sob Lênin e com seus aconselhamentos e anuências," admitiu mais tarde o *chairman* da Comissão Central de Bibliotecas.

*Apesar de Gorky ter uma relação extremamente complexa não só com Lênin como também com o estado soviético. Retornou poucos anos depois sob o mando de Stalin.

46

Vermelhos e Brancos

"A autoridade soviética é a guerra civil organizada."
Leon Trotsky, julho de 1919

"Guardas Brancos (...) o último sonho do Velho Mundo."

Marina Tsvetaeva, julho de 1919

LÊNIN DISSE QUE A GUERRA CIVIL NA RÚSSIA começou em 25 de outubro de 1917. "É claro que haverá tentativas para nos derrubar," disse aos camaradas mais próximos na ocasião em que o Palácio de Inverno caiu naquela noite em mãos bolcheviques. Ele não era militar de formação, nem estivera na guerra; jamais usara uniforme. Bem verdade que entendia de estratégia, era astuto na escolha de bons generais, rigoroso comandante em chefe e, mais importante, tinha sorte.

Lênin nunca foi ao front, não fez incitadores discursos para as tropas, mas era o responsável pelas estratégias militar e política. Tomou as decisões importantes e deixou que seus oficiais de Estado-Maior se ocupassem dos detalhes. Examinou mapas com seus assistentes, disparou dúzias de telegramas encorajadores e professorais, trabalhou sem descanso, mas permitiu que os soldados ganhassem a guerra sob o comando do homem confiável que selecionou para chefiá-los: Leon Trotsky.

Ademais, o inimigo de Lênin era deficiente. Em contraste com a liderança unificada bolchevique, a dos "Brancos" era fragmentada; existiam três exércitos separados por milhares de quilômetros. Mesmo que conseguissem se comunicar em distâncias tão consideráveis, seus líderes com frequência se odiavam reciprocamente e discordavam por completo em questões de estratégia e tática. Houve todos os tipos de razões práticas e militares para que os Brancos perdessem a guerra: eles controlavam uma parcela menor da população onde recrutar combatentes, e seus problemas de comunicações foram insuperáveis. Mas o motivo principal foi mais profundo. Os Brancos se aferravam ao passado – "o último sonho do Velho Mundo," como observou a poetisa Marina Tsvetaeva, apaixonada adepta. A maioria dos russos – e os grupos minoritários no império, da Finlândia ao Cáucaso – podia abominar e temer os bolcheviques, mas não queria volta ao passado. "Não apresentamos uma só ideia nova," admitiu Vasily Shulgin, um de seus líderes, no verão de 1919. E quando, depois de dois anos e meio de guerra, com cerca de 3 milhões de mortos, doenças e fome, foram derrotados, a maior parte deles reconheceu o porquê. "Sua psicologia do velho regime não deixou que vissem o novo mundo que as revoluções criaram," disse Pyotr Struve, um dos velhos amigos de Lênin que virou inimigo. "Eles se conduziram como se nada tivesse acontecido, quando na realidade todo o mundo ao seu redor entrara em colapso e, para derrotar o inimigo, eles mesmos precisavam renascer. O que mais prejudicou os Brancos foi permanecerem psicologicamente inertes (...) em circunstâncias que não mais existiam. Os homens, com mentalidade de *ancien régime*, mantiveram-se imersos naquele tempestuoso mar de anarquia revolucionária e não puderam divisar o rumo certo. No caos revolucionário que desabou sobre a Rússia em 1917, até os convictos monarquistas tiveram que virar revolucionários no sentido psicológico, porque numa revolução apenas revolucionários acham o caminho."[1]

A tarefa mais urgente para Lênin foi extrair uma força armada das ruínas de tropas deixadas pela derrota ante os alemães. Deu a Trotsky a missão de criar o Exército Vermelho, que muito cedo se tornou força combatente – ou, ao menos, forte o suficiente para derrotar os Brancos. Para os marxistas ortodoxos, a ideia de um exército regular era anátema; os exércitos existiram até então apenas para oprimir a classe trabalhadora e sufocar a revolução. Mas Trotsky logo entendeu que os bolcheviques não podiam só contar com a miscelânea de soldados, que acabara de ser batida na guerra, e bandos de despreparados operários de fábricas como os Guardas Vermelhos – "elementos ineptos e instáveis," como ele os definiu. Era necessária – e rápido – uma força eficiente. Percebeu então que a única maneira de fazê-lo era através da convocação de oficiais czaristas com experiência para criar novo exército, treinar os homens com a brevidade possível e, depois, liderá-los. Muitos bolcheviques no exército existente e membros do partido fizeram objeções, primeiro porque às "classes inimigas" era dado tratamento especial em detrimento do próprio povo, e segundo porque os oficiais czaristas trairiam o regime na primeira oportunidade que tivessem. Mas Lênin apoiou Trotsky sem hesitação. Oficiais desleais não eram "tão perigosos para a revolução quanto a perda de regimentos inteiros pela incompetência e despreparo de comandantes comunistas, incapazes até de ler mapas," ponderou Trotsky. Lênin concordou.

O Exército Vermelho foi formado pelo corpo de oficiais czaristas. Mais de 8 mil deles se apresentaram como voluntários imediatamente após a revolução, inclusive cerca de cinquenta generais. Em sua maioria, eram militares de carreira que serviriam a um governo civil qualquer que fosse sua política. Muitos entraram na caserna antes do Tratado de Brest-Litovsk, quando parecia que os alemães iriam "desfilar" pelo interior da Rússia, e se apresentaram por motivos patrióticos. Outros queriam estar apenas no lado vencedor e apostaram nos bolcheviques.

A quantidade de voluntários aumentou consideravelmente quando foi possível ver que o Exército Vermelho tornava-se cada vez mais profissional. Todavia, o regime precisava de muito mais. Lênin e Trotsky recorreram à força para arregimentá-los, e ameaças de terror foram feitas para que se mantivessem leais. No final, cerca de 50 mil oficiais czaristas se juntaram aos Vermelhos na Guerra Civil, inclusive médicos, veterinários e engenheiros – muitos, porque seus familiares seriam feitos reféns se não se apresentassem. Foi-lhes dito que comissários os controlariam e, se fizessem algo suspeito, acabariam fuzilados e/ou seus familiares presos. Somente os oficiais que tinham parentes na Rússia foram recrutados. A Ordem Especial nº 30 de Trotsky, de setembro de 1918, especificou: "Deixemos que os vira-casacas saibam que estarão, ao mesmo tempo, traindo seus próprios (...) pais, mães, irmãs, irmãos, esposas e filhos."

Ele disse a um de seus confiáveis comandantes bolcheviques como manter seus oficiais na linha. "Em caso de dúvida (...) ponha [ativos] e duros comissários chefiando-os e empunhando revólveres. E dê aos comandantes mais antigos a ordem: Vitória ou Morte. Não tire os olhos dos comandantes inconfiáveis. Na eventualidade de deserção por membro da equipe de comando, o comissário paga com sua cabeça."

Trotsky foi duro disciplinador. Distribuiu sentenças de morte por "injustificáveis recuos" e "fomentos ao pânico," e Lênin sempre o apoiou. Quando outros comissários se queixaram das ordens de Trotsky para a execução de comissários e comandantes por retiradas das tropas durante cerco de uma cidade estratégica, Lênin ficou invariavelmente ao lado do camarada bolchevique. Ele escreveu nota com tinta vermelha em folha de papel que levava o timbre do Sovnarkom: "Camaradas! Sabedor da firmeza das ordens do camarada Trotsky, estou tão absolutamente convicto de sua correção, urgência e necessidade para o sucesso da causa (...) que, sem reservas, as endosso. Lênin." Ao assinar a nota, ele disse a Trotsky: "Dar-lhe-ei toda a completa cobertura de que necessitar."

Como Lênin, Trotsky não tinha experiência militar, e fora jornalista e panfletário antes que a revolução o levasse ao poder. Mas era decisivo, fazia as coisas acontecerem contornando a burocracia, e possuía mente clara e lógica. Muitos membros do partido o abominavam por sua arrogância e presunção, seus uniformes perfeitamente engomados e sua fanfarronice. Mas ninguém podia negar sua energia e sede por holofotes. Ele ziguezagueou pela Rússia em seu trem especial equipado com verdadeira gráfica, telégrafos, orquestra e equipe de filmagem, fazendo elaborados shows para congregar tropas frequentemente esgotadas e desanimadas. Trotsky foi o propagandista-chefe do Exército Vermelho.[2]

Os Brancos contavam com alguns comandantes competentes, mas eles discutiam muito entre si. Alguns queriam a monarquia de volta, a maioria desejava o retorno das propriedades aos latifundiários pré-1917, uns poucos almejavam uma democracia ao estilo ocidental. Nenhum deles admitia a independência de estados dentro do Império Russo, prometida por Lênin – juntamente com terra para os camponeses e mais poder para os operários. Lênin não desejava compromissos sérios, mas achava que qualquer mentira se justificava em prol da revolução. "Podemos dizer tudo aos ucranianos e letões. (...) Temos que ter tato no presente estágio, ser cuidadosos," disse a Kamenev. "Sempre poderemos retomar (...) [esses países] mais tarde." Os Brancos ofereciam muito pouco e tinham crescente dificuldade para conseguir combatentes. Da mesma forma que os Vermelhos, eles precisaram de convocações, assim como de gangues e recurso ao terror para o recrutamento.

Os três exércitos Brancos jamais conseguiram unir forças; os Vermelhos sempre achavam jeito de isolar uns dos outros. Os Brancos proclamaram vitórias, mas todas duraram pouco. Não houve linhas de frente fixas na Guerra Civil. Foi quase sempre guerra de guerrilhas entre pequenas frações, e não exércitos inteiros no campo de batalha. Algumas cidades e vilas trocaram de mãos cinco ou seis vezes em dois anos.

O melhor dos generais Brancos foi Anton Denikin, 45 anos ao tempo da revolução bolchevique, e comandante do Exército Voluntário no Sul da Rússia – o primeiro dos grandes-comandos Brancos a ser formado.* Nascera em família humilde para um oficial do Estado-Maior Imperial, filho de costureira e de servo russo liberto. "Tinha charme impressionante," reconheceu um de seus rivais, "tendência para a obesidade, grande cabeça calva, delimitada dos lados por cabelos grisalhos cortados rente, barba pontuda e uma risada encantadora." Seu diário o revela extremamente brilhante e criativo. Ele entendeu perfeitamente o que havia de errado no movimento Branco e no seu exército, a maioria do qual estava mais interessada em saquear do que guerrear. "Não posso fazer nada com meu exército. Já me satisfaço quando cumpre minhas ordens," disse ao major general Herbert Holman, chefe da missão militar britânica adida ao seu exército. "Em algumas áreas que controlamos, a justiça serve para vendetas pessoais e (...) é um sistema de lei organizada do linchamento." Acrescentou que, por vezes, seus homens, a maior parte cossacos, eram incapazes de manobrar a qualquer velocidade "porque suas selas estão muito pesadas com butim."

No Leste, as forças Brancas eram comandadas pelo contra-almirante Alexander Kolchak, 43 anos, o mais jovem oficial-general da Marinha czarista e explorador do Ártico frequentemente chamado "Kolchak do Polo." Com dois metros de altura, barba feita, era exigente e mal-humorado – "homem de extraordinário valor e patriotismo, mas sempre parecendo imensa criança doente (...) escravo da ideia de servir a Rússia, porém irritadiço e impetuoso. Ele vive em um mundo de miragens e ideias emprestadas." Autonomeou-se, com um pouco de otimismo, Governante Supremo da Rússia Oriental e da Sibéria, mas um dos observadores na "capital" de Kolchak, Omsk, relatou que "havia desintegração no exército, analfabetismo e esquemas temerários no Estado-Maior, decadência moral, pânico e suborno no governo." Em Omsk, Kolchak morava com a amante de vinte e poucos anos, enquanto sua esposa vivia com o filho no exílio em Paris. De acordo com seu principal ajudante de ordens, a leitura favorita de Kolchak, sempre mantida ao seu lado, era o antissemítico *Protocolos dos Sábios do Sião*. Houve deserções colossais em ambos os exércitos – mais de 1 milhão no Exército Vermelho apenas em 1918, e cerca de quatro milhões no total durante a guerra. Em compensação, cerca de oitenta por cento do exército de camponeses desarmados de Kolchak desertaram; de longe, o maior percentual nos dois lados. Em janeiro de 1920, Kolchak foi traído por seus próprios aliados e entregue aos bolcheviques para ser fuzilado.

*Na sua origem, o Exército do Sul foi comandado por Lavr Kornilov, que logo depois da Revolução de Outubro escapou da prisão do Mosteiro Bykhov, com grupo de oficiais de seu *entourage*. Mas foi morto em ação em abril de 1918.

O III Exército no Noroeste era o menor, comandado por Nikolai Yudenich, 55 anos, filho de funcionário forense de nível médio. Durante a Primeira Guerra Mundial, ele comandara as forças russas contra os turcos – "homem de 1,57m de altura, pesando 127 quilos, seu corpo redondo quase não se notavam as pernas." Talvez fosse o mais liberal dos três, e aceitava que a Rússia se tornasse república livre e democrática. Nenhum dos outros dois tinha opinião mais elevada de democracia do que Lênin: Denikin descreveu a Assembleia Constituinte como "alguma coisa do tempo em que a Rússia era insana."

Os três comandantes Brancos não admitiam pleitos de independência das nações do império; todos concordavam que a Rússia "era una e indivisível." Kolchak foi pressionado pela Inglaterra, os Estados Unidos e a França a garantir independência para a Finlândia e a Estônia. Mas recusou. "A história jamais me perdoaria se eu cedesse aquilo que Pedro, o Grande, conquistou." Os Estados Bálticos e a Finlândia ficaram neutros durante a Guerra Civil – grande ajuda para os bolcheviques.[3]

Os Aliados Ocidentais bancaram os Brancos com vastas somas de dinheiro e armas – e mentiram sobre isso. Apoiaram-nos, mas com tal desânimo que essa intervenção não fez diferença. Eles não tinham política clara de como lidar com o novo regime de Lênin, e nenhuma convicção.

Sentiam-se justificados por fazer alguma coisa. O Tratado de Brest-Litovsk quebrara acordos com a Inglaterra e França. Os alemães deslocaram regimentos do leste para o Front Ocidental. Os bolcheviques se apossaram de ativos estrangeiros, inclusive dezenas de empresas de propriedade de companhias americanas, da Empresa Singer de máquinas de costura a interesses na mineração. Confiscaram propriedades individuais de ocidentais. Recusaram-se a pagar empréstimos tomados pelo governo czarista. Ameaçaram alastrar a revolução por todos os cantos, com campanhas de propaganda e subversão. Pareceram perigosos, mas os Aliados não conseguiram concordar em como lidar com eles.

Decorridas semanas da Revolução de Outubro, os ingleses decidiram ajudar os Brancos. "Para nós é crucial, mesmo que não possamos evitá-la, atrasar o máximo possível a criação da (...) autoridade [bolchevique]," disse Lord Milner ao primeiro-ministro Lloyd George. "A Guerra Civil [na Rússia], ou mesmo só o caos e a desordem, nos é vantajosa."

Os ingleses tinham alguns milhares de militares nos portos de Archangel e Murmansk do Norte da Rússia, lá sediados desde o início da Primeira Guerra Mundial para suprir as forças russas e assessorá-las. Depois do golpe bolchevique, eles lá permaneceram pela maior parte da Guerra Civil, ocasionalmente entrando em escaramuças com o Exército Vermelho, mas agora suprindo Kolchak e Denikin. Oficialmente, diziam ser neutros e negavam a ajuda aos Brancos, mas não enganavam ninguém, muito menos Lênin. Os ingleses foram, de longe, os principais suportes financeiros dos Brancos. No total, deram mais de 100 milhões de libras, vultosa quantia à época, e enviaram espiões a fim de colaborarem nos complôs para minar o governo bolchevique.

Os americanos mentiram também, em especial ao esconderem a verdade para seu próprio povo, e não para iludirem os russos. O secretário de Estado dos EUA, Robert Lansing, era ferrenho anticomunista, combatente da Guerra Fria antes de a expressão ser cunhada. "O bolchevismo é a coisa mais maléfica e monstruosa que a mente humana jamais concebeu," disse o secretário. "Ele encontra seus adeptos entre criminosos, depravados e mentalmente incapazes." Desejou ajudar os Brancos, porém de forma secreta e semilegal. A lei americana proibia empréstimos a exércitos independentes ou mercenários. Lansing escreveu a Walter Page, embaixador americano em Londres, em 13 de dezembro de 1917, expondo esquema para contornar o Congresso dos Estados Unidos: "O único curso prático parece ser os governos inglês e francês financiarem a (...) empreitada, no que for necessário, enquanto este governo empresta o dinheiro para tanto. Dessa forma, não desobedecemos as leis e, ao mesmo tempo, robustecemos a oposição armada aos bolcheviques."[4]

Mas o presidente americano e Lloyd George relutaram em se comprometer tanto, enquanto ainda havia uma guerra a ser vencida contra a Alemanha. E quando a Primeira Guerra Mundial terminou, já era muito tarde. Os americanos aprovaram a destinação de dinheiro para os Brancos e encorajaram o combate contra os bolcheviques pela Brigada Tcheca, cuja missão inicial supostamente era cruzar a Rússia no sentido Leste, no seu caminho de volta para a Europa, a fim de combater os austríacos. Os Estados Unidos não estavam dispostos a ir além disso. Uma das hipóteses intrigantes da história é: Como evoluiria a Rússia se os Brancos tivessem vencido a Guerra Civil? Mas os Aliados nunca se mostraram dispostos a travar uma guerra em escala total contra os bolcheviques – única maneira de uma vitória dos Brancos poder ser alcançada.

Houve barbaridades selvagens de ambos os lados, em parte porque nem Brancos nem Vermelhos podiam depender da lealdade das populações sob os respectivos controles. Em sua grande maioria de campônios, a população civil tinha a opinião do tipo "Malditas sejam vossas duas casas!"* Odiava dos Vermelhos as requisições de grãos, a violência e os assassinatos contra os *kulaks*, mas os Brancos jamais aceitaram a revolução na terra e queriam retornar ao passado recuperando para os donos as terras perdidas. Os dois lados forçavam os civis a se juntarem a seus exércitos, mas a gente do campo não queria combater. Milhões "votaram com os pés" e desertaram, arriscando a morte e sentenças de trabalhos forçados se fossem apanhados.

Muito ansioso, Lênin acompanhou o desenrolar dos acontecimentos, na sala dos mapas do Kremlin. "Se não conquistarmos os Urais no próximo inverno (1919), perderemos a revolução, tenho certeza," disse ele a Zinoviev, e escreveu com frequência nesse mesmo tom de preocupação. Afogou comandantes e chefes do Partido Comunista nas províncias com diretrizes e telegramas com a finalidade de exortar e aterrorizar. Quando a situação caminhava bem, ele às vezes celebrava. Simbirsk foi capturada pelos Vermelhos quando ele convalescia dos disparos de Kaplan. "A conquista de Simbirsk, minha cidade, é o mais eficaz e melhor curativo para meus ferimentos," disse a Trotsky em 10 de setembro de 1918. "Tenho um surto de coragem e força sem precedente."

Todavia, seus cabogramas em geral eram atemorizantes, violentos e exigiam sempre crescente emprego do terror. Constituíam horrenda leitura. O verbo "atirar" foi empregado com grande casualidade. Em setembro de 1918, ele ordenou ao chefe do partido em Saratov "para nomear temporariamente seus próprios comandantes do exército e atirar contra os conspiradores e hesitantes sem perguntar a ninguém ou esperar pela burocracia idiota." Poucos dias mais tarde, escreveu aos líderes do Soviete no Cáucaso: "Se houver uma ofensiva em Baku [onde existiam grandes refinarias de petróleo], esteja preparado para incendiar por completo a cidade." Quando Kazan foi cercada um mês depois, ele telegrafou a Trotsky: "Não existe a questão de piedade pela cidade ou a de adiamento da situação (...) impiedosa aniquilação é vital uma vez constatado seguramente que a cidade está no interior de círculo de ferro." Ordenou a um comandante que "fazer reféns da burguesia e das famílias de oficiais é atividade que precisa ser acelerada, em vista dos crescentes exemplos de traição." Outra ordem foi expedida dias depois: "Seria uma desgraça deixar de punir com fuzilamento, os abandonos de postos e a evasão às ordens de mobilização." Muitas outras existiram em tom semelhante.[5]

*NT: praga rogada por Mercucio, no *Romeu e Julieta* de Shakespeare, contra ambas as famílias, Capuletti e Montecchi.

Lênin enfrentou uma série de rixas dentro de seu próprio Gabinete, que iria desaguar num seríssimo racha do Partido Comunista após sua morte. Imediatamente após a revolução, Lênin percebeu o quanto Trotsky e Stalin se odiavam mutuamente; a rivalidade entre eles cedo emergiu no começo da Guerra Civil. A tática de Lênin foi deixar um contra o outro.

Os sentimentos recíprocos dos dois ficaram claros desde a primeira reunião do Sovnarkom, no Smolny, logo depois do golpe. Ambos chegaram cedo e, por trás de uma partição de madeira, ouviram "uma conversa de natureza assaz carinhosa" entre Pavel Dybenko e Alexandra Kollontai, quase vinte anos mais velha do que ele, que haviam recentemente começado um caso amoroso, o grande mexerico do partido bolchevique. Trotsky e Stalin, surpresos, olharam um para o outro; Stalin, divertido, mas Trotsky, não exatamente um pudico em seu próprio comportamento, espantado. Como Trotsky relembrou mais tarde, o georgiano, "com uma espécie de inesperada alegria e apontando com o ombro na direção da parede de madeira, disse com sorriso forçado: 'É ele, com a Kollontai, com a Kollontai'." Trotsky se ofendeu: "Isso é problema deles," disparou de volta. "Stalin percebeu que cometera um erro. (...) Seu gesto e sua risada pareceram fora de lugar e insuportavelmente vulgares, em especial naquela ocasião e ali no Sovnarkom (...). Ele nunca mais tentou conversar comigo assuntos de natureza pessoal. A fisionomia de Stalin mudou inteiramente. Seus olhos amarelados brilharam de animosidade."

O primeiro sinal de fricção maior surgiu quando Stalin foi despachado para Tsaritsyn, em junho de 1918, a fim de supervisionar a campanha contra os *kulaks* no Sul da Rússia. Tratava-se de um posto do partido e, tecnicamente, não era para ele interferir de forma direta no Exército Vermelho, esfera de Trotsky. Passados poucos dias, Stalin já estava se queixando a Lênin que em Tsaritsyn, importante base militar, havia uma "bacanal de especuladores." Solicitou autoridade militar para estancar o "desastre" na frente sul e poder ser mais rigoroso nas nomeações. "Se Trotsky distribuir impensadamente credenciais para a direita, a esquerda e o centro (...), tenha a certeza de que, dentro de um mês, tudo na região ao norte do Cáucaso será definitivamente perdido." Ele queria autoridade para destituir comandantes e chegou a afirmar: "A ausência de um pedaço de papel de Trotsky não me deterá." Quando Trotsky soube disso tomou-se de ira: "Categoricamente insisto que Stalin seja convocado de volta a Moscou," reclamou em cabograma para o Kremlin. Lênin acomodou a situação por algum tempo. Mas ela esquentava regularmente. A certa altura, poucos meses mais tarde, Stalin tentou fazer com que o Comitê Central do Partido Comunista removesse Trotsky da função de comandante do Exército Vermelho. Perdeu, e Trotsky recebeu voto de confiança. Foi um golpe temporário recebido por Stalin, e Lênin tentou de novo promover a paz.

De outra feita, Trotsky reclamou que Stalin vinha bebendo vinho das adegas do Czar no Kremlin. Stalin foi chamado à presença de Lênin para uma reunião a três: "Se continuarem correndo rumores no front de que no Kremlin há bebedeiras, isso causará má impressão." Stalin tentou resolver o problema com graça: "Como podem os caucasianos continuar agindo sem um toque de vinho?" – protestou. Lênin nessa ocasião apoiou Stalin. "Vê você, o georgiano não vive sem uma ocasional taça de vinho." Isso pôs ponto final na rixa e, como disse Trotsky mais tarde: "Capitulei sem brigar." Lênin sabia que a animosidade entre os dois algum dia provocaria uma profunda ferida no partido que fundara, mas não tomou providência para acabar com ela de uma vez por todas. Lênin acreditava precisar dos dois.[6]

A certa altura do fim do verão de 1919, o Exército Voluntário de Denikin estava a 350 quilômetros de Moscou. Mas esse foi o ápice de seu sucesso. Com as linhas muito estendidas, eles não conseguiram continuidade de suprimentos e, quando se deparavam com contra-ataques, eram forçados a recuar. Para seguidores como Marina Tsvetaeva, os Brancos eram a "juventude e glória da Rússia," única esperança real para a derrota dos bolcheviques.* Entretanto, para a maioria dos russos, eles pareciam tão selvagens quanto os bolcheviques. Sua derrota era tão política quanto militar; eles jamais receberam suporte

*Ela escreveu uma série de poemas assustadores, *O Acampamento dos Cisnes*, sobre a Guerra Civil e a luta contra os bolcheviques. Um deles foi simplesmente chamado *Guardas Brancos* e incorporou tudo que Tsvetaeva genuinamente acreditava serem a crença deles:

Guardas Brancos, nó górdio
Do Valor Russo.
Guardas Brancos, cogumelos brancos
Das canções folclóricas russas.
Guardas Brancos, estrelas brancas
A não serem riscadas do céu.
Guardas Brancos, pregos negros
Nas Costelas do Anticristo.

suficiente para derrotar um regime que era hábil, ainda que cruelmente, conduzido. O terror foi a arma que Lênin sempre se dispôs a empregar, mas ele operou com inteligência, astúcia e também um acurado julgamento. Tinha objetivo muito claro e inspirava os outros a atingi-lo. Como um observador americano da guerra asseverou, os Brancos "raramente passaram do caudilhismo anárquico." Kerensky concordou. Ele disse no verão de 1919, "não há crime que (...) [os exércitos Brancos] não tenham cometido. Execuções e torturas foram perpetradas na Sibéria (...) e por toda a parte, e, muitas vezes, vilarejos inteiros foram vergastados, inclusive os professores e intelectuais."

No vilarejo de Lejanka, próximo a Rostov, oficiais trucidaram sessenta camponeses a sangue-frio, inclusive anciãos e mulheres, em represália por ataques contra Guardas Brancos realizados pelos Vermelhos. Centenas de moradores foram despidos e chicoteados enquanto outros oficiais do Exército Voluntário assistiam à distância, alguns rindo. Foi incidente rotineiro, pois outros tantos ocorreram. "Não levamos perdão e paz conosco, e sim apenas a impiedosa espada da vingança," reconheceu Pyotr Wrangel, um dos mais antigos comandantes Brancos.[7]

Como aconteceu com frequência na história russa, os judeus foram alvos prioritários. Enquanto o exército de Denikin se retirava de Moscou, foi desencadeando uma orgia de pogroms sangrentos. O comandante nada fez para evitá-los, enquanto seus oficiais políticos conclamavam através de propaganda antissemita: todos os comunistas eram judeus; foram os judeus que assassinaram o Czar. Trotsky – "nome verdadeiro Bronstein, judeu assassino em massa" – foi singularizado como arquicriminoso.* A culpa pelo bolchevismo era dos judeus, então nada mais natural e legítimo do que acabar com eles, foi o argumento da propaganda dos Brancos.

Houve centenas de pogroms, e os oficiais do Exército Voluntário foram entusiasmados partícipes. Entre os dias 1º e 5 de outubro de 1919, soldados cossacos atacaram o bairro judeu de Kiev, exigindo dinheiro, matando e estuprando enquanto seus oficiais os incitavam. "Judeus andam liquidando nosso povo e são eles que apoiam os bolcheviques," disse um oficial a seus subordinados.

Mesmo Vasily Shulgin, antissemita membro da Duma que testemunhou a execução do Czar, ficou assustado. "À noite, as ruas de Kiev são tomadas pelo terror medieval. No meio do silêncio e das ruas desertas, de repente rompem gemidos de cortar o coração (...) ruas inteiras, assaltadas

*Quando Trotsky afirmou que, embora em termos raciais, sim, fosse judeu, detestava o judaísmo e era um internacionalista, o rabino-chefe de Moscou, Yakov Mazeh observou: "Foi Trotsky quem fez a revolução, mas os Bronsteins pagaram a conta."

pelo temor, uivam." Um observador descreveu o horror: "Os cossacos se dividiam em diversos grupos, de três ou quatro homens. Um dos grupos invadia um lar judeu e a primeira palavra pronunciada era 'dinheiro.' (...) Demandavam a presença do chefe da família e colocavam uma corda em torno do seu pescoço. Um cossaco pegava uma das extremidades da corda, e outro soldado, a outra, e começavam a sufocar o homem. Se existisse uma viga ou coisa parecida, o próximo passo era o início de enforcamento. Se alguém explodisse em lágrimas ou implorasse misericórdia – mesmo uma criança – era espancado até a morte. É claro que as famílias entregavam até o último copeque. Quando não existia dinheiro, os cossacos apertavam a corda até que a pessoa desfalecesse, e então a afrouxavam. A vítima caía ao chão, e os cossacos jogavam água gelada sobre ela para que recuperasse os sentidos. Começavam então tudo de novo. Por vezes, isso se repetia por cinco ou seis vezes."

Os judeus de Chernobyl foram todos conduzidos para a sinagoga, e o prédio, incendiado. Em Charkan, centenas de mocinhas foram estupradas e seus familiares obrigados a presenciar a cena. Ao serem batidos pelos bolcheviques, os Brancos liquidaram cerca de 150 mil civis.

Os Vermelhos realizaram também alguns pogroms, se bem que em número quase insignificante quando comparados com a orquestrada selvageria do Exército Voluntário. Relatórios chegaram a Lênin no início de 1920 de que em Jytomyr, capital da província de Volyn, "uma nova onda de pogroms varrera o distrito. (...) Divisões do I Exército de Cavalaria [grande-unidade bolchevique] vinham atacando a população judia, matando e saqueando." Ele recebeu também informação vinda da Ucrânia que destacamentos Vermelhos haviam matado "em Rogachov mais de trinta judeus, e em Barakopva, quatorze. O distrito de Berdichev fora saqueado (...) Gorashki e Cherniakov, totalmente pilhadas."

Lênin determinou investigação completa e tentou se expressar contra o antissemitismo, embora soubesse que isso não seria muito favorável à causa bolchevique. Ele preparou quase três horas de propaganda em discos de gramofone para serem tocados nos salões de cidades e vilas, e escolheu chamar um dos discos de "Sobre os Pogroms" e o outro "A Perseguição aos Judeus." "Não são os judeus os inimigos dos trabalhadores," disse ele, "e sim os capitalistas de todos os países. (...) Os judeus são nossos amigos oprimidos pelos capitalistas, nossos camaradas na luta pelo socialismo. Os judeus têm seus *kulaks*, seus exploradores e seus capitalistas, exatamente como os russos. Exatamente como todas as nações. (...) São os capitalistas que inflamam o ódio contra os judeus."[8]

Figura destacada entre os Aliados foi honesta o bastante para admitir que o Ocidente ajudava as forças Brancas – e quis auxiliá-las com mais eficácia. No Gabinete inglês, Winston Churchill, ministro da Guerra, disse que o bolchevismo "deveria ser estrangulado no berço" e persistiu pleiteando intervenção em grande escala ao lado dos Brancos para derrubar Lênin. Para ele, o comunismo "não era credo, e sim pestilência. Os bolcheviques são inimigos da raça humana e têm de ser derrotados a qualquer preço." Homem não chegado a muitos exageros, Churchill disse que a Rússia "está sendo reduzida (...) à forma animal de barbarismo. A civilização vem sendo extinta em áreas gigantescas enquanto os bolcheviques saltitam e cambalhotam como (...) babuínos ferozes."

Ele havia aumentado um pouco os efetivos das tropas inglesas em Murmansk e Archangel para cerca de 3 mil homens, embora o Gabinete decidisse que eles não deveriam participar de operações de combate. Então Churchill impulsionou o suprimento de armas para os Brancos. Por sua iniciativa e em meio a grande sigilo, ordenou um despacho de Armas M [NT: *Que incluem armas químicas*], estojos com gás venenoso, para a Rússia com a finalidade de emprego pelas forças Brancas. Cinquenta mil foram mandados, acompanhados de dispositivos para lançamento. Um total de 2.717 deles foi empregado contra forças bolcheviques, se bem que civis foram também atingidos como dano colateral. "Emprego mais completo deve ser feito agora de granadas de gás por suas forças, ou supridas por nós às forças [Brancas]," escreveu Churchill ao comandante das forças britânicas na Rússia.

Alguns oficiais de altas patentes ficaram preocupados com a possibilidade de o emprego de armas químicas vir a público, mas Churchill continuou convicto de que o gás venenoso era arma razoável. Disse que "gostaria muito que os bolcheviques recebessem [um ataque químico], se pudéssemos aguentar a revelação." Afirmou que ele seria o mais eficaz método de liquidar os bolcheviques antes que fosse tarde demais."* Quando membros do Gabinete fizeram objeção, ele os acusou de "sensibilidade demasiada." E asseverou: "O gás é arma mais piedosa

* Ele adotou a mesma atitude quando gás foi lançado contra tribos rebeldes do Norte da Índia e do Afeganistão. Foi muitas vezes aconselhado por Lloyd George a abaixar o tom em seus discursos contra os bolcheviques. Após outra explosão retórica no Gabinete, o primeiro-ministro escreveu-lhe solicitando que calasse a boca sobre a Rússia. "Fico a pensar se vale a pena um último esforço meu para induzi-lo a abandonar essa obsessão que, desculpe afirmar, está prejudicando seu equilíbrio. Mais uma vez, peço-lhe que deixe a Rússia de lado ao menos por uns dias."

do que a granada de alto explosivo, e obriga o inimigo a ceder com menor perda de vidas do que qualquer outro expediente de guerra." Ao longo de todo 1918, houve repetidos ataques químicos contra os bolcheviques, mas não foram tão eficazes quanto Churchill e seus generais esperavam.

Churchill escreveu diversas cartas a Woodrow Wilson instando por uma intervenção mais comprometida, mas o Presidente vacilou. Em vez disso, tentou a diplomacia. Propôs uma conferência de paz no começo de 1919 entre os Vermelhos e os Brancos, em uma das ilhas Príncipes no Mar de Marmara, nas proximidades de Constantinopla. Lênin queria, quando mais não fosse, conversar sobre conversações. Julgava que, com a guerra contra a Alemanha vencida, os Aliados não cessariam de ajudar os Brancos, e comporiam forças para destruir o regime soviético. Desejava negociar um acordo que deixasse os bolcheviques com o poder sobre a maior parte da Grande Rússia. E asseverou aos comissários que estava disposto a negociar o ressarcimento de empréstimos históricos do Ocidente e a compensar os estrangeiros pelas propriedades confiscadas. Era muito improvável que se chegasse a um acordo, mas Lênin afirmou que enviaria uma delegação para os contatos, em qualquer caso. Kolchak e os Brancos se recusaram: não debateriam um acordo que envolvesse a garantia de independência às nacionalidades.

Wilson tentou outra vez. Despachou o milionário diplomata e escritor William Bullitt como enviado da paz, mas seus esforços não deram em nada. Pelo fim do verão de 1919, os Vermelhos estavam perto de vencer a Guerra Civil, e Lênin se mostrou menos propenso a meios-termos. Os Brancos fincavam pé em não conceder independência para outras nações do império. A posição deles exasperou Wilson em plena Conferência de Versalhes onde ele propunha dar autodeterminação a dezenas de novos países surgidos das cinzas dos impérios Austro-Húngaro e Otomano. Os americanos e ingleses começaram a abandonar os Brancos. "Não podemos arcar com o custo de bancar a intervenção numa interminável Guerra Civil," disse Lloyd George no outono de 1919. "Outros métodos têm de ser descobertos para restaurar a paz."

Foi um golpe devastador para os Brancos, cuja derrota foi seguida de migração maciça da Rússia. Entre 1,5 e 2 milhões de pessoas deixaram o país no período de dois anos após a revolução, a maioria delas gente preparada, profissional e da *intelligentsia*. Muitas teriam concordado com Zinaida Gippius, exilada na França, que afundou na meditação: "Sabemos por que o movimento Branco pereceu (...) os líderes avaliaram equivocadamente a força do inimigo (...) mas a razão principal foi o total abandono que experimentou, tanto interna quanto externamente. Foi deixado sozinho não só pelos russos, mas também pelos pérfidos aliados de ontem."

Pelo fim de 1919, Lênin não mais temia ataque do exterior, apesar de ainda existirem um "cordão sanitário" em torno da Rússia e um bloqueio econômico: seu regime não era reconhecido internacionalmente. Não obstante, estava convicto de que não seria derrubado por exército invasor. Ainda enfrentava oposição doméstica, mas ela podia ser cooptada, iludida, intimidada ou, finalmente, aterrorizada até a submissão. Foi a partir do término da Guerra Civil que Lênin pôde ser considerado ditador da Rússia. O primeiro Czar Vermelho.[9]

47

Funeral em Moscou

"Para os românticos, o amor ocupa o primeiro lugar na vida da pessoa – mais alto que tudo o mais. E, até recentemente, eu estava mais próxima de acreditar nisso do que estou agora. É verdade, o amor nunca foi a única coisa. (...) Existiu também a atividade pública (...) houve tempos no passado (...) em que me sacrifiquei em prol da causa. (...) Na minha vida, o amor ainda ocupa lugar importante, faz-me sofrer intensamente e está em grande parte de meus pensamentos. Entretanto, nem por um minuto deixo de reconhecer que, por mais doloroso que seja para mim, o amor e as relações pessoais não são nada comparados com as necessidades da luta."

Inessa Armand, 11 de setembro de 1920

No amanhecer em Moscou do dia 11 de outubro de 1920, um trem composto por apenas dois vagões parou na Estação Kazan. Esperando na estação, uma guarda de honra na posição de sentido, um comitê solene de recepção de vinte camaradas trajando roupas pretas e uma carruagem fúnebre tracionada por dois cavalos brancos. Uma equipe de guardas subiu no segundo vagão e reapareceu conduzindo um caixão com superfície de tecido negro e coberto por pano vermelho. Eles colocaram o esquife na retaguarda do veículo funerário e o cortejo se deslocou lentamente um quilômetro e meio pelo centro da cidade até a gigantesca Casa dos Sindicatos,* enorme prédio neoclássico do bairro de Tverskoy, próximo ao Kremlin. Procissão de funeral no início da manhã de evidente celebridade era visão estranha em Moscou, de modo que muitas pessoas, a caminho do trabalho, pararam para olhar. Logo um murmúrio se fez ouvir entre os observadores: não estaria Lênin participando do cortejo? Centenas de pessoas passaram a acompanhá-lo sem saber de quem era o corpo no interior do caixão.

O esquife fechado foi colocado no topo de plataforma elevada no centro do saguão da Casa dos Sindicatos, onde o corpo seria

*O magnífico edifício fora construído para a Assembleia dos Nobres em meados do século XVIII e, mais tarde, durante o Grande Expurgo de Stalin, foi onde tiveram lugar os grandes julgamentos-shows.

oficialmente velado por um dia, sob a permanente guarda de oficiais dos Guardas Vermelhos e grupos de trabalhadores do partido bolchevique, fazendo rodízios de uma hora.

A procissão funeral do dia seguinte numa ensolarada manhã de outono, porém gelada, foi ainda maior. Milhares de pessoas compareceram para prestar seus últimos respeitos enquanto a carruagem fúnebre se deslocava na curta distância até a Praça Vermelha, onde o corpo seria sepultado na Muralha Leste do Kremlin.

Ao som de composições de Chopin, Mozart e Beethoven executadas pela Orquestra do Teatro Bolshoi, figuras de destaque do Partido Comunista chegaram ao local do sepultamento, inclusive Lênin, "com sua calva e trajando casaco de outono." Enquanto o caixão era posto no túmulo, a multidão entoou a *Internationale*. Dúzias de belas coroas de flores foram depositadas e cuidadosamente alinhadas ao pé da muralha. Uma delas, em jacintos brancos, tinha uma faixa vermelha com inscrição simples: "À Camarada Inessa, de V.I. Lênin."

Ninguém o havia visto tão assaltado pela emoção em público. Kollontai disse que Lênin "estava irreconhecível no enterro de Inessa. Caminhava com os olhos fechados e, a cada momento, pensávamos que ele poderia desabar no chão." Nadya chorava ostensivamente, mas amparava Lênin pelo braço a fim de que ele se mantivesse ereto.

"Jamais presenciei tal tormento. Nunca vi um ser humano tão completamente absorvido pelo pesar," lembrou-se Balabanova. "Em certo momento, fiquei bem perto de Lênin. Não apenas seu rosto, mas todo o corpo expressava tamanha dor que não ousei dar-lhe os pêsames, nem fazer o menor gesto. Estava evidente que ele desejava ficar sozinho com seu sofrimento. Dava a impressão de ter encolhido (...) seus olhos pareciam encharcados de lágrimas, só contidas com muito esforço."[1]

Ela não vinha se sentindo bem por meses, exausta, trabalhando demais e se queixando de febres. Em março de 1919, no auge da Guerra Civil, Inessa fora enviada em espinhosa missão diplomática na França, como chefe da delegação da Cruz Vermelha que negociaria o retorno de aproximadamente 45 mil prisioneiros de guerra russos no Front Ocidental. Inessa tinha a premonição de que morreria antes de Lênin. Na véspera da partida, escreveu à filha Inna: "Anexo a esta, seguem cartas para Sasha e Fedya [seus filhos] e uma terceira para Ilyich. Só você precisa saber sobre a terceira (...) por enquanto, fique com ela. Quando retornarmos, eu a abrirei. Se acontecer alguma coisa comigo (...) então você deve entregá-la pessoalmente a V. I. A maneira de fazê-lo é ir ao *Pravda* onde trabalha Maria Ilyinichna. Dê a carta a ela e diga-lhe que é minha e pessoal apenas para ele (...) Enquanto isso, fique firme."

A missão durou dois meses. Quando ela voltou, estava dolorosamente magra, quase esquálida, e demonstrava todos os seus 45 anos de idade. Lênin a via com frequência – ela ia muitas vezes ao Kremlin com as crianças, e ele ocasionalmente a visitava no apartamento próximo. Lênin preocupava-se com a saúde dela. Quando Inessa ficou acamada devido a uma série de enfermidades no inverno de 1919-20, ele despachou médicos para examiná-la, jornais franceses e ingleses para sua leitura e numerosos bilhetes na mesma linha como este de fevereiro de 1920: "Queridíssima amiga, Quis telefonar-lhe (...) quando soube que você estava adoentada, mas a ligação telefônica não funcionou (...) vou determinar o conserto."

Poucas semanas depois: "Por favor, diga-me o que a incomoda. Estamos atravessando tempos de endemias: tifo, influenza, gripe espanhola, cólera. Acabei de sair da cama e hoje não vou a lugar algum. Nadya está com 39 graus de febre e deseja vê-la. Qual a sua temperatura? Você precisa de remédios? Fale-me com franqueza."

Ele ordenou às secretárias que providenciassem idas frequentes de médicos ao apartamento de Inessa e, horas depois, escreveu: "O doutor apareceu? Solicito-lhe firmemente que não saia de casa e que diga às suas filhas que estou pedindo que elas não deixem você sair 1) até que sua temperatura volte ao normal e 2) com a permissão dos médicos."

As cartas podiam não ser tão apaixonadas como antes, mas ainda usavam o "*ty*" e demonstravam cuidados com ela. "Inessa, telefonei para perguntar qual o número de suas galochas? Espero que você as use. Escreva-me e diga como está se sentindo. O médico esteve por aí?"

Em agosto de 1920, ela lhe confessou que estava esgotada, "como se seus pulmões entrassem em colapso," sentia-se deprimida quanto ao seu trabalho e necessitava de um repouso completo. Sempre gostara do mar e queria ir para o Sul da França, onde a atmosfera era mais limpa. Na sua última carta, datada de 20 de agosto, ele a convenceu a não ir: "Será que não posso fazer alguma coisa por você (...) providenciar uma casa de saúde? Farei qualquer coisa com grande prazer. Se você for à França, farei, é claro, tudo para ajudá-la. Mas fico um pouco inquieto, na verdade, temeroso, realmente com medo, que você enfrente problemas. Eles vão prendê-la e mantê-la por longo tempo. Você tem de ser cautelosa. Não seria melhor a Noruega (...) ou a Holanda, ou a Alemanha? (...) É aconselhável não ir para a França, onde poderiam prendê-la. (...) Se você não gostar de casa de saúde, por que não o nosso sul? Com Sergo [Ordjonikidze] no Cáucaso. Sergo pode arranjar descanso, luz do sol (...) providenciar tudo. Pense no assunto."

No mesmo dia, ele escreveu nota como chefe de governo "a quem interessar possa." "Solicito que ajudem da melhor forma possível nas providências para as melhores acomodações e tratamentos para a escritora, camarada Inessa Armand, e seu filho. Solicito que confiem e deem a melhor assistência possível a esses camaradas do partido, que são meus conhecidos pessoais." Também telefonou para Ordjonikidze pedindo-lhe que cuidasse da segurança e acomodações de Inessa em Kislovodsk, e disse às secretárias que a ajudassem nos preparativos da jornada, dessem-lhe conforto e se despedissem dela.[2]

Nem bem chegou, Inessa foi atacada pela epidemia de cólera que varria o sul do Cáucaso. Os dias finais dela foram penosos. Perdeu e recobrou a consciência várias vezes, porém, nos momentos de lucidez, fez angustiante relato de seus males e registrou no diário, dolorosa e honestamente, os emotivos sentimentos que tinha por Lênin.

Em 1º de setembro, escreveu: "Como agora tenho tempo, vou escrever todos os dias, embora me sinta com a cabeça pesada e como tivesse me tornado um estômago que anseia por comida o tempo todo. (...) Também sinto intenso desejo de ficar sozinha. Isso me exaure, em especial quando pessoas em meu redor ficam falando, e nem ligo por não participar da conversa. (...) Dificilmente sorrio ou me ponho a rir com vontade devido a sentimento de alegria, nem como dever de cortesia ocasional para com alguém. Fico surpresa com minha atual indiferença pela natureza. Ela normalmente me emocionava bastante. E acho que gosto cada vez menos de gente. Eu costumava a me aproximar das pessoas com gentilezas. Agora, não estou nem aí (...) elas me cansam. Só me restam sentimentos agradáveis para as crianças e para V.I. Para todos os outros efeitos, parece que meu coração morreu. Como se, gastas todas as minhas forças, toda a minha paixão por V.I. e por meu trabalho, os riachos de amor secaram dentro de mim, como também minhas simpatias pelas pessoas, que eu possuía em considerável dose. Nada restou, exceto por V.I., meus filhos e umas poucas pessoas. (...) Os que me visitam podem perceber essa morte dentro de mim, e pagam-me com a mesma moeda de indiferença e até antipatia (e as pessoas já me amaram). (...) Sou uma morta viva e isso é horrível!"

De sua última entrada no diário para o dia 11 de setembro, fica evidente que ela sabia que logo iria morrer. Lênin teria aprovado suas últimas palavras com todo o seu coração. "Para os românticos, o amor ocupa o primeiro lugar na vida da pessoa – mais alto que tudo o mais. E, até recentemente, eu estava mais próxima de acreditar nisso do que estou agora. É verdade, o amor nunca foi a única coisa. (...) Existiu também a atividade pública (...) houve tempos no passado (...) não poucos exemplos, em que me sacrifiquei em prol da causa. (...) Mas a importância do amor comparada com a da causa foi se tornando menor no todo, não pode ser comparada. Na minha vida, o amor ainda ocupa lugar importante, faz-me sofrer intensamente e está em grande parte de meus pensamentos. Entretanto, nem por um minuto deixo de reconhecer que, por mais doloroso que seja para mim, o amor e as relações pessoais não são nada comparados com as necessidades da luta."

Lênin sabia que ela estava seriamente doente, e veio-lhe a culpa por tê-la mandado para o Cáucaso, onde grassava a doença e onde por vezes ainda espocavam embates e existia o caos pós-Guerra Civil. Bem cedo na manhã de 25 de setembro, ele soube que ela melhorara consideravelmente e que tanto Inessa quanto o filho André estavam bem. Mais tarde do mesmo dia, ele recebeu telegrama. "Alta prioridade e pesssoal. Para Lênin. Incapaz salvar camarada Inessa Armand doente cólera. Ela morreu 24 setembro. Enviando corpo para Moscou. Assinado Nazarov."

Lênin insistiu em que o corpo fosse trasladado para Moscou e o funeral, com honras oficiais, mas o traslado demorou duas semanas. Lênin, furioso com o retardo, disparou uma fieira de cabogramas a funcionários exigindo ação mais rápida. Com a fome e a epidemia no sul da Rússia, não era trivial providenciar vagão ferroviário e esquife vindos de regiões longínquas. Quase todos os mortos eram sepultados sem caixão. Enquanto Inessa era velada em Moscou, seu esquife tinha forração de chumbo já que ela falecera havia algum tempo sob o calor do fim de verão.[3]

Depois da morte de Inessa, seus filhos mais novos passaram longos períodos no Kremlin e verões em Gorky. Nadya e Lênin, oficiosamente, os adotaram. "Vladimir Ilyich e Nadejda Konstantinovna se tornaram guardiões de minha irmã, de meu irmão mais novo e meus," disse Inna. O casal sem filhos parecia se deliciar com a situação.

Varvara permaneceu no apartamento do Kremlin por vários meses após o funeral. Nadya escrevia para as mocinhas, normalmente começando as missivas com "Minha querida filha," e constantemente imiscuía-se na dieta delas e lhes zelava pela saúde. E a afeição era recíproca. Anos mais tarde, sempre que qualquer delas estivesse em Moscou, ia visitá-la todos os domingos.

Quando, em julho de 1921, Varvara a Alexander foram a Teerã, Lênin ordenou que Theodore Rothstein, embaixador russo no Irã, os ajudasse em tudo: "Espero que você consiga devotar algum pouco tempo aos filhos de Inessa." Lênin escrevia regularmente aos rapazes e enviava a André problemas anotados de xadrez que ele mesmo concebera."*

Lênin e Nadya procuraram manter viva a memória de Inessa. Ele escreveu a Kamenev, do Soviete de Moscou, em 24 de abril de 1921, solicitando a possibilidade de ser erigido um memorial permanente na Praça Vermelha e flores plantadas no seu entorno. Ela recebeu um simples túmulo com lápide em granito. Logo depois de seu falecimento, uma coleção de ensaios foi publicada sobre a vida de Inessa como socialista e sobre seus feitos. O mais longo e cordial foi o de Nadya que, pelo resto da vida, manteve um retrato dela sobre sua mesa. As únicas outras fotos eram de sua mãe e de Lênin.[44]

*Varvara formou-se no Instituto de Arte de Moscou em 1927. Trabalhou em fábrica têxtil por sete anos, depois se tornou professora de projetos gráficos e artista reputada – nomeada "Artista Emérita" da URSS após a Segunda Guerra Mundial. Houve uma retrospectiva de suas obras, na tradição socialista-realista, em 1977. Ela faleceu em 1987. Inna viveu em Berlim, onde trabalhou no Comintern, e casou-se com Hugo Eberlein, líder comunista alemão. Eles tiveram uma filha, Inessa. Deixaram a Alemanha em 1933. Porém, nem mesmo a proteção da Nadya salvou Eberlein do terror de Stalin. A certa altura, depois do pacto Hitler/Stalin, ele esteve prestes a ser entregue à Gestapo. Escapou desse destino, mas sucumbiu a outro mais horroroso: morreu no *Gulag* em 1941. Até sua aposentadoria em 1961, Inna trabalhou no Instituto de Marxismo-Leninismo, editando seções das obras coligidas de Lênin. Escreveu sobre suas lembranças em 1971 que reuniram cartas de Inessa aos filhos. Seu filho Fyodor serviu na força aérea como instrutor – o único dos filhos de Inessa que não se filiou ao Partido Comunista. Morreu (de causas naturais) em 1936. André juntou-se à Milícia de Moscou; morreu na linha de frente em 1944. Alexander foi diplomata sem muito destaque e permaneceu apologista de Stalin até sua morte nos anos 1960.

48

A "Internationale"

"A política e a prática do governo russo têm sido sempre as de empurrar à frente suas intervenções tão rapidamente e tão longe quanto a apatia e a falta de firmeza dos outros governos permitam, mas também de sempre parar e recuar quando encontra decidida resistência, e de esperar depois uma próxima oportunidade favorável a outro salto sobre a vítima pretendida."

Henry John Temple, 3º visconde Palmerston (1784-1865)

"Nenhuma nação que escraviza outra nação pode ser livre."

Vladimir Lênin. *Imperialismo: o Mais Elevado Estágio do Capitalismo*, 1917

EM NOVEMBRO DE 1920, UM MÊS APÓS O FUNERAL DE INESSA, a grande dama do socialismo alemão Clara Zetkin, boa amiga de Nadya, visitou Moscou e teve longa entrevista com Lênin. "Enquanto conversávamos, sua face encolheu diante de meus olhos," disse a um camarada de Berlim. "Rugas grandes e pequenas ficaram profundamente gravadas em seu rosto. E cada uma delas era imagem de grave preocupação ou atormentadora dor. Expressão de calado e inexprimível sofrimento estampada em sua fisionomia." Zetkin julgou de início que a aparência de Lênin tinha alguma relação com a morte de Inessa Armand – mas ele então tinha preocupação mais imediata, observou ela. O regime soviético perdia uma guerra contra a Polônia, e a Rússia estava sendo humilhada.[1]

Os poloneses recém-independentes começaram a guerra. Com o apoio de Inglaterra e França, invadiram a Ucrânia na primavera de 1920.* Os polacos e os ucranianos havia muitos séculos passavam

*Apesar de nem todos os líderes Aliados apoiarem os poloneses. O ex-primeiro-ministro inglês Herbert Asquith ponderou sobre o porquê de uma das primeiras iniciativas de um país desesperadamente pobre – dependente da assistência em alimentos da América – ser a provocação de uma guerra. Ele disse em agosto de 1920: "Vejam (...) [A Polônia] há seis meses, tinha população assaltada por doenças e fome. E, não é exagero dizer-se, à beira da falência nacional, e foi em tais circunstâncias que começou a campanha (...) uma aventura puramente agressiva, uma frívola empreitada."

por complicados conflitos territoriais e religiosos; porém agora, um ousado e confiante líder polonês, o marechal Jósef Piłsudski, renovava pleitos históricos a terras que constituíram o Império Polonês do século XVII. Piłsudski estivera envolvido com o irmão de Lênin na trama para assassinar o czar Alexander III – passou cinco anos no exílio da Sibéria – mas era nacionalista polonês, não um socialista, que não contava com a simpatia nem de Lênin nem dos bolcheviques.

No começo dos anos 1920, a Guerra Civil na Rússia já estava vencida pelos Vermelhos, no entanto ainda existiam operações para acabar com focos de resistência. Dezoito meses depois da nova independência polonesa, Piłsudski aproveitou-se da oportunidade. Liderou um exército de 70 mil combatentes na direção leste e ocupou grande parte da Bielorrússia e da Lituânia. Conquistou Kiev em 7 de maio, prometendo libertar a Ucrânia da Rússia.

Lênin, o grande marxista internacionalista, apelou para o patriotismo e para a "Direita": "Temos de ensinar aos polacos uma lição que eles jamais esqueçam," afirmou. Milhares de ex-militares do exército czarista se apresentaram voluntários para constituir uma força de contra-ataque aos poloneses e vencê-los numa guerra defensiva para retomar a Ucrânia. Tal força foi chefiada por novo e jovem herói, Mikhail Tukhachevsky, com apenas 27 anos de idade. O glamoroso e jovem prodígio da revolução não podia reivindicar impecáveis raízes proletárias: era de família aristocrática que podia retraçar sua ancestralidade a um clã de nobres do século XII, do Sacro Império Romano, que servira aos mandantes da Rússia Kieviana. Mas sua mãe fora uma criada. Tukhachevsky era altamente popular entre os integrantes do Exército Vermelho, e, quando ele jurou fidelidade ao Partido Comunista, os figurões no Kremlin passaram a confiar nele como o salvador militar. Seu exército empurrou os poloneses de volta, que apelaram ao Ocidente por ajuda para que fosse conseguido um acordo de paz.

Lênin sempre acreditou que a revolução mundial estivesse bem próxima. Tinham ocorrido golpes socialistas de curta vida em Berlim e em Munique em 1919, sufocados pelo exército alemão e por uma milícia de anticomunistas, o *Freikorps*. Por cinco meses na Hungria, um governo soviético sob Béla Kun modelara-se no regime de Lênin, até ser derrotado em agosto de 1919 por autoritária figura da direita, o almirante Miklós Horthy.

A fé de Lênin não esmoreceu: a revolução mundial demorava mais do que ele pensara, mas acabaria vindo. Os levantes alemães fracassaram, porém "só um cego não vê o fermento na Alemanha," disse em junho de 1919, uma semana, se tanto, depois que Rosa Luxemburg, inspiração do levante de Berlim, foi morta. Em março de 1920, Lênin confiava que "não estava longe o dia em que ele marcharia de mãos dadas com um governo soviético alemão." Disse ao jornalista britânico Arthur Ransome mais ou menos na mesma ocasião: "Ter-se-ia de ser muito tolo para não perceber que a revolução socialista paira sobre a Grã-Bretanha." Ransome balançou a cabeça e aventou que talvez os ingleses não fossem um povo socialista. Lênin disse-lhe severamente que ele não via a situação com olhos "amplos e objetivos."

Nos dois primeiros anos pós-golpe, Lênin estava convicto de que seu regime não sobreviveria, a menos que houvesse revolução alhures no Ocidente. O governo soviético ficará "cercado e acabará rapidamente," disse a Trotsky. Ele ajudara os comunistas húngaros com dinheiro e através de intermináveis mensagens para Kun oferecendo conselhos, embora houvesse pouca coisa que pudesse fazer para ajudar diretamente outros revolucionários. No entanto, ele providenciou seriamente a criação do Comintern (a Internacional Comunista). Era para ser o grupo de partidos socialistas em toda a Europa Ocidental e nos Estados Unidos que dispararia revoluções – como os bolcheviques tinham feito na Rússia. A ideia se baseou na versão de um princípio marxista: "Os interesses do socialismo, do socialismo mundial, são superiores aos interesses nacionais, os interesses do estado." Porém, como ocorreu muitas vezes, a necessidade de Lênin controlar organizações, centralizá-las e dominá-las, enrolou o princípio em sua mente. O Comintern era controlado a partir de Moscou e logo se tornou ramo da política externa soviética. Suas regras fundamentais estabeleciam que para seus membros serem considerados partidos comunistas, e se quiserem qualquer ajuda ou apoio da Rússia, todos tinham de ser organizações do tipo leninista e geridas como os bolcheviques. Tinham de expelir de suas fileiras "moderados e centristas"; precisavam assumir os sindicatos; e eram obrigados a seguir a linha de Moscou em quase tudo. No longo prazo, tais exigências produziram grande malefício à ideia da revolução mundial e constituíram derrota para os sonhos de Lênin e de seus sucessores de expandir o socialismo. Retratar os partidos de extrema esquerda do mundo como marionetes dos russos foi imensa vantagem para a direita.[2]

Com os poloneses atrás de suas próprias fronteiras, a maioria dos outros chefões no Kremlin supôs que isso seria o fim da guerra e que poderiam arrancar vultosas compensações de Piłsudski. O ministro inglês do Foreign Office tentara negociar um acordo de paz e conseguir novo traçado fronteiriço entre Polônia e Rússia: a Linha Curzon.* Os poloneses se viram forçados a aceitá-la – por algum tempo. Mas Lênin estava disposto a continuar pressionando e a transformar a guerra defensiva em ofensiva, para capturar Varsóvia. Trotsky foi contra a ideia: "Este é o maior erro que você já cometeu," disse a Lênin. Stalin, de início, também se opôs (apesar de cedo mudar de opinião e apoiar o líder). Dzerjinsky, que frequentara a mesma escola com Piłsudski, alertou que os polacos combateriam com vigor e que os russos jamais poderiam tomar Varsóvia. "A Polônia não está madura para uma guerra revolucionária." Karl Radek, outro polonês, olhou para Lênin e só disse: "Você vai ser derrotado (...) e muito feio." Mas Lênin não os ouviu. Em 22 de julho, ordenou Tukhachevsky a atravessar para a Polônia "e tomar Varsóvia em um mês." Foi uma aposta tolíssima – "um voo da fantasia," como observou um de seus críticos no Sovnarkom.

No começo, a invasão correu bem e a guerra foi popular. Lênin podia ter como objetivo exportar a revolução, porém os jornais, a imprensa comunista, estavam repletos de veneno nacionalista contra "os poloneses jesuítas" e a "malvada traição" que tinham que ser vingados. Simbolicamente, Brest-Litovsk foi conquistada em questão de dias. O exército de 140 mil homens de Tukhachevsky avançava vinte quilômetros por dia. Emergiu outro herói de guerra, o fanfarrão e barbudo oficial de cavalaria com 37 anos, Semyon Budyonny, que conquistou tudo à sua frente em duas semanas, enquanto cruzava a Ucrânia Ocidental e entrava na Polônia. Mas os suprimentos ao exército escassearam, começou a faltar munição e quando as forças polonesas se reagruparam nas cercanias de Varsóvia, o exército russo foi destroçado. Forçados a se retirar no fim do verão e no outubro de 1920, os russos tiveram cerca de 30 mil mortos e outros 20 mil feridos graves. Lênin não pensara que o Exército Vermelho pudesse invadir a Alemanha ou a Hungria, ou mesmo manter uma Polônia sovietizada. Todavia, tencionava mudar o equilíbrio pós-europeu de Versalhes e furar o *cordon sanitaire* que o Ocidente criara em volta da Rússia. Se Lênin tivesse feito o acordo em julho de 1920 poderia

*Na realidade, ela era muito semelhante a uma antiga fronteira estabelecida nos anos 1780. Nenhum dos lados gostou dela. A Linha Curzon se transformaria em importante questão nos conflitos que se iniciaram em 1920 e levaram à Segunda Guerra Mundial, quando Stalin – junto com os acordos de Yalta e Potsdam – retalhou profundamente outra vez a Polônia.

ter conseguido toda a Ucrânia, a Lituânia e a Bielorrússia e partes da Polônia Oriental. Quando assinou o Tratado de Riga em março de 1921 as tinha perdido por completo.

Privadamente, ele admitiu seu erro, para Trotsky, Dzerjinsky e Radek. Não obstante, usou palavras dúbias quer para iludir a si mesmo quer ao seu partido. "Sem ganhar uma vitória internacional (...) vitória segura, conquistamos a capacidade de existir lado a lado com as potências capitalistas." Quando se encontrou com Zetkin, disse-lhe que se surpreeendera com a forma de "os poloneses pensarem e agirem, não de uma maneira social e revolucionária, mas como nacionalistas e imperialistas. No Exército Vermelho, eles viram inimigos e não irmãos, libertadores. Budyonny e outros líderes militares foram brilhantes (...) mas não conseguiram compensar nossos equívocos políticos."[3]

Depois da Guerra Polonesa, Lênin abandonou a ideia de enviar tropas para combater em território estrangeiro: "Não podemos fazer revolução no exterior à ponta de baioneta," disse a Kamenev. Mas não desistiu de espraiar as ideias revolucionárias para destruir as potências capitalistas. Sempre foi sua intenção fagulhar levantes por todos os cantos. Agora ele podia fazer isso com a justificativa de que os Aliados haviam ajudado os "Brancos" contra seu regime; era legítimo para os soviéticos interferir nas questões do Ocidente. Podia ser argumentação débil e hipócrita, mas foi a que ele empregou com regularidade.

Não economizou recursos financeiros na propaganda feita na Europa Ocidental e nos EUA, bem como nos subsídios aos partidos comunistas e sindicatos. Ajudou a criar partidos de esquerda nas colônias governadas por Potências Ocidentais como modo de desestabilizar seus impérios, por exemplo, na Índia britânica. Na China, ofereceu vastas quantias aos comunistas chineses – e para começar, cercando com *hedge* suas apostas, a socialistas mais moderados.

Lênin instalou Angelica Balabanova como primeira-secretária do Comintern em 1919 e a enviou a Estocolmo para estabelecer ligações com grupos de esquerda do Ocidente. "Navios chegavam da Rússia a cada sábado," lembrou-se ela. "Eles me traziam (...) enormes somas de dinheiro, que eu depositava em um banco. Meu escritório não necessitava de tanto dinheiro, e eu não conseguia entender o propósito daquelas transferências. Senti-me incomodada com as quantias e aproveitei todas as oportunidades para pedir explicações e instruções a Lênin. Recebi dele a seguinte carta. 'Prezada Camarada Balabanova, Excelente. *Excelente* [sublinhados] (...) você é a nossa mais meritória e capaz colaboradora. Mas suplico-lhe que não economize. Gaste milhões. Muitos, muitos milhões." E foi o que o Comintern fez.

Lênin se envolveu intimamente com a seleção de agentes do Comintern e interferiu nos mínimos detalhes. Como eram assuntos com potenciais consequências, ele mesmo decidia – sobre política geral, orçamentos, tática. Durante uma quinzena do fim de 1919, foi perguntado a ele se já era hora de se criar um novo Partido Comunista no Afganistão (a resposta foi sim), se um ramo indiano do partido deveria ser criado no Turcomenistão soviético (talvez) e quanto deveria ser dado aos comunistas em Bengala (muito, até 5 milhões de rublos).* Lênin recebeu solicitação do antigo comunista finlandês Eino Rakhia, que fora seu guia e guarda-costas em 1917, de dez milhões de rublos para ajudar o partido em Helsingfors. Foi concedida. Apoiou subsídio de 1 milhão de dólares a John Reed, o jornalista americano, para ser gasto em propaganda nos Estados Unidos. Aprovou a proposta de 200 mil rublos para pagar "agitadores e propagandistas em organizações trabalhistas asiáticas (...) o custo de cada uma, mais bônus pelo retorno, seria (...) Coreia, 10 mil rublos, sul da China, 20 mil (...) missões semelhantes estão previstas para Pérsia e Índia." Ele despachava, diariamente e em pessoa, detalhes de questões do Comintern.

A capacidade pragmática de Lênin para mudar de direção quando julgava taticamente lógico espantava os verdadeiros crentes no exterior, como ocorrera com os próprios bolcheviques no exílio antes de 1917. No fim de 1919, ele disse aos comunistas britânicos que deveriam se filiar ao Partido Trabalhista e se esforçar pela causa dessa maneira, e não permanecer como uma seita irrelevante. A ideia intrigou os membros do Partido Comunista inglês que até então eram instruídos a fazer exatamente o contrário. Depois, Lênin lhes disse, "Vocês têm de apoiar os Trabalhistas como o nó corrediço apoia os enforcados." A líder *suffragette* Sylvia Pankhurst, em Moscou ao tempo da Conferência do Comintern, ficou furiosa. Era preciso ser mulher corajosa para dar aula a Lênin de como ser revolucionário, mas ela tentou. "Pelo contrário (...) devemos ser mais de 'Esquerda' do que vimos sendo. Na Inglaterra, em especial, não existe gente suficientemente corajosa. Embora eu seja socialista, participei por longo tempo da luta das *suffragettes* e pude ver a importância do radicalismo e da bravura

*Lênin se interessava muito em enfraquecer o Império Britânico. Como Bruce Lockhart disse "isso não pareceu muito diferente do Grande Jogo da era victoriana/edwardiana, só era diferente no linguajar ideológico."

pessoal na defesa de nossas ideias." Lênin desprezou Pankhurst como "chata e burguesa" e esperou que o Partido Comunista inglês obedecesse às suas instruções, se é que desejasse reconhecimento e apoio de Moscou.*

Lênin deu subsídios do regime soviético para dezenas de partidos comunistas no estrangeiro, o que continuaria a ser feito por seus sucessores até os anos 1980 bem avançados. No primeiro ano completo depois da criação do Comintern, de acordo com relatos de uma reunião sobre orçamento em que Lênin esteve presente, ele aprovou: 1. Orçamento para o PC alemão, uma alocação (...) de 446.592 rublos-ouro [42 milhões de marcos alemães]. 2. Orçamento para o PC francês, voto unânime para 100 mil rublos-ouro. 3. Para o PC italiano, 360.842 rublos-ouro. 4. Para o PC tchecoslovaco, 250 mil rublos-ouro. Para o PC inglês, voto unânime para 200 mil rublos-ouro. Dinheiro foi enviado para os EUA, a Áustria, a Holanda, a Grécia e muitos outros países – no total, mais de cinco milhões de rublos, imensa quantia numa época de fome na Rússia, e mais do que Lênin alocou para programas de alívio da fome.

*Como de hábito, o mais famoso líder revolucionário do mundo podia gastar tempo desnecessário com assuntos triviais. Por exemplo, em agosto de 1921, ele escreveu longa carta a Thomas Bell, que estava pronto para lançar um jornal de esquerda para os mineiros em Gales do Sul. "Você deve, no começo, ser muito prudente. De início, o jornal não deve ser muito revolucionário. Se você tiver três editores, dois não deverão ser comunistas (...) e sim trabalhadores autênticos."

49

Rebeldes no mar e em terra

"Os marinheiros de Kronstadt (...) orgulho e alegria da revolução."

Leon Trotsky, 26 de outubro de 1917

"Creiam-me. Só podem existir dois tipos de governo na Rússia: Czarismo ou Sovietes."

Lênin, 3 de março de 1921

PARA MUITOS SOCIALISTAS ANTIGOS E IDEALISTAS na Rússia e no estrangeiro, o evento que mais conseguiu estilhaçar as esperanças e sonhos por liberdade sob as asas da revolução foi a brutal repressão aos marinheiros da base naval de Kronstadt. Os marujos haviam desempenhado papel importante na propaganda bolchevique como ponta de lança da vanguarda que levara Lênin ao poder. Os marinheiros de Kronstadt estavam na tripulação do cruzador *Aurora*, que disparou granadas sobre o Palácio de Inverno. Muitos deles se tornaram Guardas Vermelhos durante a Guerra Civil. Eram considerados homens duros e radicais do partido bolchevique, totalmente leais à causa e à liderança. Trotsky os qualificava como "orgulho e alegria da revolução." Lênin costumava dizer que quando a revolução correr perigo, "não pode fracassar porque contamos com os marinheiros do nosso lado."

Quando esses marujos demonstraram dissensão, foi porque era óbvio que eles tinham sido forçados à submissão. E depois da selvageria do tratamento que receberam, poucas pessoas acalentaram ilusões de que Lênin não sofreria séria oposição.

Dentro do Partido Comunista, mesmo no inverno de 1920 quando Lênin só era ditador nominal, ele escutava críticas sobre questões partidárias internas. O antigo bolchevique Timofei Sapranov era ouvido com polidez até quando, em grandes reuniões do partido, acusava Lênin de transformar membros em "máquinas de gravação que repetem frases (...) e se você insistir na obediência cega, a revolução será perdida." Como também Nikolai Osinsky: "Houve um tempo em que as decisões importantes do partido eram tomadas por órgãos eleitos

(...) agora elas estão nas mãos de pequeno círculo de pessoas. Ou de um só indivíduo." Mas as críticas foram se tornando raras à proporção que Lênin envelhecia, tornando-se mais intolerante, e que suas "raivas" se tornavam mais furiosas. No entanto, críticos mais antigos do partido não eram expurgados, julgados e executados – ainda. Isso começou mais tarde com Stalin. Não obstante, eles eram mandados para bem longe das vistas de Lênin. Após uma série de colisões a respeito de direitos dos trabalhadores, Alexandra Kollontai foi tirada do Sovnarkom, colocada de lado e, mais tarde, feita embaixadora na Noruega.* Depois da derrota dos Brancos, os "inimigos da classe," toda a oposição foi suprimida, inclusive a de heróis da revolução como os homens de Kronstadt.

Suas reclamações começaram com exigências de ordem econômica por maiores rações e medidas para remediar a falta de alimentos em suas famílias nos vilarejos e nas regiões de classes operárias das cidades. Nada aconteceu com eles, pois era crítica aceitável. Então, começaram a fazer demandas políticas que vinham de encontro ao regime.

Em 28 de fevereiro de 1921, reuniões maciças de marinheiros em dois encouraçados, o *Petropavlovsk* e o *Sevastopol*, resultaram em resolução com pleitos de eleições livres para novo Parlamento, sindicatos livres e independentes do Partido Comunista, imprensa livre, abolição da Cheka – e uma gama de outras amplas e democráticas reformas. No dia seguinte, houve manifestação de cerca de 16 mil marinheiros no centro na cidade de Kronstadt, onde as reivindicações foram lidas novamente por um rapaz que se tornaria líder dos marujos, suboficial do *Sevastopol*, Stepan Petrichenko, de 21 anos de idade.

Pequeno grupo de ativistas ocupou uma gráfica e, pacificamente, começou a publicar o jornal *Kronstadt Izvestia*. Em momento nenhum eles incitaram a violência ou houve qualquer ação contra Petrogrado, que eles poderiam ter bombardeado com seus canhões ou bloqueado a cidade se quisessem. Não planejaram nenhum levante; simplesmente expressaram sua decepção e raiva. Logo Lênin os viu como ameaça e exigiu que baixassem o tom ou "enfrentassem a destruição." Os marinheiros continuaram a publicação do jornal, e Lênin encarregou Trotsky de empastelar o jornal: "Isso é uma rebelião e não se pode

*Shlyapnikov perdeu o cargo, mas passou a escrever, e a alguns outros foram dados postos diplomáticos inexpressivos. Após os expurgos que se seguiram à morte de Stalin, ser mandado para o estrangeiro – distante do centro do poder – foi "punição" rotineira para os servidores problemáticos até o colapso da URSS.

ter compaixão com eles. Têm de ser destruídos. Não haverá meio--termo." Trotsky respondeu que se os marinheiros não recuassem "seriam abatidos como perdizes."[1]

Trotsky chegou a Kronstadt em 4 de março, com Tukhachevsky no comando de um efetivo aproximado de 20 mil homens do Exército Vermelho. Na manhã seguinte, ele expediu ultimato autorizado por Lênin. "Kronstadt e os navios rebeldes devem se submeter de imediato à autoridade da República Soviética. Só os que se renderem incondicionalmente poderão contar com a compaixão da República."

Não houve resposta de Petrichenko. Dois dias depois, a artilharia de costa abriu fogo, e os soldados de casquetes brancos de Tukhachevsky atacaram a base naval debaixo de tempestade de neve. "O primeiro disparo foi feito por Trotsky (...) ajoelhado sobre o sangue de trabalhadores (...) ele atirou contra a Kronstadt revolucionária que se levantara em oposição à autocracia dos comunistas," disse Petrichenko.

O jovem marinheiro fez um último e emotivo apelo aos chefes do Kremlin. "Nem três anos decorridos, vocês – Lênin, Trotsky, Zinoviev e todos os outros – foram denunciados como espiões alemães. Nós, os operários e marinheiros, fomos em seu socorro e salvamos vossa pele das garras do governo Kerensky. Fomos nós que os colocamos no poder. Esqueceram disso? Agora nos ameaçam com a espada. Vocês estão brincando com fogo. Estão repetindo as trapalhadas e crimes de Kerensky. Cuidem para que destino similar não lhes esteja reservado."

As tropas foram rechaçadas por algum tempo, porém, no fim, foi um massacre. Os marujos estavam em desvantagem numérica e em armamentos. Até Tukhachevsky ficou abalado com a carnificina e surpreso com a determinação dos marinheiros em combater contra todas as chances, "Não foi uma batalha, foi um inferno," disse ele mais tarde. "Eles lutaram como bestas selvagens. Não posso entender onde encontraram força para tão furiosa ira. Cada casa teve ser tomada por assalto." Quase todos os marujos que sobreviveram ao assalto final de 16 de março foram sumariamente executados. Petrichenko e cerca de cem outros marinheiros conseguiram escapar para a Finlândia, mas milhares morreram no lago congelado do entorno de Kronstadt. Findo o embate, o governo finlandês exigiu que os soviéticos retirassem os corpos do gelo. Caso contrário, os cadáveres seriam levados para o litoral da Finlândia quando o degelo chegasse.[2]

O terror se tornou tão corriqueiro que pessoas foram trucidadas por horrorosos enganos. Na reunião do Sovnarkom de outubro de 1919, comissários debatiam investimentos nas ferrovias. O encontro já estava na metade quando Lênin escreveu uma nota para Dzerjinsky perguntando. "Quantos contrarrevolucionários perigosos temos nas prisões?" O chefe da Cheka rabiscou uma resposta, "cerca de 1.500" e mandou o bilhete de volta a Lênin que a leu, apôs um X no papel e o mandou de volta às mãos de Dzerjinsky. Naquela noite, centenas de prisioneiros em Moscou foram executados. Lênin não ordenara que fossem fuzilados, como a secretária, Fotieva, explicou mais tarde. Por vezes, ele colocava o "x" nos documentos para mostrar que o havia lido e anotado. Tão casual tinha se tornado a ação da justiça revolucionária que aquele chocante erro não teve a mínima repercussão.

Lênin sempre justificou o terror com base nos princípios da causa, porém ocasionalmente demonstrava piedade quando tomava conhecimento de casos individuais. A relação de Gorky com Lênin continuou mesmo quando o *Novaya Jizn* foi fechado no verão de 1918. Ele foi crítico persistente de Lênin – um dos poucos russos que podia fazê-lo. Todavia, reuniam-se frequentemente como amigos, e Gorky recebia certa liberdade de expressão como o mais famoso escritor russo vivo.*

Gorky interveio muitas vezes em favor de outros autores, artistas e acadêmicos. Odiava a intolerância de Lênin, que muitas vezes testemunhara no passado. Em junho de 1919, protestou contra as revistas e prisões de membros da *intelligentsia* de Petrogrado. "Eles são as mesmas pessoas que o ajudaram pessoalmente, que o esconderam em suas residências," disse-lhe Gorky. A resposta de Lênin foi característica: "Sim, é claro que eles são excelentes, boas pessoas e exatamente por isso é que suas casas precisam ser revistadas. Precisamente por causa disso é que *a contre coeur* alguns precisam ser presos. Evidente que são excelentes e boas e, por conseguinte, suas simpatias sempre se voltam para os oprimidos, e eles são sempre contra as perseguições.

*Até que emigrou no outono de 1921. A amizade Lênin-Gorky é fascinante e mereceu pelo menos um livro próprio. Gorky era um crítico feroz, mas teve liberdade para escrever, até poucos meses antes de emigrar. "Os erros de Lênin são os de uma pessoa honesta, e nenhum reformador do mundo operou sem cometer equívocos. (...) Ele sempre fala de uma coisa – livrar-se da desigualdade social. Sua fé nisso é a de um fanático, mas fanático instruído, não metafísico ou místico. (...) Numa era religiosa, Lênin seria considerado santo. Severo realista e político arguto, Lênin está gradualmente se transformando em figura lendária. Isso é bom." E quando Lênin faleceu em 1924, Gorky compôs extraordinário panegírico em homenagem a ele. O mais estranho sobre Gorky, entretanto, foi seu desejo de retornar à Rússia de Stalin em 1932, onde morreu quatro anos mais tarde.

E o que eles veem à sua volta? O perseguidor – nossa Cheka. Os oprimidos – os Kadets e os SRs que dela fogem. Obviamente, seu dever, como o concebem, lhes ordena alinhamento – contra nós." O princípio que Lênin adotava era simples: é melhor que cem pessoas inocentes sejam mortas do que uma pessoa que constitua perigo para a revolução permaneça livre e constitua potencial ameaça. E a Cheka colocou tal princípio em sanguinária prática. "Quem não entende a necessidade de qualquer classe revolucionária manter sua vitória, não entende nada da história da revolução," afirmou ele. "A ditadura significa – anote isso de uma vez por todas – poder irrestrito e uso da força, não da lei."[3]

Gorky salvou numerosas pessoas da morte ou da prisão apelando diretamente a Lênin. Depois de reabrir um caso, em 12 de abril de 1919, Lênin disse aos servidores do Soviete de Orel: "O escritor Ivan Volny foi preso. Seu amigo Gorky sugeriu com veemência cautela e imparcialidade na investigação. Pode ele ficar em liberdade, sob estrita vigilância, enquanto o inquérito continua?" Volny foi solto logo depois. No mesmo mês, Gorky solicitou a liberdade da SR de "esquerda" Nina Shklovskaya, secretária de Alexander Blok. Em março de 1920, Gorky escreveu a Lênin pedindo a soltura do químico Alexei Sapojnikov "para que ele possa continuar seu valioso trabalho na cura de diversas enfermidades." Três dias depois, ele foi posto em liberdade. "E é também necessário dar [ao médico Ivan] Manukhin a possibilidade de pesquisar sobre o soro antitifo," acrescentou Gorky como pós-escrito. Manukhin foi solto uma semana depois.*

De alguma forma, em 3 de setembro de 1920, uma carta chegou às mãos de Lênin escrita por Nadejda Nikulia, antiga atriz de 74 anos do Teatro Maly de Moscou. Ela disse ter cedido de bom grado diversos cômodos de seu apartamento para servir aos pobres. Era então ameaçada de cadeia se não "abrisse mão de seu último corredor." Lênin encaminhou a carta a Dzerjinsky com anotação sua à margem: "Investigue e telefone para ela. Deixe-a em paz." Mas esses casos pareciam os apelos ao soberano nos tempos imperiais. A justiça era arbitrária. Para os milhões que não tinham acesso a Gorky ou ao Kremlin, não havia proteção contra os

*Uma pessoa que Gorky não conseguiu salvar foi o idoso primo do ex-Czar, o Grão-Duque Nikolai Mikhailovich, historiador e acadêmico que nunca desempenhara qualquer cargo oficial ou função na corte. Ele queria ir para longe para poder escrever. Gorky encontrou-se com Lênin em Moscou; Lênin assegurou-lhe que escreveria carta ao Soviete de Petrogrado dizendo para que o caso fosse reaberto. Quando Gorky retornou a Petrogrado, o Grão-Duque já estava morto. Gorky sustentou que Lênin já deveria saber da execução quando os dois se encontraram em Moscou.

funcionários corruptos, maldosos e covardes, ou contra a Cheka. A Rússia de Lênin era um estado efetivamente sem lei.

Os mencheviques foram banidos na primavera de 1921. O grande particular foi que ninguém resultou morto. Os dias dos expurgos comunistas maciços e aleatórios ainda estavam por vir. Entretanto, milhares foram presos, e Lênin ficou feliz por vê-los deixar o país. Quando o Sovnarkom reuniu-se em 5 de janeiro para debater "a questão menchevique," foi ordenado a Iosef Unshlikht, vice-chefe da Cheka, que encontrasse duas ou três cidades – "sem excluir as com ferrovia" – onde os mencheviques pudessem ser assentados. Lênin determinou-lhe que "não impedisse" os mencheviques que desejassem emigrar e que se subsídios fossem solicitados, recursos financeiros do partido estavam disponíveis para enviá-los ao exílio no estrangeiro.*[4]

Em julho de 1912, Henry Fisher, assistente social voluntário, descreveu as condições na estação ferroviária de Simbirsk [*hoje Ulyanovsk*], cidade onde Lênin nasceu e cresceu. "Imagine um amontoado de farrapos sórdidos, entre os quais aparecem aqui e ali magros braços nus, faces onde já está carimbado o selo da morte. Sobrepujando tudo, horrendo odor venenoso. É impossível chegar-se perto. O saguão de espera, os corredores, cada centímetro quadrado de chão coberto por pessoas (...) nas mais inacreditáveis posições. Olhando-se atentamente é possível divisar que os imundos farrapos estão infestados de vermes. Bebês esfomeados perderam a voz e nem mais são capazes de chorar. A cada dia, mais de vinte mortos são levados para longe, mas não é possível remover todos eles. Por vezes, cadáveres permanecem ao lado de vivos por mais de cinco dias. (...) Uma mulher tenta acalmar pequena criança no colo. A criança chora. (...) Por algum tempo, a mãe a embala com os braços. Então, de repente, mãe a estapeia. A criança

*Em outubro de 1920, Lênin deu permissão a Yuli Martov para que deixasse a Rússia. Ele passou seus últimos anos em Berlim, novo exílio de um homem seriamente doente. Lançou o jornal menchevique, *Socialist Messenger*, e engalfinhou-se com Lênin até o fim. Uma de suas últimas peças de jornalismo acusou Lênin de conduzir "um festival sangrento (...) na Rússia, que vem sendo executado em nome do socialismo, em nome do ensinamento que proclama a igualdade das pessoas trabalhando para o objetivo mais elevado da humanidade. (...) Um partido com sentenças de morte é tão inimigo da classe trabalhadora quanto um partido de *pogroms*." Lênin raramente expressou quaisquer arrependimentos, porém certa vez, no verão de 1921, melancolicamente, disse que era "uma pena Martov não estar entre nós. Que camarada surpreendente ele foi (...) homem muito puro." Martov morreu em abril de 1923. Quando Lênin soube do acontecimento, também muito enfermo e incapaz de falar, "ele pareceu desesperadamente triste," disse Nadya.

chora mais forte. Isso parece enlouquecer a mulher. Ela continua batendo com mais força, seu rosto contraído pela raiva. Desfere socos e mais socos na pequena face, na cabeça e, por fim, a arremessa no chão e começa a chutá-la. Um murmúrio de horror é ouvido em torno da mulher. A criança é levantada do chão, pragas são rogadas contra a mãe que, depois da explosão de fúria, abranda, volta a ser o que era, indiferente ao que se passa à sua volta. Seus olhos abertos fixam-se à distância, mas aparentemente não distinguem nada."

A fome não é fato incomum na Rússia. Houve fomes em 1906 e em 1913, o ano que antecedeu a guerra. Mas a grande fome no Volga foi de longe a pior que o jovem Vladimir Ulyanov testemunhou em 1891-2. A safra decepcionante em 1920, seguida de geada pesada e suarento calor de verão, foram sérios desastres naturais. A catástrofe do ano seguinte, entretanto, foi causada mais pelo homem do que pela natureza.

Sua principal razão foi a continuada política de Lênin da requisição dos grãos. Camponeses já estavam acostumados a manter estoques para suprir suas famílias em épocas de safras ruins. Agora, eles plantavam o bastante para subsistir, alimentar o gado e manter sementes suficientes para a safra seguinte. De que adiantava produzir mais se os bolcheviques tomavam tudo? Por volta de 1920, a área plantada na região do Volga diminuíra 25 por cento em três anos. Quando ocorreu a péssima safra, não havia reservas de estoques.

A mais atingida foi a região do Volga, mas houve grande fome também na Ucrânia, nos Urais e no Cazaquistão. Na província de Samara, foi estimado que quase 2 milhões de pessoas chegaram às portas da morte pela fome, mais de dois terços da população, que era de aproximadamente 700 mil habitantes, morreram nos dois anos seguintes. Um quarto do campesinato da Rússia sofreu de inanição.

Vastas quantidades de pessoas se dirigiram às estações ferroviárias russas, onde imaginavam poder existir alimentos ou maneira de pegar um trem para qualquer destino – daí a cena em Simbirsk descrita por Fisher. O canibalismo tornou-se comum. Pessoas armazenavam cadáveres como alimento. Uma mulher foi presa comendo na companhia dos filhos pedaços do corpo morto do marido. Quando a polícia interveio, ela disse: "Não desistiremos (...) ele é de nossa própria família e ninguém tem o direito de tirá-lo de nós." Houve diversos casos de mães que mataram um dos filhos para alimentar os demais.

Até julho de 1921, o governo russo recusou-se a admitir que um desastre ocorria, como o Czar havia feito nos anos 1890: as palavras "fome" e "inanição" foram banidas na imprensa por ordem de Lênin. Os esforços de alívio da fome foram deixados a cargo de uns poucos indivíduos – exatamente como nos anos 1890, quando Tolstoy e Chekhov levantaram dinheiro para a organização das cozinhas da sopa e hospitais. Gorky apelou para a ajuda internacional. Herbert Hoover ofereceu auxílio através da Administração Americana de Assistência (American Relief Administration – ARA), que alimentava milhões de pessoas na Europa Ocidental.

No começo, Lênin rejeitou ajuda de qualquer espécie e declarou furiosamente: "Tem-se de punir Hoover, tem-se de esbofeteá-lo publicamente para que todo o mundo veja." Mas ele foi convencido a aceitá-la pelos camaradas do Kremlin, em especial por Litvinov, pelo comissário do Exterior Chicherin e por Zinoviev, ponderando que a continuação da recusa poderia parecer muito ruim em termos internacionais.

Lênin não demonstrou gratidão e ordenou que a Cheka espionasse as equipes da ARA. Escreveu a Vyacheslav Molotov, então alto funcionário da secretaria do Sovnarkom: "Podemos esperar a chegada de muitos norte-americanos. Temos que tomar muito cuidado com a vigilância e a inteligência (...) o importante é identificar e mobilizar a máxima quantidade de comunistas que saibam inglês para infiltrá-los na Comissão de Hoover e exercerem outras formas de vigilância." Os servidores de Hoover alimentaram milhares de vidas antes de darem por terminada a ajuda à Rússia – prematuramente. Quando foi revelado que os soviéticos recebiam a ajuda externa e, ao mesmo tempo, vendiam seus cereais a dinheiro vivo, estourou um escândalo que forçou a saída da Rússia, com grande amargura, das equipes da ARA.[5]

A fome foi acompanhada por revoltas dos camponeses em todo o país – a última oposição de vulto ao regime antes que a Rússia rural ficasse totalmente submissa aos soviéticos. O Exército Vermelho foi empregado para sufocar dezenas de rebeliões ao longo de 1921,* mas Lênin se preocupava mais com a revolta na província de Tambov, a sudeste de Moscou, cujas notícias se espalhavam para outras cidades russas e para o exterior. Milhares de brigadas de confisco de

*Entre março e novembro de 1921 dificilmente houve um dia em que um destacamento do Exército Vermelho não estivesse em ação na Rússia por alguma coisa ligada a "desordens internas" contra camponeses. De acordo com os próprios registros do governo, em 36 províncias durante 1921 ocorreram 171.185 baixas no exército, a grande maioria ferida levemente, mas são números que mostram a seriedade do problema.

alimentos foram atacadas e funcionários comunistas, assassinados. Lênin recorreu a todos os meios à sua disposição para esmagar os rebeldes, inclusive armas pesadas de destruição em massa. Ele disse que as guerras dos camponeses "foram bem mais perigosas para nós do que todos os Denikins, Kolchaks e Yudeniches juntos."

Tukhachevsky não teve dó na supressão do levante de Kronstadt. Um mês mais tarde, foram-lhe dadas quatro semanas para derrotar os habitantes de vilarejos de Tambov, liderados pelo SR, Alexander Antonov, que tomara parte na revolta de Maria Spiridovlova três anos antes. Uma ordem aprovada pessoalmente por Lênin autorizou Tukhachevsky a usar gás venenoso contra um grupo de camponeses armados com uns poucos fuzis. "Os remanescentes dos bandidos (...) [de Antonov] estão reunidos em floresta de onde desencadeiam incursões contra pacíficos aldeões. Essas florestas onde os bandidos se escondem têm que ser limpas com o emprego de gás venenoso. Cálculos cuidadosos têm que ser feitos para que as nuvens de gás asfixiante se espalhem pelas florestas e exterminem tudo que lá existir. O inspetor de Artilharia tem que distribuir imediatamente a requerida quantidade de gás venenoso (...) [granadas] e os especialistas necessários para as localidades. Assinado Lênin."

Mesmo depois desses ataques, os camponeses continuaram combatendo. Tukhachevsky contava com efetivo aproximado de 50 mil homens, três trens blindados, diversas unidades de metralhadoras, setenta canhões de campanha e um esquadrão de caças de ataque. Eles incendiaram vilarejos inteiros, quando enfrentaram resistência, e não fizeram prisioneiros. Tukhachevsky não cumpriu o prazo de um mês, mas a rebelião foi esmagada – bem como todas as outras.*[6]

A única instituição que persistiu resistindo a Lênin foi a Igreja Ortodoxa. A Cristandade e o tipo de comunismo de Lênin estavam fadados a colidir em algum momento do futuro. Lênin sempre tencionou fazer campanha contra a religião e, se pudesse, destruir a Igreja, mas preferiu ganhar tempo. Pelos primeiros três anos, foi cuidadoso e usou só a propaganda. Depois que os Brancos foram derrotados e os rebeldes camponeses, pacificados, Lênin aproveitou a oportunidade para atacar a Igreja – numa ação com a qual esperava conseguir apoio popular.

*Alexander Antonov escapou e tentou organizar outro bando rebelde próximo a Voronej, 350 quilômetros distante de Tambov. Ele foi localizado pela Cheka em junho de 1922 e morto, juntamente com o irmão Dmitry.

Com os czares, a Igreja dispunha de imensos poderes temporais e espirituais. Só a fé ortodoxa tinha o direito de proselitismo; recebia generosos subsídios estatais que pagavam os salários dos cerca de 45 mil sacerdotes de paróquias e financiavam aproximadamente 100 mil mosteiros. A Igreja era um dos maiores latifundiários na Rússia. A frequência às igrejas vinha decaindo acentuadamente na década que antecedeu a Revolução de Fevereiro, mas a Rússia continuava sendo um país predominantemente ortodoxo. A Ortodoxia e o Czarismo eram unidos por um vínculo inseparável: a Igreja era, com efeito, um departamento do estado com seu próprio ministro. Historicamente, sua política sempre fora ultrarreacionária.

Um dos primeiros decretos de Lênin separou a Igreja do Estado, reconheceu casamentos civis, baniu o ensino da religião nas escolas estatais e revogou todo o financiamento estatal à Igreja – medidas razoavelmente moderadas para uma revolução liderada por empedernidos ateus. O novo Patriarca, o metropolitano de Moscou, Tikhon, tinha a reputação de ser "homem piedoso e pouco sofisticado (...) com certo viés do fatalismo russo." Ele decidiu bater de frente com os bolcheviques desde o início. Deplorou "esses monstros da raça humana (...) os inimigos ostensivos e os disfarçados (...) de Cristo que começaram a perseguir a Igreja e se esforçam por destruir a causa de Cristo, semeando por todos os lados (...) os germes da maldade, do ódio e do fraudulento conflito."

Houve alguns ataques isolados a certos sacerdotes, mas não determinados pela política oficial naquele estágio. Lênin foi bastante específico em suas instruções à Cheka e aos Guardas Vermelhos para deixarem a Igreja em paz, por enquanto. "Seja muito prudente ao lidar com a Igreja. Não se apresse. Vai chegar a hora dessa batalha, mas espere," escreveu a Dzerjinsky. Quando ele e outros líderes bolcheviques foram "anatematizados" por Tikhon, Lênin ignorou o Patriarca.

Em 1919, o governo começou a confiscar terras e propriedades da Igreja, como já o fizera de todos os latifundiários. O ato abarcou fábricas, blocos de apartamentos, laticínios, hospitais, lojas, assim como mosteiros com vastas fazendas. O regime introduziu regras mais severas contra o ensino da religião em qualquer lugar fora das igrejas, inclusive "em locais públicos como os parques." Tikhon reclamou que tais medidas "visavam tornar impossível a própria existência das igrejas, de suas instituições e do clero." Foi colocado em prisão domiciliar por alguns meses, e quase uma centena de sacerdotes foram presos.

Veio então a fome, e Lênin percebeu a oportunidade para o ataque em escala total contra outras fés que não o comunismo. Tikhon ofereceu ao estado substancial soma em dinheiro e "o tesouro da Igreja – salvo os vasilhames consagrados." No verão de 1921, Lênin lançou campanha de propaganda em toda a imprensa dizendo que a Igreja estava "acumulando seus tesouros" e exigindo que ela entregasse mais de sua "riqueza escondida (...), de modo que possamos transformar ouro em pão." Caso recusasse, suas propriedades seriam confiscadas.

Quando Tikhon reagiu afirmando que seria sacrilégio usar itens consagrados para objetivos seculares, Lênin despachou agentes da Cheka para saquear as igrejas. Na pequena cidade de Shuya, trezentos quilômetros a nordeste de Moscou, em 1922, quinze habitantes devotos foram mortos quando tentaram deter os soldados que tentavam se apossar de valores da igreja. Na ausência de Lênin, o Politburo que governava a cidade decidiu adiar futuros confiscos, ao menos por curto período. Quando Lênin soube da decisão, foi atacado por um de seus surtos de raiva. Para ele, aquela era a melhor hora para a confrontação final com o clero, e os camaradas não deviam vacilar no cumprimento da missão.

A reação de Lênin para os chefões do Kremlin – só recentemente disponível após considerável tempo depois do colapso da URSS – ainda tem a capacidade de chocar pela brutalidade cínica. Ela revela um Lênin em suas piores características, e não surpreende que seus sucessores tenham escondido a carta por décadas. Vale a pena citá-la com certa extensão. Lênin se valeu da fome como desculpa para lançar assalto contra o clero: "O inimigo [querendo dizer a Igreja] comete enorme erro estratégico ao tentar nos arrastar para a luta numa ocasião como a presente (...) para nós, a probabilidade de sucesso é de 99 por cento e ficaremos em posição inatacável por décadas no futuro. É precisamente agora, quando nas regiões da fome as pessoas se alimentam com carne humana e milhares de cadáveres jazem insepultos nas estradas (...) que precisamos executar o confisco dos valores da Igreja, com a mais impiedosa energia e prontos para esmagar qualquer resistência. É agora, e só agora, que a massa dos camponeses nos será favorável ou, que mais não seja, não estará em condições de apoiar o clero. (...) Temos que nos apossar agora dos valores, e rápido; isso não será possível mais tarde, em nenhum outro momento, exceto neste em que a fome desesperadora nos dará suporte entre as massas. Os confiscos têm que ser procedidos com determinação impiedosa. (...) Quanto maior for o número de religiosos e burgueses reacionários que conseguirmos executar por tal razão (...) [isto é, por resistirem ao confisco dos bens da Igreja], melhor. Temos que ensinar a essa gente uma lição de modo que ela nem ouse pensar em resistência por décadas."[7]

Foi esse o violento início da supressão da religião que pelos quinze anos seguintes, mais ou menos, resultou no fechamento de mais de 97 por cento das igrejas, sinagogas e mesquitas da União Soviética. Decorridos dois anos do édito de Lênin, mais de trinta bispos e 1.200 sacerdotes tinham sido mortos, e milhares mais aprisionados. Em Perm, testemunhas disseram ter visto os olhos do arcebispo Andronik serem arrancados, suas bochechas escavadas e as orelhas decepadas, antes de ele ser fuzilado. O bispo Hermogenes, de Tobolsk, foi amarrado a uma pesada pedra e jogado no rio.

Por outro lado, os bolcheviques amealharam vastas somas de dinheiro dos saques e roubos das igrejas. Somente em novembro de 1921, de acordo com relatório para Lênin, eles se apossaram de quinhentos quilos de ouro, quatrocentos de prata, 35.670 de diamantes, 265 de pedras preciosas de diversos tipos "e 964 outros materiais antigos que serão pesados."[8]

50
Prenúncios de mortalidade

"A saúde de Lênin parecia ser um dos indestrutíveis pilares da revolução. (...) A impressão era de que (...) [ele] jamais se desgastaria."

Leon Trotsky, 1924

Ao longo dos dois anos que se seguiram ao atentado contra sua vida em agosto de 1918, pareceu que Lênin havia se recuperado por completo. Ele não dava visíveis provas de problemas de saúde aos que o viam ocasionalmente, no entanto se alimentava mal, dormia pouco e irregularmente e não tirava as férias normais ou desfrutava dos feriados que recompunham seus níveis de energia – e mantinha sob constante e considerável pressão seu temperamento. As poucas e espaçadas saídas para caçar e os domingos em Gorky não eram suficientes.

Ele mesmo notou o potencial problema. Como sempre esteve fisicamente em forma, Lênin estava acostumado a se sair melhor nas caminhadas pelo campo do que quase todos que o acompanhavam. Não era mais assim. Faltava-lhe ar e padecia de dores no peito e nas pernas.* Buscava então qualquer desculpa para sentar-se e descansar. Jamais mencionou os sintomas para alguém – nem para Nadya, tampouco para o irmão médico Dmitry. Lênin tinha propensão à hipocondria mesmo quanto aos pequenos problemas de saúde, mas agora não se queixava aos doutores. Sozinho, porém, consultava manuais médicos. Sua saúde o deixava inquieto e ele alimentava a sensação de que não viveria muito tempo. Por vezes, mencionava o fato de seu pai ter morrido aos 54 anos, e quando se pensava que em seguida viria outra frase, ele silenciava. A impressão era de que Lênin se tornava cada vez mais impaciente para completar o trabalho que pudesse no tempo que lhe restasse – e isso o tornava irritadiço, intranquilo e mais suscetível às "raivas."

*Sintomas que os médicos de hoje rapidamente diagnosticam como problema isquêmico no coração e/ou arteriosclerose.

Nos primeiros meses de 1921, os efeitos da insônia, das dores de cabeça e de um esgotamento generalizado ficaram evidentes para os mais próximos. Ele não conseguia se concentrar no trabalho por longos períodos, o que era frustrante e irritante para homem focado e controlado como ele era. Até então, os mais chegados concordavam com Trotsky que "Lênin era considerado homem de saúde robusta, sempre ativo, alerta. (...) Só ocasionalmente notei sintomas alarmantes. Durante o primeiro congresso do (...) [Comintern, em 1919], ele me surpreendeu com o olhar cansado, a irregularidade do tom de voz e o sorriso de homem adoentado. Mais uma vez, eu lhe disse que ele gastava tempo e energia com matérias desimportantes. Ele concordou, mas afirmou que não tinha jeito, pois era assim mesmo. Algumas vezes se queixava de dor de cabeça, porém de forma bem casual, como se não o incomodasse muito. Contudo, duas ou três semanas de descanso bastavam para recuperá-lo. Parecia que Lênin jamais se desgastaria."[1]

Mas, a partir de então, ele passou a dar todos os sinais de um homem enfermo e admitiu. "Infelizmente, não me sinto bem, meus nervos estão acabados," escreveu a Clara Zetkin, durante a revolta da província de Tambov. Uma equipe de médicos – da Rússia e do exterior – examinou-o, porém não conseguiu chegar a consenso sobre seu mal. A maioria julgou que se tratava de disfunção neurológica, entretanto não sabia que tratamento propor que não fossem descanso e redução da carga de trabalho.

Em 8 de julho ele pediu, formalmente, um mês de repouso e partiu para Gorky. Mas o descanso e a distração não produziram o efeito de antes. No começo de agosto, Lênin escreveu a Maxim Gorky: "Estou tão cansado que não consigo fazer nada." Ele passou o restante do mês sem trabalhar por ordens de seus camaradas do Kremlin.

Em Gorky, ele reclamou muito do barulho no seu gabinete de trabalho no Kremlin. Determinou que todas as campainhas fossem retiradas dos aparelhos telefônicos e substituídas por lâmpadas. Quando se aproveitou a oportunidade para fazer pequenas reformas em seu apartamento de Moscou, ele ordenou que as paredes entre os quartos fossem tornadas "absolutamente à prova de som e que os assoalhos não fizessem o menor rangido."

Lênin retornou ao Kremlin com carga reduzida de trabalho, embora ainda suficiente para esgotar um homem sadio. Em outubro, ele desfaleceu algumas vezes – por curto espaço de tempo, e pareceu alerta ao recobrar os sentidos. Todavia, no início de dezembro, ele se mostrou totalmente exaurido e solicitou mais um tempo de descanso. Em 7 de dezembro, ao partir para Gorky, escreveu memorando aos seus colegas comissários: "Estou saindo hoje. A despeito da redução de minha parcela de trabalho e do acréscimo de meu tempo de repouso nos dias recentes, a insônia aumentou diabolicamente."

No fim do ano, Lênin não melhorou e se viu obrigado a estender sua licença. As dores de cabeça eram o pior tormento. Dois eminentes professores alemães – um médico, Georg Klemperer, e um cirurgião-geral, Julius Borchardt – foram convocados a Moscou. Ambos acharam que as dores de cabeça eram causadas pelo envenenamento do chumbo dos projéteis ainda dentro de seu corpo desde o atentado. Os médicos russos que vinham tratando Lênin regularmente duvidaram do diagnóstico dos alemães: Lênin padecia de dores de cabeça por alguns anos antes de ser baleado, e não havia evidências de que os projéteis estivessem provocando algum mal. Lênin e o comissário da Saúde, Nikolai Semashko, médico praticante antes da revolução, ponderaram que não fazia sentido trazer, a bom custo, os especialistas alemães a Moscou e desconsiderar o diagnóstico deles. Então foi decidido que a bala no pescoço poderia ser retirada facilmente com anestesia local e pequena cirurgia; mas a que estava profundamente alojada no ombro esquerdo de Lênin demandaria operação mais complexa e potencialmente perigosa. "Tudo bem, vamos nos livrar de uma delas de modo que as pessoas parem de se preocupar e de me infernizar," disse Lênin. Na manhã de 23 de abril de 1922, o professor Borchardt extraiu o projétil "alojado sob a articulação esternoclavicular direita." O procedimento durou quinze minutos, e Lênin pareceu bem recuperado. Na tarde seguinte, ele já estava a postos em sua escrivaninha.[2]

Enquanto no exílio, Lênin tivera ao seu redor uma espécie de "corte," entourage de leais seguidores, o mais próximo que se pode qualificar como amigos dele. Apesar de ter se mantido distante como "o líder," por períodos na Suíça e na Polônia ele morara com os Zinovievs e com os Kamenevs. Nadya era amiga íntima das duas esposas. Dezenas de outros bolcheviques e esquerdistas voejaram em torno da vida do casal. Lênin com eles jantara regularmente, conspirara em cafés, fizera expedições conjuntas, caminhara pelos Alpes na companhia deles. No Kremlin, Lênin não tinha quase nenhuma vida social. Isso possivelmente pode ser dito de todos os ditadores. Não obstante, ele não foi, por padrão algum, distante – não porque tivesse brutamontes postados à sua porta para protegê-lo de outras pessoas: ele não exigiu nada disso; mas sempre foi homem que resguardou bastante sua privacidade. Detestava formalidades, festas e grandes jantares, comuns entre os outros chefões. Ele e Nadya – e, ocasionalmente, Maria

– almoçavam juntos e juntos cedo consumiam a ceia preparada pela esposa (ainda terrivelmente mal). No resto do tempo, ele beliscava um naco aqui, outro ali. Até em Gorky, raramente recebia gente de fora ou promovia reuniões de trabalho. As decisões dos primeiros anos soviéticos não foram tomadas, como o foram depois durante o mando de Stalin, às altas horas da noite, na companhia de outros figurões comunistas, enquanto participavam de longos e elaborados jantares, regados com muito vinho e vodca. As questões eram resolvidas na Sala do Gabinete – ou em total sigilo no seu escritório.

Ele não era gélido quando conhecia estranhos, mas raramente os cobria de gentilezas. Uma série de visitantes estrangeiros desejou se encontrar com o homem que construía o primeiro estado comunista, uma nova sociedade. Ele tentava convencê-los e, muitas vezes, conseguia: "Vi o futuro, e ele funciona," asseverou famosamente o jornalista americano Lincoln Steffens, após poucos dias em Moscou que incluíram entrevista de uma hora com Lênin. Entretanto, Lênin nem sempre foi charmoso. H.G. Wells, àquela altura um dos mais renomados escritores do mundo, que por certo também se dava muita importância, saiu do encontro com Lênin desapontado – exatamente como o bolchevique, que o detestou por achá-lo pomposo. O filósofo Bertrand Russell o admirou: "Lênin não tem o mínimo traço de arrogância. Se alguém o encontrar sem saber quem ele é, jamais imaginará o grande poder que detém, tampouco que ele é, de alguma maneira, eminente. Nunca conheci um personagem tão destituído de autoimportância." Não obstante, Russell ficou chocado com o bolchevismo e perturbado com a risada de Lênin "que, de início, parece amistosa e genuína, mas que, para mim, foi se tornando gradualmente bastante sombria."*

Lênin pouco se importava com a aparência. "Ele sempre usava o mesmo terno escuro com calças apertadas e afuniladas nas extremidades, que pareciam um pouco curtas para suas pernas, e igualmente abreviado paletó abotoado na frente, camisa com colarinho folgado e

*Russell escreveu em 1919: "Cheguei comunista na Rússia; mas o contato com aqueles que não tinham dúvidas multiplicou por mil minhas próprias dúvidas (...) quanto à sabedoria de se apegar tão firmemente a um credo em nome do qual os homens se dispõem a infligir sofrimento largamente espraiado. (...) O preço que a humanidade tem de pagar para chegar ao comunismo pelos métodos bolcheviques é terrível (...) e mesmo depois de pago, não acredito que o resultado seria aquele que os bolcheviques apregoam desejar." No entanto, após o encontro com Lênin, ele escreveu para uma de suas amantes, Lady Ottoline Morrell, afirmando que o comunismo talvez fosse adequado para a Rússia – "Caso você pergunte como os personagens de Dostoyevsky deveriam ser governados, você entenderá."

uma gravata velha, em minha opinião, a mesma por anos: preta com pequenas flores brancas e com um pedaço já meio roto. Quando, sentado atrás de sua mesa recebia visitantes, podia-se notar que os saltos de seus sapatos eram um pouco maiores que os tamanhos normais," disse Simon Liberman, antigo camarada que o conhecia desde os anos 1890.

Fazia poucas concessões, mesmo quando posava para um artista. Em outubro de 1920, Kamenev persuadiu-o a posar para a escultora Clare Consuelo Sheridan, prima de Winston Churchill. Ela era uma bonita mulher, e alguns funcionários da liderança comunistas ficaram enfeitiçados por sua beleza, inclusive Trotsky. Correu o boato de que, depois de posar, os dois tiveram um caso amoroso. Não Lênin, que raramente conversou com ela, nem na ocasião em que se conheceram.

"Ele tem temperamento amistoso e sorriso gentil que põem imediatamente o interlocutor à vontade," disse ela mais tarde. Para a primeira pose, ele ficou sentado à escrivaninha, trabalhando. Na oportunidade seguinte, poucos dias depois, ela o convenceu a sentar-se num assento giratório. Mais uma vez, os dois pouco falaram. A certa altura ela perguntou se Churchill era o homem mais detestado na Rússia. "Lênin deu de ombros e disse alguma coisa de Churchill como se ele fosse um homem com todo o fogo dos capitalistas por trás dele." Lênin lhe disse, sorrindo, que naquele banco giratório "jamais sentei tão alto." Sheridan ajoelhou-se à sua frente para estudar sua face de outro ângulo. Afivelando em seu rosto o sorriso mais sedutor, ela perguntou: "Você está acostumado com atitude assim das mulheres?" Nesse ponto, uma secretária entrou no aposento e o momento dela foi perdido. Ela então solicitou: "Você escreveria uma mensagem para eu entregar na volta a Winston?" – ao que ele replicou: "Já mandei uma mensagem a ele através da delegação [trabalhista britânica] e ele não a respondeu diretamente a mim e sim através de amargo artigo de jornal no qual asseverou que sou a mais tenebrosa criatura."*[3]

O principal articulador de Lênin, Bonch-Bruevich contava uma história que, três semanas após ser baleado por Fanny Kaplan, Lênin "certo dia ficou muito agitado, depois de passar meia hora folheando os jornais. Virou-se para mim e censurou: 'Que lixo é esse? Como você permitiu isso? Veja o que escrevem. (...) É uma vergonha. Eles me chamam de gênio, espécie de homem extraordinário (...) existe algo de misticismo nisso tudo. (...) Eles vão acabar oferecendo preces

*Lênin, embora pareça improvável, insistiu em dizer que não vira o trabalho final. Mas Lidia Fotieva afirmou que a escultura ficara "bastante boa."

por minha saúde. Isso é terrível. Em toda a nossa vida combatemos a exaltação individual, fomos contra a elevação de uma só pessoa, e já faz muito tempo que acabamos com essa história de herói individual, e lá vêm eles de novo com a glorificação de uma personalidade. Não é nada boa a singularidade que fazem comigo dessa maneira.'

"Quando terminou de falar, eu lhe disse calmamente que o povo lhe era realmente devotado (...) que seu escritório e eu pessoalmente éramos inundados com questionários, cartas, chamadas telefônicas, telegramas, querendo saber sobre seu estado de saúde. 'Tudo isso sensibiliza muito. (...) Eu não sabia que provocava tanta apreensão e ansiedade por todos os cantos. Mas isso tem que acabar. É supérfluo e pernicioso.' Vladimir Ilyich achava que a atitude ia contra nossas convicções sobre o papel da personalidade."

A história é, provavelmente, verídica. Mas a realidade foi que Lênin não deu um fim ao "culto" que cercava seu nome e sua imagem, o que começou durante sua existência e perduraria por todos os anos soviéticos. De maneira alterada, ele persiste enquanto seu corpo embalsamado jaz na Praça Vermelha. A ideia do culto à liderança, tão estranho às teorias de Marx ou Lênin, definiu a prática do comunismo. Fosse o que fosse que Lênin pensasse a respeito da veneração coletiva nos desfiles ou nos milhões de centímetros das colunas escritas em seu louvor, o fato é ele não fez quase nada para desencorajá-los. Quanto mais desconfortável ele pudesse ficar privadamente, mais profundamente penetrava na alma do estado soviético.

Para seu quinquagésimo aniversário, em abril de 1920, as celebrações foram espetaculares na escala e na vulgaridade. Os jornais despejaram artigos aplaudindo suas qualidades pessoais de coragem, sabedoria e sagacidade. Pôsteres com sua imagem começaram a aparecer em locais públicos pela primeira vez, cartões-postais foram impressos com seu retrato, distintivos foram cunhados. Nas escolas, as crianças foram ensinadas a se referirem ao "*Dyedushka* [Vovô] Lênin." Publicaram-se duas biografias oficiais para os leitores comuns. Mayakovsky compôs bajuladora ode ao aniversário, se bem que soubesse muito bem que Lênin detestava sua obra:

> Mas quem pode se conter
> E não cantar
> a glória de Ilyich?
> Aquecendo as terras com fogo por todos os cantos
> onde havia gente prisioneira,
> como uma bomba

o nome explode:
Lênin!
Lênin!
Lênin! ...
Eu glorifico
em Lênin
a fé mundial
e glorifico
minha fé.

Não há registro de quaisquer comentários de Lênin sobre o poema.

O partido organizou gigantesco encontro comemorativo em homenagem a Lênin. Um atrás do outro, seus velhos camaradas Zinoviev, Kamenev, Lunacharsky, Bukharin, Trotsky e Stalin falaram sobre sua grandeza. Lênin não estava presente. Quando terminaram os tributos adulatórios, ele apareceu para fazer breves observações, não sobre lembranças pessoais, mas uma aula sobre a história do movimento revolucionário. Fechou as considerações alertando o partido contra "a complacência e a presunção, que poderiam se transformar em alguma coisa estúpida, vergonhosa e ridícula." Ele teria preferido, no lugar daquele intenso falatório, uma simples celebração de aniversário em casa.

51

Revolução – de novo

"Estamos fazendo agora concessões econômicas, para evitar termos de fazer políticas."
Nikolai Bukharin, 14 de abril de 1922

"Lênin repudiou aquilo pelo qual trucidara tantos por não acreditarem. Parece que eles estavam certos o tempo todo. Foi um azar porque Lênin não descobriu antes."
Winston Churchill (1874-1965)

Para um ideólogo fanático que dedicou a maior parte de sua vida a um conjunto de objetivos socialistas, Lênin possuía notável capacidade pragmática de se envergar na direção em que o vento soprava. Depois da revolução de Kronstadt e da revolta dos camponeses, ele mudou a política em 180 graus e abandonou a maioria das medidas econômicas que introduzira desde o golpe. As fábricas haviam parado de produzir, o dinheiro perdia aceleradamente o valor, havia fome generalizada, a Rússia não exportava nada. Ele reconheceu que o "Comunismo de Guerra," como o chamava, não funcionara, e grandes alterações se faziam necessárias – "mudanças revolucionárias;" todavia, é evidente, Lênin jamais cogitaria empregar tal expressão.

Ele enterrou as principais experiências econômicas dos três anos anteriores: o banimento da manufatura particular, a nacionalização por atacado, o confisco dos "excedentes" dos camponeses, a substituição do comércio privado pelo escambo e a tentativa parcial de abolir o dinheiro. Lênin planejou então uma "retirada tática" que seria conhecido como Nova Política Econômica (NEP). A requisição de grãos seria substituída por um "imposto em espécie, em produto," e, logo depois, pela relativamente direta "taxa em dinheiro." Aos camponeses seria permitido manter quanto excedente quisessem, implicando o retorno ao comércio privado de produtos do campo no mercado aberto. Os grandes ativos do "elevado comando" permaneceriam nas mãos do estado – bancos, comércio exterior, indústria em larga escala. Mas as pequenas empresas remanescentes poderiam ser alugadas (*leased*) do estado e geridas como cooperativas. As pessoas receberam permissão para empregar gente de novo, o que não era permitido desde 1918.

O dinheiro reapareceu, e os salários eram pagos em dinheiro vivo, não em espécie, como fora habitual em muitas empresas por alguns anos passados. Os serviços e utilidades públicos não seriam mais de graça – até o investimento de "capitalistas estrangeiros" deveria ser encorajado. As maiores concessões de todas foram aos camponeses, para tentar mantê-los relativamente satisfeitos – ou pelo menos evitar que fizessem rebeliões ostensivas. Este era o ponto principal da NEP. "Estamos fazendo agora concessões econômicas, para evitar termos de fazer concessões políticas," como Bukharin, um dos cérebros por trás da nova política, reconheceu.[1]

De início, Lênin enfrentou grande oposição dentro do Partido Comunista; milhares rasgaram suas carteiras de afiliação. Para os verdadeiros crentes e idealistas – e ainda restavam uns poucos – a NEP soava como retorno ao capitalismo e reconhecimento de que todos os esforços desde outubro de 1917 tinham sido em vão. Para os carreiristas – dos quais existiam muitos mais – ela era um risco enorme que, achavam, não funcionaria e reduziria sua autoridade direta sobre as vidas das pessoas. Para Lênin, a NEP era só uma questão de permanecer no poder; estava disposto a ceder em alguns pontos econômicos para sobreviver politicamente. Lênin forçou a NEP sobre um partido relutante – seu último grande esforço de campanha.

Ele admitiu que era um recuo, "mas todo o exército precisa fazer, recuos em ordem," disse ao Comitê Central do partido no verão de 1921. "Vamos deixar claras as coisas. Os camponeses estão insatisfeitos com a atual relação deles com o estado – então isso não pode continuar (...) somos suficientemente realistas para dizer de forma transparente: 'Vamos rever nossa política.' É preciso dar algum estímulo ao pequeno proprietário, um empurrãozinho."

Lênin reconheceu que a introdução desse elemento de "capitalismo estatal" – palavras suas – era atitude política, e não econômica. "Apelo ao (...) [partido] para que, se ele não quiser que as massas lhe façam o que fizeram com o pessoal do Czar, ele tem de lançar ao mar pela borda do navio esses devaneios impraticáveis e precisa estar preparado para enfrentar leis econômicas."[2]

A NEP estimulou, de novo e rapidamente, a economia, mas distorceu a experiência socialista. Nas cidades, emergiu um novo tipo de "empreendedor soviético," extremamente rico, autoritário e presunçoso, mas leal ao Partido Comunista e apelidado "Homem NEP." No campo, agricultores voltaram a produzir e se mostraram – por algum tempo – menos receosos de que seus estoques fossem confiscados pelo governo.

Em Moscou, tudo passou a estar disponível – por um preço. "Lojas e armazéns surgiram como cogumelos da noite para o dia, misteriosamente estocados com guloseimas que os russos não viam por anos," lembrou-se Emma Goldman, que passara duas décadas nos EUA. "Grandes quantidades de manteiga, queijo e carne eram exibidas à venda; itens de padaria, frutas raras e doces de todas as variedades podiam ser comprados. Homens, mulheres e crianças com rostos aturdidos e olhos gulosos apreciavam as vitrines e debatiam o grande milagre: o que era até ontem ofensa odiosa agora estava exibido à sua frente de forma aberta e legal."

Quando Lênin era perguntado por quanto tempo duraria a "retirada tática," ele respondia: "Por um tempo, acho (...) provavelmente não menor que dez anos." A partir de então, no tempo de vida que lhe restou, quando Lênin falava sobre economia, instava por modernização e industrialização tão rapidamente quanto possível, e que se isso representasse elementos do capitalismo, que assim fosse. Sua nova definição de comunismo seria "poder soviético, mais eletrificação."

E desancava a burocracia que crescera exponencialmente com o comunismo, sem levar em conta que ele fora o responsável pela maior parte dela. No seu sistema soviético, cada cargo no governo, dos níveis inferiores e médios para cima, contava com certa dose de influência partidária, de modo que o número de funcionários públicos dobrou. Na União Soviética, tal característica permaneceu mais ou menos intacta até os anos 1980. Lênin percebeu o problema: "Deveríamos ser enforcados por criar toda essa desnecessária burocracia," disse a Alexander Tsyurupa em 21 de fevereiro de 1922. "Tudo a nossa volta está mergulhado no imundo pântano da burocracia. Administração demasiada – loucura. Todos esses decretos: maluquice. Procure as pessoas certas, garanta que o trabalho seja adequadamente feito – isso é todo o necessário."

Ele viu que a cabeça monstruosa da burocracia era dirigida por pessoas que, de modo geral, não estavam preparadas para a função. "Todos os males e dificuldades que sofremos (...) são devidos ao fato de que o Partido Comunista consiste de dez por cento de idealistas convictos, prontos para morrer pela causa, mas incapazes de viver por ela, e noventa por cento de gente inescrupulosa que simplesmente se afiliou ao partido para conseguir empregos." Muitos dos críticos esquerdistas do estado soviético nas décadas que se seguiram disseram mais ou menos a mesma coisa.[3]

Enquanto liberava a economia, Lênin deixava patente que não permitiria reformas políticas. Se ele estava forçando a NEP sobre um partido reticente, era preciso haver disciplina, ordem e restrições

– princípios leninistas dos tempos do *Que Fazer?* – de 1902 em diante. "Não podemos ter discussões sobre desvios e desacordos (...) temos que parar com isso," disse a Bukharin. Escreveu uma resolução "Sobre Unidade Partidária," mantida secreta por muitos anos. Ela bania todas as facções e grupos independentes no Partido Comunista que os chefões do Kremlin não reconheciam, sob pena de imediata expulsão do partido, sem apelação. "Nenhuma facção de qualquer espécie será tolerada," especificava a resolução. Isso teria as mais graves consequências para milhões de leais comunistas nas décadas vindouras. Seria a principal arma usada por Stalin contra os "desviacionistas" ou contra alguém apenas presumido oponente.

Depois que os Vermelhos venceram a Guerra Civil, começou uma espécie de degelo na Guerra Fria entre a Rússia e o Ocidente.* Os Aliados afirmaram que iriam suspender o bloqueio de comércio se a Rússia concordasse em pagar os débitos pré-1914 – questão especialmente importante para a Grã-Bretanha que tinha a receber 600 milhões de libras. Lênin, relutantemente, concordou, se bem que continuasse se queixando, em particular, que não via "razão para uma nação ser obrigada a pagar pelos grilhões que experimentou por anos." Lênin procrastinou por muito tempo, até que um acordo de pagamento dos empréstimos foi aprovado. O bloqueio foi levantado no inverno de 1910. "Fracassamos em tentar trazer pela força a Rússia de volta à sanidade. Creio que podemos salvá-la agora pelo comércio. O comércio tem certo grau de sobriedade em suas transações," afirmou Lloyd George.**

Lênin esperava uma explosão no comércio e tentou atrair empresas americanas e inglesas para investir na Rússia. Escreveu cartas a algumas das companhias que lá negociavam antes da revolução, implorando que voltassem. Mas poucas responderam. Ofereceu o que julgava

*Ethel Snowden, ativista pela paz e parlamentar trabalhista britânica, numa delegação do partido que visitou Moscou em 1920, disse a Lênin que ele tinha de fazer alguma coisa sobre o bloqueio econômico dos Aliados: "Tem de acabar a Cortina de Ferro entre a Rússia e o Ocidente," disse ela. Este foi o primeiro emprego da expressão Cortina de Ferro referente aos soviéticos.

**Lloyd George abominava o comunismo, mas tinha grande consideração por Lênin. Em particular, chamava Lênin de "o maior homem na política," de acordo com o amigo Lord (George) Riddell, dono de jornais. Um ano antes de a Nova Política Econômica NEP ser lançada, Lloyd George profetizou que Lênin "era suficiente grande homem para confessar a verdade e enfrentá-la quando sua grande experiência fracassar (...) ele mudará seus planos e governará a Rússia por outros métodos."

serem "concessões" de acesso para exploração e desenvolvimento dos imensos recursos naturais da Sibéria. Quase nada resultou do esforço. Iniciou conversações com a Singer, a Westinghouse e a General Electric, nenhuma das quais se dispôs a investir de modo significativo. Cortejou milionários, como o magnata do petróleo Armand Hammer, um dos poucos que morderam a isca, pois se tornou apologista soviético pelo resto de sua longa vida. Negociar com o regime soviético nos primeiros anos era uma empreitada de risco: ativos podiam ser confiscados da noite para o dia em ambiente muito instável. Os lucros eram incertos. Mas a principal razão era que, por mais que Lênin desejasse o comércio exterior e necessitasse de capital estrangeiro, ele jamais entraria em qualquer acordo que pudesse enfraquecer o poderoso controle do regime sobre a vida econômica na Rússia.

52
A última batalha

"Se não se pode mais trabalhar para o partido,
o melhor é encarar a verdade e morrer."
Lênin a Nadya, 8 de dezembro de 1911

Por um mês, Lênin pareceu se recuperar da cirurgia para retirar a bala de seu ombro. Dormia relativamente bem em comparação com seu normal e não se queixava de dores de cabeça. Mas na manhã de 26 de maio de 1922, teve uma piora. Caiu quando se levantava da cama na dacha de Gorky e começou a vomitar violentamente. Às dez da manhã, sua irmã Maria, muito agitada, telefonou para o médico de quem mais gostava, Dr. Vladimir Rozanov. "Doutor, imploro-lhe que venha para cá de imediato." Ele chegou com Nikolai Semashko, comissário da Saúde, com o irmão de Lênin, Dmitry, e com um clínico-geral de renome em Moscou, Dr. Leonid Levin. Eles constataram de pronto que Lênin sofrera um sério derrame. Encontrava-se paralisado em todo o seu lado direito e não conseguia falar.*

Lênin dava a impressão de sentir grande dor, segundo Maria. Ele perguntou a um dos médicos: "É paralisia? Diga-me. Se for paralisia pode ser o fim." Rozanov tentou tranquilizá-lo: "Vladimir Ilyich, você vai melhorar em breve." Mas ele replicou: "Seguramente, este é o primeiro sinal de alarme." Olhou para Nadya e disse: "É o sino de alerta."

Nos dias que se seguiram, juntas de reputados professores da Rússia e do exterior o examinaram e realizaram uma série de testes

*Segundo o neuropatologista professor Viktor Kramer, em relatório mantido secreto pelo Kremlin até 1935, foi só então que os médicos diagnosticaram o mal que realmente o afligia. A doença terminal de Lênin durou, com melhoras e pioras, cerca de dois anos e meio, suas características gerais "revelaram sinais, que todos os neurologistas, russos ou estrangeiros, destacam como alguma coisa que não se coaduna com enfermidade geral do sistema nervoso central." Ele afirmou que "a base de sua doença não estava na pressão demasiada sobre o cérebro (...) e sim numa severa desordem dos vasos sanguíneos que irrigavam o cérebro."

– inclusive para sífilis (que deu negativo, apesar de os médicos já terem ministrado a ele o tratamento profilático contra a doença que, naquele tempo, era dose moderada de arsênico).*

Os médicos insistiram com a família e com os chefões do Kremlin, que Lênin retinha sua capacidade mental, embora isso parecesse uma inconsistência lógica. O neuropatologista professor Kramer, anotou a "incapacidade para fazer as mais simples operações aritméticas e a perda da faculdade de se lembrar de algumas frases banais, mantendo, no entanto, seu intelecto intacto." Um diagnóstico deprimente.

Maria lembrava-se de três dias após o derrame os médicos pedirem que ele multiplicasse doze por sete. "Ele não conseguiu e ficou muito frustrado. Foi então que sua velha obstinação funcionou. Quando os doutores saíram, ele batalhou com o problema durante três horas e resolveu-o pela adição (12 + 12 = 24, 24 + 12 = 36), e assim foi." Penosamente, Nadya o ensinou a escrever de novo – por algumas semanas, ele encheu páginas e páginas de rabiscos ilegíveis. Em estado depressivo, a ideia de acabar com a vida tomou conta de Lênin.[1]

Em 1911, ele discursara no funeral em Paris de Paul Lafargue e da esposa Laura. Sua poderosa eulógia fora vertida para o francês por Inessa. Quando Lafargue fez setenta anos, concluiu pelo fim de sua utilidade social, não podia mais dar algo substantivo à Causa, então fez um pacto de suicídio com a esposa. Depois da cerimônia, Lênin disse a Nadya que aprovava a atitude: "Se não se pode mais trabalhar para o partido, o melhor é encarar a verdade e morrer como os Lafargues."

*Historiadores ainda sustentam que a última enfermidade de Lênin foi causada pela sífilis que ele devia ter contraído de prostituta, talvez em Paris, e que uma fieira de eminentes médicos, além do aparato soviético por razões óbvias, tentou esconder. Por que então, argumentam eles, Lênin fez o exame de sífilis naquele estágio? A resposta é que alguns da equipe médica acreditaram que ele podia ter doença degenerativa do cérebro causada pela sífilis. Mas os resultados dos testes foram claros, assim como os resultados *post-mortem*, e não há evidência alternativa de que a autópsia tenha sido falsificada. A sífilis em longo período teria causado alterações nos vasos menores da base do cérebro. E eram esses vasos sanguíneos maiores que estavam severamente danificados, decerto a causa da série de derrames por ele sofrida. Outro claro sinal de sua arteriosclerose foi o estreitamento dos vasos sanguíneos do coração e da aorta. Nada fazia aproximar a enfermidade das teorias da conspiração; o mais provável é que ele tivesse predisposição herdada para a arteriosclerose, que foi a causa de sua relativamente precoce morte. Seu pai falecera do mesmo mal e, aproximadamente, na mesma idade, e suas irmãs e irmão padeciam do mesmo problema.

Segundo Maria, Lênin pediu a Nadya que lhe conseguisse algum veneno. Ela tentou dar-lhe cianeto, mas não conseguiu continuar com o ato. Foi Lênin quem sugeriu pedir a Stalin, e a esposa concordou. "Ele é um homem firme e sólido, despido de sentimentalidade," disse Maria. Três dias depois do derrame, no dia em que fracassou no teste de aritmética dos médicos, Lênin "asseverou que estava tudo acabado para ele (...) e nos pediu para que chamássemos Stalin," disse Maria.

Stalin chegou a Gorky na manhã seguinte, 30 de maio. Os dois foram deixados a sós por mais de cinco minutos e não se sabe exatamente o que foi conversado. Stalin prometeu solenemente a Lênin que cumpriria sua vontade "se for necessário." Porém, de acordo com Maria e Bukharin, que também estava em Gorky na ocasião, Stalin pareceu "céptico" a respeito da ideia. Stalin reportou de volta ao Kremlin que Lênin solicitara veneno, mas que ele não quis entregar a encomenda pessoalmente – e que o momento não era adequado. Disseram-lhe que sua atitude fora totalmente correta. Haveria o momento em que Stalin quisesse ver Lênin morto. Mas ainda não era a hora. Era cedo demais para que lhe aproveitasse totalmente a vantagem.[2]

Do momento em que sofreu o primeiro derrame até o dia da morte, o verdadeiro estado de saúde de Lênin foi um segredo mantido a sete chaves. O povo era sistematicamente mal informado. A autoridade pessoal de Lênin era considerada pelos camaradas tão crucial para o regime bolchevique que qualquer coisa que pudesse enfraquecê-la era considerada risco. Trotsky explicou o raciocínio: "Nós nos perguntamos, com genuíno alarme, como os de fora do partido receberiam a notícia – eles acreditavam sobretudo em Lênin."

No seu leito de enfermo, o próprio Lênin sabia que mentiras eram disseminadas. Quando, uma semana após o derrame, um boletim foi expedido pelo Kremlin dizendo que ele sofria dores no estômago, Lênin disse: "Eu pensava que os melhores diplomatas estavam em Haia, mas parece que eles se encontram em Moscou – eles são os médicos que andam compondo as declarações sobre minha saúde." Ao longo do verão, os jornais publicaram muitos artigos assinados por Kamenev, Bukharin e Stalin afirmando que Lênin se recuperava rapidamente, com pouca dificuldade trabalhava com o afinco de sempre e, em breve, voltaria ao normal. Entretanto, não saíam fotos recentes dele.

A última grande batalha de Lênin foi com seus médicos e com o grupo de bolcheviques a sua volta que, estava convencido – corretamente

– planejava tomar o poder após sua morte. Dispôs-se então a manter o controle sobre o regime pelo tempo que fosse possível.

Ele se recuperou, lentamente. A fala melhorou, e Lênin já podia caminhar devagar e mexer o braço direito no prazo de poucas semanas. Tentou retornar ao trabalho, mas só conseguiu duas ou três horas por dia antes de ficar exausto. A concentração lhe faltava e seus pensamentos escapavam pela tangente. Desejou ir à Conferência de Gênova, a primeira grande reunião internacional que a Rússia fora convidada a participar, a qual ele imaginava que mudaria o status de pária do regime. Mas continuava muito enfermo.

Mesmo do leito, despachava ordens para Dzerjinsky e para os "órgãos."* "Sobre a questão do banimento para o exterior de escritores e professores que ajudaram a contrarrevolução, isso deveria ser feito mais amplamente," escreveu em 22 de julho com cópia para Stalin. "Uma comissão (...) deveria submeter lista de algumas centenas (...) que precisam ser deportados para o estrangeiro. Purgaremos a Rússia por longo prazo à frente." Por volta do mesmo tempo, reescrevia grande parte do código penal, na companhia do comissário da Justiça Dmitry Kursky. Era sua ideia transformar em crime "o não reconhecimento do direito do sistema de propriedade comunista substituir o capitalismo e tentar sua derrubada." Isso serviu de base para o notório Artigo 58 do Código Penal Soviético em razão do qual milhões de pessoas foram mortas, presas ou mandadas para o grande sorvedouro do *Gulag* pelas décadas seguintes.[3]

Mas os outros chefões começavam a deixá-lo de lado, e Lênin sabia o que se passava. Ninguém entendia de poder e do seu *modus operandi* melhor do que ele. Grandes decisões eram tomadas em reuniões sem sua presença; um "triunvirato" se formara com Stalin, Kamenev e Zinoviev – sem Trotsky – que se reunia antes dos encontros oficiais do governo e do partido para combinar a linha de ação. Lênin achava que seria substituído não muito depois. Recebia documentos, porém os mais importantes ficavam na parte de baixo da pilha, que os funcionários achavam que ele não alcançaria antes de ficar totalmente extenuado.

Antes do derrame, era ele quem escrevia as cartas mais importantes, de vez que odiava ditá-las para secretária. Agora, com a exaustão, não tinha escolha. "Ele costumava dizer que tinha o hábito de ver o que

*Em fevereiro de 1922, como iniciativa de relações públicas, a Cheka mudara sua denominação para GPU, Administração Política Estatal, na débil esperança de enganar os russos para que imaginassem que o terror findara. Todavia, ela ainda se reportava diretamente a Lênin, bem como aos seus sucessores. A única diferença foi que os uniformes de couro da Cheka, marca registrada, foram substituídos por outros azul-claros.

havia escrito diante dele e achava difícil ditar," disse Fotieva. "Não gostava de ver uma estenógrafa sentada de lápis em riste esperando que ele continuasse, enquanto pensava no que dizer a seguir. Mas ele precisou se adaptar e pensou que seria bom que a estenógrafa tivesse um livro para ler nas pausas, mas isso acabou também não sendo bom. No fim, a estenógrafa foi posta na sala ao lado e recebeu fones de ouvido de modo que Vladimir Ilyich pudesse ditar de longe."

Por volta de outubro, Lênin melhorou o bastante para fazer algumas aparições públicas. A imprensa e os funcionários do Kremlin falaram com empolgação sobre ele, mas sua aparência era triste para os que o conheciam sadio. Em 13 de novembro, depois de curto pronunciamento no 4º Congresso do Comintern, ele ficou ensopado de suor e admitiu depois para Nadya: "Esqueci o que já tinha dito (...) e sobre o que eu ainda tinha de continuar."

Uma semana mais tarde, após discurso no Bolshoi, ele recebeu retumbante ovação por diversos minutos, mas seu desempenho enganou poucas pessoas. O comunista francês Alfred Messmer, que conhecia Lênin desde os dias de Paris, disse com melancolia: "Os que o viram pela primeira vez até podem ter dito 'é o mesmo velho Lênin.' Porém, para outros, tal ilusão não foi possível. Em vez do Lênin alerta que conheceram, o homem diante deles estava seriamente afetado pela paralisia, sua feições permaneceram congeladas e sua aparência geral foi a de um autômato. Sua fala, habitualmente simples, rápida e confiante, foi substituída por outra hesitante e embaralhada. Por vezes, as palavras pregaram-lhe peças."[4]

Em 22 de dezembro, ele ditou carta nervosa a Stalin, instando-o a cumprir a palavra e dar-lhe veneno "como gesto humanitário." Stalin disse não e falou com os camaradas mais antigos sobre sua recusa: "Não tenho força para cumprir o que quer Vladimir Ilyich," asseverou.

Dois dias depois, seus médicos,* com a concordância de Stalin, Kamenev, Bukharin e Zinoviev, impuseram um conjunto de regras

*Uma junta de médicos, 26 no total, se envolveu com a saúde de Lênin durante os últimos dois anos e meio de sua vida, inclusive, ao menos, quinze professores e um conjunto de médicos respeitáveis do estrangeiro. Obviamente os dos exterior tiveram de ser pagos – em dinheiro vivo. O custo foi enorme, como revelou um relatório altamente sigiloso, só descoberto depois que a URSS se desmanchou. Eles cobraram preços elevadíssimos, todos pagos de imediato pelos soviéticos: 11.900 libras esterlinas (quantia vultosa naqueles dias) para o professor Otfrid Foerster, 4.400 libras para Oskar Minkowski, 220 mil marcos alemães para Borchardt, 29 mil dólares americanos para o professor Oswald Bumke, 9.500 dólares americanos para Klemperer e 4.500 libras esterlinas para Adolph Strümpfel, pagos adiantados sem qualquer reclamação dos soviéticos.

sobre Lênin para mantê-lo isolado de todos, exceto da família, da equipe de trabalho de Gorky e daqueles quatro grandes comissários, então os verdadeiros governantes da Rússia. Eles aprovaram uma resolução, mantida secreta até os anos 1950, de que "Vladimir Ilyich podia ditar diariamente de cinco a dez minutos, mas o resultado não teria caráter de correspondência e (...) [ele] não podia esperar nenhuma resposta. É proibido Lênin receber qualquer visitante político (...) ninguém do seu entorno tem autorização para dar a Lênin alguma notícia política." Stalin foi diretamente encarregado do regime de saúde de Lênin.

Desse modo, Lênin tornou-se prisioneiro político dos bolcheviques, e seu carcereiro-chefe era Stalin. No entanto, ele não tinha motivo para reclamar que a liderança bolchevique interferisse na sua existência, pois afirmara várias vezes que a saúde de um revolucionário era preocupação do partido e "propriedade pública."[5]

Um dos maiores erros de Lênin foi não ter tomado providências para sua sucessão. Como tantos líderes dominadores e poderosos, ele achava que ninguém seria capaz de substituí-lo. Ninguém tinha ideia do que se passava por sua cabeça quanto à liderança soviética após sua morte. Ficou claro que ele não havia pensado seriamente no assunto, até que foi muito tarde. É provável que Lênin quisesse alguma forma de liderança coletiva, mas não esquematizou como seus sucessores emergiriam.

Quase nada na história soviética permanece tão obscuro como a verdade por trás do assim chamado "Último Testamento" – alguns poucos fragmentos de desejos para a era pós-Lênin que ele ditou, tão sigilosamente quanto possível, nos últimos meses de sua vida.

Se o Testamento pretendia pôr fim à rivalidade entre Trotsky e Stalin porque ela poderia rachar o partido, ele se enganou. A leitura que se faz do documento escrito por Lênin é a da manifestação das ideias finais de um senhor doente e sobremaneira confuso, de um homem zangado.

Lênin não quis que nenhum dos dois prováveis candidatos assumisse o poder supremo. Ele continuou jogando Trotsky e Stalin um contra o outro, achando que os dois, de maneiras diferentes, fossem altamente talentosos. Nos últimos dezoito meses, se tanto, desde a vitória na Guerra Civil, ele promovera Stalin à mais elevada posição no partido, criando o cargo de Secretário-Geral do partido especificamente para ele. Stalin tinha sido preparado para desempenhar as tarefas mundanas e nada excitantes que eram necessárias.

Trotsky continuou sendo o articulador-chefe do governo, e Lênin confiava nele; admirava sua inteligência e sua capacidade de organização. Mas Trotsky não era figura "camaradável." Muitas vezes, dava-se ao luxo de não aparecer, quer nas reuniões do governo, quer nas do partido. Não tinha cargo específico dentro do Partido Comunista e fizera muitos inimigos entre os chefões, num momento ou noutro, em virtude de sua arrogância.

A nova posição de Stalin concedeu-lhe enorme base de poder no partido, com o qual ele podia distribuir benesses e comprar lealdades – e ele acumulou as funções de secretário-geral e de comissário das Nacionalidades, o que lhe deu força nos partidos comunistas de todo o Império.

Depois que Lênin ficou preso ao leito e isolado da política foi que ditou o Testamento, quase sempre para uma das secretárias de serviço, Maria Volodicheva, entre 22 de dezembro de 1922 e 4 de janeiro de 1923. Ele voltou ao seu passado de conspirador para garantir que o documento ficasse secreto até sua morte.* "Por ordem sua, foram feitas cinco cópias datilografadas," disse Volodicheva. "Uma delas (...) ele manteve consigo, três cópias [eram] para serem entregues a Nadejda Konstantinovna, e a última para a Secretaria com o carimbo de 'Ultrassecreto'. A cópia dele foi datilografada de novo, com todas as suas correções finais, e repassada a Maria Ilyinichna. As três cópias que Nadya recebeu foram também corrigidas. As cópias emendadas e todos os rascunhos foram por mim incinerados. Ele solicitou-me que os envelopes selados em que as cópias (...) estavam guardadas fossem marcados por fora de modo que só pudessem ser abertos por V.I. Lênin ou, após sua morte, por Nadejda Konstantinovna."

O primeiro trecho foi ditado em 24 de dezembro: "O camarada Stalin, tendo se tornado secretário-geral, concentrou incomensurável poder em suas mãos, e não tenho certeza se ele sempre saberá usar esse poder com suficiente cautela. Por outro lado, o camarada Trotsky (...) se destaca não apenas por suas excepcionais qualidades – pessoalmente, não tenho dúvida de que ele é talvez o homem mais capaz

*Embora seja provável que Stalin soubesse do Testamento. Tecnicamente, ele era o responsável pelos cuidados com Lênin, e todas as secretárias acabaram trabalhando para Stalin mais tarde. É claro que as secretárias se reportavam diretamente a ele.

no presente Comitê Central [do Partido] – como também por sua excessiva autossuficiência e entusiasmo demasiado para os aspectos puramente administrativos de seu trabalho. Esses conjuntos de habilitações dos dois mais eminentes líderes do atual Comitê Central podem, com toda a inocência, conduzir a um racha, e se o partido não tomar medidas para preveni-lo, um verdadeiro cisma pode resultar inesperadamente.

"Não vou entrar em mais considerações sobre outros membros do Comitê Central quanto às suas qualidades pessoais. Só lembro que o episódio de outubro de Zinoviev e Kamenev não foi, é claro, acidental, mas também não pode ser usado tanto contra eles quanto o não bolchevismo de Trotsky." E Lênin continuou, durante alguns dias, procurando sucessor entre alguns dos menos proeminentes lideres partidários – descartando todos – e fazendo observações gerais sobre a gerência do partido.

Então, em 4 de janeiro, convocou Fotieva e acrescentou um pós-escrito explosivo ao Testamento: "Stalin é por demais rude, e esse defeito, apesar de tolerável em nosso meio e nas tratativas entre nós comunistas, se torna intolerável em um Secretário-Geral. Daí a razão de eu sugerir que os camaradas pensem numa maneira de remover Stalin da função e de indicar outro homem para seu lugar que, em todos os outros aspectos, se diferencie do camarada Stalin e apenas tenha uma vantagem, a saber, que seja mais tolerante, mais leal, mais polido, menos caprichoso e tenha mais consideração com os demais camaradas."[6]

A briga final entre Lênin e Stalin foi pessoal, e não política. Lênin não havia descoberto subitamente, por estar morrendo, a verdadeira natureza de Stalin. Ele soube dela o tempo todo, e nunca fora por demais incomodado com a imoralidade cruel do georgiano "maravilha." Lênin criara o monstro, e seu maior crime foi deixar então Stalin com boas perspectivas de se transformar em ditador soviético.

No início de março de 1923, o secretariado do partido limitou a quantidade de documentos oficiais que era enviada a Gorky – o que deve ter sido ordem de Stalin, mas não existem registros sobre isso. Embora incapacitado, Lênin ainda tentava desesperadamente se apegar aos restos de poder e influência que lhe restavam. Queria resolver a "questão nacional": que tipo de estado seria a União Soviética? Pelo fim da vida, ele desejou uma união federativa, com alguma autonomia para cada uma das nacionalidades. Stalin queria o estado fortemente centralizado com todo o poder em Moscou. O campo de batalha entre eles seria a região natal de Stalin, a Geórgia.

Lênin ouvira que Ordjonikidze, então líder do Partido Comunista da Geórgia e um dos asseclas de Stalin, montara campanha para desarticular o nacionalismo georgiano e enviara tropas para sufocar qualquer dissidência. Isso resultou em brigas a socos entre chefes dos altos escalões em reunião do partido em Tbilisi. Lênin resolveu apoiar os oponentes de Stalin e, em meados de janeiro de 1923, ditou uma nota por via de Nadya – e não de uma de suas secretárias – pedindo a Trotsky que interviesse no "caso georgiano." Trotsky se recusou, mas Stalin soube da nota. Ligou para Nadya em 25 de janeiro e a descompôs pelo telefone, acusando-a de violar ordens médicas e deixar Lênin escrever "carta política"; alertou-a de que resultariam sérias consequências disciplinares dentro do partido. "Ela desandou a chorar (...) totalmente histérica," disse Maria, que ouviu parte da conversa. Mas Nadya só contou o incidente a Lênin seis semanas mais tarde.

Em vez disso, escreveu a Kamenev: "Lev Borisovich! Stalin me submeteu ontem a uma tempestade dos mais infames impropérios. Sobre uma breve nota que Lênin ditara para mim, com a permissão dos médicos. Não sou noviça na afiliação ao partido. Ao longo dos últimos trinta anos, jamais ouvi uma simples palavra ofensiva da parte de qualquer camarada. Os interesses do partido e de Ilyich não são menos caros a mim do que a Stalin. (...) Conheço muito bem, de todos os médicos, o que pode e o que não pode ser dito a Ilyich, pois sei aquilo que o perturba e o que não; de qualquer maneira, sei muito melhor que Stalin."

Quando Nadya, finalmente, relatou a Lênin o comportamento de Stalin, o marido reagiu mais como o herói aristocrata de um conto de Pushkin do que como radical bolchevique. Em 5 de março, convocou Volodicheva e ditou nota "Secreta e Pessoal" para Stalin, com cópias para Zinoviev e Kamenev. "Você foi rude ao ponto de chamar minha esposa ao telefone e usar linguajar impróprio com ela," começou. "Apesar de ela lhe ter dito que estava disposta a esquecer do fato (...) não tenho a intenção de esquecer tão facilmente do que foi feito contra mim, e nem preciso dizer que considero o que foi feito contra minha esposa também feito contra mim. Peço-lhe, portanto, que cogite se está preparado para retirar o que disse e desculpar-se, ou se prefere que as relações entre nós se partam." Anos atrás e se não estivesse tão enfermo, Lênin talvez estivesse com ânimo para desafiar Stalin a um duelo.

Àquela altura, Stalin já estava dizendo abertamente aos outros figurões: "Lênin – *kaput*," e era frequentemente rude sobre ele ao falar com os outros. Mas manteve-se calmo e se desculpou, se bem que com palavras relutantes e um tanto insinceras. Dois dias depois, enviou nota a Lênin dizendo, "tudo não passou de um trivial mal-entendido. Entretanto, se você acha que para manter 'relações' eu tenho que retirar as palavras que disse (...) posso retirá-las, mas custo a entender do que se trata, onde está minha 'culpa' e o que se quer realmente de mim."

Cedo na manhã de 10 de março, três dias depois de receber a nota de Stalin, Lênin sofreu outro fortíssimo derrame. A perna e o braço direitos ficaram paralisados, não conseguia falar, e os doutores reportaram "consciência nebulosa. (...) Ele tenta dizer alguma coisa, porém só saem sons incoerentes," disse o professor Kramer.[7]

Os últimos nove meses de Lênin foram agonizantes – para ele e para os que viviam à sua volta. Nadya, pacientemente, tentou ensinar-lhe a falar de novo, no entanto, depois de outro derrame em março, ele só conseguia pronunciar umas poucas palavras. Com a ajuda de sapatos ortopédicos especiais ele começou a dar alguns passos fora de casa, nos dias de sol. Nos outros, ele se deslocava em cadeira de rodas. Por vezes, Lênin apresentava alguns sinais de melhora; em 19 de junho, Nadya escreveu a Clara Zetkin, dizendo que "há dias em que começo a ter esperança de que a recuperação não é impossível."

O ânimo dela se alterava em função das condições do marido, como suas cartas às filhas de Inessa Armand – em especial para a mais velha, Inna – revelam mais claramente do que as insípidas memórias que escreveu sobre os últimos meses da vida de Lênin. Ela disse a Inna, em 23 de maio de 1923: "Só me mantenho viva pelo fato de Volodya ficar feliz por me ver de manhã; ele pega minha mão e, de vez em quando, conversamos sem palavras sobre uma série de coisas diferentes que, de qualquer maneira, não têm mesmo nomes." Em 2 de setembro: "Agora, passo dias inteiros ao lado de Volodya, que está melhorando rapidamente, então na parte da noite fico extenuada e triste, e não me animo a escrever cartas." Dez dias mais tarde, Nadya dizia a Inna que "a melhora de Lênin aumenta, mas tudo caminha com lentidão exasperante." Em 28 de setembro, ela se mostra desanimada e exausta: "Todos os dias ele faz uma conquista, mas elas são microscópicas, e ainda estamos pendurados entre a vida e a morte. Os médicos dizem que todos os fatos sinalizam melhoras, no entanto, tenho certeza que eles não dão a mínima, possivelmente não têm condições de dar."

Algumas vezes, Lênin demonstrava interesse por jornais. Mas nos dias ruins, parecia em estado vegetativo. Seu sobrinho Gora ficou desesperado após uma visita em julho: "Encontrei-o sentado numa cadeira de rodas com uma camisa branca de verão com colarinho aberto (...) boné bem velho cobria-lhe a cabeça e o braço direito repousava de modo não natural em seu colo. Ele quase não me reconheceu, apesar de eu me postar bem distintamente no meio de uma clareira."

O artista Yuri Annenkov pintara retrato de Lênin em 1921. Viu-o de novo em dezembro de 1923: "Kamenev levou-me a Gorky para fazer um retrato, ou melhor, um esboço, de Lênin doente. Nadejda Konstantinovna nos recebeu. Ela disse que não se tratava de um retrato. E, de fato, reclinado em *chaise-longue*, enrolado num cobertor, com o olhar perdido e um sorriso triste, enviesado e infantil, como o de um homem em sua segunda infância, Lênin não era modelo para um retrato."[8]

No Ano Novo, os médicos fizeram prognósticos favoráveis,* mas Nadya sabia o bastante para não acreditar neles: "Com início na quinta-feira, 17 de janeiro, comecei a pressentir que algo (...) [de muito ruim] estava por acontecer," escreveu ela. "Ele parecia extremamente cansado e atormentado. Fechava os olhos com frequência e ficava pálido, porém o importante era que, de alguma forma, sua fisionomia mudava, seu olhar aparentava ser cego."

Enquanto ela lia para ele, naquela mesma noite e ao seu lado na cama, a poucos quilômetros de distância, em Moscou, os líderes soviéticos participavam de uma reunião do Comitê Central e reportavam com otimismo sobre a saúde de Lênin, sugerindo que ele retomaria as rédeas do poder e conduziria em breve a nação. O chefe de estado soviético, Mikhail Kalinin, declarou que Lênin vencia a "grave batalha contra a doença." Os delegados se levantaram e aplaudiram. "Vida longa para o líder do mundo do proletariado, Camarada Lênin."

Dois dias mais tarde, estava muito frio, apesar do dia claro e ensolarado. Os médicos acharam que Lênin se beneficiaria com algum ar fresco. Bukharin, que o visitava, descreveu: "Lênin foi

*Alguns médicos que leram o relatório post-mortem de Lênin e examinaram seu cérebro depois da morte ficaram surpresos por ele ter sobrevivido por tanto tempo. O comissário da Saúde Pública Semashko informou: "A esclerose dos vasos sanguíneos do cérebro de Vladimir Ilyich havia avançado tanto que (...) [eles] se tornaram calcificados. Quando forçados com uma pinça, soavam como pedras. As paredes de muitos vasos sanguíneos estavam tão espessas, e os vasos tão inchados, que nem um fio de cabelo passava pelas aberturas. Assim, setores inteiros do cérebro ficaram privados de sangue renovado."

num trenó, cercado de travesseiros e almofadas, e observou um grupo de trabalhadores do estado saindo para caçar. Ele estava de bom astral, claramente desfrutando da atmosfera. De poucas coisas ele gostava mais do que da caça. Quando um *retriever* trouxe entre os dentes uma ave abatida para um dos operários próximo ao trenó, Lênin levantou a mão boa e conseguiu dizer: '*Vot sobaka*' [bom cão]."

Lênin retornou ao seu quarto no meio da tarde, evidentemente cansado, mas conseguiu tomar um *bouillon* de vegetais. "Alimentou-se rapidamente e sentiu-se um pouco recuperado, mas então (...) [ouvi] um chiado em seu peito," escreveu Nadya. "Seus olhos foram gradualmente mostrando que ele perdia a consciência (...) ocasionalmente, ele gemia baixinho, depois um tremor percorreu todo o seu corpo. A princípio, peguei sua mão quente e úmida, porém depois notei que a toalha (...) [por baixo dele] ficava vermelha de sangue e o sinal da morte se mostrava estampado em sua face. O professor Foerster e o doutor Yelistratov, esfregaram cânfora e tentaram aplicar respiração artificial, mas debalde, não foi possível salvá-lo."

Lênin foi declarado morto às 18h50 de 21 de janeiro de 1924.[9]

53

"Uma explosão de ruídos"

"Estamos enterrando
o mais terreno
De todos os homens
Que sempre caminhou
pela terra
Ele era como você
E como eu
As lágrimas de neve
estão caindo
Das pálpebras de bandeiras vermelhas de choro"

Vladimir Mayakovsky, *"Poema do Funeral de Lênin,"* janeiro de 1924

NO REPOUSO FINAL, O CORPO DE LÊNIN, vestido com casaco escuro e gravata preta, aparentava expressão calma, um homem em paz – não fisionomia contraída pela dor e pela doença, como Nadya temera. Suas mãos repousavam sobre o peito, uma delas bem apertada, a outra, relaxada, dedos levemente dobrados. Estava deitado em caixão com forração carmesim.

Na manhã de 23 de janeiro, durante um dos mais frios invernos registrados na Rússia, ele foi levado a Moscou. Durante quatro quilômetros, homens carregaram o ataúde nos ombros, da dacha de Gorky, através dos bosques recobertos de neve, até a estação ferroviária mais próxima. Nas paradas do trem ao longo do caminho, milhares de pessoas prestaram seus respeitos.

Cerca de uma da tarde, a composição chegou à Estação Paveletsky em subúrbio de Moscou. O caixão foi colocado num carro fúnebre e uma longa procissão de dignitários, liderada por familiares de Lênin, caminhou os seis quilômetros e meio através da cidade até a Casa dos Sindicatos, onde o corpo seria velado com honras de estado, como fora o de Inessa três anos antes. Durante toda a longa caminhada, Nadya deu a impressão de estar exausta e em grande pesar, mas com postura digna.

Soldados se alinhavam ombro a ombro ao longo de todo o caminho do cortejo – pelas ruas atapetadas de neve a temperaturas de 20º abaixo de zero. "Moscou se tornou um acampamento armado," recordou-se o correspondente americano William Reswick. "Dirigi-me de trenó para a estação ferroviária através de ruas ladeadas por fileiras sólidas de militares de infantaria." Bandeiras vermelhas tremulavam e faixas negras estavam penduradas nas janelas. Cartazes proclamavam "Lênin está morto (...) sua obra vive." "Quando a procissão cruzou o rio Moskva, uma formação de aviões a sobrevoou jogando panfletos que exaltavam: "O túmulo de Lênin é o berço para a libertação da humanidade."

Houve genuína tristeza com a morte de Lênin, ainda que permaneça uma questão sem resposta se ela foi espontânea ou forçada pelo regime. Centenas de milhares de pessoas – talvez chegando a 1 milhão – esperaram no frio enregelante e lutando contra a neve acumulada para poder ver de relance seu corpo. Por quatro dias seguidos, ele ficou exposto e cercado por guarda de honra. No começo foram oito soldados por turno, trocados a cada dez minutos. Mas tantas pessoas quiseram ter a honra de participar da guarda – trabalhadores do partido, servidores da GPU, bem como outros militares – que a guarda foi dobrada para dezesseis integrantes, em rodízios de cinco minutos.

As mortes dos czares provocavam tradicionalmente demonstrações públicas de pesar em larga escala. Mas nenhuma delas foi tão concorrida quanto a de Lênin. Os chefões soviéticos fizeram de tudo para incentivá-la: a liderança de Lênin, sua personalidade, haviam legitimado o regime. Todavia, sem dúvida, Lênin inspirava real respeito. Nikolai Valentinov, que muito admirava Lênin, "foi se despedir dele," como muitos outros de seus compatriotas. "Geava impiedosamente. Pessoas (...) se resfriavam, mas aguardaram horas por seu momento de ver o esquife (...) [talvez] o povo russo tivesse bem maior curiosidade mística do que alguns outros, uma espécie de compulsão para ver cadáver, em particular se o morto estava acima das pessoas comuns. Na peregrinação ao caixão de Lênin havia certa dose dessa curiosidade, porém, inquestionavelmente, havia também outro impulso: grande parte do povo reagiu à morte de Lênin com autêntico sentimento de tristeza."[1]

Foi decretada uma semana de luto no país. Os teatros e locais de diversões ficaram fechados, bem como lojas, salvo as padarias ou as que vendiam retratos de Lênin e roupas pretas e vermelhas adequadas para o luto. Por seis dias, os jornais publicaram quase só histórias sobre Lênin.

No domingo, 27 de janeiro, a temperatura em Moscou caiu para 33 graus negativos – "barbas, colarinhos e sobrancelhas ficaram brancos de neve." Centenas de milhares de pessoas se reuniram na Praça Vermelha, "suas respirações congeladas formavam uma névoa na atmosfera gélida," como se lembrou um dos presentes. Nas ruas das proximidades, havia mais dezenas de milhares, agrupadas sob enlutados estandartes. Nos cantos da praça, soldados faziam fogueiras improvisadas, em torno das quais, os pelotões substituídos no serviço, pisoteavam e batiam os braços contra o corpo tentando manter-se aquecidos.

Os preparativos para o funeral foram providenciados por Stalin e Zinoviev, após fazerem os devidos pronunciamentos elogiosos na noite anterior em sessão especial do Congresso dos Sovietes para pagarem seus tributos ao líder. A única ausência que chamou atenção foi a de Trotsky, que convalescia de enfermidade no Cáucaso quando Lênin faleceu.* Às dez da manhã, o esquife foi retirado do salão da Casa dos Sindicatos e transportado para a Praça Vermelha, um quilômetro distante. Equipes de soldados, servidores do partido, representantes soviéticos e delegados dos camponeses se apresentaram como voluntários para a honra de carregar o caixão em parte do trajeto. O cortejo foi liderado mais uma vez por Nadya, as irmãs e o irmão de Lênin. Demorou uma hora e meia para que a procissão chegasse à Muralha Leste do Kremlin, onde um mausoléu de madeira havia sido apressadamente erigido: último local de repouso de Lênin. Bandas executavam a "Internacional," a *Marcha Fúnebre* de Chopin e canções marciais durante todo o tempo. Os discursos foram infindáveis, mas o povo ficou firme na Praça Vermelha.

Precisamente às quatro da tarde, os condutores do ataúde – Kamenev, Zinoviev, Stalin, Molotov, Bukharin, (Mikhail) Tomsky, Dzerjinsky e o companheiro de caça de Lênin, Jan Rudzutak, levaram o caixão quatro degraus abaixo para a rasa catacumba. No nível acima, assustadoramente comovente, um som extraordinário reverberou em toda a Praça Vermelha, Moscou e nas cidades importantes da Rússia. Cada máquina e todos os dispositivos que puderam ser localizados, foram ligados – as sirenes de milhares de fábricas, os apitos a vapor das locomotivas, buzinas de neblina, alarmes e salvas atrás de salvas disparadas de canhões irromperam numa explosão de ruídos.[2]

*Trotsky sempre sustentou que fora deliberadamente mal informado – por Stalin – sobre a data do funeral. Mas ele teria tempo para chegar se, de fato, quisesse estar presente. Escreveu, contudo, elogiosa declaração. Sua ausência foi cuidadosamente registrada, e constituiu equívoco de monta de sua parte. Sem sombra de dúvida, ela influenciou desfavoravelmente seus pleitos de sucessão.

54

Lênin vive

"Não deixem que seus pesares pelo desaparecimento de Ilyich se desgastem em veneração ostensiva à sua pessoa. Não construam monumentos e memoriais para ele, palácios em seu nome. Não organizem celebrações esplêndidas em sua memória. Na sua vida, ele emprestou pouca importância a essas coisas."

Nadejda Krupskaya, 29 de janeiro de 1924

"Para os russos, o maior dos infortúnios foi o nascimento de Lênin; o segundo pior foi sua morte."

Winston Churchill, *A Crise Mundial*, Vol. II, 1929

LÊNIN PREFERIA SER SEPULTADO ao lado de sua mãe e da irmã Olga no Cemitério Volkovo de Petrogrado. Nadya e os demais da família supunham que assim seria, numa cerimônia singela, logo após o funeral oficial. Eles desejavam uma lápide comum em seu túmulo.

Nos bastidores do Kremlin, entretanto, começou uma discussão sobre os restos mortais de Lênin. Não ficou muito claro de quem partiu a ideia de preservar o corpo de Lênin em exposição permanente como se fossem relíquias de um santo. Diversas eminências, depois, reivindicaram o crédito, mas Stalin e Dzerjinsky tocaram o plano rapidamente à frente – contra a vontade de Nadya, das irmãs de Lênin e do irmão Dmitry.

Originalmente, o Dr. Alexei Abrikosov, patologista que realizara a autópsia no dia seguinte à morte de Lênin, embalsamou o corpo para preservá-lo por seis dias, até o sepultamento. Em 24 de janeiro, porém, a Comissão do Funeral, co-chefiada por Stalin, determinou que o patologista o embalsamasse para quarenta dias – postura habitual na Igreja Ortodoxa, onde a tradição ditava que as orações pelos falecidos fossem feitas por quarenta dias, usualmente ao lado do corpo. De início, Nadya recusou veementemente a permissão, mas foi cedendo quando Zinoviev lhe disse que se ela concordasse poderiam debater a proposta de novo decorrido um mês.

Àquela altura, as eminências do partido já haviam decidido que, se possível, eles manteriam o corpo preservado na Praça Vermelha, "indefinidamente (...) pelo tempo que pudermos." Dzerjinsky, que estudara breve período para ser padre católico antes de se tornar marxista, disse: "Se a ciência pode preservar o corpo humano por longo tempo, por que não? Os czares foram embalsamados só porque eram czares. Faremos o mesmo com Lênin, mas por ter sido um grande homem, diferente de qualquer outro." Stalin, na juventude seminarista ortodoxo, murmurou em reunião do Gabinete: "Temos de mostrar que Lênin vive."

Muitos dos outros camaradas se alarmaram, inclusive Kamenev e Bukharin. Vladimir Bonch-Bruevich, talvez o homem mais próximo de Lênin nos últimos anos, disse que o próprio Lênin teria ficado horrorizado com a ideia. Trotsky ponderou que embalsamar o corpo de Lênin seria semelhante aos cultos religiosos medievais: "Em tempos passados, houve as relíquias de Sergius de Rodonej e de Seraphim de Sarov; agora desejam substituí-las pelas relíquias de Vladimir Ilyich." Mas a decisão foi tomada: os bolcheviques precisavam de um santuário para o culto a Lênin, e seu corpo embalsamado, imune à corrupção, repousando perto do Kremlin, seria o local da peregrinação.

Nadya só soube no dia seguinte ao funeral que os camaradas, e não sua esposa, decidiriam sobre os restos mortais de Lênin. Na manhã de 28 de janeiro, ela escreveu a Inna Armand: "Minha querida filha, (...) Exatamente agora o caixão ainda não foi fechado, de modo que ainda resta tempo para olhar Volodya," portanto, até aquele estágio, ela claramente achava que Lênin seria sepultado do modo que desejava. Mas tarde do mesmo dia, ela soube dos debates no Kremlin, e das medidas já tomadas pelos funcionários dos altos escalões.

Tentou protestar. No dia seguinte, o *Pravda* publicou destacada "Mensagem de Nadejda Krupskaya. Camaradas, operários e camponeses, homens e mulheres. (...) Tenho uma grande solicitação a fazer. Não deixem seu pesar por Ilyich se consumir em veneração ostensiva à sua pessoa. Não construam monumentos e memoriais para ele, nem palácios em seu nome. Não organizem esplêndidas celebrações em sua memória. Na sua vida, ele deu mui pequena importância a essas coisas. Coisas assim o oprimiam. Ele as achava cansativas. Lembrem-se de quanta pobreza e desordem ainda temos em nosso país. Se vocês desejam homenagear o nome de Vladimir Ilyich, construam centros de assistência diária, jardins da infância, casas, escolas e, muito importante – concluam seu legado."

Ela não conseguiu materializar seu desejo. Em 26 de fevereiro de 1924, cinco semanas após o funeral de Lênin, os ateus marxistas que mandavam na União Soviética criaram, sem intenção de ironia, a grandiloquente Comissão de Imortalização.*[1]

A *troika* Stalin Kamenev Zinoviev, agora no comando da Rússia, assegurou-se de que um dos legados de Lênin "jamais fosse imortalizado," como um bolchevique ressaltou tristemente. Eles conspiraram para enterrar o "Testamento" sobre a sucessão que Lênin ditara nos seus últimos meses de vida. Nadya possuía quatro cópias e Maria Ulyanova, uma, mas a maioria dos magnatas do partido sabia de seu conteúdo potencialmente explosivo. Nadya desejou que o documento circulasse o mais amplamente possível, dentro do Partido Comunista e através de todo o país, na esperança de humilhar Stalin. Fez campanha para garantir que o testamento de Lênin fosse cumprido. Mas não teve o poder necessário.

É verdade que todos os aspirantes à liderança máxima tinham alguma coisa a perder se o Testamento viesse a público, embora Stalin fosse o mais prejudicado. O documento demonstrava que Lênin não depositava fé em nenhum dos camaradas que o cercavam. O Politburo e o recém-criado Conselho dos Anciãos – formado pelos mais antigos do partido – tomaram providências para que os danos da liderança fossem os mínimos. A *troika* fora formada como grupo político contra Trotsky, porém nem este último tinha interesse em ver o Testamento publicado, já que ele não continha exatamente um amplo e sincero endosso às suas qualidades de liderança. Foi por isso que os quatro figurões costuraram entre eles o voto para evitar, o máximo possível, que os detalhes da vontade de Lênin vazassem.

Quando o Congresso do Partido se reuniu duas semanas após o funeral de Lênin, trechos do Testamento – mas não o pós-escrito de Lênin instando a remoção de Stalin do cargo de secretário-geral – foram lidos por Kamenev. A ninguém foi permitido fazer anotações. Ninguém teve permissão para revelar fora do salão o que estava escrito no documento. Houve votação para "aprovar" o conteúdo do documento – e ele foi aprovado por unanimidade.

Mais tarde, no Comitê Central, as regras foram idênticas, só que dessa vez o Testamento foi lido na íntegra. Houve alguns minutos de silêncio e então Zinoviev levantou-se: "Cada palavra de Ilyich é lei para nós. Juramos cumprir qualquer ordem que o moribundo Lênin nos deu. E temos que honrar nosso juramento. Porém, felizmente, podemos dizer que em um ponto os receios de Lênin provaram-se sem fundamento. Refiro-me ao ponto sobre nosso secretário-geral.

*O título completo é Comissão de Imortalização da Memória de V.I. Ulyanov (Lênin).

Todos os camaradas testemunharam nossa harmônica cooperação nos últimos poucos meses." Kamenev propôs que Stalin continuasse na função, o que foi unanimemente aprovado. Trotsky votou a favor.*

Decorreriam por volta de sete anos para que Stalin tivesse o poder de ditador, embora esse tenha sido o começo do fim do papel de Trotsky na linha de frente da política. Ninguém sabe quem Lênin queria que liderasse a União Soviética quando ele partisse. Mas, certamente, o desfecho não foi o que ele tinha em mente.[2]

De todas as bobagens e hipérboles escritas na idolatria de Lênin como herói, nada supera a afirmação de Lunacharsky de que a genialidade dele podia ser explicada pela forma de sua cabeça: "A estrutura do (...) crânio [de Lênin] é, de fato, impressionante. É preciso parar para estudá-lo de modo que possa ser apreciada sua força física, os contornos do colossal domo da testa e sentir algo que só posso descrever como emanação física de luz da sua superfície."

Ao longo das décadas seguintes, a ciência, meticulosa, provou não haver nada de anormal em seu crânio – ou no que dentro dele existia. Dois anos após a morte de Lênin, os soviéticos criaram o Instituto do Cérebro para desvendar, através do raciocínio e da pesquisa, os segredos do brilhantismo do mestre. O pioneiro neurologista alemão Dr. Oskar Vogt foi o encarregado e começou o processo comparando o cérebro de Lênin com os de "pessoas comuns," como explicou um de seus assistentes, bem como com os de outros autores de conquistas, tais como Mayakovsky, primeiro a se digladiar com Lênin em termos de palavras, o do outrora "feitor de deuses" e rival Alexander Bogdanov, o do romancista Andrei Bely e com o do escritor francês Henri Barbusse.*

O cérebro de Lênin foi preservado em solução de formaldeído e álcool (formol). Um dos lados foi cortado em quatro partes e cada uma delas fatiada em 7.500 finíssimas lascas, que foram analisadas em microscópio com base na teoria de Vogt (desacreditada nos anos 1930) de que a estrutura do cérebro contribuía para a inteligência. Foram precisos dez anos de estudos para que Stalin recebesse o relatório "Ultrassecreto" de 153 páginas com mais de 700 ilustrações feito pelo sucessor de Vogt, o Dr. Semyon Sassikov, declarando que

*O conteúdo de Testamento apareceu no *New York Times* em 1926. Foi sugerido na ocasião que Nadya o vazara de propósito, mas essa teoria foi descartada. Na Rússia, os detalhes do Testamento só foram revelados em 1956, no "discurso secreto" de Nikita Khrushchev que denunciou Stalin.

**Jamais ficou claro se as famílias dessas pessoas concordaram, ou mesmo se elas souberam que seus entes queridos eram usados com tal objetivo.

o cérebro de Lênin "é vastamente superior aos dos outros por ter excepcionalmente elevado grau de organização," o que, supostamente, explicava sua genialidade.*

Por que o relatório foi mantido secreto até o colapso da União Soviética é um mistério; era pouco provável que, ao tempo dos expurgos de Stalin, um médico se apresentasse com outra descoberta diferente de: "o cérebro de Lênin era extraordinário." O motivo pode ter sido que, bem enfiado no meio do relatório estava a afirmação de que o cérebro de Lênin era razoavelmente comum. Um cérebro humano médio pesa entre 1.300 e 1.400 gramas; o de Lênin tinha 1.340 gramas. O tamanho não tem valor no contexto da inteligência. Mas não convinha de modo algum aos soviéticos reconhecer que o cérebro de Lênin tinha tão somente dimensões médias. O próprio Lênin teria gostado de saber que seu cérebro era bem menor que o de seu grande herói literário, de cuja leitura desfrutou ao longo de toda a vida: o cérebro de Turgenev pesava poderosos dois quilos. O de Lênin era perfeitamente comum.[3]

No começo, a Comissão de Imortalização recebeu a informação do Dr. Abrikosov de que o corpo de Lênin podia ser preservado "por muitos e muitos anos" pela refrigeração, se fosse mantido em cripta, em sarcófago especialmente projetado e em temperatura cuidadosamente controlada. Porém, a despeito do caro e sofisticado equipamento de refrigeração comprado na Alemanha, passados dois meses, começaram a surgir manchas escuras no rosto e torso de Lênin, e as cavidades de encaixe dos olhos passaram a se deformar. Os chefões do partido se preocuparam com o não funcionamento do plano, em particular com o aumento da temperatura externa.

No fim de março de 1924, dois químicos famosos, Vladimir Vorobyov e Boris Zbarsky, sugeriram embalsamar novamente o corpo com uma mistura que disseram "poder durar centenas de anos." Eles haviam estudado as técnicas egípcias da mumificação, mas poderiam fazer muito melhor "deixando o corpo de Vladimir Ilyich com aparência natural." Trabalharam dia e noite, sob intensa pressão e se reportando diretamente a Stalin e Zinoviev, para embranquecer a pele de Lênin e

*O curioso a respeito do cérebro de Lênin foi o quão doente estava. Ao artista Yuri Annenkov, convidado alguns meses depois do falecimento de Lênin para selecionar fotos e desenhos que comporiam um volume memorial, foi mostrado um vaso de vidro. "Nele estava preservado em álcool o cérebro de Lênin. Um dos hemisférios era saudável e completo em tamanho, com convoluções perfeitamente visíveis. O outro, que estava pendurado como se fosse uma tira, encontrava-se enrugado, amarrotado e reduzido a um tamanho não maior do que uma noz."

aprimorar o correto fluido de embalsamento. Fizeram experiências em diversos cadáveres com cerca de cinquenta anos de idade, que lhes foram entregues pelos morgues e institutos de pesquisas de Moscou. Depois de quatro meses, encontraram a fórmula correta com glicerina, álcool, acetato de potássio, clorato de quinino e outros ingredientes estritamente secretos até o momento da escrita do presente trabalho.

Em 1º de agosto, o mausoléu foi aberto a visitantes. "O corpo está em perfeito estado de conservação," afirmou uma das pessoas que o viu. Os cientistas se jactaram de ter feito aquilo que os egípcios não conseguiram com Tutankhamon: "Os embalsamadores se permitiram até um pequeno sorriso."*[4]

Nadya sempre praticou seu método de venerar Lênin, mas detestava as demonstrações públicas à sua volta. Em especial, abominava a ideia de o corpo embalsamado de Lênin jazer a meio quilômetro de sua residência. Em determinada ocasião, foi ao mausoléu poucos anos antes de falecer em 1939, e ficou visivelmente desconfortável. Olhou para o corpo durante breve momento e disse a Ilya Zbarsky, o primeiro curador do embalsamamento que lhe servia de guia: "Ele está quase o mesmo (...) mas veja como envelheci." Depois declarou que não gostaria de voltar lá. Opôs-se firmemente quando, cinco dias após a morte do marido, Petrogrado foi renomeada Leningrado. Nadya continuou chamando a cidade de "Peter" como sempre o fizera.

O declínio de Nadya com o passar dos anos foi triste. Ela continuou morando no Kremlin, dividindo a residência com Maria, que a antecedeu na morte por dois anos, porém em apartamento diferente, mais distante das repartições governamentais. Depois de fracassar na tentativa de dar ampla divulgação ao Testamento de Lênin, Nadya continuou trabalhando no Comissariado do Iluminismo por quatro anos "purgando" as bibliotecas soviéticas de livros perigosos, como os de Kant e Spengler.

Tornou-se uma marionete nas mãos de Stalin, a quem sempre detestou. Foi-lhe dito que ela, de todas as pessoas tão devotadas à causa e ao legado do marido, deveria pensar primeiro na lealdade ao partido e que Stalin era o inquestionável líder. Durante os expurgos dos anos 1930, ouviu-se Nadya certa vez dizer: "se Volodya fosse

*Ao longo dos últimos noventa anos, muitas centenas de cientistas trabalharam no corpo de Lênin, que requer constante manutenção. Em 2016, existiam cerca de uma dezena de empregados em tempo parcial e três ou quatro em tempo integral, responsáveis em manter o corpo de Lênin parcialmente como santuário e em parte como atração turística.

vivo (...) estaria preso," mas isso foi o máximo de dissidência que ela conseguiu expressar.

Nadya sabia muito bem qual a opinião que o marido teria sobre o mausoléu e, ocasionalmente, lembrava às pessoas alguns trechos iniciais do *O Estado e a Revolução*: "Durante a vida de grandes revolucionários, as classes opressoras constantemente os perseguiram (...) trataram-nos com o mais furioso ódio, as mais inescrupulosas campanhas de mentiras e injúrias. Após a morte deles, tentativas são feitas para convertê-los em inofensivos ícones, como se fosse necessário canonizá-los, e cercar seus *nomes* de um certo halo (...) com a finalidade de ludibriar as massas, enquanto, ao mesmo tempo, é emasculada e obliterada a *real essência* de seus ensinamentos revolucionários, reduzindo-os à vulgaridade."

Para os mandantes do Kremlin, o corpo embalsamado e o berrante culto a Lênin enviavam várias mensagens além da bizarra conjugação de ritual religioso e político. Lênin era aclamado como santo secular, a quem era dever do povo venerar. Mas a cripta na Praça Vermelha não era meramente um santuário. Era o lembrete físico de que, mesmo após a morte de Lênin, os russos não estavam livres dele. Ainda precisavam obedecer a seus mandamentos através de seus ungidos sucessores.

O mausoléu de madeira foi substituído em 1930 pela construção de granito e mármore que lá está, cem anos após a Revolução de Lênin. Foi seu velho amigo Leonid Krasin que teve a ideia de nele incluir um pódio de onde, nos dias especiais e nos feriados da União Soviética, as gerações seguintes de czares comunistas fizeram pronunciamentos às massas. Estima-se que vinte milhões de pessoas já visitaram o mausoléu e viram o Lênin embalsamado e com a sinistra aparência de cera, nos oitenta e cinco anos em que a cripta foi aberta aos turistas.

Os chefões soviéticos que o sucederam acreditaram que os feitos de Lênin legitimavam o comando deles. Um século mais tarde, Lênin vem sendo usado por uma nova raça de autocratas, os extremados nacionalistas, que podem ter descartado o comunismo, mas ainda o respeitam como um homem forte à maneira da tradição russa.

Finis

Grigory Zinoviev (Hirsch Apfelbaum) o mais leal e adulador aliado de Lênin nos anos de exílio dos dois. Mais tarde, após a revolução, tornou-se o chefe da Internacional Comunista.

Lev Kamenev (Leon Rozenfeld) passou muitos anos de exílio europeu em companhia de Lênin, que desprezava a "fraqueza" dele, mas gostava de suas piadas e mexericos.

Iosef Stalin moço – "a maravilha georgiana," chamou-o Lênin certa vez – por volta de 1907, quando ele organizou um grande assalto a banco em Tiflis para financiar o partido bolchevique.

Lênin escondido na Finlândia, três semanas antes da Revolução de Outubro, disfarçado de operário finlandês, única foto restante dele sem a barba que era sua marca registrada.

Lênin na Praça Vermelha falando aos soldados e aos militantes do Partido Comunista no primeiro aniversário da Revolução de Outubro, 1918.

Felix Dzerjinsky (*centro*), chefe da *Cheka*, "espada e escudo" do Partido Comunista. "Felix de Ferro," fanático, cruel, frio e ascético, foi o homem mais odiado e temido na Rússia depois de 1917.

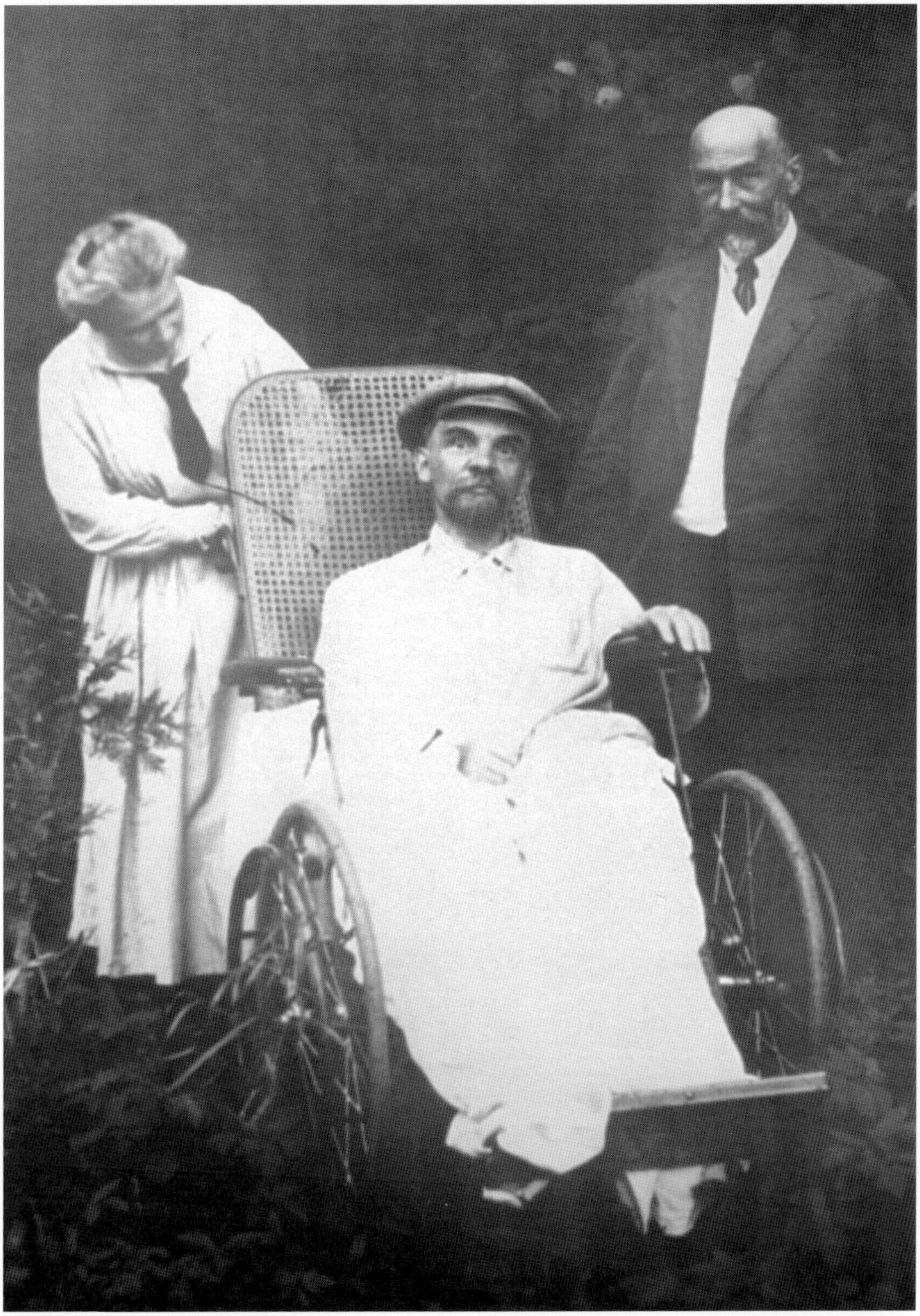

Nos últimos nove meses de vida, Lênin mal podia falar algumas palavras ou caminhar, preso à cadeira de rodas a maior parte do tempo. Seu declínio de saúde foi segredo de estado por meses.

Pós-morte. Enquanto Lênin jazia em funeral com honras oficiais, seus sucessores decidiram, contra a opinião da família, embalsamar o corpo – "para sempre, se pudermos," disse Dzerjinsky – e deixá-lo em exposição pública. Lênin ainda atrai grandes multidões todos os anos.

NOTAS

Prólogo – Coup D'État

As melhores narrativas da Revolução de Outubro continuam sendo os relatos de testemunhas oculares: Nikolai Sukhanov, *The Russian Revolution: A Personal Record*, Londres, 1955 (em russo, *Russian Zapitski o Revolutsii*, originalmente publicado em 1922); *Os Dez Dias que Abalaram o Mundo*, de John Reed, Nova York, 1919; e, a despeito de suas manifestas distorções de *parti pris*, *A The History of the Russian Revolution*, de Leon Trotsky, Londres, 1934. O melhor livro moderno em inglês é *A People's Tragedy: The Russian Revolution, 1891–1924*, de Orlando Figes, Londres 1996. Vali-me para o presente trabalho de todas essas obras.

1 *Obras Coligidas* de Lênin – cerca de 9,5 milhões de palavras delas – foram publicadas em várias edições na extinta União Soviética, a última das quais em 45 volumes entre 1965-1973. Vou me referir a elas, ao longo de todo o livro, como, CW. Cartas de Lênin a Fofanova e ao Comitê Central Bolchevique: CW, vol. 44, p. 68–72. O perigo nas ruas de Petrogrado, Reed, p. 83.

2 Chegada de Lênin ao Smolny: Harrison Salisbury, *Black Night, White Snow: Russia's Revolutions 1905–1917*, Nova York, 1978, p. 434–42; Trotsky, *The History of the Russian Revolution*, p.288.

3 Desorganização do golpe de outubro: Figes, p. 484–90; Nikolai Podvoisky, "O outubro de Lênin", *Krasnaya Gazeta*, 6 de novembro de 1927.

4 Ritmo de trabalho furioso de Lênin: Podvoisky. Escolhendo o título "Comissários do Povo": Trotsky, *My Life*, Nova York, 1930, p. 427–31.

5 Raiva de Lênin: Podvoisky; ministros no Palácio de Inverno: Salisbury, p. 440–6, Figes, p. 495–497, Richard Pipes, *The Russian Revolution 1899–1919*, Londres, 1990, p. 514–16.

6 Declaração de Lênin no Congresso dos Sovietes: CW, vol. 44, p. 83.

7 Governo Provisório no Palácio de Inverno: Pipes, p. 515–17.

8 Petrogrado durante o golpe: Sukhanov, p. 392–4; Reed, p. 195–7.

9 Invasão do Palácio de Inverno: Podvoisky; Figes, p. 515–17; Trotsky,

The History of the Russian Revolution, p. 313–15; Sukhanov, p. 396–9.

10 Discurso de Trotsky no Congresso dos Sovietes: Isaac Deutscher, *The Prophet Armed: 1879–1921*, Nova York, 1954, p. 397; discurso de Lênin: Reed, p. 213.

1: Berço de Gente Respeitável

Os melhores relatos sobre a família e a infância de Lênin são os de suas duas irmãs – Anna Ulyanova-Elizarova, *Vospominaniya ob Il'iche*, publicado em Moscou em 1934 e traduzido para o inglês como *The Childhood and School Years of Vladimir Ulyanov*, Moscou, 1988; e Maria Ulyanova, *O Lenine i sem'ye Ulyanovikh: vospominaniya ocherki pisma*, Moscou, 1978. Robert Service, *Lenin: A Biography*, Londres, 2000; Dmitry Volkogonov (trad. Harold Shukman), *Lenin: Life and Legacy*, Londres, 1994; Louis Fischer, *The Life of Lenin*, Londres, 1995; e Ronald Clark, *Lenin: The Man Behind the Mask*, Londres, 1988.

1 "Os homens têm que concordar com ele," Mikhail Silvin: citado em Adam Ulam, *Lenin and the Bolsheviks*, Londres, 1966.

2 A mãe de Lênin e o obscuro histórico familiar: Volkogonov, p. 45–9.

3 Amor dos filhos pela mãe: Anna Ulyanova-Elizarova, p. 33.

4 Charme de Maria Alexandrovna: citado em Clark, p. 64.

5 Ilya Ulyanov, pai de Lênin, histórico e política: Anna Ulyanova-Elizarova, p. 21, e Maria Ulyanova, p. 17. Gorky sobre os "traços nobres" de Lênin: coluna "Pensamentos Fora de Hora," *Novaya Jizn*, 17 de novembro de 1917.

2: Infância Idílica

1 Lênin como criança: Anna Ulyanova-Elizarova, p. 2–41, e Maria Ulyanova, p. 17; Robert Service, p. 33–41; Clark, p. 21–30.

2 Simbirsk descrita por Ivan Goncharov, *Oblomov*, Londres, 1989. Primeiras brincadeiras e leituras de Lênin: Service, p. 37–42; Richard Abraham, *Kerensky: The First Love of the Revolution*, Londres, 1987; Lênin e xadrez: Fischer, p. 98–101.

3 Os Ulyanovs em Kokushkino: Anna Ulyanova-Elizarova, p. 31–3.

4 Educação de Lênin: Service, p. 36–7; Fischer, p. 45–51.

5 Memórias dos colegas de escola: Clark, p. 61–3.

6 Lênin não interessado por política na adolescência: Anna Ulyanova-Elizarova, p. 26.

7 Morte do pai de Lênin: Maria Ulyanov, p. 29–31.

3: O Enforcado

1 Execução de Sasha: Salisbury, p. 5–9; Bertram Wolfe, *Three Who Made a Revolution*, Boston, 1955, p. 72–4; Philip Pomper, *Lenin's Brother: The Origins of the October Revolution*, Nova York, 2010, p. 173–9.

2 Infância e juventude de Sasha: Anna Ulyanova-Elizarova, p. 26–8.

3 Ódio de Lênin por burgueses liberais que esnobavam sua mãe: Leon Trotsky, *The Young Lênin*, Nova York, 1972, p. 43–4; Isaac Deutscher, *Lenin's Childhood*, Londres, 1970, p. 123–5.

4 O complô de Sasha: Pomper, p. 103–9. Julgamento: Wolfe, p. 62–4. Encontros na prisão com sua mãe: Fischer, p. 124.

5 Reação de Vladimir à morte: Maria Ulyanova, p. 32, e citado em Clark, p. 86–8.

6 Os "traidores e covardes" burgueses: Nikolai Valentinov, *Encounters With Lenin*, Londres, 1968, e cartas às irmãs Anna e Maria, 13 de julho de 1901, CW, vol. 43, p.126.

4: O Estado Policial

1 Pyotr Struve, *Collected Works*: vol. 9, Ann Arbor, 1970.

2 Conde von Aehrenthal, citado em Pipes, *The Russian Revolution*, p. 137.

3 Julgamento de Zasulich: Anna Hillyar e Jane McDermid, *Revolutionary Women in Russia, 1870–1917*, Londres, 2000, p. 136.

4 Mulheres revolucionárias e Vera Figner: citado em Hillyar e McDermid, p. 35– 55.

5 Autocracia czarista: Figes, p. 73–84; Pobedonostev citado em Pipes, *The Russian Revolution*, p. 89; Trotsky, *The History of the Russian Revolution*, p.65–74.

6 A censura e os czares: Pipes, *The Russian Revolution*, p. 85–7; Fischer, p. 7 5.

7 Movimentos radicais: Figes, p. 130–6; Wolfe, p. 73–9; Maxim Gorky, *My Universities*, Nova York, 1938, p. 130–5.

8 Sergei Nechayev, *The Revolutionary Catechism*, <www.marxists.org/subject/anarchism/nechayev /catechism.htm>

5: Educação Revolucionária

1 Fyodor Kerensky sobre Lênin, citado em Fischer, p. 73.
2 Expulsão da universidade: Volkogonov, p. 68.
3 Lênin e o fumo: Maria Ulyanova, p. 39.
4 Recusa dos ministros em permitir que Lênin estudasse: Maria Ulyanova, p. 46. Lênin sobre a coragem da mãe: Valentinov, p. 61.
5 Lênin sobre Chernyshevsky: Valentinov, p. 81–2.
6 Lênin sobre propriedades rurais: Valentinov, p. 148. *On Hunting*: Anna Ulyanova-Elizarov, p. 47.
7 Lênin sobre a descoberta de Marx: Maria Ulyanova, p. 43.
8 Sobre fazendas: Nadejda Krupskaya, *Reminiscences of Lenin*, Nova York, 1970, p. 67–8.
9 Exames para Direito de Lênin: Ulam, p. 89.

6: Vladimir Ilyich – Advogado

1 Caso na Justiça de Lênin contra Arefev: Service, p. 91–2 e Anna Ulyanova-Elizarova p. 49.
2 Fome no Volga: Maria Ulyanova, p. 57 e Leon Trotsky, *On Lenin: Notes Toward a Biography*, Londres, 1971, p. 86.
3 Descrições de Lênin: Valentinov, p. 46; Alexander Potresov, *Posmertinyi sbornik proizvednyii* (ed. B. Nikolayevsy), Paris, 1937; e citado em Clark, p. 73. Alexander Kuprin citado em Fischer, p. 85.
4 Caráter de Lênin: Potresov, p. 63, e citado em Clark, p. 72.
5 Lênin, *What the Friends of the People Are*, CW, vol. 2, p. 47–57.
6 Lênin dando aulas para operários de São Petersburgo: Clark, p. 82–4.

7: Nadya – Namoro Marxista

1 Primeiro encontro de Nadya com Lênin: Krupskaya, *Reminiscences*, p. 42–4.
2 Família e histórico de Nadya: *ibid.*, p. 10–18; Robert McNeal, *Bride of the Revolution: Krupskaya and Lenin*, Londres, 1973, p. 13–19; e Mary Hamilton-Dann, *Vladimir and Nadya*, Nova York, 1998.
3 Idealismo de Nadya: citado em Fischer, p. 95.
4 Trabalho como servidora ferroviária: Fischer, p. 73.
5 Amizade de Nadya com Yakubova: McNeal, p. 89.

8: Linguagem, Verdade e Lógica

1 Lênin usa o argumento "Varram-no da face da terra": CW, vol. 6, p. 156.

2 Moishe Olgin: citado em Clark, p. 145.

3 Voitinsky: citado em Salisbury, p. 126.

4 Lênin como orador: Maxim Gorky, *Days with Lenin*, Nova York, 1933, também como *Memories of Lenin* nos arquivos marxistas da Internet, <www.marxists.org/archive/gorky-maxim/1924/01/x01.htm>

5 Lênin como orador: Trotsky, *On Lenin*, p. 197–9.

6 Citação de Martov, *ver* Israel Getzler, *Martov: A Political Biography of a Russian Social Democrat*, Cambridge, 1967.

9: Contatos no Estrangeiro

1. "Missão importante": CW, vol. 44, p. 265.
2. Lênin e a *Okhrana*: citado em Helen Rappaport, *Conspirator: Lenin in Exile*, Londres, 2009, p. 7; ruim em línguas: carta para sua mãe, 29 de abril de 1895, CW, vol. 44, p. 266.
3. Primeira visão dos Alpes: carta para sua mãe, 2 de maio de 1895, CW, vol. 44, p. 261.
4. Conhecendo Plekhanov: CW, vol. 9, p. 145; carta para Maria Ulyanova, 24 de maio de 1895, CW, vol. 44, p. 302.
5. Carta de Axelrod para Plekhanov: citada em Fischer, p. 173.
6. Pedindo dinheiro à mãe: CW, vol. 44, p. 283 e 298.
7. Com tinta invisível: Lênin para Axelrod, CW, vol. 44, p. 485.

10: Prisão e Sibéria

1 Primeiro interrogatório: Clark, p. 83.

2 Mantendo-se em forma na cadeia: Carta para Maria Ulyanova, 13 de fevereiro de 1896, CW, vol. 44, p. 532, e para sua mãe, 10 de fevereiro de 1896, CW, vol. 44, p. 519.

3 Visitantes à prisão: carta para Anna e Maria Ulyanova, 3 de março de 1896, CW, vol. 4, p. 546.

4 Cartas em código: *ibid*.

5 Kjijanovsky: citado em Fischer, p. 134.

6 Lênin na Sibéria: carta para sua mãe, 14 de março de 1897, CW, vol. 44, p. 527.

7 Chegada a Shushenskoye: carta para sua mãe, 28 de maio de 1897, CW, vol. 44, p. 539. Carta sobre caçadas para Maria Ulyanova e Dmitry Ulyanov, 29 de junho, CW, vol. 44, p. 556. Solidão: carta para Anna Ulyanova, 25 de julho de 1897, CW, vol. 44, p. 583.

8 Envio de suprimentos pela família: carta para sua mãe, 6 de setembro de 1897, CW, vol. 44, p. 573.

9 Nadya no início da vida de casada: citada em McNeal, p. 197.

10 Cartas de Nadya para a mãe e irmãs de Lênin sobre caçadas: 9 setembro e 11 de outubro de 1898, CW, vol. 44, p. 587 e 593, respectivamente, sobre gravidez: 12 de outubro de 1899, CW, vol. 44, p. 616.

11 Prisão em Tsarkoe Selo: Service, p. 156 e Fischer, p. 133; doença de Nadya: carta à mãe dele, 6 de abril de 1900, CW, vol. 44, p. 637.

11: Nasce "Lênin"

1 Cartas de Plekhanov para Lênin sobre liberais: citada em Ulam, p. 176. Resposta de Lênin: CW, vol. 44, p. 312.

2 Carta de Munique de Lênin para Nadya, 12 de dezembro de 1900, CW, vol. 44, p. 456. Sozinho em Munique: carta à sua mãe, 3 de janeiro de 1901, CW, vol. 44, p. 487.

3 Nadya encontra Lênin em Munique: Krupskaya, *Reminiscences*, p. 93–6.

4 *Iskra* como "agitador-coletivo": CW, vol. 5, p. 115.

5 Colisão entre Plekhanov e Lênin quanto ao *Iskra*, Lênin cita: *How the "Spark" was nearly extinguished*, CW, vol. 5, p. 197–8.

6 Carta para Plekhanov sobre a edição do *Iskra*: 4 de janeiro de 1901, CW, vol. 44, p. 276–7. Artigo inaugural do *Iskra* de autoria de Lênin: 11 de dezembro de 1900, CW, vol. 5, p. 276–81.

7 Contrabandeando o *Iskra*: Service, p. 132–6, e Rappaport, p. 152–6.

8 Decifrando cartas: Krupskaya, *Reminscences*, p. 179–81 e Rappaport, p. 162 5.

9 Lênin como editor: Krupskaya, *Reminiscences*, p. 183. Amizade com Martov: Fischer, p. 133–7; Krupskaya, *Reminiscences*, p. 180–

3; Sukhanov, p. 85–93; e Israel Getzler, *Martov: A Political Biography of a Russian Social Democrat*, Cambridge, 1967. Potresov sobre Martov citado em Ulam, p. 135.

12: Vidas Clandestinas

1 Mikhail Silvin: citado em Ulam, p. 133.

2 Vida subterrânea de conspirador: Rappaport, p. 133–40; Figes, p. 242–9; e Krupskaya, *Reminiscences*, p. 146–9.

3 Elena Stasova: citada em Rappaport, p. 139.

4 Conspiradoras femininas: Rappaport, p. 136–9.

5 Lênin sobre a organização de redes clandestinas: carta para Leonid Krasin, CW, vol. 44, p. 253.

6 Infiltração da Okhrana em células clandestinas: Krupskaya, *Reminiscences*, p. 117.

13: Inglaterra, a Inglaterra deles

1 Londres, carta "irada" para Axelrod: 16 de abril de 1902, CW, vol. 44, p. 233. Lênin e Nadya detestam a comida inglesa: Krupskaya, *Reminscences*, p. 135. Senhoria citada em Rappaport, p. 197. Carta da mãe de Lênin sobre acomodações: citada em Clark, p. 129.

2 Lênin abomina comunas e deseja espaço próprio: Valentinov, p. 196–7.

3 Polícia britânica relaxada sobre radicais russos: Rappaport, p. 194–5.

4 Publicando o *Iskra* e a Sala de Leitura do British Museum: Andrew Rothstein, *Lenin Britain*, Londres, 1970, p. 76 e p. 92. Lênin distante, mas alegre: Valentinov, p. 199.

5 Passeios e excursões de Lênin fora de Londres: Rothstein, p. 78–81 e Rappaport, p. 193–5.

6 Caminhadas pelo campo: carta para sua mãe, 2 de julho de 1902, CW, vol. 44, p. 598.

7 Trotsky chega a Londres e conhece Lênin: Trotsky, *On Lenin*, p. 37.

8 Deixando Londres, insatisfeito e doente: Krupskaya, *Reminiscences*, p. 137.

14: Que Fazer?

1 *Que Fazer?* no original, *Leninski sbornik* (escritos coligidos), Moscou, vol. 7 de cinquenta publicados entre 1927 e 1960. A melhor versão em inglês foi traduzida por S.V. e Patricia Utechin, Oxford, 1963.

2 Valentinov, p. 146.

3 Krupskaya, *Reminiscences*, p. 104.

4 "A teoria é apenas uma hipótese," disse para Potresov: citado em Clark, p. 138. Plekhanov escreveu: "Lênin podia mudar de direção e prevaricar": carta para Angelica Balabonova, p. 159.

15: A Grande Cisão — Bolcheviques e Mencheviques

1 Zelikson Bobrovskaya: citado em Clark, p. 142.

2 Martov em Genebra: Krupskaya, *Reminiscences*, p. 128.

3 Lênin não gostava de gente chata: Valentinov, p. 173.

4 Lênin entoando canções revolucionárias: citado em Clark, p. 144.

5 Lênin distancia-se de outros revolucionários: Valentinov, p. 181.

6 O Congresso de 1903 é bem descrito por Rappaport, p. 165–71, Service, p. 156–6 e Ulam, p. 173–9. Citado para Gleb Krjijanovsky: carta, 11 de outubro de 1903, CW, vol. 44, p. 128. Lênin num "esplêndido Congresso": citado em Clark, p. 149.

7 O racha no partido é muito bem narrado em Valentinov, p. 178–81; Service, p. 160 6; Fischer, p. 197–201; e Rappaport, p. 173–6.

8 As "raivas" de Lênin: Valentinov, p. 189.

16: Altos e Baixos

1 Caminhando nos Alpes: Lênin para sua mãe, 6 setembro de 1903, CW, vol. 44, p. 372.

2 Tentativas de reconciliação no partido: Krjijanovsky em Ulam, p. 204.

3 Caminhada no feriado, 1903, e a necessidade de dias de folga para Lênin: Krupskaya, *Reminiscences*, 149.

4 Escalada do Rochers de Naye com Maria Essen: citada em Fischer, p. 169–71.

17: Uma Autocracia sem Autocrata

Da vasta quantidade de livros sobre o último Czar e sua esposa – e sobre a última fase da dinastia Romanov – os melhores são: Simon Sebag Montefiore, *The Romanovs 1613–1918*, Londres, 2016; Dominic Lieven, *Nicholas II: Emperor of all the Russians*, Londres, 1993, e Edvard Radzinsky, *The Last Tsar*, Londres, 1992. As cartas de Nicolau II e Alexandra, 1914–1918, são valiosas fontes, disponíveis *online* em <www.alexanderpalace.org/letters>. Há excelente histórico sobre o Czar e a Revolução de 1905 no livro de Figes, *A People's Tragedy*, e no de Pipes, *The Russian Revolution*.

1 Nicolau distraído cutucando o nariz: Figes, p. 172.

2 "Melhor criação (...) porém tremendo paroquialismo," Sebag Montefiore, *The Romanovs*, p. 526.

3 Guerra contra o Japão: Pipes, *The Russian Revolution*, p. 188–93.

4 Reação de Lênin à Revolução de 1905: Krupskaya, *Reminiscences*, p. 184.

5 Descrição do "Domingo Sangrento": Figes, p.246–8.

6 Gorky sobre o "Domingo Sangrento": citado em Figes, p. 249.

7 Embaixador McCormick dos EUA, Foreign Relations of the United States (FRUS), http://digital.library.wisc.edu/1711.dl/FRUS.FRUS1905.

8 Lênin sobre a guerra contra o Japão: CW, vol. 6, p. 274.

9 Cartas de Lênin sobre os embates nas ruas: CW, vol. 44, p. 337–8.

10 Lênin sobre o armar as massas, "tarefa imediata": CW, vol. 6, p. 328.

11 "A vitória (...) não é importante": citado em Ulam, p. 253.

12 Leonid Krasin sobre ofertas dos ricos aos bolcheviques: citado em Roy Medvedev, *Let History Judge*, Londres, 1972. Putilov, "O Czarismo está perdido": citado em Ulam, p. 259.

13 Latifundiários temem ataques: Figes, p. 282–4.

18: Volta à Casa

1 Primeiro encontro de Stalin com Lênin: citado em Simon Sebag Montefiore, *The Young Stalin*, Londres 2007, p.213.

2 Relação de Gorky com Lênin: Gorky, *My Days with Lenin*, Londres, 1933, p. 27–9 e Figes, p. 257–9.

3 Lênin na *soirée* da condessa Panina: Krupskaya, *Reminiscences*, p. 195.

4 Terror depois da Revolução de 1905: Pipes, *The Russian Revolution*, p. 217–20; Salisbury, p. 191–4; Sebag Montefiore, *The Romanovs*, p. 493–5. O Czar Nicolau desejou medidas severas: Salisbury, p. 195.

5 O antissemitismo e o apoio à União dos Povos Russos do Czar: Sebag Montefiore, *The Romanovs*, p. 497–8 e *Letters of Tsar Nicholas to* [sua mãe] *Empress Marie*, (ed. Edward Bing), Londres, 1930. Pogroms: Figes, p. 271–3.

6 Covardia física de Lênin: Pipes, *The Russian Revolution*, p. 283.

19: "Expropriem os Expropriadores"

1 "Revolução não é escola com currículo definido," Lênin para Martov: 12 de março de 1902, CW, vol. 44, p. 278 e para Valentinov, p. 196.

2 *Record of Fifth Russian Social Democratic Congress*, Londres 1907, Service, p. 219. Gorky: citações do *Days with Lenin*, p. 48. Preocupação de Lênin com o conforto de Gorky: citada em Wolfe, p. 237. Maxim Litvinov: citações sobre os Rothschilds do livro de John Holroyd-Doveton, *Maxim Litvinov: A Biography*, Londres, 2013, p. 135.

3 Congresso de 1907: Rappaport, p. 204–10. Assalto a banco em Tiflis: Sebag Montefiore, *The Young Stalin*, p. 22–8. Herança de Schmidt: Volkogonov, p. 194–201 e Fischer p. 216–19. Lênin admite não poder esconder a decepção: Service, p. 182. "Um patife (...) talvez fosse o que necessitávamos": Lênin para Vladimir Bonch-Bruevich, 8 de março de 1909, CW, vol. 44, p. 137.

4 Os "curadores" do dinheiro de Schmidt: Volkogonov, p. 202.

5 Dinheiro do partido para Lênin: Volkogonov, p. 238–40. Nadya reconhece que o casal não viveu na penúria: Krupskaya, *Reminiscences*, p. 198.

6 Lênin necessita repouso: carta de Nadya para a mãe dele, 22 de junho de 1907, CW, vol. 44, p. 423, e de Lênin para sua mãe, 24 de junho 1907, CW, vol. 44, p. 425.

7 Lidia Dan: citada em Boris Sapir (ed.), *Fyodor Ilyich Dan Prisma* [Cartas] *1899–1947*, Amsterdã, 1985, p. 137.

8 Clara Zetkin, *Reminiscences of Lenin*, <www.marxists.org/archive/zetkin/1924/reminiscences-of-Lenin.htm>.

9 Citação de Walter Borg sobre os pés congelados de Lênin: Salisbury, p. 213.

10 Krupskaya, *Reminiscences*, p. 194.

20: Genebra – "Buraco Horrível"

1 Lênin, "Vim para Genebra para ser enterrado": Krupskaya, *Reminiscen*ces, p. 196.

2 Ibid., p. 202.

3 "Será que viverei para ver outra revolução?": carta para Maria Ulyanova, 3 de março de 1909, CW, vol. 44, p. 496.

4 Plekhanov, *My i oni* ["Nós e Eles"], Moscou 1907, p. 32 e citado em Samuel Baron, Plekhanov: *The Father of Russian Marxism*, Stanford, 1963. August Bebel para Lênin: citada em Martov in Getzler, p. 136.

5 Lênin e Bogdanov: carta para Gorky, CW, vol. 44, p. 263.

6 Lênin sobre religião: carta para Gorky, CW, vol. 44, p. 186.

7 Gorky sobre o charme e a vivacidade de Lênin: Gorky, *Days with Lenin*, p. 28.

8 Informantes da Okhrana: Krupskaya, *Reminiscences*, p. 173–4.

9 Histórico de Zinoviev: Ulam, p. 213–14; citado em: Balabanova, p. 139. Kamenev cita: Valentinov, p. 149 e Trotsky, *My Life*, p. 274.

10 Sobre o Dr. Jitomirsky: Yuri Felshtinsky, *Lenin and His Comrades: The Bolsheviks Take Over Russia*, 1917–1924, Nova York, 2010. "Uma grande cidade que nos alegra": Lênin para sua mãe, 13 de dezembro de 1908, CW, vol. 44, p. 497.

21: Inessa – Lênin Apaixonado

1 Histórico de Inessa Armand: Michael Pearson, *Inessa: Lenin's Mistress*, Londres 2001 e R.C. Elwood, *Inessa Armand: Revolutionary and Feminist*, Cambridge, 1992.

2 "Lênin ficou mesmerizado": Jean Fréville, *Lénine à Paris*, Paris, 1958, p.13.

3 Elizabeth de K. e Lênin: Fischer, p. 192 e Felshtinsky, p. 93–5.

4 Relatórios da Okhrana: citados em Ben Fischer, *Okhrana: The Paris Operations of the Russian Imperial Police*, Washington D.C., Centro para Estudo da Inteligência, 1997. Também agente-duplo: Valerian Agafonov, *Zagranichnaya Okhrana*, Petrogrado, 1918, tem bons relatos em primeira mão sobre a espionagem em toda a Europa para o Czar.

5 Histórico de Inessa: Pearson, Elwood, Freville, Louis Fischer e Polina Vinogradskaya, *Pamyati Inessy Armand* (ed. Nadejda Krupskaya), Moscou, 1926.

6 Krupskaya, *Reminiscences*, p. 195. Pacotes com alimentos da Russia: Lênin para sua mãe, 5 de junho de 1909, CW, vol. 44, p. 479. Arrumado apartamento em Paris: Ilya Ehrenburg, *People and Life: Memoirs 1891–1917*, Londres, 1961.

7 Nadya na bicicleta: carta para a mãe de Lênin, 19 de setembro de 1909, CW, vol. 44, p. 48.

8 Estresse e insônia de Lênin: Krupskaya, *Reminiscences*, p. 197.

9 Última vez que Lênin viu sua mãe: Krupskaya, *Reminiscences*, p. 201 e citado em Katy Turton, *Forgotten Lives: The Role of Lenin's Sisters in the Russian Revolution, 1864–1937*, Londres, 2007.

10 Nadya em "estado de total melancolia": carta para a mãe e para a irmã Maria de Lênin, 12 de abril de 1910 e 3 de maio de 1910, CW, vol. 44, p. 496 e p. 513. Kollontai pleiteia que Nadya se

ofereceu para deixar Lênin: Marcel Body, "Alexandra Kollontai," *Preuves*, Nº. 14, abril de 1952, Paris.

11 "A vida (...) é mais alegre com Inessa por perto": Krupskaya, *Reminiscences*, p. 198.

12 "Uma quente fogueira de revolução": citado em Rappaport, p. 201. Inessa era "pedante (...) e repetia Lênin *verbatim*": Balabanova, p. 185.

22: Traições

1 "Teoria não é Escritura Sagrada": citado em Ulam, p. 235. Lênin a favor de parlamentos, *i Nevskaya Zveda*: 13 de maio de 1912, CW, vol. 7, p. 257–8.

2 Roman Malinovsky um "extraordinário trabalhador que nos representa": Lênin para Alexander Shlyapnikov, 16 de outubro de 1912, CW, vol. 43, p. 186.

3 Histórico de Malinovsky: Service, p. 220–8; Felshtinsky, p. 25–7; Ulam, p. 237–40; e Rappaport, p. 225–9.

4 Lênin não acredita que Malinovsky é agente-duplo: Krupskaya, *Reminiscences*, p. 219.

5 "Aquele bastardo (...) nos enganou por anos": Lênin para Zinoviev, citado em Rappaport, p. 228.

6 Lançamento do *Pravda*: Louis Fischer, p. 278–80.

7 Lênin para Gorky sobre a mudança para a Áustria: 12 de maio de 1912, CW, vol. 44, p. 104.

8 Escalando o Babya nas Montanhas Tatra: citado em Clark, p. 219.

9 "Galícia é quase Rússia": Lênin para sua mãe, 3 de setembro de 1912, CW, vol. 44, p. 496. Saudades de casa: Krupskaya, *Reminiscences*, p. 198.

23: Um Triângulo Amoroso – Dois Viram Três

1 Nadya adoece e precisa de tratamento para a Doença de Graves: carta para Maria Ulyanova, citada em Clark, p. 285.

2 Cirurgia de Nadya em Berna: Louis Fischer, p. 284–7. Discussão de Lênin sobre carta do cirurgião para Kamenev, 15 de junho de 1913, CW, vol. 44, p. 138.

3 Cirurgia de Nadya: *ibid.*, p. 213.

4 Nadya sobre Inessa na Galícia: Krupskaya, *Reminiscences*, p. 219.

5 Gosto de Lênin por crianças: Zina (Zinoviev) Lilina, "Tov: Lenin edet v Rossiyu," *Leningradskaya Pravda*, 16 de abril de 1924.

6 Lênin agradece a Inessa por representá-lo em Bruxelas: RGASPI f. 127, op. 16, d. 19.

7 Nadya fica atraída por Inessa: Krupskaya, *Reminiscences*, p.223.

8 Carta de Inessa de Paris, 14 de dezembro de 1913: RGASPI f. 127, op. 13, d. 15; resposta de Lênin: RGASPI f. 127, op. 13, d. 18.

24: Catástrofe – o Mundo em Guerra

1 Lênin prevê guerra, *Vyperod*: outubro de 1907, CW, vol. 7, p. 142.

2 Lênin diz para a mãe que não haverá guerra: 13 de novembro de 1912, CW, vol. 44, p. 499, e para Gorky, 9 de dezembro de 1912, CW, vol. 44, p. 178.

3 Prisão na Galícia e ajuda de Victor Adler: carta de Lênin para Zinoiev, CW, vol. 44, p. 258–9 e Clark, p. 195.

4 Mudança para Berna: Lênin para a irmã Maria, 21 de agosto de 1914, CW, vol. 44, p. 513.

5 Ministro russo do Interior Durnovo alertando contra a guerra: Figes, p. 387.

6 As obras mais abrangentes sobre o desastre da Rússia no Front Oriental da Primeira Guerra Mundial em 1914–1918 são: Dominic Lieven, *Towards the Flame: Empire, War and the End of Tsarist Russia*, Londres, 2015; Norman Stone, *The Eastern Front, 1914–1917*, Londres, 1975; e Max Hastings, *Catastrophe: Europe Goes to War 1914*, Londres, 2013. Tirei proveito de todas elas.

7 Brusilov cita um "exército de ignorantes": Figes, p. 398.

8 Moral baixa no exército: Hastings, p. 277.

9 Polianov, ministro da Guerra czarista: citado em Figes, p. 400.

25: Ao Ermo

1 Lênin discute com sua irmã Anna: Turton, p. 96.

2 Lênin se queixa a Inessa sobre rixas no partido: citado em Service, p. 296.

3 Mãe de Nadya falece e é cremada: Krupskaya, *Reminiscences*, p. 224.

4 Nadya doente de novo e necessita de repouso: carta para Kollontai, <www.marxists.org/kollontai>.

5 Feriado de Nadya, Inessa e Lênin em Sörenberg: Krupskaya, *Reminiscences*, p. 231.

6 Oposição de Lênin à guerra: carta para Kollontai, 12 de novembro de 1914, CW, vol. 44, p. 199.

7 Conferência de Zimmerwald: Service, p. 246–8. Martov sobre a posição antiguerra de Lênin: Getzler, p. 197.

8 Inessa e Lênin discutem sobre o "amor livre": Rappaport, p. 236; Pearson, *Inessa Armand* p. 176–8; Service, p. 276; Inessa para Lênin, RGASPI f. 127, op. 17, d. 9 e Georges Bardawil, *Inès Armand*, Paris, 1993, p. 187.

9 Lênin para Inessa, RGASPI f. 127, op. 15, d. 14.

10 Histórico de Helphand. *Zbynçk Zeman, The Merchant of Revolution*, Londres, 1965.

26: O Último Exílio

1 Problemas de dinheiro de Lênin: Nadya para Maria Ulyanova, 16 de dezembro de 1916, e de Lênin para Maria, 13 de janeiro de 1917, CW, vol. 44, p. 512.

2 Acomodações modestas em Zurique: Krupskaya, *Reminiscences*, p. 231.

3 Titus Kammerer, "Alugamos para os Lênins", *Partisan Review*, vol. 6, nº 3, Nova York, 1939.

4 Stefan Zweig cita: de Zweig, *The Tide of Fortune: Twelve Historical Miniatures*. Londres, 1927.

5 Lênin planeja entregar fundos bolcheviques para Inessa: *ver* Service, p. 270.

27: Revolução – Parte I

1 Dmitry Merejovsky cita: dos diários de Zinaida Gippius, *Peterburgskie dnevniki 1914–1919*, Nova York, 1982, p. 45; e seu pleito de que "a Rússia é um grande hospício," p.49.

2 Alexander Blok sobre promiscuidade: citado em Figes, p. 159.

3 Oficiais entram em licença sem permissão: General Sir Alfred Knox, *With the Russian Army 1914–1917*, Londres, 1921.

4 A revolução "começará no exército": citado em Pipes, *The Russian Revolution*, p. 374.

5 Meriel Buchanan: cita de M. Buchanan, *Ambassador's Daughter*, Londres, 1958. Lord Milner: citado em Louis Fischer, p. 297.

6 Relatórios da Okhrana: ver Alexander Rabinowitch, *Prelude to Revolution: The Petrograd Bolsheviks and the July 1917 Uprising*, Bloomington, Ind., 1968.

7 Gippius, p. 165.

8 Lênin para Inessa, RGASPI f. 127, op. 17, d. 11.

9 Instruções de Lênin para Kollontai: 2 de março de 1917, CW, vol. 12, p. 165.

10 Planos para deixar Zurique disfarçados: Krupskaya, *Reminiscences*, p. 225.

11 "Meus nervos estão esgarçados": Lênin para Inessa, RGASPI f. 127, op. 18, d. 19.

12 Carta de Alexandra descrevendo os revolucionários como "movimento de baguunceiros"': <www.alexanderpalace.org/letters>

13 "Aquele cara gordo Rodzianko": citado em Sebag Montefiore, *The Romanovs*, p. 489.

14 Motins nos regimentos e baixas na revolução: Figes, p. 486–92.

15 Abdicação do Czar: Sebag Montefiore, *The Romanovs*, p. 528–9.

16 Bolcheviques despreparados para a revolução e carentes de dinheiro: Rabinowitch, *Prelude to Revolution*, p. 129.

28: O "Vagão Lacrado"

1 Lênin aprova o plano do "vagão fechado" de Martov: carta para Radek, 7 de março de 1917, CW, vol. 44, p. 216.

2 Diz a Inessa que tem que operar secretamente: carta, 8 de março de 1917, RGASPI f. 127, op. 1 d. 13.

3 Generais alemães Ludendorff e Hoffmann: citados em Clark, p. 269; *ver também* Hastings, p. 253.

4 Defesa alemã de aproveitar Lênin: Volkogonov, p. 216.

5 Lênin desesperado para chegar à Rússia: carta para Inessa, 10 de março de 1917, RGASPI f. 127, op. 18, d. 13.

6 Negociações com os alemães: Fritz Platten, *Lenin iz emigratsii v Rossiyu*, Moscou, 1925.

7 Reação em Zurique ao trem incógnito: Rappaport, p. 228–30; Michael Pearson, *The Sealed Train* (Londres, 1975), p. 49–51; Catherine Merridale, *Lenin on the Train*, Londres, 2016, p. 73–9; Karl Radek, "Lenin's Sealed Train", *New York Times*, 19 de fevereiro de 1922; J. Ley, "A Memorable Day in April", *New Statesman*, 19 de abril de 1958; Olga Ravich, "A Jornada através da Alemanha", *Pravda*, 10 de abril de 1922.

8 Lênin sente-se justificado em contar com ajuda alemã: Clark, p. 214.

9 Ingleses tentam subornar Lênin: Clark, p. 217.

10 Bens de Lênin quando deixou Zurique: Kammerer, "Alugamos para os Lênins," Rappaport, p. 229.

11 Partida da estação na Suíça: Karl Radek, "V plombirovannom vagone," *Pravda*, 20 de abril de 1924; Platten, p. 19; e Rappaport, p. 232–3.

12 Lênin inferniza os passageiros na jornada: Radek, "Lenin's Sealed Train," Merridale, p. 82– 6; e Rappaport, p. 231–4.

13 Lênin para Zinoviev: citado em Louis Fischer, p. 317, e em Radek, "V plombirovannom vagone".

14 Lênin em Estocolmo: Platten, p. 35; Radek, "V plombirovannom vagone"; e Rappaport, p. 236–7.

15 Esmé Howard cita, "deixemos as coisas acontecerem": Louis Fischer, p. 286.

16 Lênin furioso com os artigos do *Pravda* que apoiavam a guerra: Krupskaya, *Reminiscences*, p. 239.

17 Mulheres despidas nas revistas dos soldados britânicos: Zina Linina, "Tov: Lenin edet v Rossiyu," *Leningradskaya Pravda*, 16 de abril de 1924. Agente inglês Harry Gruner deixa Lênin entrar na Finlândia: Giles Milton, *Russian Roulette: How British Spies Thwarted Lenin's Global Plot*, Londres, 2013.

29: Rumo à Estação Finlândia

1. Finlândia parece familiar para Nadya e Lênin: Krupskaya, *Reminiscences*, p. 245.
2. Editorial pró-guerra de Kamenev: *Pravda*, 31 de março de 1917.
3. A chegada de Lênin à Estação Finlândia no Domingo da Páscoa é muito bem descrita em Sukhanov, p. 86–90 e Robert Payne, *The Life and Death of Lenin*, Nova York, 1965, p. 288–92.
4. Trotsky sobre a mansão de Mathilde Kshesinskay e seu histórico: citado em Trotsky, *History of the Russian Revolution*, e Barbara Allen, *Shlyapnikov: The Life of an Old Bolshevik*, Leiden, 2015.
5. Discurso de Lênin aos bolcheviques no QG do partido: Sukhanov, p. 91–3.

30: O Interregno

1 Lênin na sepultura de sua mãe: Vladimir Bonch-Bruevich, *Vospomonanii o Lenine*, Moscou, 1985, p. 43.

2 Lênin no Palácio Tauride: Sukhanov, p. 103.

3 "Extremismo" de Lênin, citações do príncipe Lvov e de Pavel Milyukov: Figes, p. 487.

4 Gorky, "isso não é mais uma capital, é uma fossa": Gorky, coluna "Pensamentos Fora de Hora," *Novaya Jizn*, 13 de junho de 1917.

5 Trotsky sobre anarquia: Trotsky, *My Life*, p. 183.

6 "De absoluta incompetência política, a história tem poucos exemplos melhores": Zinoviev, *The History of the Bolshevik Party*, <www.marxists.org/archive/zinoviev>. Caos nas reuniões do Soviete de Petrogrado: Pipes, *The Russian Revolution*, p. 448–9.

7 "Bem cedo o governo (...) não vai se sustentar": Bonch-Bruevich, p. 63.

8 Príncipe Lvov: citado em Figes, p. 482.

9 Kerensky discursando: Sukhanov, p. 91–3 e Albert Rhys Williams, *Through the Russian Revolution*, Nova York, 1921.

10 Gippius, p. 193.

31: "Paz, Terra e Pão"

1 Lênin diz que não são necessários especialistas: para Alexander Shotman em Shotman, "Lenin nakanune Oktyabrya", *O Lenine: Sbornik vospominaniy*, Leningrado, 1925.

2 "Temos que falar sobre paz, terra e pão, sobre coisas assim": Lênin para Kamenev, 13 M 1917, CW, vol. 44, p. 134.

3 Rhys Williams, p. 74.

4 "Um reconhecimento pacífico das forças nossas inimigas": Lênin para Zinoviev e Kamenev, maio de 1917, CW, vol. 44, p. 201.

5 Indisciplina no exército e citações de generais: Documentos do barão Alexei Budberg, Hoover Institution, Stanford, California, Caixa 1, Knox, p. 109–10 e em Louis Fischer, p. 284.

6 Gorky desesperado: arquivo de Maxim Gorky, <www.marxists.org/archive/gorky-maxim>

7 Revolução no campo, propriedades vandalizadas: Figes, p. 493–9; Pipes, *The Russian Revolution*, p. 423–6; e Rabinowitch, *The Bolsheviks Come to Power: The Revolution of 1917 in Petrograd*, Londres, 1979, p. 286–9.

8 Proprietários de terras assassinados: Figes, p. 498.

32: Os Espólios da Guerra

1 Congresso de Junho dos Sovietes de Todas as Rússias: Sukhanov, p. 186; Rabinowitch, *The Bolsheviks Come to Power*, p. 123; e Morgan Philips Price, *Manchester Guardian*, 19 de junho e 20 de junho de 1917.

2 Dinheiro alemão para Lênin: Volkogonov, p. 167–73, Zeman, Zbynçk (ed.), *Germany and the Revolution in Russia, 1915–1918*, Oxford, 1953, p. 101–3; Merridale, p. 106–15.

3 Detalhes dos pagamentos alemães aos bolcheviques: Volkogonov, p. 170–5; Merridale, p. 105–9; e Pearson, *The Sealed Train*, p. 116–19. Relatórios longamente censurados contendo os acordos: carta para Trotsky e Lênin, RGASPI f. 32, op. 14, d. 12.

33: Aposta Desesperada

1 Andrew Curtis, *Somerset Maugham*, Londres, 1977 é muito bom sobre o papel de Maugham como espião em Petrogrado, como também o próprio livro de Maugham *Ashenden: Or the British Agent*, Londres, 1928. O livro de Robert Bruce Lockhart, *Memoirs of a British Agent*, Londres, 1932, e *Diaries: Volume 1*, Londres, 1973, são ótimos de ler (se bem que não totalmente confiáveis) sobre espionagem na Rússia entre 1917 e 1921, como também o é o de Robert Service, *Spies and Commissars*, Londres, 2011.

2 A desastrosa ofensiva de junho: Hastings, p. 293–7; Figes, p. 483–6; e Documentos de Budberg, Caixa 1.

34: Os Dias de Julho

1 Lênin insiste em cautela nas manifestações: Nikolai Podvoisky, "Lenin em Outubro". "Feriado" antes dos Dias de Julho: Bonch-Bruevich, p. 72.

2 Descrição dos Dias de Julho: Figes, p. 472–4 e Rabinowitch, *Prelude to Revolution*.

3 "Um pouco mais do que uma manifestação, e muito menos que uma insurreição": Lênin para Trotsky, em Trotsky, *The History of the Russian Revolution*, p. 296.

4 Lênin exige explicações dos planejadores da insurreição: Podvoisky, "Lênin em Outubro".

5 Lênin e Nadya se abraçam e se despedem, testemunhados por Zinoviev, Stasova e Kamenev: Bonch-Bruevich, p. 84.

6 Lênin se esconde na clandestinidade: Trotsky, *On Lenin*. Barbeando-se com a ajuda de Stalin: Service, *Lenin*, p. 272.

35: Em Fuga

1 Escapada de Petrogrado com Zinoviev: Service, *Lenin*, p. 274–6; Bonch-Bruevich, p. 82; e Clark, p. 296–8.

2 Lênin, *O Estado e a Revolução*, CW, vol. 12.

3 Jornada do Golfo da Finlândia até Helsingforss: Shotman, "Lenin nakanune Oktyabrya," p. 24.

4 Escondido no apartamento do chefe de polícia de Helsingfors: Volkogonov, p. 274.

5 Gustav Rovio, "Kak Lenin skryvalsya u gel'sinngforskogo politseimeisteria", em N.L. Meshcheryakov (ed.), *O Lenine: Sbornik vosminanii*, Moscou, 1924.

36: Revolução – Parte II

1 Discurso de Trotsky: relato em Sukhanov, p. 284.

2 Lênin volta a Petrogrado: Margarita Fofanova, "V. I. Lenin na Vyborrgskoi Sytoron vy 1917 godu", in VoVIL (*Vospominaniya o V.I. Lenin*), vol. 4, Moscou, 1989–91.

3 A reunião de 10 de outubro foi recontada por diversas pessoas que estavam lá, mas não por Lênin. O melhor relato foi o de Trotsky, *The History of the Revolution*, p. 291–9, mas o de Zinoviev é vivaz (<www.marxists.org/archive/zinoviev/), e as versões posteriores de Sukhanov, p. 331–5 (sua esposa estava presente), Louis Fischer, p. 345–34, Figes, p. 468–70, e Rabinowitch, *The Bolsheviks Come to Power*, p. 286–90.

4 Discurso de Trotsky no Cirque Moderne: Sukhanov, p. 494. Putilov cita: "O czarismo está morto," Reed, p. 113.

5 "Ninguém quer os bolcheviques": Gippius, p.183.

37: Enfim, o Poder

1 "A revolução não durará": Gippius, p. 175 e Gorky, *Novaya Jizn*, 26 de outubro de 1926. Vladimir Nabokov: citado em Pipes, *The Russian Revolution*, p. 469. Embaixador Francis dos EUA: citado em FRUS, <https://history.state.gov/historicaldocuments/frus1918Russiav01/papers>.

2 Lunacharsky: citado em Figes, p. 492.

3 "A imprensa burguesa é uma arma. Por que deixá-la nas mãos deles?": Lênin para Trotsky, em Trotsky, *On Lenin*, p. 158.

4 Gorky, "Para Lênin, a classe trabalhadora é como o ferro nas mãos de metalúrgico": *NovayaJizn*, 17 de novembro de1917.

5 Plekhanov atacado: Volkogonov, p. 248. Zasulich citada: Jay Bergman, *Vera Zasulich: A Biography*, Stanford, 1983, p. 249.

6 Dispositivo Hughes de comunicações com fio, 26 de outubro: RGASPI f. 201, op. 21, d. 15.

7 Trotsky cita: Trotsky, *My Life*, p. 325, mas também em *The Trotsky Papers 1917–1922*, Vols 1–2, The Hague, 1967–1971: vol. 1, p. 145.

8 Primeiros dias de Trotsky como comissário do Exterior: Trotsky, *My Life*, p. 297.

9 Incursão no Banco Nacional Russo: Richard Pipes (ed.), *The Unknown Lenin: From the Secret Archives*, New Haven e Londres, 1996, p. 86; Louis Fischer, p. 347–9; Alexander Rabinowitch, *The Bolsheviks in Power: The First Year of Soviet Rule in Petrograd*, Bloomington, Ind. 2007, p. 92–4.

38: O Homem no Leme

1 Lênin negligencia sua saúde: Krupskaya, *Reminiscences*, p. 269.

2 Membros do Sovnarkom ainda pensavam que eram conspiradores: Figes, p. 489.

3 Lênin nas reuniões do Sovnarkom e sua pontualidade: Trotsky, *On Lenin*, p. 173–4. Ordens de Lênin à equipe do Smolny: RGASPI f. 301, op. 32, d. 9.

4 Nikolai Gorbunov: Clark, p. 324.

5 Adolph Joffe cita de memórias e diários não publicados: "Kanun Oktyabbrya. Zasedanie v Lesnom", em *Izvestiya Tsetral'nogo Komiteta Kommunisticheskoi Parti Sovetskogo Soyuza* (1989–1991), ou ITsKKPSS, compartimentos de documentos do partido soviético a partir dos anos 1920. Os de Joffe estão no compartimento 4.

6 Lênin cita que "Sverdlov é indispensável": carta para Maria Ulyanova, 19 de abril de 1918, CW, vol. 45, p. 134.

7 Decreto sobre Bibliotecas de Lênin, RGASPI f. 32, op. 3, d. 22.

8 Kamenev e Zinoviev, carta fazendo objeção ao "estado de um só partido": *Izvestia*, 4 de novembro de 1917. Zinoviev desiste: *Izvestia*, 1º de dezembro de1917.

39: A Espada e o Escudo

1 Criação da Cheka e histórico de Dzerjinsky: Rabinowitch, *The Bolsheviks in Power*, p. 104–10. Joszef Piłsudski, cita: *Piłsudski, Memoirs of a Polish Revolutionary and Soldier*, Londres, 1931. Isaac Steinberg, cita: Ulam, p. 297.

2 Apoio de Lênin à Cheka no primeiro aniversário: CW, vol. 26, p. 312; Pipes, *The Unknown Lenin*, p. 87; e Stephen Kotkin, *Stalin, vol. 1: Paradoxes of Power 1878–1928*, Londres, 2014, p. 317.

40: Guerra e Paz

1 Embaixador Francis ao Departamento de Estado, <digital.library.wisc.edu/1711.dl/FRUS.FRUS1917>. Ira dos Aliados com os soviéticos: Figes, p. 501–4; Margaret MacMillan, *Peacemakers: The Paris Peace Conference and its Attempt to End War*, Londres, 2001; e Lieven, *Towards the Flame*, p. 201–9.

2 Lênin deseja que Trotsky retarde as conversações de Brest-Litovsk: Trotsky, *On Lenin*, p. 201. Histórico da Conferência: John Wheeler-Bennett, *Brest-Litovsk: The Forgotten Peace, March 1918*, Londres, 1938. Trotsky pergunta sobre trajes de noites, "Vá de anáguas": *The Trotsky Papers*, vol. 1. Lênin forçando o Tratado para aprovação no Partido Comunista: um bom histórico pode ser encontrado em Figes, p. 573–5 e Rabinowitch, *The Bolsheviks Come to Power*, p. 303–4 e p. 109–18. Efeito sobre Lênin: Krupskaya, *Reminiscences*, p. 242–3.

41: Estado de Partido Único

1 Lênin para o Soviete de Petrogrado, 17 de novembro de 1917, CW, vol. 23, p. 217.

2 Lênin deseja cancelar as eleições: Rabinowitch, *The Bolsheviks in Power*, p. 186 e Trotsky, *On Lenin*, p. 199. Banindo os Kadets como "inimigos do povo": RGASPI f. 11, op. 6, d. 23.

3 Lindhagen cita para Trotsky: *The Trotsky Papers*, vol. 1, p. 188. Lenin conhece repórter americano na Assembleia: Rhys Williams, p. 253.

4 Assembleia fechada: Richard Pipes, *Russia Under Bolshevik Regime 1919-1924*, Londres, 1944, p. 97-100. Justifica o fechamento: Trotsky, *On Lenin*, p. 204.

5 Assassinato de ministros Kadets: Isaac Steinberg, *In the Workshop of the Revolution*, Nova York, 1955, p. 97, e Ulam, p. 374. Assassinos são libertados: Rabinowitch, *The Bolsheviks in Power*, p. 218. "Uma guerra contra os ricos": *Pravda*, 8 de dezembro de 1917, CW, vol. 24, p. 163.

6 "Que haja sangue", exortação de Lênin no 4º Congresso dos Sovietes de Todos os Russos, 16 de março de 1918, CW, vol. 26, p. 98–102; Para Isaac Steinberg, "Não [podemos] ser vitoriosos (...) sem (...) terror": Steinberg, p. 175.

7 Mudança para Moscou: Figes, p. 564–5; Arthur Ransome, *Six Weeks in Russia in 1919*, Londres, 1919; e Zinoviev no *Pravda*, 13 de março de 1918. Lênin se queixa sobre reformas no seu apartamento do Kremlin: RGASPI f. 168, op. 10, d. 24.

42: Batalha pelo Grão

1 Fome em Petrogrado, Gorky cita: Torvah Yedlin, *Maxim Gorky: A Political Biography*, Westport, Conn., 1999 e Emma Goldman, *Living My Life*, Londres, 1932, p. 239. Alguns amigos "irreconhecíveis": Gippius, p. 225.

2 Artigos de Lênin "Batalha por Grãos": *Pravda*, 11 de junho de 1918; "A Pátria-Mãe Socialista em Perigo": *Pravda*, 21 de fevereiro de 1918.

3 Brigadas de confisco: Pipes, *Russia Under the Bolshevik Regime*, p. 189-92; Figes p. 583-5; e Rabinowitch, *The Bolsheviks in Power*, p. 208. Ordem de Lênin para "enforcar 100 *kulaks* na província de Penza": RGASPI f. 14, op. 17, d. 19. Stalin diz a Lênin que "nossas mãos não tremerão": Kotkin, p. 297.

4 Histórico de Maria Spiridonova: Isaac Steinberg, *Maria Spiridonova: Revolutionary Terrorist*, Londres, 1935.

5 Rebelião dos Socialistas-Revolucionários da "Esquerda": *The Trotsky Papers*, vol. 1, p. 298–301; Steinberg, *Maria Spiridonova*, p. 195–7; Rabinowitch, *The Bolsheviks in Power*, p. 251–4; e Louis Fischer, p. 398–401.

43: Regicidda

1 Lênin decide sobre a execução em 12 de julho com Sverdlov: Sebag Montefiore, *The Romanovs*, p. 527, e Volkogonov, p. 328–30. Reunião do Sovnarkom com o anúncio dos assassinatos, 18 de julho de 1918: RGASPI f. 177, op. 9, d. 13. Trotsky para Sverdlov: Trotsky, *On Lenin*, p. 203.

2 Histórico de Goloshchekin; e o Soviete de Ekaterinburg: Sebag Montefiore, *The Romanovs*, p. 571–3; Helen Rappaport, *Ekaterinburg: The Last Days of the Romanovs*, Londres, 2008, p. 276–8; e Pipes, *Russia Under the Bolshevik Regime*, p. 294–6.

3 Histórico de Yurovsky: Sebag Montefiore, *The Romanovs*, p. 530–2; Rappaport, *Ekaterinburg*, p. 280–2; Radzinksy, p. 387–90. Execução descrita: Sebag Montefiore, *The Romanovs*, p. 530–3. Yurovsky, cita: Rappaport, p. 283–4.

4 Bruce Lockhart, *Memoirs of a British Agent*, p. 296. Kokovtsov cita: Pipes, *Rus: Under the Bolshevik Regime*, p. 301.

44: As Balas dos Assassinos

1 Assassinato de Uritsky: Rabinowitch, *The Bolsheviks in Power*, p. 296. Lênin para Trotsky, "aplicando o modelo da Revolução Francesa": RGASPI f. 377, op. 10, d. 16.

2 Lênin baleado: Service, *Lenin*, p. 388–9; Bonch-Bruevich, p. 266; Professor Vladimir Rozanov (ed.), "Iz vospominaniya a Vladimire Ilyiche," em *Po Vospominayam perepeske i dokumentam*, Moscou, 1935; e Krupskaya, *Reminiscences*, p. 274. Carta de Inessa para sua filha Inna: citada em Pearson, *Inessa*, p. 198.

3 Histórico de Fanny Kaplan: Volkogonov, p. 237–8, e Service, *Lenin*. Prisão e interrogatório: Arquivos do Presidente da Federação Russa (APRF) f. 9, op. 21, d. 170.

4 Execução de Kaplan: Pavel Malkov, *Zapiski komendata Kremlyna*, Moscou, 1987.

5 Lançamento do Terror Vermelho, declaração de Sverdlov sobre a tentativa de assassinato: RGASPI f. 678, op. 11, d. 17; Rabinowitch, *The Bolsheviks in Power*, p. 21. Execuções em Petrogrado: *Pravda*, 2 de setembro de 1918; Stalin para Sverdlov, RGASPI f. 19, op. 11, d. 19. Agentes da Cheka baleiam um palhaço da dupla "Bim-Bom": Figes, p. 567. Discurso de Zinoviev sobre o Culto a Lênin, "Lênin, líder pela graça de Deus": *Pravda*, 5 setembro de 1917.

6 Fotos e filme sobre Lênin: Bonch-Bruevich, p. 193. Krasin para sua esposa, citado em Louis Fischer, p. 307.

45: Vida Simples

1 Apartamento de Lênin no Kremlin: Krupskaya, *Reminiscences*, p. 297 e Clara Zetkin, *Reminiscences of Lenin*, <www.marxists.org/archive/zetkin/1924/reminiscences-of-Lenin.htm>.

2 Dacha em Gorky: Krupskaya, *Reminiscences*, p. 291. Spiridon Putin foi cozinheiro de Lênin: Kotkin, p. 413.

3 Privilégios dos servidores do partido: Louis Fischer, p. 398. Justificativa de Lênin: RGASPI f 14, op. 9, d. 23.

4 Stalin se recusa a investigar o estilo luxuoso de vida de Zinoviev: Kotkin, p. 354.

5 Joffe deprimido com a corrupção: carta a Trotsky, 19 de setembro 1919, *The Trotsky Papers*, vol. 1, p. 276.

6 Escritório de Lênin: visita pessoal do autor, maio de 1987. Hábitos de trabalho: Lidia Fotieva, *Pages from Lenin's Life*, Moscou, 1960, p. 45–8. Lênin adorava rir: Gorky, *Days with Lenin*, p. 58. Lênin vestido com traje típico nacional de Bukhara: Fotieva, p. 63.

7 Ordens de Lênin para Lunacharsky colocar bustos em locais públicos: RGASPI f. 637, op. 10, d. 7. Perde a calma em reunião do Sovnarkom sobre o busto de Marx: Ulam, p. 388. Repreende o administrador do Kremlin sobre a manutenção de elevador: APRF

f. 13, op. 7, d. 13. Perde tempo com trivialidades: Trotsky, *On Lenin*, p. 173. Excursões de caça com Krylenko, "a raposa era muito bonita para receber tiro": Louis Fischer, p. 397. Caçando com Rudzutak: Ralph Carter Elwood, *The Non-Geometric Lenin: Essays on the Development of the Bolshevik Party 1910–1914*, Nova York, 2011.

8 Idas ao teatro: Krupskaya, *Reminiscences*, p. 301–3. Lunacharsky diz que Lênin é um filisteu quanto às artes: Lunacharsky, *Revolutionary Silhouettes*, <www.marxistsfr.org/archive/lunachar/works/silhouet/index.htm>. Admite para Zetkin que é um "bárbaro": Zetkin, p. 62.

9 Lênin sobre Tolstoy: "Lev Tolstoy como Espelho da Revolução Russa", CW, vol. 1908, p. 103–8. Sobre Dostoyevsky para Valentinov, p. 232. Detesta Mayakovsky e deseja que suas obras sejam publicadas em pequenas tiragens: RGASPI f. 19, op. 11, d. 21.

46: Vermelhos e Brancos

1 Brancos, "o último sonho do Velho Mundo": Marina Tsvetayeva (ed. Jamey Gambrell), *Earthly Signs: Moscow Diaries, 1917–1921*, Londres e New Haven, 2002. "A psicologia de velho regime dos Brancos": Pyotr Struve, *The End Results and the Essence of the Communist Enterprise*, Paris 1921, CW, vol. 11.

2 Trotsky como comandante do Exército Vermelho: Pipes, *Russia Under the Bolshevik Regime*, p. 178–81; Robert Service, *Trotsky: A Biography*, Londres, 2009, p. 285–91; e Evan Mawdsley, *The Russian Civil War*, Edimburgo, 2008. Trotsky recruta oficiais czaristas: Figes, p. 513–15 e Gippius, p. 135. Fazendo oficiais czaristas de reféns: Ordem nº 30, RGASPI f. 24, op. 8, d. 12. Lênin apoia Trotsky: RGASPI f. 17, op. 8 1, d. 18.

3 Estratégia e líderes dos Brancos: Mawdsley, p. 73–80; Pipes, *Russia Under the Bolshevik Regime*, p. 179–88; Anton Denikin, *The Russian Turmoil*, Berlim, 1922; e Alexander Kerensky, *The Kerensky Memoirs*, Nova York, 1965, p. 297–301

4 Ajuda do Ocidente aos Brancos: Mawdsley, p. 186–92; Debate no Gabinete britânico sobre a assistência aos Brancos: Figes, p. 597, e David Lloyd George, *War Diaries*, Londres, 1938; secretário americano de Estado: cita do FRUS 1918, Rússia, Capítulo 13, <digital.library.wisc.edu/1711.dl/FRUS.FRUS1918>

5 Telegramas de guerra de Lênin para Trotsky, Simbirsk: RGASPI f. 567, op. 13, d. 9; para líderes do partido, Saratov: RGASPI f. 16, op. 9 1, d. 21; para Baku: RGASPI f. 16, op. 9 1, d. 10. Ordens para a feitura de reféns: Pipes, *The Unknown Lenin*, p. 44–5 e documento 20 do RGASPI f. 16, op. 9 1, d. 18.

6 Rivalidade entre Trotsky e Stalin, que vê Kollontai com seu amante Dybenko: citada em Sebag Montefiore, *The Young Stalin*, p. 319. Stalin deseja Trotsky demitido da função de comandante do Exército Vermelho: RGASPI f. 18, op. 6 1, d. 17. Trotsky exige que Stalin seja chamado de Tsaritsyn: *The Trotsky Papers*, vol. 1, p. 399. Lênin precisa de ambos: Kotkin, p. 376.

7 Atrocidades dos Brancos: Kerensky, p. 347. Wrangel cita: Peter Wrangel, *Always with Honour*, Nova York, 1957.

8 Pogroms dos Brancos: Figes, p. 638–44 e Volkogonov, p. 337–41. Pogroms dos Vermelhos: Volkogonov, p. 242. Relatórios dos Vermelhos para Lênin: RGASPI f. 15, op. 9 1, d. 12. Gravação para gramofone de Lênin, "Sobre Pogroms" e "A Perseguição dos Judeus": CW, vol. 40, p. 287–9.

9 Ingleses usam armas químicas contra os Vermelhos: Milton, p. 186–8 e Mawdsley, p. 157–8. Lloyd George pede a Churchill que se acalme quanto à Rússia: Louis Fischer, p. 398. Iniciativa de paz de Woodrow Wilson: William Bullitt, *The Bullitt Mission to Russia*, Nova York, 1919 e Figes, p. 609–10. "Por que os Brancos perderam": Gippius, p. 188.

47: Funeral em Moscou

1 Lênin tomado pela emoção no funeral de Inessa: Alexandra Kollontai, citado em Body, p. 34, e Balabanova, p. 135.

2 Cartas de Lênin para Inessa antes da doença terminal dela: RGASPI f. 127. Carta para Inès, "entregue a carta pessoalmente a VI": citado em Bardawil. Última carta de Inessa para Lênin: RGASPI f. 127, op. 13, d. 19.

3 Última jornada de Inessa ao Cáucaso: Lênin para Ordjonikidze, RGASPI f. 127, op. 13 d. 12. Diário de Inessa sobre sua doença: RGASPI f. 127, op. 6, d. 12. Detalhes da enfermidade: Polina Vinogradskaya, *Sobytiya i pamiatnye vstrechi*, Moscou, 1926.

4 Os Lênins como guardiões oficiosos das filhas de Inessa: Varvara Armand, "Jivaya nit", *Novyi Mir*, Nº. 4, 1967; Polina Vinogradskaya, em Nadejda Krupskaya (ed.), *Pamyati Inessy Armand*, Moscou, 1926; Pearson, *Inessa Armand*, p. 213–15. Afeição de Nadya por Inessa: McNeal, p. 202. Grigory Kotov, em Kollontai, *Pamyati Inessy Armand*, p. 36.

48: A "Internationale"

1 Clara Zetkin, "sua face encolheu": Zetkin, p. 16.

2 Criação do Comintern: relatório do primeiro Congresso do Comintern, APRF f. 23; Pipes, *The Unknown Lenin*, p. 127–33; e Volkogonov, p. 219–21.

3 Guerra contra a Polônia, histórico: Service, *Lenin*, p. 390–3; Figes, p. 623–5; e Volkogonov, p. 228–31. Lênin admite a derrota no 10º Congresso do Partido Comunista, 9 de março de 1921: CW, vol. 38, p. 239–42. Explica para Clara Zetkin: Zetkin, p. 28. Balabanova, primeira secretária do Comintern, "gaste milhões": Balabanova, p. 164. Lênin aprova enorme quantia para fomentar o comunismo no Afganistão: Volkogonov, p. 391–7 e APRF f. 27, op. 3, d. 9; na Coreia: APRF f. 27, op. 4, d. 8; na Finlândia: APRF f. 27, op. 4, d. 10. Aprova dinheiro para John Reed: Arquivo Especial Estatal Central, TsGOA f. 4, d. 13.

49: Rebeldes no Mar e em Terra

1 Rebelião de Kronstadt, histórico: Louis Fischer, p. 415–16; Emma Goldman, *My Disillusionment in Russia*, Londres, 1925, p. 146–9; Pipes, *Russia Under the Bolshevik Regime*, p. 213–16. Trotsky recebe ordem para suprimir a revolta: *The Trotsky Papers*, vol. 2, p. 57–60.

2 Último apelo de Petrichenko para Trotsky, 4 de março de 1921, *Kronstadt Izvestia* e para Emma Goldman, p. 151. Tukachevsky, "não foi uma batalha, foi um inferno": Arquivo Estatal Militar Russo, TsGASA f. 339986, op. 3, d. 56.

3 Cheka matou suspeito por acidente: citado em Figes, p. 635. Lênin para Gorky, "eles são boas pessoas (...) por isso suas casas precisam ser revistadas": Yedlin, p. 218. Lênin, "ditadura significa uso da força, não da lei!" para Zinoviev: RGASPI f. 16, op. 9, d 12.

4 Gorky salva dissidentes da prisão, Lênin solta Ivan Volny, 12 de abril de 1919: RGASPI f. 18, op. 12, d. 34; pede a Lênin a libertação da secretária de Blok, março de 1920: RGASPI f. 19, op. 8, d. 13. Ordena Dzerjinsky a investigar o caso da atriz Nadejda Nikulia: RGASPI f. 19, op. 9, d. 114.

5 Fome no Volga, histórico: Pipes, *Russia Under the Bolshevik Regime*, p. 386–90 e relatório de Henry Fisher sobre a Administração Americana de Assistência (ARA) na Rússia, Arquivos da ARA, Fundação Hoover, Stanford, Califórnia. Lênin ordena Molotov para espionar os servidores de Hoover da ARA: APRF f. 20, op. 11, d. 9.

6 Revolta de Tambov: Volkogonov, p. 345–7, e Pipes, *Russia Und the Bolshevik Regime*, p. 281–3. Tukachevsky emprega armas químicas e incendeia vilarejos: TsGASA f. 339727, op. 2, d. 13.

7 Campanha de Lênin contra a Igreja, histórico: Pipes, *The Unknown*

Lenin, p. 119–23; Volkogonov, p. 387–92; e Figes, p. 624–7. Patriarca Tikhon excomunga bolcheviques: citado em Pipes, *Russia Under the Bolshevik Regime*. Nota de Lênin para o Comitê Central, "podemos esmagar a Igreja": Volkogonov, p. 381–3.

8 Milhões confiscados da Igreja: APRF f. 18, op. 9, d. 11.

50: Prenúncios de Mortalidade

1 Lênin vinha sendo considerado "com saúde robusta": Trotsky, *On Lenin*, p. 201.

2 "Não estou me sentindo bem": carta para Zetkin, CW, vol. 45, p. 167. Solicitação em julho aos colegas para sair em licença para descanso: RGASPI f. 11, op. 7, d. 9; novamente em dezembro: RGASPI f. 11, op. 9, d. 4. Diz aos médicos para removerem uma das balas de seu corpo deixadas pela tentativa de assassinato perpetrada por Kaplan: Rozanov, p. 3.

3 "Lênin sempre usou a mesma gravata": Simon Liberman, citado em Clark, p. 398. A escultora Clare Sheridan faz um busto de Lênin: Sheridan, *Russian Portraits*, Londres, 1921.

51: Revolução – de Novo

1 Bukharin explica a NEP, "Estamos fazendo concessões econômicas para evitar termos de fazer políticas": APRF f. 12, op. 6, d. 9.

2 Lênin defende a NEP no Comitê Central do Partido, 12 de junho de 1921: CW, vol. 45, p. 238. Discurso no 10º Congresso do Partido, 16 de março de 1921: CW, vol. 45, p. 217.

3 Campanha contra a burocracia, "Deveríamos ser enforcados por criar toda essa burocracia": citado em Louis Fischer, p. 498.

52: A Última Batalha

1 Maria Ulyanova sobre o derrame de Lênin: Maria Ulyanova, *Olerine i sem'ye Ulyanovikh*, RGASPI f. 16, op. 3, d. 6.

2 Lênin queria suicidar-se e "morrer como os Lafargues": *ibid.* Stalin visita Lênin e diz que lhe dará cianeto "caso se torne necessário": Kotkin, p. 313.

3 Ainda dava ordens à Cheka: RGASPI f. 13, op. 9, d. 7; e ao comissário da Justiça sobre o novo Código Penal: RGASPI f. 13, op. 8, d. 13.

4 Não foi como o velho Lênin fazendo discursos: Comunistas Franceses, citado em Clark, p 493.

5 Stalin se recusa a lhe dar veneno, "Não tenho força": Kotkin, p. 315.

6 "Testamento Final" de Lênin, histórico: Service, *Lenin*, p. 450–2; Fotieva, VoVIL vol. 8, p. 180–90; e Volkogonov, p. 390–5.

7 Última briga de Lênin com Stalin: Kotkin, p. 320–2; Krupskaya, carta para Kamenev: RGASPI f. 12, op. 3, d. 9; mensagem de Lênin para Stalin: RGASPI f. 12, op. 3, d. 11; resposta de Stalin: RGASPI f. 12, op. 3, d. 12. Derrame de março de 1923 e a citação do professor Kramer: Moshe Lewin, *Lenin's Last Struggle*, Nova York, 1967.

8 Carta de Nadya para Zetkin: RGASPI f. 12, op. 9, d. 1; Nadya para Inna Armand, 23 de maio de 1923: RGASPI f. 12, op. 9, d. 11; carta de 2 de setembro: RGASPI f. 12, op.9, d. 13. Gora visita o tio: registrado em RGASPI f. 13, op. 11, d. 17. Visita do artista Yuri Annenkov: citada por Volkogonov, p. 374.

9 Último dia de Lênin lembrado: Bukharin, *Pravda*, 30 de janeiro de 1924; descrição da morte, Krupskaya, *Reminiscences*, p. 301–2.

53: "Uma Explosão de Ruídos"

1 "Inquestionável pesar pela morte de Lênin": Valentinov, p. 288.

2 Descrição do funeral: Walter Duranty, *New York Times*, 28 de janeiro de 1924; Bukharin *Pravda*, 29 de janeiro de 1924; Balabanova, p. 215; Lunacharsky, <www.marxists.org/archive/lunachar>.

54: Lênin Vive

1 Comissão do Funeral ordena embalsamento do corpo para quarenta dias: RGASPI f. 17, op. 9 d. 13. Djerjinsky, "Se a ciência pode preservar o corpo humano": minutas do Politburo, 25 de janeiro de 1924, RGASPI f. 17, op. 17, op 8, d. 13. Trotsky é contra o embalsamento: *The Trotsky Papers*, vol. 2, p. 59. Carta de Nadya para Inna Armand: RGASPI f. 12, op. 13, d. 18.

2 A *troika* garante o "enterro" do Testamento de Lênin no Politburo: RGASPI f. 17, op. 11, d. 13; e no Conselho dos Anciãos: RGASPI f. 17, op. 11, d. 16 e Kotkin, p. 424–6. Discurso de Zinoviev no Comitê Central, "Cada palavra de Ilyich é lei para nós": RGASPI f. 17, op. 12, d. 116.

3 Lunacharsky sobre a forma do crânio de Lênin: *Pravda*, 3 de setembro de 1918. Estudos feitos pelo Instituto do Cérebro: Volkogonov, p. 400–2; relatórios *post-mortem*: Rozanov, p. 23; Service, *Lenin*, p. 463; e Louis Fischer, p. 483.

4 A Comissão de Imortalização e o embalsamento de Lênin: Volkogonov, p. 406–10; Ilya Zbarsky e Samuel Hutchinson, *Lenin's Em-*

balmers, Londres, 1998; Service, *Lenin*, p. 453–4; e John Gray, *The Immortalisation Commission*, Londres, 2010.

BIBLIOGRAFIA

Abraham, Richard, *Alexander Kerensky: The First Love of the Revolution,* Londres, 1997

Alliluyev, Sergei, *Moyi vospominaniya, Krasnaya letopis,* Moscou, 1923

Armand, Varvara, *"Jivaya nit", Novy Mir, nº* 4, 1967

Arquivo Estatal Russo de História Política e Social (RGASPI), Moscou

Arquivo Estatal Russo Militar (TsGASA), Moscou

Arquivo Marxista na Internet, www.marxists.org

Arquivos do Presidente da Federação Russa (APRF), Moscou

Ascher, Abraham, *P.A. Stolypin: The Search for Stability in Late Imperial Russia,* Stanford, 2001

Ascher, Abraham, *The Revolution of 1905,* Londres, 1988

Baedeker, Karl, *Baedeker's Russia*, Londres, 1914

Bagoczki, Sergiusz, *"V.I. Lenin v Krakove i Poronine"*, em VoVIL, Vol. 1, pp. 438–56

Balabanova, Angelica, *Impressions of Lenin,* Ann Arbor, 1964

Bardawil, Georges, *Inès Armand,* Paris, 1993

Baron, Samuel, *Plekhanov: The Father of Russian Marxism,* Stanford, 1963

Beer, Daniel, *The House of the Dead: Siberian Exile under the Tsars,* Londres, 2016

Bernov, Y. e Manusevich, A., *Lenin v Krakove,* Moscou, 1972

Biblioteca Estatal Russa (Biblioteca Lênin), Moscou

Biblioteca Estatal Russa de Literatura e Artes (RGALI), Moscou

Blackstock, Paul e Hoselitz, Bert (eds), *The Russian Menace to Europe, Karl Marx and Friedrich Engels: A collection of articles, speeches, letters and news dispatches,* Londres, 1953

Bobrovskaya, Cecilia, *Twenty Years in Underground Russia*, San Francisco, 1934

Body, Marcel, "Alexandra Kollontai", *Preuves, nº* 14, April 1952, pp. 12–24

Bonch-Bruevich, Vladimir, *Izbrannye Sochineniya,* Moscou, 1934

Bonch-Bruevich, Vladimir, *Vospomonaniya o Lenine,* Moscou, 1985

Brien, Alan, *Lenin: The Novel,* Londres, 1987

Brogan, Hugh (ed.), *Signalling from Mars: The Letters of Arthur Ransome,* Londres, 1998

Bryant, Louise, *Six Red Months in Russia,* Nova York, 1918

Buchanan, Meriel, *Ambassador's Daughter,* Londres, 1958

Bukharin, Nikolai, *The ABC of Communism,* Ann Arbor, 1966

Bukharin, Nikolai, *How It All Began,* Nova York, 1998

Buchanan, Sir George, *My Mission to Russia and Other Diplomatic Memories,* Londres, 1923

Carr, E.H., *The Bolshevik Revolution* (3 vols), Londres, 1950
Carrère d'Encausse, Hélène, *Lenin*, Nova York, 2001
Chernyshevsky, Nikolai, *Chto delat?*, São Petersburgo, 1863, em inglês como trad. de Beraha, Laura, *What Is To Be Done?*, Londres, 1983
Churchill, Sir Winston, *The World Crisis, Vol. 2: The Aftermath*, Londres, 1929
Clark, Ronald W., *Lenin: The Man Behind the Mask*, Londres, 1988
Clements, Barbara, *Bolshevik Women*, Cambridge, 1997
Conquest, Robert, *Between Mars and Venus*, Londres, 1962
Conquest, Robert, *The Great Terror*, Londres, 1973
Conquest, Robert, *Tyrants and Typewriters*, Londres, 1989
Dan, L.O., *Iz Arkhiva Dan*, Amsterdã, 1957
Deutscher, Isaac, *Lenin's Childhood*, Londres, 1970
Deutscher, Isaac, *The Prophet Armed: Trotsky 1879–1921*, Nova York, 1954
Deutscher, Isaac, *The Prophet Unarmed: Trotsky 1921–1929*, Nova York, 1959
Deutscher, Tamara, *Not By Politics Alone: The Other Lenin*, Londres, 1973
Ehrenburg, Ilya, *People and Life: Memoirs of 1891–1917*, Londres, 1961
Elwood, Ralph Carter, *Inessa Armand: Revolutionary and Feminist*, Cambridge, 1992
Elwood, Ralph Carter, *The Non-Geometric Lenin: Essays on the Development of the Bolshevik Party 1910–1914*, Nova York, 2011
Engel, Barbara Alpen e Rosenthal, Clifford, *Five Sisters: Women against the Tsar*, Londres, 2013
Essen, Maria, "*Vstrechi s Leninym*", em VoVIL, Vol. 1, pp. 244–62
Felshtinsky, Yuri, *Lenin and His Comrades: The Bolsheviks Take Over Russia 1917–1924*, Nova York, 2010
Figes, Orlando, *A People's Tragedy: The Russian Revolution 1891–1924*, Londres, 1996
Fischer, Ben, *Okhrana: The Paris Operations of the Russian Imperial Police*, Washington D.C., Centro de Estudos de Inteligência, 1997
Fischer, Louis, *The Life and Death of Stalin*, Londres, 1953
Fischer, Louis, *The Life of Lenin*, Londres, 1965
Fomicheva, L., *N.K. Krupskaya: Jizn' I deyatelnost' v fotografiyakh i dokumentakh*, Moscou, 1988
Fotieva, Lidia, *Pages from Lenin's Life*, Moscou, 1960
Francis, David, *Russia from the American Embassy*, Nova York, 1921
Fréville, Jean, *Une grande figure de la révolution russe: Inessa Armand*, Paris, 1957
Fréville, Jean, *Lénine à Paris*, Paris, 1968
Ganecki, Yakub (von Vurstenberg), "*V. Lenin*", *Voprosy istorii*, No. 3, Moscou, 1970, pag. 92–101

Geifman, Anna (ed.), *Russia Under the Last Tsar: Opposition and Subversion, 1894–1917*, Oxford, 1999

Geifman, Anna, *Thou Shalt Kill: Revolutionary Terrorism in Russia, 1894–1917*, Princeton, 1993

Getzler, Israel, *Martov: A Political Biography of a Russian Social Democrat*, Cambridge, 1967

Getzler, Israel, *Nikolai Sukhanov: Chronicler of the Russian Revolution*, Cambridge, 2011

Gil', Stepan, *Shest'lets V. I. Leninym: vospominaniya*, Moscou, 1957

Gippius, Zinaida, *Peterburgskie dnevniki 1914–1919*, Nova York, 1982

Goldman, Emma, *Living My Life*, Londres, 1932

Goldman, Emma, *My Disillusionment in Russia*, Londres, 1925

Golikov, Georgy, *V. I. Lenin: Biograficheskaya Khronika, 1870–1924* (12 vols), Moscou, 1970–1982

Golikov, Georgy, *Vospominaniya o V. I. Lenine* (5 vols), Moscou, 1968–1970

Gorky, Maxim, *My Days with Lenin*, Londres, 1933

Hasegawa, Tsuyoshi, *The February Revolution of Petrograd, 1917*, Londres, 1981

Hastings, Max, *Catastrophe: Europe Goes to War 1914*, Londres, 2013

Henderson, Robert, "Lenin and the British Museum Library", Solanus, Vol. 4, Londres, 1990, pp. 3–15

Hillyar, Anna e McDermid, Jane, *Revolutionary Women in Russia, 1870–1917*, Londres, 2000

Hoffman, Max, *War Diaries and Other Papers*, Londres, 1929

Holroyd-Doveton, John, *Maxim Litvinov: A Biography*, Londres, 2013

Ivansky, A.I. (ed.), *Comet in the Night: The Story of Alexander Ulyanov's Heroic Life and Tragic Death as Told by his Contemporaries*, Honolulu, 2004

Joffe, Nadejda A., *Back in Time: My Life, My Fate, My Epoch*, Oak Park, Mich., 1995

Kamenev, Lev, *Mejdu dvumya revolyutsiyami; sbornik statey*, Moscou, 1923

Kennan, George, "The Sisson Documents", *The Journal of Modern History*, Vol. 28, *nº* 2, junho de 1956, pag. 130–54

Kennan, George, *Russia and the West Under Lenin and Stalin*, Boston, 1961

Kerensky, Alexander, *The Crucifixion of Liberty*, Nova York, 1934

Kerensky, Alexander, *The Kerensky Memoirs: Russia and History's Turning Point*, Nova York, 1965

Knox, Major-General Sir Alfred, *With the Russian Army 1914–1917*, Londres, 1921

Kollontai, Alexandra, *A Great Love* (trad. Porter, Cathy), Londres, 1981

Kollontai, Alexandra, *Love of Worker Bees*, Londres, 1971

Kotkin, Stephen, *Stalin, Vol. 1: Paradoxes of Power 1878–1928,* Londres, 2014

Krupskaya, Nadejda, "*O Vladimire Ilyich*", em VoVIL, Vol. 2, Moscou, 1975
Krupskaya, Nadejda, *Reminiscences of Lenin*, Nova York, 1970
Krjijanovsky, Gleb, "*O Vladimir Il'iche*", em VoVIL, Vol. 2, Moscou, 1924
Lenin, Vladimir Ilyich, *Biograficheskaya khronika* (12 vols), Moscou, 1970–1982
Lenin, Vladimir Ilyich, *Collected Works*, (45 vols) (em inglês), Moscou, 1963–1970
Lenin, Vladimir Ilyich, *Neizvestnye Dokumenty 1891–1922* (ed. Amiantov, Yuri), Moscou, 1999
Lepeshinskaya, Olga, *Vstrechi s Ilyichem*, Moscou, 1966
Lepeshinsky, Panteleimon, *Na povorot: ot kontsa 80-kh godov k 1905*, Moscou, 1922
Liebman, Marcel, *Leninism under Lenin*, Londres, 1975
Lieven, Dominic, *Nicholas II: Emperor of all the Russias*, Londres, 1993
Lieven, Dominic, *Russia's Rulers Under the Old Regime*, Londres, 1989
Lieven, Dominic, *Towards the Flame: Empire, War and the end of Tsarist Russia*, Londres, 2015
Lih, Lars, *Lenin*, Londres, 2011
Lilina, Zina (Zinovieva), "Tov: Lenin edet v Rossiyu", *Leningradskaya Pravda*, 16 de abril de 1924
Lunacharsky, Anatoly, *Revolutionary Silhouettes*, Nova York, 1968
Lyadov, M., *Iz jijni partii, Vospominaniya*, Moscou, 1926
Maisky, Ivan, *Journey Into the Past*, Londres, 1960
Marcu, Valeriu, "Lenin in Zurich: a Memoir", *em Foreign Affairs*, abril de 1943
Mayakovsky, Vladimir, *And Other Poems*, Londres, 2016
McMeekin, Sean, *History's Greatest Heist: The Looting of Russia by the Bolsheviks*, Nova York, 2009
McMeekin, Sean, *July 1914: Countdown to War*, Londres, 2014
McMeekin, Sean, *The Russian Origins of the First World War*, Cambridge, Mass., 2011
McNeal, Robert, *Bride of the Revolution: Krupskaya and Lenin*, Londres, 1973
Medvedev, Roy, *Let History Judge: The Origins and Consequences of Stalinism*, Londres, 1972
Mel'nichenko, Vladimir, *Ya tebya ochen' lyubila: Pravda o Lenine i Armand*, Moscou, 2002
Merridale, Catherine, *Lenin on the Train*, Londres, 2016
Mikhailov, I K., "*Vospominaniya o V. I. Lenin*", em VoVIL, Vol. 3, Moscou, 1960, pp. 130–41
Milton, Giles, *Russian Roulette: How British Spies Thwarted Lenin's Global Plot*, Londres, 2013

Milyukov, Pavel, *The Russian Revolution*, Nova York, 1978
Muravyova, L. e Sivolap-Kaftanova, L., *Lenin in Londres: Memorial Places*, Moscou, 1983
N.L. Meshcheryakov (ed.), *Po Vospominayam perepeske i dokumentam*, Moscou, 1935
Novikov, V., *Lenin i deyatel'nost' iskrovskikh grupp v Rossii 1900–1903*, Moscou, 1978
Ossendowski, Ferdinand, *Lenin: God of the Godless*, Londres, 1931
Payne, Robert, *The Life and Death of Lenin*, Nova York, 1965
Pearson, Michael, *Inessa: Lenin's Mistress*, Londres, 2001
Pearson, Michael, *The Sealed Train*, Londres, 1975
Pianzola, Maurice, *Lenine en Suisse*, Genebra, 1965
Piłsudski, Joseph, *The Memoirs of a Polish Revolutionary and Soldier*, Londres, 1931
Pipes, Richard (ed.), *The Unknown Lenin: From the Secret Archives*, Londres e New Haven, 1996
Pipes, Richard, *Russia Under the Bolshevik Regime 1919–1924*, Londres, 1994
Pipes, Richard, *The Russian Revolution 1899–1919*, Londres, 1990
Platten, Fritz, *Lenin iz emigratsii v Rossiyu*, Moscou, 1925
Podvoisky, Nikolai, "V. I. Lenin v 1917 godu", em VoVIL, Vol. 4, Moscou, 1960
Pomper, Philip, *Lenin's Brother: The Origins of the October Revolution*, Nova York, 2010
Porter, Cathy, *Alexandra Kollontai: A Biography*, Londres, 2014
Possony, Stefan, *Lenin: The Compulsory Revolutionary*, Londres, 1966
Potresov, Alexander (ed. Nikolayevsky, B.), *Posmertny sbornik proizvedeniya*, Paris, 1937
Rabinowitch, Alexander, *Prelude to Revolution: The Petrograd Bolsheviks and the July 1917 Uprising*, Bloomington, Ind., 1968
Rabinowitch, Alexander, *The Bolsheviks Come to Power: The Revolution of 1917 in Petrograd*, Londres, 1979
Rabinowitch, Alexander, *The Bolsheviks in Power: The First Year of Soviet Rule in Petrograd*, Bloomington, Ind., 2007
Radek, Karl, "*Lenin's 'Sealed Train'*", New York Times, 19 de fevereiro de 1922
Radek, Karl, *'V plombirovannom vagone'*, *Pravda*, 20 April 1924
Radek, Karl, *Portrety i pamflety* (2 vols), Moscou, 1927
Rakhia, Eino, "Moyi vospominaniya o Vladimir Ilyich", *Pravda*, 21 de janeiro de 1927
Ransome, Arthur, *Six Weeks in Russia in 1919*, Londres, 1919
Ransome, Arthur, *The Autobiography of Arthur Ransome*, Londres, 1976
Rappaport, Helen, *Conspirator: Lenin in Exile: The Making of a Revolutionary*, Londres, 2009

Rappaport, Helen, *Ekaterinburg: Last Days of the Romanovs*, Londres, 2008
Rappoport, Charles, "Lénine à Paris", *em Russie d'aujourd'hui*, nº 70, janeiro de 1938
Raskolnikov, Fyodor, "Priezd tov. Lenina v Rossiyu", *Proletarskaya revolutyutsiya, nº* 10, 1923, pag. 220–26
Reed, John, *Ten Days That Shook the World*, Nova York, 1919
Rothstein, Andrew, *Lenin in Britain*, Londres, 1970
Rozanov, Vladimir, "Iz vospominaniya o Vladimire Ilyiche", em N.L. Meshcheryakov (ed.), *Po Vospominayam perepeske i dokumentam*, Moscou, 1935
Russell, Bertrand, *The Practice and Theory of Bolshevism*, Londres, 1920
Salisbury, Harrison, *Black Night, White Snow: Russia's Revolutions 1905–1917*, Nova York, 1978
Sanborn, Joshua, *Imperial Apocalypse: The Great War and the Destruction of the Russian Empire*, Oxford, 2014
Savinkov, Boris, *Memoirs of a Terrorist*, Londres, 1931
Schapiro, Leonard, *The Communist Party of the Soviet Union*, Nova York, 1970
Schapiro, Leonard, *The Russian Revolutions of 1917: The Origins of Modern Communism*, Nova York, 1984
Sebag Montefiore, Simon, *The Romanovs 1613–1918*, Londres, 2016
Sebag Montefiore, Simon, *The Young Stalin*, Londres, 2007
Semashko, Nikolai, *Otchego bolel i umer V.I. Lenin*, Leningrado, 1924
Senn, Alfred, *The Russian Revolution in Switzerland 1914–1917*, Londres, 1975
Serge, Victor, *Memoirs of a Revolutionary*, Londres, 1963
Serge, Victor, *Year One of the Russian Revolution*, Londres, 1972
Service, Robert, *Lenin: A Biography*, Londres, 2000
Service, Robert, *Lenin: A Political Life* (3 vols), Londres, 1985–95
Service, Robert, *Spies and Commissars*, Londres, 2011
Service, Robert, *Stalin: A Biography*, Londres, 2004
Service, Robert, *Trotsky: A Biography*, Londres, 2009
Sheridan, Clare Consuelo, *Russian Portraits*, Londres, 1921
Shlyapnikov, Alexander, *On the Eve of 1917: Reminiscences from the Revolutionary Underground*, Londres, 1982
Shotman, A.V., "Lenin nakanune Oktyabrya", *em O Lenine: Sbornik vospominaniy*, Leningrado, 1925
Shub, David, *Lenin*, Londres, 1966
Shukman, Harold (ed.), *The Blackwell Encyclopedia of the Russian Revolution*, Oxford, *1988*
Shukman, Harold, *Lenin and the Russian Revolution*, Nova York, 1981
Smele, Jonathan, *Russian Revolution and Civil War 1917–1921: An Annotated Bibliography*, Londres, 2003
Soljenitsyn, Alexander, *Lenin in Zürich*, Londres, 1975

Spengler, Tilman, *Lenin's Brain,* Londres, 1993
Stasova, Elena, *Vospominaniya*, Moscou, 1969
Steinberg, Isaac, *Maria Spiridonova: Revolutionary Terrorist*, Londres, 1935
Stone, Norman, *The Eastern Front 1914–1917*, Londres, 1975
Sukhanov, Nikolai, *Zapiski o Revolutsii, Moscou, 1922*; em inglês como *The Russian Revolution 1917: A Personal Record*, Londres, 1955
Sverdlova, Klavdia, *Yakov Mikhailovich Sverdlov*, Moscou, 1957
Tismaneanu, Vladimir, *The Devil in History Communism, Fascism, and Some Lessons of the Twentieth Century*, Los Angeles, 2012
Trotsky, Leon (ed. Meijer, M.), *The Trotsky Papers, 1917–1922* (2 vols), The Hague, 1964–1971
Trotsky, Leon, *My Life*, Nova York, 1930
Trotsky, Leon, *On Lenin: Notes Towards a Biography*, Londres, 1971
Trotsky, Leon, *The History of the Russian Revolution*, Londres, 1934
Troyat, Henry, *Gorky*, Londres, 1989
Tsereteli, Irakli, *Vospominaniya o fevral'skom revolutsii*, Paris, 1963
Tsvetaeva, Marina e McDuff, David (trad.), *Selected Poems*, Londres, 1987
Tsvetaeva, Marina, *Earthly Signs: Moscow Diaries, 1917–1921*, Londres e New Haven, 2002
Tumarkin, Nina, *Lenin Lives!: The Lenin Cult in Soviet Russia*, Cambridge, Mass., *1983*
Turton, Katy, *Forgotten Lives: The Role of Lenin's Sisters in the Russian Revolution, 1864–1937*, Londres, 2007
Ulam, Adam, *In the Name of the People*, Nova York, 1977
Ulam, Adam, *Lenin and the Bolsheviks*, Londres, 1966
Ulyanova, Maria, *O lenine i sem'ye Ulyanovikh: vospominaniya ocherki pisma*, Moscou, 1978
Ulyanova-Elizarova, *Anna, Vospominaniya ob Il'iche*, Moscou, 1934, em inglês como *The Childhood and School Years of Vladimir Ulyanov*, Moscou, 1988
Valentinov, Nikolai, *Encounters With Lenin*, Londres, 1968
Vasilieva, Larissa and Porter, Cathy, *Kremlin Wives*, Londres, 1994
Vernadsky, George e Davis, Malcolm Warner (trad.*), Lenin: Red Dictator*, New Haven, 1931
Vinogradskaya, Polina e Krupskaya, Nadejda (ed.), *Pamyati Inessy Armand*, Moscou, 1926
Volkogonov, Dmitri e Shukman, Harold (trad.), *Lenin: Life and Legacy*, Londres, 1994
Volkogonov, Dmitri, *Stalin: Triumph and Tragedy*, Londres, 1988
Wade, Rex*, The Russian Revolution, 1917*, Londres, 2000
Williams Robert, *The Other Bolsheviks: Lenin and His Critics, 1904–1914*, Bloomington, Ind., 1986

Wilson, Edmund, *To the Finland Station: A Study in the Writing and Acting of History*, Londres, 1972
Wolfe, Bertram, *Three Who Made a Revolution*, Boston, Mass., 1955
Yedlin, Tovah, *Maxim Gorky: A Political Biography,* Westport, Conn., 1999
Zamoyski, Adam, *Warsaw 1920: Lenin's Failed Conquest of Europe*, Londres, 2008
Zbarsky, Ilya e Hutchinson, Samuel, *Lenin's Embalmers*, Londres, 1998
Zeman, Zbynk (ed.), *Germany and the Revolution in Russia 1915–1918*, Oxford, 1953
Zeman, Zbynêk, *The Merchant of Revolution: The Life of Alexander Israel Helphand (Parvus), 1867–1924*, Londres, 1965
Zinoviev, Grigory, History of the Bolshevik Party https://www.marxists.org/archive/ zinoviev/works/history/ch01.htm
Zinoviev, Grigory, *Leninizm: vvedeniye v izuchenie*, Leningrado, 1925
Zuckerman, Frederic, *The Tsarist Secret Police Abroad: Policing Europe in a Modernising World*, Londres, 2003
Zuckerman, Frederic, *The Tsarist Secret Police in Russian Society, 1880–1917*, Londres, 1996
Zweig, Stefan, *The Tide of Fortune: Twelve Historical Miniature*, Londres, 1927
Zweig, Stefan, *The World of Yesterday: An Autobiography*, Londres, 1943

AGRADECIMENTOS

Devo muito ao falecido e excelente Robert Conquest – sempre fonte de incentivo – cuja morte em 2015, quando eu já estava na metade da pesquisa para este livro, foi tremendo golpe para historiadores de uma geração posterior que ele muito inspirou.

Dá bem a medida da tragédia que se abateu sobre a Rússia moderna o fato de que muito poucas pessoas das consideráveis populações de Moscou e de São Petersburgo, que me ajudaram neste projeto, desejaram que seus nomes nele aparecessem. Se eu pudesse escrever um "antiagradecimento," ele seria aos órgãos do estado que a Rússia está construindo. Não obstante, tenho enorme e especial débito com três pessoas – que sabem perfeitamente quem são – valiosos auxiliares na pesquisa, que mergulharam nos arquivos para mim e ajudaram-me com seus assessoramentos e conhecimentos de especialistas sobre os primeiros bolcheviques. Na Rússia, minha gratidão vai para Pavel Gemenalov, Anna Nemtsova, Ilya Rhyjkov, Nadejda Semyenova, da equipe do Arquivo Presidencial Russo (APRF) e do Arquivo Estatal Russo de História Social e Política (RGASPI), e para Mikhail Rossokowksi, que gentilmente me guiou pelos aposentos do Kremlin outrora ocupados por Lênin. Agradeço também à equipe do Mausoléu de Lênin, que me proporcionou um giro particular e, há alguns anos, à Fundação Gorbachev.

A coleção de material sobre a Rússia do século XIX em diante – em especial dos anos soviéticos – da Instituição Hoover foi, como sempre, muito valiosa. Rendo minha gratidão à impressionante equipe da Biblioteca de Londres, onde escrevi grande parte desta obra (os fundos do salão de arte é local estimulante) e na Biblioteca Bodleian. Sou grato também às equipes do Wilton Park e da Chatham House.

Amigos maravilhosos e generosos me deram enorme e apreciado apoio emocional e prático. Victoria Hislop organizou um "retiro de escritor" em sua bela residência de Creta que foi muito especial para os trabalhos de finalização – além da agradável companhia. Annalena McAfee e Ian McEwan deixaram-me ficar em sua pacífica casa de campo quando eu atravessava fase difícil de escritor. Grato por me ajudarem a superá-la.

Agradeço as ideias, conselhos e encorajamento de grande número de pessoas: Richard Addis, Nina Adler, Anne Applebaum, Csaba Békés, Katalin Bogyay, Peta Brod, Archie Brown, Richard Burge, Sir Bryan Cartledge, Minderat Chauduri, Rollo Collins (pela valiosa pesquisa sobre a Primeira Guerra Mundial), Paul e Wendy Diggory, Hugo e Mark Dixon, Iain Fergusun, Helen e Lindsay Forbes, Danuta Galecka, Charles Gati, Miklós Haraszti, Barbara Kiss, Oleg Khlevniuk, Karsten Krenz, Ashkold Krushelnycky, Adam LeBor, Ben Lewis, Keith Lowe, Anne McElvoy, Boris Marelic, Annabel e Sasha Markova, Giles Milton, Anne-Elisabeth Moutet, Giuliana Nedelskaya, Christian Osterman, George Prochnik, Aram Radmoksi, László Rajk, Anna Reid, Andrew Roberts, Katya Rossokowski, Günter Schabowski (antes de sua morte em 2016), Dr. Simon Sebag-Montefiore, Amanda Sebestyen, Damien Sharkov, Krassen Stanchev, Joanna Stein, George Szirtes, Stefan Tafrov, Vladimir Tismaneanu e John Walko.

Dois livros de acadêmicos cujos conteúdos foram de extrema valia e de inspiração foram os de Robert Service, *Lenin: A Biography* – soberba conquista – e o de Orlando Figes, *A People's Tragedy*. Tirei proveito e auri conhecimento de ambos.

Tive muita sorte em diversos aspectos em minha carreira de escritor. Sobretudo por ter Georgina Capel como minha agente. Sua calma e seu inabalável otimismo são contagiantes.

Este livro representa um retorno à Weidenfeld and Nicolson como meu editor depois de breve interregno – e sou imensamente grato por ter retornado. Meus agradecimentos pela energia e entusiasmo de meu editor, Alan Samson, e à supereficiência de minha editora-assistente Lucinda McNeile, que trabalhou com prazos apertadíssimos. Linden Lawson, o copidesque, enfrentou batalha contra o tempo a fim de fazer este livro surgir na hora aprazada. Muito obrigado a você, Bea Hemming, a editora que originalmente encomendou o livro, presenciou os estágios iniciais e, durante todo o tempo, depositou fé nele.

Nenhum de meus livros teria sido escrito sem o constante apoio e amoroso acompanhamento de Jessica Pulay. Ela sempre foi pragmática na ajuda com seus sólidos julgamentos e clareza de pensamento, além de inspirar-me a tentar com mais intensidade e pensar profundamente. É impossível avaliar com precisão o quanto devo a ela.

ÍNDICE

Este livro, composto na fonte Fairfield,
foi impresso em papel Pólen Soft 70 g/m², na gráfica Imprensa da Fé.
São Paulo, maio de 2018.